中国语言资源保护工程

中国濒危语言志　编委会

总主编

曹志耘

主　编

王莉宁

委　员（音序）

沈　明　邢向东　赵日新　庄初升

本书执行编委　沈　明

中国濒危语言志
汉语方言系列

总主编 曹志耘
主编 王莉宁

陕西商州罗湾客家话

付新军 著

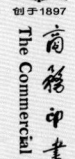
商务印书馆

图书在版编目(CIP)数据

陕西商州罗湾客家话/付新军著. --北京：商务印书馆，2024. --（中国濒危语言志）. --ISBN 978-7-100-24484-8

Ⅰ.H176

中国国家版本馆CIP数据核字第2024PP8002号

权利保留，侵权必究。

陕西商州罗湾客家话

付新军　著

出版发行：	商务印书馆
地　　址：	北京王府井大街36号
邮政编码：	100710
印　　刷：	北京雅昌艺术印刷有限公司
开　　本：	787×1092　1/16　　印　张：21½
版　　次：	2024年11月第1版　　印　次：2024年11月北京第1次印刷
书　　号：	ISBN 978-7-100-24484-8
定　　价：	228.00元

罗湾村地形地貌　罗湾/2018.5.7/付新军 摄

罗湾村村貌　罗湾/2018.5.7/付新军 摄

罗氏宗祠　罗湾/2018.5.7/付新军 摄

调查工作现场　罗湾/2018.5.7/郭佳 摄

序

2022年2月16日，智利火地岛上最后一位会说Yagán语的老人，93岁的Cristina Calderón去世了。她的女儿Lidia González Calderón说："随着她的离去，我们民族文化记忆的重要组成部分也消失了。"近几十年来，在全球范围内，语言濒危现象正日趋普遍和严重，语言保护也已成为世界性的课题。

中国是一个语言资源大国，在现代化的进程中，也同样面临少数民族语言和汉语方言逐渐衰亡、传统语言文化快速流失的问题。根据我们对《中国的语言》（孙宏开、胡增益、黄行主编，商务印书馆，2007年）一书的统计，在该书收录的129种语言当中，有64种使用人口在10 000人以下，有24种使用人口在1000人以下，有11种使用人口不足百人。而根据"语保工程"的调查，近几年中至少又有3种语言降入使用人口不足百人语言之列。汉语方言尽管使用人数众多，但许多小方言、方言岛也在迅速衰亡。即使是那些还在使用的大方言，其语言结构和表达功能也已大大萎缩，或多或少都变成"残缺"的语言了。

冥冥之中，我们成了见证历史的人。

然而，作为语言学工作者，绝不应该坐观潮起潮落。事实上，联合国教科文组织早在1993年就确定当年为"抢救濒危语言年"，同时启动"世界濒危语言计划"，连续发布"全球濒危语言地图"。联合国则把2019年定为"国际土著语言年"，接着又把2022—2032年确定为"国际土著语言十年"，持续倡导开展语言保护全球行动。三十多年来，国际上先后成立了上百个抢救濒危语言的机构和基金会，各种规模和形式的濒危语言抢救保护项目在世界各地以及网络上展开。我国学者在20世纪90年代已开始关注濒危语言问题，自21世纪初以来，开展了多项濒危语言方言调查研究课题，出版了一系列重要成果，例如孙宏开先生主持的"中国新发现语言研究丛书"、张振兴先生等主持的"汉语濒危方言调查研究丛书"、鲍厚星先生主持的"濒危汉语方言研究丛书（湖南卷）"等。

自2011年以来，党和政府在多个重要文件中先后做出了"科学保护各民族语言文字"

"保护传承方言文化""加强少数民族语言文字和经典文献的保护和传播""科学保护方言和少数民族语言文字"等指示。为了全面、及时抢救保存中国语言方言资源，教育部、国家语委于2015年启动了规模宏大的"中国语言资源保护工程"，专门设立了濒危语言方言调查项目，迄今已调查106个濒危语言点和138个濒危汉语方言点。对于濒危语言方言点，除了一般调查点的基本调查内容以外，还要求对该语言或方言进行全面系统的调查，并编写濒危语言志书稿。随着工程的实施，语保工作者奔赴全国各地，帕米尔高原、喜马拉雅山区、藏彝走廊、滇缅边境、黑龙江畔、海南丛林等地都留下了他们的足迹和身影。一批批鲜活的田野调查语料、音视频数据和口头文化资源汇聚到中国语言资源库，一些从未被记录过的语言、方言在即将消亡前留下了它们的声音。

为了更好地利用这些珍贵的语言文化遗产，在教育部语言文字信息管理司的领导下，商务印书馆和中国语言资源保护研究中心组织申报了国家出版基金项目"中国濒危语言志"，并有幸获得批准。该项目计划按统一规格、以EP同步的方式编写出版50卷志书，其中少数民族语言30卷，汉语方言20卷（第一批30卷已于2019年出版，并荣获第五届中国出版政府奖图书奖提名奖）。自项目启动以来，教育部语言文字信息管理司领导高度重视，亲自指导志书的编写出版工作，各位主编、执行编委以及北京语言大学、中国传媒大学的工作人员认真负责，严格把关，付出了大量心血，商务印书馆则配备了精兵强将以确保出版水准。这套丛书可以说是政府、学术界和出版社三方紧密合作的结果。在投入这么多资源、付出这么大努力之后，我们有理由期待一套传世精品的出现。

当然，艰辛和困难一言难尽，不足和遗憾也在所难免。让我们感到欣慰的是，在这些语言方言即将隐入历史深处的时候，我们赶到了它们身边，倾听它们的声音，记录它们的风采。我们已经尽了最大的努力，让时间去检验吧。

曹志耘

2024年3月11日

目 录

第一章 导论 ... 1

  第一节 商州罗湾概况 ... 2

  第二节 商州罗湾客家话 ... 4

    一 罗湾话及其归属 ... 4

    二 罗湾话的形成 ... 4

    三 罗湾话与源方言的关系和异同 ... 7

  第三节 罗湾话使用现状 ... 10

    一 商州区方言简介 ... 10

    二 罗湾话与周边方言的关系 ... 10

    三 罗湾话现状 ... 11

  第四节 罗湾话研究现状 ... 16

  第五节 调查说明 ... 18

第二章 语音 ... 21

  第一节 声韵调 ... 22

    一 声母 ... 22

    二 韵母 ... 22

    三 声调 ... 24

  第二节 单字音表 ... 25

  第三节 连读变调及轻声 ... 38

    一 两字组连读变调 ... 38

    二 轻声 ... 42

  第四节 异读 ... 43

    一 文白异读 ... 43

    二 其他异读 ... 46

  第五节 其他音变 ... 50

    一 同化 ... 50

    二 合音 ... 50

    三 弱化 ... 50

  第六节 古今语音比较表 ... 51

  第七节 语音演变特点 ... 60

    一 声母特点 ... 60

    二 韵母特点 ... 61

    三 声调特点 ... 64

第三章 同音字汇 ... 65

第四章 词汇特点 ... 81

  第一节 方言特别词 ... 82

    一 区别于周围方言的词语 ... 82

二　区别于源方言的词语	87
第二节　方言古语词	89
第三节　民俗文化词	98
一　婚姻习俗	98
二　丧葬习俗	101
三　岁时习俗	103
四　民间信仰	107
五　日常饮食	109
六　日常器具	111
七　房屋建筑	112

第五章　分类词表　115

第一节　《中国语言资源调查手册·汉语方言》　117
　　一　天文地理　117
　　二　时间方位　118
　　三　植物　119
　　四　动物　121
　　五　房舍器具　122
　　六　服饰饮食　123
　　七　身体医疗　124
　　八　婚丧信仰　126
　　九　人品称谓　126
　　十　农工商文　128
　　十一　动作行为　129
　　十二　性质状态　132
　　十三　数量　134
　　十四　代副介连词　135

第二节　《汉语方言词语调查条目表》　137
　　一　天文　137
　　二　地理　138
　　三　时令、时间　139
　　四　农业　141
　　五　植物　142

六　动物	146
七　房舍	148
八　器具、用品	149
九　称谓	152
十　亲属	154
十一　身体	155
十二　疾病、医疗	157
十三　衣服、穿戴	159
十四　饮食	161
十五　红白大事	163
十六　日常生活	164
十七　讼事	166
十八　交际	167
十九　商业、交通	168
二十　文化教育	170
二十一　文体活动	172
二十二　动作	175
二十三　位置	178

二十四　代词等	179
二十五　形容词	180
二十六　副词介词等	182
二十七　量词	183
二十八　附加成分等	185
二十九　数字等	186

第六章　语法	189
第一节　词法	190
一　构词法	190
二　重叠与语缀	191
三　数量、方所、指代	198
四　性状与程度	213
五　介引与关联	216
六　体貌系统	224
七　语气词	230
第二节　句法	236
一　处置句和被动句	236

二	双宾句	240	
三	比较句	241	
四	疑问句	244	
五	否定句	248	
六	可能句	250	
七	动补句	251	

第七章 语法例句　255

第一节　《中国语言资源调查手册·汉语方言》　257

第二节　《汉语方言语法调查例句》　263

第八章 话语材料　289

第一节　俗语谚语　291
　　一　谚语　291
　　二　歇后语　292
第二节　歌谣　293
第三节　故事　295
第四节　讲述　305
　　一　个人讲述　305
　　二　对话　318

参考文献　323

调查手记　326

后　记　330

第一章 导论

第一节

商州罗湾概况

商州地处陕西省东南部秦岭南坡,丹江上游,介于东经109°30′—110°14′,北纬33°38′—34°11′之间,东接丹凤,南临山阳,西界蓝田,北靠洛南,距省会西安市约140公里。商州是陕西省商洛市的直辖区,全区辖18个镇(街道)、288个村(社区),总面积2672平方公里,人口55.8万(截止到2022年),是商洛市经济、政治、文化中心。

商州地貌总体以中、低山体为主,是一个结构复杂的土石山区,全区地势西北高、东南低。海拔在543—2087米之间,西北方是秦岭主脊,北有蟒岭横亘,南有流岭逶迤,中有熊耳雄踞,形成了北、西、南三面高崇,向丹江河谷倾斜的走势[①]。

商州,得名于商山。南宋郑樵《通志》:"商本山名,在州东南,周秦为商於地,故汉以名县,后周以名州。"其前身为商县,始设于秦始皇嬴政二十六年(前221年),治所在今丹凤县古城村。西汉元鼎四年(前113年)设立上雒县(故址即今商州市城)。东汉建武元年(25年)封王遵为上雒侯,改名上雒侯国。曹魏黄初三年(222年)改名上洛县。北周宣政元年(578年)在县城兼设商州,历隋唐五代及宋金,到元至元元年(1264年)撤销上洛县,由商州直辖。明洪武七年(1374年)降商州为商县,成化十三年(1477年)升商县为商州,商县领域由州直辖。清代沿袭明制。1913年撤销商州,设立商县。1949年10月前,豫鄂陕边区曾在境内设立商山蓝行政办事处(相当于县政府)和商洛县。1988年6月改设商州市,2001年12月,商州市更名商州区,成为商洛市直辖区[②]。

[①] 根据商州区人民政府网(http://www.shangzhou.gov.cn)和张成材的《商县方言志》(语文出版社,1990)综合改写。

[②] 根据商州区人民政府网https://www.shangzhou.gov.cn/html/mhgzxxgk/mhgzdwgk/202111/102729.html,2023-8-26,综合改写。

牧护关镇位于商州区以西，地跨长江、黄河两个流域，312国道和101省道穿境而过，距离中心城区约30公里，由原红门河乡、黑龙口镇、牧护关镇合并而成，总面积262平方公里，耕地面积34 399亩。全镇辖20个行政村，2个社区，村民小组232个。现有常住人口36 907人，流动人口1285人。

罗湾，旧称罗家湾，位于牧护关镇秦岭铺，距镇政府驻地秦关村约8公里。罗湾原为独立行政村，属黑龙口镇管辖。2016年4月，黑龙口并入牧护关镇，罗湾随之并入秦岭铺村，成为村民小组。秦岭铺村现有耕地面积800多亩，森林面积4232亩，居民188户，人口约560人。要说明的是罗湾的东段是戴湾，村民是"客伙人"（湖北、湖南、安徽等地迁入陕南的移民）；西段才是罗湾，村民是"客家人"（广东五华迁入陕南的移民）。罗湾居民有65户，300多人，除了一户李姓村民外，其余都是罗氏客家人（据罗太杰告知）。

第二节

商州罗湾客家话①

一 罗湾话及其归属

罗湾话是清乾隆中期由广东五华迁移至商州的客家人所使用的方言，当地人称为"广东话"，罗湾人也被称为"广东人"。从系属上看，罗湾话属于客家方言，性质上属于客家方言岛，具有客家方言的典型语言特征。根据谢留文、黄雪贞（2007）关于客家方言的分区，罗湾话可归为粤台片的梅惠小片。罗湾人在与当地商州人沟通时则用商州话，所以罗湾人都是双方言者。有人说罗湾人"嘴软"，即随着交谈对象的不同而随时变换方言。

二 罗湾话的形成

罗湾话形成的最主要因素就是移民，是罗湾先民通过迁移的方式将客家话带到了这里，这是罗湾话形成的源头。罗湾话从形成之日起，历经二百五十多年，依然较好地保留了源方言的特点，在商州地区显示着自身的独特性，究其原因，也与罗湾自身所处的地理位置以及罗湾人的语言态度有关。基于以上各种因素的综合作用，最终形成了今天罗湾话的面貌。下面分别详述之。

（一）历史背景

明末清初之时，陕南地区战争频仍，这种纷乱的状态一直持续到清顺治十一年（1654年）才宣告结束，连年的战争使得百姓苦不堪言。而当时自然灾害频发，这在地方志中多有记载，如清乾隆《直隶商州志》卷十四载：康熙元年（1662年）八月，大雨弥月，城颓

---

① 本书正文"商州罗湾客家话"皆简称"罗湾话"。

屋倾，濒河民舍崩没几尽①。又《商洛地区志》载：顺治十一年（1654年）六月，商州、龙驹寨、柞水等地震，房屋多倒，人畜伤亡无数。同年，商州、洛南降大雨、冰雹，堆积甚厚②。当时的情形是"民死于锋镝、饥馑、瘟疫者十分之五"，流离者不计其数，很多地方都满目疮痍，人口锐减。

为避免土地荒芜，恢复社会农业生产和保障财政收入，清廷在战乱平息不久，即实行了休养生息的政策，减免赋税，鼓励生育。如顺治六年（1649年）四月，清廷颁布了《垦荒令》："招徕各处流民，不论原籍别籍，编入保甲开垦荒田，给以印信执照永准为业。"此后，康熙、乾隆两朝对此令又多有修订，如康熙十二年（1673年）："见行垦荒定例，俱限六年起科，朕思小民拮据开荒，物力艰难，恐催科期迫，反致失业，朕心深为轸念，嗣后各省开垦荒地，俱再加宽限，通计十年，方行起科。"清朝前期顺治、康熙、雍正、乾隆四朝不断完善垦荒招徕政策，提供了很多优惠条件，极大地减轻了农民的负担，吸引了越来越多的外地流民进入陕南垦荒置业。

外省移民大量迁入陕南是在乾隆初年。自顺治至乾隆的七八十年间，招徕而至陕南的人数不多，真正大规模招徕流民垦殖是在乾隆二十年（1755年），如嘉庆《山阳县志》卷十二载：乾隆二十年以后，始有外来流民，向业主写山，于陡坡斜岭之间……或种包谷，或种苦荞。又《山阳县志》记载，当时迁居山阳的"新附之民，湖广、江南、河南共二千余户，江西、福建、广东共有百余户，大半只身结伙，赁房侨居，又或携带家小，课买田地，筑室栖止"③。对于这次移民严如熤作了如下的描述："流民……扶老携幼，千百为群，到处络绎不绝。不由大路，不下客寓，夜在沿途之祠庙、岩屋或密林中住宿，取石支锅，拾柴做饭。"严如熤也对移民的来源进行了描述："土著之民十无一二，湖广客籍约有五分，广东、安徽、江西各省约有三四分，五方杂处。"④

罗湾客家人的北迁史是清初陕南大移民的缩影，商州至今还流传着"湖广填陕西"的传说。值得一提的是商州的另外两个客家村，分别名为"广东坪"和"广东吴"，其中"广东"二字明确指出了两地客家人的早期来源。

（二）谱牒、碑文资料

关于罗湾先祖迁移的历史，我们还可以从罗湾现存的谱牒及碑文资料中窥见一斑。

《罗氏家谱》现由罗湾一名退休老帅罗太金收藏，除了前头书页有些缺损以外，整体保存完好。根据《罗氏家谱》所载内容，我们基本可以弄清楚罗湾客家人迁移的历史以及罗

---

① （清）王如玖，乾隆《直隶商州志》卷十四"灾祥"，清乾隆九年刻本。
② 商洛市地方志编纂委员会《商洛地区志》，方志出版社，2006：18。
③ 转引自卢成林，阮班寿《秦风楚俗"下湖人"》，《山阳县文史资料》第7辑，内部发行，1994。
④ （清）严如熤《三省边防备览》卷十二"策略"，来鹿堂藏版。

氏一族世系发展的脉络梗概。

《罗氏家谱》所记的始祖为罗氏十一世祖，讳名曰耀宇公，号曰焕，谥号曰罗封一郎。耀宇公共有五子，其五子名元信。元信公生有四子，其长子名集吉，号罗玑大郎。集吉公亦生有四子，其长子名俊昌。俊昌公生有三子，其三子名士旺。士旺公亦生有三子，分别名尚华、尚富、尚云，尚华娶钟氏为妻，生有五子，名字分别叫作元响、亨响、利响、贞响和佳响。从罗湾人口述得知，罗湾人的始祖即为罗尚华，其下四子元响、亨响、利响、贞响形成四个支脉，顺着这四个支脉往下延续繁衍至今，罗湾人称之为四房，分别是大房、二房、三房和四房，由四房下来的各支脉的罗氏客家人，则被称为四门。在罗湾人的陈说中，并未提及五房，因此怀疑其五子罗佳响在罗湾并未有后人延续繁衍。又士旺公的次子罗尚富、三子罗尚云之后人并未在罗湾传衍，可能是当时张婆携子迁徙至罗湾时，只带了其长子夫妻二人，其后次子、三子才一同来至罗湾，但后来则又辗转徙至他处。总之，结合家谱资料和当地人口述，可大致理清罗湾客家人的传衍脉络：耀宇公（十一世）—元信公（十二世）—集吉公（十三世）—俊昌公（十四世）—士旺公（张婆）（十五世）—尚华公（十六世）—元响公、亨响公、利响公、贞响公（十七世）。

由十七世开始别为四房，由此繁衍开来。其后之辈分排行，《罗氏家谱》亦作了规定：贤帝江山泰，圣朝品爵荣，忠孝承先志，书礼定乾坤。现在的罗湾人最小的辈分已经到了品字辈，由此算来，从罗湾始祖罗尚华开始至今已历经十代了。

耀宇公身下共有五子[①]，另据《湖南浏阳营盘罗氏宗谱》一文所载，至总57氏，即耀宇公孙辈后裔，多有从广东迁移至湖南浏阳的说法。如云：元捷（即耀宇公三子）长子，兆祯公（秉祯），字围千，号一郎，例授登仕郎，康熙二十年携七子自粤迁湖南浏阳升平桂花树下立业。元捷次子，秉祥公，字兆祥，号永龙，康熙十八年己未由粤嘉应州长乐县徙居湖南浏阳达浒长家段。元捷三子，秉前公，字兆裕，由粤迁湖南浏阳东乡大桥村居住约四年。元捷四子，秉忠公，字兆禄，由粤迁浏阳南乡岩前双冲立业居住。而《罗氏家谱》亦载：彦昌公（即俊昌公之弟）次子士圣公次子（名从义）之子（名大伟），住浏邑东乡黄泥坳。

罗湾罗氏一脉，乃耀宇公五子元信公（与元捷公互为亲兄弟）之后裔，最早乃其孙辈媳妇张婆（其孙为士旺公，当时已故，后来其干骨一同携至罗湾安葬）携其家人迁徙至此。罗太金先生所藏的另一份关于张婆去世后所行道场一事的《执事簿》中有一段文字也明确指出罗氏先人在定居罗湾之前曾在湖南浏阳居住过的事实，其文有云："原籍祖居广东省嘉应州长乐县（五华）横坡约彭坑里老祖居住，移来湖南省长沙府浏阳县东乡上四都千坵墩长埠岭居住，生长人氏先年，移来陕西省西安府直隶商州西乡泥峪川附郭里五甲而大水岔。

[①]《湖南浏阳营盘罗氏宗谱》一文云：耀宇公有六子。此文可参阅网站：www.luos.org/list.asp?unid=2971。

本祭当坊无量寿佛,泰山福主祠分立业吉龙吉宅居住。"又始祖罗尚华墓碑上也有如下记载:"旺长子生于癸丑年七月,广东长乐(五华)人氏,迁至陕西商州西乡秦陵铺,三月初八申时葬于屋后青龙山。"

元捷之子兆祯公、兆祥公、兆裕公、兆禄公和罗湾人先祖士旺公及其子尚华公本系同祖,彼此间的亲缘关系很近,因此他们彼此照应,相互帮协,徙至一地居住生活,自为合情合理之事。且上述资料中还都提到了一个相同的地方"浏阳东乡",所以说罗湾客家人是先由广东五华迁至湖南浏阳,而后再迁至陕西商州的。客家人迁徙至新的地方,自当不易,先至一地之人会招呼亲族之人同移至该处,以便相互帮衬,彼此照应,是一件极为自然的事情。而距离罗湾不远处就另有钟姓客家人,据发音人说钟姓一族是罗湾人的外家人(始祖罗尚华之妻即为钟氏),其之所以会徙至商州,正是因为罗湾先祖为强大自身力量,避免被本地人欺负而招呼来的。

三 罗湾话与源方言的关系和异同

罗湾人的始祖来自于广东五华,罗湾话时至今日依然较好地保留了源方言的许多语言特点,不过离开源方言二百五十余年后,也发生了很多自身的演变,两者在语言特点上有同有异,这在语音、词汇和语法三个方面都有体现,分别说明如下:

(一)语音

1. 古全浊声母已全部清化,今逢塞音、塞擦音无论平仄大多读送气声母。这是客家方言的重要特征,罗湾和源方言相同。

2. 有的非组字今读双唇音声母,罗湾话与源方言相同,不过所辖的字不尽相同,罗湾话的字数要比源方言少,列举如下:

表1-1 五华、罗湾非组字读双唇音例字比较表

例字	斧	分给	符	扶	辅	尾	袜	蚊	问
五华①	pu^{31}	pun^{55}	p^hu^{35}	p^hu^{35}	p^hu^{31}	mi^{55}	mat^1	mun^{55}	mun^{51}
罗湾	pu^{42}	$pən^{24}$	p^hu^{21}	p^hu^{24}	p^hu^{42}	mi^{24}	$mɛ^{33}$	$mən^{24}$	$mən^{554}$
例字	粪	肥	肺	吠	冯	巫	诬	望	网
五华	pun^{51}	p^hi^{35}	p^hi^{51}	p^hoi^{31}	$p^huŋ^{35}$	mu^{35}	mu^{35}	$moŋ^{31}$	$moŋ^{31}$
罗湾	$fən^{554}$	fei^{21}	fei^{554}	fei^{554}	$fəŋ^{21}$	u^{21}	u^{21}	$voŋ^{554}$	$voŋ^{42}$

---

① 五华的材料来自于朱炳玉的《五华客家话研究》,华南理工大学出版社,2010,下同。

3. 两者的知庄章组字今读声母都分为两类，其中知二庄组都读为 [ts tsʰ s]，同精组声母，知三章组则读为 [tʂ tʂʰ ʂ][1]。

4. 古见组字，源方言都读 [k] 组声母，罗湾话在古一二等韵母（今洪音）前读 [k kʰ ŋ x]，在三四等韵母（今细音）前腭化为 [tɕ tɕʰ ȵ ɕ]，见组的今读声母与源方言不完全相同。古溪母字，两地都有读为擦音的现象，但依然是源方言所辖字数较多，例字如下表：

表1-2　五华、罗湾溪母字读擦音例字比较表

例字	溪	去	气	器	糠	渴	弃	丘	邱	口
五华	hai⁵⁵	ʃi⁵¹	ʃi⁵¹	ʃi⁵¹	hoŋ⁵⁵	hoi¹	ʃi⁵¹	ʃiu⁵⁵	ʃiu⁵⁵	kʰeu³¹
罗湾	ɕi³³	ɕi⁵⁵⁴	ɕi⁵⁵⁴	ɕi⁵⁵⁴	xɔŋ²⁴	xoi³³	tɕʰi⁵⁵⁴	tɕʰiou²⁴	tɕʰiou²⁴	xɛu⁴²

5. 源方言中三个入声塞尾 [-p]、[-t]、[-k] 和三个鼻音韵尾 [-m]、[-n]、[-ŋ] 保留完好，罗湾话的古入声韵尾已完全脱落，古入声韵以主要元音相近为原则，或归入相应的阴声韵，或独立成韵，相对比较复杂。阳声韵尾中的 [-m] 尾已全部并入 [-n] 尾，其中咸、山摄读鼻化韵，部分曾、梗摄（文读）的 [-ŋ] 尾并入 [-n] 尾，深臻摄读 [-n] 尾，宕、梗（白读）和通摄保留 [-ŋ] 尾。

6. 源方言中古合口韵今读韵母多已丢失 [u] 介音而与开口韵合流，如：加 = 瓜 ka⁵⁵，干 = 关 kan⁵⁵，罗湾话中合口韵今读韵母有 [u] 介音，和开口韵读音不同，如：加 ka²⁴，瓜 kua²⁴。

7. 两者的果、假、遇、蟹、止、效诸摄的主元音相同，内部的分合情况也大致相同，如两者的蟹摄今读韵母一等都多读 [oi] 韵，二等为 [ai] 韵，两者迥然有别。不一致的地方在于假摄源方言的主元音都是 [a]，罗湾话三等字则有是 [ɛ] 的，如：赊 ʂɛ³³、些 siɛ³³。

8. 流、江、通摄今读韵母略有差异，源方言分别读为 [eu]、[oŋ]、[uŋ]，罗湾分别读为 [ɛu]、[ɔŋ]、[əŋ]。主元音高低、圆展略有不同。

9. 梗摄都有文白异读，两者的白读相同，都是 [aŋ]、[iaŋ]，文读音值略有差异，源方言是 [en]、[in]，罗湾话是 [ɛ̃]、[in]。不同的是罗湾话的文读音韵母还有后鼻音的 [əŋ] 韵，是一种新文读。

10. 两者的单字调都是六个：阴平、阳平、上声、去声、阴入、阳入，其中阴入的调值都比阳入低。调类归派上，有的浊平、浊上字读阴平调，两者也相同，体现的是客家方言的一般特点。

---

[1] 朱炳玉《五华客家话研究》此类字的声母记为 tʃ、tʃʰ、ʃ，但魏宇文《五华方言同音字汇》则记为 tʂ、tʂʰ、ʂ，略有差异。

（二）词汇、语法

词汇方面，罗湾话依然较好地保留了源方言的词汇面貌，尤其是在日常口语词上。亲属称谓词如：阿公（祖父）、姐公（外祖父）、倈子（儿子）、婿郎（女婿）、舅爷（舅舅）；方位名词如：上背（上面）、下背（下面）、后背（后面）、里背（里面）、外背（外面）；一般名词如：月光（月亮）、牛牯（公牛）、猫公（猫）、虱嫲（虱子）、舌嫲（舌头）、翼拍（翅膀）、面（脸）；动词、形容词如：屙（～尿：小便）、话（告诉）、倚（站）、细（小），爂（稀）、乌（黑）、光（亮）等。

语法方面，罗湾话同样保留了一些源方言的语法特点，词法上如用"公、牯、嫲"三个特色语素来表示动物的性别，如：鸡公（公鸡）、鸡嫲（母鸡）、牛牯（公牛）、牛嫲（母牛）、猫牯子（公猫）、猫嫲子（母猫）等。用后缀"背"构成方位名词，词例见上。代词方面，如：佢[tɕi²¹]（第三人称代词）、我等[ŋai²¹tən³³]（我们）、个[kai⁵⁵⁴]（那）、脉˭个[ma³³kei⁰]（什么）、几多[tɕi⁴²to²⁴]（多少）等也都是源方言特点的保留。句法上如由介词"分"参与构成的被动句，如：帽子分风吹走咧（帽子被风吹走了）。再如用"无[mau²¹]"构成的否定句，如：屋下无菜咧（家里没有菜了）。

总之，罗湾话与源方言在语音、词汇和语法上都有许多相同的地方，保留了一些源方言的典型的语言特征，彼此间的承继关系比较明显。

第三节

罗湾话使用现状

一 商州区方言简介

商州区是商洛市的直辖区,境内主要有两种方言,一是商州本地话,属于中原官话关中片,内部大致可分为三个小片:东乡话、西乡话、北乡话。二是客伙话,主要分布在牧护关、三岔河、杨斜镇等地,是来自湖北、安徽等地的移民方言①。罗湾话位于牧护关镇,是广东五华的移民方言,在当地被称为"广东话",现在是一个处于濒危状态的客家方言岛。罗湾人内部基本都用客家话进行交流,即使是青少年,也基本都能说一口流利的客家话。由于周围人完全听不懂罗湾话,因此罗湾人也同时都会讲商州话,用于和外人交流。

二 罗湾话与周边方言的关系

罗湾话作为客家方言岛,一直在与周边方言接触。这个周边方言的主体是商州话,其次是客伙话,如与罗湾紧挨的戴湾人讲的就是客伙话。在语言接触的过程中,罗湾话显然是弱势的一方,这个弱势不仅是相对于强势方言商州话来说的,就是与周围的客伙话相比,罗湾话从人口数量及势力上看,也处于弱势地位。但商州话的影响是主要方面,客伙话对罗湾话也有一定的影响。下面分别说明:

(一)音值的趋同

周围方言对罗湾话字音的声韵调都有影响,结果是两者变得相同,其中调值趋同于商

---

① 郭沈青(2013:4):客伙话指陕南中原官话、西南官话以外的清代由长江中游湖北、湖南、安徽等地迁入陕南的移民方言。

州话的字例较多，如清平字，清入、次浊入字都读[21]调，全浊入字读[24]调的现象[①]。

1. 清平、清入、次浊入字都读[21]调字例：姬 tɕi²¹、区姓 ou²¹、鸽 tɕiɛ²¹、央 ioŋ²¹、拥 ioŋ²¹（以上阴平字），逆 ni²¹、察 tsʰa²¹、畜~牧 ɕy²¹、胁 ɕiɛ²¹、没 mo²¹（以上清入、次浊入字）。

2. 全浊入字读[24]调字例：敌狄涤 ti²⁴、习席主~ si²⁴、疾 tɕi²⁴、达 ta²⁴。

声母和韵母方面的系统影响如见组声母在今细音韵母前读[tɕ]组声母的腭化现象，与源方言明显不同。梗摄的新文读不读[ɛ]韵，而读[əŋ]韵的现象，这都是周边商州话的影响。而[u]韵和[u-]介音在[tʂ]组声母后读[ʯ]的现象，则可能是商州话和客伙话综合影响的结果。其中罗湾话中表水渠义的"渠"字，除了音[tɕʰy²¹]以外，又音[tʂʰʯ²¹]，后者明显是客伙话影响罗湾话的结果。

其次还有一些零散的字音，如有的精组细音字今读[tɕ]组声母，如："浸"读[tɕ]母，"趣"读[tɕʰ]母，"选"读[ɕ]母。再如"杯"的声母为[pʰ]，"穗"的韵母是[y]。它们都是受商州话影响或者是直接借用商州话读音的结果。

（二）词汇、语法方面的趋同

词汇方面主要表现为周边方言的一些常用词汇已经渗入了罗湾话的词汇系统之中，两者之间有了一批共有词，词汇有向强势方言靠拢的趋势，如：蒸馍（馒头）、冷子（冰雹）、包谷（玉米）、洋芋（马铃薯）、肉架子（肉铺）、哨马子（裆裤）、上粪（施肥）、瓜（傻）等，这些都是商州话词汇。又如：毛狗子（狐狸）、家业（家具）、铺盖（被子）、细胯子（小腿），这些都是客伙话词汇，它们都已经进入罗湾话的词汇系统了。

语法方面，罗湾话有一些与商州话趋同的用法，典型的如"子"缀派生式构词，如：俫子（男孩、儿子）、妹子（女孩、女儿）、葱子、丝瓜子、羊羔子等，而五华话是用"哩"缀的。又如"AA子"式的重叠式构词，如：娃娃子、刀刀子、缝缝子、棍棍子等。句法上，如常用"太"或"太太"置后作程度补语，如：热倒太、热倒太太等，其中结构助词"倒"的使用则又是客伙话的特点。

总之，罗湾话在脱离源方言以后，就开始与周边方言接触，一些语言要素已经发生了变化，有的甚至已经变得与周边方言完全相同。

三 罗湾话现状

对罗湾话现状的考察主要通过社会语言学的方法进行，以抽样问卷调查的方式对罗湾

[①] 商州话清平、次浊入读[21]调，全浊入读[35]调，罗湾的[24]与之极为接近。

人的语言能力和语言态度进行测试。本次调查共发放问卷67份，回收有效问卷67份[①]。

（一）语言能力方面

语言能力方面的考察主要涉及代际传承、语言使用域两个方面：

1. 罗湾话的代际传承

为了便于量化处理，我们将方言的听说能力分为四个等级：一级，流利、自如的听说；二级，能听懂，但说得不够流利；三级，基本能听懂，但只能简单说几句，交际有相当的困难；四级，听不懂，说不来，基本无法正常交际。同时，我们也特别考虑到年龄因素，按照平均25岁一代人的事实，我们将测试者的年龄划分为四段：6—25岁（青少年，16人），26—50岁（父辈，33人），51—75岁（祖父辈，15人），76岁以上（曾祖辈，3人）。下面是统计结果：

表1-3　罗湾话代际传承数据统计表

	6—25岁的比值	26—50岁的比值	51—75岁的比值	76岁以上的比值
一级	56.25%	90.91%	100%	100%
二级	25%	6.06%	0%	0%
三级	18.75%	3.03%	0%	0%
四级	0%	0%	0%	0%

可见，曾祖辈及祖父辈罗湾人都能流利、自如地听说罗湾话，父辈的罗湾人绝大多数也能流利、自如地听说罗湾话，个别是不流利或基本能听懂的情况，这些人都是嫁来的媳妇。青少年的情况相对复杂，超过半数的人也能流利、自如地听说罗湾话，但是不流利、基本能听懂的情况分别占到了25%和18.75%，相较于成年人，语言能力明显表现出减弱的趋势。

2. 罗湾话的使用域情况

对罗湾话使用域的考察主要涉及家庭域，交往域和个人、教育域三个方面，下面分别说明：

（1）家庭域

表1-4　罗湾话家庭域使用情况统计表

使用场合	总人数	罗湾话及比值		商州话及比值	
对父亲	67	63	94.3%	4	5.97%

[①] 问卷调查除了挨家挨户地走访以外，我们还通过"问卷星"进行了线上问卷调查，但终因罗湾人数少，加上常年在外地打工、上学以及外迁等各种客观因素，致使得到的问卷数量不多。

续表

使用场合	总人数	罗湾话及比值		商州话及比值	
对母亲	67	50	74.63%	17	25.37%
对夫（妻）	50	31	62%	19	38%
对孩子	50	27	54%	23	46%

可见，罗湾人在家庭域场合中，对父亲说罗湾话的比例最高，达到94.3%，只有4人不对父亲说罗湾话，而是商州话，他们都是青少年，客家话也不是很流利。对母亲，夫妻之间以及对孩子说罗湾话的比例也都很高，但是明显不及对父亲的比例，其中对母亲，夫妻间说商州话的基本是青少年或者是嫁来的媳妇，罗湾父辈对孩子基本都说罗湾话，而嫁来的媳妇则基本说商州话。

（2）交往域

表1-5　罗湾话交往域使用情况统计表

使用场合	总人数	罗湾话		商州话		普通话	
		频数	比值	频数	比值	频数	比值
去镇政府办事	63	0	0	60	95.23%	3	4.77%
去镇上购物	76	0	0	65	97.02%	2	2.98%
在公交车上	66	0	0	62	93.9%	4	6.1%

可见，走出罗湾村，罗湾话的适用范围和频率都大大缩小，所使用的方言主要是商州话。此外少数也使用普通话，这些人全都是学生。

（3）个人、教育域

表1-6　罗湾话教育域使用情况统计表

使用场合	总人数	罗湾话		商州话		普通话	
		频数	比值	频数	比值	频数	比值
和同学	65	0	0	60	95.23%	5	7.69%
学校课堂	65	0	0	37	56.92%	28	42.07%
学校课外	65	0	0	62	95.38%	3	4.62%
数东西或沉思默想	67	57	85.07%	10	14.93%	0	0
读书看报	67	17	25.37%	35	52.24%	15	22.39%

可见，在学校的场合中，罗湾话都不再被使用，商州话是最主要的方言选择，不过普通话在课堂上的使用频率也比较高。另外要说明的是，这个调查的人群不局限在青少年人群中，因为成年人早期上学时，即使是课堂上也基本都使用商州话，而不是普通话，所以看起来学校场合中使用普通话的频数显得少了些。但在个人使用场合中，如"数东西或沉思默想""读书看报"时，罗湾话依然是主要的选择，尤其是前者，这是母语性质的本质体现。"读书看报"时使用罗湾话、商州话或普通话的都有，以商州话为最多，其中35人中有20人都是嫁来的媳妇，15人为罗姓客家人，而选择普通话的都是青年人，以学生为主。

（二）语言态度方面

语言态度是指个人对某种语言或方言的价值评价和行为倾向（游汝杰、邹嘉彦 1993：78）。语言态度反映了说话人对所说语言或方言的主观认知和情感，对于方言岛方言这样的弱势语言来说，语言社团的情感态度对该种方言未来的发展会产生极为重要的影响。根据罗湾话的实际情况，我们的调查问卷共设计了6个问题，主要涉及对测试者情感态度和行为倾向两方面的考察。

1. 情感态度

情感态度方面所涉及的3个问题分别是：①您认为罗湾人一定要讲客家话吗？②如果您和听话人都是讲客家话的，对方却跟您讲其他方言，您感觉如何？③您希望罗湾话如何发展？

2. 行为倾向

行为倾向方面所涉及的3个问题分别是：①您愿意学习和使用客家话吗？②您希望您的孩子学习客家话吗？③现在讲客家话的人似乎越来越少，您感觉如何？

为了方便统计，我们将语言态度分为"积极——一般——消极"三个评判尺度，如：①您认为罗湾人一定要讲客家话吗？其答案有三个：愿意，无所谓和不愿意。三个答案代表测试者三种情感态度的价值取向，它们分别对应于积极、一般和消极三种类比化后的评判尺度，其他以此类推。下面将统计结果列表如下：

表1-7 罗湾人语言态度情况统计表

问题		人数	积极		一般		消极	
			频数	比值	频数	比值	频数	比值
情感态度	①	67	67	100%	0	0	0	0
	②	67	40	59.7%	0	0	27	40.3%
	③	67	60	89.55%	7	10.44%	0	0

续表

问题		人数	积极		一般		消极	
			频数	比值	频数	比值	频数	比值
行为倾向	①	67	67	100%	0	0	0	0
	②	50	50	100%	0	0	0	0
	③	67	60	89.56%	7	10.44%	0	0

可见，罗湾人对以上6个问题，无论是从情感态度，还是从行为倾向上都是持"积极"态度的，换句话说就是罗湾人对罗湾话具有极高的认同感，希望罗湾话不要消失，而是能一代代传下去。少数持"一般"或"消极"态度的人，身份上看都是嫁来的媳妇和个别小孩儿。调查中，有两个中学生还特别提到，她们在学校有时会被语文老师请上台去给同学讲罗湾话，让同学们领略客家方言的魅力，而且课下也时常会有其他同学跟着她们学说罗湾话，她们都非常自豪，对罗湾话的感情也更深了。从以上的调查结果来看，罗湾人对罗湾话的情感态度会在一定程度上延缓罗湾话的衰变。

第四节

罗湾话研究现状

罗湾话及其他商州客家话作为客家移民方言，首先是受到了历史文化学者的关注，如陈良学《湖广移民与陕南开发》（1998）、姚秀林等《聚族而居 风情依旧》（2008）和《秦岭深山罗家湾》（2008）、廉高林《商州客家人》（2008）。以上文章关注的是罗湾及商州客家人的迁徙历史、社会背景等内容，同时也对人口的分布、源流及语言使用情况作了一些有价值的考察。与此同时，研究陕西方言的几位语言学者也提到了商洛的客家话，如张成材《商洛方言概况（上）》（1999）、邢向东《论陕南方言的调查研究》（2008）、孟万春《商洛方言语音研究》（2010）等，这些综合性的研究中都提到了商洛境域内的客家话，谈及了分布情况及其语言价值，如张成材（1999）："商州市黑龙口三岔河乡的阎村、陈湾，罗湾镇[①]、韩峪川、铁炉子乡还有个'广东吴'村的广东人大都会讲广东话，他们自称来自广东梅县。""在杨斜区的牛槽乡、四沟、西村，黑山区的二峪河、西联村、岳王坪也有广东人，语言使用情况待查。这种广东话实为客家话。"其中孟万春的《商洛方言语音研究》（2010）调查了闫坪客家话，对其音系做了描写，指出了一些客家话的音韵特征，这可谓是商洛客家话语言研究的滥觞。近年来，随着方言调查的深入，对陕南客家方言岛的调查研究已经起步，如邢向东、付新军、孙红举的《陕南罗湾客家话的音韵特点及与其他客家话的异同》（2013）第一次详细地介绍了罗湾话的语音特点，呈现了罗湾话的语音面貌；付新军的《陕南商洛客家方言入声演变的特点》（2015）则讨论了罗湾以及其他6个商洛客家方言岛入声演变的特点和规律。

近几十年来，罗湾话及其他客家方言岛的研究取得了全方位的进展，成果很多。从单

[①] 笔者注：原书作"镇罗湾"，应是原作者笔误。

篇论文的零星记载到专篇研究论文，再到专门的研究专著；从四川、湖南、广西、浙江、陕西一直到海外客家方言岛；从语音的共时描写到词汇、语法的全面描写研究，再到从语言接触以及社会语言学角度考察方言岛的语言演变。客家方言岛的研究逐渐拓展为横向、纵向的全方位研究，研究的范围越来越广阔。

不过，这些研究还是侧重对客家方言岛的语音描写，词汇、语法的研究尚有待加强；后期逐步开始关注语言接触研究，但主要基于语言事实的比较，缺乏系统的理论指导以及方言岛语言接触演变的理论总结。又近些年来，濒危方言的调查研究越来越受到重视，特色之处是利用新媒体技术，对濒危方言语料以及方言文化等信息加以收集、摄录和保存，从濒危方言的视角来研究方言岛的语言变化也成为了新的研究热点。以上这些都是今后客家方言岛研究工作亟需加强的方面，也是方言岛研究工作继续向纵深发展的主要方向。

第五节

调查说明

本课题从立项之日起，就在负责人的组织下组建了调查研究团队。2016年5月上旬本课题组成员在西藏民族大学参加了由邢向东教授召集、组织的试调查工作。经过培训，课题组进一步弄清了方言纸本调查以及摄录工作的相关要求，为正式调查以及摄录做好了准备。5月底两次赴罗湾寻找合适的发音人，在秦岭铺村党总支副书记罗太杰的帮助下最终找到了较为理想的发音合作人。6月至7月上旬，分三次去罗湾完成了《中国语言资源调查手册·汉语方言》的全部调查任务。8月中下旬在咸阳完成了全部的摄录工作。至12月，相继完成了纸质本和电子版的书写工作，其间又曾多次赴商州、罗湾进行调查核实工作。

2017年3月提交了全部的视频材料、音频材料、纸笔记录及电子文本。4月又根据专家反馈意见对相关内容进行了修改，并完成了补录工作。5月至12月多次去商州、罗湾完成了方言志编写所需要调查的语音、词汇、语法任务。

2018年1月，正式开始方言志的撰写工作，其间又曾多次去商州、罗湾对有疑问的调查材料进行了核实，最终完成了课题所要求的全部工作。下面是本书发音人简况：

罗太栋，男，1949年2月生，陕西商州牧护关镇罗湾人，退休职工，初中文化程度，母语是罗湾话，也会说商州话，也会不太标准的普通话。在罗湾上的小学、中学，工作一直在黑龙口供销社。

罗太金，男，1941年5月生，陕西商州牧护关镇罗湾人，退休教师，大专文化程度，母语是罗湾话，也会说商州话、普通话。没有长期离开家乡的经历。

罗根圣，男，1952年3月生，陕西商州牧护关镇罗湾人，农民，初中文化程度，母语是罗湾话，也会说商州话，也会不太标准的普通话。

罗太华，男，1946年2月生，陕西商州牧护关镇罗湾人，退休干部，小学文化程度，母语是罗湾话，会说商州话，也会不太标准的普通话。1965—1978年间在成都当兵，后转业在商州做公务员，退休后一直在罗湾生活。

罗群英，女，1955年8月生，陕西商州牧护关镇罗湾人，成年后嫁到了西安市未央区，农民，初中文化程度，母语是罗湾话，也会说西安话、普通话。

罗九圣，男，1986年11月生，陕西商州牧护关镇罗湾人，农民，初中文化程度，母语是罗湾话，也会说商州话、普通话。曾有过两年山东打工的经历，主要生活在罗湾，现在西安打工。

罗娅萍，女，1987年3月生，陕西商州牧护关镇罗湾人，农民，初中文化程度，成年后嫁到了西安市未央区，嫁到西安之前，未有外出的经历。现在西安三桥定居和生活。母语是罗湾话，也会说商州话、普通话。

第二章 语音

第一节

声韵调

一 声母

罗湾话的声母有25个，包括零声母在内。

p 八兵布	pʰ 婆片病	m 麦明蚊	f 飞副蜂	v 为温王
t 多带东	tʰ 桃天毒	n 拿脑南		l 老蓝连
ts 资酒争	tsʰ 曹草贼		s 字三想	
tʂ 张竹纸	tʂʰ 车缠柱		ʂ 船手十	ʐ 入然瓤
tɕ 几九见	tɕʰ 全轻件	ȵ 年泥月	ɕ 气响县	
k 家高共	kʰ 葵考柜	ŋ 我熬安	x 鞋好巷	
∅ 云用药				

说明：

1. [v] 母发音时，在上齿接触下唇的同时，双唇闭拢，唇齿接触很轻，可以看作 [v] 与 [u] 的自由变读，本书都记作 [v] 声母。[u]、[o]、[õ] 三韵前无 [v] 声母。

2. [ts tsʰ s] 与 [i] 韵相拼时，有较重的舌叶音色彩，与其他齐齿呼韵母相拼时，也带有舌叶音色彩。

3. [ȵ] 的发音部位靠后，实际音值是 [ɲ]。

二 韵母

罗湾话的韵母有48个，包括能自成音节的 [ŋ] 在内。

ɿ 师丝资

ʅ 十出直

ər 儿而饵　　　　　i 米戏二急七　　　u 苦谷乌　　　　y 雨橘局

a 茶牙瓦白尺　　　ia 写姐夜　　　　　ua 抓瓜垮

ɛ 塔法辣八夹掐　　　　　　　　　　　uɛ 刮剐

ᴇ 折舌赊　　　　　iᴇ 接贴热节月　　　　　　　　　　yᴇ 掘缺靴

o 歌坐过郭壳学　　io 茄药脚

ai 排鞋孩　　　　　　　　　　　　　uai 怪快帅

ei 对飞北色　　　　　　　　　　　　uei 鬼骨国

oi 开赔盒托　　　　　　　　　　　　　　　　　　yoi 蹶

au 宝饱好　　　　　iau 笑桥票

ɛu 豆走狗

ou 猪肚毒　　　　　iou 油六绿

ã 南山半　　　　　　　　　　　　　　uã 关款幻

ẽ 根灯能缠　　　　iẽ 盐年　　　　　　　　　　　　yẽ 选捐权

õ 短甘官　　　　　　　　　　　　　　　　　　　　yõ 软阮

ən 深寸升　　　　　in 心新云星　　　uən 春滚困　　yən 军俊训

aŋ 硬争横　　　　　iaŋ 病岭轻　　　　uaŋ 梗筐况

ɔŋ 糖床王双讲　　　iɔŋ 亮响讲　　　　uɔŋ 光广晃

əŋ 东龙中　　　　　iəŋ 穷兄用　　　　uəŋ 公弓空

ŋ 鱼五戊

说明：

1. [u]在[tʂ tʂʰ ʂ z]后面带卷舌色彩，是[ʮ]；在[f]声母后，是[v]，发音时上齿自始至终都接触下唇。

2. [y]有时口型很松，唇形较展，听感上像[i]，又像[y]，音色含混，是[ʉ]。

3. [ᴇ]做韵腹时舌位略高。

4. [o]的实际高度介于[o]和[ɔ]之间，不过与唇音声母相拼时舌位较高，是[ɷ]。

5. [oi]韵的实际音值接近[ɔe]，但主元音不是典型的圆唇元音，略带展唇色彩。

6. 以[ɛ]为主要元音的三个韵母[ɛ]、[ɛu]、[ɛ̃]和[k]组声母相拼时，中间滋生有一个[i]介音，这个[i]介音较短且紧，和其他声母后的介音[i]不同。

三 声调

罗湾话的声调有6个。

阴平　[24]东该灯风通开天春买有动近

阳平　[21]门龙牛油铜皮糖红

上声　[42]懂古鬼九统苦讨草老五

去声　[554]罪后冻怪半四痛快寸去卖路硬乱洞地饭树

阴入　[33]谷百搭节急哭拍塔切刻六

阳入　[44]麦叶月毒白盒罚

说明：

1. 阴平[24]个别字的起头略高，实际音值是[324]。

2. 去声[554]有时起头略低，实际音值是[454]。

3. 阴入[33]调尾略有下降。

4. 阳入[44]调尾略有上升，实际音值接近[34]。

第二节

单字音表

表中同一横行的字声母相同,同一竖行的字韵母、声调相同。空格表示没有声韵调配合关系。有音无字的用数字序号表示,并在表下加注。

表2-1 单字音表之一

韵\声调	ɿ 阴平 24	ɿ 阳平 21	ɿ 上声 42	ɿ 去声 554	ɿ 阴入 33	ɿ 阳入 44	ʅ 阴平 24	ʅ 阳平 21	ʅ 上声 42	ʅ 去声 554	ʅ 阴入 33	ʅ 阳入 44	i 阴平 24	i 阳平 21	i 上声 42	i 去声 554	i 阴入 33	i 阳入 44	u 阴平 24	u 阳平 21	u 上声 42	u 去声 554	u 阴入 33	u 阳入 44
p pʰ m													屄 批 尾	比 皮 迷	闭 辟 米	笔 屁 味	蜜	笔 密	晡 铺	补 蒲 唔	部 谱	步 鹁		
f v																			麸	胡	府	付	覆	副
t tʰ n l													敌 题 礼	抵 体 黎	递 李	滴 地 利	粒	历						
ts tsʰ s	咨 辞 师	紫 瓷 时	志 此 史	支 自 事	①								挤 蛆 西	姊 脐	际 砌 死	积 七 四	息		诸 输	著 处 秫	蜀	竖	舒	
tʂ tʂʰ ʂ							植 ② 时	池 屎	纸 耻 世	致 峙 湿	职 出 十	侄								除				
ʐ									入₁											入₂ 如	乳			
tɕ tɕʰ ɲ ɕ													及 欺 吸	渠 奇 尼 袭	己 祈 耳 喜	记 弃 二 气	级	隙						
k kʰ ŋ													鸡				给		姑 箍	古	固 库	谷 窟		
x																			呼			沪		
∅													怡	移	椅	议	一		乌	蜈	武	误	屋	

时 sɿ²¹ 四~八节
时 sʅ²¹ ~候
入₁ zʅ²⁴ 交合
味 mi⁵⁵⁴ ~道
密 mi⁴⁴ 与稀疏相对
挤 tsi²⁴ ~公交
耳 ɲi⁴² ~朵
渠 tɕi²¹ 第三人称代词
铺 pʰu²⁴ 动词
唔 mu²¹ 否定副词"不"
除 tʂu²¹ ~法
入₂ ʐu²⁴ ~选
① tsʰɿ⁴⁴ 擦
② tʂʰʅ²⁴ ~花烟火

表2-2　单字音表之二

声母\韵调	y 阴平 24	y 阳平 21	y 上声 42	y 去声 554	y 阴入 33	y 阳入 44	ər 阴平 24	ər 阳平 21	ər 上声 42	ər 去声 554	ər 阴入 33	ər 阳入 44	a 阴平 24	a 阳平 21	a 上声 42	a 去声 554	a 阴入 33	a 阳入 44	ia 阴平 24	ia 阳平 21	ia 上声 42	ia 去声 554	ia 阴入 33	ia 阳入 44
p													疤		把	霸	百						壁	
pʰ														爬		怕	魄	白						劈
m														马	麻	骂	脉	麦						
f													花		铧	化								
v														娃		话								
t													达		打				②					
tʰ															他									
n														拿										
l		驴	吕	律										拉	①		垃							
ts													渣	蔗	拃	榨	摘				姐	借		
tsʰ													叉	茶		岔	拆				斜	谢	席	
s													沙		洒	厦	萨				写	泄	锡	
tʂ													遮			隻								
tʂʰ													车		扯	尺								
ʂ													社	蛇	傻	射	设	石						
z																								
tɕ	局	巨	剧	橘															据					
tɕʰ		渠	取	趣	屈																螺	洽	搭	
ȵ			女																	惹				
ɕ	虚	徐	许	序	肃														虾		霞		虾	
k													家		假	架	革							
kʰ																	客							
ŋ													伢		牙	瓦								
x													下		瞎	夏	吓								
∅		余	语	遇	玉			儿	饵	日						轭			野	爷	雅	夜		

驴 ly²¹ ～崽子
渠 tɕʰy²¹ 又音
女 ȵy⁴² ～司机
日 ər⁵⁵⁴ ～字旁
把 pa⁴² 一～
白 pʰa⁴⁴ ～个白的
话 va⁵⁵⁴ ～事说话
垃 la³³ 沟～小水沟

蔗 tsa²¹ ～梗子甘蔗
厦 sa⁵⁵⁴ ～子屋厢房
假 ka⁴² 真～
下 xa⁵⁴ 表方位
瞎 xa²¹ 坏
壁 pia³³ 隔～
席 tsʰia⁴⁴ ～子
锡 sia³³ 金属元素

据 tɕia²⁴ 手冻～咧手冻僵了
搭 tɕʰia⁵⁵⁴ ～倒抱着
虾 ɕia²⁴ ～仁子虾仁儿
虾 ɕia³³ ～米
①la²¹ ～螺蜘蛛
②tia²⁴ 提

表2-3 单字音表之三

韵\调\声	ua 阴平 24	ua 阳平 21	ua 上声 42	ua 去声 554	ua 阴入 33	ua 阳入 44	ε 阴平 24	ε 阳平 21	ε 上声 42	ε 去声 554	ε 阴入 33	ε 阳入 44	uε 阴平 24	uε 阳平 21	uε 上声 42	uε 去声 554	uε 阴入 33	uε 阳入 44	E 阴平 24	E 阳平 21	E 上声 42	E 去声 554	E 阴入 33	E 阳入 44
p											八													
pʰ												钹												
m												袜												
f											法	罚												
v											挖	**滑**												
t											答	**跌**												
tʰ											踏	沓												
n												**纳**												
l											③	腊												
ts											扎													
tsʰ											擦	杂												
s											杀													
tʂ	抓		爪																				哲	**折**
tʂʰ																						浙	**彻**	
ʂ			耍		刷																		摄	舌
ʐ																								
tɕ																								
tɕʰ																								
ȵ																								
ɕ																								
k	瓜		寡	挂							**甲**	夹					刮							
kʰ	夸		垮	跨	②						掐													
ŋ																								啃
x											**瞎**													
∅											鸭													

滑 vε^{44} ～倒

跌 tε^{44} ～伤

纳 nε^{44} ～宝 一种游戏

甲 kε^{33} 手指～

夹 kε^{44} ～子

瞎 xε^{33} ～子

折 tʂE^{42} 骨～

彻 tʂʰE^{24} 又音

① tʂʰua^{42} 瞎～子 不懂眼色，反应迟钝的人

② kʰua^{33} "屋下"的合音

③ lε^{33} ～子 锅巴

表 2-4　单字音表之四

韵\调\声	iE 阴平 24	iE 阳平 21	iE 上声 42	iE 去声 554	iE 阴入 33	iE 阳入 44	yE 阴平 24	yE 阳平 21	yE 上声 42	yE 去声 554	yE 阴入 33	yE 阳入 44	o 阴平 24	o 阳平 21	o 上声 42	o 去声 554	o 阴入 33	o 阳入 44	io 阴平 24	io 阳平 21	io 上声 42	io 去声 554	io 阴入 33	io 阳入 44
p	别			鳖									菠	跛		剥								
pʰ	蟞			撇									坡	婆		破	迫	薄						
m				灭									母	摩	牡	墓	末	莫						
f														佛	火	货								
v																								
t	捷		跌										多		朵	剁								
tʰ			且	铁	叠								拖	驼	妥	度		择						
n														挪		糯		②						
l				劣	烈									罗	裸	摞		落						
ts				节									卓		左	做	桌							
tsʰ		姜		切	绝									坐			错							
s				卸	雪									缩		锁	索						削	
tʂ													拙				着							
tʂʰ													绰					着						
ʂ													硕	芍			朔							
ʐ																	勺							
tɕ	杰			结			蕨			决												脚		
tɕʰ		劫		怯					倔	缺					茄	确						③		
ɲ				聂	热							靴											虐	
ç		协		懈	血	穴																		
k													歌	合	果	过	郭							
kʰ													科		可	课	磕							
ŋ														鹅		饿		鳄						
x														河	豁	贺	壳	学						
ø				腋	页	①				悦			窝	和		卧	物	锇					跃	药

别 piE²⁴ ～针
跌 tiE³³ ～咧 丢了
薄 pʰo⁴⁴ 厚～
择 tʰo⁴⁴ ～菜 择菜
着 tʂo³³ 穿

着 tʂʰo⁴⁴ 睡～咧
芍 ʂo²¹ ～药
合 ko²¹ 容量单位
劙 xo²⁴ 用刀子～开
和 o²¹ ～尚

① yE²⁴ ～芋 马铃薯
② no⁴⁴ ～花团 五味子
③ tɕio³³ 靠近

表2-5　单字音表之五

声\韵调	ai 阴平24	ai 阳平21	ai 上声42	ai 去声554	ai 阴入33	ai 阳入44	uai 阴平24	uai 阳平21	uai 上声42	uai 去声554	uai 阴入33	uai 阳入44	ei 阴平24	ei 阳平21	ei 上声42	ei 去声554	ei 阴入33	ei 阳入44	uei 阴平24	uei 阳平21	uei 上声42	uei 去声554	uei 阴入33	uei 阳入44
p			摆	拜									悲			贝	北							
pʰ		排		派									披	培		配	杯	卜						
m	买	埋		卖									美	梅		昧	默	墨						
f		怀		坏									飞	回	毁	废	妃	**核**						
v	歪												威	违	委		喂							
t	呆			逮	带								低		底	对	德		碓					
tʰ				太									推	啼	腿	退								
n			揩	乃	耐									泥		内	**劈**							
l	①				赖									雷	垒	类		肋						
ts	灾		宰	再									宅		**嘴**	最	**窄**							
tsʰ	猜	柴		彩	寨								催	齐		罪	策	贼						
s	腮			晒											随	洗	细	色						
tʂ							拽										③		追			坠		
tʂʰ									②	揣									吹	垂				
ʂ							衰			帅											水	税		
ʐ																						锐		
tɕ																								
tɕʰ																								
ɲ																								
ɕ																								
k	街		**解**	介			乖		拐	怪			**虼**						归		鬼	贵	国	
kʰ	**荷**		楷	慨						块							克		盔	葵	跪	柜		
ŋ	哀		我	艾																				
x			鞋	咳						淮						**系**	黑	④				惠	挥	
ø	挨	癌	矮	碍																				

解 kai⁴² ～放　　　　　劈 nei³³ 刺　　　　　② tʂʰuai²¹ ～子长在肚子上的痈

荷 kʰai²⁴ 挑　　　　　嘴 tsei⁴² 牛～子　　　③ tʂei⁴⁴ □lei⁴⁴ ～脏

拽 tʂuai²⁴ ～子手残的人　虼 kei²⁴ 蚤～子蟋蟀　　④ xei⁴⁴ 住

揣 tʂuai⁴² ～度　　　　系 xei⁵⁵⁴ 是

核 fei⁴⁴ 果～　　　　　① lai²⁴ ～尿尿床，尿裤子

表2-6　单字音表之六

韵\调声	oi 阴平 24	oi 阳平 21	oi 上声 42	oi 去声 554	oi 阴入 33	oi 阳入 44	yoi 阴平 24	yoi 阳平 21	yoi 上声 42	yoi 去声 554	yoi 阴入 33	yoi 阳入 44	au 阴平 24	au 阳平 21	au 上声 42	au 去声 554	au 阴入 33	au 阳入 44	iau 阴平 24	iau 阳平 21	iau 上声 42	iau 去声 554	iau 阴入 33	iau 阳入 44
p			背	背	拨								包	刨	宝	报			标		表			
pʰ	坏	陪			泼								抛	袍		炮			飘	瓢		票		
m	亩	媒	妹										毛	茅		帽				苗	秒	庙		
f	灰																							
v			会		活																			
t	堆												刀		岛	到			刁			吊		
tʰ	胎	苔		袋	脱	夺							掏	桃	讨	套			挑	条				
n														铙	脑	闹								
l		来			捋									劳	老	涝				疗	了	料		
ts				撮									遭		早	灶			焦					
tsʰ	在	财	菜	撮									抄	曹	草	造			悄			鞘		
s				岁									臊		嫂	哨			消		小	笑		
tʂ			啄												召	照								
tʂʰ													超	潮	少	赵								
ʂ		睡											烧	韶	少	邵								
ʐ														饶	扰									
tɕ																			浇		搅	叫		
tɕʰ									蹴										敲	乔	巧	窍		
ŋ																			浒			尿		
ɕ																			嚣		晓	孝		
k	该		改	盖	割								高		稿	告								
kʰ	开		凯												考	靠								
ŋ				外										熬		奥								
x	开		海	害	渴	盒							薅	豪	好	号								
∅	娭			爱					蹴					袄					妖	摇	舀	耀		

背 poi⁵⁵⁴ ~囊脊背
背 pʰoi⁵⁵⁴ ~书
会 voi⁵⁵⁴ ~咧
活 voi⁴⁴ ~咧
堆 toi²⁴ 又音
撮 tsoi³³ 量词一~
撮 tsʰoi³³ ~勺一种撮取米或面的器具

啄 tʂoi⁵⁵⁴ 嘴
该 koi²⁴ 应~
开 kʰoi²⁴ ~车
外 ŋoi⁵⁵⁴ 方位词
开 xoi²⁴ ~水
娭 oi²⁴ 姨~姨妈
爱 oi⁵⁵⁴ ~东西要东西

蹴 tɕʰyoi⁵⁵⁴ 累
刨 pau²¹ 拨拉
毛 mau²⁴ 猪~
少 ʂau⁴² 多~
好 xau⁴² ~坏

表2-7 单字音表之七

韵\调声	εu 阴平 24	εu 阳平 21	εu 上声 42	εu 去声 554	εu 阴入 33	εu 阳入 44	ou 阴平 24	ou 阳平 21	ou 上声 42	ou 去声 554	ou 阴入 33	ou 阳入 44	iou 阴平 24	iou 阳平 21	iou 上声 42	iou 去声 554	iou 阴入 33	iou 阳入 44	ã 阴平 24	ã 阳平 21	ã 上声 42	ã 去声 554	ã 阴入 33	ã 阳入 44
p																			班		版	半		
pʰ																			潘	盘		⑤办		
m																				满蛮	瞒	慢		
f																			翻	凡	反	犯		
v																			弯	顽	晚	万		
t	篼		陡	窦			都		赌	度	督		丢						丹		胆	旦		
tʰ		偷头	豆					投	土	透	秃	独							贪	谈	毯	探		
n			纽					①	奴	努	怒									男	摘	难		
l		楼篓	漏				鑪	卢	卤	路	禄	爐		柳流	溜	六	榴		懒	蓝	览	烂		
ts		走						邹	组	助	粥		租		酒	③			簪		盏	暂		
tsʰ	抠		瞅					粗	愁	楚	醋	嗽		秋		④			餐	蚕	产	灿		
s		搜		瘦				苏		诉	塑	束		修		粟	秀		三		伞	散		
tʂ							猪		煮	昼	竹								瞻		展	战		
tʂʰ							柱	厨	鼠	臭	畜	②												
ʂ							收		手	树	叔	赎							蝉	陕	疝			
ʐ								柔		辱	褥													
tɕ													纠		九	救	趨							
tɕʰ													舅	求		旧	曲							
ȵ														牛	扭	谬	肉							
ɕ													休			朽	宿							
k	钩		狗	够															间		敢	干		
kʰ	抠		口	扣															刊		砍	坎		
ŋ									藕	欧									胺		眼	暗		
x		厚猴	吼	后																含	罕	撼		
∅			呕	沤			区							有	油	右	优							

篼 tɛu²⁴ 猪～，猪食槽
窦 tɛu⁵⁵⁴ 狗～，狗窝
口 kʰεu⁴² ～供
鑪 lou²⁴ 铁锈
爐 lou⁴⁴ 烫
畜 tʂʰou³³ ～生
区 ou²¹ 姓
趨 tɕiou³³ 追

曲 tɕʰiou³³ 酒～子
宿 ɕiou⁵⁵⁴ 星～
摘 nã⁴² 抱
难 nã⁵⁵⁴ 患～
间 kã²⁴ 一～屋
干 kã⁵⁵⁴ ～部
眼 ŋã⁴² ～珠，眼睛
①nou²⁴ 短时间地待在一个

地方
②tʂʰou⁴⁴ 抖：把衫～一下
③tsiou⁵⁵⁴ ～脚，把腿蜷起来
④tsʰiou⁵⁵⁴ 去找他人聊天，打牌等
⑤pʰã⁴² ～草，锄草

表2-8 单字音表之八

韵\调声	uã 阴平 24	uã 阳平 21	uã 上声 42	uã 去声 554	uã 阴入 33	uã 阳入 44	ɛ̃ 阴平 24	ɛ̃ 阳平 21	ɛ̃ 上声 42	ɛ̃ 去声 554	ɛ̃ 阴入 33	ɛ̃ 阳入 44	iɛ̃ 阴平 24	iɛ̃ 阳平 21	iɛ̃ 上声 42	iɛ̃ 去声 554	iɛ̃ 阴入 33	iɛ̃ 阳入 44	yɛ̃ 阴平 24	yɛ̃ 阳平 21	yɛ̃ 上声 42	yɛ̃ 去声 554	yɛ̃ 阴入 33	yɛ̃ 阳入 44
p							奔						边		匾	变								
pʰ													偏	**便**	片	**骗**								
m													棉		免	面								
f																								
v																								
t							灯		等	凳			掂		点	淀								
tʰ								誊					天	田	舔	电								
n								能	①															
l								棱						廉	脸	练								
ts							筝			憎			尖		剪	箭								
tsʰ								层					千	前	浅	贱								
s							牲		**省**	擤			先		癣	线								
tʂ										颤														
tʂʰ								缠																
ʂ							膻			善														
ʐ								然		冉														
tɕ													艰		减	鉴			捐		**卷**	倦		
tɕʰ													牵	钳		欠				权	犬	劝		
ɲ													拈	年	捻	染					软			
ɕ													掀	嫌	险	限			**宣**	玄	选			
k	关			惯			根																	
kʰ			款				坑		肯															
ŋ							恩																	
x				幻			**喊**	恒	很	恨														
∅							②						淹	盐	掩	验								

省 sɛ̃⁴²～长　　　　　骗 pʰiɛ̃⁵⁵⁴欺～　　　　　①nɛ̃⁵⁵⁴乳房("奶儿"的合音)

喊 xɛ̃²⁴叫：～渠来　　卷 tɕyɛ̃⁴²动词　　　　②ɛ̃²⁴捧

便 pʰiɛ̃²¹～宜　　　　宣 ɕyɛ̃²⁴又音

表2-9　单字音表之九

韵 调 声	õ 阴平 24	õ 阳平 21	õ 上声 42	õ 去声 554	õ 阴入 33	õ 阳入 44	yõ 阴平 24	yõ 阳平 21	yõ 上声 42	yõ 去声 554	yõ 阴入 33	yõ 阳入 44	ən 阴平 24	ən 阳平 21	ən 上声 42	ən 去声 554	ən 阴入 33	ən 阳入 44	in 阴平 24	in 阳平 21	in 上声 42	in 去声 554	in 阴入 33	in 阳入 44
p													**分**	本		笨			宾	秉		**并**		
pʰ													喷	盆					拼	贫	品	聘		
m													**蚊**	门		闷				民	敏			
f	欢		缓										婚	坟	粉	粪								
v													温	文	稳	**问**								
t	端		短	段									蹲			顿			**丁**	鼎		钉		
tʰ		断		团									吞	囤					厅	亭	挺	定		
n	暖														②	嫩								
l			卵	乱										仑		论			拎	林	冷	赁		
ts	**钻**		①	**钻**									**糁**						津		**井**	进		
tsʰ		囙											村	存		寸			亲			寻		
s	酸			算									森		笋	渗			心			信		
tʂ	专		**转**	篆									针		枕	镇								
tʂʰ	穿	橡	喘	串									深	沉	逞	趁								
ʂ	拴	船		涮									身	绳	沈	圣		刃						
ʐ														仁										
tɕ																			今		紧	尽		
tɕʰ																			近	琴	寝	**浸**		
ȵ					软														忍	人		认		
ɕ																			熏	形		幸		
k	甘		管	灌																				
kʰ	宽			看																				
ŋ	安																							
x	鼾	韩		旱																				
∅	**完**		碗	换															音	云	隐	印		

钻 tsõ²⁴ ～石洞　　　　问 vən⁵⁵⁴ ～题　　　　钉 tin⁵⁵⁴ ～住

钻 tsõ⁵⁵⁴ ～子　　　　论 lən⁵⁵⁴ 议～　　　　冷 lin⁴² ～子冰雹

转 tʂõ⁴² ～眼　　　　糁 tsən²⁴ 雪～～子雪珠子　　井 tɕin⁴² ～冈山

完 õ²⁴ 整的，浑的　　仁 zən²¹ 砂～　　　　浸 tɕʰin⁵⁵⁴ ～水土湿地

分 pən²⁴ 给　　　　　并 pin⁵⁵⁴ 合～　　　　① tsõ⁴² 豆～种豆子的农具

蚊 mən²⁴ ～子　　　　丁 tin²⁴ 姓　　　　　② nən⁴² 捻

表2-10 单字音表之十

声\韵调	uən						yən						aŋ						iaŋ					
	阴平 24	阳平 21	上声 42	去声 554	阴入 33	阳入 44	阴平 24	阳平 21	上声 42	去声 554	阴入 33	阳入 44	阴平 24	阳平 21	上声 42	去声 554	阴入 33	阳入 44	阴平 24	阳平 21	上声 42	去声 554	阴入 33	阳入 44
p pʰ m													搒	庞		胖				丙 屏 名		俜 病 命		
f v														横										
t tʰ n l													钉 听 冷	囊 零	顶 攮					领	岭			
ts tsʰ s													争 撑 甥		掌 省	腥			精 青	晴	井 请 醒	净 姓		
tʂ tʂʰ ʂ ʐ	春 ①	纯	准 顺 润	蠢									正 郑 声 成											
tɕ tɕʰ ɲ ɕ							君 荀		俊 皴 迅										惊 轻		颈	镜		
k kʰ ŋ x	昆	滚 捆	棍 困										羹 啃			哽 硬								
ø							耘		熨										②	赢	影	映		

搒 paŋ²⁴ 拔，扯
横 vaŋ²¹ ～木
钉 taŋ²⁴ ～子
顶 taŋ⁴² 头～
听 tʰaŋ²⁴ ～见
冷 laŋ²⁴ 天气～
省 saŋ⁴² 节～
正 tʂaŋ⁵⁵⁴ 才

正 tʂaŋ³³ ～月
郑 tʂaŋ⁵⁵⁴ 姓
声 ʂaŋ²⁴ ～音
成 ʂaŋ²¹ 事～咧
羹 kaŋ²⁴ 一种粗玉米面儿做的糊状稀饭
啃 ŋaŋ²⁴ 恰～剛剛
领 liaŋ²¹ 衫～

岭 liaŋ⁴² 山顶的位置
精 tsiaŋ²⁴ 漂亮
井 tsiaŋ⁴² 水～
影 iaŋ⁴² ～子
映 iaŋ⁵⁵⁴ 反～
① ʂuən²¹ 形容人长得丑
② iaŋ²⁴ ～子这里

表2-11 单字音表之十一

韵\调声	uaŋ 阴平 24	uaŋ 阳平 21	uaŋ 上声 42	uaŋ 去声 554	uaŋ 阴入 33	uaŋ 阳入 44	ɔŋ 阴平 24	ɔŋ 阳平 21	ɔŋ 上声 42	ɔŋ 去声 554	ɔŋ 阴入 33	ɔŋ 阳入 44	iɔŋ 阴平 24	iɔŋ 阳平 21	iɔŋ 上声 42	iɔŋ 去声 554	iɔŋ 阴入 33	iɔŋ 阳入 44	uɔŋ 阴平 24	uɔŋ 阳平 21	uɔŋ 上声 42	uɔŋ 去声 554	uɔŋ 阴入 33	uɔŋ 阳入 44
p							帮		绑	棒														
pʰ								旁		胖														
m								忙	莽															
f							荒	房	谎	放														
v							汪	黄	网	望														
t							裆		党	荡														
tʰ							汤	堂	躺	烫①														
n																								
l								郎		浪				两 良	辆	亮								
ts							庄			葬			将		蒋	酱								
tsʰ							仓	床	闯	撞			枪	墙	抢	呛								
s							桑		嗓	双			箱	详	想	象								
tʂ							张		掌	帐														
tʂʰ							昌	常	厂	唱														
ʂ							商	尝	赏	上														
ʐ								瓤	嚷	炀														
tɕ													疆	讲	糨									
tɕʰ													腔	强		犟								
ɲ														娘		让								
ɕ													香	降	享	向								
k			梗				刚		港	杠									光		广	逛		
kʰ		筐	狂	矿			康			炕									匡					
ŋ							昂																	
x							糠	航	夯	项												晃		
ø													养	羊	仰	样								

梗 kuaŋ⁴² 麦～麦秸　　两 liɔŋ²⁴ 三～　　降 ɕiɔŋ²¹ ～服

双 ʂɔŋ⁵⁵⁴ ～生　　将 tsiɔŋ²⁴ ～来　　样 iɔŋ⁵⁵⁴ 一～

上 ʂɔŋ⁵⁵⁴ ～背 上面　　讲 tɕiɔŋ⁴² 又音　　① nɔŋ⁵⁵⁴ 裤～裤裆

炀 zɔŋ⁵⁵⁴ 人多，热闹　　强 tɕʰiɔŋ²¹ ～大

表 2-12 单字音表之十二

声\韵调	əŋ 阴平 24	əŋ 阳平 21	əŋ 上声 42	əŋ 去声 554	əŋ 阴入 33	əŋ 阳入 44	iəŋ 阴平 24	iəŋ 阳平 21	iəŋ 上声 42	iəŋ 去声 554	iəŋ 阴入 33	iəŋ 阳入 44	uəŋ 阴平 24	uəŋ 阳平 21	uəŋ 上声 42	uəŋ 去声 554	uəŋ 阴入 33	uəŋ 阳入 44	ŋ 阴平 24	ŋ 阳平 21	ŋ 上声 42	ŋ 去声 554	ŋ 阴入 33	ŋ 阳入 44
p	崩			蹦																				
pʰ	烹	朋	捧	碰																				
m		盟	猛	梦																				
f	风	红	哄	凤																				
v	翁			瓮																				
t	东		懂	冻			叮																	
tʰ	通	同	桶	洞																				
n			浓	弄																				
l		聋	龙	拢																				
ts	宗		总	粽																				
tsʰ	葱	丛	怂	纵																				
s	嵩		扅	宋			星																	
tʂ	忠		肿	仲																				
tʂʰ	充	虫	宠	铳																				
ʂ																								
ʐ		扔																						
tɕ							京		警	敬														
tɕʰ							穷		倾	庆														
ɲ									宁															
ɕ							兄			熊														
k	庚		耿	更									公		巩	贡								
kʰ													空		孔	控								
ŋ																								
x	亨	衡		横									轰											
∅							英	容	永	用									鱼		五	戊		

哄 fəŋ⁴² 骗

铳 tʂʰəŋ⁵⁵⁴ 独眼～一只眼儿

更 kəŋ⁵⁵⁴ ～加

横 xəŋ⁵⁵⁴ 蛮～

星 siəŋ²⁴ 流～锤

空 kʰəŋ²⁴ ～虚

第三节

连读变调及轻声

本节描写罗湾话两字组的连读变调情况，其中又根据语素或音节的性质，分为非叠字两字组连读变调、轻声两字组连读变调和叠字两字组连读变调三种类型。下面分别加以说明。为了方便表述，本书用1、2、3、4、5、6表示6个声调，组合11表示阴平[24]＋阴平[24]，12表示阴平[24]＋阳平[21]，其他依此类推。

一 两字组连读变调

（一）非叠字两字组连读变调

罗湾话的两字组基本都不变调。要发生连读变调的主要是以下三种情况：

1. 当前字为去声[554]时，两字组的前字会发生变调。

2. 有些前字为阳平[21]的两字组，其后字不管本调如何，都会发生读为[33]的变调，从而出现了一种调类中和的现象。

3. 在"阴平[24]＋阴平[24]"的组合中，会发生"[33]＋[33]"的变调，特点是前后字都要变调。而所发生的"[33]＋[33]"的变调模式有时具有别义的作用，可看作一种音义或语法变调。如："蒸馍"存在两种调式，一种读[24]＋[24]，即不变调；一种读变调的[33]＋[33]。前者指蒸馒头，是动词；后者指馒头，是名词，再如："东西"也存在同样的情况，当读[24]＋[24]时，表方位义；而当读[33]＋[33]时，则是一般的指物名词。

其中后两种情况所发生的特殊变调模式"[33]＋[33]"和"[21]＋[33]"都可看作一种词调。

罗湾话具体的连读变调规律见表2-13（加粗字体的部分表示发生连读变调）。

表 2-13　非叠字两字组连读变调表

前字＼后字	阴平 24	阳平 21	上声 42	去声 554	阴入 33	阳入 44
阴平 24	24＋24 / 33＋33	24＋21	24＋42	24＋554	24＋33	24＋44
阳平 21	21＋24 / **21＋33**	21＋21 / **21＋33**	21＋42 / **21＋33**	21＋554 / **21＋33**	21＋33 / **21＋33**	21＋44 / **21＋33**
上声 42	42＋24	42＋21	42＋42	42＋554	42＋33	42＋44
去声 554	**54＋24**	**55＋21**	**55＋42**	**55＋554**	**54＋33**	**55＋44**
阴入 33	33＋24	33＋21	33＋42	33＋554	33＋33	33＋44
阳入 44	44＋24	44＋21	44＋42	44＋554	44＋33	44＋44

下面分别举例：

1 1 24＋24　　剿猪 $t^hiau^{24}tsou^{24}$　　　上街 $ṣoŋ^{24}kai^{24}$
　　　　　　　花生 $fa^{24}sɛ̃^{24}$　　　　　香菇 $ɕioŋ^{24}ku^{24}$

1 1 **33＋33**　秋天 $ts^hiou^{33}t^hiɛ̃^{33}$　　飞机 $fei^{33}ki^{33}$
　　　　　　　天星 $t^hiɛ̃^{33}sin^{33}$　　　阿公 $a^{33}kuəŋ^{33}$①

1 2 24＋21　　薅锄 锄草的农具 $xau^{24}ts^hɿ^{21}$　香肠 $ɕioŋ^{24}ts^həŋ^{21}$
　　　　　　　栝楼 中药名 $kua^{24}lɛu^{21}$　　清明 $ts^hiaŋ^{24}miaŋ^{21}$

1 3 24＋42　　薅草 $xau^{24}ts^hau^{42}$　　　浇土 $tsiau^{24}t^hou^{42}$
　　　　　　　莴笋 $o^{24}sən^{42}$　　　　　牲口 $sɛ̃^{24}xɛu^{42}$

1 4 24＋554　 上粪 $ṣoŋ^{24}fən^{554}$　　　　乌豆 黑豆 $u^{24}t^hɛu^{554}$
　　　　　　　香菜 $ɕioŋ^{24}ts^hoi^{554}$　　蜂窦 $fəŋ^{24}tɛu^{554}$

1 5 24＋33　　开业 $k^hoi^{24}ȵiE^{33}$　　　公鸭 $kuəŋ^{24}ɛ^{33}$
　　　　　　　沟圾 小水沟 $kɛu^{24}la^{33}$　猪血 $tsou^{24}ɕiE^{33}$

1 6 24＋44　　消毒 $siau^{24}t^hou^{44}$　　　葱叶 $ts^həŋ^{24}iE^{44}$
　　　　　　　葱白 $ts^həŋ^{24}p^ha^{44}$　　荠白 $tɕiau^{24}p^ha^{44}$

2 1 21＋24　　柴窗 旧式木制结构的窗子 $ts^hai^{21}ts^hoŋ^{24}$　茼蒿 $t^həŋ^{21}xau^{24}$
　　　　　　　莲花 $liɛ̃^{21}fa^{24}$　　　　狂风 $k^huaŋ^{21}fəŋ^{24}$

2 1 **21＋33**　箩筛 $lo^{21}sai^{33}$　　　　　泥巴 $nei^{21}pa^{33}$

---

① 主要出现在阴平和阴平的组合，阴平与其他调类的字也有此变调，但词例不多。

		黄花 vɔŋ²¹fa³³	楼梯 lɛu²¹tʰoi³³
2 2	21+21	划拳 fa²¹tɕʰyɛ²¹	煤油 mei²¹iou²¹
		城墙 tʂʰən²¹tsʰiɔŋ²¹	藤条 tʰən²¹tʰiau²¹
2 2	21+33	回茬 晚熟的谷物 fei²¹tsʰa³³	洋芋 iɔŋ²¹i³³
		陪房 嫁妆 pʰoi²¹fɔŋ³³	便宜 pʰiɛ²¹i³³
2 3	21+42	平土 pʰiaŋ²¹tʰou⁴²	排水 pʰai²¹ʂuei⁴²
		浑水 vən²¹ʂuei⁴²	年底 ȵiɛ²¹tei⁴²
2 3	21+33	朋友 pʰən²¹iou³³	洋镐 iɔŋ²¹kau³³
2 4	21+554	杨树 iɔŋ²¹ʂou⁵⁵⁴	楼道 lɛu²¹tau⁵⁵⁴
		城市 tʂʰən²¹sɿ⁵⁵⁴	婆太 曾祖母 pʰo²¹tʰai⁵⁵⁴
2 4	21+33	铜匠 tʰən²¹siɔŋ³³	和尚 o²¹ʂɔŋ³³
		邻舍 lin²¹ʂa³³	
2 5	21+33	停业 tʰin²¹ȵiE³³	黄历 vɔŋ²¹li³³
		头发 tʰɛu²¹fɛ³³	牛角 ȵiou²¹ko³³
2 6	21+44	惩罚 tʂʰən²¹fɛ⁴⁴	萝卜 lo²¹pʰei⁴⁴
		粮食 liɔŋ²¹sɿ⁴⁴	洋蜡 iɔŋ²¹lɛ⁴⁴
3 1	42+24	打秋 打秋千 ta⁴²tsʰiou²⁴	草猪 tsʰau⁴²tʂou²⁴
		狗窝 kɛu⁴²o²⁴	水缸 ʂuei⁴²kɔŋ²⁴
3 2	42+21	掌牛 放牛 tʂɔŋ⁴²ȵiou²¹	火钳 fo⁴²tɕʰiɛ²¹
		水壶 ʂuei⁴²fu²¹	井绳 tsiaŋ⁴²ʂən²¹
3 3	42+42	水果 ʂuei⁴²ko⁴²	表演 piau⁴²iɛ⁴²
		尿桶 ȵiau⁴²tʰəŋ⁴²	手纸 ʂou⁴²tsɿ⁴²
3 4	42+554	演戏 iɛ⁴²ɕi⁵⁵⁴	估计 ku⁴²tɕi⁵⁵⁴
		网套 棉花胎 vɔŋ⁴²tʰau⁵⁵⁴	狗窦 狗窝 kɛu⁴²tɛu⁵⁵⁴
3 5	42+33	请客 tsʰiaŋ⁴²kʰa³³	影壁 iaŋ⁴²pi³³
		洗脚 sei⁴²tɕio³³	纸扎 tsɿ⁴²tsɛ³³
3 6	42+44	解毒 kai⁴²tʰou⁴⁴	铝镙 铝锅 li⁴²o⁴⁴
		草席 tsʰau⁴²tsʰia⁴⁴	好食 馋 xau⁴²sɿ⁴⁴
4 1	54+24	放心 fɔŋ⁵⁴sin²⁴	看书 kʰõ⁵⁴ʂou²⁴
		菜花 tsʰoi⁵⁴fa²⁴	树尾 ʂou⁵⁴mi²⁴
4 2	55+21	剃头 tʰei⁵⁵tʰɛu²¹	拜年 pai⁵⁵ȵiɛ²¹
		汽油 ɕi⁵⁵iou²¹	大茴 八角 tʰai⁵⁵fei²¹

4 3 **55+42**	种土 tʂəŋ⁵⁵tʰou⁴²	信纸 sin⁵⁵tʂʅ⁴²	
	面板 miẽ⁵⁵pã⁴²	烫斗 熨斗 tʰɔŋ⁵⁵tɛu⁴²	
4 4 **55+554**	看戏 kʰõ⁵⁵ɕi⁵⁵⁴	犟喙 tɕiɔ̃⁵⁵tsoi⁵⁵⁴	
	教训 tɕiau⁵⁵ɕyən⁵⁵⁴	巷道 xɔŋ⁵⁵tau⁵⁵⁴	
4 5 **54+33**	送客 səŋ⁵⁴kʰa³³	豆荚 tʰɛu⁵⁴kɛ³³	
	睡目 睡觉 ʂoi⁵⁴mo³³	号脉 xau⁵⁴ma³³	
4 6 **55+44**	放学 fɔŋ⁵⁵xo⁴⁴	树叶 ʂou⁵⁵iɛ⁴⁴	
5 1 33+24	刮风 kuɛ³³fəŋ²⁴	结冰 tɕiɛ³³pin²⁴	
	插秧 tsʰɛ³³iɔŋ²⁴	伯公 pa³³kuəŋ²⁴	
5 2 33+21	剷钱 换零钱 xo³³tsʰiɛ̃²¹	恶云 暴雨来临时出现的黑云 ŋo³³in²¹	
	葛头 葛根藤 koi³³tʰɛu²¹	肉虫 niou³³tʂʰəŋ²¹	
5 3 33+42	涿水 淋雨 tou³³ʂuei⁴²	挖土 vɛ³³tʰou⁴²	
	竹笋 tʂou³³sən⁴²	血管 ɕiɛ³³kõ⁴²	
5 4 33+554	发汗 fɛ³³xõ⁵⁵⁴	柏树 pa³³ʂou⁵⁵⁴	
	鸭蛋 ɛ³³tʰã⁵⁵⁴	脚背 tɕio³³poi⁵⁵⁴	
5 5 33+33	出血 tsʰʅ³³ɕiɛ³³	七夕 tsʰi³³si³³	
	一百 i³³pa³³	屋脊 u³³tsi³³	
5 6 33+44	捏药 抓药 niɛ³³io⁴⁴	克食 消食 kʰei³³ʂʅ⁴⁴	
	八月 pɛ³³niɛ⁴⁴	撮勺 tsʰoi³³ʂo⁴⁴	
6 1 44+24	读书 tʰou⁴⁴ʂou²⁴	白及 中药名 pʰa⁴⁴tɕi²⁴	
	白花 pʰa⁴⁴fa²⁴	月初 niɛ⁴⁴tsʰou²⁴	
6 2 44+21	篾皮 mei⁴⁴pʰi²¹	核桃 xei⁴⁴tʰau²¹	
	绿苔 liou⁴⁴tʰoi²¹	舌嫌 舌头 ʂɛ⁴⁴ma²¹	
6 3 44+42	月底 niɛ⁴⁴tei⁴²	麦草 ma⁴⁴tsʰau⁴²	
	镬老 锅烟子 o⁴⁴lau⁴²	墨斗 mei⁴⁴tɛu⁴²	
6 4 44+554	斫树 砍树 tʂo⁴⁴ʂou⁵⁵⁴	着气 tʂʰo⁴⁴ɕi⁵⁵⁴	
	白露 pʰa⁴⁴lou⁵⁵⁴	月大 农历三十天的月份 niɛ⁴⁴tʰai⁵⁵⁴	
6 5 44+33	落雪 lo⁴⁴siɛ³³	烙铁 lo⁴⁴tʰiɛ³³	
	肋骨 lɛ⁴⁴kuei³³	墨汁 mei⁴⁴tʂʅ³³	
6 6 44+44	食药 ʂʅ⁴⁴io⁴⁴	白芍 pʰa⁴⁴ʂo⁴⁴	
	白鹤 pʰa⁴⁴xo⁴⁴	墨盒 mei⁴⁴xoi⁴⁴	

（二）轻声两字组连读变调

罗湾话中轻声两字组中的前字为去声[554]时，一般变读为[54]调，其他调类的前字则都不变调，依然读原调，后字则读为一个低降调。相比阳平的[21]调，轻声的调值要略低、短些，如果要记出，可记作[21]，而一般情况下，就都只记为0。例如：阴历 in²⁴li⁰、桃子 tʰau²¹tsʅ⁰、老鼠 lau⁴²tʂou⁰、地方 tʰi²⁴fəŋ⁰、热头 ȵiɛ⁴⁴tʰɛu⁰。

（三）叠字两字组连读变调

罗湾话的重叠式主要出现在名词性的重叠式构词中，罗湾话的名词重叠后一般要带上后缀"子"，也即构成"AA子"式结构，有的也可以是AA式，或者是由AA式所构成的短语形式。无论哪种形式，AA叠用后的变调规律都相同。下面分别说明：

1. 阴平重叠：**33+33**

边边子 piẽ³³piẽ³³tsʅ⁰　刀刀子 tau³³tau³³tsʅ⁰　疤疤子 pa³³pa³³tsʅ⁰

窝窝 棉鞋 o³³o³³　生生 没熟的菜或饭 saŋ³³saŋ³³　巴巴尾 最后一名 pa³³pa³³mi²⁴

花花牌 牌九 fa³³fa³³pʰai²¹

2. 阳平重叠：21+21

瓶瓶子 pʰin²¹pʰin²¹tsʅ⁰　条条子 tʰiau²¹tʰiau²¹tsʅ⁰　虫虫子 tʂʰəŋ²¹tʂʰəŋ²¹tsʅ⁰

3. 上声重叠：42+21

腿腿子 tʰuei⁴²tʰuei²¹tsʅ⁰　铲铲子 tsʰã⁴²tsʰã²¹tsʅ⁰　桶桶子 tʰəŋ⁴²tʰəŋ²¹tsʅ⁰

4. 去声重叠：**54+21**

缝缝子 fəŋ⁵⁴fəŋ²¹tsʅ⁰　棍棍子 kuən⁵⁴kuən²¹tsʅ⁰　面面子 miẽ⁵⁴miẽ²¹tsʅ⁰

5. 阴入重叠：33+**21**/33+33

（1）33+**21** 壳壳子 xo³³xo²¹tsʅ⁰　　桌桌子 tso³³tso²¹tsʅ⁰

（2）33+33 索索子 烂东西 so³³so³³tsʅ⁰　角角子 角儿 ko³³ko³³tsʅ⁰

6. 阳入重叠：44+**21**

盒盒子 xoi⁴⁴xoi²¹tsʅ⁰　勺勺子 ʂo⁴⁴ʂo²¹tsʅ⁰　叶叶子 iɛ⁴⁴iɛ²¹tsʅ⁰

重叠式的变调规律可总结为：阴平[24]的重叠式，不读原调，两字都变读[33]；其他调类的重叠式，首字都读原调，第二个字读轻声，因为末尾"子"缀也是轻声，因此一律记作[21]调。阴入[33]的重叠式，有两种：第一种符合大的变调规律，即第二字读轻声；第二种两字则都读原调。

二　轻声

罗湾话的轻声都读为一个低降调，具体描述已见上文。当轻声本调是非阳平时，这个轻声较好辨识；如果本调是阳平[21]，有时是否是轻声，并不容易分辨清楚。例已见上，此处不赘。

第四节

异读

罗湾话作为一种方言岛性质的客家方言，语言上具有混合性的特点，字音上也有丰富的异读现象。首先是客家方言中普遍存在的文白异读现象，罗湾话中依然有系统的保留；其次因为长期与权威方言[①]接触，因此罗湾话中也产生了趋同演变，但不同年龄段的人，此类音变的情况并不相同，老年人的发音明显保守，与源方言一致，而青年人中有些字音则变得与接触语言相同，即所谓的新老异读现象。本节将主要介绍罗湾话的这两种异读现象。

一 文白异读

罗湾话的文白异读现象较为丰富，异读的单位是音类，具体表现在声母、韵母和声调三个方面。声母、韵母方面的文白异读有的是成系统的，所关涉的字例也较多，有的则比较零散，下面分别加以介绍：

（一）声母的异读

1. 全浊声母

罗湾话的全浊声母今读清音，逢塞音和塞擦音时，多数读为送气音，但有的字声母会存在送气和不送气两种读法，两者以词汇的不同为条件，如：件、道、蛋三字。具体情况见下表：

表2-14 全浊声母例字表

件		道		蛋	
白读	文读	白读	文读	白读	文读
tɕʰiẽ⁵⁵⁴ 一~	tɕiẽ⁵⁵⁴ 文~	tʰau⁵⁵⁴ 街~	tau⁵⁵⁴ ~理	tʰã⁵⁵⁴ 鸡~	tã⁵⁵⁴ ~糕

---

① 这里的权威方言，如无特殊说明，都指商州话。

2. 非组声母

罗湾话中有些非组声母字保留双唇音的读法，是上古音特点的保留。这些字有的可用于不同场合中，读音也会因词汇条件的不同而有双唇和唇齿两种读法，也即文白异读现象。

表2-15　非组例字表

扶		味		蚊		问	
白读	文读	白读	文读	白读	文读	白读	文读
pʰu²¹~倒	fu²¹~手	mi⁵⁵⁴~道	vei⁵⁵⁴~精	mən²⁴~子	vən²⁴~香	mən⁵⁵⁴~话	vən⁵⁵⁴~题

3. 见系开口二等字

罗湾话开口见系二等字今读声母白读音是[k]组，文读音是[tɕ]组。见系开口二等字读[k]组是客家方言的特点，而读[tɕ]组是权威方言的特点。

表2-16　见系开口二等字例字表

交		孝		角		觉	
白读	文读	白读	文读	白读	文读	白读	文读
kau²⁴相~	tɕiau²⁴~通	xau⁵⁵⁴~服	ɕiau⁵⁵⁴~顺	ko³³牛~	tɕio³³五~星	ko³³~得	tɕio³³知~

4. 溪母

溪母读擦音声母也是客家方言的读音特点，而读[kʰ]母则明显是权威方言影响的结果，如：口 xɛu⁴²白。~哨/kʰɛu⁴²文。~供。

（二）韵母的异读

1. 蟹摄开口四等韵母有文白异读，白读韵母主要是[ei]、个别是[ai]，文读是[i]，这个现象是源方言特点的保留。如：弟 tʰai⁵⁵⁴白。老~子/tʰi⁵⁵⁴文。兄~，其他一些常用字都只读为白读音[ei]，如：泥 nei²¹、底 tei⁴²、洗 sei⁴²；另外一些字则只读为文读音，如：米 mi⁴²、西 si²⁴、体 tʰi⁴²。

2. 梗摄

罗湾话梗摄韵母有系统的文白异读现象，所辖的字例较多，也是源方言特点的保留。具体的读音情况是：舒声韵二等白读为[aŋ]，文读为[ɛ̃]、[ən]、[əŋ]；三四等白读为[iaŋ]，文读为[ən]、[in]、[əŋ]、[iəŋ]，个别四等字现出与三等有别的趋势，如"钉顶听零"读[aŋ]韵，为洪音。个别入声字也存在文白异读现象，白读音韵母是[a]、[ia]，文读音韵母是[i]。具体字例见下表：

表2-17 梗摄例字表

生梗开二		省梗开二		平梗开三	
白读	文读	白读	文读	白读	文读
saŋ²⁴～啊	sẽ²⁴～产	saŋ⁴²节～	sẽ⁴²～长	pʰiaŋ²¹～坦	pʰin²¹～和
领梗开三		清梗开三		成梗开三	
白读	文读	白读	文读	白读	文读
liaŋ²⁴衫～	lin²⁴～导	tsʰiaŋ²⁴～明	tsʰin²⁴～华	ʂaŋ²¹事～了	tʂʰən²¹一～
顶梗开四		营梗开四		壁梗开四	
白读	文读	白读	文读	白读	文读
taŋ⁴²山～	tin⁴²～好	iaŋ²¹国～	iəŋ²¹～长	pia³³隔～	pi³³～画

3. 其他韵摄

以下例字从韵摄角度看不具有系统性，一个韵摄往往只有一个字，下面予以列举说明：

表2-18 其他韵摄例字表

午遇合一		梳遇合三		托宕开一	
白读	文读	白读	文读	白读	文读
ŋ⁴²子～线	u⁴²～门	sʅ²⁴～头	sou²⁴～妆台	tʰoi³³～盘	tʰo³³～丧
合咸开一		骨臻合一		白梗开二	
白读	文读	白读	文读	白读	文读
xoi⁴⁴～起来	xo⁴⁴混～	kuei³³肋子～	ku³³～气	pʰa⁴⁴～个	pʰei⁴⁴明～

以上例字文白异读总的特点是白读音反映的基本都是源方言的语音层次，有的甚至完全与源方言的韵母相同，如"午"。文读音韵母反映的则是权威方言或共同语的读法，多数情况下较难分清到底是权威方言的影响，还是共同语的影响，但有的字如"白"字，其文读音韵母则明显来自权威方言商州话。"骨"字的白读音反映的是商州话的语音层次，是借用商州话读音的结果，而文读音反映的则是普通话的语音层次。

（三）声调的异读

罗湾话中以声调的不同区别文白读音的只有个别字，如：毛mau²⁴白。猪～/mau²¹文。姓。"毛"读阴平反映了罗湾话次浊平读归阴平的特点，是客家方言声调方面的普遍特征，而"毛"读阳平则是权威方言的特点。

（四）兼及声韵调两个或三个方面的异读

有的字例，其文白读音的不同不止表现在声韵调的某一个方面，而是声韵调中的两项或者三项都有不同。如：

表2-19　兼及声韵调两个或三个方面的例字表

妇流开三		机止开三		试止开三	
白读	文读	白读	文读	白读	文读
pu^{24}～娘子：妇女	fu^{554}～联	ki^{24}飞～	tɕi^{33}～器	ʂʅ^{554}～一下	sʅ^{554}考～
堡效开一		活山合一		滑山合二	
白读	文读	白读	文读	白读	文读
pʰu^{42}张家～	pau^{42}碉～	voi^{44}～咧	xo^{21}生～	vɛ^{44}～倒	fa^{21}～轮

总体来看，依然是白读音反映了源方言的语音特点，文读音反映了权威方言或共同语的语音特点。如"妇"，白读音声母是双唇音，声调是阴平，分别反映了客家方言非组还保留读重唇音以及全浊上字读阴平的特点，而文读音读唇齿音、去声，则是权威方言的特点。又如"滑"的白读音声母[v]反映的是客家方言古匣母脱落的特点，但其文读音声母[f]，则是罗湾话在权威方言[xua]的基础上进一步演变的结果，因为由[xu]→[f]的音变正是罗湾话的语音特点。

二　其他异读

罗湾话的其他异读现象主要表现在新老异读和性别差异两个方面，下面分别加以说明：

（一）新老异读

1. 新老音系差异

首先介绍罗湾话新老派音系的不同。本书的老派发音人是罗太栋（1949年生），而之前我们还对一位退休教师罗太金（1941年生）作过调查，两人相差八岁，音系特点虽然基本相同，但也已有了几处明显的不同，这里一并加以说明。为了表述的方便，本书将罗太金为代表的音系称为老派音1，将罗太栋为代表的音系称为老派音2，新派音以青派发音人罗九圣（1986年生）为代表。下面将老派音1、老派音2以及新派音之间的不同陈述如下：

（1）老派音1与老派音2的不同

①老派音1中的[v]母比较明显，普通话中零声母的合口韵，老派音1中都读成[v]母，但老派音2的[u]、[o]、[õ]等韵母不读[v]母，而读零声母，且其他读[v]母的音节中，[v]母发音时唇齿接触也很轻。

②老派音1中基本没有撮口韵，普通话中的撮口韵老派音1都读成齐齿韵，这部分字在老派音2中则多已读成撮口韵，如："举"，老派音1韵母为[i]，老派音2为[y]；"颧"，老派音1韵母为[iɛ̃]，老派音2为[yɛ̃]；"军"，老派音1韵母为[in]，老派音2为[yən]。不过有的字，老派音2也读齐齿韵，与老派音1相同，如"原"的韵母也读为[iɛ̃]，"全"有齐齿[iɛ̃]和撮口[yɛ̃]两种读法，表现出一种中间的变化状态。

③老派音1否定词"唔"音[m]，老派音2则读为[mu]①，少了一个声化韵。

（2）老派音1、老派音2与新派音的不同

①调值上存在差异，这一点又可分为两个方面：第一，调型相同，区别只在于调值高低略有不同，如阴平，老派音1、老派音2为[24]，新派音为[13]；阳平，老派音1、老派音2为[21]，新派音为[31]；上声，老派音1、老派音2为[42]，新派音为[52]。第二，调形不同，调值也不同，如去声，老派音1、老派音2为[554]，新派音为[44]；阳入，老派音1、老派音2为[44]，新派音为[24]。两者相同的只是阴入，同为[33]调。

②老派音1、老派音2声母分尖团，精、见组在细音韵母前分别读成[ts]组和[tɕ]组，新派音中不分尖团，合流为[tɕ]组。

③老派音1、老派音2蟹摄今读[oi]韵的字，新派音有的会读成[oɤ]韵。

2. 新老异读的具体字例

其次，罗湾话新老派之间读音上的不同还表现在一些具有新老异读的字例上，新老异读反映的是一个方言不同年龄，主要是老派和新派读音的不同。罗湾话中有些字存在这种新老异读现象，这种新老派的异读，也是以音类的不同为特点的，主要表现在声母和韵母两方面。下面分别加以列举：

（1）声母的异读

表2-20 声母异读例字表

败			寨			状		
老派1	老派2	新派	老派1	老派2	新派	老派1	老派2	新派
p^hai^{554}	pai^{554}	pai^{44}	ts^hai^{554}	ts^hai^{554}	$tsai^{44}$	$ts^hoŋ^{554}$	$tsoŋ^{554}$	$tsoŋ^{44}$
戒②			虾			褥		
老派1	老派2	新派	老派1	老派2	新派	老派1	老派2	新派
kai^{554}	kai^{554}	$tɕiɛ^{44}$	xa^{21}	$ɕia^{33}$	$ɕia^{13}$	$ɲiou^{33}$	zou^{33}	zou^{33}

---

① 其他一些同年龄段的罗湾人也还是读[m]的。
② "戒、虾、褥"的韵母，老派1、老派2和新派之间也不全同，不过两者声母间的差异更为显著，因此也都放在"声母"类。下文"韵母"类的"慰、穗"情况相同，不再特别说明。

从以上例字可知，罗湾话声母方面的新老异读主要表现在以下几个方面：

①"败、寨、状"三字都是古全浊声母字，老派音1全都读送气音，老派音2的"寨"字读送气音，但"败[1]、状"两字都不读送气音了，而新派则已全都不读送气音了。

②"戒"和"虾"都是见组开口二等字，"戒"，老派音1、老派音2都读[k]母，而新派已读[tɕ]了；"虾"，老派音1读[x]母，而老派音2、新派则都已读[ɕ]了。

③"褥"是日母字，老派音1读[n̠]母，而老派音2、新派则都已读[z]母了，这个读音也明显是权威方言影响的结果。

（2）韵母的异读

表2-21 韵母异读例字表

吕			全			军		
老派1	老派2	新派	老派1	老派2	新派	老派1	老派2	新派
li^{42}	ly^{42}	ly^{52}	tɕʰiẽ^{21}	tɕʰiẽ^{21}/tɕʰyẽ^{21}	tɕʰyã^{31}	tɕin^{24}	tɕyən^{24}	tɕyən^{13}
慰			穗			邓		
老派1	老派2	新派	老派1	老派2	新派	老派1	老派2	新派
y^{554}	vei^{554}	vei^{44}	soi^{554}/ɕy^{554}	ɕy^{554}	sei^{44}	tẽ^{554}	təŋ^{554}	təŋ^{44}

韵母方面的新老异读主要表现在以下几个方面：

①"吕、全、军"都是古合口三等字，老派音1都读齐齿韵，新派都读撮口韵，老派音2也以撮口韵为主，但"全"却有齐齿和撮口两读，是一种变化的中间状态。其中齐齿呼的读法是源方言读音特点的保留，而撮口韵则是权威方言影响的结果。

②"慰、穗"都是止摄合口字。"慰"，老派音1的韵母是[y]，老派音2、新派是[ei]；"穗"，老派音1韵母有两读：[oi]、[y]，老派音2是[y]，新派是[ei]。其中[oi]韵是客家方言的特色，这个音只出现在老派音1中[2]；[y]韵出现在老派音1、老派音2中，这个音是权威方言影响的结果，因为止摄合口读[y]韵是关中方言的特点，也即所谓的"支微入鱼"现象（王军虎2004）；而新派音所读的[ei]韵，则明显更接近普通话。

③"邓"是曾摄开口一等字，老派音1读[ẽ]韵，还保留着源方言的读音特点，老派音2、新派则都已读同权威方言了，特点是韵母读成了后鼻韵尾。

---

[1] "败"在另一位老派2女性发音人口中，还读送气音声母。
[2] 不过此字梅县、五华都不读[oi]韵，老派的读法可能是类推创新的结果。

（二）性别差异

性别方面的语音差异主要体现在三个方面：

1. 老派女性的去声调是一个高平调，即[55]，与男性老派音1、老派音2的平降调[554]有别。

2. 老派女性声母不分尖团，都读[tɕ]组，与男性老派音1、老派音2分尖团的情况不同。

3. 男性老派音1、老派音2有的止摄精组字韵母读[i]韵，如：姊tsi⁴²、死si⁴²，女性则都读[ɿ]韵。

第五节

其他音变

罗湾话的其他音变比较零散，未形成规律性的现象。关于连读变调，本章第三节已做详细论述，本节则简要介绍同化、合音和弱化等音变现象。

一 同化

如：木耳 mo³³mi⁰、蚂蚁子 ma³³mi³³tsɿ⁰，两个词中第二个音节的声母从演变规律来看，都当是[ȵ]母，现在读[m]则是受前一音节声母影响的结果，是一种同化现象。

二 合音

罗湾话的合音词不多，主要是以下几个：

［奶儿］nẽ⁵⁵⁴、［知道］唔道 tʂau⁴²mu²¹tau⁵⁵⁴、［人家］ȵia²⁴、［几下］tɕia⁴²、［晡夜］piaе⁵⁵⁴、［屋下］u³³kʰua⁰。其中"屋下"比较特殊，前字"屋"是入声字，原本有[-k]尾，其合音的情形是这个[-k]尾与其后"下"字的韵母连读，读为[kʰua⁰]。

三 弱化

1. 了。"了"在不同场合读音有别，"了₁"读 li⁰，"了₂"读 liе⁰，韵母都弱化。如：迟了就唔好咧，我等快滴子走吧 tʂʰɿ²¹li⁰tɕʰiou⁵⁵mu²¹xau⁴²liе⁰，ŋai²¹tən³³kʰuai⁵⁵ti²¹tsɿ⁰tsɛu⁴²pa⁰。

2. 上。动词"上"ʂɔŋ²⁴，方位词"上"读 xɔŋ⁰，声母弱化。如：脑上 nau⁴²xɔŋ⁰、街上 kai²⁴xɔŋ⁰、门上 mən²¹xɔŋ⁰。

3. 匠。"匠"单念 tsiɔŋ⁵⁵⁴，处于词尾表示职业称呼时，读 siɔŋ⁰，声母弱化。如：木匠 mo³³siɔŋ⁰、瓦匠 ŋa⁴²siɔŋ⁰、铁匠 tʰiе³³siɔŋ⁰。

第六节

古今语音比较表

古音是指以《切韵》《广韵》为代表的语音系统，今音则是指罗湾音。下面通过表格的形式将古音与罗湾音进行比较，具体分为声韵调三个部分。

表2-22　罗湾话与《广韵》声调比较表

古音 \ 今音		阴平 24	阳平 21	上声 42	去声 554	阴入 33	阳入 44
平声	清	东该通开				资支靴基	
	次浊	拿聋毛蚊	门龙牛油				
	全浊		铜皮糖红				
上声	清			懂古统草			
	次浊	买有美痒		老五雅秒			
	全浊	动近坐厚			罪后旱肾		
去声	清				冻怪快寸		
	次浊				卖路硬乱		
	全浊				洞地饭树		
入声	清					谷百塔切	
	次浊					六鹿袜密	麦叶月药
	全浊						毒白盒罚

表2-23 罗湾话与《广韵》声母比较表

		清		全浊	
				平	仄
帮组		帮 包pau²⁴	滂 抛pʰau²⁴	並 袍pʰau²¹	步 pʰu⁵⁵⁴ 白pʰa⁴⁴ 抱 pau⁵⁵⁴ 败pai⁵⁵⁴
非组		非 府fu⁴² 斧pu⁴²	敷 麸fu²⁴	奉 芙fu²¹ 扶pʰu²¹	父 fu⁵⁵⁴ 罚fɛ⁴⁴
端泥组	今洪	端 刀tau²⁴	透 讨tʰau⁴²	定 逃tʰau²¹	稻 tʰau²⁴ 读tʰu⁴⁴ 段 tõ⁵⁵⁴ 敌ti²⁴
	今细				
精组	今洪	精 子tsɿ⁴²	清 次tsʰɿ⁴²	从 瓷tsʰɿ²¹	自 tsʰɿ⁵⁵⁴ 贼tsʰei⁴⁴ 皂 tsau⁵⁵⁴ 暂tsã⁵⁵⁴ 字 sɿ⁵⁵⁴
	今细	箭tsiɛ̃⁵⁵⁴	千tsʰiɛ̃²⁴	钱tsʰiɛ̃²¹	贱 tsʰiɛ̃⁵⁵⁴ 截tsʰiɛ⁴⁴ 渐 tsiɛ̃⁵⁵⁴ 集~中tɕi³³
知组		知 张tʂɔŋ²⁴ 摘tsa³³	彻 畅tʂʰɔŋ⁴² 拆tsʰa³³	澄 肠tʂʰɔŋ²¹	赵 tʂʰau⁵⁵⁴ 蛰tʂʰɿ⁴⁴ 兆 tʂau⁵⁵⁴ 着~衫tʂo³³
庄组		庄 庄tsɔŋ²⁴	初 疮tsʰɔŋ²⁴ 篡tsʰõ⁵⁵⁴	崇 床tsʰɔŋ²¹ 雏tʂʰou²¹	状 tsɔŋ⁵⁵⁴ 闸tsa⁵⁵⁴ 铡 tsʰa²¹ 镯 tʂo²⁴ 士 sɿ⁵⁵⁴
章组		章 准tʂuən⁴² 支tsɿ³³	昌 春tʂʰuən²⁴ 炊tsʰei²⁴	船 船ʂõ²¹ 乘tʂʰən²¹	射 ʂa⁵⁵⁴ 实ʂɿ⁴⁴ 示 sɿ⁵⁵⁴
日组	今洪				
	今细				
见晓组	今洪	见 归kuei²⁴ 狗kɛu⁴²	溪 亏kʰuei²⁴ 坑kʰɛ²⁴ 掐kʰɛ³³ 口xɛu⁴²	群 葵kʰuei²¹	跪 kʰuei⁴² 共 kuəŋ⁵⁵⁴
	今细	剑tɕiɛ̃⁵⁵⁴ 芥tɕiɛ⁵⁵⁴	欠tɕʰiɛ̃⁵⁵⁴ 器ɕi⁵⁵⁴	钳tɕʰiɛ̃²¹	近 tɕʰin²⁴ 健 tɕiɛ̃⁵⁵⁴ 局tɕy²¹
影组	今洪	影 哑ŋa⁴² 拗au⁴² 喂vei⁵⁵⁴			
	今细	因in²⁴			

续表

次浊		清	全浊		
			平	仄	
明 帽 mau⁵⁵⁴					帮组
微 晚 vã⁴² 武 u⁴² 蚊 mən²⁴					非组
泥 脑 nau⁴²	来 老 lau⁴² 礼 li²⁴				今洪 端泥组
尼 ȵi²¹					今细
		丝 sɿ²⁴	词 tsʰɿ²¹	祀 sɿ⁵⁵⁴ 寺 tsʰɿ⁵⁵⁴	今洪 精组
		心 西 si²⁴ 讯 ɕyən⁵⁵⁴	邪 详 sioŋ²¹ 邪 tsʰia²¹ 徐 ɕy²¹ 囚 tɕʰiou²¹	秀 siou⁵⁵⁴ 习 si²⁴ 谢 tsʰia⁵⁵⁴ 席 tsʰia⁴⁴ 俗 ɕy²⁴	今细
					知组
		生 史 sɿ⁴² 刷 ʂua³³ 产 tsʰã⁴²			庄组
		书 舍 ʂa⁴² 鼠 tʂʰou⁴² 翅 tsʰɿ⁵⁵⁴	禅 ʂã²¹ 垂 tʂʰuei²¹	社 ʂa²⁴ 十 ʂɿ⁴⁴ 市 sɿ⁵⁵⁴ 属 sou²⁴ 瑞 ʐuən⁵⁵⁴ 植 tʂɿ²⁴	章组
日 褥 ʐou³³ 儿 ər²¹ 弱 lo⁴⁴					今洪 日组
惹 ȵia²⁴ 绒 ioŋ²¹					今细
疑 我 ŋai²¹ 卧 o⁵⁵⁴ 桅 vei²¹		晓 海 xoi⁴² 火 fo⁴²	匣 河 xo²¹ 湖 fu²¹ 丸 vã²¹	夏 xa⁵⁵⁴ 学 xo⁴⁴ 祸 fo⁵⁵⁴ 核 fei⁴⁴ 浑 vən²¹ 镬 o⁴⁴	今洪 见晓组
倪 ȵi²¹ 衙 ia²¹		喜 ɕi⁴²	霞 ɕia²¹	校 ɕiau⁵⁵⁴ 穴 ɕiɛ⁴⁴	今细
云 位 vei⁵⁵⁴ 汇 fei⁵⁵⁴	以 维 vei²¹ 锐 ʐuei⁵⁵⁴				今洪 影组
员 iẽ²¹ 越 ȵiɛ⁴⁴ 雄 ɕioŋ²¹	野 ia²⁴				今细

表 2-24 罗湾话与《广韵》韵母比较表之一

	一等			二等			
	帮系	端系	见系	帮系	泥组	知庄组	见系
果开		多 to^{24} 大 t^{h}ai^{554}	歌 ko^{24} 我 ŋai^{21}				
果合	婆 p^{h}o^{21}	剁 to^{554}	科 k^{h}o^{24}				
假开				马 ma^{24}	拿 na^{24}	茶 ts^{h}a^{21}	家 ka^{24} 亚 ia^{554}
假合						耍 ʂua^{42} 傻 ʂa^{42}	瓜 kua^{24} 花 fa^{24}
遇合	模 mo^{24} 普 p^{h}u^{42}	都 tou^{24} 徒 t^{h}ɛu^{21}	姑 ku^{24} 五 ŋ^{42}				
蟹开	贝 pei^{554}	胎 t^{h}oi^{24} 戴 tai^{554}	海 xoi^{42} 艾 ŋai^{554}	买 mai^{24}		斋 tsai^{24}	鞋 xai^{21} 谐 ɕiɛ^{21}
蟹合	杯 p^{h}ei^{33} 妹 moi^{554}	雷 lei^{21}	盔 k^{h}uei^{24} 外 ŋoi^{554}				枴 kuai^{42} 怀 fai^{21} 画 fa^{554}
止开							
止合							
效开	宝 pau^{42}	早 tsau^{42}	高 kau^{24}	貌 mau^{554}	闹 nau^{554}	吵 ts^{h}au^{42}	巧 tɕ^{h}iau^{42} 交 kau^{24}
流开	茂 mau^{554} 牡 mo^{42} 亩 moi^{24} 戊 ŋ^{554}	头 t^{h}ɛu^{21} 透 t^{h}ou^{554}	狗 kɛu^{42} 藕 ŋou^{42}				
咸舒开		湳 nõ^{24} 蚕 ts^{h}ã^{21}	甘 kõ^{24} 感 kã^{42}			斩 tsã^{42}	减 tɕiẽ^{42}
咸入开		答 tɛ^{33} 纳 na^{24}	鸽 ko^{24} 喝 xoi^{44}			扎 tsɛ^{33} 闸 tsa^{554}	鸭 ɛ^{33}
咸舒合							
咸入合							
深舒开							
深入开							
山舒开		单 tã^{24}	肝 kõ^{24} 擀 kã^{42}	班 pã^{24}		铲 ts^{h}ã^{42}	艰 tɕiẽ^{24} 眼 ŋã^{42}
山入开		辣 lɛ^{44} 达 ta^{24}	割 koi^{33} 葛姓 ko^{33}	八 pɛ^{33} 拔 p^{h}a^{21}		杀 sɛ^{33} 察 ts^{h}a^{21}	瞎 xɛ^{33} 轧 ŋa^{24} 辖 ɕia^{21}

续表

帮系	端组	泥组	精组	庄组	知章组	日母	见系	
							茄 tɕʰio²¹	果开
							靴 ɕyɛ³³	果合
	爹 tiɛ³³		写 sia⁴² 些 siɛ³³		扯 tsʰa⁴² 赊 ʂɛ³³	惹 nia²⁴	夜 ia⁵⁵⁴	假开
								假合
府 fu⁴²		女~个 ny⁴² 庐 lou²¹	取 tɕʰy⁴² 蛆 tsʰi²⁴	蔬 sou²⁴ 所 so⁴² 梳 sʅ²⁴ 阻 tsɛu⁴²	猪 tʂou²⁴ 驻 tsu⁵⁵⁴	如 zu²¹	举 tɕou⁴² 区 tɕʰy³³ 锯 tɕi⁵⁵⁴ 鱼 ŋ²¹	遇合
米 mi⁴²	底 tei⁴² 题 tʰi²¹	泥 nei²¹ 例 li⁵⁵⁴	洗 sei⁴² 脐 tsʰi²¹		制 tʂʅ⁵⁵⁴		计 tɕi⁵⁵⁴	蟹开
			脆 tsʰei⁵⁵⁴ 岁 soi⁵⁵⁴		税 ʂuei⁵⁵⁴	芮 zuei⁵⁵⁴	桂 kuei⁵⁵⁴ 废 fei⁵⁵⁴	蟹合
皮 pʰi²¹ 披 pʰei²¹	地 tʰi⁵⁵⁴	离 li²¹	紫 tsʅ⁴² 死 si⁴²	史 sʅ⁴² 筛 sai²⁴	池 tsʰʅ²¹ 支 tsʅ³³	儿 ər²¹ 二 n̠i⁵⁵⁴	骑 tɕʰi²¹	止开
肥 fei²¹		类 lei⁵⁵⁴ 泪 li⁵⁵⁴	喙 tʂoi⁵⁵⁴ 随 sei²¹ 穗 ɕy⁵⁵⁴	帅 ʂuai⁵⁵⁴	追 tʂuei²⁴ 睡 ʂoi⁵⁵⁴		归 kuei²⁴ 毁 fei⁴² 季 tɕi⁵⁵⁴ 徽 foi²⁴	止合
苗 miau²¹	挑 tʰiau²⁴	疗 liau²¹	小 siau⁴²		烧 ʂau²⁴	绕 zau⁴²	舀 iau⁴²	效开
富 fu⁵⁵⁴ 谋 mo²¹ 矛 mau²¹ 彪 piau²⁴	丢 tiou²⁴	扭 n̠iou⁴² 纽 nɛu⁴² 廖 liau⁵⁵⁴	酒 tsiou⁴²	愁 tsʰou²¹ 瘦 sɛu⁵⁵⁴	手 ʂou²⁴	揉 zou²¹	九 tɕiou⁴²	流开
贬 piẽ⁴²	甜 tʰiẽ²¹	念 n̠iẽ⁵⁵⁴ 黏 zẽ²¹	尖 tsiẽ²⁴		沾 tʂẽ²⁴	染 n̠iẽ⁵⁵⁴ 冉 zẽ⁴²	盐 iẽ²¹	咸舒开
	帖 tiɛ³³	猎 liɛ³³	接 tsiɛ³³		褶 tʂɛ³³		叶 iɛ⁴⁴ 荚 kɛ³³	咸入开
犯 fã⁵⁵⁴								咸舒合
法 fɛ³³								咸入合
品 pʰin⁴²		林 lin²¹	心 sin²⁴	森 sən²⁴	针 tʂən²⁴	壬 n̠in²¹ 纫 zən⁵⁵⁴	金 tɕin²⁴	深舒开
		立~正 li³³	缉 tɕi³³	涩 sei³³	十 sʅ⁴⁴	入 zu²⁴	急 tɕi³³	深入开
棉 miẽ²¹	田 tʰiẽ²¹	年 n̠iẽ²¹	钱 tsʰiẽ²¹		缠 tsʰẽ²¹	燃 zẽ²¹	烟 iẽ²⁴ 乾 tɕʰyẽ²¹	山舒开
鳖 piɛ³³ 篾 mei⁴⁴	铁 tʰiɛ³³	捏 n̠iɛ³³	节 tsiɛ³³		蜇 tʂɛ³³ 撤 tsʰa⁴²	热 n̠iɛ⁴⁴	歇 ɕiɛ³³	山入开

表 2-25　罗湾话与《广韵》韵母比较表之二

	一等			二等			
	帮系	端系	见系	帮系	泥组	知庄组	见系
山舒合	搬 pã²⁴	短 tõ⁴²	官 kõ²⁴ 款 kʰuã⁴² 玩 vã²¹			撰 tʂõ⁵⁵⁴	关 kuã²⁴ 宣 xõ⁵⁵⁴ 环~境 fã²¹
山入合	末 mo³³ 拨 poi³³	掇 to³³ 脱 tʰoi³³	括 kʰo²⁴ 聒 koi³³			刷 ʂua³³	刮 kuɛ³³ 挖 vɛ³³
臻舒开		吞 tʰən²⁴	根 kɛ̃²⁴				
臻入开							
臻舒合	奔 pɛ̃²⁴ 本 pən⁴²	嫩 nən⁵⁵⁴	困 kʰuən⁵⁵⁴ 婚 fən²⁴				
臻入合	没 mo²¹	卒 tsou²⁴	骨~头 kuei³³ 核 fei⁴⁴ 窟 kʰu³³				
宕舒开	忙 mɔŋ²¹	糖 tʰɔŋ²¹ 囊 naŋ²⁴	抗 kʰɔŋ⁵⁵⁴				
宕入开	博 po²⁴ 泊梁上~ pʰa⁴⁴	落 lo⁴⁴	各 koi³³ 鹤 xo³³				
宕舒合			光 kuɔŋ²⁴ 黄 vɔŋ²¹				
宕入合			郭 ko³³				
江舒开				棒 pɔŋ⁵⁵⁴ 庞 pʰaŋ²¹	攮 naŋ⁴²	窗 tsʰɔŋ²⁴	江 tɕiɔŋ²⁴ 巷 xɔŋ⁵⁵⁴
江入开				剥 po³³ 朴 pʰu⁴²		桌 tso³³	学 xo⁴⁴ 岳 io³³
曾舒开	朋 pʰəŋ²¹	灯 tɛ̃²⁴ 蹭 tsʰən⁵⁵⁴	肯~定 kʰɛ̃⁴²				
曾入开	北 pei³³	德 tei³³	刻 kʰei³³				
曾舒合			弘 fəŋ²¹				
曾入合			国 kuei³³ 或 fei²¹				
梗舒开				彭 pʰəŋ²¹	冷 laŋ²⁴	撑 tsʰaŋ²⁴ 牲 sɛ̃²⁴ 铛 tɔŋ⁵⁵⁴	硬 ŋaŋ⁵⁵⁴ 坑 kʰɛ̃²⁴ 更 kəŋ⁵⁵⁴ 樱 in²⁴
梗入开				百 pa³³ 拍~照 pʰei³³ 迫 pʰo³³		拆 tsʰa³³ 窄 tsei³³	格 ka³³ 赫 xei³³ 额 ŋɛ³³
梗舒合							宏 fəŋ²¹ 轰 xuəŋ²⁴

三四等								
帮系	端组	泥组	精组	庄组	知章组	日母	见系	
饭 fã⁵⁵⁴		恋 lã²¹	全 tɕʰiɛ²¹ 选 ɕyɛ̃⁴²		船 ʂõ²¹	软 ȵyõ²⁴	圆 iɛ̃²¹ 劝 tɕʰyɛ̃⁵⁵⁴	山舒合
罚 fɛ⁴⁴ 筏 fa²¹		劣 liɛ³³	绝 tsʰiɛ⁴⁴		拙 tʂo²⁴		血 ɕiɛ³³ 缺 tɕʰyɛ³³	山入合
贫 pʰin²¹		邻 lin²¹	进 tsin⁵⁵⁴ 讯 ɕyən⁵⁵⁴	臻 tʂən²⁴	真 tʂən²⁴ 伸 tʂʰən²⁴	忍 nin²⁴ 刃 zən⁵⁵⁴	斤 tɕin²⁴	臻舒开
笔 pi³³		栗 li⁴⁴	漆 tsʰɿ³³	虱 sei³³	实 ʂɿ⁴⁴	日 ȵiɛ³³	吉 tɕi³³	臻入开
粉 fən⁴²		轮 lən²¹	笋 sən⁴² 遵 tɕyən²⁴		春 tʂʰuən²⁴	润 zuən⁵⁵⁴	裙 tɕʰin²¹ 荤 fən²⁴ 均 tɕyən²⁴	臻舒合
		律 ly³³	恤 ɕy²¹	率 ʂuai⁵⁵⁴	出 tʂʰɿ³³ 秫 ʂu²¹		橘 tɕy³³ 掘 tɕyɛ³³	臻入合
		凉 liəŋ²¹	想 siəŋ⁴²	床 tsʰɔŋ²¹	章 tʂɔŋ²⁴	让 ȵiɔŋ⁵⁵⁴ 嚷 zɔŋ⁴²	香 ɕiɔŋ²⁴	宕舒开
		略 lo⁴²	雀 tɕʰio⁴²		勺 ʂo⁴⁴	弱 lo⁴⁴	脚 tɕio³³	宕入开
房 fɔŋ²¹							王 vɔŋ²¹ 筐 kʰuaŋ²⁴	宕舒合
缚 fu²¹								宕入合
								江舒开
								江入开
冰 pin²⁴		陵 lin²¹			蒸 tʂən²⁴	仍 zəŋ²¹	兴 ɕin²⁴ 凝 ȵiəŋ²¹	曾舒开
逼 pi³³		力 li³³	息 si³³	色 sei³³	直 tʂʰɿ⁴⁴		极 tɕi²⁴	曾入开
								曾舒合
							域 y⁵⁵⁴	曾入合
丙 piaŋ⁴² 兵 pin²⁴ 盟 məŋ²¹	钉 taŋ²⁴ 丁姓 tin²⁴	领衫~ liaŋ²⁴ 领~导 lin²⁴	请 tsʰiaŋ⁴² 晶 tsin⁴²		声 ʂaŋ²⁴ 贞 tʂən²⁴		轻 tɕʰiaŋ²⁴ 景 tɕin⁴²	梗舒开
壁隔~ pia³³ 碧 pi³³	踢 tʰiɛ³³ 敌 ti²⁴	历 li⁴⁴	锡金属 siɑ³³ 积 tɕi³³		石 ʂa⁴⁴ 释 ʂɿ³³		益 i³³	梗入开
							兄 ɕiəŋ²⁴ 荣 iaŋ²¹	梗舒合

表2-26 罗湾话与《广韵》韵母比较表之三

	一等			二等			
	帮系	端系	见系	帮系	泥组	知庄组	见系
梗入合							获 xoi⁴⁴ 划~界 fa⁵⁵⁴ 虢 kuei³³
通舒合	篷 pʰəŋ²¹	冬 təŋ²⁴	公 kuəŋ²⁴ 哄 fəŋ⁴²				
通入合	扑 pʰu²⁴ 木 mo³³	读 tʰou⁴⁴	谷 ku³³				

续 表

三四等								
帮系	端组	泥组	精组	庄组	知章组	日母	见系	
						役 i²¹		梗入合
风 fəŋ²⁴		龙 ləŋ²¹	松 səŋ²⁴	崇 tsʰəŋ²¹	虫 tʂʰəŋ²¹	绒 iəŋ²¹	弓 kuəŋ²⁴ 用 iəŋ⁵⁵⁴	通舒合
福 fu³³		六 liou³³	足 tɕy³³	缩 so²⁴	竹 tʂou³³ 蜀 su⁴²	肉 ɲiou³³ 褥 ʐou³³	菊 tɕʰiou³³ 浴 y³³	通入合

第七节

语音演变特点

本节从声母、韵母和声调三个方面讨论罗湾话语音演变的特点。

一 声母特点

1. 古全浊声母已全部清化，今逢塞音、塞擦音无论平仄大多读送气声母，与次清声母的字同音，如：大 = 太 tʰai⁵⁵⁴ | 步 = 铺 pʰu⁵⁵⁴ | 袋 = 蜕 tʰoi⁵⁵⁴ | 拌 = 判 pʰã⁵⁵⁴。不过有些非口语常用字读不送气音，如：递 ti⁵⁵⁴ | 兑 tei⁵⁵⁴ | 栈 tsã⁵⁵⁴ | 撰 tʂõ⁵⁵⁴。

2. 少数非组的常用字今读为双唇音，反映了上古"古无轻唇音"的特点，其中以微母字为多，如：斧~头 pu⁴² | 分~你一本书 pən²⁴ | 扶~倒 pʰu²¹ | 辅~导 pʰu⁴² | 蚊~子 mən²⁴ | 问 mən⁵⁵⁴ | 袜~子 mɛ³³。

3. 精组字与见晓组字在齐齿呼韵母前有区别，即分尖团。精组读为 [ts tsʰ s]，见晓组读为 [tɕ tɕʰ ɕ]，如：尖 tsiẽ²⁴ ≠ 肩 tɕiẽ²⁴ | 亲 tsʰin²⁴ ≠ 近 tɕʰin²⁴ | 西 si²⁴ ≠ 吸 ɕi²⁴。但有少数精组字已读为 [tɕ] 组声母，如：全 tɕʰiẽ²¹ | 浸 tɕin²⁴ | 晋尽 tɕin⁵⁵⁴ | 侵 tɕyən²⁴ | 絮 ɕy⁵⁵⁴。

4. 中古知庄章组字基本按照知二庄、知三章的界限分为两组，知二庄归入精组，读 [ts tsʰ s]，如：榨 tsa⁵⁵⁴ | 沙 sa²⁴ | 初 tsʰou²⁴ | 斋 tsai²⁴（以上是庄二字）；知三章独立为 [tʂ tʂʰ ʂ]，如：迟 tʂʰʅ²¹ | 赵 tʂʰau³⁴ | 昼 tʂou⁵⁵⁴ | 丈 tʂʰɔŋ⁵⁵⁴（以上知三字），招 tʂau²⁴ | 周 tʂou²⁴ | 厂 tʂʰɔŋ⁴² | 屎 ʂʅ⁴² | 升 ʂən²⁴（以上章三字）。但部分止摄开口字以及通摄入声字读 [ts tsʰ s] 母，如：脂 tsʅ³³ | 诗尸 sʅ²⁴ | 市示 sʅ⁵⁵⁴ | 崇 tsʰən²¹ | 束 sou³³。庄组字的表现多有例外，不少读 [ts tsʰ s]，其韵母也往往与同一音韵地位的知章组不同，如流开三尤韵（与一等同）：挡 tsʰɛu²⁴ | 瞅 tsʰɛu⁴² | 搜 sɛu²⁴ | 瘦 sɛu⁵⁵⁴；臻开三入：虱 sei³³；曾开三入：侧测 tsʰei³³ | 色 sei³³；通合三入：缩 so²⁴。

5. 古日母字有三种读音。多数读白读音 [ȵ] 母，如：耳 ȵi⁴² | 惹 ȵia²⁴ | 月热 ȵiɛ⁴⁴ | 肉 ȵiou³³ |

染 ȵiɛ̃⁵⁵⁴│任姓 ȵin²¹；文读音多读[z]，如：然 zɛ̃²¹│入 zu²⁴│褥 zou³³│任~务 zən⁵⁵⁴│瓤 zɔŋ²¹，少数读零声母，如：戎绒 iəŋ²¹。

6. 古见晓组一等以及多数二等字今读舌根音声母[k kʰ ŋ x]，如：鸽 ko²⁴│甘 kõ²⁴│恨 xɛ̃⁵⁵⁴（以上一等字），家 ka²⁴│甲 ka²⁴~子│楷 kʰai⁴²│崖 ŋai²¹│鞋 xai²¹（以上二等字）。少数开口二等字文读音读腭化音[tɕ]组声母，但白读不腭化，如：孝白.~服：xau⁵⁵⁴│孝文.~顺：ɕiau⁵⁵⁴│角白.牛~：ko³³│角文.五~星：tɕio³³。三四等开口字读[tɕ]组，如：几 tɕi⁴²│桥 tɕʰiau²¹│歇 ɕiɛ³³│经 tɕin²⁴。

7. 少数古溪母字今读擦音声母，如：去气 ɕi⁵⁵⁴│口 xɛu⁴²│渴 xoi³³│壳 xo³³。

8. 古晓匣母合口呼字今读[f]声母，与非敷奉母相同，如：花 fa²⁴│灰 foi²⁴│户 fu⁵⁵⁴；部分匣母合口字读[v]声母或零声母，如：话~事 va⁵⁵⁴│黄 vɔŋ²¹│碗 õ⁴²│换 õ⁵⁵⁴。

9. 古疑母今读有四种：一等字今读[ŋ]，部分合口字读[v]，少数遇摄字读为声化韵[ŋ̍]，如：我 ŋai²¹│熬 ŋau²¹│娃 va²⁴│五 ŋ̍⁴²。二等字有的保留[ŋ]声母，如：硬 ŋaŋ⁵⁵⁴│瓦 ŋa⁴²；有的开口呼字读零声母，如：雅 ia⁴²│研 iɛ̃²¹；有的合口呼字读[v]母，如：顽 vã²¹。三四等字部分读零声母，如：语 y⁴²│尧 iau²¹；部分开口呼字读[ȵ]母，如：疑 ȵi²¹│牛 ȵiou²¹；部分合口呼字读[v]母，如：魏 vei⁵⁵⁴。

10. 古影母一二等开口呼字大部分读[ŋ]母，如：安 ŋõ²⁴│爱 ŋai⁵⁵⁴│懊 ŋau⁵⁵⁴，少数读零声母，如：阿 a³³│矮 ai⁴²│袄 au⁴²；合口呼读[v]声母，如：威 vei²⁴│挖 vɛ³³│翁 vəŋ²⁴。三四等字一般读零声母，如：意 i⁵⁵⁴│阴 in²⁴│厌 iɛ̃⁵⁵⁴│约 io³³。另外还有个别字读[ȵ]母，如：蔫 ȵiɛ̃²⁴│握 ȵio³³。

二 韵母特点

（一）韵类分合关系

罗湾话古入声的塞音韵尾[-p]、[-t]、[-k]已脱落，古入声韵以主要元音相近为原则，或归入相应的阴声韵，或独立成韵，相对比较复杂。古阳声韵尾[-m]、[-n]、[-ŋ]中，[-m]尾已全部并入[-n]尾，即咸、山摄合流，深、臻摄合流；部分[-ŋ]尾也已并入[-n]尾，主要是曾、梗文摄韵母；宕、梗白、通摄韵母则保留[-ŋ]尾。各韵摄具体的分合关系见下：

1. 果摄，山摄合口一等见系入声，宕江摄非见系入声，今读韵母合流，读[o]，如：歌 ko²⁴│罗 lo²¹│鹅 ŋo²¹（果摄），阔 kʰo²⁴（山摄），博 po³³│着~衫 tʂo³³（宕摄）。

2. 假摄二等、三等章组（多数），梗摄开口二等入声、三等章组入声，今读韵母合流，读低元音[a]，如：麻 ma²¹│家 ka²⁴│车 tʂʰa²⁴（假摄），百 pa³³│客 kʰa³³│麦 ma⁴⁴（梗二），炙~火 tʂa³³│尺 tʂʰa³³（梗三）。

3. 遇摄一等帮组、见系，三等帮组、知章（少数），通摄一等帮组、见系入声，三等帮组入声，今读韵母合流，

读[u]，如：布 pu⁵⁵⁴ | 姑 ku²⁴（遇一），武 u⁴² | 付 fu⁵⁵⁴ | 处 tṣʰu⁴² | 墅 ṣu⁴²（遇三），扑 pʰu²⁴ | 谷 ku³³（通一），福 fu³³（通三）。

4. 遇摄泥组、见系，臻摄合口三等来母、见系入声，通摄合口三等见系入声，今读韵母合流，读[y]，如：吕 ly⁴² | 女~司机 ny⁴² | 居 tɕy³³ | 雨谷~ y⁴²（遇摄），律 ly³³ | 橘 tɕy³³（臻摄），育 y⁵⁵⁴ | 曲 tɕʰy³³（通摄）。

5. 遇摄一等端系，三等知系（多数），流摄三等知系，通摄一等端系，三等知系，今读韵母合流，读[ou]，如：鲁 lou⁴² | 组 tsou⁴² | 初 tsʰou²⁴ | 鼠 tṣʰou⁴²（遇摄），抽 tṣʰou²⁴ | 周 tṣou²⁴（流摄），鹿 lou³³ | 读 tʰou⁴⁴ | 叔 ṣou³³（通三）。

6. 蟹摄开口一等（多数），合口一等（少数），止摄合口（少数），咸山开口一等见组入声，山摄合口一等入声，今读韵母合流，读[oi]，如：改 koi⁴² | 来 loi²¹ | 外 ŋoi⁵⁵⁴（蟹摄），睡 ṣoi⁵⁵⁴ | 喙 tṣoi⁵⁵⁴（止摄），入声例字见前文，此处不赘。

7. 蟹摄开口一等（少数），开口二等，今读韵母合流，为[ai]，如：耐 nai⁵⁵⁴ | 带 tai⁵⁵⁴ | 爱 ŋai⁵⁵⁴（一等），斋 tsai²⁴ | 买 mai²⁴（二等）。

8. 蟹摄开口四等白读，合口一等帮组（多数）、精组、晓组，合口三四等非组、精组、晓组、影组，止摄合口来母、精组、影组，臻摄合口一等匣母入声，曾摄开口一等入声，开口三等庄组入声，梗摄开口二等庄组入声，今读韵母合流，读[ei]，如：洗 sei⁴² | 泥 nei²¹（蟹开四），每 mei²⁴ | 雷 lei²¹ | 回 fei²¹（蟹合一），肺 fei⁵⁵⁴ | 脆 tsʰei⁴² | 卫 vei⁵⁵⁴（蟹合三四），类 lei⁴² | 随 sei²¹ | 位 vei⁵⁵⁴（止合三），核果~ fei⁴⁴（臻合一），北 pei³³ | 贼 tsʰei⁴⁴ | 刻 kʰei³³（曾开一），色 sei³³（曾开三），窄责 tsei³³（梗开二）。

9. 蟹摄合口一等见组（部分），合口三四等知系、见组，止摄合口三四等知系、见组，臻摄合口见组入声，今韵母合流，读[uei]，如：盔 kʰuei²⁴ | 税 ṣuei⁵⁵⁴ | 桂 kuei⁵⁵⁴（蟹摄），追 tṣuei²⁴ | 葵 kʰuei²¹（止摄），骨 kuei³³（臻摄）。

10. 除知系字外，蟹摄开口三等、开口四等文读，止摄开口三等，深臻开口三等入声，曾摄开口三等入声，梗摄开口三四等入声，今读韵母合流，读[i]，如：例 li⁵⁵⁴ | 帝 ti⁵⁵⁴ | 米 mi⁴²（蟹摄），碑 pi³³ | 离 li²¹ | 几 tɕi⁴²（止摄），立 li³³ | 笔 pi³³ | 七 tsʰi³³（深臻摄），逼 pi³³ | 息 si³³（曾摄），脊 tsi³³ | 笛 tʰi²¹（梗摄）。

11. 流摄开口一等，开口三等庄组（部分），遇摄合口一等端精组（少数），今读韵母合流，读[ɛu]，如：豆 tʰɛu⁵⁵⁴ | 走 tsɛu⁴² | 狗 kɛu⁴²（流开一），㨮 tsʰɛu²⁴ | 瘦 sɛu⁵⁵⁴（流开三），徒图 tʰɛu²¹ | 嗾 sɛu⁵⁵⁴（遇合一）。

12. 咸山摄舒声开口一等见系，山摄合口一等（帮组除外），二等庄组，三等知系，今读韵母合流，读[õ]，如：甘干~湿 kõ²⁴（咸山开口），官 kõ²⁴ | 端 tõ²⁴ | 碗 õ⁴²（山合一）；栓 ṣõ²⁴ | 撰 tṣõ⁵⁵⁴（山合二），船 ṣõ²¹ | 转 tṣõ⁵⁵⁴（山合三）。

13. 咸山摄舒声开口一等（见系除外），二等（少数），山摄合口一等，三等帮组，今读韵母合流，读[ã]，如：胆 tã⁴²｜单 tã²⁴｜衫 sã²⁴｜盏 tsã⁴²｜眼 ŋã⁴²（咸山开），搬 pã²⁴｜饭 fã⁵⁵⁴｜万 vã⁵⁵⁴（山合）。

14. 咸山摄舒声开口二等见系（多数），三四等（章组除外），合口三四等影组，今读韵母合流，读[iɛ̃]，如：减简 tɕiɛ̃⁴²（咸山开二），廉连 liɛ̃²¹｜掩演 iɛ̃⁴²｜甜田 tʰiɛ̃²¹（咸山开三四），院 iɛ̃⁵⁵⁴｜远 iɛ̃⁴²（山合三四）。咸山摄开口一等非见系入声，二等入声，今读韵母合流，读[ɛ]，如：塔獭 tʰɛ³³（咸山开一）、鸭 ɛ³³｜瞎 xɛ³³（咸山开二）。咸山摄开口三四等入声（知系除外），今读韵母合流，读[iɛ]，如：猎 liɛ³³｜列 liɛ³³｜接节 tsiɛ³³。

15. 臻摄舒声开口一等，曾摄开口一等（部分），梗摄开口二等庄组、见系文读，今读韵母合流，读[ɛ̃]，如：根 kɛ̃²⁴｜很 xɛ̃⁴²｜恩 ŋɛ̃²⁴（臻摄），登 tɛ̃²⁴｜能 nɛ̃²¹｜僧 sɛ̃²⁴（曾摄），生~活 sɛ̃²⁴｜更打~ kɛ̃²⁴（梗摄）。

16. 深臻摄舒声开口三等知系，臻摄合口一等（见系除外），三等来母，曾梗开口三等知系，今读韵母合流，读[ən]，如：针（深）＝真（臻）＝蒸（曾）＝贞（梗）tʂən²⁴，本 pən⁴²｜寸 tsʰən⁵⁵⁴（臻合一），轮 lən²¹（臻合三）。

17. 深臻摄舒声开口三等（知系除外），曾梗摄开口三四等文读（知系除外），今读韵母合流，读[in]，如：民 min²¹｜邻林 lin²¹｜心 sin²⁴｜今巾 tɕin²⁴｜饮引 in⁴²（深臻摄），冰 pin²⁴｜凌 lin²¹｜孕 in⁵⁵⁴（曾摄），兵 pin²⁴｜经 tɕin²⁴｜形 ɕin²¹（梗摄）。

18. 宕摄舒声开口一等，三等知系，江摄开口二等（见系部分字），今读韵母合流，读[ɔŋ]，如：帮（宕）＝邦（江）pɔŋ²⁴｜堂 tʰɔŋ²¹｜刚 kɔŋ²⁴｜张 tʂɔŋ²⁴｜霜 sɔŋ²⁴（宕摄），桩 tsɔŋ²⁴｜巷 xɔŋ⁵⁵⁴（江摄）。

19. 曾摄舒声开口一等帮组，端精组个别字，梗摄舒声开口二等帮组，见系个别字，通摄舒声合口一等（见组除外），合口三等（见系除外），今读韵母合流，读[əŋ]，如：朋 pʰəŋ²¹｜邓 təŋ⁵⁵⁴｜赠 tsəŋ⁵⁵⁴（曾摄），猛 məŋ⁴²｜更~换 kəŋ²⁴（梗摄），蓬 pʰəŋ²⁴｜东 təŋ²⁴｜送 səŋ⁵⁵⁴｜翁 vəŋ²⁴｜风 fəŋ²⁴｜龙 ləŋ²¹｜虫 tʂʰəŋ²¹（通摄）。

（二）一二等韵今读不同

罗湾话有三个韵摄的一二等韵今读韵母有别，体现了源方言的音韵特点。具体是：

1. 蟹摄开合口一二等韵的今读韵母不同，开口一等读[oi]，二等读[ai]，如：改 koi⁴²｜来 loi²¹（一等），斋 tsai²⁴｜买 mai²⁴（二等）；合口一等读[ei]、[uei]，二等读[ai]、[uai]、[a]、[ua]，如：每 mei²⁴｜罪 tsʰei⁵⁵⁴｜盔 kʰuei²⁴（一等），坏 fai⁵⁵⁴｜乖 kuai²⁴｜怪 kuai⁵⁵⁴｜画 fa⁵⁵⁴｜挂 kua⁵⁵⁴（二等）。

2. 咸山摄一二等韵今读韵母有别，舒声开口一等见系字多数读[õ]，二等读[ã]、[iɛ̃]，入声开口一等字读[oi]，二等读[ɛ]，如：甘干~湿 kõ²⁴（一等），眼 ŋã⁴²｜衔 ɕiɛ̃²¹（二等）；盒 xoi⁴⁴｜割 koi³³（一等），鸭 ɛ³³｜瞎 xɛ³³（二等）。舒声合口一等见系读[õ]，二等读[uã]，如：官 kõ²⁴ ≠ 关 kuã²⁴，入声一等多读[oi]，二等则读[ɛ]、[uɛ]，如：脱 tʰoi³³｜聒 koi³³（一等），挖 ve³³｜刮 kuɛ³³（二等）。

（三）古开合口今读韵母的表现

总的说来，罗湾话的古开合口今读韵母有别，但不同韵摄开合口今读韵母的情况各有不同。有的是有无介音的不同，如假摄二等开口读[a]韵，合口读[ua]韵，如：马 ma²⁴｜茶 tsʰa²¹｜家 ka²⁴（开口），瓜 kua²⁴（合口），而由于晓组字发生了[xu]→[f]的音变，所以晓组合口字的韵母与开口相同；又如宕摄，开口读[ɔŋ]韵，合口读[uɔŋ]韵，如：刚 kɔŋ²⁴ ≠ 光 kuɔŋ²⁴。有的是主元音不同，如止摄，开口读[i]、[ɿ]、[ʅ]韵，合口读[ei]、[uei]韵，如：皮 pʰi²¹｜眉 mi²¹｜四 sɿ³³｜紫 tsɿ⁴²｜池 tsʰʅ²¹（开口），肥 fei²¹｜追 tʂuei²⁴｜鬼 kuei⁴²（合口）。又如山摄一等，开口除了见系字外，开口读[ã]韵，合口读[õ]韵，如：丹 tã²⁴ ≠ 端 tõ²⁴。罗湾话中只有果摄古开合口今读韵母相同，都为[o]，如：河 = 禾 xo²¹。

三 声调特点

1. 罗湾话有六个单字调，即阴平[24]、阳平[21]、上声[42]、去声[554]、阴入[33]、阳入[44]。从古今调类的对应关系来看，总的演变规律可归纳为：中古平、入两声按清浊分为阴阳两类，清上和次浊上合流为上声，全浊上归去声，去声不分阴阳。

2. 中古入声字今读阴入和阳入，阴入调值[33]，阳入调值[44]，阳入的调值比阴入高，与一般的阴高阳低情况不同。

阴入来自古清入字，如：答 tɛ³³｜接 tsiɛ³³｜割 koi³³｜质 tʂɿ³³｜北 pei³³；阳入来自古全浊入声字，如：侄 tʂʰʅ⁴⁴｜食 ʂɿ⁴⁴｜贼 tsʰei⁴⁴｜读 tʰou⁴⁴。古次浊入归阴入、阳入的都有，而以归阴入的为多，归阴入的如：捏 ȵiɛ³³｜跃 io³³｜力 li³³；归阳入的如：热 ȵiɛ⁴⁴｜落 lo⁴⁴｜麦 ma⁴⁴｜药 io⁴⁴。

3. 部分次浊平、次浊上、全浊上字读阴平调，其中次浊上字最多，这是客家方言的普遍现象。次浊平如：拿 na²⁴｜囊 naŋ²⁴｜聋 ləŋ²⁴｜伢 ŋa²⁴；次浊上如：野 ia²⁴｜马 ma²⁴｜买 mai²⁴｜礼 li²⁴｜美 mei²⁴｜柳 liou²⁴｜冷 laŋ²⁴；全浊上如：坐 tsʰo²⁴｜社 ʂa²⁴｜淡 tʰã²⁴｜动 tʰəŋ²⁴。

第二章 同音字汇

说明

1. 本字汇主要根据中国社会科学院语言研究所编的《方言调查字表》（修订本，1981）调查整理所得，删除方言中不用的生僻字，补充了方言口语中使用而《方言调查字表》中未收的字，其中包括一部分本字未明的字。

2. 本字汇先按韵母的次序排列，同韵的字再以声母为序排列，声韵相同的字再以声调为序排列。

3. 本字未明的音节用方框"□"表示，后注国际音标，并用小字注释或举例，举例时用"～"代替该字，所举例词用"｜"隔开。

4. 有文白异读时，在"文""白"音的右下角分别用小字"文""白"注明，并用小字注释或举例。若"文""白"音不止一音时，则注明"白1、白2"，"文1、文2"。

5. 一字多音者，在该字右下角用数字"1、2、3..."表示，用"1"表示最常用或最口语化的读音，"2"次之，依次类推，并分别用小字注释或举例。

6. 注释中的"又音"表示无意义差别的两种不同读法。

7. 汉字加方括号［　］表示合音。

ɿ

ts	[24]咨脂~麻酱 [42]滋紫子趾址 [554]志 [33]支枝肢资姿芝之卒₁~子（象棋中的卒）
tsʰ	[24]辞 [21]锄雌瓷慈磁祠词 [42]此次赐 [554]刺自伺寺 [44]□擦
s	[24]梳白。~头 斯撕施私师狮丝思司饲诗尸 [21]时₁四~八节 [42]使史驶始 [554]肆示视字祀巳士柿事试₁考~市侍

ʅ

tʂ	[24]直文。~绷子（硬杠到底，不和解）殖植 [42]纸指旨止趾脚~头 [554]痣滞制智致至痔治置痔~疮 [33]知痴执汁质稙织职
tʂʰ	[24]□~花（烟火） [21]池驰迟 [42]耻持齿赤文。~卫队斥 [554]峙 [33]出吃~亏 [44]侄直白。~线值蛰秩
ʂ	[21]匙时₂~候 [42]屎豉豆 [554]世势誓逝试₂~一下 [33]湿失室识式饰适释蜇惊~ [44]十拾实食蚀
ʐ	[24]入₁交合

i

p	[24]屄 [42]萞~麻彼比弼任~时 [554]蔽敝闭弊币毙备毕 [33]碑卑笔必逼碧璧壁文。~画
pʰ	[24]批 [21]皮疲脾痹琵匹 [42]鄙避辟霹 [554]鐾庇屁鼻篦~子癖僻~静
m	[24]尾 [21]迷谜糜~子弥靡眉楣媚 [42]米□白~子（果子狸） [554]味白。~道 [33]秘泌密₁~封 蜜觅蚁蚂~子 [44]密₂与稀疏相对
t	[24]敌嫡狄涤里₁~背(里面) [42]抵 [554]递 [33]的目~滴一~子（一点儿）
tʰ	[21]堤题提~问 笛□□ɕiẽ⁵⁴~馍（一种祭祀用的花馍） [42]体 [554]帝蒂替涕屉弟文。~兄第地
l	[24]礼理狸里₂一~鲤 [21]黎丽离篱璃梨厘驴白。角~子（公驴） [42]履李铝 [554]例厉励莉隶利痢吏荔泪立文。~春 [33]立白。~正笠粒砾力 [44]历栗毛~子
ts	[24]挤₁~公交 [42]挤₂~牙膏姊 [554]祭际 [33]积迹脊绩鲫
tsʰ	[24]蛆妻凄 [21]脐□油~子（一种用土豆粉或面粉做成的甜油糕） [42]砌 [33]七漆膝戚□麻~（一种食品）~腊⁼牛（一种比马蜂大，有毒的飞虫）
s	[24]西胥习席文。主~ [42]死 [554]四 [33]犀徙悉息熄媳析锡文。无~惜昔夕
tɕ	[24]及极疾 [21]渠第三人称代词姬 [42]己儿 [554]锯句济救~荠~菜剂髻寄技妓冀纪~律记忌既季计继系~鞋带杞枸~ [33]稽基饥肌机文。~器讥集辑编~缉急级给供~吉戟籍击激足₂~有一百来斤
tɕʰ	[24]倚立欹 [21]奇骑岐祁其棋期旗芪黄~蕲~叶（艾叶） [42]启₁~开（解开）祈契乞 [554]企弃
ȵ	[21]你倪尼疑逆 [42]耳白。~朵 [554]诣谊匿腻二
ɕ	[24]稀希吸 [21]袭 [42]起嬉喜蟢~子 [554]去系中文~戏器气汽犂挑~启₂~明星 [33]栖牺熙隙
k	[24]机白。飞~鸡 [554]给
ø	[24]怡 [21]虞宜便~移夷姨贻沂毅遗逸疫役芊₁又音肄~业 [42]椅底₁近指代词，这 [554]仪艺义议易难~，交~已意异宜忆亿

抑翼_{文。机~译} [33]医衣依揖邑乙一益液狱_{1越~瘀~血}

u

p [24]晡_{今~（今天）}妇_{白。~娘子（妇女）} [42]补斧 [554]部布怖□_{~□loŋ²¹子（屋顶两侧连接桐柱子的横木）}

p^h [24]铺_{动词}扑潽_{溢出}捕逮_~扶_{白。~倒（扶着）}仆 [42]谱普浦脯_{果~}辅_{~导}堡_{白。张家~（地名）}卜_{占~}朴 [554]铺_{名词}甫簿步菢_孵 [33]鹁_{~鸽子}

m [21]唔_{否定副词"不"}

f [24]俘麸服_{1制~} [21]胡湖糊煳蝴狐壶葫_{西~芦}扶_{文。~贫}浮抚缚 [42]府腑俯釜腐苦虎浒 [554]裤户互护付赋傅父附敷负阜富副_{1~职}妇_{文。~联} [33]芙夫肤复覆幅辐 [44]伏袱服_{2~啊}副_{2量词：一~}

ts [21]诸_{~葛亮} [554]拄驻铸著蛀

ts^h [42]处_{~理|~所}

s [24]输_{运~}术魔_~ [21]枢秌 [42]暑_{1中~}墅蜀 [554]竖 [33]舒

tʂ^h [21]渠_{1又音。水~除1~法}

zȵ [24]入_{2~选} [21]如儒 [42]乳

k [24]姑跍_蹲 [42]古估牯_{牛~（公牛）}股鼓□_{值~（值得）} [554]故固雇顾 [33]孤谷骨_{文。~气}轱_{~辘}

k^h [24]箍枯 [554]库酷 [33]窟哭

x [554]沪 [33]呼

Ø [24]乌污 [21]蜈_{~蚣}梧无_{文。~产阶级}巫诬 [42]午_{文。~门}伍_{文。队~}武舞侮鹉 [554]误悟恶_{可~}务雾痦_{~子} [33]屋□_{~□sou⁵⁵⁴（恶心）}

y

l [21]驴_{文。~崽子} [42]吕旅虑滤 [33]律率_{速~}

tɕ [21]局 [42]巨拒距矩聚俱具 [554]据剧 [33]拘居橘菊_{1又音掬一~（一捧）}足_{1~球}

tɕ^h [21]渠_{2又音。水~} [42]取娶 [554]趣 [33]趋区_{商州~}驱屈曲_{歌~}

ȵ [42]女_{。~司机}

ɕ [24]墟虚嘘俗 [21]徐戌蓄储_{畜~牧} [42]许 [554]续序绪絮穗 [33]须需肃宿_{~舍}

Ø [21]余愚榆愉于娱盂 [42]语屿雨羽 [554]御与誉预遇寓禹芋_{2又音宇}喻予豫域郁育欲 [33]玉狱_{2单念}裕浴

ɚ

Ø [21]儿托_{~所}而 [42]耳_{文。银~}饵 [554]日_{文。~字旁}

a

p [24]疤痖_{~子} [42]把_{~守|一~} [554]霸把_柄坝罢 [33]巴芭爸百柏伯檗_{黄~}擘

p^h [21]爬趴琶杷钯耙_{犁~}拔_{~河}□_{河~（河）} [554]帕怕 [33]魄拍_{白。翼~（翅膀）} [44]白_{白。~个（白的）}帛泊_{梁山~}

m [24]马码蚂_{~蟥（水蛭）} [21]麻痳蟆蛤_{~蟆}牛_{~（母牛）}□_{~擦眼（傍晚）} [554]骂 [33]脉□_{~个（什么）} [44]麦

f [24]花华_{中~} [21]铧划_{~船}乏筏猾滑_{文。~轮} [554]化华_{~山}话_{文。笑~}桦画划_{~界}□_{核桃~子}踝_{子骨}

v [24]娃蛙洼凹 [554]话_{白。~事}

t [24]达 [42]打

t^h [33]他

n	[24]拿纳文。出~捺
l	[24]拉 [21]□~蠼（蜘蛛） [33]坺沟~（小水沟）□胯~裆：裆部□大~树
ts	[24]楂渣 [21]蔗~梗子（甘蔗） [42]拃一~咋唔~样 [554]诈榨炸闸 [33]摘蚱蚂~筰压
tsʰ	[24]叉权查彻1又音差~一块钱衩 [21]茶搽茬铡~刀察□~tsʰou554（其他） [554]岔 [33]差参~拆栅猪~（猪圈）测白。~字□黄~树（一种野生树木）□~［奶儿］（断奶）
s	[24]沙纱痧砂 [42]洒撒 [554]厦~子屋（厢房） [33]萨□半~子（半个）
tʂ	[24]遮 [33]隻量词：一~人炙
tʂʰ	[24]车1汽~｜~马炮□~钻（一种木匠专用的钻子） [42]扯撦 [33]赤白。~脚（光脚）尺
ʂ	[24]社 [21]蛇佘 [42]舍傻 [554]射麝~香赦 [33]设白。建~ [44]石
k	[24]家加佳1~肴嘉枷1上~甲文。~乙丙丁□口水~子（围嘴儿）夹文。水~雪（雨夹雪） [42]假真~贾姓 [554]假放~架驾嫁价 [33]格方~子革隔嗝
kʰ	[33]客
ŋ	[24]伢婭~崽子（婴儿）鸦~片苗（罂粟）押压轧乐量词，瓣：一~西瓜 [21]牙2~齿芽蚜 [42]瓦哑
x	[24]下~背（下面） [21]蛤~蟆瞎文。坏 [554]夏姓｜~天厦~门 [33]吓一~跳｜恐~
∅	[33]阿白。~公（爷爷）轧□~槌头子（攥起拳头）

ia

p	[33]壁白。隔~
pʰ	[33]劈
t	[24]□提
ts	[42]姐 [554]借
tsʰ	[21]斜邪 [554]谢 [44]褯~子（尿布）席白。~子
s	[42]写 [554]泄泻 [33]锡白。金属元素鹊白。阿~子（喜鹊）
tɕ	[24]据手冻~咧（手冻僵了）
tɕʰ	[21]蠼□la21~（蜘蛛） [42]洽恰文。~好 [554]搭~倒（抱着）
ȵ	[24]惹
ɕ	[24]虾1~仁子（鲜虾仁儿） [21]霞瑕侠狭峡匣辖 [33]虾2单念｜~米
∅	[24]也野 [21]衙爷老天~崖涯 [42]雅掩抓 [554]亚夜

ua

tʂ	[24]抓 [42]爪
tʂʰ	[42]□瞎~子（不懂眼色，反应迟钝的人）
ʂ	[42]耍 [33]刷
k	[24]瓜 [42]寡剐千刀万~□~白（苍白） [554]挂卦褂
kʰ	[24]夸 [42]垮胯大~子（大腿）桍树~（树枝） [554]跨 [33]□屋下的合音

ɛ

p	[33]八
pʰ	[44]鈸
m	[33]抹~布袜
f	[33]法发文。~射｜头~ [44]伐罚
v	[33]挖 [44]滑白。~倒
t	[33]答搭褡笪馒~子（箅子） [44]跌1~伤
tʰ	[33]踏拓~本塔榻塌溻汗~咧遢獭水~ [44]沓一~纸
n	[44]纳白。~宝（一种游戏）
l	[33]□~子（锅巴） [44]腊蜡辣擸一叠□

	七~牛（一种比马蜂大，有毒的飞虫）
ts	[33]扎眨札咂~奶（吃奶）□黄~树（一种野生灌木）
tsʰ	[33]擦插□黄~树 [44]杂
s	[33]杀
k	[33]佳2用于人名枷2连~痂甲白。手指~胛夹白1。~衫挟~菜荚荚豆~ [44]夹白2。~子
kʰ	[33]恰白。~唱（刚刚）掐
x	[33]瞎白。~子
Ø	[33]鸭□打~□touº（打嗝儿）

uɛ

k	[33]刮~树皮刮

E

tʂ	[24]哲辙 [42]折骨~ [33]蜇摺~铺盖（叠被子）褶~子浙折打~
tʂʰ	[24]彻2又音
ʂ	[33]赊设文。~计摄涉 [44]舌
ŋ	[33]额~门盖子（额头）啮咬

iE

p	[24]别~针丨~离 [33]憋区~鳖憋瘪
pʰ	[21]蹩 [33]撇~开
m	[33]灭
t	[24]睫睫眼~毛碟谍蝶 [33]爹跌2~咧
tʰ	[42]且 [33]帖贴铁踢 [44]叠
l	[33]猎劣裂 [44]列烈
ts	[33]接节疖
tsʰ	[42]妾 [33]切窃 [44]截绝
s	[554]卸 [33]些薛屑楔~子雪
tɕ	[24]洁杰 [554]芥届械疥~疮 [33]揭竭结桔~梗□涩
tɕʰ	[24]劫 [33]怯□~羹筷（做羹用的工具，丫形）
ȵ	[33]聂镊蹑业孽捏阅日白。~子摄~袖子（挽袖子）嗫嘴唇翕动 [44]热月叶2蕲~（艾叶）粤越1又音
ɕ	[21]偕谐携胁协 [554]懈解姓 [33]蝎歇血 [44]穴
Ø	[33]腌~菜腌噎 [44]椰叶1树~页翼白。~拍（翅膀）越2又音

yE

tɕ	[24]厥蕨 [554]倔~强 [33]诀决掘橛撅镢~头嚼
tɕʰ	[33]缺
ɕ	[33]靴
Ø	[24]□~芋（马铃薯） [33]悦越3又音丨~狱

o

p	[24]菠玻~璃钵博泊~车 [42]跛播驳1反~ [33]剥发白。~梦（做梦）驳2连接
pʰ	[24]波坡 [21]婆 [554]破瀑~布 [33]迫拍文1。~手 [44]薄
m	[24]模~范丨~子馍馍母拇抹~药膏摸膜摸膜□~□tsã⁴²（瓦房的屋顶）□~篮（一种圆形的箩筐） [21]磨~刀摩魔谋没 [42]牡某□~糊子（面糊） [554]暮慕幕墓募磨石~寬 [33]末沫木沐目穆牧茉 [44]莫陌
f	[21]佛 [42]火伙 [554]货祸
t	[24]多铎 [42]朵躲 [554]剁惰垛堕
tʰ	[24]拖托文。~丧（棺材出门时，头朝前） [21]驼驮舵椭砣 [42]妥拓开~ [33]庹一~ [44]择白。~菜（拣取菜的可食部分）
n	[21]挪 [554]诺糯 [44]□~花团（五味子）
l	[21]罗锣箩萝啰骡螺腽手指纹 [42]裸略掠 [554]捰 [44]落烙骆洛络乐~观若弱□~嬷（牛虻）
ts	[24]卓琢啄1单念涿~县 [42]左佐 [554]

	座做柞 [33]作桌捉		ai
tsʰ	[24]坐锉昨 [554]错凿措	p	[42]摆 [554]拜败
s	[24]蓑唆梭缩 [42]锁琐所 [33]索嗦 □~鼻齈（吸溜鼻涕）	pʰ	[21]排牌 [554]派稗~子
		m	[24]买 [21]埋 [554]卖迈
tʂ	[24]着₁~地镯浊酌拙 [33]着₂~衫（穿衣服）斫~树（砍树）	f	[21]怀槐 [554]坏
		v	[24]歪
tʂʰ	[24]绰戳 □~死鬼（挑拨离间的人）[44]着~气（生气）	t	[24]呆 [42]逮 [554]待带戴贷代
		tʰ	[554]大太态泰弟白。老~（弟弟）
ʂ	[24]硕 [21]芍₁~药 [33]朔说小~ [44]勺~嬷（瓢）芍₂白~	n	[21]搋~骂 [42]乃 [554]哪~子（哪里）耐奈
k	[24]歌哥戈鸽锅烟~子瘑器具磨损，钝 [21]合十~（一升）[42]果裹餜~子 [554]过 [33]锅~巴葛文。姓郭觉白。~得角白。牛~	l	[21]□~尿（尿床，尿裤子）[554]赖癞佬~子（儿子）□~菢鸡（孵蛋的母鸡）
		ts	[24]栽斋灾 [42]宰载 [554]再债攃动词，别住：把纸~住
kʰ	[24]科括棵颗阔廓扩 [42]可 [554]课 [33]磕	tsʰ	[24]猜钗差出~搋~粉（揉面）[21]豺柴 [42]彩采踩睬 [554]寨九龙~（罗湾当地的一个山名）
ŋ	[21]峨鹅俄蛾讹 [554]饿 [33]鄂鳄恶善~		
		s	[24]腮鳃筛 [554]赛晒
x	[24]劙₁用刀~开 □一~（大拇指与食指张开的长度）[21]河何荷文。~花和文。~气禾活文。做~ 藿郝 [42]惑 [554]和~面贺 [33]霍鹤壳燞~馍（烙饼）劙₂~钱（换零钱）豁 [44]学合文。~作	k	[24]皆阶街该文。动词，欠 □松树~（松球）[42]解~放 [554]介界戒疥个远指代词"那"
		kʰ	[24]荷白。~担子（挑担子）[42]楷 [554]慨
		ŋ	[24]哀 [21]我岩碥磨崖 [554]艾爱文。~惜
ø	[24]倭踒窝莴屙~尿（尿尿）㾒~伢崽子（婴儿）[21]和白。~尚 [554]卧 [33]阿文。-胶物沃 [44]镬锅	x	[21]孩鞋还~过（更）[554]咳
		ø	[24]挨~住 [21]癌 [42]蔼和~矮隘 [554]碍
	io		uai
s	[33]削	tʂ	[24]拽₁~子（手残的人）
tɕ	[33]脚觉文。知~角文。五~星	tʂʰ	[21]□~子（长在肚子上的痈）[42]揣~度
tɕʰ	[21]茄癯 [42]确雀鹊文。~桥 [33]□靠近，挨着	ʂ	[24]衰摔 [554]帅率~领 □~气（疝气）
ȵ	[33]疟握虐	k	[24]乖 [42]枴拐蚓~了（青蛙）[554]怪
ø	[33]跃 [44]约药岳乐音~	kʰ	[554]块会~计刽蒯快筷

x	[21]淮	

ei

p [24]悲 [554]贝背1~倒手狈辈 [33]北珀琥~

pʰ [24]披 [21]培 [42]丕 [554]配倍佩焙沛 [33]杯拍文2。~照 [44]卜萝~白文。明~

m [24]每美婆阿~（母亲）□得劲儿 [21]梅枚煤玫莓霉 [554]寐昧 [33]默 [44]篾墨

f [24]飞辉 [21]回茴~香肥或 [42]悔毁匪翡 [554]溃~脓会开~废肺痱~子沸费汇词~卉贿 [33]妃非菲 [44]核果~

v [24]煨 [21]桅为作~帷维唯微违围 [42]委伪萎伟苇纬 [554]卫喂为~□ma33个（为什么）位未味文。~精魏畏慰胃谓猬外文。~家（妻子家的亲戚） [33]威危

t [24]低 [42]底2~下 [554]对队兑 [33]得德

tʰ [24]推特 [21]啼鸡叫 [42]腿 [554]剃退褪□吐

n [21]泥 [554]内 [33]劈刺齧掐

l [21]犁雷 [42]馁儡傀~垒□豆~子（一种种豆子的农具） [554]累擂类□筷~子（筷笼） [44]肋勒□抱□~□tsei44（脏）

ts [24]择文。选~宅泽多用于名字 [42]崽牛~子 [554]最醉 [33]则责窄

tsʰ [24]催崔摧炊纯~ [21]齐 [554]罪脆翠粹 [33]侧测文。~量策厕册 [44]贼

s [21]髓随绥隧~道 [42]洗 [554]婿~郎（女婿）碎 [33]涩虱塞色啬~皮（吝啬）~脾（人的脾脏）

tʂ	[44]□□lei44~（脏）	
k	[24]虼蚤~子（蟋蟀）	
kʰ	[33]刻一~｜刀~克	
x	[554]系是□使.让 [33]黑~龙口 [44]□住	

uei

t [554]碓

tʂ [24]追锥 [554]坠拽2拉

tʂʰ [24]吹 [21]垂槌~头子（拳头）锤捶

ʂ [42]水 [554]税

ʐ [554]芮锐

k [24]圭归闺龟 [42]诡轨鬼 [554]瑰鳜桂贵 [33]骨白。肋子~国虢

kʰ [24]奎盔傀~儡规亏窥 [21]魁逵葵癸 [42]跪 [554]柜愧

x [554]惠慧讳贿晦绘 [33]恢挥

oi

p [554]箕背2~囊（脊背） [33]拨

pʰ [24]坯胚 [21]陪赔裴 [554]背~书 [33]泼

m [24]亩 [21]媒 [554]妹

f [24]灰徽□走社~（走高跷）

v [554]会唔~（不会） [44]活白。与死相对

t [24]堆

tʰ [24]胎梯 [21]苔台抬 [554]袋蜕~皮 [33]托白。动词脱□揣在怀里 [44]夺

l [21]来 [44]捋□跑

ts [33]撮1一~

tsʰ [24]在 [21]才材财裁 [554]菜蔡 [33]撮2~勺（一种撮取米或面的器具）

s [554]岁

tʂ [554]喙嘴

ʂ [554]睡

k	[24]该白.应~ [42]改 [554]概溉盖丐 [33]割各阁搁聒~耳朵葛白.~根佮唔~（两人关系不和）	
kʰ	[24]开1~水（又音）丨~车揩 [42]凯	
ŋ	[554]外白.方位词	
x	[24]开2~水（又音） [42]海 [554]亥害骇 [33]渴 [44]喝佮白.~起来盒核~对获	
∅	[24]娭姨~（姨妈） [554]爱白.~东西（要东西）	

yoi

tɕʰ	[554]蹴累

au

p	[24]褒包胞苞 [21]刨拨拉 [42]保宝饱堡文.碉~ [554]报抱豹鲍暴爆曝
pʰ	[24]抛剖 [21]袍跑刨~子 [554]炮泡脬尿~子（膀胱）
m	[24]毛白.猪~ [21]毛文.姓茅锚矛1~盾无白.没有 [554]冒帽卯貌茂贸貘
t	[24]刀叨 [42]祷岛倒~水丨打~捣导蹈盗 [554]到道文.~理
tʰ	[24]滔掏稻 [21]桃逃淘陶萄涛 [42]讨 [554]套道白.街~
n	[21]饶挠 [42]脑恼 [554]闹
l	[21]劳捞牢唠痨醪~糟 [42]老姥 [554]涝簕稀：把包谷种~咧
ts	[24]遭糟熺干燥 [42]早枣蚤澡找 [554]灶躁罩笊~篱子皂
tsʰ	[24]操抄钞剿 [21]曹槽巢 [42]草炒吵 [554]糙造燥
s	[24]骚臊捎稍 [42]嫂 [554]扫~地丨~帚潲~食（猪食）丨~水（泔水）哨
tʂ	[24]朝~晨（早晨）召昭招沼诏 [554]兆照
tʂʰ	[24]超 [21]朝明~潮 [554]赵
ʂ	[24]烧 [21]韶~关苕红~（红薯） [42]少多~ [554]少~年绍邵
ʐ	[21]饶桡 [42]扰绕
k	[24]高膏篙羔糕交白.相~教~书跤镐 [42]稿~豆（豆子脱粒之后的豆秸）搞睡~酵白.馃~子（发面用的酵母） [554]告觉
kʰ	[42]考烤拷 [554]靠犒铐
ŋ	[21]熬熛~菜 [554]傲鳌~子奥澳懊坳山~
x	[24]蒿薅~草 [21]豪壕毫 [42]好~人 [554]好爱~浩号孝白.~服耗
∅	[42]袄拗~断（折断）

iau

p	[24]膘标彪 [42]表婊
pʰ	[24]飘 [21]瓢 [554]嫖漂~白票瘭水疱
m	[21]苗描矛2长~ [42]渺秒 [554]猫~公（猫，统称）庙妙
t	[24]刁叼貂雕凋鸟~子 [554]钓吊调~子丨~动
tʰ	[24]挑缲~边剞鲷 [21]条调~味瞧薫灰~菜
l	[21]燎聊辽疗僚撩镣 [42]了~结 [554]廖姓料尥嫽玩
ts	[24]焦蕉椒樵噍牛倒~
tsʰ	[24]悄 [554]鞘刀~
s	[24]消宵霄硝销逍肖萧箫 [42]小 [554]笑
tɕ	[24]交文.~通郊胶~水丨~州骄娇浇缴茭~白 [42]狡绞铰搅佼~幸饺 [554]教~育较窖叫嗷哭
tɕʰ	[24]敲锹□迈 [21]乔侨桥荞~麦 [42]巧 [554]俏翘轿撬窍
ȵ	[21]淆 [554]尿
ɕ	[24]嚣 [42]晓 [554]哮孝文.~顺效校~长丨~对

∅	[24]妖邀腰要~求幺老~（老小）夭 [21]摇谣窑遥姚尧 [42]舀~水 [554]勒靴~要重~耀鹞~嫲（老鹰）□~子（谜语）	ts	[24]卒2~娃子（象棋中的卒）邹族逐轴 [42]祖组 [554]助皱 [33]触筑粥祝
		tsʰ	[24]粗初促 [21]愁 [42]楚础 [554]醋奏凑 [44]嗽
	εu	s	[24]苏酥疏蔬梳文。~妆台速属淑塾 [42]诉 [554]漱塑数~学 [33]束□□u³³~（恶心）
t	[24]篼猪~（猪食槽）兜~尿（把尿）□一~花（一棵花） [42]斗量词抖陡 [554]斗~争窦狗~（狗窝）		
tʰ	[24]偷 [21]徒途涂~料图头 [554]豆痘	tʂ	[24]猪车2~马炮诛株朱珠周舟州洲 [42]举煮主注肘帚抓举：~旗子 [554]昼纣咒 [33]竹嘱烛
l	[21]楼 [42]篓 [554]漏陋		
n	[42]□稠纽名词：~子｜动词：~扣子	tʂʰ	[24]柱抽杵 [21]除2~四害厨橱雏绸稠等仇酬 [42]鼠丑储 [554]臭□□tsa²¹~（其他） [33]畜~生 [44]□抖：把衫~一下
ts	[42]阻走		
tsʰ	[24]扽~起来 [42]揪		
s	[24]搜馊 [554]素嗾鸟~子瘦	ʂ	[24]输~赢书收 [42]手首守薯~子（山药） [554]恕树兽受寿授售 [33]叔 [44]术苍~熟煮~赎
k	[24]勾钩沟阄拈~ [42]狗苟垢 [554]够构购		
kʰ	[24]抠眍眼~（眼睛深陷） [42]口文。~哨｜~供 [554]叩扣寇蔻白~	ʐ	[21]柔揉 [42]辱 [33]褥
		ŋ	[42]藕偶 [33]殴欧
x	[24]厚 [21]侯姓喉猴瘊~子 [42]口白。两~子｜~水吼 [554]后候~车	∅	[21]区姓
			iou
∅	[42]呕 [554]沤久浸水中怄~气	t	[24]丢
	ou	l	[24]柳 [21]流刘留馏硫~磺 [554]溜 [33]六 [44]榴石~绿
t	[24]都 [42]堵赌肚猪~｜~子 [554]逗杜文。姓度渡镀 [33]督涿~水（淋水）啄2~木官子（啄木鸟）屎碗~（碗底）□打□ε³³（打嗝儿）		
		ts	[24]揪 [42]酒 [554]鬏螺丝~（螺狮）□~脚（把腿蜷起来）
tʰ	[21]屠投 [42]土吐 [554]杜2白。~鹃花透 [33]秃 [44]兔独读毒	tsʰ	[24]秋袖白。衫~ [554]□去找他人聊天，打牌等
n	[24]□短时间待在一个地方 [21]奴 [42]努 [554]怒	s	[24]修羞 [42]粟 [554]秀绣锈袖文。领~
l	[24]鑢铁锈 [21]卢炉芦鸬~鹚庐鲈 [42]橹房卤搂~取楼播种用的农具 [554]鲁路露 [33]鹿禄陆录擤搅拌辘轱~ [44]爊烫噜饣	tɕ	[24]鸠纠 [42]九久韭灸臼究 [554]救枢 [33]趋追□~出去（撵出去）
		tɕʰ	[24]舅丘邱 [21]求球仇姓囚 [554]旧就 [33]曲酒~子菊2又音

ȵ	[21]牛 [42]扭 [554]谬 [33]肉	
ɕ	[24]休 [42]朽嗅 [554]宿星~	
ø	[24]有友西 [21]尤邮由油游鱿犹又右佑诱柚幼 [33]优忧幽	

ã

p	[24]班斑颁扳般搬 [42]板版□~镬子（一种锄草的农具） [554]扮瓣半
pʰ	[24]盼攀潘 [21]盘 [42]□~草（锄草） [554]办襻纽~绊判伴拌畔叛
m	[24]满 [21]蛮馒 [42]瞒□~人（谁） [554]鳗慢漫幔
f	[24]帆藩翻番 [21]梵凡桓环文。~境烦矾繁□全~（齐全、完整） [42]反 [554]泛范犯贩饭痪瘫~
v	[24]豌剜弯湾 [21]顽还~钱玩完文。~咧丸环白。耳~子 [42]挽皖腕晚 [554]万蔓瓜~子
t	[24]耽担~任丹单 [42]胆掸鸡毛~子疸诞 [554]担挑~淡文。色~咧旦弹子~蛋文。~糕氮
tʰ	[24]贪坍~塌淡白。盐~咧滩摊瘫 [21]潭谭谈痰檀坛弹~琴 [42]毯坦 [554]探炭叹蛋白。鸡~
n	[21]南男难~易 [42]摘抱 [554]难患~
l	[24]懒 [21]婪蓝篮兰拦栏恋联1贴对~ [42]览揽缆榄橄~ [554]滥烂
ts	[24]簪 [42]斩盏攒赚枯~子（屋檐下起支撑作用的扁方形条木）□~mo²⁴~（瓦房的屋顶） [554]暂錾站蘸~酱油赞攒做~子（做道场）栈溅
tsʰ	[24]参~加|~差掺搀餐 [21]泉白。~水蚕惭谗残 [42]惨铲产 [554]忏灿绽白。~出新桠（长出新枝）□~灯（龙灯活动结束后将器具放回原处）

s	[24]三杉衫珊山删 [42]伞 [554]钐~子（大镰）散	
tʂ	[24]瞻占~卜毡沾粘 [42]展 [554]占~领绽文。~放战	
ʂ	[21]蝉禅~宗蟾 [42]陕闪单姓禅~让 [554]疝i~气	
k	[24]间白。一~屋 [42]敢擀~面感橄咁表程度的代词"这么，那么" [554]干~部墈田~（田埂）	
kʰ	[24]刊堪龛 [42]砍 [554]坎	
ŋ	[24]胺 [42]眼1~珠（眼睛）□点（头） [554]暗岸按案	
x	[21]含函咸~鱼闲寒1又音 [42]罕喊1介词,被 [554]撼憾	

uã

k	[24]关观文。~看 [554]惯
kʰ	[42]款
x	[554]幻

ɛ̃

p	[24]奔锛
t	[24]登灯澄~一~ [42]等□~脚（跺脚） [554]凳
tʰ	[21]誊藤
n	[21]能 [554]□乳房（奶儿的合音）
l	[21]棱
ts	[24]榛争文。差,还~三块等曾姓增砧~板 [554]憎
tsʰ	[21]层
s	[24]参人~僧生文。~产牲笙 [42]省文。~长 [554]擤
tʂ	[554]颤
tʂʰ	[21]缠
ʂ	[24]膻扇动词 [554]扇名词善膳鳝~鱼子（鳝

	鱼，泥鳅）	ȵ	[24]拈~起来 碾蔫~唎 [21]年 [42]捻~碎 眼₂蛤蟆~子（蝌蚪）撵 [554]染酽~茶念
z̩	[21]黏~饭（一种米糕）然燃 [42]冉		
k	[24]跟根埂田~耕更白。打~	ɕ	[24]掀锨宣₁又音 [21]咸~阳衔嫌贤 [42]陷险献显蚬~公（蚯蚓）[554]限宪现县
kʰ	[24]坑 [42]恳垦啃肯文。~定		
ŋ	[24]恩摁		□~ɕⁱ²¹馍（一种祭祀用的花馍）
x	[24]喊₂叫：~渠来 [21]痕恒 [42]很肯白。~来 [554]恨杏	∅	[24]淹阉焉烟胭冤渊 [21]盐阎檐严颜延筵衍言研圆员缘沿元原源袁园援猿芫
∅	[24]□捧		□~条（动物的脾脏）[42]掩俨演远厣~子
	iẽ		[554]验厌炎艳焰雁晏谚堰燕姓：~子咽宴充~州院愿怨
p	[24]鞭编边 [42]蝙扁匾贬 [554]变辫辨辩汴便方~遍		**yẽ**
pʰ	[24]偏 [21]篇便~宜 [42]片谝~闲传（聊天）[554]骗欺~	tɕ	[24]捐 [42]卷动词 [554]绢倦券卷名词
		tɕʰ	[21]全₂又音拳₂又音泉文。喷~颧~骨权乾虔旋白。双~ [42]犬 [554]劝
m	[21]绵棉眠鲇~鱼子（鲇鱼）[42]免勉渑缅 [554]面	ɕ	[24]宣₂又音 [21]旋文。~走~话（边走边说）悬玄弦眩轩 [42]选
t	[24]掂颠癫 [42]点典 [554]踮店淀殿奠癜		**õ**
tʰ	[24]添天 [21]甜田填 [42]舔腆~肚子 [554]电垫	f	[24]欢 [42]缓
		t	[24]端断决~ [42]短 [554]锻~炼段缎椴碫马蹄~子（台阶）
l	[21]廉镰帘连联₂~系怜莲 [42]脸敛潋（池塘）水干了 [554]殓练炼链	tʰ	[24]断~绝 [21]团
		n	[24]偻~柿子暖
ts	[24]尖煎 [42]剪 [554]荐渐箭践饯	l	[42]卵 [554]乱
tsʰ	[24]歼签迁笺纤千 [21]钱前潜 [42]浅遣 [554]贱	ts	[24]钻动词：~墙 [42]□豆~（一种种豆子的农具）[554]钻名词：~子
s	[24]仙先鲜 [42]癣 [554]线羡腺	tsʰ	[24]囟
tɕ	[24]间文。中~监兼艰奸犍~牛（公牛）肩坚 [42]减碱检俭简捡拣茧涧枧洋~（肥皂）[554]剑束鉴舰笕间~隔谏建键健腱见件文。~ 苋₁马齿~□鼻公~（鼻子）	s	[24]酸 [554]算蒜
		tʂ	[24]专砖 [42]转~眼 [554]撰转~圆圈篆纂传~记
tɕʰ	[24]谦牵圈手~子（镯子）铅 [21]钤鸟啄物钳全₁又音拳₁又音颧 [554]嵌欠歉件白。一~槛门~（门坎儿）荞~粉	tʂʰ	[24]佘~丸子川穿 [21]传~达椽 [42]喘 [554]踳窜篡串
		ʂ	[24]拴栓 [21]船 [554]涮旋馅楦鞋~子

k	[24]甘柑泔~水干~湿肝竿杆秆官棺冠~子 [42]赶管馆 [554]贯灌罐观道~冠~军
kʰ	[24]宽勘 [554]看
ŋ	[24]安鞍庵鹌
x	[24]酣鼾獾 [21]寒2又音韩 [554]旱捍汉汗焊翰唤焕苋2~菜患宦
∅	[21]完白。整的 [42]碗 [554]换

yõ

n̠	[24]软阮

ən

p	[24]分白。给: ~你一本书 [42]本 [554]笨
pʰ	[24]喷 [21]盆
m	[24]蚊白。~子 [21]门 [554]闷问白。~话
f	[24]分文。~开吩纷昏婚荤馄~饨囗团结 [42]粉芬 [554]混愤粪奋份
v	[24]温瘟 [21]浑文纹蚊文。~香闻囗难~(谢谢) [42]稳 [554]问文。~题
t	[24]敦墩蹲 [554]顿扽拉直: ~床单|拽: ~出来盾钝
tʰ	[24]吞 [21]屯豚饨馄~囤饨臀
n	[42]囗捻 [554]嫩
l	[21]论~语仑伦沦轮 [554]论讨~
ts	[24]糁雪~~子[雪粒子]
tsʰ	[24]村 [21]存 [554]衬寸蹭
s	[24]森孙 [42]损笋 [554]渗
tʂ	[24]针斟珍榛真诊疹征~求蒸贞侦征~ [42]枕整拯1~包~ [554]镇振震圳证症正文。·反政郑义。重其事阵文。雷~水(雷阵雨)
tʂʰ	[24]称~呼伸深 [21]沉陈尘臣澄~清惩乘承丞呈程成文。一~城诚盛~饭 [42]拯2~救逞~能 [554]趁阵白。一~子称~心秤
ʂ	[24]身申升 [21]绳神辰晨朝~(早晨) [42]

	沈审 [554]肾慎剩胜圣盛兴~
z̩	[21]仁文。砂~ [554]任~务纫刃韧

in

p	[24]彬宾槟~榔滨殡冰兵 [42]禀秉饼文。~干 [554]鬓并合
pʰ	[24]拼 [21]贫频苹凭平文。和~瓶评 [42]品 [554]姘并~且|~排聘
m	[21]闽民鸣明文。~瓦屋 [42]闽敏抿泥~子（瓦匠用的抹子）
t	[24]丁文。姓 [42]顶文。~好（最好）鼎 [554]钉~住
tʰ	[24]厅汀听文。打~ [21]亭停廷庭 [42]艇挺铤 [554]定锭粉~子（粉笔）
l	[24]檩领文。~导拎 [21]林淋临磷邻鳞磷陵凌菱灵伶苓 [42]冷文。~子（冰雹） [554]赁令另
ts	[24]津精文。~神晶 [42]井文。~冈山 [554]进静
tsʰ	[24]亲清文。~华 [21]寻秦情松~树
s	[24]心芯辛新薪猩星文1。天~（星星） [554]信性文。~格
tɕ	[24]今金襟浸1单念巾斤筋1颈~（脖子）鲸经念~军白。将~ [42]锦紧谨景 [554]禁晋尽仅劲径靖
tɕʰ	[24]钦近筋2翻~斗 [21]琴禽擒勤芹群裙芩黄~ [42]寝 [554]浸2~水土（湿地）
n̠	[24]忍 [21]壬任姓人仁白。虾~子银白。金~ [554]认
ɕ	[24]欣熏薰兴~旺 [21]行形型刑 [554]兴高~幸
∅	[24]音阴因殷尹晕莺鹰樱蝇乌蝇子（苍蝇）缨萝卜~子 [21]淫寅芸白。~豆银文。~杏匀

	云 [42]饮引隐瘾影文。~响瘿~瓜瓜（大脖子病） [554]荫窨地~子洇墨水~子印孕运	ŋ	[24]啱恰~（刚刚） [554]硬
	uən		**iaŋ**
tʂ	[42]准	p	[42]丙柄饼白。铁~ [554]併藏
tʂʰ	[24]春椿 [21]唇纯醇 [42]蠢	pʰ	[21]平白。~坦坪评屏萍 [554]病
ʂ	[21]□形容人长得丑 [554]顺舜	m	[21]明~朝名铭 [554]命
ʐ	[554]瑞润闰	l	[24]领白。衫~岭1非山顶位置,如半山坡 [42]岭2整山的统称或者是山顶位置
k	[42]滚 [554]棍	ts	[24]精白。漂亮 [42]井白。水~
kʰ	[24]昆坤 [42]捆 [554]困	tsʰ	[24]清白。~明青 [21]晴 [42]请 [554]净
	yən	s	[24]腥星白。落水~唎（掉雨点） [42]醒 [554]姓性白。~别
tɕ	[24]侵~略尊遵均钧君军文。~帽 [554]俊浚菌	tɕ	[24]惊 [42]颈~筋（脖子） [554]镜
tɕʰ	[42]皴手~了	tɕʰ	[24]卿轻~重
ɕ	[21]荀询句循巡殉勋 [554]讯逊迅驯训	∅	[21]□~子（这里） [21]迎盈~利赢荣营白。国~萤茔颖 [42]影白。~子映1放~ [554]映2反~□剩
∅	[21]耘 [554]允熨韵		**uaŋ**
	aŋ	k	[42]梗白。麦~（麦秸）□狗叫
p	[24]搒拔，扯□石~子（迎春花）	kʰ	[24]筐框~子 [21]狂 [554]矿旷况框眶
pʰ	[21]庞棚白。~楼（铺楼板）□~皮豆（扁豆） [554]胖~粉（发面）□~~子（秕子）		**ɔŋ**
v	[21]横~木	p	[24]帮邦□草~子（螳螂） [42]榜绑谤 [554]棒蚌浜磅
t	[24]钉~子丁白。肉~疔 [42]顶白。头~	pʰ	[21]滂旁螃 [554]胖
tʰ	[24]听白。~唔到（听不到）	m	[21]忙芒1光~茫盲氓 [42]莽蟒
n	[24]囊齉 [42]攮□踩：~在牛粪上	f	[24]荒慌芳方枋~子（棺材） [21]凰坊肪妨房防 [42]谎仿纺访 [554]放
l	[24]冷白。天气~ [21]零铃龄	v	[24]汪 [21]黄簧锁~皇蝗隍城~庙亡芒2麦~王蟥蚂~（水蛭） [42]网辋~川 [554]往忘妄望旺
ts	[24]争白。~夺睁脚后~（脚后跟）	t	[24]当~时挡 [42]党档 [554]挡当~铺荡铛电饼~
tsʰ	[24]撑 [554]掌椅子~		
s	[24]生白。~个（生的）甥□零~戏（孝歌中时间较短，零散的戏） [42]省白。节~		
tʂ	[554]正白。副词"才" [33]正~月		
tʂʰ	[554]郑白。姓		
ʂ	[24]声 [21]成白。事~唎		
k	[24]羹一种粗玉米面儿做成的糊状稀饭 [42]哽		

tʰ	[24]汤 [21]堂棠膛胸~唐糖塘□~墙（砌墙）[42]倘躺趟 [554]烫
n	[554]□裤~（裤裆）
l	[21]郎廊狼□□pu⁵⁵~子（屋顶两侧连接桐柱子的横木）[554]朗浪
ts	[24]赃庄装1假~妆桩脏肮 [554]葬藏西~脏心~壮状
tsʰ	[24]仓苍舱疮窗 [21]床 [42]闯创 [554]撞
s	[24]桑丧婚~霜孀 [42]嗓搡丧~失爽 [554]双1~生子（双胞胎）
tʂ	[24]张装2~饭（盛饭）章樟 [42]长~大涨掌□~外家（回娘家）[554]帐账胀仗障瘴
tʂʰ	[24]昌菖~蒲娼 [21]怅长~短肠常厂畅场倡 [554]丈一~杖唱
ʂ	[24]商伤裳上~岭（上山）尚绡 [21]尝偿 [42]赏晌 [554]上~背（上面）
ʐ	[21]瓤 [42]壤嚷□~治人（挖苦、嘲弄别人）[554]炀人多，热闹
k	[24]冈岗刚纲钢唔锈~（不锈钢）缸扛扢肛 [42]港讲又音 [554]钢~刀杠虹降白。霜~
kʰ	[24]康慷 [554]抗炕
ŋ	[24]昂肮~脏
x	[24]巷糠 [21]行~列航杭 [42]夯打~ [554]项跭~床

iɔŋ

l	[24]两三~ [21]良凉量~长短粮梁樑 [42]两~粤（两个）辆 [554]亮谅量数~
ts	[24]将~来浆~水 [42]蒋奖桨 [554]酱将大~匠1~人降文。下~
tsʰ	[24]枪 [21]墙 [42]抢 [554]呛像白。~我
s	[24]相~互箱厢湘襄镶 [21]详祥翔 [42]想 [554]匠2木~相~貌象像文。影~橡
tɕ	[24]疆僵姜缰江豇~豆 [42]讲又音 [554]糨~糊
tɕʰ	[24]腔羌 [21]强~大|勉~ [554]强倔~犟
ȵ	[21]娘 [554]酿让样1~□mã²¹子（怎样）
ɕ	[24]香乡 [21]降~服 [42]饷享响 [554]向
ø	[24]秧殃烊养痒 [21]央羊洋杨阳扬疡 [42]仰 [554]样2一~

uɔŋ

k	[24]光 [42]广 [554]逛
kʰ	[24]匡
x	[554]晃~眼

əŋ

p	[24]崩绷 [554]蹦迸
pʰ	[24]烹□零~子戏（孝歌中时间较短，零散的戏）[21]彭膨朋棚文。菜~蓬 [42]捧 [554]碰
m	[21]萌盟蒙朦 [42]猛 [554]孟梦
f	[24]哄一~而散风枫疯丰封峰蜂锋逢 [21]弘宏红洪鸿冯缝~衣服 [42]哄骗 [554]讽凤奉俸缝~~子（缝儿）
v	[24]翁 [554]瓮
t	[24]东冬□~鼓（用于龙灯表演的一种直径约40厘米、高20厘米的鼓）[42]懂董□弄 [554]邓瞪~眼冻栋
tʰ	[24]通动 [21]腾同铜桐童苘瞳 [42]桶捅筒统铳 [554]疼痛洞
n	[21]脓浓 [554]弄□软、烂
l	[24]聋□一种篾子 [21]笼胧农隆窿龙 [42]拢陇垄
ts	[24]棕鬃宗综~合终1~于踪 [42]总 [554]赠粽综~线挣累众1群~
tsʰ	[24]葱聪 [21]曾~经丛崇从 [42]怂~恿

	[554]纵放~	ȵ	婹~痘伢子（生孩子）
s	[24]松~紧 嵩 双₂一~ [21]屣 [554]送宋诵颂讼	tɕʰ	[21]琼穷 [42]顷倾 [554]庆
		ȵ	[21]凝宁咛□故 ~子（故意）
tʂ	[24]中当~忠衷终₂~点冢钟盅 [42]种~子肿 [554]中~靶仲众₂~多种~树重文。~视	ɕ	[24]兄胸凶匈芎 [21]熊雄荥~阳
tʂʰ	[24]充重白。轻~冲春 [21]橙虫重~复 [42]宠 [554]铳独眼~（一只眼儿）	ø	[24]应~当鹦英婴雍戎绒融容溶蓉芙~熔 [42]永泳咏拥勇涌恿踊□亲朋到祠堂为去世的人守夜，唱孝歌 [554]应~对用庸
ʐ	[21]扔		uəŋ
k	[24]更文。~换 粳梗文。桔 庚 [42]耿 [554]更~加	k	[24]公蚣工功弓躬宫恭供~给龚 [42]攻~击汞拱~手巩 [554]贡供上~共
kʰ	[42]恐~怕	kʰ	[24]空~虚 [42]孔恐 [554]空有~控
x	[24]亨 [21]衡 [554]横蛮~	x	[24]轰烘~干
	iəŋ		ŋ
t	[21]叮	ø	[21]鱼渔吴姓 [42]女白。侄~子（侄女）五伍白。姓午白。子~线 [554]戊
s	[24]星文₂。流~锤		
tɕ	[24]京 [42]境警茎荆竞 [554]敬经~线		

第四章 词汇特点

第一节

方言特别词

罗湾话作为移民形成的客家方言岛,其语言特点鲜明,这主要表现在其与源方言和周边方言比较的基础之上。而罗湾话的词汇系统也主要是由客家方言和关中方言的词汇系统交织而成的,"混合性"是其词汇方面的主要特征。因此,在不同的比较维度下,罗湾话都表现出了自身的独特性。下面对罗湾话词语的特点进行说明。

一 区别于周围方言的词语

这类词语是罗湾话中常用的口语词,也是罗湾话继承源方言的词语,是其作为客家话的身份标识,明显区别于本地话。下面以比较的方式列表如下[①]。

表4-1 罗湾话与商州话、五华话、梅县话词语比较

普通话	商州	罗湾	五华	梅县
月亮	月亮	月光	月光	月光
下雨	下雨	落水	落水	落雨/落水
猫	猫	猫公	猫公	猫公
公鸡	公鸡	鸡公	鸡公	鸡公
虱子	虱	虱嫲	虱嫲	虱嫲
锅	锅	镬头	镬头	镬

---

① 表中五华话是源方言,梅县话是客家方言的代表,商州话是当地的权威方言,方言材料分别来自朱炳玉的《五华客家话研究》(2010)、黄雪贞的《梅县方言词典》(1995)和张成材的《商州方言词汇研究》(2009)。

续表

普通话	商州	罗湾	五华	梅县
衣服	衣裳	衫	衫	衫
男孩儿	娃子娃	倈子	倈哩人	倈儿人
祖父	爷	阿公	阿公	阿公
母亲	妈	婆	阿婆/阿妈/阿娘	阿婆/阿嫲
公公	阿公	家官	家官	家官
弟弟	兄弟	老弟子	老弟	老弟
儿媳妇	儿媳妇儿	新舅=	新舅=	新舅=
脖子	脖项	颈筋	颈筋	颈筋
舌头	舌头	舌嫲	舌嫲	舌嫲
吃饭	吃饭	食饭	食饭	食饭
洗脸	洗脸	洗面	洗面	洗面
小便	尿尿	屙尿	屙尿	屙尿
站	站/立	徛	徛	徛
挑	担/挑	荷	荷	荷
藏	藏/台=	儑	儑	儑
咬	咬	啮	啮	啮
小	碎	细	细	细
稀（不密）	朗	虋 [lau⁵⁵⁴]	虋	虋
我	我 [ŋə³⁵]	我 [ŋai²¹]	我 [ŋai³⁵]	我 [ŋai¹¹]
他	他	渠	佢	佢
我的	我的	我个	我个	我个
后边	后头	后背	后背	后背
不	不	唔	唔	唔
个一~人	个	隻	隻	隻

另外，罗湾话中依然保留了一些客家方言的特征词。关于客家方言的特征词，温昌衍（2012）曾专门讨论过，认为是一定批量的区内方言多见、区外方言少见的客家方言词，并进一步归纳出客家方言的特征词共计187个，其中外区罕见词100个，一区同见词72个，

语音特征词 15 个。下面以温先生所确定的客家方言特征词为纲，胪列出罗湾话中所保留的客家方言特征词的词条。

表 4-2 罗湾话中的客家方言特征词

客家方言特征词	罗湾话	释义
半昼（边）[pan56①tsu56（pien1）]	半昼 [pã⁵⁵tʂou⁵⁵⁴]	半个上午的时候，有时指（上午）很晚了
嫲 [ma2]	嫲 [ma²¹]	雌性动物
虱嫲 [set7ma2]	虱嫲 [sei³³ma²¹]	虱子
猫公 [miau56kuŋ1]	猫公 [miau⁵⁴kuəŋ⁰]	猫，统称
屎乌蝇 [sɿ3vu1in2]	屎乌蝇 [sɿ⁴²u³³iəŋ³³]	绿头苍蝇
旧饭 [kʰiu56fan56]	旧饭 [tɕʰiou⁵⁴fã⁰]	剩饭
打走 [ta3tseu3]	打走 [ta⁴²tsɛu⁴²]	（被水）冲走
齧 [net7]	齧 [nei³³]	（用指甲）掐
擸 [lap7]	擸 [lɛ⁴⁴]	一叠（碗）
擸 [lap7]	擸 [lɛ⁴⁴]	拿起一叠（碗）
喢 [ŋiap7]	喢 [n̺iɛ³³]	嘴唇翕动
绽 [tsʰan56]	绽 [tsʰã⁵⁵⁴]	（新枝）长出，（笋）冒出
岩 [ŋam2]	岩 [ŋã²¹]	悬崖，额骨突出
擁 [luk7]	擁 [lou³³]	（用长棍子）搅动
荷 [kʰai1]	荷 [kʰai²⁴]	挑
搒 [paŋ1]	搒 [paŋ²⁴]	拔，扯
棚楼 [pʰaŋ2leu2]	棚楼 [pʰaŋ²¹lɛu²¹]	铺楼板
发虫 [pot7tsʰuŋ2]	发虫 [fɛ³³tʂʰəŋ²¹]	长出虫子
屋下 [vuk7kʰua1]	屋下 [u³³kʰua⁰]	家（里）
鸡厩 [ke1tsi56]	鸡厩 [ki²⁴tsi⁵⁵⁴]	鸡舍
瘭 [pʰiau56]	瘭 [pʰiau⁵⁵⁴]	（摩擦，烫伤引起的）水疱
啜 [tsoi56]	喙 [tʂoi⁵⁵⁴]	嘴

---

① "56" 为调类标调，下同。原书如此。

续表

客家方言特征词	罗湾话	释义
瓠勺 [pʰu2sok8]	瓠勺 [pʰu²¹ʂo⁴⁴]	瓠子外壳做的瓢
（阿）嫲 [me1]	嫲 [mei²⁴]	母亲，多用作面称
娭 [oi1]	娭 [oi²⁴]	母亲，多用作引称
子嫂 [tsʅ3sau3]	子嫂 [tsʅ⁴²sau⁴²]	妯娌
夭 [iau1]	夭 [iau²⁴]	湿泥，面粉团等因含水多而稀烂难定型
虆 [lau56]	虆 [lau⁵⁵⁴]	稀疏
伸叉 [tsʰun1tsʰa1]	伸叉 [tʂʰən²⁴tʂʰa⁴²]	（衣服）伸展不皱
据 [kia1]	据 [tɕia²⁴]	（手指）冻僵，不灵活
抛 [pʰau1]	抛 [pʰau²⁴]	（车很）颠簸
㴒 [liam3]	㴒 [liẽ⁴²]	（池塘）水干了
痼 [ko1]	痼 [ko²⁴]	器具磨损，钝秃
精 [tsin1]	精 [tsiaŋ²⁴]	谷物子实饱满
腌（或说合音词"个腌"）[an3]	咁 [kã⁴²]	很（多），那么（多）
系话 [he56va56]	系话 [xei⁵⁵va⁵⁵⁴]	如果
燥爽 [tsau1soŋ3]	燥①爽 [tsau²⁴soŋ⁴²]	（地面等）干燥不湿
亢 [hoŋ56]	跣 [xɔŋ⁵⁵⁴]	起来，起床
领食 [liaŋ1sət8]	领食 [lin²⁴ʂʅ⁴⁴/liaŋ²⁴ʂʅ⁴⁴]	不劳而吃，享受现成物
领着 [liaŋ1tsok7]	领着 [lin²⁴tʂo³³/liaŋ²⁴tʂo³³]	不劳而穿，享受现成物
捋泥 [lot8nai2]	捋泥 [loi⁴⁴nei²¹]	（用锄头等）在地表薄薄地刮泥沙
[nen56]牯	［奶儿］[nẽ⁵⁵⁴]	乳房
倈（子）[lai56（e3）]	倈子 [lai⁵⁴tsʅ⁰]	儿子
两子爷 [lioŋ3tsʅ3ia2]	两子爷 [lioŋ⁴²tsʅ⁰ia²¹]	父子俩
蜗 [kuai3]	蜗子 [kuai⁴²tsʅ⁰]	青蛙
乌蝇 [vu1in2]	乌蝇 [u³³in³³]	苍蝇

---

① 此字本字是"糙"。此处为了便于与温书原文比较，所以只写作"燥"。下同。

续 表

客家方言特征词	罗湾话	释义
乌蝇屎 [vu1in2sɿ3]	乌蝇屎 [u³³in³³ʂɿ⁴²]	痣；雀斑
翻生 [fan1saŋ1]	翻生 [fã²⁴saŋ²⁴]	复活
棚（沟）[pʰaŋ2]	棚 [pʰaŋ²¹]	遮盖住（水沟）
拗腰 [au3iau1]	拗腰 [au⁴²iau²⁴]	后弯腰
争 [tsaŋ1]	争 [tsaŋ²⁴]	袒护
系 [he56]	系 [xei⁵⁵⁴]	是
兜 [teu1]	兜 [tɐu²⁴]	端
嫽 [liau56]	嫽 [liau⁵⁵⁴]	玩
驳 [pok7]	驳 [po³³]	连接（线）
安纽 [on1neu3]	安纽 [ŋõ²⁴nɐu⁴²]	缝扣子
打空手 [ta3kʰuŋ1su3]	打空手 [ta⁴²kʰuəŋ²⁴ʂou⁴²]	空手
爌 [luk8]	爌 [lou⁴⁴]	（用，被热水）烫
转侧 [tson3tsa7]	转侧 [tʂõ⁴²tsʰei³³]	睡觉翻身
食朝 [sət8tsau1]	食朝 [ʂɿ⁴⁴tʂau²⁴]	吃早饭
蹶 [kʰoi56]	蹶 [tɕʰyoi⁵⁵⁴]	累，疲倦
老弟 [lau3tʰai1]	老弟子 [lau⁴²tʰai²¹tsɿ⁰]	弟弟
零工 [laŋ2kuŋ1]	零工 [laŋ²¹kuəŋ²⁴]	临时工
树桍 [kʰa35]	树桍 [kʰua⁴²]	树枝
頷（头）[ŋã56]	□ [ŋã⁴²]	点（头）
层 [tsʰen2]	层 [tsʰẽ²¹]	往上叠
[nun3]	□ [nən⁴²]	捻
断夜 [tʰon1ia56]	断夜 [tʰõ²⁴ia⁵⁵⁴]	天黑
炀 [ioŋ56]	炀 [zɔŋ⁵⁵⁴]	人多，热闹
堆 [toi1]	堆 [toi²⁴]	（一）泡（尿）
搣 [ia3]	搣 [ia⁴²]	（一）把（沙子）
V 正 [tsaŋ56]	V 正 [tsaŋ⁵⁵⁴]	V 好了，V 妥了
蠄 [kʰia2]	蠄 [tɕʰia²¹]	蜘蛛

续 表

客家方言特征词	罗湾话	释义
食昼 [sət8tsu56]	食昼饭 [ʂʅ⁴⁴tʂou⁵⁴fa⁰]	吃午饭
脑血 [nau3hiat7]	脑血 [nau⁴²ɕiE³³]	头部出的血
晡 [pu1]	晡 [pu²⁴]	表时间语素
𠊎 [ŋai2]	我 [ŋai²¹]	韵母同"太"
搓 [tsʰai1]	搓 [tsʰai⁵⁵⁴]	韵母同"太"
菊声母送气	菊声母送气	声母如溪母，送气音
择 [tʰok8/tʰoʔ8]	择 [tʰo⁴⁴]	声母同透母
上~面 [hoŋ56]	上 [xɔŋ⁵⁵⁴]	音同"项"，声母为 [h]
鸟 [tiau1]	鸟 [tiau²⁴]	声母如端母（为 [t]），声调为阴平
燥干，干燥 [tsau1]	燥 [tsau²⁴]	阴平调

由上表可知，罗湾话尚保留的客家方言特征词计有83条，近乎一半。方言特征词是最能代表一个方言本质特征的，因而具有极强的身份标识作用。罗湾话中所保留的客家方言特征词是区别于周围方言的重要内容，也是研究罗湾话与源方言源流关系的内容之一，具有极高的语言学价值。

二 区别于源方言的词语

表4-3 罗湾话与五华话、梅县话、商州话词语比较

普通话	商州	罗湾	五华	梅县
冰雹	冷子	冷子	雹	雹
施肥	上粪	上粪	泼粪	施肥
浇水	浇水	浇水	淋水/泼水	淋水
扁担	扁担	扁担	担竿	担竿
玉米	包谷	包谷	包粟	包粟
马铃薯	洋芋	洋芋	马铃薯	马铃薯
豇豆	豇豆	豇豆	豆哩	豆角
西红柿	洋柿子	洋柿子	番茄	番茄

续表

普通话	商州	罗湾	五华	梅县
种猪	角猪子	角猪子	猪豭	猪哥
阉猪	劁猪	劁猪	阉猪	羯猪儿
公鸭	公鸭子	公鸭子	鸭公	鸭公
橡子	橡	橡子	桷哩	桷儿
肥皂	洋枧	洋枧	番枧	番枧
贼	贼娃子	贼娃子	贼佬	贼牯
哥哥	哥	哥	阿哥	阿哥
连襟	挑担	挑担	连襟	连襟
耳朵	耳朵	耳朵	耳公	耳公
客人	客人	客人	人客	人客
端	端	端	掇	端/扛
稀指粥	稀	稀	鲜	鲜
傻	瓜	瓜	戆	戆

  就所调查的词汇义类来看，保留源方言词汇较好的是代词、时令、亲属、日常生活这几类，借用权威方言词汇较多的是饮食、商业交通、教育文体、心理语言动作、疾病、地理这几类。究其原因，前者的使用频率更高，且不太容易受到时地因素的影响，在罗湾人祖祖辈辈口耳相传的过程中，它们得以最大限度地保留至今。后者日常口语中的使用频率相对要低一些，它们或者是反映当地习俗文化的词语，或者是反映现代文明的词语，这些词是在与当地人的交流或者是专门的学习中习得的，因此就较容易吸收权威方言中的词汇。

第二节

方言古语词

　　古语词的概念是什么？学者们的看法略有差异，这里我们采用温美姬（2009：10）在研究梅县方言古语词时给出的定义："见于古代文献的在梅县方言中使用而在现代汉语口语中不用的词语。"本节关于罗湾话古语词的讨论，也适当参考了温美姬《梅县方言古语词研究》（2009）一书中的内容。因为从调查的结果来看，罗湾话口语中还在使用，同时又可以通过字书、辞书、古代文献材料加以佐证从而证明为古语词的，基本都是来自源方言的词语。就性质而言，罗湾话中的古语词与粤地客家方言中所保留的数量较多的古语词并无不同。要说明的是，本节所讨论的罗湾话的古语词，其范围不仅包括口语词，有时也指构词语素。具体见下：

　　月光 $\text{nie}^{44}\text{kuoŋ}^{0}$ 月亮。普通话中也有"月光"一词，是指"月亮的光线"。罗湾话中将"月亮"说成"月光"，当是一种引申的用法。魏曹丕《杂诗二首》其一："俯视清水波，仰看明月光。"《艺文类聚》卷七十二："梁吴筠移曰：'月光离毕，风气入箕，细雨如网，细柳如丝。'"宋王安中《菩萨蛮》："天转月光圆，圆光月转天。"明佚名《明珠缘》第十八回："到次晚，见月光已圆，又走到树边看月，又听得响，他便躲在树后黑处偷看。"参酌文意，以上文献中所出现的"月光"都当指月亮，而不是光线。

　　坜 la^{33} 罗湾话有"沟坜"一词，音 $\text{kɛu}^{24}\text{la}^{33}$，义为小水沟。坜，《集韵》锡韵狼狄切："坜，坑也。"音义皆合。郑衡泌、林国平（2015：210）："'坜'客家话为流水的沟坑，常见于客家聚落的地名，如中坜、内坜、小饭坜、上大坜、下大坜、坜西坪等。"（按：以上皆为台湾地区的地名）客家人多依山而居，所谓"逢山必有客，无客不住山"。地名中的"坜"，当是客家人对其所居住环境的描绘。《龙树五明论书》："符置台园坜上，疫气不起。书符置山神所，风雨顺时。"其中的"坜上"也当指台园中地势凹陷之处，可理解为台园中有沟、坑之处。又《中国歌谣资料·农民十二月》："番薯成地圻，谷子满田丘。"其中的"圻"则是地沟之义。

朝晨 tṣau²⁴ʂən⁰ 早晨。汉阮瑀《杂诗》："鸡鸣当何时，朝晨尚未央。"清严可均辑《全后汉文》卷五十七："朝晨发兮鄢郢，食时至兮增泉。"宋《太平广记》卷六十八："又言曰：'逝波难驻，……莫种槿花，使朝晨而骋艳；休敲石火，尚昏黑而流光。'"明凌濛初《初刻拍案惊奇》卷一："少不得朝晨起早，晚夕眠迟，睡醒来，千思想，万算计，拣有便宜的才做。"以上都是用例。

昼 tṣou⁵⁵⁴ 罗湾话中有"昼边 tṣou⁵⁴piɛ⁰"（上午十点至下午三点），"下昼 xa²⁴tṣou⁰"（下午三点至七点）等说法。其中"昼"都是表时间的构词语素。普通话中"昼"表白天，只保留在书面语中，如"昼伏夜行"，已不是口语词。昼，《说文》昼部："日之出入，与夜为界，陟救切。"《玉篇》书部："知又切，日正中。"《广韵》宥韵陟救切："日中。"以上辞书所释都指白昼。文献用例如宋陈棣《次韵葛教授新辟柏桐轩》："色映醉吟杜，阴休眠昼边。""昼边"在此处当指睡觉的时间。又唐刘长卿《寄龙山道士许法棱》："林下昼焚香，桂花同寂寂。"明贺复徵《文章辨体汇选》卷五百九十六："吏史抱文书环几案，左右頟頟以进，至日下昼数刻，始归。"清李钟伦《周礼纂训》卷十六："即移财及下昼夜巡戒之事，以通守政者，以法得相通也。"清杜文澜《古谣谚》卷三十九："上牵昼，暮牵斋，下昼雨哜哜。"以上四例中的"下昼"则都是下午之义。

晡 pu²⁴ 罗湾话中"晡"也是表时间义的构词语素。①表夜晚时间，如：夜晡（夜晚）、三晡十夜（除夕）；②表整天时间，如：今晡（今天）、昨晡（昨天）。晡，《玉篇》日部："布胡切，申时也。"《广韵》模韵博孤切："申时。"又《淮南子·天文训》："日至于悲谷，是谓晡时。"申时在古代是指午后三时至五时，这个义项与表夜晚时间的语素义相近，而表整天时间的语素义则可看作在此基础上的引申。文献用例如唐韩愈《赠侯喜》："晡时坚坐到黄昏，手倦目劳方一起。""晡"即为午后三时至五时这个时段。《大正新修大藏经续诸宗部十三·永平元禅师清规卷上》："后夜晡时，不挂袈裟，但坐禅耳。"南宋胡仔《苕溪渔隐丛话》卷三十七："过今晡，又来旦，不觉年华暗中换。"清佚名《清实录道光朝实录》："自己卯戌时及今晡，哭不停声，竟日水浆不入口。"南宋杨万里《诚斋集》："昨晡日脚荡波红，今早天花舞镜中。"清严可均《全梁文》卷十一："昨晡后方还所住，徐摛、庚吾羌恒日夕，镜远在直，时来左右。"

旧年 tɕʰiou⁵⁴ȵiɛ⁰ 去年。这个词在中古汉语中即有使用，文献例证如唐张说《岳州守岁》："歌舞留今岁，犹言惜旧年。"宋梅尧臣《立春在元日》："未肯欺残腊，何曾占旧年。"清《红楼梦》第三十一回："可记得旧年三四月里，他在这里住着。"

箄 tɛ³³ 罗湾话中将蒸食物用的箅子说成"馍箄子 mo²⁴tɛ³³tsʅ⁰"。箄，《玉篇》竹部："丁达切,簃也。"簃,《说文》竹部:"籧篨也。"《康熙字典》未集上竹字部:"《集韵》《韵会》并陈如切,音除。籧篨,竹席。"由以上可知,"筜"的意思是粗竹席。罗湾话"馍筜子"中的"筜子"就是指有洞眼而用来隔物的器具,像席子那样,所以表"竹席"义的"筜"可以用来指称箅子。"筜子"的这个用法,文献也有用例,如清姚远之《竹叶亭杂记》卷七:"《升庵外集》:'北人呼为波波,南人讹为磨磨。'按今京中书为馎馎,有硬面馎馎、发面馎馎、杠子馎馎、筜子馎馎、实子儿馎馎等名。"例中的"筜子馎馎"描绘的即是使用"筜子"所蒸制的馒头,其"筜子"的功用正与罗湾的"馍筜子"相同。

牯 ku⁴² 罗湾话有牛牯、狗牯、羊牯子、猫牯子等说法,均指雄性动物。《说文》无此字,《玉篇》牛部:"牯,牝牛。"释义有误。《广韵》姥韵公户切:"牯,牯牛。"《字汇》牛部:"牯,公土切,音古,牡牛。"《正字通》牛部:"牯,俗称牡牛为牯。"《本草纲目·兽一·牛》:"牛之牡者曰牯曰特。"《说文》牛部:"牡,畜父也。"《广雅·释兽》:"牡,雄也。"则"牯"之本义当为公牛。"牯"用在动物名称之后表雄性是客家方言的一般用法。文献例证如唐陆龟蒙《祝牛宫辞》:"四牸三牯,中去一乳。"宋范成大《冬日田园杂兴》:"牯牸无瘟犊儿长,明年添种越城东。"以上的"牯"皆指公牛,是单用的用法。明王恭《草泽狂歌·寄宿田家》:"田夫归来系牛牯,向前问客何乡土。"明徐弘祖《徐霞客游记·游天台山日记后》:"又向西升陟岭角者十里,乃至腾空山。下牛牯岭,三里抵麓。"清王礼《台湾县志·艺文志》:"浅黄牛牯谩耕田,双挽柔缰挂锦鞯。"以上例中都出现了"牛牯"一词,均指公牛。

窦 tɛu⁵⁵⁴ 窝,如"狗窦"即是狗窝。《说文》穴部:"窦,空也。"段玉裁注:"空、孔,古今语。凡孔皆谓之窦。"《广韵》候韵徒候切:"空也,穴也,水窦也。"如《礼记·礼运》:"所以达天道,顺人情之大窦也。"唐韩愈《射训狐》:"枭惊堕梁蛇走窦,一夫斩颈群雏枯。""窝"义显然是从"孔、穴"等义引申出来的,文献用例如《汉书》卷六十五:"朔曰:'夫口无毛者,狗窦也;声敖敖者,鸟哺鷇也;尻益高者,鹤俯啄也。'"《晋书》卷四十九:"逸将排户入,守者不听,逸便于户外脱衣露头于狗窦中窥之而大叫。"宋郭茂倩《乐府诗集》卷二十五:"兔从狗窦入,雉从梁上飞。"

掌牛 tṣoŋ⁴²ȵiou²¹ 放牛。"掌"有掌管、职掌之义。《周礼·天官·凌人》:"凌人掌冰。"郑玄注:"杜子春读掌冰为主冰也。"《孟子·滕文公上》:"舜使益掌火,益烈山泽而焚之,禽兽逃匿。"赵岐注:"掌,主也。""掌牛"当是由这个义项引申出来的,文献例证如宋陈祥道《礼书》卷七十五:"羊人掌羊,校人掌马,其饰羔马宜矣,封人非掌牛而饰牛者。"宋欧阳修《诗本义》:"宣王既修厉王之废,百职皆举,而牧人所掌牛羊蕃息。"

啮 ŋɛ³³ 咬、嚼。"啮",繁体作"嚙",其正体作"齧"。《龙龛手鉴》口部:"嚙,皆俗,五结反,正作齧。"《正字通》口部:"嚙,俗齧字。"《说文》齿部:"齧,噬也。"段玉裁注:"《释名》曰:'鸟曰啄,兽曰齧。'"《广韵》屑韵五结切:"齧,噬也。"释义同《说文》。"噬",

《说文》口部："啗也，喙也。""啗"，《说文》口部："食也。"可知，"啮"之本义即是吃。罗湾话中"啮"表示咬或嚼，是本义的引申。文献例证如《管子·戒》："东郭有狗啀啀，旦暮欲啮我，猴而不使也。"唐拾得《诗》之四一："蚁子啮大树，焉知气力微。"清魏秀仁《花月痕》第四九回："不想民间苧根啮完，草根掘尽。"

荷 k^hai^{24} 挑、担。《广韵》哿韵胡可切："荷，负荷也。"《集韵》哿韵下可切："《广雅》释诂：'擩、旅、何、㨎、担也。'"王念孙疏："何，与贺通，亦通作荷。"《方言》第七："擩，膂，贺，艐，儋也。齐楚陈宋之间曰擩，燕之外郊、越之垂瓯、吴之外鄙谓之膂。南楚或谓之擩。自关而西、陇冀以往谓之贺，凡以驴马駊驼载物者谓之负他，亦谓之贺。""荷"即为客家方言表挑、担义的本字，严修鸿（1998）、温昌衍（2001）、温美姬（2009）等都已论证过。其中严修鸿（2004）还进一步论证了客家方言匣母字今读[k^h]的现象，韵母读[ai]则是歌韵字的白读音层次。文献例证如《论语·宪问》："子击磬於卫，有荷蒉而过孔氏之门者，曰：'有心哉，击磬乎！'"《左传·昭公七年》："其父析薪，其子弗克负荷。"《晋书·舆服志》："八座尚书荷紫，以生紫为袷囊，缀之服外。"

镬头 $o^{44}t^hɛu^{21}$ 锅，统称。"镬"作为构词语素，罗湾话中还可以组成"铝镬"（铝锅）、"沙镬"（沙锅）、"大镬"（大锅）、"细镬"（小锅）等。《说文》金部："镬，鑴也。"段玉裁注："少牢馈食礼，有羊镬、有豕镬，镬所以煮也。"《玉篇》金部："胡郭切，鼎镬。"《广韵》铎韵胡郭切："鼎镬。"《周礼注疏》卷四："掌共鼎镬。"郑玄注："镬，所以煮肉及鱼腊之器。""镬"之本义是煮肉食的器具，故可以用来指称同样功能的"锅"。文献例证如《淮南子·说山训》："尝一脔肉，知一镬之味。"《周礼·天官·亨人》："亨人，掌共鼎镬以给水火之齐。"《宋书》卷二十九志第十九："魏文帝初，镬中生赤鱼。"宋禅僧赜藏《古尊宿语录》卷三十五："若是得自在底人，论个什么镬汤、炉炭、刀山、剑树、四生、六道，于中如吃美食，若未得如是，便实受此报。"以上是"镬"单用的例子。唐曹山本寂《抚州曹山元证禅师语录》："师问僧：'时节恁么热，向甚处回避。'僧云：'镬头炉炭里回避。'"宋释了惠《闲田》："秦不耕兮汉不耘，镬头边事杳无闻。"明《嘉兴大藏经·海幢阿字无禅师语录》："反手拨开榾柮火，凝眸吹散镬头烟。"以上是"镬头"连用的例子。

笕 $tɛu^{24}$ 猪笕，义为猪食槽。《说文》竹部："笕，饮马器也，当侯切。"段玉裁注："食马器也。《方言》：'饮马橐、自关而西谓之淹囊，或谓之淹笕，或谓之㠥笕，燕齐之间谓之帳。'"《广韵》侯韵当侯切："笕，饲马笼也。"《集韵》侯韵当侯切："《说文》：'饮马器也。'"据上可知，"笕"字之本义是喂马的器具。文献例证如南朝梁释慧皎《高僧传》卷第五："前行得人家，见门里有二马㮣，㮣间悬以马笕，可容一斛。"唐道世《法苑珠林》卷八十三："如马悬笕喂之，熟视不肯食，其主牵去欲驾之，乃遽含噆噬，亦不得食。"例中的"马笕""马悬笕"都是此义。喂马用的器具自然可以用来指称喂猪的食槽，两者语义相关，所以罗湾话中的"猪笯"当是一种引申的用法。

孲孖崽子 o²⁴ŋa²¹tsei⁴²tsʅ⁰ 婴儿。孲,《集韵》麻韵於加切:"孲孖,赤子。"《四声篇海》《字汇补》所载均与《集韵》同。又《集韵》麻韵牛加切:"孖,吴人谓赤子曰孲孖。""赤子"即为婴儿之义。"孲孖"是同义并用的复合词,文献例证如元杨维桢《海乡竹枝歌》:"孲孖三岁未识父,郎在东海何日归。"元黄玠《弁山小隐吟录·忠奴李善歌》:"一奴匿之负以走,财实累尔儿何辜。孲孖①虽小是奴主,簿书不敢欺豪铢。""孲孖"在梅县和五华客家话中即指"婴儿"。罗湾话中又有个"崽子"的后缀,表示动物的幼崽,这里用来指人,是引申的结果。以上可知,罗湾话的"孲孖崽子"一词是在源方言基础上自行创新的结果。

阿公 a³³kuəŋ³³ 祖父。"阿公"是一个比较久远的古语词,文献例证最早可在唐李延寿《南史》中找到:"尝与何偃同从上南郊,偃于路中遥呼延之曰'颜公',延之以其轻脱,怪之,答曰:'身非三公之公,又非田舍之公,又非君家阿公,何以呼为公?'"其他用例如元无名氏《争报恩》楔子:"[正旦云]:'你不是歹人,正是贼的阿公哩。'"南戏《杀狗记》第二十出:"(外)是谁?(丑)阿公,我是安童。"

媄 mei²⁴ 母亲。罗湾话中对母亲的称呼,面称和背称都是"媄"。有时"媄"还可用于称呼父亲兄弟的媳妇,如"伯媄""叔媄"。媄,《玉篇》女部:"齐人呼母。"《广韵》支韵武移切,释义同《玉篇》,《康熙字典》丑集下女部:"齐人呼母曰媄,李贺称母曰阿媄。"梅县和五华客家话都说成"阿媄",罗湾话中"阿"词头已经消失,只说成"媄"。文献例证如唐李商隐《李贺小传》:"长吉了不能读,歘下榻口头,言'阿媄老且病,贺不愿去。'"宋梅尧臣《送张遂州》:"里门锦绶何为乐,外奉严君内阿媄。"宋刘克庄《昌谷》:"暮归阿媄嗔,奴辈锦囊重。"宋魏了翁《叔母生日用许侍郎奕所和去岁词韵为谢》:"怪我阿媄今老眼,已是看朱成碧,但犹记黄裳曾识。"

外家 ŋoi⁵⁴ka⁰ 妻子的娘家。这个词的历史比较久远,东汉《东观汉记·吴汉传》:"汉尝出征,妻子在后买田业。汉还,让之曰:'军师在外,吏士不足,何多买田宅乎!'遂以分与昆弟外家。"《晋书·魏舒传》:"少孤,为外家甯氏所养。甯氏起宅,相宅者云:'当出贵甥。'外祖母以魏氏甥小而慧,意谓应之。"唐严子休《桂苑丛谈·史遗》:"崔庸,博陵人也。性狂,少长于外家,不齿。"明冯梦龙《警世通言》第三十四卷:"凤从幼育于外家,就与表兄对姻,只有娇鸾未曾许配。"以上例中的"外家"都是指妻子的娘家。

姊丈 tsi⁴²tʂʰoŋ⁰ 姐夫。"姊丈"一词最早的文献出处可见于宋代,北宋何薳《春渚纪闻》卷十:"朝奉郎军器监丞徐建常,余姊丈也,建安人。"后代相承沿袭,如元孔齐《至正直记》卷二:"镇江顾利宾姊丈与余言:'凡治此具,俟燖毛后,必以少盐擦其遍体,如澡浴

---

① 此字当是"孖"的俗字,只是构字部件的顺序做了颠倒。

状,加以香油少许,复以汤洗净,然后烹而食之可也。'"明毕自严《石隐园藏稿》卷二:"此夫握其常,然则亦有必然者,如余长姊丈润寰牛公与余长姊是已。"其中的"姊丈"皆是"姐夫"之义。

老妹婿 lau⁴²moi⁵⁵sei⁵⁵⁴ 妹夫。"妹婿"用来指称妹夫,魏晋已然,如东晋常璩《华阳国志》卷五:"述使妹婿延牙距宫,大司徒谢丰距汉,连战辄北。"后代文献如《旧唐书·列传第七十七》:"其妹婿源溥,即休之弟也,以姻媾之故,与休交好。"唐白居易《杨六尚书新授东川节度使代妻戏贺兄嫂二绝》:"觅得黔娄为妹婿,可能空寄蜀茶来。"北宋王溥《唐会要》卷九十六:"至曾孙万荣。通天元年中。与妹婿李尽忠杀营州都督赵文翙。"北宋魏泰《东轩笔录》卷十五:"钱思公嫁女,令银匠龚美打造装奁器皿。既而美拜官,思公即取美为妹婿,向所打造器皿归美家。"明王守仁《王阳明全集·顺生录》:"明年龙山公以外艰归姚,命从弟冕、阶、宫及妹婿牧,相与先生讲析经义。"今梅县、五华也只说成"妹婿",与古代说法同,罗湾话则加了一个前缀"老",当是受了"老妹(妹妹)"一词的影响。

眼珠 ŋã⁴²tʂou⁰ 眼睛。罗湾话与"眼珠"相关的词还有"眼珠眶(眼眶)""眼珠子(眼珠儿)""眼珠皮(眼皮儿)"等。文献例证如明吴承恩《西游记》第二十一回:"行者道:'我被那怪一口风喷将来,吹得我眼珠酸痛,这会子冷泪常流。'"清文康《儿女英雄传》第二十九回:"好妹妹!怎的你这见识就合我的意思一样?可见我这双眼珠儿不曾错认你了?"

衫 sã²⁴ 上衣:我个～烂咧。罗湾话中"衫"既能单用,也常作为构词语素参与构成新词,如:长衫(长袍子)、棉衫(棉衣)、衫领(衣领)等。罗湾话的"衫"表上衣是承接古汉语而来的。"衫"在古代指上衣,可以是无袖的。《说文》衣部:"衫,衣也。"《释名·释衣服》:"衫,芟也,芟末无袖端也。"毕沅疏证:"盖短袖无袪之衣。"《方言》第四:"或谓之禅襦。"郭璞注:"今或呼衫为禅襦。"《玉篇》衣部:"同上。"上一字是"襂",释义为:"圭表饰也,小襦也,禅襦也。"《集韵》衔韵师衔切:"小襦,通作襂。"《说文》衣部:"襦,短衣也。""小襦""禅襦"都是短衣、上衣之义。文献例证如晋束皙《近游赋》:"设系襦以御冬,胁汗衫以当热。"唐白居易《寄生衣与微之因题封上》:"浅色縠衫轻似雾,纺花纱裤薄于云。"唐陈子良《新成安乐宫》:"衫薄偏憎日,裙轻更畏风。"

着 tʂo³³ 穿,着衫,即穿衣服。《广韵》药韵张略切:"服衣于身。"《类篇》艹部:"又陟略切,被服也。"《字汇》艹部:"又职略切音灼,被服也。"文献例证如《晏子春秋·内篇杂上》:"着衣冠,令其友操剑,奉笥而从,造于君庭。"《乐府诗集》卷七三:"着我绣夹裙,事事四五通。"唐李白《上元夫人》:"裘披青毛锦,身着赤霜袍。"唐岑参《白雪歌送武判官归京》:"将军角弓不得控,都护铁衣冷难着。"元王实甫《西厢记·张君瑞庆团圆》:"【满庭芳】长共短又没个样子,窄和宽想象著腰肢,好共歹无人试。"

嫽 liau⁵⁵⁴ 玩儿。《说文》女部："嫽，女字也。"段玉裁注："《广韵》：'相嫽戏也，此今义也。'"《广韵》萧韵落萧切："嫽，相嫽戏也。"《集韵》萧韵怜萧切："《说文》：'女字也。'一曰相戏。"南宋史炤《资治通鉴释文》卷六之《汉纪四十八年》："撩，莲条切，理也，谓嫽戏。"此词的文献例证不多见，目前只找到一例：唐遍照金刚《文镜秘府论》地卷论体势等："池旁寄意，折藕相嫽。"

屙 o²⁴ 罗湾话把解大小便分别说成"屙屎"和"屙尿"。屙，《玉篇》尸部："乌何切，上厕也。"《龙龛手鉴》尸部："乌何反，屙大便也。"此字古字形作"屋"，清胡文英《吴下方言考》："屋，音丫，《广韵》：'屋，尻也。'案：屋，臀也，吴中有屎屋之谚，故谚云：'鳖有鳖裙遮，乌龟露屎屋。'"文献例证如宋庄绰《鸡肋编》卷上："小人之相亦多，其易验者，有一绝载云：'欲识为人贱，先须看四般，饭迟屙屎疾，睡易着衣难。'"清黄汉《猫苑·毛色》："毛生尿窟，屙尿满屋，非佳猫也。"

摗 lou³³ 搅动、摇动。《玉篇》手部："力谷切。《周礼》曰：'三鼓摗铎。'谓掩上振之为摗。"《广韵》屋韵卢谷切："振也。《周礼》曰：'摗铎。'郑玄云：'掩上振之为摗。'"《集韵》屋韵卢谷切："振也，或作捒。"又送韵卢贡切："摇也。"辞书的释义一脉相承，即振动、摇动。罗湾话表搅动、摇动义的"摗"是对古义的保留。文献例证如《周礼·夏官·大司马》："三鼓摗铎。"宋陈旉《农书·薅耘之宜》："不问草之有无，必遍以手排摗，务令稻根之傍，液液然而后已。"《元史·食货志二》："每岁五月，场官伺池盐生结，令夫搬摗盐花。"

拗 au⁴² 折断。"拗"在古代即是折断之义，《玉篇》手部："拗折也。"《字汇》手部："於巧切，凹上声，手拉折也。"文献例证如《尉缭子·制谈》："将已鼓而士卒相嚣，拗矢、折矛、抱戟、利后发。"唐李贺《酬答二首》："试问酒旗歌板地，今朝谁是拗花人？"唐温庭筠《达摩支曲》："捣麝成尘香不灭，拗莲作寸丝难绝。"宋王令《望花有感》："高枝飞鸟夜踏空，低树狂儿日摧拗。"明陶宗仪《辍耕录·拗花》："南方谓折花曰拗花。"

徛 tɕhi²⁴ 站。《方言》卷七："跮蹬，陭企，立也。""企"为同音字。《广韵》纸韵渠绮切："徛，立也。"文献例证如明谢榛《送沈郎中宗周出守顺庆》："沈约未须裁八咏，徛楼时复望长安。"

噭 tɕiau⁵⁵⁴ 哭，字又作"謦"。"噭"古义有痛苦之义，《方言》卷一："咺，唏，忉，怛，痛也。……平原谓啼极无声谓之唴哴，楚谓之噭咷。"《说文》言部："謦，痛呼也。"段玉裁注："謦與噭义略同。"《公羊传·昭公二十五年》："昭公于是噭然而哭。"何休注："噭然，哭声貌。"《玉篇》言部："古吊切，大呼也，又痛呼也。"《广韵》啸韵古吊切："謦，訐也，又痛声也。"文献例证如《庄子·至乐》："人且偃然寝于巨室，而我噭噭然随而哭之，自以为不通乎命，故止也。"南北朝沈约《霜来悲落桐》："末光不徒照，为君含噭咷。"明方孝孺《祭太史公文》之五："吾犹噭噭哭于山巅与水渍。"清黄宗羲《寿徐兰生七十序》："而歌声嗷然，若出金石。"

笮 tsa³³ 压。"笮"，《说文》竹部："迫也。在瓦之下，棼上。"《玉篇》竹部："侧格切，狭也，迫也，压也。"《国语·鲁语》："夫栋折而榱崩，吾惧压焉。"韦昭注："压，笮也。"可见罗湾话中表压或压住义的"笮"也是一个古语词。文献例证如《新唐书·李德裕传》："然为逢吉排笮，讫不内徙。"宋宋祁《宋景文公笔记·杂说》："士懦脆而少刚，笮之则服。"明冯梦龙《东周列国志》第四十三回："辰对曰：'凡五刑之用，大者甲兵斧钺，次者刀锯钻笮，最下鞭扑。'"

系 xei⁵⁵⁴ 是。《说文》糸部："系，繫也。"段玉裁注："悬也。悬各本作繫。非其义。今正。悬部曰：悬者、系也。"《康熙字典》未集中糸部："《博雅》：'相连系也。'《前汉·叙传》：'系高顼之玄胄兮。'《注》：应劭曰：'连也。'""系"本义为连接、连系之义，其判断动词的用法是在本义基础上的引申。文献用例如唐张又新《煎茶水记》："此二十水，余尝试之，非系茶之精粗，过此不之知也。"元关汉卿《窦娥冤》第四折："若系冤枉，刀过头落，一腔热血休滴在地下，都飞在白练上。"清西周生《醒世姻缘传》第五回："胡旦虽系正旦，扮旦的也还有人，所以叫胡旦来京。""系"还有与"是"连用的情况，属同义并用。如明施耐庵《水浒传》："鲁达系是经略府提辖。"

渠 tçi²¹ 第三人称代词。《集韵》鱼韵求於切："㗤，吴人呼彼称，通作渠。"其后的《字汇》《正字通》也都收有"㗤"字，书中释义皆同于《集韵》。唐刘知几《史通·杂说中》："渠们、底个，江左彼此之辞。"可见"㗤"是中古时期吴语区的口语词，字也写作"渠"。文献例证如唐寒山《诗三百三首》之六十三："蚊子叮铁牛，无渠下嘴处。"宋朱熹《观书有感》："问渠那得清如许，为有源头活水来。"罗湾话中第三人称复数为"渠等"，这个词文献中也多有所见。如明于慎行《谷山笔麈》卷四："上曰：'渠等疏中说应祯有八十老父，即取登科录检之，祯但有母无父，此何谓不欺？'"清陈夒龙《梦蕉亭杂记》卷一："宁知渠等以犯供由吾辈取出，未经参预，于面子攸关，故作挑剔之语。"

自家 tsʰɿ³³ka³³ 自己。"自家"指称自己，主要见于唐以来的文献中，例如唐孙元晏《晋·王郎》："自家妻父犹如此，谁更逢君得折腰。"唐张鷟《游仙窟》："片时，遣婢桂心传语报余诗曰：'面非他舍面，心是自家心；何处关天事，辛苦漫追寻！'"后周钟辐《卜算子慢》："一点相思，万般自家甘受。"元关汉卿《窦娥冤》第二折："自家张驴儿，可奈那窦娥百般不肯随顺我。"清曹雪芹《红楼梦》第四回："一面使人打扫出自家的房屋，再移居过去。"

个 kai⁵⁵⁴ 远指代词，那。表指示的"个"，古文中字作"箇"或"個"。文献例证如唐白居易《自咏》："咄哉个丈夫，心性任堕顽？"唐韩偓《赠渔者》："个依居处近诛茅，枳棘篱兼用荻梢。"宋刘克庄《沁园春》："阍启上宾，依观诸老，个主人公喜挽推。"明吴承恩《西游记》第十二回："喜的个唐太宗，忘了江山；爱的那文武官，失却朝礼。"

几多 tɕi⁴²to²⁴ 疑问代词，多少。"几多"表疑问，主要见于唐以来的近代文献中，如唐李商隐《代赠》之二："总把春山扫眉黛，不知供得几多愁！"南唐李煜《虞美人》："问君能有几多愁？恰似一江春水向东流。"元查德卿《春情》："东风柳丝，细雨花枝，好春能有几多时？"明冯梦龙《警世通言·范鳅儿双镜重圆》："兵火之际，东逃西躲，不知拆散了几多骨肉！"

第三节

民俗文化词

语言是文化的载体，方言中的民俗文化词记录了说该方言人的民俗文化史，每一个词都是民俗文化史的节点，负载着相当可观的文化信息。作为广东客家的移民，罗湾人不但方言与当地迥异，其民俗文化也有自身独特的地方，通过记录各方面的民俗文化词，并对其加以阐释，可以较好地了解罗湾人的民俗史，也可更好地凸显罗湾话的独特价值。本节所记录的民俗文化词主要分为七个大类，分别介绍如下：

一 婚姻习俗

在婚姻习俗方面，大致以1966年为界，罗湾人的观念有了比较大的变化。旧时，罗湾人的婚姻程式较为复杂，而且通婚的对象也有严格的限定，一般来说，婚嫁的对象只能是异姓的客家人，如果所娶的媳妇是本地人，那么要求对方在三年以内就要学会罗湾话，这充分体现了罗湾人极强的语言保护意识。但现在，由于经济、文化等社会因素的影响，在对待婚俗方面，旧时的这些习俗已经不再为罗湾人所看重了，变得与当地人没有太大差别。下面所记录的罗湾婚姻习俗方面的词汇，所反映的更多的是旧时罗湾人的情况。

媒人 moi^{21}ṅin^{0} 男女双方的介绍人。

话媒 va^{55}moi^{21} 说媒。

相亲 siɔŋ^{24}tsʰin^{24} 男女双方见面，看是否合意。

定日子 tʰin^{54}niɛ^{33}tsɿ^{0} ①指男女双方同意交往后，女方挑选日子去男方家看家。②指请阴阳先生卜算结婚的好日子。

定婚 tʰin^{54}fən^{24} 男女双方都同意后，选一个日子订立婚约。

看家子 kʰõ^{54}ka^{24}tsɿ^{0} 指经媒人介绍后，如果双方都同意，那么女方就要到男方家亲自看看，主要是看看男方家里的条件怎么样。

双双 soŋ³³soŋ³³ 指酒席上用来盛菜待客的盘子必须是双数的，俗称"吃双双"。

见面礼 tɕiɛ⁵⁵miɛ̃⁵⁴li²⁴ 女方到男方家看家时，男方送给女方的礼物，主要是包头和手帕。

包头 pau²⁴tʰɛu²¹ 一种彩色的、三角形状的线织品，上面绣有图案，可包在头上，也可围在脖子上。

合八字 xoi⁴⁴pɛ³³sŋ⁵⁵⁴ 指定婚前请阴阳先生算算男女双方的属相及出生年月等信息是否相合，相合的话就说男女双方"合八字"。

八隻字 pɛ³³tʂa²¹sŋ⁰ 指生辰八字。

四隻字 si⁵⁴tʂa²¹sŋ⁰ 指八隻字的一半，男女双方至少要合上四隻字，才可以定婚。

合上咧 xoi⁴⁴ʂoŋ²¹liɛ⁰ 指男女双方八字相合。

话彩礼 va⁵⁵tsʰai⁴²li²⁴ 指男方请媒人去女方家商量彩礼方面的事情，也称为"圆礼"。

彩礼 tsʰai⁴²li²⁴ 旧时主要是指男方送给女方的粮食、衣服、钱、布、棉花、毛巾和袜子等物品，20世纪60年代后，又加上缝纫机、自行车，现在要有各种电器如电视、洗衣机、电冰箱等，有的还要有汽车。

背布 pei⁵⁵pu⁵⁵⁴ 指男女双方就彩礼商定好以后，男方要先送给女方一部分彩礼。

娃娃婚 va²⁴va⁰fən²⁴ 娃娃亲。

查日子 tsʰa²¹ȵiɛ³³tsŋ⁰ 指男女双方结婚前，请阴阳先生查黄历，挑选一个结婚的好日子。

过礼 ko⁵⁴li²⁴ 指选定结婚日子以后，男方要把之前商定好的全部彩礼都送到女方家。

捎话 sau²⁴fa⁵⁵⁴ 指男方将结婚的消息通知自己的亲戚。

随礼 sei²¹li²⁴ 指男方的亲戚朋友来参加婚礼时所上的礼钱。

写对联 sia⁴²tei⁵⁵lã²¹

贴对联 tʰiɛ³³tei⁵⁵lã²¹

挂红灯笼 kua⁵⁵fəŋ²¹tẽ²⁴ləŋ²¹ 指结婚当天要在家里挂上红灯笼，以示吉祥。

贴喜字 tʰiɛ³³ɕi⁴²sŋ⁵⁵⁴

贴窗花 tʰiɛ³³tsʰoŋ²⁴fa²⁴

披红 pʰei²⁴fəŋ²¹ 指男方的舅舅、姑姑或者姐姐要给新郎的肩上披一块红色的被面子。

陪房 pʰoi²¹foŋ³³ 嫁妆。

扛嫁妆 koŋ²⁴ka⁵⁴tsoŋ⁰ 抬嫁妆。嫁妆一般包括柜子、箱子、被子、凳子和椅子等物品。

扛新娘子 koŋ²⁴sin²⁴ȵioŋ²¹tsŋ⁰ 抬新娘。

花轿 fa²⁴tɕʰiau⁵⁵⁴ 指临时组装的一种抬新娘的轿子。一般是用一张方桌打底，上面用花布扎起来，再扎上一些花做装饰，两旁加上两根木椽子，由四个人来抬。

椅轿 i⁴²tɕʰiau⁰ 指用一把椅子打底，旁边加两根椽子，由两个人来抬。相比花轿，椅轿是一种相对简单、朴素的轿子。

四样礼 si⁵⁵ioŋ⁵⁴li²⁴ 指结婚当天迎娶新娘时，男方要带上的四样东西。其中猪肉、面粉两样是必须的，其他两样则不做要求，任何东西都行。

新郎 sin²⁴loŋ⁰

新娘子 sin²⁴ȵioŋ²¹tsɿ⁰

牵娘子 tɕʰiẽ²⁴ȵioŋ²¹tsɿ⁰ 指伴娘。

离娘钱 li²¹ȵioŋ²¹tsʰiẽ⁰ 因为女儿要离开娘家而嫁到男方家，男方要给女方父母一些钱作为补偿，这些钱称为"离娘钱"。

背妹子 pei⁵⁵moi⁵⁴tsɿ⁰ 指女方同辈的兄弟把新娘背到轿子上。

耍玩意 ʂua⁴²vã²¹i⁰ 指抬轿的人往男方家走的时候，每逢过桥或者过河时，都要向女方的家人要钱的行为。

铜镜 tʰəŋ²¹tɕiaŋ⁵⁵⁴ 指结婚当天，新娘胸前所佩戴的用铜做成的镜子，认为这样可以辟邪。

铜镜　罗湾村 /2018.5.7/ 付新军　摄

新屋 sin²⁴u³³

拜天地 pai⁵⁴tʰiẽ²⁴tʰi⁵⁵⁴

拜双亲 pai⁵⁴soŋ²⁴tsʰin²⁴

拜媒人 pai⁵⁵moi²¹ȵin⁰

夫妻对拜 fu³³tsʰi³³tei⁵⁵pai⁵⁵⁴

入洞房 zu²⁴tʰəŋ⁵⁴foŋ⁰

踩炕 tsʰai⁴²kʰoŋ⁵⁵⁴ 指入洞房前，新郎要沿着炕的四周走一圈。

红鸡蛋 foŋ²¹ki²⁴tʰã⁰ 指全部涂红的鸡蛋。

食酒席 ʂɿ⁴⁴tsiou⁴²si⁰ 吃酒席。

闹洞房 nau⁵⁵tʰəŋ⁵⁵foŋ²¹

搞新娘子 kau⁴²sin²⁴ȵioŋ²¹tsɿ⁰ 即闹洞房，一直持续三天。

话怪话 va⁵⁵kuai⁵⁵fa⁵⁵⁴ 指闹洞房期间，新娘子被要求说一些关于男女性事方面的隐语。

看妹子 kʰõ⁵⁵moi⁵⁴tsɿ⁰ 指结婚后第三天，父母要到男方家去看闺女。

熬十 ŋau²¹ʂɿ⁴⁴ 指新媳妇出嫁后，要在夫家一直待够十天才能回娘家。

回门 fei²¹mən²¹ 指头年结婚的新人，第二年正月初一以后要到妻子娘家省亲。

二　丧葬习俗

罗湾人的丧葬习俗与当地人也很不一样，程式也较为复杂。现按照整个流程的时间顺序加以介绍，并作相应的解释。

老咧 lau⁴²liɛ⁰ 人去世了。

剃头 tʰei⁵⁵tʰɛu²¹ 特指将死去的人剃成光头。

抹澡 mɛ³³tsau⁴² 指给死去的人洗澡。

着寿衣 tʂo³³ʂou⁵⁴i⁰ 给死去的人穿寿衣。

永 ˉiəŋ⁴² 亲朋来到祠堂为去世的人守夜，唱孝歌。

坐夜 tsʰo²⁴ia⁵⁵⁴ 所有和逝者有关系的人都要来为逝者守夜，而且要连守三个晚上。

唱孝歌 tʂʰoŋ⁵⁵xau⁵⁴ko²⁴ 指守夜时，人们唱的一些祷祝的戏曲，如《小姑贤》《张孝打凤》《三娘碾磨》等。

本子戏 pən⁴²tsɿ²¹ɕi⁰ 指那种时间较长，剧情较为完整的祷祝戏。

零□戏 laŋ²¹saŋ²⁴ɕi⁵⁵⁴ 唱的时间较短、较为零散的戏。又称为零□子戏 laŋ²¹pʰən²⁴tsɿ⁰ɕi⁵⁵⁴。

戴孝布 tai⁵⁵xau⁵⁵pu⁵⁵⁴ 指逝者的儿女要在头上戴一长条状的白布。

着孝衫 tʂo³³xau⁵⁴sã²⁴ 指逝者的儿女身上要穿着白布做成的衣服。

嗷丧 tɕiau⁵⁴soŋ²⁴ 哭丧。

阴阳先生 in²⁴ioŋ²¹siɛ³³saŋ³³ 指民间会推算人的命运、断定人的吉凶祸福的人。

灵牌 lin²¹pʰai⁰ 牌位。

供桌 kuəŋ⁵⁴tso³³ 供案。

烧香 ʂau²⁴ɕioŋ²⁴

点蜡 tiẽ⁴²lɛ⁴⁴

火纸 fo⁴²tʂɿ⁰ 专门用来祭祀的纸，一般是黄表纸。

□□馍 ɕiɛ⁵⁴tʰi²¹mo²⁴ 指供奉用的四个大馒头，上面都插着面花。

纸盆 tsɿ⁴²pʰən²¹ 用来烧纸的瓷盆。

纸扎 tsɿ⁴²tsɛ³³ 泛指一切烧给死人的纸制品。

纸钱 tsɿ⁴²tsʰiɛ̃²¹

灵堂 lin²¹tʰɔŋ²¹

灵床 lin²¹tsʰɔŋ²¹

枋子 fɔŋ²⁴tsɿ⁰ 棺材，又叫做"柴木枋"。

清油灯 tsʰin²⁴iou²¹tɛ̃²⁴ 指放到棺材底下的油灯。

阴魂幡 in²⁴fən²¹fã⁰ 指阴阳先生用麻纸剪成的两个80厘米长、10厘米宽的纸条，一条不写字，一条写上如下几个字：童子前引路，风幡随后跟。其他人在唱孝歌的时候，逝者的两个男性后代要背在肩上围着棺材转圈。

守灵 ʂou⁴²lin²¹

带孝 tai⁵⁵xau⁵⁵⁴

除孝 tʂʰou²¹xau⁵⁵⁴

报丧 pau⁵⁴sɔŋ²⁴ 向逝者的亲朋通知丧事。

礼桌子 li²⁴tso³³tsɿ⁰ 亲戚朋友来上礼时用的桌子，坐着两个人，一人收钱，一人记账。

上礼 ʂɔŋ²⁴li²⁴ 亲戚朋友来送礼钱。

走丧 tsɛu⁴²sɔŋ²⁴ 指棺材在灵堂停放及将要下葬时，要采用小头在前、大头在后的方式。

托丧 tʰo²⁴sɔŋ²⁴/tʰo³³sɔŋ³³ 指棺材在出殡的路途中，抬棺材时，要采用大头在前，小头在后的方式，与"走丧"相反。

八大金刚 pɛ³³tʰai⁵⁴tɕin³³kɔŋ³³ 指出殡时抬棺材的八个壮小伙。

出灵 tʂʰɿ³³lin²¹ 出殡。

红布 fəŋ²¹pu⁵⁵⁴ 特指出殡当天八个壮小伙头上戴的红布。

孝杖棍 xau⁵⁵tʂʰɔŋ⁵⁵kuən⁵⁵⁴ 柳木做的哭丧棒，要二尺长，一指头粗，上面要缠上白纸条，直系亲属的后代，不论男女，都要拿着。

火把子 fo⁴²pa⁴²tsɿ⁰ 用葛条缠绕麦草而成的一个类似火把的东西，所缠绕的具体圈数表示逝者的年龄。

斩杀 tsã⁴²sɛ³³ 指要出殡时，阴阳先生会在棺材上先放一个碗，碗里放一个鸡蛋，其手里还会拿一把菜刀和一壶酒，口中念叨一些咒语，然后用刀把碗和鸡蛋打烂。

歇三下 ɕiɛ³³sã²⁴xa⁵⁵⁴ 指出殡的路上，要停三次棺。

回龙 fei²¹ləŋ²¹ 指到了坟前，八大金刚要抬着棺材绕着坟墓转三圈。

下葬 xa⁵⁵tsɔŋ⁵⁵⁴

五谷斗 ŋ⁴²ku³³tɛu⁴² 五样谷粒。

撒五谷斗 sa³³ŋ⁴²ku³³tɛu⁴² 指下葬时，孝子跪下，阴阳先生会撒五谷斗，孝子要拿衣服接住，此时阴阳先生还要说一些吉祥的话。

外家挽孝 vei⁵⁴ka⁰vã⁴²xau⁵⁵⁴ 指下葬结束，舅家人要为孝子将孝布挽到头上。

封墓口 fəŋ²⁴mo⁵⁵xɛu⁴² 将墓口封死。

坟土 fən²¹tʰou⁴² 坟地。

坟 fən²¹/墓 mo⁵⁵⁴ 坟墓。

墓碑 mo⁵⁵pi³³

墓碑　罗湾村 /2018.5.7/ 付新军　摄

送火 səŋ⁵⁵fo⁴² 指下葬后的前三天，逝者子女要到逝者坟前去烧柴草。

头七 tʰɛu²¹tsʰi⁰ 指逝者死后的第七天，子女要到坟前去烧纸祭奠。此后的第二至第七个七天，分别称为"二七 ȵi⁵⁴tsʰi⁰""三七 sã²⁴tsʰi⁰""四七 si⁵⁴tsʰi⁰""五七 ŋ⁴²tsʰi⁰""六七 liou³³tsʰi⁰""七七 tsʰi³³tsʰi⁰"；第一百天则称为"百日 pa³³ȵiɛ³³"。子女均要开展祭奠活动。

一周年 i³³tʂou²⁴ȵiɛ²¹ 逝者死后的第一个整年，子女要有祭奠活动。逝者死后的第二、第三个整年，则分别称为"二周年 ȵi⁵⁴tʂou²⁴ȵiɛ²¹""三周年 sã³³tʂou³³ȵiɛ²¹"，子女亦要有祭奠活动。

三　岁时习俗

罗湾人的岁时习俗文化与当地基本相同，比较能体现罗湾人自身岁时习俗文化的是春节时的"耍龙灯"，与之相关的词汇也比较多。现从除夕开始，介绍罗湾一年中与岁时习俗相关的民俗文化词。

三晡十夜 sã³³pu⁰ʂʅ⁴⁴ia⁵⁵⁴ 除夕夜。当天黑以后，要先去上坟，"请先人回家"。在吃饭时，也要留出上席，并且放上一双筷子，倒上一杯酒。

点灯笼 tiɛ⁴²tẽ²⁴ləŋ²¹ 过年时点上灯笼。

响爆竹 ɕioŋ⁴²pau⁵⁴tʂou⁰ 指放鞭炮或花炮。

点灯 tiẽ⁴²tẽ²⁴ 指从除夕晚上开始，每家每户都要把房间的电灯点亮，门口也要挂上灯笼，一直持续到正月初一早上。

年饭 ɲiẽ²¹fã⁵⁵⁴ 即团圆饭，旧时罗湾的男性罗氏族人会一起在罗氏祠堂里聚会吃饭。

炭火 tã⁵⁵fo⁴² 木炭火，是罗湾人烤火的方式。旧时在除夕饭后，大家会围着炭火，听老人讲故事。

熬年 ŋau²¹ɲiẽ²¹ 指除夕整晚上，大家都不睡觉熬夜，一起打牌、看电视、喝水、聊天等。

敬神 tɕin⁵⁵ʂən²¹ 指除夕当晚十二点以后，罗湾人会到祠堂和祖师庙去敬奉先人、神仙。去时要拿上一个猪头，一块猪肉，一个猪脚，一个猪尾巴，在罗湾人看来，这就算作一头整猪了。还要拿上一壶酒和烧纸，磕头祭奠。

拜年 pai⁵⁵ɲiẽ²¹

磕头 kʰo³³tʰɛu²¹ 大年初一，要给先人、长辈磕头。

压岁钱 ŋa²⁴soi⁵⁴tsʰiẽ⁰

大年初一 tʰai⁵⁴ɲiẽ²¹tsʰou²⁴i⁰

走亲戚 tsɛu⁴²tsʰin²⁴tsʰi⁰ 正月初二开始会走亲戚，一般初二、初三要去外公、外婆、舅舅等关系近的亲戚家，初四开始会去一般的亲戚朋友家。

破五 pʰo⁵⁵ŋ⁴² 即正月初五。当天要"请灶神爷"，请时要拿上纸、香到大路上去烧了，同时要念叨一句话：请灶神老爷归家。

绑灯 pɔŋ⁴²tẽ²⁴ 指正月十一、十二要提前绑龙灯、糊灯笼，为十三开始的耍龙灯做准备。

搞龙灯 kau⁴²lɔŋ²¹tẽ²⁴ 即耍龙灯，具体包括舞龙、舞狮子、跑竹马子、云云子、白鹤、旱船、四十八盏灯笼等。从正月十三开始，连着耍三个晚上，有时也会耍五个晚上。不过现在都已经提前到正月初三开始，耍三天，因为初六年轻人都要外出上班了。

兔娃子灯 tʰou⁴⁴va²¹tsʅ⁰tẽ²⁴ 四十八盏灯笼中的一种，灯体是兔子的造型。

兔娃子灯　罗湾村 /2015.2.23/ 罗朝宏 摄

云云子 in²¹in²¹tsʅ⁰ 女孩子所穿的一种底部形似云朵的裙子，象征腾云驾雾。

宫灯 kuəŋ³³tẽ³³ 四十八盏灯笼中的头一盏灯笼。

莲花灯 liẽ²¹fa²⁴tẽ²⁴ 四十八盏灯笼中的一种，上面画着一朵莲花。

胖娃灯 pʰɔŋ⁵⁴va²⁴tẽ²⁴ 四十八盏灯笼中的一种，用竹子扎成，上面糊上纸，并画上小男孩儿的模样。表演的时候，场上必须要有两盏胖娃灯，如果有人求走了一盏，那么就要重新再补上一盏。

旱船 xõ⁵⁵ʂõ²¹

龙 ləŋ²¹ "龙"是罗湾龙灯表演中最重要的一种形式。龙身的骨架是用竹子做的，骨架外面糊一层麻纸，再外面用红布缝上。龙身共有九节，十余米长，每节中间有一棍柄，其上一头直接深入到龙身之内，绑上用漆树油做的蜡烛。每节一人，手持棍柄，加上龙前拿龙珠引龙的，全部舞龙的人共计十人。在舞龙之前，要有一个"点睛开光"仪式：摆一张方桌，桌上放有供品，烧香、烧纸后开始点睛。在正式点睛时，所有人都要背向龙身，只一人拿镜子反照龙头，用蘸上朱砂的毛笔点上龙眼。整个"开光"的过程，所有人都要保持肃默。

狮子 sʅ²⁴tsʅ⁰ 用桐麻皮编制而成，很像蓑衣的模样，身长两米多，重达五六十斤。由两人一前一后顶着狮身进行表演，狮子前头有一人手提灯笼，作为引狮人。狮子在开舞之前，也有一个"开光"仪式，具体程式与龙的相同。

狮子 罗湾村 /2015.2.23/ 罗朝宏 摄

龙鼓 ləŋ²¹ku⁴² 直径约120厘米，高约100厘米的一种大鼓，用于龙灯表演。

龙鼓　罗湾村 /2018.5.7/ 付新军 摄

咚鼓 təŋ²⁴ku⁴² 直径约40厘米，高约20厘米的小鼓，用于龙灯表演。

马铃子 ma²⁴laŋ²¹tsɿ⁰ 竹马上系的铃铛。

接灯 tsiɛ³³tẽ²⁴ 想要男孩儿的人会提前让耍灯的人帮忙制作一个胖娃灯，拿回家，即为"接灯"，寓意来年可以生个儿子。

□灯 tsʰã⁵⁴tẽ²⁴ 龙灯活动结束后，耍灯的人会再绕场一圈，然后走到村口，烧火纸，烧香，放爆竹，摘龙须、龙眼，最后把器具放回原处的过程。

正月十五 tʂaŋ³³ȵiɛ³³ʂɿ⁴⁴ŋ⁰ 在正月十五这一天，早上吃饺子，后响吃酒席。旧时是先去坟地上"请先人"，再吃晚饭；现在是后响先吃饭，到晚上再去坟上祭奠。

清明 tsʰiaŋ²⁴miaŋ⁰ 主要是祭祖。旧时祭祖所用的香表纸、烧纸、爆竹等物品的费用由整个罗氏族人均摊。

上坟 ʂoŋ²⁴fən²¹

清明会 tsʰiaŋ²⁴miaŋ²¹fei⁵⁵⁴ 20世纪50年代以前，罗氏12岁至60岁的男性族人，每个都要出份子（包括吃的、香表纸、火纸、爆竹等），然后大家聚到一起吃饭。

五月节 ŋ⁴²ȵiɛ⁴⁴tsiɛ³³ 即端午节。这一天会采一些艾蒿、菖蒲放到窗户和门上，认为可以辟邪。早上吃粽子，中午喝雄黄酒。

蕲叶 tɕʰi²¹ȵiɛ⁴⁴ 艾叶。

七夕 tsʰi³³si³³ 农历七月初七的晚上。

七月半 tsʰi³³ȵiɛ⁴⁴pã⁵⁵⁴ 农历七月十五。这天要祭奠先人。有的是到坟前烧纸、烧香进行祭奠；有的就在路上画个圆圈，在圆圈里烧纸、烧香进行祭奠。

八月十五 pɛ³³ȵiɛ⁴⁴ʂɿ⁴⁴ŋ⁰ 即中秋节。出嫁的女性族人要回罗湾娘家省亲、做客，会吃月饼。

重阳节 tʂʰəŋ²¹ioŋ²¹tsiE³³ 农历九月初九。
冬至 təŋ²⁴tʂʅ⁵⁵⁴ 当天要吃饺子。
腊月二十三 lɛ⁴⁴ȵiE⁴⁴ȵi⁴⁴ʂʅ⁴⁴sã²⁴ 当天要到河边烧香、烧纸，送灶神爷上天。

四　民间信仰

老堂下 lau⁴²tʰɔŋ²¹xa³³ 祠堂。

老堂下　罗湾村 /2018.5.7/ 付新军　摄

香火 ɕiɔŋ²⁴fo⁴² 祠堂正堂中用于祭奠的地方。

香火　罗湾村 /2018.5.7/ 付新军　摄

表 piau⁴² 用来敬奉神仙的烧纸。
火纸 fo⁴²tʂʅ⁴² 用来敬奉老先人的烧纸。

蜡台 lɛ⁴⁴tʰoi²¹

蜡烛 lɛ⁴⁴tsou⁰

线香 siẽ⁵⁴ɕiɔŋ²⁴

香炉 ɕiɔŋ²⁴lou²¹

烧香 ʂau²⁴ɕiɔŋ²⁴

献供 ɕiẽ⁵⁵kuəŋ⁵⁵⁴ 上供。

钉桩向 tɔŋ²⁴tsɔŋ²⁴ɕiɔŋ⁵⁵⁴ 指盖房子时，根据地势用罗盘确定房子的方向后，打上两根木桩。

桩向利 tsɔŋ²⁴ɕiɔŋ⁵⁴li⁵⁵⁴ 表示方位吉利。

阳桩子 iɔŋ²¹tsɔŋ²⁴tsʅ⁰ 指盖房时用来定方向的桩子。

阴桩子 in³³tsɔŋ³³tsʅ⁰ 指做坟墓时用来定方向的桩子。

敬神 tɕiəŋ⁵⁵ʂən²¹ 旧时每逢除夕、正月初一和正月十五，罗湾人都会带上祭品去祖师庙敬神。家里养猪的还会带上一个猪头，一个猪尾巴，有头有尾，象征一整头猪；不养猪的，则会买一块猪肉拿上。其他月份每逢初一和十五，人们也都会去祖师庙敬神。其中，祖师庙摆放有"祖师爷、王灵官、马灵帅、关公、周仓、关平、三霄娘娘、土地老爷、送子娘娘"等神像。

过往神 ko⁵⁵vɔŋ²¹ʂən⁰ 即姜子牙。传说姜子牙在封神之时，忘了封自己，因此将庙建在祖师庙之顶，意思是说姜子牙乃是神上之神。

祖师庙 tsou⁴²sʅ²⁴miau⁵⁵⁴ 罗湾人敬神的地方，原先里面共分为三殿，合计共有11座神像。

祖师爷 tsou⁴²sʅ²⁴ia²¹ 正堂最重要的神，其原形已不得而知。

王灵官 vɔŋ²¹lin²¹kõ²⁴ 道教中的护法神将。

马灵帅 ma²⁴lin²¹ʂuai⁵⁵⁴ 即马王爷，神像有三只眼睛。

关公 kuã³³kuəŋ³³

周仓 tʂou³³tʂʰɔŋ³³

关平 kuã²⁴pʰin²¹

三霄娘娘 sã²⁴siau²⁴ȵiɔŋ²¹ȵiɔŋ⁰ 即道教中的云霄、碧霄和琼霄，后被奉为送子神仙。

土地老爷 tʰou⁴²tʰi⁵⁵lau⁴²ia²¹ 地方保护神。

送子娘娘 səŋ⁵⁵tsʅ⁴²ȵiɔŋ²¹ȵiɔŋ⁰ 罗湾人想求子时，便会去祖师庙向送子娘娘祷告，并烧香、烧纸。得子后，还要还愿，具体是要扯一块红布披到送子娘娘的神像上，被称为"披红"。

山神 sã²⁴ʂən²¹ 原先九龙寨上有山神庙，当地人供奉山神，逢天旱时祷告山神以求雨。

老天爷 lau⁴²tʰiɛ̃²⁴ia²¹

灶司老爷 tsau⁵⁵sʅ²⁴lau⁴²ia⁰ 灶王爷。

五 日常饮食

罗湾人的饮食文化主要体现在食品名称上。从调查的结果来看，日常生活中常见的食品名称多源于商州话，这也从侧面反映了北方的饮食文化对罗湾人的深刻影响，甚至可以说，长久以来，地域环境等客观因素改变了罗湾人的饮食结构，于是就不免要向当地人学习，形成了如今的结果。举个例子，如"羹kaŋ²⁴"，指一种用粗玉米面儿做成的糊状稀饭。《梅县方言词典》（黄雪贞1996）中有"羹儿kaŋⱴ·ŋe"一词，释为：用米粉（大米磨成的粉）煮的米糊。两者的区别在于前者用的是玉米，后者是大米。实际上，罗湾人在来到罗湾后，开始是种植水稻的，那时罗湾人口中的"羹"必然是用稻米做成的，与梅县的"羹儿"当为一物。不过后来由于自然环境的影响，罗湾人不再种植水稻，而是广泛种植玉米，因此有了使用粗玉米面儿来做羹的习惯。罗湾人对这种"羹"情有独钟，特别喜欢吃，而以前罗湾人口中所习用的"羹"这一称呼也就顺理成章地被用来指称这种"玉米羹"了。下面对罗湾的饮食类词加以介绍：

蒸馍 tʂən³³mo³³ 馒头。

荞麦馍 tɕʰiau²¹ma⁴⁴mo²⁴ 用荞麦粉做成的馒头。

托托馍 tʰo³³tʰo³³mo²⁴ 烧饼。

锅盔馍 kuo²⁴kʰuei²¹mo²⁴ 指一种圆形的较大、较硬、较厚的烙饼。

疙瘩子 kei³³tɛ²¹tsʅ⁰ 饺子。

黏饭 zɿ̃²¹fã⁵⁵⁴ 指用糯米或黏小米做成的一种糕，吃的时候要加糖。

酥饼 sou²⁴piaŋ⁴² 一种酥皮点心。

馍皮子 mo²⁴pʰi²¹tsʅ⁰ 就是一般的煎饼。

菜包子 tsʰoi⁵⁴pau²⁴tsʅ⁰ 韭菜、茄子、萝卜等蔬菜馅儿的包子。

肉包子 ȵiou³³pau²⁴tsʅ⁰

糖包子 tʰɔŋ²¹pau²⁴tsʅ⁰ 糖馅儿的包子。

油饼子 iou²¹piaŋ⁴²tsʅ⁰ 油炸的饼，无馅、圆形。

勺勺馍 ʂo⁴⁴ʂo⁴⁴mo²⁴ 由豆腐、葱花、面糊糊等做成的一种油炸食品，做的时候需要将原料放入一把特制的长柄勺子中，用油炸。

油□子 iou²¹tsʰi²¹tsʅ⁰ 一种用土豆粉或面粉做成的甜油糕。

咕嘟子 ku³³tou³³tsʅ⁰ 用玉米淀粉做成的一种面食，形似小鱼儿，加佐料吃。

咕嘟勺 ku³³tou³³ʂo⁴⁴ 专门用来做咕嘟子的工具。

咕嘟勺 罗湾村 /2018.5.7/ 付新军 摄

□羹筷 tɕʰiE³³kaŋ²⁴kʰuai⁵⁵⁴ 用来做"羹"的工具,"丫"形。

糊汤面 fu²¹tʰɔŋ²⁴miẽ⁵⁵⁴ 用面粉和玉米面儿混杂在一起煮成的糊状稀饭。

包谷米干饭 pau²⁴ku³³mi⁴²kõ²⁴fã⁰ 用粗玉米面儿煮成的干饭,类似于常吃的白米饭。

甜食 tʰiẽ²¹ʂɿ⁴⁴ 罗湾人过年时喜欢吃的几种食品的总称,比如麻□ma²¹tsʰi³³、洋芋圆子、红苕丸子、红萝卜丝等。

麻□ma²¹tsʰi³³ 一种当地的特色食品。做法是把蒸熟的糯米打成泥状,再做成方块状,然后油炸、加糖,放到碗里再回蒸。

洋芋圆子 iɔŋ²¹i²¹iẽ²¹tsɿ⁰ 一种当地的特色食品。做法是把蒸熟的土豆打烂,加上面粉,揉成圆形,然后油炸、加糖,放到碗里再回蒸。

糟肉 tsau²⁴ȵiou³³ 一种过年时常吃的地方特色食品。用猪肉条和醪糟一起加糖蒸煮而成。

方块肉 fɔŋ²⁴kʰai⁵⁴ȵiou³³ 方块形状的熟肉。

条子肉 tʰiau²¹tsɿ⁰ȵiou³³ 加佐料蒸煮而成的条状形猪肉。

麻食子 ma²¹ʂɿ⁴⁴tsɿ⁰ 一种关中地区的特色面食。做法是将和好的面团用大拇指一小团一小团地搓成凹形的小片,加料煮熟吃。

扯面 tʂʰa⁴²miẽ⁵⁵⁴ 一种关中地区的特色面食。做法是将加盐和好的面揉成条形状,擀薄,并用筷子压出印痕,顺着印痕用手撕成约半米长两厘米宽的面条,清水煮熟,然后加蔬菜和佐料吃。

棍棍面 kuən⁵⁵kuən⁵⁵miẽ⁵⁵⁴ 一种关中地区的特色面食。做法是将加盐、油和好的面揉成条形状,用双手在案板上拉成细条状,用清水煮熟,然后加蔬菜和佐料吃。

油泼面 iou²¹pʰo³³miẽ⁵⁵⁴ 将扯面或棍棍面等加蔬菜、辣椒,然后泼上热油而成的一种面食。

杂面 tsʰɛ⁴⁴miɛ̃⁰ 指用五谷杂粮做成的面食。

六 日常器具

箩筛 lo²¹sai³³ 筛粉末状细物用的器具。

馍⁼篮 mo²⁴lã²¹ 即图中圆形的箩筐。

箩筛、馍⁼篮　罗湾村 /2018.5.7/ 付新军 摄

锄头 tsʰɿ²¹tʰɛu⁰ 一种用于刨地的农具，铁制部分呈U字形，约有50厘米长。

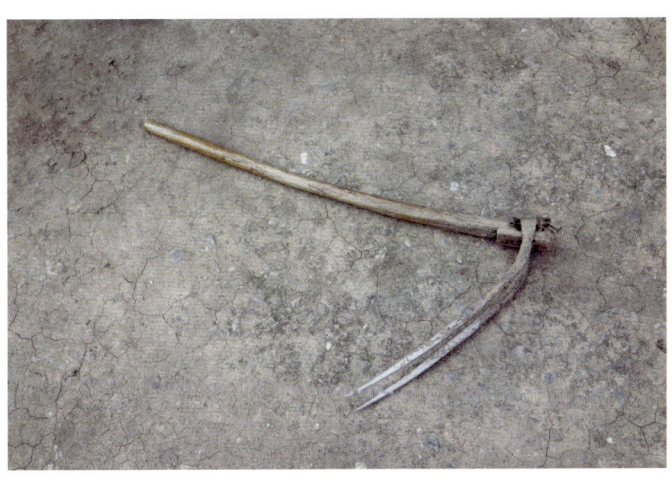

锄头　罗湾村 /2018.5.7/ 付新军 摄

筒子镬 tʰəŋ⁴²tsɿ⁰o⁴⁴ 一种用来蒸馒头的圆柱形铁锅，直径60厘米左右，锅身较长，可以是双层的。

筒子镬　罗湾村 /2018.5.7/ 付新军　摄

七　房屋建筑

明瓦屋 min²¹ŋa⁴²u³³ 客家风格的一种土木结构的房子，屋顶瓦片呈拱形排列，且不用泥土粘合，屋檐下的椽子是圆形的。

明瓦屋　罗湾村 /2018.5.7/ 付新军　摄

枯子屋 tsɛ̃⁵⁴tsʅ⁰u³³ 当地风格的一种土木结构的房子，和明瓦屋基本相同，区别是屋顶瓦片呈U形排列，上瓦时要用泥土粘合，屋檐下的椽子是扁方形的枯板。

枯子屋　罗湾村/2018.5.7/付新军 摄

挑 tʰiau²⁴ 屋檐下起承接作用的较粗的木椽，其前端呈上挑的走势。

挑　罗湾村/2018.5.7/付新军 摄

顺水 ʂuən⁵⁵ʂuei⁴² 屋内一根较粗的起支撑顶棚作用的横向椽子。

楼枕 lɛu²¹tʂən⁴² 屋内多根起支撑顶棚作用的较粗的木椽，在顺水之上，且与之呈垂直走向。

顺水、楼枕　罗湾村 /2018.5.7/ 付新军　摄

大担子 $t^hai^{55}tã^{54}tsɿ^0$ 屋顶上端横向的支撑木椽，大小两根叠放在一起，底下较长的一根即为大担子。

细担子 $sei^{55}tã^{54}tsɿ^0$ 屋顶上端横向的支撑木椽，大小两根叠放在一起，下面较长的一根即为细担子。

大担子、细担子　罗湾村 /2018.5.7/ 付新军　摄

第五章 分类词表

说明

1. 本表收录的词条共计5000余条，分为两节：第一节收录《中国语言资源调查手册·汉语方言》中的词汇条目，根据调查点方言实际情况有所删减。共14类，1150条（不含同义词），均附视频，视频目录与《中国语言资源调查手册·汉语方言》词汇条目一致（本方言不说的除外；同义词共用一个视频条目）；第二节主要以《方言》杂志2003年第1期的《汉语方言词语调查条目表》为基础，分为29类。该表根据罗湾话的实际情况有所增补。增补的词条如与词表中某些词条意义有关联，则插在该词条之后，否则就分别归入相应的29个义类中。第一节出现的条目，则第二节中不再重复出现。

2. 每个词条先写汉字，再注音标，如需要解释，则在音标之后再加注解释的内容。一个词条如果有多个义项，则分别在各义项前用圆圈数字表示。

3. 一般实物性的名词只记录字形、字音，有的抽象名词、形容词、动词以及语法词，在给出注释的同时，还加上必要的例词或例句。例句中，该词条都用"～"代替并列的多个例词或例句之间用"｜"隔开。例词或例句若需释义，则用小字表示。字的右上角加"＝"号的表示同音字代替。方框"□"表示有音无字的音节。"[　]"表示合音音节。

4. 同义词和近义词排在一起，按使用频率呈降序排列，第一条顶格排列，其他各条缩一格另行排列。

5. 一个词条的内容超过一行时，第二行缩两格排列。

6. 一个词条如果有两种或两种以上读音时，不同的读音间用"～"隔开。

7. 所收词语的用字和标音均依"第三章　同音字汇"。声调一律按实际读法标写，有变调时，只标写变调。

第一节

《中国语言资源调查手册·汉语方言》

一　天文地理	六　服饰饮食	十一　动作行为
二　时间方位	七　身体医疗	十二　性质状态
三　植物	八　婚丧信仰	十三　数量
四　动物	九　人品称谓	十四　代副介连词
五　房舍器具	十　农工商文	

一　天文地理

热头 ȵiɛ⁴⁴tʰɛu⁰ 太阳

月光 ȵiɛ⁴⁴kuɔŋ⁰ 月亮

天星 tʰiẽ³³sin³³ 星星

云 in²¹

风 fəŋ²⁴

台风 tʰoi²¹fəŋ²⁴

闪电 ʂã⁴²tʰiẽ⁵⁵⁴ 名词

雷 lei²¹

水 ʂuei⁴² 雨

落水 lo⁴⁴ʂuei⁴² 下雨

淋 lin²¹ 被雨水淋湿，甚至是淋透了

晒 sai⁵⁵⁴

雪 siɛ³³

冰 pin²⁴

冷子 lin⁴²tsʅ⁰ 雹子

霜 sɔŋ²⁴

雾 u⁵⁵⁴

露 lou⁵⁵⁴

虹 kɔŋ⁵⁵⁴ 彩虹

日食 ȵiɛ³³ʂʅ⁴⁴

天狗食月 tʰiẽ²⁴kɛu⁴²ʂʅ⁴⁴ȵiɛ⁴⁴ 月食

　　月食 ȵiɛ⁴⁴ʂʅ⁰

天气 tʰiẽ²⁴ɕi⁵⁵⁴

晴 tsʰiaŋ²¹

阴 in²⁴

旱 xɔ̃⁵⁵⁴

涝 lau⁵⁵⁴

天光 tʰiẽ²⁴kuɔŋ²⁴ 天亮

水田 ʂuei⁴²tʰiɛ̃²¹
旱土 xõ⁵⁴tʰou⁰ 旱地
田埂 tʰiɛ̃²¹kɛ̃²⁴
路 lou⁵⁵⁴
梁 liɔŋ²¹ 山
山沟 sã²⁴kɛu²⁴ 山谷，即两山间低凹的地方
江 tɕiɔŋ²⁴
细河 sei⁵⁴xo⁰ 溪流
水沟 ʂuei⁴²kɛu²⁴
湖 fu²¹
涝池 lau⁵⁴tʂʰʅ⁰ 水塘
水坑 ʂuei⁴²kʰɛ̃²⁴
发水 fɛ³³ʂuei⁴² 洪水
泡 pʰau⁵⁵⁴ 淹
河岸 xo²¹ŋã⁵⁵⁴
坝 pa⁵⁵⁴ 沿河或沿海防水的建筑物
地震 tʰi⁵⁵tʂən⁵⁵⁴
窟窿 xu³³lɔŋ⁰
缝缝子 fəŋ⁵⁴fəŋ²¹tsʅ⁰ 缝儿
石头 ʂa⁴⁴tʰɛu²¹
泥巴 nei²¹pa³³ 和着水的土，统称
湿泥 ʂʅ³³nei²¹
水泥 ʂuei⁴²nei²¹
　洋灰 iɔŋ²¹foi²⁴
沙子 sa²⁴tsʅ⁰
青砖 tsʰiaŋ³³tʂõ³³
瓦 ŋa⁴²
煤 mei²¹
煤油 mei²¹iou²¹
木炭 mo³³tʰã⁵⁵⁴
灰（烧成的）foi²⁴
灰尘 foi²⁴tʂʰən²¹

火 fo⁴²
烟 iɛ̃²⁴
失火 ʂʅ³³fo⁴²
水 ʂuei⁴² ①统称。②专指雨水
冷水 laŋ²⁴ʂuei⁴² 凉水
热水 ɲiE⁴⁴ʂuei⁴²
开水 kʰoi²⁴ʂuei⁴² 煮沸的水
磁铁 tsʰʅ²¹tʰiE³³

二　时间方位

时候 ʂʅ²¹xɛu⁰
脉⁼个时候 ma³³kei³³ʂʅ²¹xɛu⁰ 什么时候
现在 ɕiɛ̃⁵⁴tsai⁰
以前 i³³tsʰiɛ̃²¹
以后 i³³xɛu⁵⁵⁴
一辈子 i³³pei⁵⁴tsʅ⁰
今年 tɕin²⁴ɲiɛ̃²¹
明年 miaŋ²¹ɲiɛ̃²¹
后年 xɛu²⁴ɲiɛ̃²¹
旧年 tɕʰiou⁵⁴ɲiɛ̃²¹ 去年
前年 tsʰiɛ̃²¹ɲiɛ̃²¹
往年 vɔŋ²⁴ɲiɛ̃²¹ 以往的年头
年初 ɲiɛ̃²¹tsʰou²⁴
年底 ɲiɛ̃²¹tei⁴²
今晡 tɕin³³pu³³ 今天
天过 tʰiɛ̃³³ko³³ 明天
后日 xɛu²⁴ɲiE⁰ 后天
大后日 tʰai⁵⁴xɛu²¹ɲiE⁰ 大后天
昨晡 tsʰo²¹pu⁰ 昨天
前日 tsʰiɛ̃²¹ɲiE⁰ 前天
大前日 tʰai⁵⁴tsʰiɛ̃²¹ɲiE⁰ 大前天
整天 tʂən⁴²tʰiɛ̃²⁴

每天 mei³³tʰiɛ̃³³

朝晨 tʂau²⁴ʂən⁰ 早晨

昼边 tʂou⁵⁴piɛ̃⁰ 上午

昼边 tʂou⁵⁴piɛ̃⁰ 中午

下昼 xa²⁴tʂou⁰ 下午

麻⁼擦眼 ma²¹tsʰa²⁴ŋã⁴² 傍晚

日里 n̠iE³³li⁰ 白天

夜晡 ia⁵⁴pu⁰ 夜晚

半夜 pã⁵⁵ia⁵⁵⁴

正月 tʂaŋ³³n̠iE³³

大年初一 tʰai⁵⁵n̠iɛ̃²¹tsʰou²⁴i³³

正月十五 tʂaŋ³³n̠iE³³ʂʅ⁴⁴ŋ⁴² 元宵节

清明 tsʰiaŋ²⁴miaŋ²¹

五月节 ŋ⁴²n̠iE⁴⁴tsiE³³ 端午节

七月半 tsʰi³³n̠iE⁴⁴pã⁵⁵⁴ 七月十五

八月十五 pɛ³³n̠iE⁴⁴ʂʅ⁴⁴ŋ⁴² 中秋

冬至 təŋ²⁴tʂʅ⁵⁵⁴

腊月 lɛ⁴⁴n̠iE⁰

三晡十夜 sã³³pu³³ʂʅ⁴⁴ia⁵⁵⁴ 除夕

黄历 vɔŋ²¹li³³ 历书

阴历 in²⁴li⁰

阳历 iɔŋ²¹li³³

星期天 siəŋ²⁴tɕʰi²¹tʰiɛ̃²⁴

地方 tʰi⁵⁴fɔŋ⁰

脉⁼个地方 ma³³kei⁰tʰi⁵⁴fɔŋ⁰ 什么地方

屋下 u³³kʰua⁰ 家里

城里 tʂʰən²¹li⁰

乡下 ɕiɔŋ³³xa³³

脑上 nau⁴²xɔŋ⁰ 上面

　　底下 tei⁴²xa⁰

　　下背 xa²⁴poi⁰ 下面

左边 tso⁴²piɛ̃⁰

右边 iou⁵⁴piɛ̃⁰

当中 tɔŋ²⁴tʂən²⁴ 中间

前头 tsʰiɛ̃²¹tʰɛu⁰ 前面

后背 xɛu⁵⁴poi⁰ 后面

尾巴 mi³³pa³³ 末尾

对面 tei⁵⁵miɛ̃⁵⁵⁴

面前 miɛ̃⁵⁴tsʰiɛ̃⁰

背后 pʰoi⁵⁴xɛu⁰

肚里 tou⁴²li⁰ 里面

外背 ŋoi⁵⁴poi⁰ 外面

边上 piɛ̃²⁴xɔŋ⁰ 旁边

上 ʂɔŋ⁵⁵⁴ 表方位

下 xa²⁴ 表方位

边边子 piɛ̃³³piɛ̃³³tsʅ⁰ 边儿

角角子 tɕio³³tɕio²¹tsʅ⁰ 墙角

上去 ʂɔŋ²⁴ɕi⁰

下来 xa²⁴loi⁰

进去 tsin⁵⁵ɕi⁰

出来 tʂʰʅ³³loi⁰

出去 tʂʰʅ³³ɕi⁰

归来 kuei²⁴loi⁰ 回来

起来 ɕi⁴²loi⁰

三　植物

树 ʂou⁵⁵⁴

木头 mo³³tʰɛu⁰

松树 tsʰin²¹ʂou⁵⁵⁴

柏树 pa³³ʂou⁰

杉树 sã²⁴ʂou⁰

柳树 liou²⁴ʂou⁰

竹子 tʂou³³tsʅ⁰

竹笋 tʂou³³sən⁴²

叶子 iɛ⁴⁴tsɿ⁰　　　　　　　　兰花麦 lã²¹fa²⁴ma⁴⁴ 小麦
花 fa²⁴　　　　　　　　　　麦草 ma⁴⁴tsʰau⁴² 麦秸
花骨朵子 fa²⁴ku³³tou³³tsɿ⁰ 花蕾　　谷子 ku³³tsɿ⁰ 指谷子的植株
梅花 mei²¹fa³³　　　　　　　高粱 kau²⁴liɔŋ²¹
牡丹花 mo⁴²tã⁰fa²⁴　　　　　　包谷 pau²⁴ku⁰ 玉米
荷花 xo²¹fa²⁴　　　　　　　　棉花 miẽ²¹fa³³
　莲花 liẽ²¹fa²⁴　　　　　　　油菜 iou²¹tsʰoi⁵⁵⁴ 一种油料作物
草 tsʰau⁴²　　　　　　　　　芝麻 tsɿ²⁴ma⁰
藤条 tʰəŋ²¹tʰiau²¹　　　　　　葵花 kʰuei²¹fa³³ 向日葵
劈 nei³³ 刺　　　　　　　　　蚕豆 tsʰã²¹tʰɛu⁵⁵⁴
水果 ʂuei⁴²ko⁴²　　　　　　　豌豆 vã²⁴tʰɛu⁰
苹果 pʰin²¹ko⁰　　　　　　　 落花生 lo⁴⁴fa²⁴sẽ²⁴ 花生
桃子 tʰau²¹tsɿ⁰　　　　　　　黄豆 vɔŋ²¹tʰɛu⁵⁵⁴
梨 li²¹　　　　　　　　　　　绿豆 liou⁴⁴tʰɛu⁰
李梅 li⁴²mei⁰ 李子　　　　　　豇豆 tɕiɔŋ²⁴tʰɛu⁰
杏子 xẽ⁵⁴tsɿ⁰　　　　　　　　卷心白 tɕyẽ⁴²sin²⁴pʰa⁴⁴ 白菜
橘子 tɕy³³tsɿ⁰　　　　　　　　疙瘩白 kei³³tɛ³³pʰa⁴⁴ 洋白菜
柚子 iou⁵⁴tsɿ⁰　　　　　　　　菠菜 po²⁴tsʰoi⁰
柿子 sɿ⁵⁴tsɿ⁰　　　　　　　　芹菜 tɕʰin²¹tsʰoi⁰
石榴 ʂa⁴⁴liou⁰　　　　　　　 莴笋 o²⁴sən⁴²
枣子 tsau⁴²tsɿ⁰　　　　　　　韭菜 tɕiou⁴²tsʰoi⁰
毛栗子 mau²¹li³³tsɿ⁰ 栗子　　 香菜 ɕiɔŋ²⁴tsʰoi⁵⁵⁴
核桃 xei⁴⁴tʰau²¹　　　　　　　葱子 tsʰəŋ²⁴tsɿ⁰ 葱
银杏 in²¹xẽ⁵⁵⁴　　　　　　　 蒜子 sõ⁵⁴tsɿ⁰ 指植物
蔗梗子 tsa²¹kuaŋ⁴²tsɿ⁰ 甘蔗　 生姜 saŋ³³tɕiɔŋ³³ 姜
木耳 mo³³mi⁴²　　　　　　　 洋葱子 iɔŋ²¹tsʰəŋ²⁴tsɿ⁰
蘑菇 mo²⁴ku⁰　　　　　　　　辣椒 lɛ⁴⁴tsiau⁰
香菇 ɕiɔŋ²⁴ku²⁴　　　　　　　茄子 tɕʰio²¹tsɿ⁰
稻子 tʰau²⁴tsɿ⁰　　　　　　　洋柿子 iɔŋ²¹sɿ⁵⁴tsɿ⁰ 西红柿
稻谷 tʰau²⁴ku³³　　　　　　　萝卜 lo²¹pʰei⁴⁴
稻草 tʰau²⁴tsʰau⁴²　　　　　　红萝卜 fəŋ²¹lo²¹pʰei⁴⁴ 胡萝卜
大麦 tʰai⁵⁴ma⁰　　　　　　　 黄瓜 vɔŋ²¹kua³³

丝瓜子 sɿ³³kua³³tsɿ⁰
南瓜 nã²¹kua²⁴
红苕 fəŋ²¹ʂau²¹ 红薯
□芋 yɛ²⁴i⁰ 马铃薯
芋头 y²¹tʰɛu⁰
山药 sã³³io³³
莲菜 liɛ̃²¹tsʰoi⁵⁵⁴ 藕

四 动物

老虎 lau⁴²fu⁰
猴子 xɛu²¹tsɿ⁰
蛇 ʂa²¹
老鼠 lau⁴²tʂʰou⁰
檐老鼠子 iɛ²⁴lau⁴²tʂʰou⁴²tsɿ⁰ 蝙蝠
鸟子 tiau²⁴tsɿ⁰ 鸟儿
麻鸟子 ma²¹tiau²⁴tsɿ⁰ 麻雀
阿鹊子 a²⁴sia²¹tsɿ⁰ 喜鹊
老鸹子 lau⁴²va²¹tsɿ⁰ 乌鸦
鹁鸽子 pʰu³³ko²¹tsɿ⁰ 鸽子
翼拍 iɛ⁴⁴pʰa⁰ 翅膀
爪子 tʂua⁴²tsɿ⁰ 动物的有尖甲的脚，统称
尾巴 mi³³pa³³
窦 tɛu⁵⁵⁴ 窝：鸟子～
虫虫子 tʂʰəŋ²¹tʂʰəŋ²¹tsɿ⁰ 虫子，统称
白蚁子 pʰa⁴⁴i²¹tsɿ⁰ 蝴蝶
蜻蜓 tsʰiəŋ²⁴tʰiəŋ⁰
糖蜂子 tʰɔŋ²¹fəŋ²⁴tsɿ⁰ 蜜蜂
蜂糖 fəŋ²⁴tʰɔŋ²¹ 蜂蜜
乌蝇□ u³³iəŋ³³zuɐʳ⁰ 蝉
蚂蚁子 ma³³mi²¹tsɿ⁰
蟮公 ɕiɛ̃⁴²kuəŋ⁰ 蚯蚓
蚕 tsʰã²¹

□螺 la²¹tɕʰia²¹ 蜘蛛
蚊子 mən²⁴tsɿ⁰
乌蝇子 u³³in³³tsɿ⁰ 苍蝇
跳蚤 tʰiau⁵⁴tsau⁰
虱嫲 sei³³ma²¹ 虱子
鱼子 ŋ²¹tsɿ⁰ 鱼，统称
鲤鱼 li²⁴ŋ²¹
大头鱼 tʰai⁵⁵tʰɛu²¹ŋ²¹
鲫鱼 tsi³³ŋ²¹
鳖 piɛ³³ 甲鱼
鳞 lin²¹
虾 ɕia³³
老阿钳子 lau⁴²a³³tɕʰiɛ̃²¹tsɿ⁰ 螃蟹
蛞子 kuai⁴²tsɿ⁰ 青蛙
癞蛤蟆 lai⁵⁵xa³³ma⁰ 蟾蜍
马 ma²⁴
驴驴子 li²¹li²¹tsɿ⁰ 驴，统称
骡子 lo²¹tsɿ⁰ 由驴和马交配所生，包括马父驴母和驴父马母两种情况
牛 ɲiou²¹
牛牯 ɲiou²¹ku⁴² 未阉过的公牛
牛嫲 ɲiou²¹ma²¹ 母牛
掌牛 tʂɔŋ⁴²ɲiou²¹ 放牛
羊 iɔŋ²¹
猪 tʂou²⁴
角猪子 tɕio³³tʂou²¹tsɿ⁰ 种猪
肉猪 ɲiou³³tʂou³³ 公猪
猪嫲壳 tʂou²⁴ma²¹xo³³ 老母猪
猪崽子 tʂou²⁴tsei⁴²tsɿ⁰ 猪崽
猪栅 tʂou³³tsʰa³³ 猪圈
喂猪 vei⁵⁴tʂou²⁴ 养猪
猫公 miau⁵⁴kuəŋ⁰ 猫，统称

猫牯子 miau⁵⁵ku⁴²tsʅ⁰ 公猫
猫嫲子 miau⁵⁵ma²¹tsʅ⁰ 母猫
狗 kɛu⁴²
狗牯 kɛu⁴²ku⁴² 公狗
狗嫲 kɛu⁴²ma²¹ 母狗
□ kuaŋ⁴² 狗叫
兔子 tʰou⁴⁴tsʅ⁰
鸡 ki²⁴
鸡公 ki²⁴kuəŋ²⁴ 公鸡
鸡嫲 ki²⁴ma²¹ 母鸡
啼 tʰei²¹ 鸡叫
生 saŋ²⁴ 鸡～蛋
菢 pʰu⁵⁵⁴ 动词，孵小鸡
鸭子 ɛ³³tsʅ⁰
鹅 ŋo²¹
劁 tʰiau²⁴ 阉：～公猪｜～母猪｜～鸡
喂 vei⁵⁵⁴
杀猪 sɛ³³tʂou²⁴
杀 sɛ³³ ～鱼

五 房舍器具

村 tsʰən²⁴ 村庄，统称
巷子 xɔŋ²⁴tsʅ⁰ 胡同
街道 kai²⁴tʰau⁵⁵⁴
盖屋 koi⁵⁴u³³ 盖房子
屋 u³³ 指整座房子
间 kã²⁴ 单间的屋子
间里 kã²⁴li⁰ 卧室
茅草屋 mau²¹tsʰau⁴²u³³
灶上 tsau⁵⁴xɔŋ⁰ 厨房
灶 tsau⁵⁵⁴
镬头 o⁴⁴tʰɛu²¹ 锅

饭镬 fã⁵⁴o⁰ 饭锅
菜镬 tsʰoi⁵⁴o⁰ 菜锅
屎缸 ʂʅ⁴²kɔŋ⁰ ①厕所。②圆形的粪坑
檩子 lin²⁴tsʅ⁰
柱子 tʂʰou²⁴tsʅ⁰
大门 tʰai⁵⁴mən⁰
门槛子 mən²¹kʰõ²⁴tsʅ⁰
柴窗 tsʰai²¹tsʰoŋ²⁴ 旧式木制结构的窗子
楼梯 lɛu²¹tʰoi³³ 梯子
扫把 sau⁵⁴pa⁰ 扫帚，统称
扫地 sau⁵⁵tʰi⁵⁴
□□ tsʰa⁴²soi⁰ 垃圾
家业 ka³³ȵiᴇ³³ 家具
东西 təŋ³³si³³
炕 kʰɔŋ⁵⁵⁴ 北方睡觉用的
床 tsʰɔŋ²¹
枕头 tʂən⁴²tʰɛu²¹
铺盖 pʰu²⁴koi⁰ 被子
棉絮 miẽ²¹ɕy⁵⁵⁴
床单 tsʰɔŋ²¹tã²⁴
贴被 tʰiᴇ³³pʰi⁰ 褥子
席子 tsʰia⁴⁴tsʅ⁰
蚊帐 mən²⁴tʂɔŋ⁵⁵⁴
桌子 tso³³tsʅ⁰
柜子 kʰuei⁵⁴tsʅ⁰
抽屉 tsʰou²⁴tʰi⁰
案子 ŋã⁵⁴tsʅ⁰
竹椅子 tʂou³³i⁴²tsʅ⁰ 椅子，统称
凳 tẽ⁵⁵⁴ 凳子，统称
尿桶 ȵiau⁴²tʰəŋ⁴² 马桶
菜刀 tsʰoi⁵⁴tau²⁴
勺嫲 ʂo⁴⁴ma⁰ 瓢

缸 kɔŋ²⁴
坛子 tʰã²¹tsɿ⁰
瓶子 pʰin²¹tsɿ⁰
盖子 koi⁵⁴tsɿ⁰
碗 õ⁴²
筷子 kʰuai⁵⁴tsɿ⁰
调子 tʰiau²⁴tsɿ⁰ 汤匙
柴 tsʰai²¹
洋火 iɔŋ²¹fo⁴² 火柴
锁 so⁴²
锁匙 so⁴²ʂɿ⁰ 钥匙
电壶 tʰiɛ̃⁵⁵fu²¹ 暖水瓶
面盆 miɛ̃⁵⁴pʰən⁰ 脸盆
洗面水 sei⁴²miɛ̃⁵⁵ʂuei⁴² 洗脸水
手巾 ʂou⁴²tɕin⁰ 毛巾
手帕子 ʂou⁴²pʰa²¹tsɿ⁰ 手绢儿
洋枧 iɔŋ²¹tɕiɛ̃⁴² 肥皂
梳 sɿ²⁴
针 tʂən²⁴ 缝衣针
剪刀 tsiɛ̃⁴²tau⁰ 剪子
洋蜡 iɔŋ²¹lɛ⁴⁴ 蜡烛
手电 ʂou⁴²tʰiɛ̃⁵⁵⁴ 手电筒
伞 sã⁴²
自行车 tsʰɿ⁵⁵ɕin²¹tʂʰa²⁴

六　服饰饮食

衫 sã²⁴ ①衣服的统称。②上衣
着 tʂo³³ ～衣服
脱 tʰoi³³ ～衣服
绑 pɔŋ⁴² 系：～鞋带
衬衣 tsʰən⁵⁴i⁰
背心 poi⁵⁴sin⁰

毛衣 mau³³i³³
棉衫 miɛ̃²¹sã²⁴ 棉衣
衫袖 sã²⁴tsʰiou⁰ 袖子
袋子 tʰoi⁵⁴tsɿ⁰ 衣服上的口袋
裤子 fu⁵⁴tsɿ⁰
半截裤 pã⁵⁴tsiɛ²¹fu⁰ 穿在外面的短裤
裤脚 fu⁵⁵tɕio³³ 裤腿儿
帽子 mau⁵⁴tsɿ⁰
鞋 xai²¹
袜子 mɛ³³tsɿ⁰
围巾子 vei²¹tɕin²⁴tsɿ⁰
围裙 vei²¹tɕʰin⁰
屎帖子 ʂɿ⁴²tʰiɛ³³tsɿ⁰ 尿布
纽子 nɛu⁴²tsɿ⁰ 扣子，统称
纽 nɛu⁴² 动词，扣
戒指 kai⁵⁴tsɿ⁰
手圈子 ʂou⁴²tɕʰiɛ̃²⁴tsɿ⁰ 镯子
理发 li⁴²fɛ³³
　剃头 tʰei⁵⁵tʰɛu²¹
梳头 sɿ²⁴tʰɛu⁰
白米饭 pʰa⁴⁴mi⁴²fã⁵⁵⁴ 米饭
稀饭 ɕi²⁴fã⁵⁵⁴
　米汤 mi⁴²tʰɔŋ⁰
麦粉 ma⁴⁴fən⁴² 面粉
面 miɛ̃⁵⁵⁴ 面条儿，统称
面面子 miɛ̃⁵⁴miɛ̃²¹tsɿ⁰ 面儿
蒸馍 tʂən³³mo³³ 馒头
包子 pau²⁴tsɿ⁰
疙瘩子 kei³³tɛ²¹tsɿ⁰ 饺子
馄饨 fən²¹tən⁰
馅子 sõ⁵⁴tsɿ⁰
油条 iou²¹tʰiau²¹

豆浆 tʰɛu⁵⁴tsiɔŋ²⁴

豆腐脑 tʰɛu⁵⁵fu²¹nau⁴²

元宵 iẽ²¹siau²⁴ ①用干粉淋水反复摇制而成的有馅的元宵。②用湿粉团搓成的或有馅或无馅的汤圆

粽子 tsəŋ⁵⁴tsʅ⁰

黏饭 zẽ²¹fã⁵⁵⁴ 年糕

点心 tiẽ⁴²sin⁰

菜 tsʰoi⁵⁵⁴ 下饭的

菜干 tsʰoi⁵⁴kõ²⁴ 干菜，统称

豆腐 tʰɛu⁵⁴fu⁰

猪血 tʂou²⁴ɕiE³³

猪蹄子 tʂou²⁴tʰi²¹tsʅ⁰ 猪蹄儿

猪舌嫲 tʂou²⁴ʂE⁴⁴ma⁰ 猪舌头

猪肝子 tʂou²⁴kõ²⁴tsʅ⁰ 猪肝

下水 xa⁵⁴ʂuei⁰ 可食用的猪、牛、羊的内脏

鸡蛋 ki²⁴tʰã⁰

松花蛋 səŋ³³fa³³tʰã⁵⁵⁴

猪油 tʂou²⁴iou⁰

香油 ɕiɔŋ²⁴iou⁰

酱油 tsiɔŋ⁵⁴iou⁰

盐 iẽ²¹

醋 tsʰou⁵⁵⁴

烟 iẽ²⁴ 香烟，统称

旱烟 xõ⁵⁴iẽ⁰

辣酒 lɛ⁴⁴tsiou⁴² 白酒

黄酒 vɔŋ²¹tsiou⁴²

醪糟子 lau²¹tsau²¹tsʅ⁰ 江米酒

茶叶 tsʰa²¹iE⁴⁴

泡 pʰau⁵⁵⁴ ～茶 沏茶

冰棍 pin²⁴kuən⁵⁵⁴

煮饭 tʂou⁴²fã⁵⁵⁴ 做饭

炒菜 tsʰau⁴²tsʰoi⁵⁵⁴

煮 tʂou⁴² ～鸡蛋

煎 tsiE²⁴ ～鸡蛋

炸 tsa⁵⁵⁴ ①烹饪方法：～油条。②裂开：个块板子～咧 那块板子裂开了

蒸 tʂən²⁴ ～鱼

搋 tsʰai²⁴ ～粉 揉面

擀 kã⁴² ～面条

食朝饭 ʂʅ⁴⁴tʂau²⁴fã⁰ 吃早饭

食昼饭 ʂʅ⁴⁴tʂou⁵⁴fã⁰ 吃午饭

食夜饭 ʂʅ⁴⁴ia⁵⁴fã⁰ 吃晚饭

食 ʂʅ⁴⁴ 吃

喝 xoi⁴⁴ ～酒｜～茶

抽 tʂʰou²⁴ ～烟

食 ʂʅ⁴⁴

舀 iau⁴² ～饭 盛饭

夹 kɛ³³ ～菜

倒 tau⁴² ～酒 斟酒

渴 xoi³³

饿 ŋo²¹

噎 iE³³ ～倒咧

七 身体医疗

头囊 tʰɛu²¹naŋ³³ 头

头发 tʰɛu²¹fE³³

毛辫子 mau²⁴piẽ⁵⁴tsʅ⁰ 辫子

旋 tɕʰyẽ²¹

额门盖子 ŋE³³mən²¹koi⁵⁴tsʅ⁰ 额头

相貌 siɔŋ⁵⁵mau⁵⁵⁴

面 miẽ⁵⁵⁴ 脸

眼珠 ŋã⁴²tʂou⁰ 眼睛

眼珠仁子 ŋã⁴²tʂou³³n̠in²¹tsʅ⁰ 眼珠

眼泪 ŋã⁴²lei⁵⁵⁴

眉毛 mi²¹mau³³

耳朵 ɲi⁴²to⁰

鼻公剑 ⁼pʰi⁵⁴ku⁰tɕiɛ̃⁵⁵⁴ 鼻子

鼻齈 pʰi⁵⁴nəŋ⁰ 鼻涕

擤 sɛ̃⁵⁵⁴ ～鼻齈

喙 tʂoi⁵⁵⁴ 嘴，统称，动物和人的说法相同

喙上皮 tʂoi⁵⁵ʂəŋ⁵⁵pʰi²¹ 嘴唇儿

口水 xɛu⁴²suei⁴² ①唾沫。②涎水

舌嫲 ʂɛ⁴⁴ma²¹ 舌头

牙齿 ŋa²¹tʂʅ⁰ 统称

下巴子 xa⁵⁴pa²¹tsʅ⁰

胡子 fu²¹tsʅ⁰

颈筋 tɕiaŋ⁴²tɕin⁰ 脖子

喉咙 xɛu²¹ləŋ⁰

肩头 tɕiɛ̃²⁴tʰɛu⁰ 肩膀

手梗 ʂou⁴²kuaŋ⁴² 胳膊

手 ʂou⁴² 不包括手臂

左手 tso⁴²ʂou⁰

右手 iou⁵⁴ʂou⁰

槌头子 tʂʰuei²¹tʰɛu²¹tsʅ⁰ 拳头

手指 ʂou⁴²tsʅ⁴²

手指梗 ʂou⁴²tsʅ⁰kuaŋ²⁴ 大拇指

二指 ɲi⁵⁴tsʅ⁰ 食指

中指 tʂəŋ²⁴tsʅ⁰

无名指 mau²¹miaŋ²¹tsʅ⁰

细手指 sei⁵⁵ʂou⁴²tsʅ⁰ 小拇指

手指甲 ʂou⁴²tsʅ⁰kɛ³³ 指甲

脚 tɕio³³ ①腿。②脚。③包括腿和脚

膝头盖子 tsʰi³³tʰɛu²¹koi⁵⁴tsʅ⁰ 膝盖

背囊 poi⁵⁴naŋ⁰ 脊背

肚子 tou⁴²tsʅ⁰

肚脐眼 tou⁴²tsʰi²¹ŋã⁴² 肚脐

［奶儿］nɛ̃⁵⁵⁴ 乳房

屁股 pʰi⁵⁴ku⁰

沟门子 kɛu²⁴mən²¹tsʅ⁰ 肛门

鸟子 tiau²⁴tsʅ⁰ 男阴

屄 pi²⁴ 女阴

入 zʅ²⁴ 交合

㞎 səŋ²¹ 精液

来例假 loi²¹li⁵⁵ka⁵⁵⁴ 来月经

屙屎 o²⁴sʅ⁴² 拉屎

屙尿 o²⁴ɲiau⁵⁵⁴ 撒尿

放屁 foŋ⁵⁵pʰi⁵⁵⁴

病咧 pʰiaŋ⁵⁴liɛ⁰ 病了

冻倒咧 təŋ⁵⁴tau²¹liɛ⁰ 着凉

嗽 tsʰou⁴⁴ 咳嗽

发烧 fɛ³³ʂau²⁴

打颤 ta⁴²tʂɛ̃⁵⁵⁴ 发抖

肚子疼 tou⁴²tsʅ²¹tʰəŋ⁰

拉肚子 la²⁴tou⁴²tsʅ⁰ 泻肚
屙肚子 o²⁴tou⁴²tsʅ⁰

打摆子 ta⁴²pai⁴²tsʅ⁰ 患疟疾

中暑 tʂəŋ⁵⁵su⁴²

肿 tʂəŋ⁴²

化脓 fa⁵⁵nəŋ²¹

疤疤子 pa³³pa³³tsʅ⁰ 疤

癣 siɛ̃⁴²

痣 tsʅ⁵⁵⁴ 包括一般的痣和胎记

疙瘩 kei³³tɛ⁰ 皮肤被蚊子咬后形成的突起或硬块

狐臭 fu²¹tsʰou⁵⁵⁴

看病 kʰõ⁵⁵pʰiaŋ⁵⁵⁴

号脉 xau⁵⁴ma³³

扎针 tsɛ³³tʂən²⁴ 针灸
打针 ta⁴²tʂən²⁴
吊针 tiau⁵⁴tʂən²⁴ 打吊针
食药 sʅ⁴⁴io⁴⁴ 吃药，统称
汤药 tʰɔŋ³³io³³
病轻咧 pʰiaŋ⁵⁴tɕʰiaŋ²⁴liE⁰

老咧 lau⁴²liE⁰ 婉称
自杀 tsʰʅ⁵⁴sɛ³³
断气 tʰõ²⁴ɕi⁵⁵⁴ 咽气
入殓 zu²¹liẽ⁵⁵⁴
枋子 fəŋ²⁴tsʅ⁰ 棺材
出灵 tsʰʅ³³lin²¹ 出殡
灵牌 lin²¹pʰai⁰ 灵位
坟 fən²¹
墓 mo⁵⁵⁴
上坟 sɔŋ²⁴fən⁰
纸钱 tsʅ⁴²tsʰiẽ²¹
天老爷 tʰiẽ²⁴lau⁴²ia²¹ 老天爷
菩萨 pʰu²¹sa³³
观音 kõ³³in³³
灶神老爷 tsau⁵⁵sən²¹lau⁴²ia²¹ 灶神
寺庙 sʅ⁵⁵miau⁵⁵⁴
老堂下 lau⁴²tʰɔŋ²¹xa³³ 祠堂
和尚 o²¹sɔŋ³³
尼姑 ȵi²¹ku²⁴
道士 tau⁵⁵sʅ⁵⁵⁴
算命 sõ⁵⁵miaŋ⁵⁵⁴
运气 in⁵⁴ɕi⁰
保佑 pau⁴²yo⁰

八 婚丧信仰

话媒 va⁵⁵moi²¹ 说媒
媒人 moi²¹ȵin²¹
相亲 siɔŋ²⁴tsʰin²⁴
定婚 tʰin⁵⁴fən²⁴ 订婚
陪房 pʰoi²¹fɔŋ³³ 嫁妆
结婚 tɕiE³³fən²⁴
讨老婆 tʰau⁴²lau⁴²pʰo⁰ 男子娶亲
卖妹子 mai⁵⁴moi²¹tsʅ⁰ 女子出嫁
拜堂 pai⁵⁵tʰɔŋ²¹
新郎 sin²⁴lɔŋ²¹
新娘子 sin²⁴ȵiɔŋ²¹tsʅ⁰ 新娘
有身子 iou²⁴sən²⁴tsʅ⁰ 孕妇
有身子咧 iou²⁴sən²⁴tsʅ⁰liE⁰ 怀孕
害病 xoi⁵⁵pʰiaŋ⁵⁵⁴ 害喜
㜎㜕伢子 tɕiəŋ⁵⁴o²⁴ŋa²¹tsʅ⁰ 生孩子
小月 siau⁴²ȵiE⁰ 流产
双胞胎 sɔŋ³³pau³³tʰoi²⁴
坐月子 tsʰo²⁴ȵiE⁴⁴tsʅ⁰
食［奶儿］sʅ⁴⁴nẽ⁵⁵⁴ 吃奶
拆＝［奶儿］tsʰa³³nẽ⁵⁵⁴ 断奶
满月 mã³³ȵiE³³
生日 saŋ²⁴ȵiE⁰
做生日 tso⁵⁴sɔŋ²⁴ȵiE⁰ 做寿
死 si⁴² 统称

九 人品称谓

人 ȵin²¹
男子 nã²¹tsʅ⁰ 男人，统称
妇娘子 pu²⁴ȵiɔŋ²¹tsʅ⁰ 妇女的通称
光棍 kuɔŋ²⁴kuən⁰ 单身汉
老妹子 lau⁴²moi²¹tsʅ⁰ 老姑娘
㜕伢崽子 o²⁴ŋa²¹tsei⁴²tsʅ⁰ 婴儿
大细子 tʰai⁵⁵sei²¹tsʅ⁰ 小孩

俫子 lai⁵⁴tsʅ⁰ ①男孩，统称。②儿子
妹子 moi⁵⁴tsʅ⁰ ①女孩，统称。②女儿
老大人 lau⁴²tʰai²¹n̠in⁰ 七八十岁的老人
亲戚 tsʰin²⁴tsʰi⁰
朋友 pʰəŋ²¹iou³³
邻居 lin²¹tɕy³³
客 kʰa³³ 客人
农民 ləŋ²¹min²¹
商人 ʂɔŋ²⁴n̠in⁰
手艺人 ʂou⁴²i²¹n̠in⁰
泥水匠 nei²¹ʂuei⁴²siɔŋ⁵⁵⁴
木匠 mo³³siɔŋ⁰
裁缝 tsʰai²¹fəŋ³³
剃头个 tʰei⁵⁵tʰɛu²¹kei⁰ 理发师
厨子 tʂʰou²¹tsʅ⁰ 厨师
师傅 sʅ²⁴fu⁰
徒弟 tʰɛu²¹tʰi⁰
要饭子 iau⁵⁵fã⁵⁴tsʅ⁰ 乞丐
　要饭个 iau⁵⁵fã⁵⁴kei⁰
妓女 tɕi⁵⁴n̠y⁰
流氓 liou²¹mɔŋ²¹
贼娃子 tsʰei⁴⁴va²¹tsʅ⁰ 贼，扒手
瞎子 xɛ³³tsʅ⁰
聋子 ləŋ²⁴tsʅ⁰
哑子 ŋa⁴²tsʅ⁰ 哑巴
弓弓腰 kuəŋ³³kuəŋ³³iau²⁴ 驼子
跛子 po⁴²tsʅ⁰ 瘸子
疯子 fəŋ²⁴tsʅ⁰
瓜子 kua²⁴tsʅ⁰
　傻了 ʂa⁴²tsʅ⁰
笨蛋 pən⁵⁵tʰã⁵⁵⁴
阿公 a³³kuəŋ³³ 祖父

婆 pʰo²¹ 祖母
姐公 tsia⁴²kəŋ⁰ 外祖父
姐婆 tsia⁴²pʰo⁰ 外祖母
爸婪 pa³³mei²⁴ 父母的合称
爸 pa³³ 父亲叙称，呼称
婪 mei²⁴ 母亲叙称，呼称
叔 ʂou³³ ①继父，比自己父亲小。②叔父
伯 pei³³ 继父，比自己父亲大
细婪 sei⁵⁴mei²⁴ 继母，比自己母亲小，和"叔"对应
伯婪 pa³³mei²⁴ ①继母，比自己母亲大，和"伯"对应。②伯母。③一般的社会称谓，用来称呼比自己年龄大很多的女性
丈人佬 tʂʰɔŋ⁵⁵n̠i²¹lau⁴² 岳父
丈人婆 tʂʰɔŋ⁵⁵n̠i²¹pʰo²¹ 岳母
家官 ka³³kõ³³ 公公
家娘 ka²⁴n̠iɔŋ⁰ 婆婆
大伯 tʰai⁵⁴pa⁰ 伯父
细叔 sei⁵⁴sou⁰ ①排行最小的叔父。②小叔子，丈夫的弟弟。③对同族人中比自己父亲年龄小的男性长辈的称呼
叔婪 ʂou³³mei⁰ 叔母
姑 ku²⁴ 统称，不止一个时，前加数目字加以区别，其中最大的称为"大姑"，最小的称为"细姑"
姑丈 ku³³tʂʰɔŋ³³ 姑父
舅爷 tɕʰiou²⁴ia²¹ 舅舅
舅婪 tɕʰiou²⁴mei⁰ 舅妈
姨娭 i²¹oi³³ 姨妈统称，不止一个时，前加数目字加以区别，其中最大的称为"大姨"，最小的称为"细姨"
姨爷 i²¹ia²¹ 姨夫

兄弟 ɕiəŋ²⁴tʰi⁰

姊妹 tsi⁴²moi⁰ 男性、女性兄弟姐妹的统称

哥 ko²⁴ 对比自己大的平辈男性的称呼

嫂 sau⁴² 对比自己大的平辈男性的妻子的称呼

老弟子 lau⁴²tʰai²¹tsʅ⁰ 直系亲属间的称呼，包括堂弟

老弟嫂 lau⁴²tʰai⁵⁵sau⁴² 弟媳

姐 tsia⁴² 姐姐

姊丈 tsi⁴²tʂʰɔŋ⁰ 姐夫

老妹子 lau⁴²moi²¹tsʅ⁰ 妹妹

老妹婿 lau⁴²moi⁵⁵sei⁵⁵⁴ 妹夫

叔伯弟兄 ʂou³³pa³³tʰi⁵⁴ɕiəŋ⁰ 堂兄弟

老表 lau⁴²piau⁴² 表兄弟

先后 siəŋ⁵⁴fo⁰ 妯娌

两担子 liɔŋ⁴²tã²⁴tsʅ⁰ 挑担 tʰiau³³tã³³ 连襟

倈子 lai⁵⁴tsʅ⁰ 儿子

新舅 ⁼sin³³tɕʰiou³³ 儿媳妇

妹子 moi⁵⁴tsʅ⁰ 女儿

婿郎 sei⁵⁴lɔŋ⁰ 女婿

孙子 sən²⁴tsʅ⁰

重孙 tʂʰəŋ²¹sən²⁴

侄子 tʂʅ⁴⁴tsʅ⁰

外甥子 ŋoi⁵⁴saŋ²¹tsʅ⁰ 外甥，姐妹之子

外甥孙子 ŋoi⁵⁴saŋ³³sən²⁴tsʅ⁰ 外孙子，女儿的儿子

两公婆 liɔŋ⁴²kuaŋ²⁴pʰo⁰ 夫妻

老公 lau⁴²kuaŋ⁰ 丈夫

老婆 lau⁴²pʰo⁰ 妻子

名字 miaŋ²¹tsʅ⁰

外号 ŋoi⁵⁵xau⁵⁵⁴ 绰号

十　农工商文

做活 tso⁵⁵xo²¹

事情 sʅ⁵⁴tsʰin⁰

插秧 tsʰɛ³³iɔŋ²⁴

割稻子 koi³³tʰau²⁴tsʅ⁰

种菜 tʂəŋ⁵⁵tsʰoi⁵⁵⁴

犁 lei²¹

板锄 pã⁴²tsʰʅ²¹

镰刀 liɛ̃²¹tau²⁴

把 pa⁴² 刀～

扁担 piɛ̃⁴²tã⁰

箩筐 lo²¹kʰuaŋ²⁴

筛子 sai²⁴tsʅ⁰ 筛谷物用的器具

簸箕 poi⁵⁴tɕʰi⁰ 农具，有梁的

柳簸 liou²⁴poi⁰ 簸谷物用的

独轮车 tʰou⁴⁴lən²¹tʂʰa²⁴

轱辘子 ku³³lou³³tsʅ⁰ 车轮

碓窝子 tei⁵⁴o²⁴tsʅ⁰ 指整体的碓

臼 tɕiou⁵⁵⁴

磨子 mo⁵⁴tsʅ⁰ 统称

年成 ɲiɛ̃²¹tsʰən²¹

走江湖 tsɛu⁴²tɕiɔŋ²⁴fu⁰ 走江湖

打工 ta⁴²kuəŋ²⁴

斧头 pu⁴²tʰɛu²¹ 斧子

钳子 tɕʰiɛ̃²¹tsʅ⁰

螺丝刀 lo²¹sʅ³³tau²⁴

锤子 tʂʰuei²¹tsʅ⁰

钉子 taŋ²⁴tsʅ⁰

绳子 ʂən²¹tsʅ⁰

棍子 kuən⁵⁴tsʅ⁰

做生意 tso⁵⁵sɛ̃²⁴i⁰ 做买卖

商店 ʂoŋ²⁴tiɛ̃⁵⁵⁴
饭馆 fã⁵⁵kõ⁴²
旅店 li⁴²tiɛ̃⁵⁵⁴
贵 kuei⁵⁵⁴
便宜 pʰiɛ̃²¹i³³
合算 xo³³sõ⁵⁵⁴
折扣 tsE³³kʰɛu⁵⁵⁴
赔唎 pʰoi²¹liE⁰ 亏本
钱 tsʰiɛ̃²¹ 统称
零钱 laŋ²¹tsʰiɛ̃⁰
硬币 ŋaŋ⁵⁵pi⁵⁵⁴
本钱 pən⁴²tsʰiɛ̃²¹
工钱 kuəŋ²⁴tsʰiɛ̃²¹
路费 lou⁵⁵fei⁵⁵⁴
花 fa²⁴ ～钱
赚 tsɛ̃⁵⁵⁴ 卖一斤～一毛钱｜打工～了一千块钱
欠 tɕʰiɛ̃⁵⁵⁴ ～了渠三块钱
算盘 sõ⁵⁴pʰã⁰
秤 tsʰən⁵⁵⁴ 统称
称 tsʰən⁵⁵⁴ 用杆秤～
上集 ʂoŋ²⁴tɕʰi⁰ 赶集
集市 tsʰi²¹sʅ⁵⁵⁴
庙会 miau⁵⁵fei⁵⁵⁴
学堂 xo⁴⁴tʰoŋ⁰ 学校
教室 tɕiau⁵⁴sʅ⁰
上学 ʂoŋ²⁴xo⁴⁴ ①开始上小学。②去学校上课
放学 foŋ⁵⁵xo⁴⁴ 上完课回家
考试 kʰau⁵⁵sʅ⁵⁵⁴
书包 ʂou²⁴pau²⁴
本子 pən⁴²tsʅ⁰
铅笔 tɕʰiɛ̃²⁴pi⁰
水笔 ʂuei⁴²pi⁰ 钢笔

原子笔 iɛ̃²¹tsʅ⁰pi³³ 圆珠笔
毛笔 mau²⁴pi⁰
墨 mei⁴⁴
砚台 iɛ̃⁵⁴tʰoi⁰
信 sin⁵⁵⁴
连环画 liɛ̃²¹fã²¹fa⁵⁵⁴
猫公逮老鼠 miau⁵⁵kuəŋ⁰tai⁴²lau⁴²tʂʰou⁰ 捉迷藏
跳绳子 tʰiau⁵⁵ʂən²¹tsʅ⁰
毽子 tɕiɛ̃⁵⁴tsʅ⁰
风筝 fən³³tsɛ̃³³
搞狮子 kau²⁴sʅ²⁴tsʅ⁰ 舞狮
爆竹 pau⁵⁴tʂou⁰ 鞭炮
唱歌 tsʰoŋ⁵⁴ko²⁴
演戏 iɛ̃⁴²ɕi⁵⁵⁴
锣鼓 lo²¹ku⁴² 统称
二胡 n̩i⁵⁴fu⁰
笛子 tʰi²¹tsʅ⁰
划拳 fa²⁴tɕʰyɛ̃⁰
下棋 xa⁵⁵tɕʰi²¹
打牌 ta⁴²pʰai²¹ 打扑克
打麻将 ta⁴²ma²¹tsioŋ⁵⁵⁴
变魔术 piɛ̃⁵⁵mo²⁴ʂu²⁴
讲故事 koŋ⁴²ku⁵⁴sʅ⁰
猜谜 tsʰai²⁴mi²¹
嫽 liau⁵⁵⁴ 玩儿
串门子 tsʰõ⁵⁵mən²¹tsʅ⁰
走亲戚 tsɛu⁴²tsʰin²⁴tsʰi⁰

十一 动作行为

看 kʰõ⁵⁵⁴
听 tʰaŋ²⁴
闻 vən²¹ 用鼻子～

吸 ɕi²⁴ ～气
睁 tsaŋ²⁴ ～眼
眯 mi²⁴ ～眼 闭眼
眨 tsɛ³³ ～眼
张 tʂɔŋ²⁴ ～喙
闭 pi⁵⁵⁴ ～喙
啮 ŋɛ³³ ①咬：底隻大细子～人。②嚼：把猪肉～烂
吞 tʰən²⁴ 咽
舔 tʰiẽ⁴²
含 xã²¹
亲喙 tsʰin²⁴tʂoi⁵⁵⁴
吸 ɕi²⁴ 吮吸
□ tʰei⁵⁵⁴ 吐：把食个核～出来
呕 ɛu⁴² 吐：个喝酒～咧
打□嚏 ta⁴²ɛ³³tʰi⁰ 打喷嚏
拿 na²⁴ 把苹果～过来
分 pən²⁴ 给：～我一隻苹果
摸 mo²⁴ ～头囊
伸 tʂʰən²⁴ ～手
搲 ia⁴² 抓：～痒痒
揩 kʰɛ³³
拧 ȵiəŋ²¹ 把螺丝～一下
扭 ȵiou⁴² 把毛巾～一下
捻 ȵiẽ⁴² 把粉锭子～碎咧
擘 pa³³ 把橘子～开
剥 po³³ ～花生
撕 sï²⁴
拗 au⁴² 折断
扯 tʂʰa⁴² ①拔：～萝卜。②撕开：把一块布～开
摘 tsa³³

倚 tɕʰi²⁴ 站：～倒，莫动弹
靠 kʰau⁵⁵⁴ 倚靠：把家业～到墙上
跍 ku²⁴ 蹲
坐 tsʰo²⁴
蹦 pəŋ⁵⁵⁴ 跳
敲 ˉtɕʰiau²⁴ 迈：从门槛上～过去
踩 tsʰai⁴² ～到虫子咧
翘 tɕʰiau⁵⁵⁴ ～腿
弯 vã²⁴ ①～腰。②形容词，和"直"相对
挺 tʰin⁴² ～胸
趴 pʰa²¹ ～倒睡
爬 pʰa²¹
走 tsɛu⁴²
□ loi⁴⁴ 跑：快～，你婆爱来打你。
逃 tʰau²¹
追 tʂuei²⁴
抓 tʂua²⁴ ～小偷
搲 nã⁴² 双手抱在怀里：把大细子～到怀肚里
背 pei⁵⁵⁴ ①把个袋子包谷～过来。②扛：把薅锄～到肩头上
搋 tsʰã²¹ ～扶
推 tʰei²⁴ 我等几隻来～汽车｜我把你～一下
跌 tɛ⁴⁴ 摔：底隻大细子～倒咧
碰 pʰəŋ⁵⁵⁴ 撞：你唔看路，差滴滴子就～电线杆上咧
挡 tɔŋ⁵⁵⁴ ～倒
俾 piaŋ⁵⁵⁴ ①躲：渠～起来咧。②藏：把钱～到个子
放 fɔŋ⁵⁵⁴ ～在桌上
撂 lo⁵⁵⁴ 你把砖～起来
埋 mai²¹
盖 koi⁵⁵⁴ 把杯子～倒

笮 tsa³³ 压：用石头～倒
按 ŋã⁵⁵⁴ 把图钉～倒
　摁 ŋẽ²⁴
捅 tʰəŋ⁵⁵⁴ 拿棍子把鸟子窦～了去
插 tsʰɛ³³
戳 tʂʰo²⁴ 把顶棚～了几隻洞
斫 tʂo³³ 砍：把路边个树～了去
剁 to⁵⁵⁴ 把猪肉～烂
削 sio³³ 把苹果～一下
炸 tsa⁵⁵⁴ 裂：木板～开了
皱 tsou⁴² 轱辘子个皮都～咧
腐烂 fu⁴²lã⁵⁵⁴
□ tsʰ⁴⁴ 擦：用手巾把手～一下
　擦 tsʰɛ³³
倒 tau⁴² 把碗里个映⁼饭～了去
丢 tiou²⁴ ①把东西扔掉：个桃子都瞎咧，～了去。②投掷：～标枪
跌 tiɛ³³ ①掉：树上～下来一隻梨子。②滴：水～下来。③丢：我把锁匙～咧
寻 tsʰin²¹ 找
捡 tɕiẽ⁴²
□ tia²⁴ 提：把篮子～起来
荷 kʰai²⁴ 挑：把个两桶水～归来
背 pei⁵⁵⁴ 扛：把板锄～在肩上
扛 kɔŋ²⁴ 抬：把个隻箱子～归来
举 tɕy⁴² ～旗子
撑 tsʰaŋ⁵⁵⁴ 落水咧，把伞～起来
撬 tɕʰiau⁵⁵⁴ 锁匙跌咧，只能把门～开
挑 tʰiau²⁴ ～一隻
收拾 ʂou³³ʂʅ³³ ～东西
摄 ȵiɛ³³ 挽：把袖子～起来
涮 ʂõ⁵⁵⁴ 拿杯子～下子

洗 sei⁴² ～衫
捞 lau²¹ ～鱼子
绑 pɔŋ⁴² 拴
捆 kʰuən⁴² ～起来
启 tɕʰi⁴² 解：把绳子～开
挪 no²¹
端 tõ²⁴
摔 ʂuei²⁴ 把个烂碗～了去
掺 tsʰã²⁴ ～水
烧 ʂau²⁴ ～火
拆 tsʰa³³ 把个烂筐子～了去
转 tʂõ⁵⁵⁴ ～圈圈
捶 tʂʰuei²¹ 把背囊～下子
打 ta⁴²
打槌 ta⁴²tʂʰuei²¹ 打架
歇下 ɕiɛ³³xa⁰ 休息
打哈欠 ta⁴²xo²⁴tɕʰiẽ⁰
啄目睡 tou³³mo³³ʂoi⁰ 打盹儿
睡 ʂoi⁵⁵⁴
打呼噜 ta⁴²xu³³lou³³
发梦 po³³məŋ⁵⁵⁴ 做梦
跐床 xɔŋ⁵⁵tsʰɔŋ²¹ 起床
刷牙齿 ʂua³³ŋa²¹tʂʰʅ⁰ 刷牙
洗澡 sei⁴²tsau⁴²
想 siɔŋ⁴² ①喊我～一下。②我很～渠
打算 ta⁴²sõ⁰
记得 tɕi⁵⁴tei⁰
忘咧 vɔŋ⁵⁴liɛ⁰ 忘记了
怕 pʰa⁵⁵⁴
相信 siɔŋ²⁴sin⁵⁵⁴
发愁 fɛ³³tsʰou²¹
细心 sei⁵⁴sin²⁴ 小心

喜欢 ɕi⁴²fõ⁰
讨厌 tʰau⁴²iɛ̃⁵⁵⁴
舒服 ʂu³³fu⁰
难受 nã²¹ʂou⁵⁵⁴
难过 nã²¹ko⁵⁵⁴
高兴 kau²⁴ɕin⁵⁵⁴
着气 tʂʰo⁴⁴ɕi⁵⁵⁴ 生气
责怪 tsei³³kuai⁵⁵⁴
后悔 xɛu⁵⁵fei⁴²
眼红 ŋã⁴²fəŋ²¹ 嫉妒
嫌怪 ɕiɛ̃²¹kuai⁵⁵⁴ 害羞
丢脸 tiou²⁴liɛ̃⁴²
欺负 tɕʰi²⁴fu⁰
装 tsɔŋ²⁴ ～病
疼 tʰəŋ⁵⁵⁴ ～大细子
爱 oi⁵⁵⁴ 要：～东西
有 iou²⁴
无得 mau²¹tei³³ 没有
系 xei⁵⁵⁴ 是
唔系 mu²¹xei⁵⁵⁴ 不是
在 tsʰoi²⁴ ～屋下
唔在 mu²¹tsʰoi²⁴ 不在
晓得 ɕiau⁴²tei⁰ 知道
[知道] 唔道 tʂau⁴²mu²¹tau⁵⁵⁴ 不知道
懂 təŋ⁴²
唔懂 mu²¹təŋ⁴² 不懂
会 voi⁵⁵⁴ ～开车
唔会 mu²¹voi⁵⁵⁴ 不会
认得 ȵin⁵⁴tei⁰ 认识：我～渠
唔认得 mu²¹ȵin⁵⁴tei⁰ 不认识
行 ɕin²¹ 答应语
唔行 mu²¹ɕin²¹ ①不答应。②不顶事：渠～，

我看唔能把底件事分渠
肯 xɛ̃⁴²
应该 iəŋ²¹koi²⁴
可以 kʰo⁴²i⁰
话 va⁵⁵⁴ 说：个人在个子～脉ᵑ个
话 fa⁵⁵⁴ 笑～
谝闲传 pʰiɛ⁴²xã²¹tʂʰõ³³ 聊天
喊 xɛ̃²⁴ 叫：快～渠来食饭
吆喝 iau²⁴xo⁰
嚼 tɕiau⁵⁵⁴ 哭
骂 ma⁵⁵⁴
骂交 ma⁵⁴kau²⁴ 相互谩骂，争吵得很凶
骗 pʰiɛ̃⁵⁵⁴
哄 fəŋ⁴² 逗弄：～大细子
扯谎 tʂʰa⁴²fɔŋ⁴² 撒谎
吹牛 tʂʰuei²⁴ȵiu²¹ 有委婉义
舔沟子 tʰiɛ⁴²kɛu²⁴tsɿ⁰ 拍马屁。带有较强的贬义色彩，表达说话人的一种不屑和瞧不起
开玩笑 kʰoi²⁴vã²¹siau⁵⁵⁴
话 va⁵⁵⁴ 告诉
难□ nã²¹vən⁰ 感谢，一般是事件双方中的一方对另一方当面的感谢用语：我～你
对唔起 tei⁵⁴mu²¹ɕi⁰ 对不起
再见 tsai⁵⁵tɕiɛ̃⁵⁵⁴

十二 性质状态

大 tʰai⁵⁵⁴
细 sei⁵⁵⁴
粗 tsʰou²⁴
嫩 nən⁵⁵⁴ ①鲜嫩，和"老"相对：底滴菜～得很。②细，和"粗"相对：底条绳子～得很

长 tṣʰɔŋ²¹ ①表事物形体长。②表时间长
短 tõ⁴² ①表事物形体短。②表时间短
宽 kʰõ²⁴
宽敞 kʰõ²⁴tṣʰɔŋ⁴²
窄 tsei³³
高 kau²⁴ ①离地面远：底隻屋子很～。②身材长：渠比我～
矮 ai⁴² ①离地面近：底隻屋～得很。②身材短：渠～得很，正一米五
远 iɛ̃⁴²
近 tɕʰin²⁴
深 tṣʰən²⁴
浅 tsʰiɛ̃²¹
清 tsʰin²⁴
浑 vən²¹
圆 iɛ̃²¹
扁 pia⁴² 底隻馍都筜成～～子咧
方 fɔŋ²⁴
尖 tsiɛ̃²⁴
平 pʰiaŋ²¹
肥 fei²¹ 指动物①：底隻猪很～。②指肉，与"瘦"相对：底块猪肉～
胖 pʰɔŋ⁵⁵⁴ 指人：底隻人～得很
瘦 sɛu⁵⁵⁴ ①和"胖"相对：底隻人～得很。②指肉，与"肥"相对：底块猪肉～
乌 u²⁴ 黑
白 pʰa⁴⁴
红 fəŋ²¹
黄 vɔŋ²¹
蓝 lã²¹
绿 liou⁴⁴
紫 tsʅ⁴²

灰 foi²⁴
多 to²⁴
少 ʂau⁴²
重 tṣʰəŋ²⁴
轻 tɕʰiaŋ²⁴
直 tṣʰʅ⁴⁴
陡 tɛu⁴²
弯 vã²⁴
歪 vai²⁴
厚 xɛu²⁴
薄 pʰo⁴⁴
□ nɛu⁴² 稠：羹太～咧
稀 ɕi²⁴ 和"稠"相对：羹太～咧
密 mi⁴⁴ 包谷种～咧
飂 lau⁵⁵⁴ 稀，和"密"相对：包谷种～咧
光 kuɔŋ²⁴ 亮：天～咧
暗 ŋã⁵⁵⁴ 光线不明，看不见
热 niɛ⁴⁴ ①指天气。②指水温
暖 nõ²⁴ 暖和
凉 liaŋ²¹ ①指天气，凉爽。②指水温
冷 laŋ²⁴ 指天气
燥 tsau²⁴ 干：洗个衫一阵子就晒～咧
湿 ʂʅ³³
干净 kõ²⁴tsʰiaŋ⁰
□□ lei⁴⁴tṣei⁴⁴ 脏
利 li⁵⁵⁴ 快，和"钝"相对
唔利 mu²¹li⁵⁵⁴ 钝
快 kʰuai⁵⁵⁴
慢 mã⁵⁵⁴
早 tsau⁴² 来～咧
迟 tṣʰʅ²¹ 晚：来～咧
夜 ia⁵⁵⁴ 天黑：天～咧

松 saŋ²⁴

紧 tɕin⁴²

容易 iəŋ²¹i⁵⁵⁴

难 nã²¹

新 sin²⁴

旧 tɕʰiou⁵⁵⁴

老 lau⁴²

年轻 ȵiẽ²¹tɕʰiaŋ²⁴

软 ȵyõ²⁴

硬 ŋaŋ⁵⁵⁴

弄⁼nəŋ⁵⁵⁴ 软，烂：肉煮倒～得很

糊 fu²¹ 饭～咧

结实 tɕiE³³ʂʅ⁰

烂 lã⁵⁵⁴ 破：衫～咧

富 fu⁵⁵⁴

穷 tɕʰiəŋ²¹

忙 məŋ²¹

闲 xã²¹

蹶 tɕʰyoi⁵⁵⁴ 累：走路走～咧

疼 tʰəŋ⁵⁵⁴

痒 iəŋ²⁴

热闹 ȵiE⁴⁴nau⁰

熟悉 ʂou⁴⁴si⁰

生 saŋ²⁴ ①陌生：～人。②不熟：～包谷

味道 mi⁵⁴tau⁰

气味 ɕi⁵⁵vei⁵⁵⁴

咸 xã²¹

淡 tʰã²⁴

酸 sõ²⁴

甜 tʰiẽ²¹ ①指味道淡，和咸相对。②指味道甜，和苦相对

苦 fu⁴²

辣 lε⁴⁴

鲜 siẽ⁴²

香 ɕioŋ²⁴

臭 tʂʰou⁵⁵⁴

馊 sεu²⁴ 饭～咧

腥 siaŋ²⁴

好 xau⁴²

瞎 xa²¹ 可指人坏，也可指物坏：渠～得很｜个西瓜～咧

差 tsʰa²⁴ 东西质量次

对 tei⁵⁵⁴

错 tsʰo⁵⁵⁴

精 tsiaŋ²⁴ 漂亮，形容人长得好看，男女都可用：底隻妹子长倒～，底隻倈子也长倒～

丑 tʂʰou⁴²

勤快 tɕʰin²¹kʰuai⁵⁵⁴

懒 lã²⁴

乖 kuai²⁴

调皮 tʰiau²¹pʰi²¹

老实 lau⁴²ʂʅ⁰

瓜 kua²⁴ 傻：～屄

笨 pʰən⁵⁵⁴

大方 tʰai⁵⁴foŋ⁰

小气 siau⁵⁴ɕi⁰

直杠 tʂʰʅ⁴⁴koŋ⁵⁵⁴ 直爽

犟 tɕʰiəŋ⁵⁵⁴

十三　数量

一 i³³

二 ȵi⁵⁵⁴

三 sã²⁴

四 si⁵⁵⁴

五 ŋ⁴²

六 liou³³

七 tsʰi³³

八 pɛ³³

九 tɕiou⁴²

十 ʂʅ⁴⁴

二十 ȵi⁵⁵ʂʅ⁴⁴

三十 sã³³ʂʅ³³

一百 i³³pa³³

一千 i³³tsʰiɛ̃²⁴

一万 i³³vã⁵⁵⁴

一百零五 i³³pa³³laŋ²⁴ŋ⁴²

一百五十 i³³pa³³ŋ⁴²ʂʅ⁰

第一 tʰi⁵⁵i³³

两两 lioŋ⁴²lioŋ²⁴

几隻 tɕi⁴²tʂa³³ 几个

两隻 lioŋ⁴²tʂa⁰ 俩，两个

三隻 sã²⁴tʂa⁰ 仨，三个

隻把子 tʂa³³pa²¹tsʅ⁰ 个把

隻 tʂa³³ 一～人｜一～牛｜一～猪｜一～狗｜一～鸡｜一～蚊子｜一～桌子｜一～刀｜一～锁｜一～毛笔｜一～洋枧｜一～车｜一～树｜一～事情｜一～脚｜一～奖章｜一～手巾｜一～萝卜｜一～佛像｜一～花瓣｜一～地方｜一～镜子

匹 pʰi²¹ 一～马

条 tʰiau²¹ 一～鱼子｜一～蛇｜一～绳子｜一～河｜一～路｜

张 tʂɔŋ²⁴ 一～喙

床 tsʰɔŋ²¹ 一～铺盖｜一～席子

双 səŋ²⁴ 一～鞋

副 fu⁴⁴ 一～眼镜｜一～画

辆 lioŋ²⁴ 一～车

座 tsʰo²⁴ 一～屋｜一～山

座 tso⁵⁵⁴ 一～桥｜一～豆腐

朵 to⁴² 一～花

颗 kʰo⁴² 一～珠子｜一～米

顿 tən⁵⁵⁴ 一～饭

剂 tɕi⁵⁵⁴ 一～药

服 fu⁴⁴

股 ku⁴² 一～香味

行 xɔŋ²¹ 一～字

块 kʰuai⁵⁵⁴ 一～钱｜一～砖

毛 mau²¹ 一～钱

滴滴子 ti³³ti²¹tsʅ⁰ 一～东西

点点子 tiɛ̃²⁴tiɛ̃²⁴tsʅ⁰

些 siE³³ 一～东西

下 xa⁵⁵⁴ 打一～

一阵阵 i³³tsʰən⁵⁴tsʰən⁰ 会儿：坐了一～

顿 tən⁵⁵⁴ 打一～

阵 tsʰən⁵⁵⁴ 落了一～水

回 fei²¹ 去了一～

十四 代副介连词

我 ŋai²¹

你 ȵi²¹ ①一般性称呼。②尊称

渠 tɕi²¹ 他

我等 ŋai²¹tən³³ ①我们，排除式。②咱们，包括式

你等 ȵi²¹tən³³ 你们

渠等 tɕi²¹tən³³ 他们

大家 tʰai⁵⁴ka³³

自家 tsʰʅ³³ka³³ 自己

别人 pʰiɛ⁴⁴ȵin²¹
我爸 ȵai²¹pa³³
你爸 ȵi²¹pa³³
渠爸 tɕi²¹pa³³
底隻 i⁴²tʂa⁰ 这个
个隻 kai⁵⁴tʂa⁰ 那个
哪隻 nai⁵⁵tʂa⁰ 哪个
脉⁼人 mã⁴²ȵin⁰ 谁
底子 i⁴²tsɿ⁰ 这里，近指
　□子 iaŋ²⁴tsɿ⁰
个子 kai⁵⁴tsɿ⁰ 那里，远指
哪子 nai⁵⁴tsɿ⁰ 哪里
咁样子 kã⁴²iɔŋ²¹tsɿ⁰ 这样
那样子 nai⁵⁴iɔŋ²¹tsɿ⁰ 那样
样□子 ȵiəŋ⁵⁴mã²¹tsɿ⁰ ①怎样：你想～。②怎么：底隻字～写
咁 kã⁴² 这么，那么：底本书～贵
脉⁼个 ma³³kei⁰ 什么
为脉⁼个 vei⁵⁴ma³³kei⁰ 为什么
干脉⁼个 kã⁵⁵ma³³kei⁰ 干什么
几多 tɕi⁴²to²⁴ 多少
很 xɛ̃⁴² 表程度，比"咁"程度深：今晡热得～
非常 fei²⁴tsʰɔŋ²¹
还过 xai²¹ko⁵⁵⁴ 更：今晡比昨晡～热
太 tʰai⁵⁵⁴ 表程度，比"很"的程度深：今晡热倒～
最 tsei⁵⁵⁴
都 tou²⁴
一共 i³³kuəŋ⁵⁵⁴ ～几多钱
一路 i³³lou⁵⁵⁴ 一起：我等～去
只 tsɿ³³ 我～去过一道
恰啱 kʰɛ³³ŋaŋ⁰ 刚刚：底双鞋～好

正 tʂaŋ⁵⁵⁴ 刚，才：我～到
就 tɕʰiou⁵⁵⁴ 食了饭～去
经常 tɕin²⁴tʂʰɔŋ²¹
又 iou⁵⁵⁴
还 xai²¹ ～无来
再 tsai⁵⁵⁴ 天过～来
也 ia²⁴
反正 fã⁴²tʂən⁵⁵⁴ 莫着急，～还来得及
无 mau²¹ 没有：我～去
唔 mu²¹ 不
莫 mo⁴⁴ 不要，别，甭：～去｜～客气
快 kʰuai⁵⁵⁴ 天～光咧
差滴滴子 tsʰo²⁴ti³³ti²¹tsɿ⁰ 差点儿
硬可 ŋaŋ⁵⁴kʰo⁰ 宁可
故宁⁼子 ku⁵⁵ȵiəŋ²¹tsɿ⁰ 故意
随便 sei²¹piɛ̃⁵⁵⁴
精白 tsin²⁴pʰa⁴⁴ ①空，徒劳：渠无在，我～□loi⁴⁴了一趟 我白跑了一趟。②白：喊渠～食，唔爱钱
肯定 kʰɛ⁴²tʰin⁵⁵⁴
可能 kʰo⁴²nɛ̃²¹ 也许，表推测
一边 i³³piɛ̃²⁴ ～走，～话
连 liɛ̃²¹ ①连词：我～渠都姓王。②介词：我昨晡～渠到城里去咧
跟 kɛ̃²⁴
对 tei⁵⁵⁴ ～你好
放 fɔŋ⁵⁵⁴ 朝，向：～东□sa⁰走
问 mən⁵⁵⁴ 向，表关涉对象：～渠借一本书
按 ŋã⁵⁵⁴ 表方式：～渠个要求做
替 tʰi⁵⁵⁴ ～渠写信
再 tsai⁵⁵⁴ 如果：你～忙，就莫来咧
唔管 mu²¹kõ⁴² 不管

第二节

《汉语方言词语调查条目表》

一	天文	十一	身体	二十一	文体活动
二	地理	十二	疾病、医疗	二十二	动作
三	时令、时间	十三	衣服、穿戴	二十三	位置
四	农业	十四	饮食	二十四	代词等
五	植物	十五	红白大事	二十五	形容词
六	动物	十六	日常生活	二十六	副词介词等
七	房舍	十七	讼事	二十七	量词
八	器具、用品	十八	交际	二十八	附加成分等
九	称谓	十九	商业、交通	二十九	数字等
十	亲属	二十	文化教育		

一 天文

热头地下 $ȵiɛ^{44}tʰɛu^{21}tʰi^{54}xa^0$ 太阳地儿，太阳底下

向阳 $iɔŋ^{55}iɔŋ^{21}$

背阳子 $pʰoi^{55}iɔŋ^{21}tsʅ^0$ 背阴

阳光 $iɔŋ^{21}kuɔŋ^{24}$

月光底下 $ȵiɛ^{44}kuɔŋ^{21}tʰi^{55}xa^0$ 月亮照到的地方

北斗星 $pei^{33}tou^{42}sin^{24}$

启明星 $ɕi^{54}miaŋ^{21}sin^{24}$

天河 $tʰiɛ̃^{24}xo^{21}$

　　银河 $in^{21}xo^{21}$

流星 $liou^{21}sin^{24}$

扫把星 $sau^{54}pa^0sin^{24}$ 彗星

大风 $tʰai^{55}fəŋ^{24}$

狂风 $kʰuaŋ^{21}fəŋ^{24}$

细风 $sei^{55}fəŋ^{24}$ 小风

旋风 $ɕyɛ̃^{21}fəŋ^{24}$

顶风 $taŋ^{42}fəŋ^{24}$

顺风 $ʂuan^{54}fəŋ^{24}$

倒风 tau⁴²fəŋ²⁴ 转向的风
迎面风 iaŋ²¹miẽ⁵⁴fəŋ²⁴
转转风 tʂõ⁴²tʂõ⁰fəŋ²⁴ 龙卷风
乌风 u³³fəŋ³³ 大雨、暴雨来时，伴随着乌云密布而来的大风、狂风
刮风 kuɛ³³fəŋ²⁴
风停咧 fəŋ²⁴tʰin²¹liɛ⁰
乌云 u²⁴in²¹ 黑云
花花子云 fa³³fa³³tsɿ⁰in²¹ 晴天时，天空中所出现的不连续的，如棉花般的白云
恶云 ŋo³³in²¹ 暴雨来时所出现的黑云
恶水 ŋo³³ʂuei⁴² 比暴雨还大的雨
火烧天 fo⁴²sau²⁴tʰiẽ²⁴ 霞
朝火烧天 tsau²⁴fo⁴²sau²⁴tʰiẽ²⁴ 早霞
夜火烧天 ia⁵⁵fo⁴²sau²⁴tʰiẽ²⁴ 晚霞
响雷 ɕiɔŋ⁴²lei²¹ 打雷
雷打咧 lei²¹ta⁴²liɛ⁰
落水星咧 lo⁴⁴ʂuei⁴²siaŋ²⁴liɛ⁰ 掉雨点
细水 sei⁵⁵ʂuei⁴² 小雨
毛毛水 mau²¹mau²¹ʂuei⁴² 毛毛雨
大水 tʰai⁵⁵ʂuei⁴² 大雨
暴水 pau⁵⁵ʂuei⁴² 暴雨
连阴水 liẽ²¹in²⁴ʂuei⁴² 连阴雨
雷阵水 lei²¹tʂən⁵⁵ʂuei⁴² 雷阵雨
过云水 ko⁵⁵in²¹ʂuei⁴² 过云雨，伴随小块云彩飘过而带来的短时阵雨
水停咧 ʂuei⁴²tʰin²¹liɛ⁰ 雨停了
冰溜子 pin²⁴liou²¹tsɿ⁰ 冰锥
结冰 tɕiɛ³³pin²⁴
落冷子 lo⁴⁴lin⁴²tsɿ⁰ 下雹子
落雪 lo⁴⁴siɛ³³ 下雪
鹅毛雪 ŋo²¹mau²⁴siɛ³³

大暴雪 tʰai⁵⁵pau⁵⁴siɛ³³
雪糁糁子 siɛ³³tsən³³tsən³³tsɿ⁰ 雪粒子
水夹雪 ʂuei⁴²ka²⁴siɛ³³ 雨夹雪
雪消咧 siɛ³³siau²⁴liɛ⁰ 雪化了
落露水 lo⁴⁴lou⁵⁵ʂuei⁴² 下露
打霜 ta⁴²sɔŋ²⁴ 下霜
落雾 lo⁴⁴u⁵⁵⁴ 下雾
伏里天 fu⁴⁴li⁰tʰiẽ²⁴ 伏天
入伏 zu²⁴fu⁴⁴
头伏 tʰɛu²¹fu⁴⁴ 初伏
二伏 n̩i⁵⁵fu⁴⁴ 中伏
三伏 sã²⁴fu⁴⁴ 末伏

二　地理

平地 pʰiaŋ²¹tʰi⁵⁵⁴ 平原
菜土 tsʰoi⁵⁵tʰou⁴² 菜地
荒土 fɔŋ²⁴tʰou⁴² 荒地
沙土地 sa²⁴tʰou⁴²tʰi⁰
坡土 pʰo²⁴tʰou⁴² 坡地
盐碱土 iẽ²¹tɕiẽ⁴²tʰou⁰ 盐碱地
滩土 tʰã²⁴tʰou⁴² 滩地
山土 sã²⁴tʰou⁴² 山地
平土 pʰiaŋ²¹tʰou⁴² ①名词，指平整好的土地：个系一块～。②动词，平整土地：我今年冬下准备～
下湿子土 xa⁵⁴ʂɿ³³tsɿ⁰tʰou⁴² 耐旱的地
浸水土 tɕʰin⁵⁴ʂuei⁰tʰou⁴² 湿地
沙沙土 sa³³sa³³tʰou⁴² 沙土地
黄泥土 vɔŋ²¹nei²¹tʰou⁴² 黄土地
夹沙子土 kɛ³³sa²⁴tsɿ⁰tʰou⁴² 土里面夹杂着沙子的土地
夹河子 kɛ³³xo²¹tsɿ⁰ 两条河中间所夹的平地

半山腰 pã⁵⁵sã²⁴iau²⁴
山脚下 sã²⁴tɕio³³xa²⁴ 山脚
岭洼洼子 liaŋ⁴²va³³va³³tsɿ⁰ 山间的平地
山沟 sã²⁴kɛu²⁴ 山涧
山坡 sã²⁴pʰo²⁴
山顶 sã²⁴taŋ⁴²
山崖 sã²⁴ŋai²¹
阳坡 ioŋ²¹pʰo²⁴ 朝阳的山坡
阴坡 in³³pʰo³³ 背阳的山坡
石连 ʂa⁴⁴liɛ²¹ 梯田边儿上垒成的石头墙
河□ xo²¹pʰa²¹ 河，统称
河肚里 xo²¹tou⁴²li⁰ 河里
水渠 ʂuei⁴²tʂʰu²¹
水潭 ʂuei⁴²tʰã²¹
海 xoi⁴²
洲 tʂou²⁴ 水中陆地
河滩 xo²¹tʰã²⁴
清水 tsʰin²⁴ʂuei⁴²
浑水 vən²¹ʂuei⁴²
泉水 tsʰã²¹ʂuei⁴²
温水 vən²⁴ʂuei⁴²
大石头 tʰai⁵⁵ʂa⁴⁴tʰɛu⁰ 大石块
细石头 sei⁵⁵ʂa⁴⁴tʰɛu⁰ 小石块
石板 ʂa⁴⁴pã⁴² 板状的石块
圆包石 iɛ²¹pau²⁴ʂa⁴⁴ 鹅卵石
沙泥 sa²⁴nei²¹ 含沙子较多的土
沙滩 sa²⁴tʰã²⁴
土坯子 tʰou⁴²pʰoi²⁴tsɿ⁰
砖坯子 tʂõ²⁴pʰoi²⁴tsɿ⁰
青砖 tsʰiaŋ³³tʂõ³³ 黑灰色的砖
蓝砖 lã²¹tʂõ²⁴ 蓝色的砖
红砖 fəŋ²¹tʂõ²⁴ 红色的砖

泥砖 nei²¹tʂõ²⁴ 旧时盖房用的，用泥土、麦草等做成，长方形的建筑材料
细瓦 sei⁵⁴ŋa⁰ 旧时盖房用的瓦，块儿小，呈弧形状
洋瓦 ioŋ²¹ŋa⁰ 现在盖房用的瓦，块儿大，方形
碎瓦 sei⁵⁵ŋa⁴²
尘灰 tʂʰən⁵⁵foi²⁴ 历经一段时间的陈灰
烂泥巴 lã⁵⁵nei²¹pa⁰ 烂泥
糟泥 tsau²⁴nei²¹ 干泥
金 tɕin²⁴
银 ȵin²¹
铜 tʰəŋ²¹
铁 tʰiE³³
锡 sia³³
汽油 ɕi⁵⁵iou²¹
石灰 ʂa⁴⁴foi⁰
玉石 y³³ʂa⁴⁴ 玉
城市 tʂʰən²¹sɿ⁵⁵⁴
城墙 tʂʰən²¹tsʰiɔŋ²¹
大沟 tʰai⁵⁴kɛu²⁴ 壕沟
城里背 tʂʰən²¹ti²⁴poi⁰ 城内
城外背 tʂʰən²¹ŋoi⁵⁴poi⁰ 城外
城门 tʂʰən²¹mən²¹
山沟子 sã²⁴kɛu²⁴tsɿ⁰ 偏僻的山村
家乡 ka³³ɕiɔŋ³³~ka²⁴ɕiɔŋ²⁴
碑子 pi³³tsɿ⁰
大路 tʰai³⁵lou⁵⁵⁴
细路 sei⁵⁵lou⁵⁵⁴ 小路
车路 tʂʰa²⁴lou⁵⁵⁴ 公路

三　时令、时间

春天 tʂʰuən³³tʰiɛ̃³³

夏天 xa⁵⁴tʰiɛ̃⁰
秋天 tsʰiou³³tʰiɛ̃³³
冬下 təŋ³³xa³³ 冬天
打春 ta⁴²tʂʰuən²⁴
　　立春 li⁵⁴tʂʰuən²⁴
雨水 y⁴²ʂuei⁴²
惊蛰 tɕiaŋ³³tʂʰʅ³³
春分 tʂʰuən³³fən³³
清明 tsʰiaŋ²⁴miaŋ⁰
谷雨 ku³³y⁰
立夏 li³³xa⁵⁵⁴
小满 siau⁴²mã²⁴
芒种 mɔŋ²¹tʂəŋ⁵⁵⁴
夏至 xa⁵⁵tʂʅ⁵⁵⁴
细暑 sei⁵⁴su⁰ 小暑
大暑 tʰai⁵⁴su⁰
立秋 li³³tsʰiou²⁴
处暑 tʂʰu⁴²su⁰
白露 pʰa⁴⁴lou⁵⁵⁴
秋分 tsʰiou³³fən³³
寒露 xõ²¹lou⁵⁵⁴
霜降 sɔŋ²⁴kɔŋ⁵⁵⁴
立冬 li³³təŋ²⁴
细雪 sei⁵⁴siɛ⁰ 小雪
大雪 tʰai⁵⁴siɛ⁰
小寒 siau⁴²xõ²¹
大寒 tʰai⁵⁵xõ²¹
大前年 tʰai⁵⁵tsʰiɛ²¹ɲiɛ̃²¹
大后年 tʰai⁵⁵xɛu⁵⁴ɲiɛ̃²¹
每一年 mei²⁴i³³ɲiɛ̃²¹ 每年
年中 ɲiɛ̃²¹tʂəŋ²⁴
上半年 ʂɔŋ⁵⁴pã⁰ɲiɛ̃²¹

下半年 xa²⁴pã⁰ɲiɛ̃²¹
一年 i³³ɲiɛ̃²¹ 整年
闰月 in⁵⁴ɲiɛ⁰
月初 ɲiɛ⁴⁴tsʰou²⁴
月半 ɲiɛ⁴⁴pã⁵⁵⁴
月底 ɲiɛ⁴⁴tei⁴²
一个月 i³³kei⁵⁵ɲiɛ⁴⁴
前个月 tsʰiɛ²¹kei⁵⁵ɲiɛ⁴⁴
上个月 ʂɔŋ⁵⁴kei⁰ɲiɛ⁴⁴
底个月 i⁴²kei⁰ɲiɛ⁴⁴ 这个月
下个月 xa²⁴kei⁰ɲiɛ⁴⁴
每月 mei²⁴ɲiɛ⁴⁴
上旬 ʂɔŋ⁵⁴ɕyən²¹
中旬 tʂəŋ²⁴ɕyən²¹
下旬 xa⁵⁴ɕyən²¹
月大 ɲiɛ⁴⁴tʰai⁵⁵⁴ 农历三十天的月份
月细 ɲiɛ⁴⁴sei⁵⁵⁴ 农历二十九天的月份
第二天 tʰi⁵⁵ɲi⁵⁵tʰiɛ̃²⁴ 某日的下一天
前几天 tsʰiɛ²¹tɕi⁴²tʰiɛ̃²⁴
一星期 i³³siəŋ²⁴tɕʰi⁰
十几天 ʂʅ⁴⁴tɕi⁴²tʰiɛ̃²⁴
半天 pã⁵⁴tʰiɛ̃²⁴
大半天 tʰai⁵⁵pã⁵⁴tʰiɛ̃²⁴
天朦朦光 tʰiɛ̃²⁴məŋ²¹məŋ⁰kuɔŋ²⁴ 天快亮的时候
天麻麻光 tʰiɛ̃²⁴ma²¹ma⁰kuɔŋ²⁴ 天还没放亮，看不清东西的时候
朝晨一早 tsau²⁴ʂən²¹i³³tsau⁴² 能看清东西，太阳还没出来的时候
大天地光 tʰai⁵⁴tʰiɛ̃²⁴tʰi⁵⁴kuɔŋ²⁴ 日出前后的一段时间
挨夜子 ai²⁴ia⁵⁴tsʅ⁰ 黄昏
前半夜 tsʰiɛ²¹pã⁵⁵ia⁵⁵⁴

后半夜 xɛu⁵⁴pã²¹ia⁰
一夜晡 i³³ia⁵⁴pu⁰ 整夜
每天夜晡 mei²⁴tʰiɛ̃²⁴ia⁵⁴pu⁰ 每天晚上
年份 ȵiɛ̃²¹fən⁵⁵⁴ 某一年
月份 ȵiE⁴⁴fən⁵⁵⁴ 某一月
日子 ȵiE³³tsʅ⁰ 日期
头里 tʰɛu²¹li⁰ 先前
后来 xɛu⁵⁵loi²¹

四　农业

春耕 tsʰuən²⁴kɛ̃²⁴
夏收 xa⁵⁵ʂou²⁴
收秋 ʂou²⁴tsʰiou²⁴ 秋收
穊 tsʅ³³ 早熟的谷物
回茬 fei²¹tsʰa³³ 晚熟的谷物
种土 tʂəŋ⁵⁵tʰou⁴² 下种
稻穗 tʰau²⁴ɕy⁵⁵⁴
割麦子 koi³³ma⁴⁴tsʅ⁰
打场 ta⁴²tʂʰɔŋ⁴²
场院 tʂʰɔŋ⁴²iɛ̃⁵⁵⁴
薅草 xau²⁴tsʰau⁴² 锄地
挖土 vɛ³³tʰou⁴² 松土
上粪 ʂɔŋ²⁴fən⁵⁵⁴ 施肥
　浇粪 tsiau²⁴fən⁵⁵⁴
粪坑 fən⁵⁵kʰɛ̃²⁴ 长方形的
攒粪 tsã⁴²fən⁰ 积肥
捡粪 tɕiɛ̃⁴²fən⁵⁵⁴ 拾粪
粪肥 fən⁵⁵fei²¹
大粪 tʰai⁵⁵fən⁵⁵⁴ 人粪肥
鸡粪 ki²⁴fən⁵⁵⁴
羊粪 iɔŋ²¹fən⁵⁵⁴
猪粪 tʂou²⁴fən⁵⁵⁴

牛粪 ȵiou²¹fən⁵⁵⁴
草粪 tsʰau⁴²fən⁵⁵⁴ 用草料等杂物沤成的粪肥
化肥 fa⁵⁴fei²¹
臭肥 tsʰou⁵⁴fei²¹ 碳酸氢铵
氮肥 tã⁵⁵fei²¹
磷肥 lin²¹fei²¹
浇土 tsiau²⁴tʰou⁴² 浇水
灌水 kõ⁵⁵ʂuei⁴² 使水入地
排水 pʰai²¹ʂuei⁴² 使水出地
打水 ta⁴²ʂuei⁴² 从井里或河里取水
水井 ʂuei⁴²tsiaŋ⁴² 饮水用的井
井 tsiaŋ⁴² 浇地的井
打院坝 ta⁴²iɛ̃²¹pa⁰ 用水泥、沙子等硬化路面
水桶 ʂuei⁴²tʰəŋ⁴² 汲水用的
井绳 tsiaŋ⁴²ʂən²¹
水车 ʂuei⁴²tʂʰa²⁴
大车 tʰai⁵⁵tʂʰa²⁴
牛背斗 ȵiou²¹pei⁵⁴tou⁰ 牛轭
牛笼喙 ȵiou²¹ləŋ²¹tsoi⁵⁵⁴
牛皮桊 ȵiou²¹pʰi²¹tsʰiɛ̃²¹ 穿在牛鼻子里的木棍
　　儿或铁环
犁身 lei²¹ʂən²⁴
犁把子 lei²¹pa⁴²tsʅ⁰
犁铧 lei²¹fa²¹
耙子 pʰa²¹tsʅ⁰
楂子 tsE³³tsʅ⁰ 用高粱或芦苇的篾片，竹篾等
　　编的席子，可以围起来囤粮食
囤 tʰən⁵⁵⁴ 存放粮食的器具
风车 fəŋ³³tʂʰa³³ 使米粒跟谷壳分离的器具
风桶 fəŋ²⁴tʰəŋ⁴² 使麦粒和谷壳分离的工具
石碾子 ʂa⁴⁴ȵiɛ̃²⁴tsʅ⁰ 石磙
旱磨子 xõ⁵⁵mo⁵⁴tsʅ⁰ 石磨

水磨 ṣuei⁴²mo⁵⁵⁴

钢磨子 kɔŋ²⁴mo⁵⁴tsʅ⁰

磨盘 mo⁵⁵pʰã²¹

磨把子 mo⁵⁵pa²¹tsʅ⁰

磨脐子 mo⁵⁵tsʰi²¹tsʅ⁰ 磨扇中心的铁轴

连枷 liẽ²¹kai³³

碓把子 tei⁵⁵pa²¹tsʅ⁰ 碓杵

耙子 pʰa²¹tsʅ⁰ 钉耙

洋镐 iɔŋ²¹kau³³ 刨硬地用，一头尖形，一头扁形

薅锄 xau²⁴tsʰʅ²¹ 一种锄草的农具，锄头呈半圆形

□镬子 pʰã⁴²tɕyE³³tsʅ⁰ 一种锄草的农具，比板锄短

剪 tsiẽ⁴² 铡刀

剪凳 tsiẽ⁴²tẽ⁵⁵⁴ 铡刀的木底座

剪刀 tsiẽ⁴²tau²⁴ 铡刀的刀刃

钐子 sã⁵⁴tsʅ⁰ 镰刀的一种，比较大，刀刃长约0.8米，手柄长约1.5米，是收麦子的专用工具

砍刀 kʰã⁴²tau²⁴

木锨 mo³³ɕiẽ²⁴

铁锨 tʰiE³³ɕiẽ²⁴

撮勺 tsʰoi³³ṣo⁴⁴ 一种用于装麦子等谷物的木制簸箕

铁柳簸 tʰiE³³liou²⁴poi⁰ 用铁皮做成的用于撮垃圾的器具

铲铲子 tsʰã⁴²tsʰã²¹tsʅ⁰ 用塑料做成的簸箕

棍子 kuən⁵⁴tsʅ⁰

筐子 kʰuaŋ²⁴tsʅ⁰

箩 lo²¹

笼 ləŋ²⁴ 篓子

大扫把 tʰai⁵⁵sau²¹pa⁰ 用竹枝扎成的较大的笤帚

扫地扫把 sau⁴²tʰi⁵⁵sau²¹pa⁰ 用高粱穗，黍子穗等扎成的笤帚

架子车 ka⁵⁴tsʅ⁰tsʰa²⁴ 人拉的木制两轮车，车身长约2.5米，宽约80厘米，车轮直径约80厘米

布袋 pu⁵⁴tʰoi⁰

蛇皮袋子 ṣa²¹pʰi²¹tʰoi⁵⁴tsʅ⁰

洋叉 iɔŋ²¹tsʰa²⁴

席子 tsʰia⁴⁴tsʅ⁰

豆□ tʰɛu⁵⁵tsõ⁴² 一种专门用来种豆类作物的工具

豆□子 tʰɛu⁵⁵lei⁴²tsʅ⁰ 一种种豆类作物的工具，用的时候要挎在身上

五　植物

庄稼 tsɔŋ³³ka³³

粮食 liɔŋ²¹ṣʅ⁴⁴

五谷 ŋ⁴²ku⁰

荞麦 tɕʰiau²¹ma⁴⁴

花荞 fa²⁴tɕʰiau²¹ 荞麦的一种，谷粒是黑色的，主要用来做凉粉

苦荞 fu⁴²tɕʰiau²¹ 荞麦的一种，谷粒是黄色的

麦茬 ma⁴⁴tsʰa²¹

小米 siau⁴²mi⁴²

糜子 mi²¹tsʅ⁰

细米 sei⁵⁴mi⁴² 加工后所形成的较大的谷物颗粒

早稻子 tsau⁴²tʰau²⁴tsʅ⁰

晚稻子 vã⁴²tʰau²⁴tsʅ⁰

稗子 pʰai⁵⁵tsʅ⁰

□□子 pʰaŋ⁵⁴pʰaŋ²¹tsʅ⁰ 空的或不饱满的子粒
白米 pa⁴⁴mi⁴² 去壳后的稻谷的子实
糯米 no⁵⁴mi⁰
　　酒米 tsiou⁴²mi⁰
大米 tʰai⁵⁴mi⁰
棉花桃 miẽ²¹fa³³tʰau²¹
麻梗 ma²¹kuaŋ⁴² 麻秆
藤麻 tʰɛ̃²¹ma⁰ 苎麻
葵花子 kʰuei²¹fa²⁴tsʅ⁰
莲子 liẽ²¹tsʅ⁰
乌豆 u²⁴tʰɛu⁵⁵⁴ 黑豆
红小豆 fəŋ²¹siau⁴²tʰɛu⁵⁵⁴
□皮豆 pʰaŋ²¹pʰi²¹tʰɛu⁵⁵⁴ 扁豆
苦瓜 fu²¹kua²⁴
枕头瓜 tṣən⁴²tʰɛu²¹kua²⁴ 冬瓜
蒲芦子 pʰu²¹lou²¹tsʅ⁰ 葫芦
葱叶 tsʰəŋ²⁴iɛ⁴⁴
葱白 tsʰəŋ²⁴pʰa⁴⁴
大蒜 tʰai⁵⁵sõ⁵⁵⁴ 蒜头
蒜苗子 sõ⁵⁵miau²¹tsʅ⁰ 蒜的花茎
蒜筋子 sõ⁵⁵tɕin²⁴tsʅ⁰ 嫩的蒜梗及蒜叶
蒜泥 sõ⁵⁵nei²¹
韭黄 tɕiou⁴²vɔŋ²¹
苋菜子 xõ⁵⁵tsʰoi⁵⁴tsʅ⁰
洋萝卜子 iɔŋ²¹lo²¹pʰei⁴⁴tsʅ⁰ 洋姜
辣椒面 lɛ⁴⁴tsiau³³miẽ⁵⁵⁴
芥菜 tɕiɛ⁵⁴tsʰoi⁰
芥末子 tɕiɛ⁵⁴mo³³tsʅ⁰
胡椒 fu²¹tsiau³³
散叶白 sã⁴²iɛ⁴⁴pʰa⁴⁴ 小白菜
莴笋叶 o²⁴sən⁴²iɛ⁴⁴
生菜 saŋ²⁴tsʰoi⁵⁵⁴

油白菜 iou²¹pʰa⁴⁴tsʰoi⁵⁵⁴ 莙荙菜
茼蒿 tʰəŋ²¹xau²⁴
□□ pʰaŋ⁵⁴pʰaŋ⁰ ①动词，糠了：萝卜～咧。
　　②名词，糠的东西：萝卜都成～咧
萝卜缨子 lo²¹pʰei⁴⁴in²⁴tsʅ⁰
萝卜干 lo²¹pʰei⁴⁴kõ²⁴
茭白 tɕiau²⁴pʰa⁴⁴
小青菜 siau⁴²tsʰiaŋ²⁴tsʰoi⁵⁵⁴ 上海青
油菜薹 iou²¹tsʰoi⁵⁵tʰoi²⁴
空心菜 kʰuəŋ³³sin³³tsʰoi⁵⁵⁴
鸡肉菜 ki²⁴ȵiou³³tsʰoi⁰ 荠菜
豆荚 tʰɛu⁵⁴kɛ³³ 豆类作物的果实
白芸豆 pʰa⁴⁴in²¹tʰɛu⁵⁵⁴
西葫芦 si²⁴fu²¹lou⁰
节节瓜 tsiɛ³³tsiɛ³³kua²⁴ 模样和西葫芦基本一
　　样，区别在于节节瓜的瓜蔓上可以结很
　　多果实，一节一个
羊角辣椒 iɔŋ²¹tɕio³³lɛ⁴⁴tsiau⁰
大泡辣椒 tʰai⁵⁵pʰau⁰lɛ⁴⁴tsiau⁰
线线辣椒 siẽ⁵⁴siẽ⁰lɛ⁴⁴tsiau⁰
菜花 tsʰoi⁵⁴fa²⁴
树林 ʂou⁵⁵lin²¹
树苗 ʂou⁵⁵miau²¹
树身子 ʂou⁵⁵ʂən²⁴tsʅ⁰ 树干
树尾 ʂou⁵⁴mi²⁴ 树梢，统称
树顶 ʂou⁵⁵taŋ⁴² 活着的树的树梢
树梢子 ʂou⁵⁴sau²⁴tsʅ⁰ 被砍倒的树的树梢
树根 ʂou⁵⁴kɛ̃²⁴
树叶 ʂou⁵⁵iɛ⁴⁴
树桍 ʂou⁵⁵kʰua⁴² 树枝
种树 tʂəŋ⁵⁵ʂou⁵⁵⁴ 动宾
斫树 tʂo³³ʂou⁵⁵⁴ 砍树

松毛子 tsʰin²¹mau²⁴tsʅ⁰ 松针
松树□ tsʰin²¹ʂou⁵⁵kai²⁴ 松球
松树油 tsʰin²¹ʂou⁵⁵iou²¹ 松香
桑叶树 sɔŋ²⁴iE⁴⁴ʂou⁵⁵⁴ 桑树
桑泡子 sɔŋ²⁴pʰau²⁴tsʅ⁰ 桑葚
桑叶 sɔŋ²⁴iE⁴⁴
杨树 iɔŋ²¹ʂou⁵⁵⁴
条子 tʰiau²¹tsʅ⁰ 荆条
冬笋 təŋ²⁴sən⁴²
春笋 tʂʰuən²⁴sən⁴²
笋皮 sən⁴²pʰi²¹ 笋壳
竹竿 tʂou³³kõ⁰
竹叶 tʂou³³iE⁴⁴
竹篾 tʂou³³mei⁴⁴ 竹子劈成的薄片
篾瓢 mei⁴⁴zɔŋ²¹ 篾黄
篾皮 mei⁴⁴pʰi²¹ 篾青
药子树 io⁴⁴tsʅ⁰ʂou⁵⁵⁴ 乔木，树干高大，较粗，叶子细长，其籽可用于榨油
大□树 tʰai⁵⁴la³³ʂou⁰ 乔木，叶子较大，较圆
细□树 sei⁵⁴la³³ʂou⁰ 乔木，叶子较小，较长
橡树 siɔŋ⁵⁴ʂou⁰
黄□树 vɔŋ²¹tsʰɛ³³ʂou⁰ 当地山上的一种野生灌木，木匠常用来做木钉用
红裙子树 fəŋ²¹tɕʰin²¹tsʅ²¹ʂou⁰ 当地山上的一种野生灌木，常用来做农具的把柄
山桃子树 sã²⁴tʰau²¹tsʅ²¹ʂou⁰ 当地山上的一种野生灌木，常用来做农具的把柄
通化竹 tʰəŋ²⁴fa⁵⁴tʂou³³ 当地的一种竹子，皮较薄，燥干后容易炸裂，主要用来编织农具
木竹 mo³³tʂou³³ 当地的一种竹子，皮较厚，韧性好，常用为起支撑作用的小竹竿

糟果 tsau²⁴ko⁴² 干果
苹果 pʰin²¹ko⁰
沙果子 sa²⁴ko⁴²tsʅ⁰
糖梨子 tʰɔŋ²¹li²¹tsʅ⁰ 未嫁接过的野生梨，个儿小，味苦
葡萄 pʰu²¹tʰau²¹
樱桃子 in²⁴tʰau²¹tsʅ⁰
麦栗子 ma⁴⁴li⁴⁴tsʅ⁰ 一种果实像樱桃一样的野生植物，当地人称呼为"野樱桃"，在麦收时成熟
叉叉果 tsʰa³³tsʰa³³ko⁴² 果实是红色的，像牛的乳房，也被称为"牛奶果"
仁黄子 ɲin²¹vɔŋ²¹tsʅ⁰ 野葡萄
□花团 no⁴⁴fa²⁴tʰõ²¹ 五味子
山楂子 sã³³tsa³³tsʅ⁰
蛇泡子 ʂa²¹pʰau²⁴tsʅ⁰ 野草莓
枇杷 pʰi³³pa³³
柿饼 sʅ⁵⁴piəŋ⁰
橘子 tɕy³³tsʅ⁰
橘子筋 tɕy³³tsʅ⁰tɕin²⁴ 橘络
细橘子 sei⁵⁴tɕy³³tsʅ⁰ 金橘
橙子 tʂʰəŋ²¹tsʅ⁰
木瓜 mo³³kua⁰
龙眼 ləŋ²¹ŋã⁴²
龙眼肉 ləŋ²¹ŋã⁴²ɲiou³³
荔枝 li⁵⁴tsʅ⁰
芒果 mɔŋ²¹ko⁴²
菠萝 po²⁴lo⁰
橄榄 kõ²⁴lã⁰
板栗子 pã⁴²li²¹tsʅ⁰ 嫁接过的栗子
西瓜 si³³kua³³
瓜子 kua²⁴tsʅ⁰

甜瓜 tʰiɛ̃²¹kua³³
花生米 fa²⁴sɛ̃²⁴mi⁴²
花生皮 fa²⁴sɛ̃²⁴pʰi²¹
桂花 kuei⁵⁵fa²⁴
菊花 tɕy³³fa⁰
手指甲花 ʂou⁴²tʂʅ⁴²kɛ³³fa²⁴ 凤仙花
荷叶 xo²¹iE⁴⁴
莲蓬 liɛ̃²¹pʰəŋ⁰
水仙花 ʂuei⁴²siɛ̃²⁴fa²⁴
茉莉花 mo³³li³³fa²⁴
夜合草 ia⁵⁵xoi⁴⁴tsʰau⁴² 含羞草
牵牛花 tɕʰiɛ̃²⁴ɲiou²¹fa²⁴
杜鹃花 tʰou⁵⁴tɕyɛ̃²⁴fa²⁴
万年青 vã⁵⁵ɲiɛ̃²¹tsʰiaŋ²⁴
仙人掌 siɛ̃²⁴ɲin²¹tʂɔŋ⁴²
石□子 ʂa⁴⁴paŋ²⁴tsʅ⁰ 迎春花
花瓣 fa²⁴pã⁵⁵⁴
花心 fa²⁴sin²⁴ 花蕊
芦竹 lou²¹tʂou⁰ 芦苇
绿苔 liou⁴⁴tʰoi²¹ 青苔
鸦片苗 ŋa²¹pʰiɛ̃⁴²miau²¹ 罂粟
子壳 tsʅ⁴²xo⁰ 罂粟壳
柴胡 tsʰai²¹xu²¹
断野草 tʰõ²⁴ia⁴²tsʰau⁴² 菟丝子
前胡 tsʰiɛ̃²¹fu²¹
朱苓 tʂou²⁴lin²¹
半夏 pã⁵⁴xa⁰
天南星 tʰiɛ̃²⁴nã²¹sin²⁴
天麻 tʰiɛ̃²⁴ma²¹
黄芪 vɔŋ²¹tɕʰi²¹
天冬 tʰiɛ̃³³təŋ³³
苍术 tsʰɔŋ³³ʂu³³

麦冬 ma⁴⁴təŋ⁰
白及 pʰa⁴⁴tɕi²⁴
菖蒲 tʂʰɔŋ²⁴pʰu⁰
首乌 ʂou⁴²u⁰ 何首乌
金银花 tɕin²⁴in²¹fa²⁴
白芍 pʰa⁴⁴ʂo⁴⁴
桔梗 tɕiE³³kɛ̃⁰
薄荷 pʰo⁵⁴xo⁰
沙参 sa³³sɛ̃³³
栝楼 kua²⁴lɛu²¹
蜂糖花根 fəŋ²⁴tʰɔŋ²¹fa²⁴kɛ̃²⁴ 丹参
葛根 koi³³kɛ̃²⁴
丝绵 sʅ²⁴miɛ̃²¹ 杜仲
　　杜仲 tou⁵⁵tʂən⁴²
百合 pa³³xo⁰
川芎 tʂʰõ³³ɕiəŋ³³
大黄 tʰai⁵⁴vɔŋ⁰
党参 tɔŋ⁴²sɛ̃²⁴
黄芩 vɔŋ²¹tɕʰin²¹
连翘 liɛ̃²¹tɕʰiau⁰
藿香 xo³³ɕiəŋ⁰
防风 fɔŋ²¹fəŋ²⁴
白蒿 pʰa⁴⁴xau²⁴
藤 tẽ²¹ 长在石壁上的一种植物，藤条较多，
　　叶子可食用
水芹菜 ʂuei⁴²tɕʰin²¹tsʰoi⁵⁵⁴ 一种长在河边的
　　植物，喜水，其状极像芹菜，故名，可
　　食用
牛舌嫲 ɲiou²¹ʂE⁴⁴ma⁰ 一种长在河边的植物，
　　植株有40厘米高，叶子呈椭圆形，前
　　头较尖，像牛的舌头，故名

六 动物

牲口 sɛ̃²⁴xɛu⁴²

公马 kuəŋ²⁴ma²⁴

母马 mo²⁴ma²⁴

马崽子 ma²⁴tsei⁴²tsɿ⁰ 马驹

犍牛 tɕiɛ̃²⁴ȵiou²¹ 阉过的公牛

黄牛 vɔŋ²¹ȵiou²¹

水牛 ʂuei⁴²ȵiou²¹

牛崽子 ȵiou²¹tsei⁴²tsɿ⁰ 牛犊

角驴子 tɕio³³li²¹tsɿ⁰ 公驴

母驴 mo²⁴li⁰

驴崽子 ly²¹tsei⁴²tsɿ⁰ 小驴儿

骆驼 lo⁴⁴tʰo²¹

绵羊 miɛ̃²¹iɔŋ²¹

山羊 sã²⁴iɔŋ²¹

[奶儿]羊 nɛ̃⁵⁴iɔŋ²¹ 专门用来产奶的羊

羊牯子 iɔŋ²¹ku⁴²tsɿ⁰ 公羊

羊嫲子 iɔŋ²¹ma²¹tsɿ⁰ 母羊

骚羊牯子 sau²⁴iɔŋ²¹ku⁴²tsɿ⁰ 一年以上的种羊，其身上的膻味很重

羊崽子 iɔŋ²¹tsei⁴²tsɿ⁰ 羊羔

狗崽子 kɛu⁴²tsei⁴²tsɿ⁰ 小狗儿

哈巴狗 xa³³pa³³kɛu⁴²

狼狗 lɔŋ²¹kɛu⁰

牙猪子 ŋa²¹tʂou²¹tsɿ⁰ ①公猪的统称，包括骟了的、未骟的以及公的小猪崽。②特指骟过的公猪

角猪子 tɕio³³tʂou²¹tsɿ⁰ 种猪

草猪 tsʰau⁴²tʂou²⁴ 母猪的统称，包括骟了的、未骟的以及母的小猪崽

猪崽子 tʂou²⁴tsei⁴²tsɿ⁰

母兔子 mo²⁴tʰou⁴⁴tsɿ⁰

公兔子 kuəŋ²⁴tʰou⁴⁴tsɿ⁰

兔崽子 tʰou⁴⁴tsei⁴²tsɿ⁰

鸡 ki²⁴

细鸡公崽 sei⁵⁵ki²⁴kuəŋ²⁴tsei⁴² 未成年的小公鸡

赖=菢鸡 lai⁵⁵pʰu⁵⁵ki²⁴ 孵蛋的母鸡

鸡嫲崽子 ki²⁴ma²¹tsei⁴²tsɿ⁰ 未成年的小母鸡

鸡崽子 ki²⁴tsei⁴²tsɿ⁰ 小鸡儿

鸡冠子 ki²⁴kõ²¹tsɿ⁰

鸡爪子 ki²⁴tʂua⁴²tsɿ⁰

公鸭子 kuəŋ²⁴ɛ³³tsɿ⁰

母鸭子 mo²⁴ɛ³³tsɿ⁰

细鸭子 sei⁵⁴ɛ³³tsɿ⁰ 小鸭子

鸭蛋 ɛ³³tʰã⁵⁵⁴

细鹅子 sei⁵⁵ŋo²¹tsɿ⁰ 小鹅儿

野豪 ia²⁴xau²¹ 野兽

狮子 sɿ²⁴tsɿ⁰

母老虎 mo²⁴lau⁴²fu⁰

熊 ɕiəŋ²¹

豹子 pau⁵⁴tsɿ⁰

毛狗子 mau²⁴kɛu⁴²tsɿ⁰ 狐狸

黄鼠狼 vɔŋ²¹tʂʰou⁴²lɔŋ²¹

乌梢蛇 u³³sau³³ʂa²¹

菜花蛇 tsʰoi⁵⁵fa²⁴ʂa²¹

眼珠蛇 ŋã⁴²tsou⁰ʂa²¹

狗嫲蛇 kɛu⁴²ma²¹ʂa²¹ 蜥蜴

燕子 iɛ̃⁵⁴tsɿ⁰

大雁 tʰai⁵⁵iɛ̃⁵⁵⁴

斑鸡子 pã³³ki³³tsɿ⁰ 斑鸠

鹌鹑 ŋõ³³tʂʰuən³³

布谷鸟 pu⁵⁵ku⁰tiau²⁴

啄木官子 tou³³mo³³kõ²⁴tsɿ⁰ 啄木鸟
猫头鸟 miau⁵⁵tʰɛu²¹tiau²⁴ 猫头鹰
夜头鸟 ia⁵⁵tʰɛu²¹tiau²⁴ 夜鹰
鹦鹉 iəŋ²⁴u⁴²
八哥 pɛ³³ko³³
鹤 xo⁴⁴
鹞嫲 iau⁵⁴ma⁰ 个头大的鹰
鹞子 iau⁵⁴tsɿ⁰ 个头小的鹰
野鸡 ia³³ki³³
野鸭子 ia²⁴ɛ³³tsɿ⁰
毛老鼠子 mau²⁴lau⁴²tsʰou⁴²tsɿ⁰ 松鼠
崖鸡子 ŋai²¹ki²⁴tsɿ⁰ 一种野禽，形似家鸡，但个头略小，羽毛呈黑灰色，成群活动
野猫 ia²⁴miau⁵⁵⁴
白米=子 pʰa⁴⁴mi⁴²tsɿ⁰ 果子狸
野猪 ia³³tʂou³³
刺猪子 tsʰɿ⁵⁴tʂou²⁴tsɿ⁰ 刺猬
豪猪子 xau²¹tʂou²⁴tsɿ⁰ 形似刺猬而大，其刺粗且长，具有两头细中间粗、一头白一头黑的特征
獾猪子 xõ³³tʂou³³tsɿ⁰ 獾
现黄现割 ɕiẽ⁵⁵vəŋ²¹ɕiẽ⁵⁵koi³³ 每年麦熟时节，山林中会出现一种鸟，叫声听上去就是现黄现割，好像是要提醒人们麦子已经黄了，到了收割的时候了
蚕蛹 tsʰã²¹iəŋ⁴²
蚕屎 tsʰã²¹sɿ⁴²
地蚕 tʰi⁵⁴tsʰã⁰ 蝼蛄
土拱子 tʰou⁴²kəŋ⁴²tsɿ⁰ 土鳖
田螺壳子 tʰiẽ²¹lo²¹xo⁴⁴tsɿ⁰ 蜗牛
懒蚁子 lã²⁴i⁵⁴tsɿ⁰ 形似蜗牛，但没壳
屎壳郎 sɿ⁴²kʰa³³ləŋ²¹ 蜣螂

蜈蚣 u³³kəŋ³³
蝎子 ɕiɛ³³tsɿ⁰
壁虎 pi³³fu⁴²
毛毛虫 mau²¹mau⁰tʂʰəŋ²¹
肉虫 ȵiou³³tʂʰəŋ²¹ 米里的米色虫
蚜虫 ŋa²¹tʂʰəŋ²¹
蚊子卵 mən²⁴tsɿ²¹lõ⁴² 孑孓
臭虱嫲 tʂʰou⁵⁵sei²¹ma⁰ 臭虫
落=嫲 lo⁴⁴ma²¹ 牛虻
蚤纥子 tsau⁵⁴kei²⁴tsɿ⁰ 蟋蟀
蟑螂 tʂəŋ²⁴ləŋ²¹
蝗虫 vəŋ²¹tʂʰəŋ⁰ 统称
土蚂蚱子 tʰou⁴²ma³³tsa³³tsɿ⁰ 蝗虫的一种，个头小，灰色的
蚂蚱子 ma³³tsa³³tsɿ⁰ 蝗虫的一种，个头大，青色的
草邦=子 tsʰau⁴²pəŋ²⁴tsɿ⁰ 螳螂
土蜂 tʰou⁴²fəŋ²⁴ 马蜂
七=腊=牛 tsʰi³³lɛ⁴⁴ȵiou²¹ 形似马蜂，但个头比马蜂大，有毒，蜇人严重时能致人死亡
叮人 tiau²⁴ȵin²¹ 蜇人
蜂窦 fəŋ²⁴tɛu⁵⁵⁴ 蜂窝
夜火虫 ia⁵⁵fo⁴²tʂʰəŋ²¹ 萤火虫
花婆娘 fa²⁴pʰo²¹ȵiəŋ⁰ 臭大姐
打火蚊 ta⁴²fo⁴²mən²⁴ 灯蛾
花壳壳子虫 fa²⁴xo³³xo³³tsɿ²¹tʂʰəŋ⁰ 瓢虫
草鱼子 tsʰau⁴²ŋ²¹tsɿ⁰
黄鱼子 vəŋ²¹ŋ²¹tsɿ⁰
鳜鱼子 kuei⁵⁴ŋ²¹tsɿ⁰
带鱼子 tai⁵⁵ŋ²¹tsɿ⁰
鲈鱼子 lou²¹ŋ²¹tsɿ⁰
鲇鱼子 ȵiẽ²¹ŋ²¹tsɿ⁰

乌鱼子 u²⁴ŋ²¹tsʅ⁰ ①黑鱼。②墨鱼
鱿鱼子 iou²¹ŋ²¹tsʅ⁰
金鱼子 tɕin²⁴ŋ²¹tsʅ⁰
鳝鱼子 ʂẽ⁵⁴ŋ²¹tsʅ⁰ ①泥鳅。②鳝鱼
鱼劖 ŋ²¹nei³³ 鱼刺
鱼子泡泡 ŋ²¹tsʅ⁰pʰau⁵⁴pʰau⁰ 鱼鳔
鳍 tɕʰi²¹
鱼子腮 ŋ²¹tsʅ⁰sai²⁴ 鱼鳃
鱼子卵 ŋ²¹tsʅ⁰lõ⁴² 鱼卵
鱼子崽 ŋ²¹tsʅ⁰tsei⁴² 鱼苗儿
钓鱼 tiau⁵⁵ŋ²¹
钓鱼竿 tiau⁵⁵ŋ²¹kõ²⁴
钓鱼钩 tiau⁵⁵ŋ²¹kɛu²⁴
钓鱼篓 tiau⁵⁵ŋ²¹lɛu⁴² 鱼篓儿
打鱼网 ta⁴²ŋ²¹vɔŋ⁴² 渔网
虾仁子 ɕia²⁴n̠in²¹tsʅ⁰ 鲜虾仁儿
　虾米 ɕia³³mi⁰ 干虾仁儿
龟 kuei²⁴
鳖 piɛ³³
蟹黄 ɕiɛ²¹vɔŋ²¹
蛤蟆眼子 xa³³ma²¹n̠iɛ⁴²tsʅ⁰ 蝌蚪
蚂蟥 ma²⁴vɔŋ²¹ 水蛭
海巴子 xoi⁴²pa²¹tsʅ⁰ 蛤蜊
螺丝鬆 lo²¹sʅ³³tsiou⁵⁵⁴ 螺蛳
蚌 pɔŋ⁵⁵⁴

七　房舍

桩子 tsɔŋ²⁴tsʅ⁰ 以所住房子为中心的场所，包括前庭和后院
院子 iɛ̃⁵⁴tsʅ⁰
院墙 iɛ̃⁵⁵tsʰiɔŋ²¹
影壁 iaŋ⁴²pi³³
外间 ŋoi⁵⁵kã²⁴
里间 li²⁴kã³³
正屋 tʂən⁵⁵u⁰ 正房
厦子屋 sa⁵⁴tsʅ⁰u³³ 厢房
　厢房 siɔŋ²⁴fɔŋ²¹
客厅 kʰa³³tʰin⁰
平屋 pʰiaŋ²¹u³³ 平房
楼屋 lɛu²¹u³³ 楼房
洋房 iɔŋ²¹fɔŋ²¹ 旧时指新式楼房
楼上 lɛu²¹xɔŋ²⁴
楼下 lɛu²¹xa²⁴
门楼子 mən²¹lɛu²¹tsʅ⁰
楼梯 lɛu²¹tʰoi³³
阳台 iɔŋ²¹tʰoi⁰
　晒台 sai⁵⁵tʰoi²¹
屋脊 u³³tsi³³
屋顶 u³³taŋ⁴²
屋檐 u³³iɛ̃²¹
大梁 tʰai⁵⁵liɔŋ²¹
椽子 tʂʰõ²¹tsʅ⁰
柱墩石 tʂʰou²⁴tən⁰ʂa⁴⁴ 柱下石
马蹄碇子 ma²⁴tʰi⁰tõ⁵⁴tsʅ⁰ 农村平房大门前的台阶
楼梯 lɛu²¹tʰoi³³ 楼房里的台阶
天花板 tʰiɛ̃³³fa³³pã⁴²
正门 tʂən⁵⁴mən⁰
后门 xɛu⁵⁴mən⁰
偏门 pʰiɛ̃²⁴mən⁰ 边门儿
门背后 mən²¹poi⁵⁴xɛu⁰ 门扇的后面
门闩子 mən²¹tsʰõ²⁴tsʅ⁰ 门栓
门扇 mən²¹ʂẽ⁵⁵⁴
光窗 kɔŋ³³tsʰʰɔŋ³³ 今时镶有玻璃的窗子

光窗台 kɔŋ³³tsʰɔŋ³³tʰoi²¹ 窗台
巷子 xɔŋ²⁴tsʅ⁰ ①走廊。②过道
楼道 lɛu²¹tau⁵⁵⁴
楼板 lɛu²¹pã⁴²
□□ mo²⁴tsã⁴² 瓦房类建筑的屋顶
堂上 tʰɔŋ²¹xɔŋ³³ 屋子的正间
枯子 tsẽ⁵⁴tsʅ⁰ 屋檐下起支撑作用的扁方形条木，搭在檐檩之上
檐檩 iẽ²¹lin²⁴ 屋檐下支撑枯子的较粗的檩子
桐柱子 tʰɔŋ²¹tʂou²⁴tsʅ⁰ 支撑大，小担子的粗壮的立木
大布⁼郎⁼子 tʰai⁵⁴pu⁵⁵lɔŋ²¹tsʅ⁰ 屋顶两侧连接桐柱子的两根横木，上下两根，底下较长的那根
细布⁼郎⁼子 sei⁵⁴pu⁵⁵lɔŋ²¹tsʅ⁰ 屋顶两侧连接桐柱子的两根横木，上下两根，上面较短的那根
矮子 ai⁴²tsʅ⁰ 大、细担子中间起连接作用的方木，较短，约有15厘米高
门脑子 mən²¹nau⁴²tsʅ⁰ 门框最上头的横木
磨屋 mo⁵⁴u³³ 磨房
马栏 ma²⁴lã²¹ 马棚
牛栏 ȵiou²¹lã²¹ 牛圈
猪栏 tʂou²⁴lã²¹ 猪圈
　猪栅 tʂou²⁴tsʰa³³
猪笕 tʂou²⁴tɛu²⁴ 猪食槽
羊栏 iɔŋ²¹lã²¹ 羊圈
狗窦 kɛu⁴²tɛu⁵⁵⁴ 狗窝
　狗窝 kɛu⁴²o²⁴
鸡进 ki²⁴tsin⁵⁵⁴ 鸡窝，统称
　鸡厩 ki²⁴tsi⁵⁵⁴
鸡窦 ki²⁴tɛu⁵⁵⁴ 专指母鸡下蛋的鸡窝

鸡笼 ki²⁴lən²¹
鸡罩 ki²⁴tsau⁵⁵⁴ 罩鸡的器具
柴堆子 tsʰai²¹tei²⁴tsʅ⁰ 柴草垛

八　器具、用品

圆桌 iẽ²¹tso³³
方桌 fɔŋ²⁴tso³³
条桌 tʰiau²¹tso³³ 一种狭长的桌子
办公桌 pʰã⁵⁵kuəŋ²⁴tso³³
饭桌 fã⁵⁴tso³³
台布 tʰoi²¹pu⁵⁵⁴ 铺在桌面上的布
桌围子 tso³³vei²¹tsʅ⁰ 挂在桌子前面的布
躺椅 tʰɔŋ⁴²i⁰
椅子背 i⁴²tsʅ⁰poi⁵⁵⁴
椅子梗 i⁴²tsʅ⁰kuaŋ²⁴ 椅子掌儿
板凳 pã⁴²tẽ⁵⁵⁴
方凳 fɔŋ²⁴tẽ⁵⁵⁴
细板凳 sei⁵⁵pã⁴²tẽ⁵⁵⁴
圆凳 iẽ²¹tẽ⁵⁵⁴
高板凳 kau²⁴pã⁴²tẽ⁵⁵⁴ 高凳子
马扎子 ma³³tsa³³tsʅ⁰
草垫子 tsʰau⁴²tʰiẽ⁵⁴tsʅ⁰ 蒲团
独凳子 tʰou⁴⁴tẽ⁵⁴tsʅ⁰ 小凳子
床板 tsʰɔŋ²¹pã⁴² 用来拼搭床铺的木板
竹床 tsou³³tsʰɔŋ²¹
帐钩 tʂɔŋ⁵⁴kɛu²⁴
帐檐 tʂɔŋ⁵⁵iẽ²¹
毯子 tʰã⁴²tsʅ⁰
铺盖笼 pʰu²⁴koi⁵⁵lɔŋ²¹ 被窝儿
铺盖里子 pʰu²⁴koi⁵⁴li²⁴tsʅ⁰ 被窝里面
铺盖面子 pʰu²⁴koi⁵⁵miẽ⁵⁴tsʅ⁰ 被面
网套 vɔŋ⁴²tʰau⁵⁵⁴ 棉花胎

草席 tsʰau⁴²tsʰia⁴⁴ 用草编织成的席子
　　竹席 tʂou³³tsʰia⁰ 用竹篾编织成的席子
枕头套 tʂən⁴²tʰɛu²¹tʰau⁵⁵⁴ 枕套儿
枕头心 tʂən⁴²tʰɛu²¹sin²⁴
梳妆台 sou³³tsɔŋ³³tʰoi²¹
镜子 tɕiaŋ⁵⁴tsʅ⁰
手口箱 ʂou⁴²tia²⁴siɔŋ²⁴ 手提箱
衫架 sã²⁴ka⁵⁵⁴ 立在地上的衣架
晒衫架 sai⁵⁵sã²⁴ka⁵⁵⁴ 晾衣架
夜壶 ia⁵⁴fu⁰
火盆子 fo⁴²pʰən²¹tsʅ⁰ 冬天用来盛炭烤火的器具
暖壶 nõ²⁴fu²¹ 冬天盛热水后放在被窝中取暖
　　用的壶
保温壶 pau⁴²vən²⁴fu²¹ 保暖用的暖壶
毯子 tʰã⁴²tsʅ⁰
石头枕头 ʂa⁴⁴tʰɛu²¹tʂən⁴²tʰɛu²¹ 石头做的枕头，
　　夏天用
风箱 fəŋ³³siɔŋ³³
通条 tʰəŋ²⁴tʰiau²¹ 通炉子的铁棍
火钳 fo⁴²tɕʰiɛ²¹
　　火筷子 fo⁴²kʰuai⁵⁴tsʅ⁰
火铲 fo⁴²tsʰã⁵⁵⁴ 铲炉灰用的小铁铲
柴草 tsʰai²¹tsʰau⁴²
稻子梗 tʰau²⁴tsʅ⁰kuaŋ⁴² 稻秆
高粱梗 kau²⁴liɔŋ²¹kuaŋ⁴² 高粱秆儿
豆梗 tʰɛu⁵⁵kuaŋ⁴² 豆秸
豆稿 tʰɛu⁵⁵kau⁴² 打完豆子后的豆秸
锯屎 tɕi⁵⁵ʂʅ⁰ 锯末
刨花 pʰau²¹fa²⁴
镬老 o⁴⁴lau⁴² 锅烟子
烟筒 iɛ²⁴tʰəŋ⁰ 烟囱
铝镬 li⁴²o⁴⁴ 铝锅

沙镬 sa²⁴o⁰ 沙锅
大镬 tʰai⁵⁴o⁰ 大锅
细镬 sei⁵⁴o⁰ 小锅
薄沿子镬 pʰo⁴⁴iɛ²¹tsʅ⁰o⁴⁴ 农村灶台上常用的
　　一种较大的铁锅
鏊子 ŋau⁵⁴tsʅ⁰
镬盖 o⁴⁴koi⁵⁵⁴ 锅盖
镬铲 o⁴⁴tsʰã⁴² 锅铲
水壶 ʂuei⁴²fu²¹ 烧开水用的壶
海碗 xoi⁴²õ⁴² 最大号的碗
老碗 lau⁴²õ⁴² 次大号的碗
细花碗 sei⁵⁴fa²⁴õ⁴² 小号的碗
茶杯子 tsʰa²¹pʰei³³tsʅ⁰ 瓷的，带把儿的杯子
盘子 pʰã²¹tsʅ⁰ 碟子
饭勺勺 fã⁵⁵ʂo⁴⁴ʂo⁴⁴ 盛饭用的勺子
筷口子 kʰuai⁵⁵lei⁵⁴tsʅ⁰ 筷笼
酒杯 tsiou⁴²pʰei³³
托盘 tʰoi³³pʰã²¹ 招待客人时，用来端菜的长
　　方形盘子
酒壶 tsiou⁴²fu²¹
酒坛子 tsiou⁴²tʰã²¹tsʅ⁰
罐子 kõ⁵⁴tsʅ⁰
笊篱子 tsau⁵⁵lou⁴²tsʅ⁰ 笊篱
筲箕子 sau³³tɕi³³tsʅ⁰
萝卜擦子 lo²¹pʰei⁴⁴tsʰɛ³³tsʅ⁰ 礤床
砧板 tsɛ̃²⁴pã⁴²
面板 miɛ̃⁵⁵pã⁴² 做面食用的木板，比较大
擀面棍 kã⁴²miɛ̃⁵⁵kuən⁵⁵⁴
药槽子 io⁴⁴tsʰau²¹tsʅ⁰ 研药材用的船形铁制
　　用具
饭桶 fã⁵⁵tʰəŋ⁴²
蒸笼 tʂən²⁴ləŋ²¹

馍笪子 mo²⁴tɛ³³tsʅ⁰ 箅子
水缸 ʂuei⁴²kɔŋ²⁴
腌菜缸 iɛ³³tsʰoi⁵⁴kɔŋ²⁴
潲水缸 sau⁵⁵ʂuei⁴²kɔŋ²⁴ 泔水缸
潲水 sau⁵⁵ʂuei⁴² 泔水
抹布 mɛ³³pu⁵⁵⁴
拖把 tʰo²⁴pa⁰
推刨 tʰei²⁴pʰau²¹ 刨子
手斧子 ʂou⁴²pu⁴²tsʅ⁰ 一种一面是垂直面，另一面是斜面的斧子
锛子 pẽ²⁴tsʅ⁰
锯子 tɕi⁵⁴tsʅ⁰
凿子 tsʰo⁴⁴tsʅ⁰
尺子 tʂʰa³³tsʅ⁰
角尺 ko³³tʂʰa⁰ 曲尺
米尺 mi⁴²tʂʰa⁰ ①老式折叠的摺尺。②卷尺
墨斗 mei⁴⁴tɛu⁴²
墨斗线 mei⁴⁴tɛu⁰siẽ⁵⁵⁴
□钻 tʂʰa²⁴tsõ⁰ 一种木工专用的钻子，装有拉线，可以通过用手柄来回拉的方式带动钻头旋转
老虎钳 lau⁴²fu⁴²tɕʰiẽ²¹
羊角锤锤子 ioŋ²¹tɕio³³tʂʰuei²¹tʂʰuei²¹tsʅ⁰ 羊角锤
八磅锤 pɛ³³pɔŋ⁵⁴tʂʰuei⁰ 一种手柄长，锤头重专门用于砸石头的大锤
石锤 ʂa⁴⁴tʂʰuei²¹ 一种瓦匠用于砌墙用的小锤子
镊子 n̠iɛ³³tsʅ⁰
合叶 xo²¹iɛ⁴⁴
瓦刀 ŋa⁴²tau⁰
泥抿子 nei²¹min⁴²tsʅ⁰ 瓦工用来抹水泥的抹子
泥板 nei²¹pã⁴² 瓦工用来盛放抹墙材料的带柄工具

麻刀 ⁼ma²¹tau²⁴ 抹墙用的碎麻丝
灰斗子 foi²⁴tɛu⁴²tsʅ⁰
鏨子 tsã⁵⁴tsʅ⁰
砧子 tsẽ²⁴tsʅ⁰ 打铁时垫铁块用的
剃头刀 tʰei⁵⁵tʰɛu²¹tau²⁴ 剃刀
推子 tʰei²⁴tsʅ⁰
剃头剪子 tʰei²⁴tʰɛu²¹tsiẽ⁴²tsʅ⁰ 理发剪
鐾刀布 pʰi⁵⁵tau²⁴pu⁵⁵⁴
剃头椅 tʰei²⁴tʰɛu²¹i⁴² 理发椅
缝纫机 fəŋ²¹zən⁵⁵ki²⁴
烫斗 tʰɔŋ⁵⁵tɛu⁴² 熨斗
烙铁 lo⁴⁴tʰiɛ³³
弓子 kuəŋ²⁴tsʅ⁰ 弹棉花用的器物
纺车 fɔŋ⁴²tʂʰa⁰
织布机 tsʅ³³pu⁵⁵ki²⁴
梭子 so²⁴tsʅ⁰ 织布用的器物
面盆架 miẽ⁵⁵pʰən²¹ka⁵⁵⁴ 脸盆架
澡盆 tsau⁴²pʰən²¹
洋胰子 ioŋ²¹i⁴²tsʅ⁰ 香皂
洗衫粉 sei⁴²sã²⁴fən⁴² 洗衣粉
洗脚盆 sei⁴²tɕio³³pʰən²¹ 洗脚用的盆子
□脚布 tsʰʅ⁴⁴tɕio³³pu⁵⁵⁴ 擦脚布
气灯 ɕi⁵⁴tẽ²⁴
煤油灯 mei²¹iou²¹tẽ²⁴ 有玻璃罩的
灯心 tẽ²⁴sin²⁴
灯罩 tẽ²⁴tsau⁵⁵⁴
灯盏 tẽ²⁴tsẽ⁴²
灯草 tẽ²⁴tsʰau⁴²
灯油 tẽ²⁴iou²¹
灯笼 tẽ²⁴ləŋ²¹
手□包 ʂou⁴²tia²⁴pau²⁴ 手提包
钱包 tsʰiẽ²¹pau²⁴

章子 tʂɔŋ²⁴tsʅ⁰ 私人用的图章
望远镜 vɔŋ⁵⁵iɛ̃⁴²tɕiaŋ⁵⁵⁴
糨糊子 tɕiɔŋ⁵⁴fu²¹tsʅ⁰ 浆糊
顶针 tin⁴²tʂən⁰
线轴 siɛ̃⁵⁴tsou⁰
针屁股 tʂən²⁴pʰi⁵⁴ku⁰ 针鼻
针尖 tʂən²⁴tsiɛ̃²⁴
针脚 tʂən²⁴tɕio³³
串针 tʂʰõ⁵⁴tʂən²⁴ 穿针
钻子 tsõ⁵⁴tsʅ⁰ 锥子
耳耙子 ȵi⁴²pʰa²¹tsʅ⁰ 耳挖子
　掏耳耙 tʰau²⁴ȵi⁴²pʰa⁰
洗衫板 sei⁴²sã²⁴pã⁴² 洗衣板
棒槌 pɔŋ⁵⁴tʂʰuei²¹ 洗衣服用的木棒
鸡毛刷子 ki²⁴mau²⁴ʂua³³tsʅ⁰ 鸡毛掸子
扇子 ʂɛ̃⁵⁴tsʅ⁰
蒲扇 pʰu²¹ʂɛ̃⁵⁵⁴
拐拐棍 kuai⁴²kuai⁰kuən⁵⁵⁴ 拐杖
手纸 ʂou⁴²tsʅ⁴²
土铳 tʰou⁴²tʂʰəŋ⁵⁵⁴ 旧时自制的打弹珠的土枪
火镰子 fo⁴²liɛ̃²¹tsʅ⁰ 旧时取火的工具
白火石 pʰa⁴⁴fo⁴²ʂa⁴⁴ 用火镰打火的石头
火纸捻子 fo⁴²tsʅ⁴²ȵiɛ̃⁴²tsʅ⁰ 纸煤儿

九　称谓

老头子 lau⁴²tʰɛu²¹tsʅ⁰
老汉子 lau⁴²xõ⁵⁴tsʅ⁰ 老头儿，带贬义色彩
屋下老大人 u³³kʰua³³lau⁴²tʰai⁴²ȵin⁰ 对自家老
　人的称呼，带褒义色彩
老姐子 lau⁴²tsia²¹tsʅ⁰ 老太婆
小伙子 siau⁴²fo²¹tsʅ⁰
城里人 tʂʰən²¹li⁴²ȵin²¹

乡巴佬 ɕiɔŋ³³pa³³lau⁴²
乡下人 ɕiɔŋ³³xa³³ȵin²¹
户下 fu⁵⁴xa⁰ 同宗同姓的一家子人
一房人 i³³fɔŋ²¹ȵin⁰ 以始祖罗尚华的四个儿子
　为源头传衍开来的四支罗氏子孙，每一
　支称为～
一门人 i³³mən²¹ȵin⁰ 指由同一个祖父开始传
　衍形成的一族人
外地人 ŋoi⁵⁵tʰi²¹ȵin⁰
本地人 pən⁴²tʰi²¹ȵin⁰
外国人 ŋoi⁵⁵kuei³³ȵin⁰
自家人 tsʰʅ³³ka³³ȵin⁰ 自己人
外人 ŋoi⁵⁴ȵin⁰
同年 tʰən²¹ȵiɛ̃²¹ 同庚
内行 nei⁵⁴xɔŋ²¹
外行 ŋoi⁵⁴xɔŋ²¹
介绍人 kai⁵⁴ʂau²¹ȵin⁰
童养媳 tʰən²¹iɔŋ⁴²si²⁴
二房 ȵi⁵⁴fɔŋ⁰ 二婚
寡妇 kua⁴²fu⁰
婊子 piau⁴²tsʅ⁰
姘头 pʰin³³tʰɛu²¹
私生子 sʅ²⁴saŋ²⁴tsʅ⁰
犯人 fã⁵⁴ȵin⁰
暴发户 pau⁵⁵fɛ³³fu⁵⁵⁴
细发鬼 sei⁵⁵fɛ³³kuei⁴² 吝啬鬼
　啬皮 sei³³pʰi²¹
败家子 pai⁵⁵ka²⁴tsʅ⁰
走江湖个 tsɛu⁴²tɕiɔŋ²⁴fu²¹kei⁰ 走江湖的
骗子 pʰiɛ̃⁵⁴tsʅ⁰
土匪 tʰou⁴²fei⁴²
强盗 tɕʰiɔŋ²¹tau⁵⁵⁴

嫂子 sau⁴²tsɿ⁰ 对比自己年龄大的女性朋友或熟人的称呼

老妹子 lau⁴²moi²¹tsɿ⁰ 对比自己年龄小不多的女性的称呼，可以是熟人和朋友，也可以是陌生人

老叔 lau⁴²ʂou³³ 一般的社会称谓，对比自己年龄大很多的男性的称呼。女性则称"伯婆"

老师傅 lau⁴²sɿ²⁴fu⁰ 可以与"老叔"的称呼换用，但"老叔"给人的感觉更亲切

老哥 lau⁴²ko²⁴ 一般的社会称谓，对比自己年龄大不太多的男性的称呼

老姐 lau⁴²tsia⁴² 一般的社会称谓，对比自己年龄大不太多的女性的称呼

兄弟 ɕiəŋ²⁴tʰi⁰ 一般的社会称谓，对比自己年龄小不太多的人的称呼。

师傅 sɿ²⁴fu⁰ 可以与"老哥，兄弟"的称呼换用，但"老哥，兄弟"的称呼给人的感觉更亲切

妹子 moi⁵⁴tsɿ⁰ 一般的社会称谓，指对女性青年的称呼

孤老 ku²⁴lau⁴² 对无儿女的老人（包括男女）的称呼

掌柜个 tʂɔŋ⁴²kʰuei⁵⁴kei⁰ ①老板，有较强的口语化色彩：～唔在屋，工开不了。②媳妇对丈夫的称呼，用于背称：你～在屋下么

娼婆子 tʂʰɔŋ²⁴pʰo²¹tsɿ⁰ 平日里作风不正派的妇女

野汉子 ia²⁴xõ⁵⁴tsɿ⁰ 平日里作风不正派的男人

吹归子 tʂʰuei²⁴kuei²⁴tsɿ⁰ 白事时的唢呐手

拉皮条个 la²⁴pʰi²¹tʰiau²¹kei⁰ 老鸨

戳⁼死鬼 tʂʰo²⁴si⁴²kuei⁴² 挑拨离间的人

瞎□子 xa³³tʂʰua⁴²tsɿ⁰ 不懂眼色，反应迟钝的人：渠系隻～，莫着气

工人 kuəŋ²⁴n̠in²¹

雇工 ku⁵⁵kuəŋ²⁴

长工 tʂʰɔŋ²¹kuəŋ²⁴

短工 tõ⁴²kuəŋ²⁴

零工 laŋ²¹kuəŋ²⁴

做买卖个 tso⁵⁵mai²⁴mai⁵⁴kei⁰ 做买卖的

老板 lau⁴²pã⁴²

东家 təŋ³³ka³³

老板娘 lau⁴²pã⁴²n̠iəŋ²¹

伙计 fo⁴²tɕi⁵⁵⁴ ①店员或长工。②一起合作的人

学徒 xo⁴⁴tʰɛu²¹

顾客 ku⁵⁴kʰa⁰

细贩 sei⁵⁵fã⁵⁵⁴ 小贩

摆摊子个 pai⁴²tʰã²⁴tsɿ²¹kei⁰ 摊贩

教书先生 kau²⁴ʂou²⁴siẽ³³saŋ³³ 私塾老师

先生 siẽ³³saŋ³³ ①老师。②中医大夫

医生 i³³sẽ⁰ ①统称。②西医大夫

学生 xo⁴⁴saŋ⁰

同学 tʰəŋ²¹xo⁴⁴

当兵个 təŋ²⁴pin²⁴kei⁰

警察 tɕiəŋ⁴²tsʰa⁰

司机 sɿ³³tɕi³³

瓦匠 ŋa⁴²siɔŋ⁰

铜匠 tʰəŋ²¹siɔŋ³³

铁匠 tʰiɛ³³siɔŋ⁰

小炉匠 siau⁴²lou²¹siɔŋ⁵⁵⁴ 补锅的匠人

席匠 tsʰia⁴⁴siɔŋ⁰

漆匠 tsʰi³³siɔŋ⁰

篾匠 mei⁴⁴siɔŋ⁰ 编竹制品的匠人
石匠 ʂa⁴⁴siɔŋ⁰
杀猪佬 sɛ³³tʂou²⁴lau⁴² 屠户
杀猪个 sɛ³³tʂou²⁴kei⁰ 屠户
荷脚个 kʰai²⁴tɕio³³kei⁰ 脚夫
挑夫 tʰiau³³fu³³
扛轿个 kɔŋ²⁴tɕʰiau⁵⁴kei⁰ 轿夫
开车个 kʰoi²⁴tʂʰa²⁴kei⁰ 驾驶员
艄公 sau³³kuəŋ³³
管家 kɔ̃⁴²ka⁰
饲养员 sɿ²⁴iɔŋ³³iẽ²¹
［奶儿］婆 nẽ⁵⁵mei²⁴ 奶妈
［奶儿］爷 nẽ⁵⁵ia²¹ 奶妈之夫
丫环 ia²⁴xɔ̃²¹
接生娘 tsiɛ³³saŋ²⁴ȵiɔŋ²¹ 接生婆

十　亲属

长辈 tʂɔŋ⁴²pei⁵⁵⁴
老公太 lau⁴²kuəŋ²⁴tʰai⁵⁵⁴ 高祖父
老婆太 lau⁴²pʰo²¹tʰai⁵⁵⁴ 高祖母
老姐公 lau⁴²tsia⁴²kuəŋ²⁴ 外曾祖父
老姐婆 lau⁴²tsia⁴²pʰo²¹ 外曾祖母
公太 kuəŋ²⁴tʰai⁵⁵⁴ 曾祖父
婆太 pʰo²¹tʰai⁵⁵⁴ 曾祖母
伯公 pa³³kuəŋ²⁴ 对同族人中比自己爷爷年龄大的人的称呼
伯婆 pa³³pʰo⁰ 对与"伯公"相对的女性长辈的称呼
细公 sei⁵⁴kuəŋ²⁴ 对同族人中比自己爷爷年龄小的人的称呼
细婆 sei⁵⁴pʰo⁰ 对与"细公"相对的女性长辈的称呼

干爷 kɔ̃²⁴ia⁰ 兄弟的岳父或姐妹的公公
姑婆 ku²⁴pʰo²¹ 父亲的姑姑
老姑丈 lau⁴²ku³³tʂʰɔŋ²⁴ 父亲的姑父
姨婆 i²¹pʰo²¹ 父亲的姨母
老姨爷 lau⁴²i²¹ia⁰ 父亲的姨夫
继父爷子 tɕi⁵⁵fu⁵⁴ia²¹tsɿ⁰ 继父的背称
妖婆子 iau²⁴pʰo²¹tsɿ⁰ 继母的背称
舅公 tɕʰiou³³kuəŋ³³ 父亲的舅舅
舅婆 tɕʰiou²⁴pʰo²¹ 父亲舅妈
干爷 kɔ̃²⁴ia²¹ 干爹
干娘 kɔ̃²⁴ȵiɔŋ²¹
阿哥子 a³³ko²⁴tsɿ⁰ 对堂兄弟或平辈同宗男性中年纪大者的称呼，面称、背称一样
阿姐子 a³³tɕia⁴²tsɿ⁰ 旧时对堂兄弟或平辈同宗女性中年纪大者的称呼
阿妹 a³³moi⁵⁵⁴ 旧时对堂兄弟或平辈同宗女性中年纪小者的称呼
平辈 pʰiaŋ²¹pei⁵⁵⁴
细婆 sei⁵⁴pʰo⁰ 小老婆
大伯 tʰo⁵⁴pa⁰ ①大伯子，丈夫的哥哥。②对同族人中比自己父亲年龄大的男性长辈的称呼。如果不止一个，则需加人名。但是更早的时候，诸如"名字＋伯""名字＋叔"这样的称呼是不能叫的，现在已经不讲究了
大娘姑 tʰai⁵⁴ȵiɔŋ⁰ku²⁴ 丈夫的姐姐
细娘姑 sei⁵⁴ȵiɔŋ⁰ku²⁴ 丈夫的妹妹
阿舅子 a³³tɕiou³³tsɿ⁰ 妻子的兄弟，统称
大阿舅子 tʰai⁵⁵a³³tɕiou³³tsɿ⁰ 内兄
细阿舅子 sei⁵⁵a³³tɕiou³³tsɿ⁰ 内弟
大姨子 tʰai⁵⁵i²¹tsɿ⁰ 妻子的姐姐
细姨子 sei⁵⁵i²¹tsɿ⁰ 妻子的妹妹

姊妹伙 tsi⁴²moi²¹fo⁰ 堂姊妹
表哥 piau⁴²ko²⁴
表弟 piau⁴²tʰi⁵⁵⁴
表姊妹 piau⁴²tsi⁴²moi⁰
表姐 piau⁴²tsia⁴²
表妹 piau⁴²moi⁵⁵⁴
后辈 xɛu⁵⁵pei⁰ 晚辈
子妹 tsɿ⁴²moi⁰ 儿子和女儿的总称
大侹子 tʰai⁵⁵lai²¹tsɿ⁰ 大儿子
细侹子 sei⁵⁵lai²¹tsɿ⁰ 小儿子
养子 iɔŋ²⁴tsɿ⁰
孙嫂 sən²⁴sau⁴² 孙媳妇
孙女子 sən²⁴ŋ⁴²tsɿ⁰ 孙女
孙婿郎 sən²⁴sei⁵⁴lɔŋ⁰ 孙女婿
重孙女 tʂʰəŋ²¹sən²⁴ŋ⁴²
外甥女 ŋoi⁵⁴saŋ²⁴ŋ⁴² ①外孙女。②外甥女，姐妹之女
侄女子 tʂʰɿ⁴⁴ŋ⁴²tsɿ⁰ 面称，背称
亲家 tsʰin³³ka³³
亲家母 tsʰin³³ka³³mo²⁴
亲家公 tsʰin³³ka³³kuəŋ²⁴ 亲家翁
走亲戚 tsɛu⁴²tsʰin²⁴tsʰi⁰
带犊子 tai⁵⁵tou²¹tsɿ⁰ 妇女改嫁所带的儿女
外家 ŋoi⁵⁴ka⁰~vei⁵⁴ka⁰ 娘家
我屋下 ŋai²¹u³³kʰua⁰ 已结婚的女子对婆家的称呼
家娘屋卜 ka²⁴ȵiɔŋ²¹u³³kʰua⁰ 确立关系但尚未结婚的女子对婆家的称呼
男方 nã²¹fɔŋ³³ 婚姻关系中的男方
女方 ȵy⁴²fɔŋ⁰ 婚姻关系中的女方
姐婆屋下 tsia⁴²pʰo²¹u³³kʰua⁰ 姥姥家
丈人佬屋下 tʂʰəŋ⁵⁵ȵi²¹lau⁴²u³³kʰua⁰ 丈人家
掌⁼外家 tʂɔŋ⁴²ŋoi⁵⁴ka⁰ 回娘家

十一　身体

身体 ʂən²⁴tʰi⁴²
身材 ʂən²⁴tsʰoi²¹
石崖 ʂa⁴⁴ŋai²¹ 奔头儿，即前额外突
秃子光 tʰou³³tsɿ⁰kuɔŋ²⁴ 秃头
谢顶 siE⁵⁵taŋ⁴² 秃顶
头顶 tʰɛu²¹taŋ⁴²
后脑巴子 xɛu⁵⁵nau⁴²pa²¹tsɿ⁰ 后脑勺子
颈筋 tɕiaŋ⁴²tɕin⁰ 脖子
后脑窝子 xɛu⁵⁵nau⁴²o²⁴tsɿ⁰
少年白 ʂau⁵⁴ȵiẽ²¹pʰa⁴⁴ 少白头
跌头发 tiE³³tʰɛu²¹fɛ³³ 掉头发
脑囟盖 nau⁴²ɕin²⁴koi⁵⁵⁴ 囟门
鬓角 pin²⁴tɕio⁰
髻 tɕi⁵⁵⁴ 中老年盘在脑后的头发
刘海 liou²¹xoi⁴²
面蛋子 miẽ⁵⁵tʰã⁵⁴tsɿ⁰ 脸蛋儿
颧骨 tɕʰyẽ²¹kuei³³
酒窝 tsiou⁴²o²⁴
人中 ȵin²¹tʂəŋ²⁴
面帮子 miẽ⁵⁵pɔŋ²⁴tsɿ⁰ 腮帮子
眼珠眶 ŋã⁴²tʂou³³kʰuaŋ²⁴ 眼眶
白眼珠 pʰa⁴⁴ŋã⁴²tʂou²⁴
乌眼珠 u²⁴ŋã⁴²tʂou²⁴ 黑眼珠
瞳人 tʰəŋ²¹ȵin²¹
眼珠角 ŋã⁴²tʂou²⁴ko³³ 眼角儿，具体指上下眼睑的接合处
大眼珠角 tʰai⁵⁵ŋã⁴²tʂou²¹ko⁰ 里眼角，具体指眼角儿靠近鼻子的部位
细眼珠角 sei⁵⁵ŋã⁴²tʂou²¹ko⁰ 外眼角，远离鼻

子的部位
眼珠圈 ŋã⁴²tʂou²⁴tɕʰiɛ̃²⁴ 眼圈儿
眼屎 ŋã⁴²ʂʅ⁴²
眼珠皮 ŋã⁴²tʂou³³pʰi²¹ 眼皮儿
单眼珠皮 tã²⁴ŋã⁴²tʂou³³pʰi²¹ 单眼皮
双眼珠皮 sɔŋ²⁴ŋã⁴²tʂou³³pʰi²¹ 双眼皮
眼睫毛 ŋã⁴²tiɛ²⁴mau²⁴
皱眉头 tsou⁵⁵mi²¹tʰɛu²¹
燥鼻齈 tsau²⁴pʰi⁵⁴nəŋ⁰ 干鼻涕（鼻垢）
鼻公剑＝窿 pʰi⁵⁴ku⁰tɕiɛ̃⁵⁵ləŋ²¹ 鼻孔
鼻公剑＝毛 pʰi⁵⁴ku⁰tɕiɛ̃⁵⁵mau²⁴ 鼻毛
鼻公剑＝尖 pʰi⁵⁴ku⁰tɕiɛ̃⁵⁵tsiɛ̃²⁴ 鼻子尖儿
鼻公剑＝灵 pʰi⁵⁴ku⁰tɕiɛ̃⁵⁵lin²¹ 鼻子嗅觉灵敏
鼻公剑＝梁 pʰi⁵⁴ku⁰tɕiɛ̃⁵⁵liɔŋ²¹ 鼻梁儿
鼻公剑＝翅 pʰi⁵⁴ku⁰tɕiɛ̃⁵⁵tsʰʅ⁵⁵⁴ 鼻翅儿
红鼻公剑＝ fəŋ²¹pʰi⁵⁴ku²¹tɕiɛ̃⁰ 酒糟鼻子
口水星 xɛu⁴²ʂuei⁴²sin²⁴ 唾沫星儿
舌苔 ʂE⁴⁴tʰoi²¹
啮舌子 ŋE³³ʂE⁴⁴tsʅ⁰ 口齿不清的大舌头
门牙 mən²¹ŋa⁰
板牙 pã⁴²ŋa⁰ 大牙
虎牙 fu⁴²ŋa⁰
牙垢 ŋa²¹kɛu⁴²
牙床 ŋa²¹tsʰɔŋ²¹
虫牙 tʂʰəŋ²¹ŋa⁰
耳眼 ȵi⁴²ŋã⁴²
耳朵屎 ȵi⁴²to²⁴ʂʅ⁴² 耳屎
耳朵聋 ȵi⁴²to²⁴ləŋ²⁴ 耳背，听不清
喉咙岗 xɛu²¹ləŋ²¹kɔŋ⁴² 喉结
穿面胡 tʂʰõ³³miɛ̃⁵⁵fu²¹ 络腮胡子
八字胡 pɛ³³sʅ⁵⁵fu²¹
下巴胡 xa³³pa³³fu²¹

肩板骨 tɕiɛ̃²⁴pã⁴²kuei³³ 肩胛骨
手静胳 ʂou⁴²tsaŋ²⁴ko³³ 胳膊肘儿
　手肘子 ʂou⁴²tʂou⁴²tsʅ⁰
手肩下 ʂou⁴²tɕiɛ̃³³xa²⁴ 胳肢窝
手腕子 ʂou⁴²vã²⁴tsʅ⁰
关节 kuã²⁴tsiE³³
手指缝儿 ʂou⁴²tsʅ⁴²fəŋ⁵⁵⁴
手茧子 ʂou⁴²tɕiɛ̃⁴²tsʅ⁰
手指甲心 ʂou⁴²tsʅ⁴²kɛ³³sin²⁴ 指甲心儿，具体
　　指甲盖和指尖肌肉连接处
手指甲肚 ʂou⁴²tsʅ⁰kɛ³³tou⁴² 手指头肚儿
手掌 ʂou⁴²tʂɔŋ⁴²
巴掌 pa²⁴tʂɔŋ⁴²
手心 ʂou⁴²sin²⁴
手背 ʂou⁴²poi⁵⁵⁴
大胯子 tʰai⁵⁵kʰua⁴²tsʅ⁰ 大腿
大胯子根 tʰai⁵⁵kʰua⁴²tsʅ⁰kɛ̃²⁴ 大腿根儿
细胯子 sei⁵⁵kʰua⁴²tsʅ⁰ 小腿
脚肚子 tɕio³³tou⁴²tsʅ⁰ 腿肚子
硬骨头梁 ŋaŋ⁵⁴kuei³³tʰɛu²¹liɔŋ²¹ 胫骨
胯骨 kʰua⁴²kuei³³
胯□裆 kʰa³³la³³tɔŋ²⁴ 裆部
　胯底下 kʰa³³tei⁴²xa²⁴
屁股蛋 pʰi⁵⁴ku⁰tã⁵⁵⁴
沟渠子 kɛu²⁴tʂʰu²¹tsʅ⁰ 屁股沟儿
尾巴骨 mi³³pa³³kuei³³ 尾骨
脚腕子 tɕio³³vã²⁴tsʅ⁰
核桃□子 xei⁴⁴tʰau²¹fa⁵⁴tsʅ⁰ 踝子骨
赤脚片 tʂʰa³³tɕio³³pʰiɛ̃⁴² 赤脚
脚背 tɕio³³poi⁵⁵⁴
脚板 tɕio³³pã⁴² 脚掌
脚心 tɕio³³sin²⁴

脚尖 tɕio³³tsiɛ̃²⁴

脚趾头 tɕio³³tʂʅ⁴²tʰɛu²¹

脚趾甲 tɕio³³tʂʅ⁴²kɛ³³

脚后脾 tɕio³³xɛu⁵⁴tsaŋ²⁴ 脚跟

脚印子 tɕio³³in⁵⁴tsʅ⁰ 脚印儿

鸡眼 ki²⁴ŋã⁴² 一种脚病

心口子 sin²⁴xɛu⁴²tsʅ⁰ 心口儿

胸膛 ɕiəŋ²⁴tʰɔŋ²¹ 胸脯

肋子骨 lei⁴⁴tsʅ⁰kuei³³ 肋骨

[奶儿] 水 nɛ̃⁵⁵ʂuei⁴² 奶汁

细肚子 sei⁵⁵tou⁴²tsʅ⁰ 小肚子

腰 iau²⁴

背囊骨 poi⁵⁵naŋ⁴²kuei³³ 脊梁骨

双旋 sɔŋ²⁴tɕʰyɛ̃²¹

指纹 tʂʅ⁴²vən²¹

脶 lo²¹ 圆形的指纹

簸箕 poi⁵⁴tɕʰi⁰ 簸箕形的指纹

寒毛 xõ²¹mau²¹

寒毛眼 xõ²¹mau²¹ŋã⁴²

魘子 iɛ̃⁴²tsʅ⁰ 皮肤上的小片黑斑

骨头 kuei³³tʰɛu²¹

筋 tɕin²⁴

血 ɕiE³³

血管 ɕiE³³kõ⁴²

脉 ma³³

五脏 ŋ⁴²tsɔŋ⁵⁵⁴

心 sin²⁴

肝 kõ²⁴

肺 fei⁵⁵⁴

胆 tã⁴²

涩＝脾 sei³³pʰi²¹ 人的脾脏

沿＝条 iɛ̃²¹tʰiau²¹ 动物的脾脏

胃 vei⁵⁵⁴

腰子 iau²⁴tsʅ⁰

肾 ʂən⁵⁵⁴

大肠 tʰai⁵⁵tʂʰɔŋ²¹

小肠 siau⁴²tʂʰɔŋ²¹

盲肠 mɔŋ²¹tʂʰɔŋ⁰

十二　疾病、医疗

细病 sei⁵⁵pʰiaŋ⁰ 小病

重病 tʂʰɔŋ²⁴pʰiaŋ⁰

病好唎 pʰiaŋ⁵⁵xau⁴²liE⁰

请先生 tsʰiaŋ⁴²siɛ̃³³saŋ³³ 请医生

治 tʂʅ⁵⁵⁴ ～病

开药单子 kʰoi²⁴io⁴⁴tã²⁴tsʅ⁰ 开药方子

偏方 pʰiɛ̃²⁴fɔŋ²⁴

捏药 ȵiE³³io⁴⁴ 抓中药

买药 mai²⁴io⁴⁴

药铺 io⁴⁴pʰu⁵⁵⁴

药房 io⁴⁴fɔŋ²¹

药引子 io⁴⁴in⁴²tsʅ⁰

药罐子 io⁴⁴kõ⁵⁴tsʅ⁰

熬药 ŋau²¹io⁴⁴ 煎药

药膏子 io⁴⁴kau²⁴tsʅ⁰

膏药 kau³³io³³

药面子 io⁴⁴miɛ̃⁵⁴tsʅ⁰

抹药膏 mo²⁴io⁴⁴kau²⁴ 搽药膏

擦药膏 tsʰɛ³³io⁴⁴kau²⁴

上药 ʂɔŋ²⁴io⁴⁴

发汗 fɛ³³xõ⁵⁵⁴

去风 ɕi⁵⁵fəŋ²⁴

下火 xa⁵⁵fo⁴²

去湿 ɕi⁵⁵ʂʅ³³

去毒 ɕi⁵⁵tʰou⁴⁴
积食 tɕi³³ʂʅ⁴⁴ 积滞
克食 kʰei³³ʂʅ⁴⁴ 消食
拔火罐子 pʰa²¹fo⁴²kõ²¹tsʅ⁰
发冷 fɛ³³laŋ²⁴
起鸡皮疙瘩 ɕi⁴²ki²⁴pʰi²¹kei³³tɛ⁰
气喘 ɕi⁵⁵tʂʰõ⁴²
气管炎 ɕi⁵⁵kõ⁴²iẽ⁵⁵⁴
上火 ʂoŋ²⁴fo⁴²
胸口子疼 ɕiəŋ²⁴xɛu⁴²tsʅ²¹tʰəŋ⁰
头囊晕 tʰɛu²¹naŋ³³in²⁴ 头晕
晕车 in²⁴tʂʰa²⁴
晕船 in²⁴ʂõ²¹
头囊疼 tʰɛu²¹naŋ³³tʰəŋ⁵⁵⁴ 头疼
恶心 ŋo³³sin⁰
呕 ɛu⁴²
干呕 kõ²⁴ɛu⁰ 干啰
□气 ʂuai⁵⁴ɕi⁰ 疝气
掉大肠子 tiau⁵⁵tʰai⁵⁵tʂʰoŋ²¹tsʅ⁰ 脱肛
霍乱 xo³³lõ⁰
水痘 ʂuei⁴²tʰɛu⁰
种痘疤子 tʂəŋ⁵⁵tʰɛu⁵⁵pa²⁴tsʅ⁰ 种痘
感冒 kõ⁴²mau⁵⁵⁴
黄疸 voŋ²¹tã⁴²
肝炎 kõ²⁴iẽ⁵⁵⁴
肺炎 fei⁵⁵iẽ⁵⁵⁴
胃病 vei⁵⁵pʰiaŋ⁵⁵⁴
盲肠炎 moŋ²¹tʂʰoŋ²¹iẽ⁵⁵⁴
阑尾炎 lã²⁴vei²¹iẽ⁵⁵⁴
肺结核 fei⁵⁴tsiE³³xoi⁴⁴
　痨病 lau²¹pʰiaŋ⁰
跌伤 tɛ⁴⁴ʂəŋ²⁴

碰伤 pʰəŋ⁵⁵ʂoŋ²⁴
□破皮 tsʅ⁴⁴pʰo⁵⁵pʰi²¹ 蹭破皮儿
划只隻子 fa⁵⁵tʂa⁰xɛu⁴²tsʅ⁰ 划了一道口子
出血 tʂʰʅ³³ɕiE³³
瘀血 i³³ɕiE³³
红肿 fəŋ²¹tsəŋ⁴²
结疤疤子 tɕiE³³pa³³pa³³tsʅ⁰ 结痂
腮腺炎 sai²⁴siẽ⁵⁵iẽ⁵⁵⁴
长疮 tʂoŋ⁴²tsʰoŋ²⁴
痔疮 tsʅ⁵⁵tsʰoŋ⁰
疥疮 tɕiE⁵⁴tsʰoŋ⁰
痱子 fei⁵⁴tsʅ⁰
白癜风 pʰa⁴⁴tiẽ⁵⁴fəŋ²⁴ 汗斑
瘊子 xɛu²¹tsʅ⁰
痦子 u⁵⁴tsʅ⁰
乌蝇屎 u³³in³³ʂʅ⁴² 雀斑
粉刺 fən⁴²tsʰʅ⁵⁵⁴
□子 tsʰuai²¹tsʅ⁰ 特指长在肚子上的痈：个隻
　人肚上长了隻～
背花 poi⁵⁴fa⁰ 特指长在脊背上的痈：个隻人
　背囊上长了隻～
蛇皮癞 ʂa²¹pʰi²¹lai⁵⁵⁴ 因胳膊或腿上的表皮脱
　落而形成的皮肤病
口臭 xɛu⁴²tʂʰou⁵⁵⁴
瘿瓜瓜 in⁴²kua²¹kua⁰ 甲状腺肿大，也即大脖
　子病
齉鼻公剑 ⁼nəŋ⁵⁴pʰi⁵⁴ku⁰tɕiẽ⁵⁵⁴ 鼻子不通气，
　发音不清
嘎声唎 iE³³ʂaŋ²⁴liE⁰ 嗓音沙哑：你唱歌都唱
　到～
独眼铳 tʰou⁴⁴ŋã⁴²tʂʰəŋ⁵⁵⁴ 独眼儿
近视眼 tɕʰin²⁴sʅ³³ŋã⁴²

远视眼 iɛ̃⁴²sʅ⁰ŋã⁴²
老花眼 lau⁴²fa²⁴ŋã⁴²
肿眼泡 tṣəŋ⁴²ŋã⁴²pʰau⁵⁵⁴ 鼓眼泡儿
斜眼珠 tsʰia²¹ŋã⁴²tṣou²⁴ 斗鸡眼儿，也即内斜视
怕光 pʰa⁵⁵kuɔŋ²⁴ 羞明
羊羔疯 iɔŋ²¹kau⁰fəŋ²⁴ 癫痫
惊风 tɕʰiaŋ²⁴fəŋ²⁴~tɕʰiaŋ³³fəŋ³³
抽风 tṣʰou²⁴fəŋ²⁴
中风 tṣəŋ⁵⁴fəŋ²⁴
瘫痪 tʰã²⁴fã⁵⁵⁴
结锅子 tɕiɛ³³ko³³tsʅ⁰ 结巴
拽子 tṣuai²⁴tsʅ⁰ 手残的人
癞痢壳子 lɛ³³li⁵⁵xo³³tsʅ⁰ 头发掉光了的人
麻子 ma²¹tsʅ⁰ ①麻疹。②天花。③出天花后留下的疤痕。④脸上有麻子的人
豁豁喙 xo³³xo³³tṣoi⁵⁵⁴
豁豁牙 xo³³xo³³ŋa²¹ 豁牙子
老婆喙 lau⁴²pʰo²¹tṣoi⁵⁵⁴ 不长胡须的成年男人
六指子 liou³³tsʅ²¹tsʅ⁰ 长了六个指头的手或脚
左把逮 tso⁴²pa³³tai²⁴ 左撇子
擘眼子 pa³³ŋã⁴²tsʅ⁰ 一只眼睛大，一只眼睛小的人
歪喙子 vai²⁴tṣoi⁵⁵⁴tsʅ⁰ 嘴歪的人

十三　衣服、穿戴

穿戴 tṣʰõ²⁴tai⁵⁵⁴
打扮 ta⁴²pã⁰
制服 tsʅ⁵⁴fu²⁴
西装 si³³tsɔŋ³³
长袍子 tṣʰoŋ²¹pʰau²¹tsʅ⁰ 长衫
短褂子 tõ⁴²kua⁵⁴tsʅ⁰ 马褂儿
旗袍 tɕʰi²¹pʰau²¹
棉袄 miɛ̃²¹au⁴²
皮袄 pʰi²¹au⁴²
大衣 tʰai⁵⁴i⁰
大氅 tʰai⁵⁴tṣʰɔŋ⁰
短袍子 tõ⁴²pʰau²¹tsʅ⁰ 短大衣
外套 ŋoi⁵⁵tʰau⁵⁵⁴ 外衣
内衣 nei⁵⁴i⁰
百家衣 pa³³ka³³i²⁴ 旧时老来得子的人要特地到邻居家借布料给小孩儿缝制一件~
衫领 sã²⁴liaŋ²⁴ 领子
背褡子 poi⁵⁵tɛ²¹tsʅ⁰ 坎肩
衫襟 sã²⁴tɕin²⁴ 衣襟儿
大襟 tʰai⁵⁴tɕin⁰
细襟 sei⁵⁴tɕin⁰ 小襟
对襟子 tei⁵⁴tɕin²¹tsʅ⁰
下摆 xa²⁴pai⁴²
长衫袖 tṣʰoŋ²¹sã²⁴tsʰiou⁰ 长袖
短衫袖 tõ⁴²sã²⁴tsʰiou⁰ 短袖
裙子 tɕʰin²¹tsʅ⁰
衬裙 tsʰən⁵⁴tɕin⁰
单裤子 tã²⁴fu⁵⁴tsʅ⁰
裤衩子 fu⁵⁵tsʰa²⁴tsʅ⁰ 贴身穿的短裤
连脚裤 liɛ̃²¹tɕio³³fu⁰
开裆裤 kʰoi³³tɔŋ³³fu⁰~kʰoi²⁴tɔŋ²⁴fu⁰
连裆裤 liɛ̃²¹tɔŋ²⁴fu⁰ 死裆裤，相对开裆裤而言的
裤□ fu⁵⁵nɔŋ⁵⁵⁴ 裤裆
裤腰 fu⁵⁵iau²⁴
裤腰带 fu⁵⁵iau²⁴tai⁵⁵⁴
纽襻 nɛu⁴²pʰã⁵⁵⁴ 中式的扣襻
纽眼 nɛu⁴²ŋã⁴² 纽扣眼儿

夹衫 kɛ³³sã²⁴ 深秋时节穿的双层衣
狗钻洞 kɛu⁴²tsõ²⁴tʰəŋ⁵⁵⁴ T恤
拖鞋 tʰo²⁴xai²¹
窝窝 o³³o³³ 棉鞋
靴子 ɕyE³³tsɿ⁰
皮鞋 pʰi²¹xai²¹
毡鞋 tʂã²⁴xai²¹
布鞋 pu⁵⁵xai²¹
凉鞋 lioŋ²¹xai²¹
老虎鞋 lau⁴²fu⁴²xai²¹ 一种小孩子穿的棉鞋，鞋子像小老虎的样子
大头窝窝 tʰai⁵⁵tʰɛu²¹o³³o³³ 军用的翻毛皮鞋
鞋底子 xai²¹tei⁴²tsɿ⁰
鞋帮子 xai²¹poŋ²⁴tsɿ⁰
鞋楦子 xai²¹ʂõ⁵⁴tsɿ⁰
鞋溜子 xai²¹liou⁵⁴tsɿ⁰ 鞋拔子
油鞋 iou²¹xai²¹ 橡胶做的雨鞋
木板鞋 mo³³pã⁴²xai²¹ 木屐
鞋带子 xai²¹tai⁵⁴tsɿ⁰
线袜子 siɛ̃⁵⁵mɛ³³tsɿ⁰
丝袜子 sɿ²⁴mɛ³³tsɿ⁰
长袜子 tʂʰoŋ²¹mɛ³³tsɿ⁰
短袜子 tõ⁴²mɛ³³tsɿ⁰
袜带子 mɛ³³tai⁵⁴tsɿ⁰
细脚鞋 sei⁵⁵tɕio³³xai²¹ 旧时裹脚妇女穿的弓鞋
脚缠 tɕio³³tʂʰɛ̃²¹ 旧时妇女裹脚的长布
绑带 poŋ⁴²tai⁵⁵⁴ 军人用的裹腿
皮帽 pʰi²¹mau⁵⁵⁴
礼帽 li²⁴mau⁵⁵⁴
瓜皮帽 kua²⁴pʰi²¹mau⁰
军帽 tɕyən²⁴mau⁵⁵⁴
草帽 tsʰau⁴²mau⁰

笠帽 li³³mau⁵⁵⁴ 斗笠
帽檐子 mau⁵⁵iɛ̃²¹tsɿ⁰
老虎头帽 lau⁴²fu⁴²tʰɛu²¹mau⁵⁵⁴ 旧时小孩子戴的一种像老虎头样子的帽子，帽子后头还有一条"尾巴"
火烧头 fo⁴²ʂau²⁴tʰɛu²¹ 绒布料的军用棉帽
耳朵套子 ȵi⁴²to²⁴tʰau⁵⁴tsɿ⁰ 冬天戴在耳朵上用来防寒的棉套
口罩 kʰɛu⁴²tsau⁵⁵⁴
首饰 ʂou⁴²sɿ⁵⁵⁴
项链 xoŋ⁵⁴liɛ̃⁰
项圈 xoŋ⁵⁵tɕʰiɛ̃²⁴
长命锁 tʂʰoŋ²¹miaŋ⁵⁵so⁴² 小孩儿戴的百家锁
攥针子 tsai⁵⁴tʂən²¹tsɿ⁰ 别针儿
簪子 tsã²⁴tsɿ⁰
耳环子 ȵi⁴²vã²¹tsɿ⁰ 耳环
胭脂 iɛ̃³³tʂɿ³³~iɛ̃²⁴tsɿ⁰
水粉 ʂuei⁴²fən⁴²
口水枷子 xɛu⁴²ʂuei⁴²ka²⁴tsɿ⁰ 围嘴儿
尿布子 ȵiau⁵⁵pu⁵⁴tsɿ⁰ 沾有尿的尿布
屎帖子 sɿ⁴²tʰiE³³tsɿ⁰ 沾有屎的尿布，和尿布子有区别
手套 ʂou⁴²tʰau⁵⁵⁴
眼镜 ŋã⁴²tɕiaŋ⁵⁵⁴
蓑衣 so³³i³³
雨衣 y⁴²i⁰
手表 ʂou⁴²piau⁴²
肚裙子 tou⁴²tɛ²¹tsɿ⁰ 小孩儿裹肚子用的肚兜儿
哨马子 sau⁵⁴ma²¹tsɿ⁰ 褡裢
护膝 fu⁵⁴tsʰi³³
皮带 pʰi²¹tai⁵⁵⁴
腰带 iau²⁴tai⁵⁵⁴ 老年人绑在腰上用来防寒的

布带，有3米长，0.2米宽
带子 tai⁵⁴tsɿ⁰ 旧时妇女用来背小孩子用的布带子
护袖 fu⁵⁴siou⁰ 套袖

十四　饮食

朝晨饭 tʂau²⁴ʂən²¹fã⁵⁵⁴ 早饭
昼边饭 tʂou⁵⁴piẽ²¹fã⁰ 午饭
夜饭 ia⁵⁴fã⁰ 晚饭
半夜饭 pã⁵⁵ia⁵⁵fã⁵⁵⁴ 白事时主家半夜招待客人吃的饭
打尖 ta⁴²tsiẽ²⁴ ①旅途或劳动中途回家来吃点饭。②吃酒席时，帮忙的人开席前先吃点饭：帮忙个先～
食物 ʂɿ⁴⁴o⁰
零食 laŋ²¹ʂɿ⁴⁴
茶点 tsʰa²¹tiẽ⁴²
夜饭 ia⁵⁴fã⁰ 夜宵
食夜饭 ʂɿ⁴⁴ia⁵⁴fã⁰ 吃夜宵
夹生子 kɛ³³saŋ²⁴tsɿ⁰ 半生半熟的米饭
映⁼饭 iaŋ⁵⁴fã⁰ 剩饭
煳唎 fu²¹liɛ⁰
馊唎 sɛu²⁴liɛ⁰ 饭～，莫食
□子 lɛ³³tsɿ⁰ 熬稀饭时，锅内侧四周所结成的薄片状东西，可以吃
挂面 kua⁵⁴miẽ⁰
燳切面 tsau²⁴tsʰiɛ²⁵³miẽ⁵⁵⁴ 机制的，宽的干面条
汤面 tʰɔŋ²⁴miẽ⁰ 带汤的面条
臊子 sau⁵⁴tsɿ⁰ 肉末
面片 miẽ⁵⁵pʰiɛ⁴² 用面做成的片状食物，吃法与汤面相同
□糊子 mo⁴²fu²¹tsɿ⁰ 用面做成的糊状食物

花卷 fa²⁴tɕyẽ⁴²
蛋糕 tã⁵⁴kau²⁴
月饼 ȵiɛ⁴⁴piaŋ⁰
饼干 piaŋ⁴²kõ⁰
馍酵子 mo²⁴kau⁵⁴tsɿ⁰ 发酵用的面团
曲子 tɕʰiou³³tsɿ⁰ 用来酿酒的酒曲子
肉丁 ȵiou³³taŋ²⁴
肉片 ȵiou³³pʰiɛ⁴²
肉丝 ȵiou³³sɿ²⁴
肉末 ȵiou³³mo³³
肉皮 ȵiou³³pʰi²¹
肉松 ȵiou³³sən²⁴
肘子 tʂou⁴²tsɿ⁰ 猪腿靠近身体的部位
里脊 li⁴²tsi³³
蹄筋 tʰi²⁴tɕin⁰
牛舌嫲 ȵiou²¹ʂɛ⁴⁴ma⁰ 牛舌头，熟食
猪肺 tʂou²⁴fei⁵⁵⁴ 熟食
大肠 tʰai⁵⁴tʂʰɔŋ⁰ 熟食
细肠 sei⁵⁴tʂʰɔŋ⁰ 小肠，熟食
背囊骨 poi⁵⁴naŋ⁰kuei³³ 腔骨
肋肢骨 lei⁴⁴tsɿ⁰kuei³³ 排骨
牛肚子 ȵiou²¹tou⁴²tsɿ⁰ 牛肚儿
腰子 iau²⁴tsɿ⁰ 猪腰子
鸡杂 ki²⁴tsʰɛ⁴⁴ 鸡内脏的总称
嗉包子 sɛu⁵⁴pau²⁴tsɿ⁰ 鸡胗
化石胆 fa⁵⁵ʂa⁴⁴tã⁴² 鸡内金
鸡血 ki²⁴ɕiɛ³³
炒鸡蛋 tsʰau⁴²ki²⁴tʰã⁰
荷包蛋 xo²¹pau²⁴tʰã⁵⁵⁴ 水煮的不带壳的鸡蛋
煮鸡蛋 tʂou⁴²ki²⁴tʰã⁰ 连壳煮的鸡蛋
鸡蛋糕 ki²⁴tʰã⁵⁴kau²⁴ 加水调匀蒸的鸡蛋羹
咸鸡蛋 xã²¹ki²⁴tʰã⁰

咸鸭蛋 xã²¹ɛ³³tʰã⁰

香肠 ɕioŋ²⁴tʂʰɔŋ²¹

猪心 tʂou²⁴sin²⁴ 熟食

猪头肉 tʂou²⁴tʰɛu²¹ȵiou³³ 熟食

猪耳朵 tʂou²⁴ȵi⁴²to⁰ 熟食

猪尾巴 tʂou²⁴mi³³pa³³ 熟食

羊血 ioŋ²¹ɕiɛ³³

羊杂 ioŋ²¹tsʰɛ⁴⁴

羊排 ioŋ²¹pʰai²¹

鸡蛋饼子 ki²⁴tʰã⁵⁴piaŋ⁴²tsɿ⁰

素菜 sɛu⁵⁴tsʰoi⁰

荤菜 fən²⁴tsʰoi⁰

腌菜 iɛ³³tsʰoi⁰ 咸菜

细菜 sei⁵⁵tsʰoi⁵⁵⁴ 小菜儿

豆腐皮 tʰɛu⁵⁵fu⁰pʰi²¹

腐竹 fu⁴²tʂou⁰

豆腐干 tʰɛu⁵⁵fu⁰kõ²⁴

豆腐泡 tʰɛu⁵⁵fu⁰pʰau⁵⁵⁴

臭豆腐 tʂʰou⁵⁵tʰɛu⁵⁴fu⁰ 豆腐乳的统称，包括臭豆腐乳和香豆腐乳两种

粉丝 fən⁴²sɿ²⁴ ①绿豆做的，细条的。②白薯做的，粗条的

粉皮 fən⁴²pʰi²¹ 绿豆做的，片状的

面筋 miɛ̃⁵⁴tɕin²⁴

凉粉 lioŋ²¹fən⁴² 绿豆做的，凝冻状的

豆豉 tʰɛu⁵⁵ʂɿ⁴²

芡粉 tɕʰiɛ̃⁵⁴fən⁰

白木耳 pʰa⁴⁴mo³³mi⁰ 银耳

黄花 voŋ²¹fa³³ 金针

海参 xoi⁴²sən⁰

海带 xoi⁴²tai⁵⁵⁴

海蜇 xoi⁴²tʂɛ²⁴

颜色 iɛ̃²¹sei³³

荤油 fən²⁴iou⁰

清油 tsʰiaŋ²⁴iou⁰ 素油

花生油 fa³³sɛ̃³³iou⁰

茶油 tsʰa²¹iou⁰

菜子油 tsʰoi⁵⁵tsɿ⁴²iou⁰

核桃油 xei⁴⁴tʰau²¹iou⁰

麻子油 ma²¹tsɿ⁴²iou⁰ 麻油

豆油 tʰɛu⁵⁴iou⁰

葵花油 kʰuei²¹fa³³iou⁰

漆油 tsʰi³³iou⁰ 用松树油为原料熬制而成，旧时既可食用，也可用来制作蜡烛

药子油 io⁴⁴tsɿ⁴²iou⁰ 用药子树的种子压榨而成的植物油，旧时常吃

花油 fa²⁴iou⁰ 用猪大肠间以及其他组织间的小块脂肪熬制而成的猪油

板油 pã⁴²iou⁰ 用猪两胁部位的大块脂肪熬制而成的猪油

粗盐 tsʰou²⁴iɛ̃⁰

嫩盐 nən⁵⁴iɛ̃⁰ 精盐

青盐 tsʰiaŋ²⁴iɛ̃⁰ 旧时青海产的食盐

锅巴盐 ko³³pa³³iɛ̃⁰ 旧时四川产的食盐

脂麻酱 tsɿ²⁴ma²¹tsioŋ⁵⁵⁴

甜面酱 tʰiɛ̃²¹miɛ̃⁵⁴tsioŋ⁰

豆瓣酱 tʰɛu⁵⁵pã⁵⁵tsioŋ⁵⁵⁴

辣椒酱 lɛ⁴⁴tsiau³³tsioŋ⁵⁵⁴

面酱 miɛ̃⁵⁵tsioŋ⁵⁵⁴

淡面酱 tʰã²⁴miɛ̃⁵⁴tsioŋ⁰ 用豆子或麦麸等制成的淡味酱

咸面酱 xã²¹miɛ̃⁵⁴tsioŋ⁰ 用豆子或麦麸等制成的咸味酱

乌面酱 u²⁴miɛ̃⁵⁴tsioŋ⁰ 用豆子或麦麸等制成的

黑色酱，炒菜时上色用
红面酱 fəŋ²¹miẽ⁵⁴tsiəŋ⁰ 用豆子或麦麸等制成
　　的红色酱，炒菜时上色用
料酒 liau⁵⁵tsiou⁴²
红糖 fəŋ²¹tʰɔŋ²¹
白糖 pʰa⁴⁴tʰɔŋ²¹
冰糖 pin²⁴tʰɔŋ²¹
糖块 tʰɔŋ²¹kʰuai⁵⁵⁴
花生糖 fa³³sẽ³³tʰɔŋ²¹
麦芽糖 ma⁴⁴ŋa²¹tʰɔŋ²¹
作料 tso³³liau⁵⁵⁴
大茴 tʰai⁵⁴fei⁰ 八角
小茴 siau⁴²fei²¹
肉桂 ȵiou³³kuei⁵⁵⁴
花椒 fa³³tsiau³³
胡椒粉 fu²¹tsiau³³fən⁴²
白蔻 pʰa⁴⁴kʰɛu⁵⁵⁴
草果 tsʰau⁴²ko⁴²
香草叶 ɕiəŋ²⁴tsʰau⁴²iE⁴⁴
砂仁 sa²⁴zən²¹
薄荷叶 pʰo⁴⁴xo²¹iE⁴⁴
干姜 kõ²⁴tɕiəŋ²⁴
卷烟 tɕyẽ⁴²iẽ²⁴ ①雪茄：分我买一包～。②加
　　红糖炮制后晾干的小捆烟叶：称一斤～
　　叶子
烟叶 iẽ²⁴iE⁴⁴
烟丝 iẽ²⁴sʅ²⁴
水烟 ʂuei⁴²iẽ²⁴ 细烟丝
纸烟 tsʅ⁴²iẽ⁰ 香烟
黄烟 vɔŋ²¹iẽ²⁴
水烟袋 ʂuei⁴²iẽ²⁴tʰoi⁵⁵⁴
烟锅子 iẽ²⁴ko²⁴tsʅ⁰ 旱烟袋，用竹竿儿等做的

　　烟具
烟盒 iẽ²⁴xoi⁴⁴
烟油子 iẽ²⁴iou²¹tsʅ⁰
烟灰 iẽ²⁴foi²⁴
茶 tsʰa²¹
红茶 fəŋ²¹tsʰa²¹
青茶 tsʰiaŋ²⁴tsʰa²¹ 绿茶
花茶 fa²⁴tsʰa²¹
开水 kʰoi²⁴ʂuei⁴²~xoi²⁴ʂuei⁴²
倒茶 tau⁵⁴tsʰa²¹

十五　红白大事

亲事 tsʰin²⁴sʅ⁵⁵⁴
年龄 ȵiẽ²¹lin⁰
定婚礼 tʰin⁵⁵fən²⁴li²⁴
喜酒 ɕi⁴²tsiou⁴²
交杯酒 tɕiau²⁴pʰei³³tsiou⁴²
填房 tʰiẽ²¹fəŋ²¹ 续弦，从男方说
招人 tʂau²⁴ȵin²¹ 填房，从女方说
接生 tsiE³³saŋ²⁴
胞衣 pau³³i³³ 胎盘
头一胎 tʰɛu²¹i³³tʰoi²⁴
打胎 ta⁴²tʰoi²⁴
墓生子 mo⁵⁴saŋ²⁴tsʅ⁰ 遗腹子
[奶儿]妇子 nẽ⁵⁵pu²⁴tsʅ⁰ 乳房
[奶儿]妇嗉 nẽ⁵⁴pu²⁴tʂoi⁵⁵⁴ 奶头
□尿 lai²¹ȵiau⁵⁵⁴ 尿床或尿裤子
□屎 lai²¹sʅ⁴² 屎拉在床上或裤子上
过周岁 ko⁵⁴tʂou²⁴soi⁰ 父母给小孩儿过一岁
　　生日
寿星 ʂou⁵⁴sin²⁴
丧事 sɔŋ²⁴sʅ⁵⁵⁴

奔丧 pẽ²⁴soŋ²⁴

做七日 tso⁵⁵tsʰi³³ȵiᴇ³³

孝子 xau⁵⁴tsʅ⁰

孝孙 xau⁵⁵sən²⁴

跳水 tʰiau²¹ʂuei⁴² 投水自尽

 蹦水 pəŋ⁵⁵ʂuei⁴²

上吊 ʂoŋ²⁴tiau⁵⁵⁴

尸体 ʂʅ²⁴tʰi⁰

骨灰盒 kuei³³foi²⁴xoi⁴⁴

佛 fo²¹

土地庙 tʰou⁴²tʰi⁵⁵miau⁵⁵⁴

关帝庙 kuã²⁴tʰi⁵⁵miau⁵⁵⁴

城隍庙 tʂʰən²¹voŋ²¹miau⁵⁵⁴

阎王 iẽ²¹voŋ⁰

关老爷 kuã²⁴lau⁴²ia⁰

神牌位 ʂən²¹pʰai²¹vei⁵⁵⁴ 佛龛

签 tsʰiẽ²⁴ 印有论吉凶诗文的纸条

求签 tɕʰiou²¹tsʰiẽ²⁴

算卦 sõ⁵⁴kua⁰

做攒子 tso⁵⁵tsʰã⁵⁴tsʅ⁰ 做道场

念经 ȵiẽ⁵⁴tɕin²⁴

测字 tsʰa³³sʅ⁵⁵⁴

看风水 kõ⁵⁵fəŋ²⁴ʂuei⁴²

算命先生 sõ⁵⁵miaŋ⁵⁴siẽ³³saŋ³³

看相个 kʰõ⁵⁵sioŋ⁵⁴kei⁰ 看相的

神婆子 ʂən²¹pʰo²¹tsʅ⁰ 巫婆

跳神子 tʰiau⁵⁵ʂən²¹tsʅ⁰ 跳神

许愿 ɕy⁴²iẽ⁵⁵⁴

还愿 vã²¹iẽ⁵⁵⁴

抽签 tʂʰou²⁴tsʰiẽ²⁴

十六　日常生活

脱鞋 tʰoi³³xai²¹

量衫 lioŋ²¹sã²⁴ 量衣服

做衫 tso⁵⁴sã²⁴ 做衣服

掩边子 iẽ⁴²piẽ²⁴tsʅ⁰ 缝在衣服里子边上的窄条

滚边子 kuən⁴²piẽ²⁴tsʅ⁰ 在衣服、布鞋等的边缘缝制的一种圆棱的边儿

窝边子 o²⁴piẽ²⁴tsʅ⁰ 缲边儿

绱鞋面 ʂoŋ²⁴xai²¹miẽ⁵⁵⁴ 鞔鞋帮儿

掩鞋帮子 iẽ⁴²xai²¹poŋ²⁴tsʅ⁰ 缝制鞋面

掩鞋口子 iẽ⁴²xai²¹xɛu⁴²tsʅ⁰ 缝制鞋口

打鞋底 ta⁴²xai²¹tei⁴² 纳鞋底子

钉纽子 taŋ²⁴nɛu⁴²tsʅ⁰ 钉扣子

绣花 siou⁵⁵fa²⁴

打草鞋 ta⁴²tsʰau⁴²xai²¹ 旧时罗湾人用一种自制的工具，将麻草编织加工成鞋子。冬天因为冷，为了防寒，穿的时候，需要先用裹脚布紧紧裹住脚和小腿，再穿上这种自制的草鞋

补布巴子 pu⁴²pu⁵⁴pa²¹tsʅ⁰ 打补丁

做铺盖 tso⁵⁵pʰu²⁴koi⁰ 做被卧

洗衫 sei⁴²sã²⁴ 洗衣服

洗一道 sei⁴²i⁰tau⁵⁵⁴ 洗一水

摆 pai⁴² 用清水漂洗

晒衫 sai⁵⁵sã²⁴ 晒衣服

晾衫 lioŋ⁵⁵sã²⁴ 晾衣服

浆衫 tsioŋ²⁴sã²⁴ 浆衣服

熨衫 yən⁵⁴sã²⁴ 熨衣服

点火 tiẽ⁴²fo⁴² 生火

淘米 tʰau²¹mi⁴²

胖粉 pʰaŋ⁵⁵fən⁴² 发面

和粉 xo²¹fən⁴² 和面
扯面 tʂʰa⁴²miɛ̃⁵⁵⁴ 抻面条
蒸馍 tʂən²⁴mo²⁴ 蒸馒头
择菜 tʰo⁴⁴tsʰoi⁵⁵⁴ 择菜
熸菜 tsau²⁴tsʰoi⁵⁵⁴ 焯水
做汤 tso⁵⁵tʰɔŋ²⁴
燘馍 xo³³mo²⁴ 将做好的饼放到热处烘烤
烫馍皮子 tʰɔŋ⁵⁴mo²⁴pʰi²¹tsɿ⁰ 将和好的稀薄的面糊舀至已经加热好的锅底或者其他特制的灶具上加以烫烤而做成的一种很薄的圆饼
饭好咧 fã⁵⁵xau⁴²liɛ⁰ 饭好了
生生 saŋ³³saŋ³³ 没熟的菜或饭
食饭 sɿ⁴⁴fã⁵⁵⁴ 吃饭
舀汤 iau⁴²tʰɔŋ²⁴
食零食 sɿ⁴⁴laŋ²¹sɿ⁴⁴ 吃零食
拿筷子 na²⁴kʰuai⁵⁴tsɿ⁰ 使筷子
肉唔烂 ȵiou³³mu²¹lã⁵⁵⁴ 肉不烂
啮唔动 ŋɛ³³mu²¹tʰəŋ²⁴ 嚼不动
打□□ ta⁴²ɛ³³tou⁰ 打嗝儿
胀倒咧 tʂɔŋ⁵⁴tau²¹liɛ⁰ 撑着了
喙唔味 tsoi⁵⁵mu²¹vei⁵⁵⁴ 嘴没味儿
洗手 sei⁴²ʂou⁴²
洗面 sei⁴²miɛ̃⁵⁵⁴ 洗脸
涮喙 ʂõ⁵⁵tsoi⁵⁵⁴ 漱口
涮口 ʂõ⁵⁵xɛu⁴²
梳毛辫子 sɿ²¹mau²⁴piɛ⁵⁴tsɿ⁰ 梳辫子，上世纪六十年代以前，未结婚女子要梳辫子
梳髻 sɿ²⁴tɕi⁵⁵⁴ 上世纪六十年代以前，结了婚的妇女要梳髻
剪手指甲 tsiɛ̃⁴²ʂou⁴²tsɿ⁰kɛ³³ 剪指甲
掏耳朵 tʰau²⁴ȵi⁴²to⁰

洗身 sei⁴²ʂən²⁴ 常指为年老或生病而导致行动不便的人擦洗身子
屙尿 o²⁴ȵiau⁵⁵⁴ 小便
屙屎 o²⁴sɿ⁴² 大便
乘凉 tʂʰən²¹liɔŋ²¹
晒热头 sai⁵⁵ȵiɛ⁴⁴tʰɛu²¹ 晒太阳
炙火 tʂa³³fo⁴² 烤火
点灯 tiɛ̃⁴²tẽ²⁴
关灯 kuã²⁴tẽ²⁴ 熄灯
蹶咧 tɕʰyoi⁵⁴liɛ⁰ 困了：今晡～，我唔去
铺床 pʰu²⁴tsʰɔŋ²¹
睡目 ʂoi⁵⁴mo³³ 睡觉
睡着咧 ʂoi⁵⁵tʂʰo⁴⁴liɛ⁰ 睡着了
睡唔着 ʂoi⁵⁵mu²¹tsʰo⁴⁴ 睡不着
睡昼边目 ʂoi⁵⁵tʂou⁵⁴piɛ̃⁰mo³³ 睡午觉
昂倒睡 ŋɔŋ²⁴tau²¹ʂoi⁰ 仰面睡
侧倒睡 tsʰei³³tau²¹ʂoi⁰ 侧着睡
趴倒睡 pa²¹tau²¹ʂoi⁰ 趴着睡
颈筋扭咧 tɕiaŋ⁴²tɕin⁰ȵiou⁴²liɛ⁰ 落枕
抽筋咧 tʂʰou²⁴tɕin²⁴liɛ⁰
话梦话 va⁵⁵məŋ⁵⁴fa⁰ 说梦话
挆=唔动 loi⁴⁴mu²¹tʰəŋ²⁴ 魇住了
熬夜 ŋau²¹ia⁵⁵⁴
开夜车 kʰoi²⁴ia⁵⁴tʂʰa⁰
刮胡子 kuɛ³³fu²¹tsɿ⁰
上屎缸 ʂɔŋ²⁴sɿ⁴²kɔŋ⁰ 上厕所
上岭 ʂɔŋ²⁴liaŋ²⁴ 去地里干活
上坡 ʂɔŋ²⁴pʰo²⁴ 和"上岭"相对，专指去半山腰处的坡地干活
上梁 ʂɔŋ²⁴liɔŋ²¹ 爬山
下梁 xa²⁴liɔŋ²¹ 下山
上工 ʂɔŋ²⁴kuəŋ²⁴

收工 ʂou²⁴kuəŋ²⁴
出去咧 tʂʰʅ³³ɕi²¹liɛ⁰ 出去了
归屋下 kuei²⁴u³³kʰua⁰ 回家
逛街 kuɔŋ⁵⁴kai²⁴ 逢集时，在集上闲逛
浪 lɔŋ⁵⁵⁴ 没有目的，随心所欲地闲逛

十七　讼事

打官司 ta⁴²kõ³³sʅ³³
告状 kau⁵⁵tsɔŋ⁵⁵⁴
原告 iɛ̃²¹kau⁰
被告 pi⁵⁴kau⁰
状子 tsɔŋ⁵⁴tsʅ⁰
坐堂 tsʰo²⁴tʰɔŋ²¹
退堂 tʰei⁵⁵tʰɔŋ²¹
问案 mən⁵⁵ŋã⁵⁵⁴
过堂 ko⁵⁵tʰɔŋ²¹
证人 tʂən⁵⁵n̠in²¹
人证 n̠in²¹tʂən⁵⁵⁴
物证 o³³tʂən⁰
对质 tei⁵⁴tʂʅ⁰
刑事 ɕin²¹sʅ⁵⁵⁴
民事 min²¹sʅ⁵⁵⁴
家务事 ka²⁴u⁵⁴sʅ⁰
法官 fɛ³³kõ²⁴
律师 ly³³sʅ⁰
代写 tai⁵⁵sia⁴² 代人写状子的人
服咧 fu⁴⁴liɛ⁰
唔服 mu²¹fu⁴⁴ 不服
上诉 ʂɔŋ²⁴sou⁵⁵⁴
宣判 ɕyɛ̃²⁴pʰã⁵⁵⁴
招认 tʂau²⁴n̠in⁵⁵⁴
口供 kʰɛu⁴²kuəŋ⁵⁵⁴~xɛu⁴²kuəŋ⁵⁵⁴

供 kuəŋ⁵⁵⁴ ~出同伙
同伙 tʰəŋ²¹fo⁴²
犯法 fã⁵⁵fɛ³³
犯罪 fã⁵⁵tsʰei⁵⁵⁴
诬告 u²¹kau⁵⁵⁴
保释 pau⁴²sʅ³³
取保 tɕʰy⁴²pau⁴²
逮捕 tai⁴²pʰu³³
押解 ŋa²⁴kai⁰
牢车 lau²¹tʂʰa²⁴ 囚车
青天大老爷 tsʰiaŋ²¹tʰiɛ̃²⁴tʰai⁵⁵lau⁴²ia⁰
赃官 tsɔŋ³³kõ³³~tsɔŋ²⁴kõ²⁴
受贿 ʂou⁵⁵fei⁵⁵⁴
行贿 ɕin²¹fei⁵⁵⁴
罚款 fɛ⁴⁴kʰuã⁴²
斩首 tsã⁴²ʂou⁴²
枪毙 tsʰiɔŋ²⁴pi⁵⁵⁴
斩牌 tsã⁴²pʰai⁰ 插在死囚背后验明正身的木条
拷打 kʰau⁴²ta⁴²
打沟子 ta⁴²kɛu²⁴tsʅ⁰ 打屁股，旧时的一种刑罚措施
　　打屁股 ta⁴²pʰi⁵⁴ku⁰
上枷 ʂɔŋ²⁴ka²⁴
手铐 ʂou⁴²kʰau⁴²
脚镣 tɕio³³liau⁰
绑起来 pɔŋ⁴²ɕi²¹loi⁰
关起来 kuã²⁴ɕi²¹loi⁰
坐牢 tsʰo²⁴lau⁰
探监 tʰã⁵⁵tɕiɛ̃²⁴
越狱 yɛ³³i³³
立字据 li²¹sʅ⁴⁴tɕy⁵⁵⁴
画押 fa⁵⁴ia²⁴

按手印 ŋã⁵⁵ʂou⁴²in⁵⁵⁴
捐税 tɕyɛ²⁴ʂuei⁰
地租 tʰi⁵⁵tsou²⁴
地契 tʰi⁵⁵ɕi⁵⁵⁴
税契 ʂuei⁵⁴ɕi⁰
纳税 na²⁴ʂuei⁵⁵⁴
执照 tʂʅ³³tʂau⁵⁵⁴
告示 kau⁵⁴sʅ³³
通知 tʰəŋ³³tʂʅ³³
命令 miaŋ⁵⁵lin⁵⁵⁴
公章 kuaŋ³³tʂɔŋ³³ 官方图章
私访 sʅ²⁴fɔŋ⁴²
上任 ʂɔŋ²⁴n̠in⁵⁵⁴
卸任 siɛ⁵⁵n̠in⁵⁵⁴
罢免 pa⁵⁵miɛ̃⁴²
案卷 ŋã⁵⁵tɕyɛ̃⁵⁵⁴
传票 tʂʰõ²¹pʰiau⁵⁵⁴

十八 交际

应酬 in⁵⁴tʂʰou²¹
来往 loi²¹vɔŋ⁴²
看人 kʰõ⁵⁵n̠in²¹ 看望
拜访 pai⁵⁵fɔŋ⁴²
回拜 fei²¹pai⁵⁵⁴
请客 tsʰiaŋ⁴²kʰa³³
招待 tʂau²⁴tai⁵⁵⁴
男客 nã²¹kʰa³³
女客 n̠i⁴²kʰa³³
送礼 sɔŋ⁵⁴li²⁴
礼当 li³³tɔŋ³³ 礼物
人情 n̠in²¹tsʰin⁰
做客 tso⁵⁵kʰa³³

待客 tai⁵⁴kʰa³³ 招待客人
陪客 pʰoi²¹kʰa³³ 陪客人
送客 sɔŋ⁵⁴kʰa³³
唔送咧 mu²¹sɔŋ⁵⁴liɛ⁰ 不送了，是主人送客时说的客气话
唔客气 mu²¹kʰa³³ɕi⁵⁵⁴ 不客气
摆酒席 pai⁴²tsiou⁴²si⁰
请帖 tsʰiaŋ⁴²tʰiɛ³³
发请帖 fɛ³³tsʰiaŋ⁴²tʰiɛ³³ 下请帖
坐 tsʰo²⁴ 入席
坐桌子 tsʰo²⁴tso³³tsʅ⁰ 吃酒席
上菜 ʂɔŋ²⁴tsʰoi⁵⁵⁴
出菜 tsʰʅ³³tsʰoi⁵⁵⁴
猴娃子翻跟头 xɛu²¹va²¹tsʅ⁰fã²⁴kɛ̃²⁴tʰɛu²¹ 上菜时，一个连着一个
一领二 i³³liaŋ²⁴n̠i⁵⁵⁴ 上菜的一种程式。先上一个盘装的菜，再上两个碗装的菜，如此不断重复，直至把菜上完。盘子里所盛的是肉类或甜食类菜品，碗里盛的是烩菜类菜品
看酒 kʰõ⁵⁵tsiou⁴² 敬酒
劝酒 tɕʰyɛ̃⁵⁵tsiou⁴²
干杯 kõ²⁴pʰei³³
搞下子 kau⁴²xa²¹tsʅ⁰ 行酒令
唔佮 mu²¹koi³³ 两个人关系不和
　唔合 mu²¹xoi³³
冤家 iɛ̃³³ka³³
唔平 mu²¹pʰiaŋ²¹ 不平
冤枉 iɛ̃²⁴vɔŋ⁰
插喙 tsʰɛ³³tʂoi⁵⁵⁴
扭捏 n̠iou²⁴n̠iɛ⁰ 做作
摆架子 pai⁴²ka⁵⁴tsʅ⁰

装聋卖哑 tsoŋ²⁴ləŋ²⁴mai⁵⁵ŋa⁴² 装傻

出洋相 tsʰʅ³³ioŋ²¹sioŋ⁵⁵⁴

丢人 tiou²⁴n̩in²¹

巴结 pa²⁴tɕiᴇ³³

讨好 tʰau⁴²xau⁴² 拉近乎

嚷⁼治人 zɔŋ⁴²tʂʅ⁵⁵n̩in²¹ 挖苦，嘲弄别人

看得起 kʰɔ̃⁵⁵tei²¹ɕi⁰

看唔起 kʰɔ̃⁵⁵mu²¹ɕi⁰ 看不起

合伙 xoi⁴⁴fo⁴²

□出去 tɕiou³³tʂʰʅ³³ɕi⁰ 撺出去

十九 商业、交通

字号 sʅ⁵⁵xau⁵⁵⁴

招牌 tʂau²⁴pʰai²¹

广告 kuoŋ⁴²kau⁵⁵⁴

旺铺 voŋ⁵⁴pʰu⁰ 生意兴旺的商铺

开铺子 kʰoi²⁴pʰu⁵⁴tsʅ⁰

转让 tʂõ⁴²n̩iɔŋ⁵⁵⁴

门面 mən²¹miẽ⁵⁵⁴ 铺面

门牌 mən²¹pʰai²¹ 商铺外面的门头

摆摊子 pai⁴²tʰã²⁴tsʅ⁰

跑单帮 pʰau²¹tã²⁴poŋ²⁴

做生意 tso⁵⁵sẽ²⁴i⁰

面馆 miẽ⁵⁵kɔ̃⁴²

下馆子 xa²⁴kɔ̃⁴²tsʅ⁰

服务员 fu⁴⁴u⁵⁵iẽ²¹

布店 pu⁵⁵tiẽ⁵⁵⁴

百货店 pa³³fo⁵⁵tiẽ⁰

杂货店 tsʰɛ⁴⁴fo⁵⁵tiẽ⁰

油盐店 iou²¹iẽ²¹tiẽ⁰

粮店 lioŋ²¹tiẽ⁰

瓷器店 tsʰʅ²¹ɕi⁵⁵tiẽ⁵⁵⁴

文具店 vən²¹tɕi⁵⁵tiẽ⁰

茶馆 tsʰa²¹kɔ̃⁴²

剃头铺子 tʰei⁵⁵tʰɛu²¹pʰu⁵⁴tsʅ⁰ 理发店

药店 io⁴⁴tiẽ⁵⁵⁴

刮面 kuɛ³³miẽ⁵⁵⁴ 刮脸

刮胡子 kuɛ³³fu²¹tsʅ⁰

书店 ʂou²⁴tiẽ⁵⁵⁴

五金店 ŋ⁴²tɕin²⁴tiẽ⁵⁵⁴

土产店 tʰou²¹tsʰã⁴²tiẽ⁵⁵⁴

收药店 ʂou²⁴io⁴⁴tiẽ⁵⁵⁴

肉架子 n̩iou³³ka⁵⁴tsʅ⁰ 肉铺

油坊 iou²¹foŋ²¹

当铺 toŋ⁵⁵pʰu⁵⁵⁴

租房子 tsiou²⁴foŋ²¹tsʅ⁰

当屋 toŋ⁵⁴u³³ 典房子

煤场 mei²¹tsʰoŋ⁰ 煤铺

煤球 mei²¹tɕʰiou²¹

蜂窝煤 foŋ²⁴o³³mei²¹

无烟煤 u²¹iẽ²⁴mei²¹

开业 kʰoi²⁴n̩iᴇ³³

停业 tʰin²¹n̩iᴇ³³

盘存 pʰã²¹tsʰən²¹ 盘点

柜台 kʰuei⁵⁵tʰoi²¹

开价 kʰoi²⁴ka⁵⁵⁴

还价 vã²¹ka⁵⁵⁴

差唔多 tsʰa²⁴mu²¹to²⁴

公道 kuəŋ²⁴tau⁰

断堆 tõ⁵⁴tei²⁴ 包圆儿

生意好 sẽ²⁴i⁰xau⁴² 买卖好

生意淡 sẽ²⁴i⁰tã⁵⁵⁴ 买卖清淡

保本 pau⁴²pən⁴²

赚钱 tsẽ⁵⁵tsiẽ²¹

利润 li⁵⁵ʐuən⁵⁵⁴
毛利 mau²¹li⁵⁵⁴
净利 tsʰiaŋ⁵⁵li⁵⁵⁴
利息 li⁵⁴si⁰
运气好 in⁵⁴ɕi⁰xau⁴²
争 tsẽ²⁴ 差：钱唔够，还～三块
押金 ŋa³³tɕin³³
账房 tʂɔŋ⁵⁴fɔŋ⁰
开销 kʰoi³³siau³³
收账 ʂou²⁴tʂɔŋ⁵⁵⁴
出账 tʂʰʅ³³tʂɔŋ⁰
做账 tso⁵⁵tʂɔŋ⁵⁵⁴ 商业行为中处理相关账目的全过程
欠账 tɕʰiẽ⁵⁵tʂɔŋ⁰
赊账 ʂE³³tʂɔŋ⁵⁵⁴
爱账 oi⁵⁴tʂɔŋ⁰ 要账
烂账 lã⁵⁴tʂɔŋ⁰ 要不来的账
结账 tɕiE¹³tʂɔŋ⁵⁵⁴
记账牌 tɕi⁵⁵tʂɔŋ⁵⁵pʰai²¹ 临时记账用的木牌或铁牌
发票 fɛ³³pʰiau⁵⁵⁴
收据 ʂou²⁴tɕy⁵⁵⁴
存款 tsʰən²¹kʰuã⁴² 名词
整钱 tʂən⁴²tsʰiẽ²¹
纸钱 tʂʅ⁴²tsʰiẽ²¹ 纸币
麻钱 ma²¹tsʰiẽ²¹ 古代的铜币，如各个时代的通宝
铜板 tʰəŋ²¹pã⁴²
银元 n̠in²¹iẽ²¹
袁大头 iẽ²¹tʰai⁵⁵tʰɛu²¹ 民国时期流通的印有袁世凯头像的银元
大人头 tʰai⁵⁵n̠in²¹tʰɛu⁰

闭眼 pi⁵⁵ŋã⁴² 印有蒋介石头像的银元
细人头 sei⁵⁵n̠in²¹tʰɛu⁰
一分 i³³fən²⁴ 一分钱
两分 liɔŋ⁴²fən²⁴ 两分钱
五分 ŋ⁴²fən²⁴ 五分钱
一毛 i³³mau²¹ 一角钱
两毛 liɔŋ⁴²mau⁰ 两角钱
二毛 n̠i⁵⁴mau⁰
五毛 ŋ⁴²mau⁰ 五角钱
一块 i³³kʰuai⁵⁵⁴ 一块钱
两块 liɔŋ⁴²kʰuai⁵⁵⁴ 两块钱
五块 ŋ⁴²kʰuai⁰ 五块钱
十块 ʂʅ⁴⁴kʰuai⁰ 十块钱
二十块 n̠i⁵⁴ʂʅ⁰kʰuai⁰ 二十块钱
五十块 ŋ⁴²ʂʅ⁰kʰuai⁰ 五十块钱
一百块 i³³pa³³kʰuai⁰ 一百块钱
一张票子 i³³tʂɔŋ²⁴pʰiau⁵⁴tsʅ⁰
一隻铜板 i³³tʂa³³tʰəŋ²¹pã⁴² 一个铜子儿
剟钱 xo³³tsʰiẽ²¹ 换零钱
戥子 tẽ⁴²tsʅ⁰
钩搭秤 kɛu²⁴tɛ³³tʂʰən⁰ 不带托盘的杆秤
盘子秤 pʰã²¹tsʅ⁰tʂʰən⁵⁵⁴ 带有托盘的杆秤
台秤 tʰoi²¹tʂʰən⁰ 老式的有秤砣、刻度尺以及承重托盘的台秤，用于称量小分量的东西
磅秤 pɔŋ⁵⁴tʂʰən⁰ 有秤砣、刻度尺以及承重金属底座的台秤，主要用于称量大分量的东西
电子秤 tʰiẽ⁵⁴tsʅ²¹tʂʰən⁰
秤盘 tʂʰən⁵⁵pʰã²¹
秤星子 tʂʰən⁵⁵sin²⁴tsʅ⁰
秤杆 tʂʰən⁵⁵kõ⁴²

秤钩子 tsʰən⁵⁵kɛu²⁴tsɿ⁰
秤锤 tsʰən⁵⁵tsʰuei²¹
　秤砣 tsʰən⁵⁵tʰo²¹
秤毫子 tsʰən⁵⁵xau²¹tsɿ⁰
撅沟子 tɕyE³³kɛu²⁴tsɿ⁰ 秤物时，秤尾高
秤低 tsʰən⁵⁴tei²⁴ 秤物时，秤尾低
刮板 kuɛ³³pã⁴² 平斗斛的木片
铁路 tʰiE³³lou⁵⁵⁴
铁轨 tʰiE³³kuei⁴²
火车 fo⁴²tʂʰa⁰
火车站 fo⁴²tʂʰa²⁴tsã⁵⁵⁴
汽车 ɕi⁵⁵tʂʰa⁰
客车 kʰa³³tʂʰa⁰
大客车 tʰai⁵⁵kʰa³³tʂʰa²⁴ 大巴车
货车 fo⁵⁴tʂʰa⁰
细卧车 sei⁵⁴o³³tʂʰa³³ 小轿车
面包车 miẽ⁵⁴pau²⁴tʂʰa²⁴
工具车 kuəŋ²⁴tɕy⁵⁴tʂʰa²⁴ 皮卡车
摩托车 mo²¹tʰo²¹tʂʰa⁰
蹦蹦车 pəŋ⁵⁴pəŋ⁰tʂʰa²⁴ 三轮摩托车或三轮电动车
电瓶车 tʰiẽ⁵⁵pʰiaŋ²¹tʂʰa²⁴
电动车 tʰiẽ⁵⁴tʰəŋ²⁴tʂʰa²⁴
马拉车 ma²⁴la³³tʂʰa²⁴ 又名"大车"。马拉的木制两轮车，车身约3米长，1.5米宽，车轮直径约1米长。20世纪60年代以前常用，车轮最早是木制的，后来换成了橡胶的
车檐 tʂʰa²⁴iẽ²¹
车厢子 tʂʰa²⁴siɔŋ²⁴tsɿ⁰
车轱辘 tʂʰa²⁴ku³³lou³³ 车轮子
车绳子 tʂʰa²⁴ʂən²¹tsɿ⁰

鸡公车 ki²⁴kuaŋ²⁴tʂʰa²⁴ 独轮手推车
船 ʂõ²¹
帆 fã²⁴
篷 pʰəŋ²¹ 船篷
桅杆 vei²¹kõ²⁴
舵 tʰo²⁴
桨 tsiɔŋ⁴²
篙 kau²⁴
跳板 tʰiau⁵⁵pã⁴²
帆船 fã²⁴ʂõ²¹
打鱼船 ta⁴²ŋ²¹ʂõ²¹ 渔船
渡船 tou⁵⁴ʂõ²¹
轮船 lən²¹ʂõ²¹
过摆渡 ko⁵⁵pai⁴²tou⁵⁵⁴
渡口 tou⁵⁵xɛu⁴²

二十　文化教育

幼儿园 iou⁵⁵ər²¹iẽ²¹ 年龄较大的孩子上～
托儿所 tʰoi³³ər²¹so⁴² 年龄较小的孩子上～
细学 sei⁵⁴xo⁰ 小学
初中 tsʰou²⁴tʂəŋ²⁴
高中 kau²⁴tʂəŋ²⁴
大学 tʰai⁵⁴xo⁰
私塾学堂 sɿ²⁴sou⁴⁴xo⁴⁴tʰɔŋ²¹ 私塾
学费 xo⁴⁴fei⁵⁵⁴
逃学 tʰau²¹xo⁴⁴
放假 fɔŋ⁵⁵ka⁵⁵⁴
暑假 su⁴²ka⁰
寒假 xã²¹ka⁰
请假 tsʰiaŋ⁴²ka⁰
上堂 ʂɔŋ²⁴tʰɔŋ²¹ 上课
下堂 xa²⁴tʰɔŋ²¹ 下课

讲台 tɕiɔŋ⁴²tʰoi²¹
黑板 xei³³pã⁴²
粉锭子 fən⁴²tʰin⁵⁴tsɿ⁰ 粉笔
板擦 pã⁴²tsʰɛ³³
点名册 tiẽ⁴²miaŋ²¹tsʰei³³
戒尺 tɕiE⁵⁴tʂʰa⁰
笔记本 pi³³tɕi⁵⁵pən⁴²
课本 kʰo⁵⁵pən⁰
橡皮 siɔŋ⁵⁵pʰi²¹
铅笔旋子 tɕʰiẽ²⁴pi⁰ʂõ⁵⁴tsɿ⁰ 旋着削的铅笔刀
铅笔刀 tɕʰiẽ²⁴pi⁰tau²⁴ 削铅笔的小刀儿
圆规 iẽ²¹kʰuei²⁴
三角板 sã²⁴tɕio³³pã⁴²
作文本 tso³³vən²¹pən⁴²
大字本 tʰai⁵⁵sɿ⁵⁵pən⁴²
活字贴 voi⁴⁴sɿ⁵⁵tʰiE³³ 活页字帖
红模子 fəŋ²¹mo²¹tsɿ⁰
蘸笔 tsã⁵⁴pi³³ 由金属笔头和塑料笔杆构成，书写时笔头要先蘸墨水
大楷笔 tʰai⁵⁵kʰai⁴²pi³³ 用于写大字的毛笔
细楷笔 sei⁵⁵kʰai⁴²pi³³ 用于写小字的毛笔
排笔 pʰai²¹pi³³ 毛笔的一种，笔头是扁长形的，主要用于绘画时涂颜色或涂漆用
碳素笔 tʰã⁵⁵sɛu⁵⁴pi³³ 签字笔
笔帽 pi³³mau⁵⁵⁴ 保护毛笔头的帽子
笔筒 pi³³tʰəŋ⁴²
砑墨 ŋai²¹mei⁴⁴ 研墨
墨盒子 mei⁴⁴xoi⁴⁴tsɿ⁰ 墨盒儿
帮ᵈ笔 pɔŋ²⁴pi³³ 搛笔
墨水 mei⁴⁴ʂuei⁴²
读书人 tʰou⁴⁴ʂou²⁴ɲin²¹
认字个 ɲin⁵⁵sɿ⁵⁴kei⁰ 识字的人
唔认字个 mu²¹ɲin⁵⁵sɿ⁵⁴kei⁰ 不识字的人
读书 tʰou⁴⁴ʂou²⁴
复习 fu³³si²⁴ ①课后复习。②课前预习
背书 pʰoi⁵⁴ʂou²⁴
报考 pau⁵⁵kʰau⁴²
考场 kʰau⁴²tʂʰɔŋ⁴²
入场 zu²⁴tʂʰɔŋ⁴² 进考场考试
卷子 tɕyẽ⁵⁴tsɿ⁰ 考卷
满分 mã²⁴fən²⁴~mã³³fən³³
零蛋 laŋ²¹tʰã⁵⁵⁴ 零分
发榜 fɛ³³pəŋ⁴²
头名 tʰɛu²¹miaŋ²¹
中点子 tʂəŋ²⁴tiẽ⁴²tsɿ⁰ 中间段的位次
及格 tɕi²⁴kei³³
巴巴尾 pa³³pa³³mi²⁴ 末名
毕业 pi³³ɲiE⁴⁴
肄业 i²¹ɲiE⁰
毕业证 pi⁵⁴ɲiE³³tʂən⁵⁵⁴
大楷 tʰai⁵⁵kʰai⁴²
小楷 sei⁵⁵kʰai⁴²
字帖 sɿ⁵⁵tʰiE³³
描字 miau²¹sɿ⁵⁵⁴ 临帖
钩咧 kɛu²⁴liE⁰ 涂了
写白字 sia⁴²pʰa⁴⁴sɿ⁵⁵⁴
写斗笔子字 sia⁴²tɛu⁵⁴pi³³tsɿ²¹sɿ⁰ 写字时笔顺不对
草槁 tsʰau⁴²kau⁴²
起草稿 ɕi⁴²tsʰau⁴²kau⁴² 起稿子
誊清 tʰɛ²¹tsʰin²⁴
一点 i³³tiẽ⁴²
一横 i³³fəŋ²¹
一竖 i³³su⁵⁵⁴

一撇 i³³pʰiE³³
一捺 i³³na²⁴
一勾 i³³kɛu²⁴
一挑 i³³tʰiau²⁴
一画 i³³fa⁵⁵⁴
偏旁 pʰiẽ²⁴pʰɔŋ²¹
人字旁 ȵin²¹sɿ⁵⁵pʰɔŋ²¹ "亻"
双人旁 sɔŋ²⁴ȵin²¹pʰɔŋ²¹ "彳"
弯弓张 vã²⁴kuəŋ²⁴tʂɔŋ²⁴
立早章 li³³tsau⁴²tʂɔŋ²⁴
禾旁程 xo²¹pʰɔŋ²¹tʂʰən²¹
宝冠头 pau⁴²kõ²⁴tʰɛu²¹ "宀"
秃宝盖 tʰou³³pau⁴²koi⁵⁵⁴ "冖"
竖心旁 su⁵⁵sin²⁴pʰɔŋ²¹ "忄"
犬字旁 tɕʰyẽ⁴²sɿ⁵⁵pʰɔŋ²¹ 反犬旁 "犭"
单耳刀 tã²⁴ȵi⁴²to⁰ "卩"
挂耳朵 kua⁵⁵ȵi⁴²to⁰ "阝"
反文旁 fã⁴²vən²¹pʰɔŋ⁰ "攵"
王字旁 vɔŋ²¹sɿ⁵⁵pʰɔŋ²¹ "王"
土字旁 tʰu⁴²sɿ⁵⁵pʰɔŋ²¹ 提土旁 "土"
竹字头 tsou³³sɿ⁵⁵tʰɛu²¹
火字旁 fo⁴²sɿ⁰pʰɔŋ²¹
四点水 si⁵⁵tiẽ⁴²ʂuei⁴² "灬"
三点水 sã²⁴tiẽ⁴²ʂuei⁴² "氵"
两点水 liɔŋ⁴²tiẽ⁴²ʂuei⁴² "冫"
病字旁 pʰiaŋ⁵⁴sɿ⁰pʰɔŋ²¹ "疒"
坐船 tsʰo⁴²ʂõ²¹ "辶"
丝扭旁 sɿ²⁴ȵiou⁴²pʰɔŋ²¹ "纟"
提手旁 tʰi²⁴ʂou⁴²pʰɔŋ²¹ "扌"
草字头 tsʰau⁴²sɿ⁵⁴tʰɛu²¹ "艹"
双目相 sɔŋ²⁴mo³³siɔŋ⁵⁵⁴
广字头 kuɔŋ⁴²sɿ⁵⁵tʰɛu²¹

木字旁 mo³³sɿ⁵⁵pʰɔŋ²¹
刀字旁 tau²⁴sɿ⁵⁵pʰɔŋ²¹
延字旁 iẽ²¹sɿ⁵⁵pʰɔŋ²¹ "廴"
禾字旁 xo²¹sɿ⁵⁵pʰɔŋ²¹
口字旁 xɛu⁴²sɿ⁵⁵pʰɔŋ²¹
山字旁 sã²⁴sɿ⁵⁵pʰɔŋ²¹
饭字旁 fã⁵⁵sɿ⁵⁵pʰɔŋ²¹ "饣"
门字旁 mən²¹sɿ⁵⁵pʰɔŋ²¹
车字旁 tʂʰa²⁴sɿ⁵⁵pʰɔŋ²¹
日字旁 ər⁵⁵sɿ⁵⁵pʰɔŋ²¹
月字旁 ȵiE⁴⁴sɿ⁵⁵pʰɔŋ²¹
牛字旁 ȵiou²¹sɿ⁵⁵pʰɔŋ²¹
衣字旁 i³³sɿ⁵⁵pʰɔŋ²¹ "衤"
目字旁 mo³³sɿ⁵⁵pʰɔŋ²¹
言字旁 iẽ²¹sɿ⁵⁵pʰɔŋ²¹ "讠"
虫字旁 tʂʰəŋ²¹sɿ⁵⁵pʰɔŋ²¹
金字旁 tɕin²⁴sɿ⁵⁵pʰɔŋ²¹ "钅"
鱼字旁 ŋ²¹sɿ⁵⁵pʰɔŋ²¹

二十一　文体活动

风灯 fəŋ³³tẽ³³~fəŋ²⁴tẽ²⁴ 孔明灯
踢燕子 tei³³iẽ⁵⁴tsɿ⁰ 踢毽儿
抓子 tʂua²⁴tsɿ⁰ 一种小孩儿的游戏。用小沙包或石子儿，按规则用手抓
弹球 tʰã²¹tɕʰiou²¹
撇水 pʰiE³³ʂuei⁴² 在水面上掷瓦片
撇石头 pʰiE³³ʂa⁴⁴tʰɛu²¹
跳房 tʰiau⁴²fɔŋ²⁴
翻搅搅 fã²⁴tɕiau⁴²tɕiau⁰ 翻绳，两人轮换翻动手指上的细绳，变出各种花样
狼食娃 lɔŋ²¹sɿ⁴⁴va²⁴ 一种小孩子玩的游戏。两个人各拿一种棋子在地上挖好的9个

U形的小土坑里走棋子，规则类似跳棋

水铳子 ʂuei⁴²tʂʰəŋ⁵⁴tsʅ⁰ 一种小孩儿玩的自制水枪。用一节竹筒，将一头打通，一头留节并打上一个眼儿，用一根木棍和棉花做成活塞。玩的时候，竹筒装水，用活塞推压出水

核桃车子 xei⁴⁴tʰau²¹tʂʰa²⁴tsʅ⁰ 一种孩子玩的自制玩具。两个核桃上下放置，底下的穿孔，插入尖竹条，同时尖头也要插入上面的核桃中，竹条上加拉线，带动上面的核桃旋转

走石崖 tsɤu⁴²ʂa⁴⁴ŋai⁰ 一种棋类游戏。地上画一个有两条对角线的不封口的长方形，相当于一个棋盘，双方任意拿石子或者树枝等作为棋子按照一定规则对弈

打秋 ta⁴²tsʰiou²⁴ 荡秋千

跌包 tɛ⁴⁴pau²⁴ 小孩儿玩的一种游戏。先把纸叠成正方形的"包儿"，正反面不同。双方或多方拿着"包儿"相互扇打对方的，将一面翻为相反面为赢

弹弓 tã⁵⁴kuəŋ⁰

滚铁环 kuəŋ⁴²tʰiɛ³³fã²¹ 一种小孩儿玩的游戏。用铁丝做成一个圆环和一个可以套住圆环的手柄，用手柄套住圆环让其滚动前进

摇手指 iau²¹ʂou⁴²tsʅ⁰ 一种多人玩儿的游戏。一个人用手握住另一个人的大拇指，在握住的时候，会一边摇着手指头一边说一句笑话，如果谁被逗笑了，谁就输了

狼食羊 loŋ²¹ʂʅ⁴⁴ioŋ⁰ 类似于"老鹰捉小鸡"的游戏，只是名称不同而已。"狼"即"老鹰"，"羊"即"小鸡"，又称为"杀羊"

杀羊 sɛ³³ioŋ⁰

踢沙包 tʰei³³sa²⁴pau²⁴ 一种小孩儿玩的游戏。沙包是用布和沙子做成的，像踢毽子一样用脚踢

打沙包 ta⁴²sa²⁴pau²⁴ 一种小孩儿玩的游戏。三个以上的人，两头各站一个，用沙包掷中间的人，被打着就输了

雷炮 lei²¹pʰau⁵⁵⁴ 一种个头和响声都较大的鞭炮

花绳子 fa²⁴ʂən²¹tsʅ⁰ 一种可以燃成小花儿的烟花

擦炮 tsʰɛ³³pʰau⁵⁵⁴ 一种需要像点燃火柴一样擦燃的鞭炮

打老虎杠子 ta⁴²lau⁴²fu⁰koŋ⁵⁴tsʅ⁰ 一种行酒令的游戏。两个人一人拿一根筷子，喊老虎、杠子、鸡、虫，杠子打老虎，老虎吃鸡，鸡吃虫子，虫子吃杠子

大压细 tʰai⁵⁴ŋa²⁴sei⁵⁵⁴ 一种行酒令的游戏。双方每次都出一个手指头，大拇指胜食指，食指胜中指，中指胜无名指，无名指胜小拇指

打耀⁼子 ta⁴²iau⁵⁴tsʅ⁰ 出谜语

唔倒翁 mu²¹tau⁴²vəŋ²⁴ 不倒翁

花花牌 fa³³fa³³pʰai²¹ 牌九

麻将 ma²¹tsioŋ⁵⁵⁴

弹色子 tʰã²¹sei³³tsʅ⁰ 掷色子

押宝 ŋa²⁴pau⁴²

两响 lioŋ⁴²sioŋ⁴² 二踢脚

□花 tsʰʅ³³fa³³ 烟花的统称

□花筒 tsʰʅ³³fa³³tʰəŋ⁴² 烟花的统称，也可指筒状的礼炮

象棋 sioŋ⁵⁵tɕʰi²¹

老将 lau⁴²tsioŋ⁵⁵⁴ 将，帅
士 sɿ⁵⁵⁴
象 sioŋ⁵⁵⁴
　　相 sioŋ⁵⁵⁴
车 tsou²⁴~tʂʰa²⁴
马 ma²⁴
炮 pʰau⁵⁵⁴
卒子 tsɿ³³tsɿ⁰ 兵，卒
　　卒娃子 tsou²⁴va²¹tsɿ⁰
拱卒子 kuəŋ⁴²tsɿ³³tsɿ⁰ 拱卒
　　拱卒娃子 kuəŋ⁴²tsou²⁴va²¹tsɿ⁰
上士 ʂoŋ²⁴sɿ⁵⁵⁴ 士走上去
下士 xa²⁴sɿ⁵⁵⁴ 士走下来
归象 kuei²⁴sioŋ⁵⁵⁴ 飞象
落象 lo⁴⁴sioŋ⁵⁵⁴
将军 tsioŋ²⁴tɕin²⁴
跳马 tʰiau²¹ma²⁴
当头炮 toŋ²⁴tʰɛu²¹pʰau⁵⁵⁴
卧槽马 o²⁴tsʰau²¹ma²⁴
　　盘槽马 pʰã²¹tsʰau²¹ma²⁴
连环马 liɛ̃²¹fã²¹ma²⁴
别腿马 pʰiE³³tʰuei⁴²ma²⁴
挂角将 kua⁵⁴tɕio³³tsioŋ⁵⁵⁴
落底炮 lo⁴⁴tei³³pʰau⁵⁵⁴
担子炮 tã⁵⁴tsɿ²¹pʰau⁰
马后炮 ma²⁴xɛu⁵⁵pʰau⁵⁵⁴
打闷宫 ta⁴²mən³³kuəŋ³³
七星卒 tsʰi³³sioŋ³³tsou²⁴
围棋 vei²¹tɕʰi²¹
乌子 u²⁴tsɿ⁰ 黑子
白子 pʰa⁴⁴tsɿ⁰
和棋 xo²¹tɕʰi²¹

跳棋 tʰiau²¹tɕʰi²¹
军棋 tɕyən²⁴tɕʰi²¹
拔河 pʰa²¹xo²¹
游泳 iou²¹iəŋ⁴²
昂泳 ŋoŋ²⁴iəŋ⁴² 仰泳
蛙泳 va²⁴iəŋ⁴²
钻水 tsõ²⁴ʂuei⁴² 潜水
打球 ta⁴²tɕʰiou²¹
乒乓球 pʰin³³pʰa³³tɕʰiou²¹
篮球 lã²¹tɕʰiou⁰
排球 pʰai²¹tɕʰiou⁰
足球 tɕy³³tɕʰiou⁰
羽毛球 y⁴²mau²⁴tɕʰiou⁰
跳远 tʰiau²¹iɛ̃⁴²
跳高 tʰiau²¹kau²⁴
甩标枪 ʂuai⁴²piau²⁴tsʰioŋ²⁴
甩铅球 ʂuai⁴²tɕʰiɛ̃²⁴tɕʰiou⁰
甩铁饼 ʂuai⁴²tʰiE³³piaŋ⁴²
接力 tsiE³³li³³
翻筋斗 fã²⁴tɕʰin²¹tʰɛu⁰ 翻跟头
打翻车 ta⁴²fã³³tʂʰa³³ 连续地翻跟头
栽桩 tsai²⁴tsɔŋ²⁴ 倒立
跑船 pʰau²¹ʂõ²¹ 跑旱船
高脚子 kau²⁴tɕʰio³³tsɿ⁰ 高跷
对刀 tei⁵⁵tau²⁴
耍刀 ʂua⁴²tau²⁴
　　搞刀 kau⁴²tau²⁴
对枪 tei⁵⁵tsʰioŋ²⁴
耍枪 ʂua⁴²tsʰioŋ²⁴
　　搞枪 kau⁴²tsʰioŋ²⁴
耍流星锤 ʂua⁴²liou²¹sioŋ²⁴tʂʰuei⁰ 耍流星
　　搞流星锤 kau⁴²liou²¹sioŋ²⁴tʂʰuei⁰

扭秧歌 ȵiou²⁴iɔŋ³³ko³³

打腰鼓 ta⁴²iau²⁴ku⁰

跳舞 tʰiau²¹u⁴²

走社□ tsɛu⁴²ʂa⁵⁴foi⁰ 踩高跷

打拳 ta⁴²tɕʰyɛ̃²¹

跑竹马子 pʰau²¹tʂou³³ma²⁴tsɿ⁰ 罗湾人庆祝春节的表演形式之一，表演人骑一匹用竹子和彩纸扎好的竹马表演节目，类似于常见的跑旱船

敲家业 tɕʰiau²⁴ka³³ȵiE³³ 文艺表演中诸如敲锣、打鼓等表演形式的总称

木偶戏 mo³³ou⁴²ɕi⁵⁵⁴

牛皮影子 ȵiou²¹pʰi²¹iaŋ⁴²tsɿ⁰ 皮影戏

大戏 tʰai⁵⁴ɕi⁰ 大型戏曲，角色多，乐器多，演唱内容复杂

京剧 tɕin²⁴tɕy⁵⁵⁴

话剧 fa⁵⁴tɕy⁰

剧院 tɕy⁵⁵iɛ̃⁵⁵⁴ 戏院

戏台 ɕi⁵⁵tʰoi²¹

演员 iɛ̃⁴²iɛ̃²¹

话书 va⁵⁵ʂou²⁴ 说书

花面 fa²⁴miɛ̃⁵⁵⁴ 花脸

小丑 siau⁴²tʂʰou⁴²

老生 lau⁴²sɛ̃²⁴

细生 sei⁵⁴sɛ̃²⁴ 小生

武生 u⁴²sɛ̃²⁴

老旦 lau⁴²tã⁵⁵⁴

青衣 tsʰiaŋ²⁴i³³

花旦 fa²⁴tã⁵⁵⁴

细旦 sei⁵⁴tã⁰ 小旦

跑龙套个 pau²¹ləŋ²¹tʰau⁵⁵kei⁰ 跑龙套的

二十二　动作

跌倒咧 tɛ⁴⁴tau²¹liE⁰ 跌倒了

爬跣来 pʰa²¹xɔŋ⁵⁴loi²¹ 爬起来

摇头 iau²¹tʰɛu²¹

点头 tiɛ̃⁴²tʰɛu²¹

抬头 tʰoi²¹tʰɛu²¹

低头 tei²⁴tʰɛu²¹

回头 fei²¹tʰɛu²¹

面转过去 miɛ̃⁵⁵tʂõ⁴²ko²¹ɕi⁰ 脸转过去

瞪眼 tɤŋ⁵⁴ŋã⁰

挤眼 tsi²⁴ŋã⁰

遇到 i⁵⁴tau⁰ 遇见

眼珠乱转 ŋã⁴²tʂou⁰lõ⁵⁵tʂõ⁵⁵⁴ 眼睛乱转

流眼泪 liou²¹ŋã⁴²lei⁰

努喙 nou⁴²tʂoi⁰

噘喙 tɕyE³³tʂoi⁰

举手 tɕy⁴²ʂou⁴²

摆手 pai⁴²ʂou⁴²

丢手 tiou²⁴ʂou⁴² 撒手：渠爸着气咧，～唔管咧

伸手 tʂʰən²⁴ʂou⁴²

动手 tʰəŋ²⁴ʂou⁰

拍手 pʰo³³ʂou⁰

背倒手 pei⁵⁵tau²¹ʂou⁰ 背着手

抄倒手 tʂʰau²⁴tau²¹ʂou⁰ 两手交叉在胸前

笼倒手 ləŋ²¹tau²¹ʂou⁰ 双手交叉伸到袖筒里

刨 pau²¹ 拨拉：你把晒个豆子～一下

捂倒 u⁴²tau⁰ 捂住

扑挲 pʰu³³so⁰ 摩挲

挡 tsʰɛu²⁴ 手向上托着

兜屎 tɛu²⁴sɿ⁴² 抱持小儿双腿，哄他大便：䂿

伢子爱屙咧，你快分渠~

兜尿 tɛu²⁴ȵiau⁴² 把尿：㾓伢子爱屙咧，你快分渠~

扶倒 pʰu²¹tau⁰ 扶着

绷手指 pəŋ²⁴ʂou⁴²tsʅ⁴² 弹指头

握槌头子 ȵio³³tʂʰei²¹tʰɛu²¹tsʅ⁰ 攥起拳头，老派的说法

　阿⁼槌头子 a³³tʂʰei²¹tʰɛu²¹tsʅ⁰ 新派的说法

蹬脚 tɛ̃⁴²tɕio³³ 跺脚

跐脚 tsiɛ̃⁵⁴tɕio³³

担二郎腿 tã²⁴ȵi⁵⁵ləŋ²¹tʰei⁰

　跷二郎腿 tɕʰiau⁵⁵ȵi⁵⁵ləŋ²¹tʰei⁰

□脚 tsiou⁵⁴tɕio³³ 蜷腿

弹脚 tʰã²¹tɕio³³ 抖腿

踢脚 tʰei³³tɕio³³

弯腰 vã²⁴iau²⁴

伸腰 tʂʰən²⁴iau²⁴

撑腰 tsʰaŋ⁵⁴iau²⁴

撅沟子 tʂuei²⁴kɛu²⁴tsʅ⁰ 撅屁股

捶背 tʂʰuei²¹poi⁵⁴

□鼻齉 so²⁴pʰi⁵⁴nəŋ⁰ 吸溜鼻涕

打□嚏 ta⁴²ɛ²¹tʰi⁰ 打喷嚏

嫌弃 ɕiɛ²¹tɕʰi⁵⁵⁴

选 ɕyɛ̃⁴² 挑选

□起 tia²⁴ɕi⁰ 提起

捡起来 tɕiɛ̃⁴²ɕi⁰loi²¹

□跌 tsʰʅ⁴⁴tiɛ⁰ 擦掉

丢失 tiou²⁴ʂʅ³³

忘 vɔŋ⁵⁵⁴ 把东西遗落在某处

寻倒咧 tsʰin²¹tau²¹liɛ⁰ 找着了

捋起来 loi⁴⁴ɕi²¹loi⁰ 码起来：你把衫袖~

□ nou²⁴ ①短时间地待在一个地方不动：你~倒个子，莫动弹。②短时间的住：你来咧，就~我屋下吧

□ lei⁴⁴ 在身体的一侧夹抱：把个一袋子豆子~到炕上

掀 ɕiɛ̃²⁴ 推：~汽车

睡 ʂoi⁵⁵⁴

打呼噜 ta⁴²xu³³lou³³

看 kʰɔ̃⁵⁵⁴ 远看

瞅 tsʰɛu⁴² 近看

偷看 tʰɛu²⁴kʰɔ̃⁵⁴

睡 ʂoi⁵⁵⁴ 躺

挤 tsi²⁴

摇 iau²¹

摆 pai⁴²

□ tsiou⁵⁵⁴ 缩：把头囊~下子就过去咧

靠 kʰau⁵⁵⁴

踢 tʰei³³

够 kɛu⁵⁵⁴

敲 tɕʰiau²⁴

抽 tʂʰou²⁴

牵 tɕʰiɛ̃²⁴

撑住 tsʰaŋ⁵⁴tʂʰou⁰

搬 pã²⁴

□ ɛ̃²⁴ 捧：把地上个粮食~起来

托 tʰoi³³ 把渠~起来

揉 zou²¹ 把手~下子

捏 ȵiɛ³³

摄 ȵiɛ³³ 挽：~衫袖

铲 tsʰã⁴² 撮：把一滴子粮食~起来

绊 pʰã⁵⁵⁴

调 tʰiau²¹ 拌：把黄瓜~一下

攏 lou³³ 搅拌：把个水泥~下子

潜 pʰu²⁴ 溢出

□ naŋ⁴² 踩：～牛粪上

联 liɛ̃³¹ 缝：～铺盖

□ iaŋ⁵⁵⁴ 剩

扭 niou⁴²

抢 tsʰioŋ⁴²

扇 ʂɛ̃²⁴

趋 tsiou³³ 赶

哑 tsɛ³³ ～〔奶儿〕

喷 pʰən²⁴

吹 tsʰuei²⁴

尝 ʂoŋ²¹

滚 kuən⁴²

帮忙 poŋ²⁴məŋ⁰

颤 tʂɛ̃⁵⁵⁴ 手脚抖

□ tʂʰou⁴⁴ 抖动衣服、床单、被子等具有软、薄特征的物品：把衫～一下

来 loi²¹

去 ɕi⁵⁵⁴

□ xei⁴⁴ 住：我～在罗湾

问 mən⁵⁵⁴

笑 siau⁵⁵⁴

劝 tɕʰyɛ̃⁵⁵⁴

还 vã²¹ 快去把书～分渠

拥 tsou⁴² 举：～旗子

摺 tʂɛ³³ 叠衣物、被子等物品：你把铺盖～一下

点 tiɛ̃⁴² 一种农作物的种植方法：～黄豆｜～包谷

掞 tən⁵⁵⁴ 把东西从里面拽出来：把个绳子～出来

扎 tsɛ³³ 有目的地用锐器刺目标物

啄 tou³³ 不小心被锐物扎了：手分～了一下

务 u⁵⁵⁴ 弄，做：～事｜～饭

懂⁼təŋ⁴² 弄，事件结果多为不如意的：衫上～了一身泥

煎 tsiɛ̃²⁴ ～鸡蛋

夹 kɛ³³ ～菜

怯⁼tɕʰiE³³ 特指搅动一种叫作"羹"的稀饭：今晡朝～个羹好食

能⁼白⁼咧 nɛ̃²¹pʰa⁴⁴liE⁰ 滑倒：个隻人～

害人 xoi⁵⁵n̠in²¹ 破坏，捣乱：你莫在底子～

直绷子 tʂʅ²⁴poŋ²⁴tsʅ⁰ 较劲，争论：你两隻莫～咧

架势 ka⁵⁵ʂʅ⁵⁵⁴ 开始：外背～落水咧

□ tɕʰio³³ 靠近：～北□ sa⁰ 北沟梁

唐⁼tʰoŋ²¹ 涂抹：务滴泥巴～墙

脱⁼tʰoi³³ 揣在怀里

系⁼xei⁵⁵⁴ 使，让：渠个话～我心动咧

了结 liau⁴²tɕiE⁰

进来 tɕin⁵⁴loi⁰

会咧 voi⁵⁴liE⁰ 会了

认得 n̠in⁵⁴tei⁰

唔认得 mu²¹n̠in⁵⁴tei⁰ 不认得

认字 n̠in⁵⁵ʂʅ⁵⁵⁴ 识字

颗摸 kʰo⁴²mo⁰ 估量

估计 ku⁴²tɕi⁵⁵⁴

出主意 tʂʰʅ³³tʂou⁴²i⁰ 想主意

想办法 sioŋ⁴²pʰã⁵⁴fɛ⁰

猜想 tsʰai²⁴sioŋ⁴²

料定 liau⁵⁵tʰin⁵⁵⁴

主张 tʂou⁴²tʂoŋ⁰

怀疑 fai²¹n̠i²¹

沉思 tʂʰən²¹sʅ²⁴

犹豫 iou²¹y⁵⁵⁴

吓倒咧 xa³³tau²¹liE⁰ 吓着了

着急 tṣau²⁴tɕi³³

挂念 kua⁵⁵ȵiɛ̃⁵⁵⁴

放心 foŋ⁵⁵sin²⁴

盼望 pã²⁴voŋ⁵⁵⁴

巴唔得 pa²⁴mu²¹tei³³ 巴不得

记倒 tɕi⁵⁴tau⁰ 记着

想起来咧 sioŋ⁴²ɕi⁰loi²¹liE⁰ 想起来了

恨 xɛ̃⁵⁵⁴

眼红 ŋã⁴²foŋ²¹ 羡慕

偏心 pʰiɛ̃³³sin³³

鼓气 ku⁴²ɕi⁵⁵⁴ 因不顺心、不如意而生气，不说话

 闷气 mən²⁴ɕi⁵⁵⁴

 憋气 piE²⁴ɕi⁵⁵⁴

抱怨 pau⁵⁴iɛ̃⁰

爱惜 ŋai⁵⁴si⁰

心疼 sin²⁴tʰən⁵⁵⁴

谢□ tsʰia⁵⁴tṣʰən⁰ 感谢，一般用于事件双方外第三者的陈说：正月买个礼，把人家～下

惯屎 kuã⁵⁵ʂɿ⁴² 娇惯

宠爱 tṣʰən⁴²ŋai⁵⁵⁴

将就 tsioŋ²⁴tɕʰiou⁰ 迁就

担心 tã²⁴sin⁰

 操心 tsʰau²⁴sin⁰

焦躁 tsiau²⁴tsʰau⁵⁵⁴ 心情烦乱

相劝 sioŋ²⁴tɕʰyɛ̃⁵⁵⁴ 安慰

挣 tsəŋ⁵⁵⁴ 累

想 sioŋ⁴² ①思索：让我～一下再话。②想念：我～渠

疼 tʰən⁵⁵⁴ 疼爱

就 tɕiou⁵⁵⁴ 靠近，亲近：渠喜欢个隻妹子，有事无事就往渠边上～

搭话 tɛ³³fa⁵⁵⁴ 搭茬儿

唔做声 mu²¹tso⁵⁵ṣaŋ²⁴ 不做声

抬杠 tʰoi²¹koŋ⁵⁵⁴

犟喙 tɕʰioŋ⁵⁵tṣoi⁵⁵⁴ 顶嘴

捱骂 nai²¹ma⁵⁵⁴ 捱说，捱批评

嘱咐 tṣou⁴²fu⁰

 叮咛 tin²⁴ȵiəŋ²¹

啰唆 lo³³so³³ 叨唠

了 liau⁴² 完成，作补语：土犁～咧

值古 tṣʰɿ⁴⁴ku⁴² 值得：为底件事连邻舍骂交，唔～

二十三　位置

地下 tʰi⁵⁵xa⁰

天上 tʰiɛ̃²⁴xoŋ⁰

梁上背 lioŋ²¹ṣoŋ⁵⁴poi⁰ 山上

 梁脑上 lioŋ²¹nau⁴²xoŋ⁰

路上 lou⁵⁴xoŋ⁰

街上 kai²⁴xoŋ⁰

墙上 tsʰioŋ²¹xoŋ⁰

门上 mən²¹xoŋ⁰

桌上 tso³³xoŋ⁰

椅子上 i⁴²tsɿ²¹xoŋ⁰

边上 piɛ̃²⁴xoŋ⁰

手上 ṣou⁴²xoŋ⁰ 手里

心上 sin²⁴xoŋ⁰ 心里

野外 ia²⁴ŋoi⁵⁵⁴

大门外背 tʰai⁵⁵mən²¹ŋoi⁵⁴poi⁰ 大门外

门外背 mən²¹ŋoi⁵⁴poi⁰ 门外

墙外背 tsʰiɔŋ²¹ŋoi⁵⁴poi⁰ 墙外
车上 tʂʰa²⁴xɔŋ⁰
车外背 tʂʰa²⁴ŋoi⁵⁴poi⁰ 车外
车前头 tʂʰa²⁴tsʰiɛ̃²¹tʰɛu⁰ 车前
车后背 tʂʰa²⁴xɛu⁵⁴poi⁰ 车后
岭前头 liaŋ²⁴tsʰiɛ̃²¹tʰɛu⁰ 山前
岭背 liaŋ²⁴poi⁰ 山后
屋背 u³³poi⁰ 房后
桥背 tɕʰiau²¹poi⁵⁵⁴ 桥背后
墙背 tsʰiɔŋ²¹poi⁵⁵⁴ 墙背后
岭背 liaŋ²⁴poi⁵⁵⁴ 山背后
车背后 tʂʰa²⁴poi⁵⁴xɛu⁰ 车内的后部
以上 i³³ʂŋ²⁴
以下 i³³xa²⁴
后来 xɛu⁵⁵loi²¹
从今以后 tsʰəŋ²¹tɕin²⁴i³³xɛu⁵⁵⁴
东□ təŋ²⁴sa⁰ 东边
西□ si²⁴sa⁰ 西边
南□ nã²¹sa⁰ 西边
北□ pei³³sa⁰ 北边
东南 təŋ²⁴nã²¹
东北 təŋ²⁴pei³³
西南 si²⁴nã²¹
西北 si²⁴pei³³
路边 lou⁵⁵piɛ̃²⁴
床下背 tsʰɔŋ²¹xa²⁴poi⁰
  床底下 tsʰɔŋ²¹tei⁴²xa²⁴
楼下背 lɛu²¹xa²⁴poi⁰
  楼底下 lɛu²¹tei⁴²xa²⁴
脚下背 tɕio³³xa²⁴poi⁰
  脚底下 tɕio³³tei⁴²xa²⁴
碗屚 õ⁴²tou³³ 碗底儿，"屚"表示器物底部，只限于容器类的器物。"碗屚"既可指碗的内部，也可指碗的外部
镬屚 o⁴⁴tou³³ 锅底儿，只指锅的内部
缸屚 kɔŋ²⁴tou³³ 缸底儿，只指缸的内部
跟前 kɛ̃²⁴tsʰiɛ̃²¹ ①附近：～有隻学堂。②眼前：你到～来
阴□ in²⁴sa⁰ 背阳的一边儿
阳□ iɔŋ²¹sa⁰ 向阳的一边儿
往肚里走 vɔŋ⁵⁵tou⁴²li⁰tsɛu⁴² 往里走
往外背走 vɔŋ⁵⁵ŋoi⁴⁴poi⁰tsɛu⁴² 往外走
往东□走 vɔŋ⁵⁴təŋ²⁴sa⁰tsɛu⁴² 往东走
往西□走 vɔŋ⁵⁴si²⁴sa⁰tsɛu⁴² 往西走
往归走 vɔŋ⁵⁴kuei²⁴tsɛu⁴² 往回走
往前走 vɔŋ⁵⁵tsʰiɛ̃²¹tsɛu⁴²
往后走 vɔŋ⁵⁵xɛu⁵⁵tsɛu⁴²
以东 i³³təŋ²⁴
以西 i³³si²⁴
以南 i³³nã²¹
以北 i³³pei³³
以里 i³³li²⁴
以外 i³³ŋoi⁵⁵⁴
以来 i³³loi²¹
以后 i³³xɛu⁵⁵⁴
以前 i³³tsʰiɛ̃²¹
以外 i³³ŋoi⁵⁵⁴
之上 tʂʅ³³ʂŋ²⁴ 人家个成绩在你～
之下 tʂʅ³³xa²⁴ 你个成绩在人家～

二十四　代词等

我个 ŋai²¹kei³³ 我的
你个 n̠i²¹kɕi³³ 你的
渠个 tɕi²¹kei³³ 他的

人家 n̠in²¹ka³³

茶⁼臭 ⁼tsʰa²¹tʂʰou⁵⁵⁴ 其他

底滴子 i⁴²ti²¹tʂɿ⁰ 这些

个滴子 kai⁵⁴ti²¹tʂɿ⁰ 那些

哪滴子 nai⁵⁴ti²¹tʂɿ⁰ 哪些

咁子 kã⁴²tʂɿ⁰ 表方式：～做就好

样□办 n̠iɔŋ⁵⁴mã²¹pʰã⁵⁵⁴ 怎么办

扭⁼□办 n̠iou⁴²mã²¹pʰã⁵⁵⁴ 其与前一词词义相同，罗湾人中有的说前者，有的说后者：底件事～～～

几 tɕi⁴² 多么，用于提问：～高｜～厚

我等两隻 ŋai²¹tən³³liɔŋ⁴²tʂa⁰ ①我们俩。②咱们俩

你等两隻 n̠i²¹tən³³liɔŋ⁴²tʂa⁰ 你们俩

渠等两隻 tɕi²¹tən³³liɔŋ⁴²tʂa⁰ 他们俩

两子娭 liɔŋ⁴²tʂɿ⁰oi²⁴ 娘儿俩

两子爷 liɔŋ⁴²tʂɿ⁰ia²¹ 爷儿俩

两子阿公 liɔŋ⁴²tʂɿ⁰a³³kuəŋ³³ 爷孙俩

两子嫂 liɔŋ⁴²tʂɿ⁰sau⁴² 妯娌俩

姑嫂两隻 ku²⁴sau⁴²liɔŋ⁴²tʂa⁰ 姑嫂俩

两子家娘 liɔŋ⁴²tʂɿ⁰ka²⁴n̠iɔŋ²¹ 婆媳俩

兄弟两隻 ɕiɔŋ²⁴tʰi⁵⁵liɔŋ⁴²tʂa⁰ 兄弟俩

哥两隻 ko²⁴liɔŋ⁴²tʂa⁰ 哥儿俩

两姐妹 liɔŋ⁴²tsia⁴²moi⁵⁵⁴ 姐妹俩

姐两隻 tsia⁴²liɔŋ⁴²tʂa⁰ 姐儿俩

两姊妹 liɔŋ⁴²tsi⁰moi⁵⁵⁴

舅甥两隻 tɕʰiou²⁴saŋ²⁴liɔŋ⁴²tʂa⁰ 舅甥俩

姑侄两隻 ku²⁴tʂʰɿ⁴⁴liɔŋ⁴²tʂa⁰ 姑侄俩

叔侄两隻 sou³³tʂʰɿ⁴⁴liɔŋ⁴²tʂa⁰ 叔侄俩

师徒两隻 sɿ²⁴tʰɛu²¹liɔŋ⁴²tʂa⁰ 师徒俩

人等 n̠in²¹tən³³ 人们：～都话你好

先后伙 siɔŋ⁵⁴fu²¹fo⁰ 妯娌们

姑嫂伙 ku²⁴sau⁴²fo⁰ 姑嫂们

师徒伙 sɿ²⁴tʰɛu²¹fo⁰ 师徒们

先生伙 siɛ³³saŋ³³fo⁰ 老师们

学生伙 xo⁴⁴saŋ²⁴fo⁰ 学生们

底滴隻理 i⁴²ti²¹tʂa⁰li²⁴ 这些个理儿

个滴隻事 kai⁵⁵ti²¹tʂa⁰sɿ⁵⁵⁴ 那些个事儿

二十五　形容词

还好 xai²¹xau⁴² 不错

差唔多 tsʰa²⁴mu²¹to²⁴ 差不多

唔咋样 mu²¹tsa⁴²iɔŋ⁵⁵⁴ 不怎么样

次 tsʰɿ⁵⁵⁴ 人品不行

凑合 tsʰou⁵⁴xo⁰

要紧 iau⁵⁵tɕin⁴²

牢实 lau²¹sɿ⁰ 坚固

淡 tã⁵⁵⁴ 颜色或者感情、记忆等因为时间久而变得浅了，模糊了：颜色～了

羞脸子 siou²⁴liɛ⁴²tʂɿ⁰ 腼腆

能行 nẽ²¹ɕin⁰ 形容人能干，有本事

唔行 mu²¹ɕin⁰ 和"能行"词义相反

缺德 tɕʰyɛ³³tei³³

精灵 tsin²⁴lin²¹ 机灵

巧 tɕʰiau⁴² 灵巧

糊涂 fu²¹tʰɛu²¹

死心眼 si⁴²sin²⁴ŋã⁴²

无用 mau²¹iɔŋ⁵⁵⁴ 形容人无用

尸包 səŋ²¹pau²⁴ 孬种

完 ð²¹ 整的，浑的：朝晨分你煮隻～鸡蛋｜渠～身都出汗咧

鼓 ku⁴² 凸

陷 ɕiɛ⁵⁵⁴ 凹

凉快 liɔŋ²¹kʰuai⁵⁵⁴

僻静 pʰi⁵⁵tsin⁵⁵⁴
活活 voi⁴⁴voi⁰ 活动的
地道 tʰi⁵⁵tau⁵⁵⁴
整齐 tʂən⁴²tsʰei⁰
称心 tʂʰən⁵⁴sin²⁴
正 tʂən⁵⁵⁴
斜 tsʰia²¹
张狂 tʂɔŋ²⁴kʰuaŋ²¹
本分 pən⁴²fən⁵⁵⁴
歪 vai²⁴ 形容人厉害：渠～得很
老好 lau⁴²xau⁴²
熟 ʂou⁴⁴
熝 lou⁴⁴ 烫
温 vən²⁴
壮 tsɔŋ⁵⁵⁴
聪明 tsʰən²⁴min²¹
　能 nẽ²¹
狡猾 tɕiau²⁴fa⁰
好食 xau⁴²ʂʅ⁴⁴ ①表示东西味道好：底个果子～。②馋：底隻伢子～
奇怪 tɕʰi²¹kuai⁵⁵⁴
模糊 mo²⁴fu⁰
烦 fã²¹
　毛乱 mau²¹lõ⁵⁵⁴
放心 fəŋ⁵⁵sin²⁴
合适 xoi⁴⁴ʂʅ⁰
缓 fõ⁴² 底块土～得很
美 mei²⁴ 舒服，得劲儿
□塑 ˀu²¹sou⁵⁵⁴ 恶心：你看你□so³³鼻齈，～得很
结ˀ tɕiɛ³³ 涩：底隻柿子～得很
全□ tɕʰyẽ²¹fa⁰ 家中父母儿女齐全

□ fən²¹ 团结
乌红 u²⁴fəŋ²¹ 朱红
粉红 fən⁴²fəŋ²¹
深红 tʂʰən²⁴fəŋ²¹
浅红 tsʰiɛ⁴²fəŋ²¹
柿子红 sʅ⁵⁴tsʅ²¹fəŋ⁰
大红 tʰai⁵⁴fəŋ⁰
紫红 tsʅ⁴²fəŋ⁰
浅蓝 tsʰiɛ⁴²lã²¹
深蓝 tʂʰən²⁴lã²¹
天蓝 tʰiɛ²⁴lã²¹
海蓝 xoi⁴²lã²¹
毛蓝 mau²⁴lã²¹
草绿 tsʰau⁴²liou⁴⁴
浅绿 tsʰiɛ⁴²liou⁴⁴
深绿 tʂʰən²⁴liou⁴⁴
灰白 foi²⁴pʰa⁴⁴
寡ˀ白 kua⁴²pʰa⁴⁴ 苍白
傻白 ʂa⁴²pʰa⁴⁴
深灰 tʂʰən²⁴foi²⁴
浅灰 tsʰiɛ⁴²foi²⁴
银灰 n̻in²¹foi²⁴
杏黄 xẽ⁵⁵vɔŋ²¹
深黄 tʂʰən²⁴vɔŋ²¹
浅黄 tsʰiɛ⁴²vɔŋ²¹
橘子黄 tɕy³³tsʅ⁰vɔŋ²¹
土黄 tʰou⁴²vɔŋ²¹
青 tsʰiaŋ²⁴
豆青 tʰɛu⁵⁵tsʰiaŋ⁰
藏青 tsɔŋ⁵⁴tsʰiaŋ²⁴
蟹青 ɕiɛ²¹tsʰiaŋ²⁴
鸭蛋青 ɛ³³tʰã⁵⁴tsʰiaŋ⁰

品紫 pʰin⁴²tsʅ⁴²
玫瑰紫 mei²¹kuei⁵⁵tsʅ⁴²
古铜 ku⁴²tʰəŋ²¹

二十六　副词介词等

净 tsʰiaŋ⁵⁵⁴ ～食米，唔食面
有滴滴子 iou²⁴ti³³ti²¹tsʅ⁰ 有一点儿：今晡～冷
怕 pʰa⁵⁵⁴ 表示说话人认为事件发生的可能性较大：今晡～爱落水
　恐怕 kʰəŋ⁴²pʰa⁵⁵⁴ 相比于"怕"，"恐怕"表示说话人认为事件发生的可能性较小：今晡～～爱落水
非……唔…… fei²⁴...mu²¹... 非……不……：～去～可
马上 ma²⁴xɔŋ⁰ 我～就来
趁早 tsʰən⁵⁵tsau⁴² 你～走
迟早 tsʰʅ²¹tsau⁴² 早晚：你～来都行
眼看 ŋã⁴²kʰɔ̃⁵⁵⁴ ～就到期咧
得亏 tei³³kʰuei⁰ 幸亏：～你来咧，要唔我就走错路咧
当面 tɔŋ²⁴miẽ⁵⁵⁴ 有话～话
背背 pʰoi⁵⁵poi⁵⁵⁴ 背地：有脉⁼个，当面话，无～话
顺便 ʂuan⁵⁵piẽ⁵⁵⁴ 请渠～分我买一本书
到底 tau⁵⁵tei⁴² 到了儿：渠～走咧
一滴子 i³³ti³³tsʅ⁰ 压根儿：渠～都找唔到
实在 sʅ⁴⁴tsʰoi⁵⁵⁴ 底隻东西～好
快四十 kʰuai⁵⁵si⁴⁵sʅ³ 平四十：一隻人～咧
莫 mo⁴⁴ 别，不要：慢慢走，～□loi⁴⁴
偏 pʰiẽ²⁴ 你唔喊我去，我～去
胡 fu²¹ ～话
先 siẽ²⁴ 你～走，我就来

头里 tʰɛu²¹li⁰ 起初：渠～〔知道〕唔道，后来正听人话个
另外 lin⁵⁵ŋoi⁵⁵⁴
顶好 tin⁴²xau⁴² 最好：瘦个胖个都唔好，唔瘦唔胖～
已经 i⁴²tɕiəŋ⁰ 渠～归屋下咧
突然 tʰou⁴²zɛ̃⁰ ～渠就死咧
喊 xã⁵⁵⁴ 被：渠～狗啮了一口
分 pən²⁴
把 pa⁴² 你～门关倒
拿 na²⁴
对倒 tei⁵⁴tau⁰ 对着：渠一直～我笑
到 tau⁵⁵⁴ 表方向：～屋下话
在 tsʰoi²⁴ ～哪子食饭
从 tsʰəŋ²¹ ①表处所：到商县去，～哪子走。②表时间：～渠走后，我一直唔放心
走 tsɛu⁴²
喊 xã⁴² 表依据：～我看唔错
照 tʂau⁵⁵⁴
拿 na²⁴ 用，表工具：你～毛笔写
顺倒 ʂuan⁵⁴tau⁰ 顺着：～底条路一直走
朝 tʂʰau²¹ ～后背看看
把……喊…… pa⁴²...xã⁴²... 管……叫……：有个地方～山药～薯子
拿……当…… na²⁴...tɔŋ⁵⁵... 有个地方～麦草～柴烧
从细 tsʰəŋ²¹sei⁵⁵⁴ 从小：渠～～就能食苦
朝外 tʂʰau²¹ŋoi⁵⁵⁴ 往外：老王个钱多，就系唔～拿
撵 niẽ⁴² 赶：我～天夜前到
比 pi⁴² 表比较：渠～你高
赶 kõ⁴²

二十七　量词

本 pən⁴² 一～书
笔 pi³³ 一～钱｜一～好字
封 fəŋ²⁴ 一～信
帖 tʰiɛ³³ 一～药
味 vei⁵⁵⁴ 一～药
顶 taŋ⁴² 一～帽子
锭 tʰin⁵⁵⁴ 一～墨
档子 toŋ⁴²tsʅ⁰ 一～事
兜 tɛu²⁴ 一～花—棵花
炉 lou²¹ 一～香｜烧一～
枝 tsʅ³³ 一～花
盏 tsẽ⁴² 一～灯
桌 tso³³ 一～酒席｜一～客
场 tsʰɔŋ⁴² 一～雨
出 tsʰʅ³³ 一～戏
身 ʂən²⁴ 一～棉衫
杆 kõ²⁴ 一～枪
根 kẽ²⁴ 一～头发
家 ka²⁴ 一～铺子
架 ka⁵⁵⁴ 一～飞机
间 kã²⁴ 一～屋
件 tɕʰiẽ⁵⁵⁴ 一～衫
篇 pʰiẽ⁴² 一～文章
页 iɛ⁴⁴ 一～纸｜一～书
节 tsiɛ³³ 一～义字
段 tõ⁵⁵⁴ 一～文字
片 pʰiẽ⁴² 一～好心｜一～云
面 miẽ⁵⁵⁴ 一～红旗
层 tsʰɤ²¹ 六～楼
盘 pʰã²¹ 一～棋｜一～花生米｜一～水果
门 mən²¹ 一～亲事｜一～技术
刀 tau²⁴ 一～纸
令 lin⁵⁵⁴ 一～纸：一令等于五刀
沓 tʰɛ⁴⁴ 一～纸
桩 tsoŋ²⁴ 一～事
缸 koŋ²⁴ 一～水｜一～金鱼子
碗 õ⁴² 一～饭
杯 pʰei³³ 一～茶
把 pa⁴² 一～米｜一～刀
包 pau²⁴ 一～花生｜一～书
卷 tɕyẽ⁴² 一～纸
捆 kʰuən⁴² 一～行李｜一～毛线
荷 kʰai²⁴ 一～米—担米｜一～水—担水
排 pʰai²¹ 一～树｜一～桌子
进 tsin⁵⁵⁴ 一～院子
饼 piaŋ⁴² 一～爆竹：爆竹尚未打开时盘成一
　　　个圆盘，形似饼子
串 tsʰõ⁵⁵⁴ 一～爆竹—挂鞭炮
句 tɕi⁵⁵⁴ 一～话
对 tei⁵⁵⁴ 一～花瓶
套 tʰau⁵⁵⁴ 一～书
样 ioŋ⁵⁵⁴ 一～虫子—一种虫子
伙 fo⁴² 一～人
伙伙 fo⁴²fo⁰ 一～人，"伙伙"比"伙"所指
　　　的人数要少
批 pʰi⁴² 一～货
起 ɕi⁴² 一～车祸
窝 o²⁴ 一～蜂
抓 tʂua⁴² 一～葡萄—嘟噜葡萄
牙 ŋa²⁴ 一～西瓜—瓣西瓜｜一～橘子—瓣橘子
拃 tsa⁴² 一～—大拇指与中指张开的长度
□ xo²⁴ 一～—大拇指与食指张开的长度

庹 tʰo³³ 一～两臂平伸两手伸直的长度

指 tʂʅ⁴² 一～长

成 tʂʰən²¹ 一～

面 miẽ⁵⁵⁴ 一～褶子—脸褶子

身 ʂən²⁴ 一～毛病

肚子 tou⁴²tsʅ⁰ 一～气

顿 tən⁵⁵⁴ 食一～

眼 ŋã⁴² 看一～

口 xɛu⁴² 一～井｜食一～

场 tʂʰɔŋ⁴² 闹一～

扇 ʂẽ⁵⁵⁴ 一～门｜一～墙—堵墙

部 pu⁵⁵⁴ 一～书

套 tʰau⁵⁵⁴ 一～书

班 pã²⁴ 一～车

水 ʂuei⁴² 洗一～

打 tɛ³³ 一～鸡蛋

团 tʰõ²¹ 一～泥｜一～个兵力

堆 tei²⁴ 一～雪｜一～沙子｜一～草—丛草

挂 kua⁵⁵⁴ 列：一～火车

系列 ɕi⁵⁴liɛ⁰ 一～问题

路 lou⁵⁵⁴ ～公交车

师 sʅ²⁴ 一～个兵力

旅 ly⁴² 一～个兵力

营 iaŋ²¹ 一～个兵力

连 liẽ²¹ 一～个兵力

排 pʰai²¹ 一～个兵力

班 pã²⁴ 一～个兵力

组 tsou⁴² 两～

撮 tsoi³³ 一～毛｜一～头发—绺头发

轱辘 ku³³lou³³ 一～线—轴线

手 ʂou⁴² 一～好字

票 pʰiau⁵⁵⁴ 当一～

届 tɕiɛ⁵⁵⁴ 三～学生｜第三～运动会

任 n̠in⁵⁵⁴ 做一～官

圈 tɕʰiẽ²⁴ 一～麻将

台 tʰoi²¹ 一～戏

盒 xoi⁴⁴ 一～洋火｜一～首饰

箱 siɔŋ²⁴ 一～衫

架子 ka⁵⁴tsʅ⁰ 一～书

柜子 kʰuei⁵⁴tsʅ⁰ 一～书｜一～衫

抽屉 tʂʰou²⁴tʰi⁰ 一～文件

筐子 kʰuaŋ²⁴tsʅ⁰ 一～菠菜

篮子 lã²¹tsʅ⁰ 一～苹果

䉓 ləŋ²⁴ 一～木炭—篓子木炭

炉子 lou²¹tsʅ⁰ 一～灰

袋子 tʰoi⁵⁴tsʅ⁰ 一～包谷

池子 tʂʰʅ²¹tsʅ⁰ 一～水

瓶 pʰin²¹ 一～醋

罐 kõ⁵⁵⁴ 一～煤气

坛 tʰã²¹ 一～酒

桶 tʰəŋ⁴² 一～油

吊子 tiau⁵⁴tsʅ⁰ 一～麻钱

盆 pʰən²¹ 一～水

壶 fu²¹ 一～茶

镬 o⁴⁴ 一～饭—锅饭

笼 ləŋ²¹ 一～包子

盅 tsən²⁴ 一～酒

勺子 ʂɔ⁴⁴tsʅ⁰ 一～汤｜一～油

一两隻 i³³liɔŋ⁴²tʂa⁰ 个把，一两个

百把来人 pa³³pa⁴²loi²¹n̠in⁰

千把来人 tsʰiɛ²⁴pa⁴²loi²¹n̠in²¹

万把块钱 vã⁵⁵pa⁴²kʰuai⁵⁵tsʰiɛ²¹

里把子路 li²⁴pa⁴²tsʅ⁰lou⁵⁵⁴

里把子两里路 li²⁴pa⁴²tsʅ⁰liɔŋ⁴²li²⁴lou⁵⁵⁴ 两里

或者略少于两里路

两里来路 lioŋ⁴²li²⁴loi²¹lou⁵⁵⁴ 两里多路

亩把子两亩土 moi²⁴pa⁴²tsʅ⁰lioŋ⁴²moi²⁴tʰou⁴² 两亩或者略少于两亩地

亩把子土 moi²⁴pa⁴²tsʅ⁰tʰou⁴² 面积一亩上下的地

两亩来土 lioŋ⁴²moi²⁴loi²¹tʰou⁴² 面积大约两亩上下的地

二十八　附加成分等

后加成分：

得很 tei⁰xɛ̃⁴² 好～｜热～｜冷～

倒太 tau⁰tʰai⁵⁵⁴ 忙～｜好～｜热～

倒太太 tau⁰tʰai⁵⁴tʰai⁰ 忙～｜好～｜热～｜长～

要命 iau⁵⁵mioŋ⁵⁵⁴ 气倒～｜热倒～

要死 iau⁵⁵si⁴² 气倒～｜热倒～

唔得了 mu²¹tei³³liau⁴² 气倒～｜热倒～

死咧 si⁴²liɛ⁰ 气～｜忙～

得慌 tei⁰foŋ²⁴ 闷～｜气～

最……唔过 tsei⁵⁵⁴…mu²¹ko⁰ ～好～

食头 sʅ⁴⁴tʰɛu⁰ 吃头儿：底个菜无～

喝头 xoi⁴⁴tʰɛu⁰ 个隻唔～

看头 kʰõ⁵⁴tʰɛu⁰ 底出戏有～

干头 kã⁵⁴tʰɛu⁰ 底件事有～

奔头 pɛ̃²⁴tʰɛu⁰ 日子有～

苦头 fu⁴²tʰɛu⁰ 分渠食滴子～

甜头 tʰiɛ²¹tʰɛu⁰ 分你滴子～

啮头 ŋɛ³³tʰɛu⁰ 嚼头儿：底隻东西有～

盼头 pʰã²⁴tʰɛu⁰ 日子有～咧

前加成分：

胖……pʰɔŋ⁵⁵⁴ ～硬｜～虚

溜……liou⁵⁵⁴ ～光

锃……tsəŋ⁵⁵⁴ ～光

焦……tsiau²⁴ ～烂

精……tsin²⁴ ～光｜～白｜～湿

稀……ɕi²⁴ ～烂

怪……kuai⁵⁵⁴ ～疼｜～冷｜～难

虚字：

了 li⁰ 助词：①用在句中，表示动作完成，产生变化等：渠屋下死～三隻猪。②可以出现在连谓句或者复句中的前一个动作事项的表述中，用于表示某个事件已经完成，其后必须要有后续分句，承接说明前面事件完成后所产生的影响：你看好～再买

咧 liɛ⁰ 助词，语气词：①用于句末，表示一种已然态，客观陈述事件已经发生了：衫做好～。②用于句末，表示出现了新的情况或事件：落水～。③用于句末的形容词或形容词性短语后，表示说话人对某事件的评价，态度或情感：其实底隻比个隻好多～。④用于表时间和表数量的短语后，描绘某种事件，表达说话人对听话人的提醒，语用义上往往都带有夸张的意味：十二点～，该走咧

倒 tau⁰ ①进行体，持续体助词，表示动作的伴随状态：渠正食饭～在｜天上飞～一隻鹞嫲。②补语标记：渠个字写～咁好｜今晡热～太太

得 tei⁰ 补语标记，只和"很"搭配：底隻人好～很

个 kei⁰~kɛi⁵⁵ 结构助词，相当于普通话的"的"：我～衫｜南来～，北往～

二十九　数字等

一号 i³³xau⁰
二号 ȵi⁵⁴xau⁰
三号 sã²⁴xau⁰
四号 si⁵⁴xau⁰
五号 ŋ⁴²xau⁰
六号 liou³³xau⁰
七号 tsʰi³³xau⁰
八号 pɛ³³xau⁰
九号 tɕiou⁴²xau⁰
十号 ʂʅ⁴⁴xau⁰
初一 tsʰou²⁴i³³
初二 tsʰou²⁴ȵi⁵⁵⁴
初三 tsʰou²⁴sã²⁴
初四 tsʰou²⁴si⁵⁵⁴
初五 tsʰou²⁴ŋ⁴²
初六 tsʰou²⁴liou³³
初七 tsʰou²⁴tsʰi³³
初八 tsʰou²⁴pɛ³³
初九 tsʰou²⁴tɕiou⁴²
初十 tsʰou²⁴ʂʅ⁴⁴
老大 lau⁴²tʰai⁵⁵⁴
老二 lau⁴²ȵi⁵⁵⁴
老三 lau⁴²sã²⁴
老四 lau⁴²si⁵⁵⁴
老五 lau⁴²ŋ⁴²
老六 lau⁴²liou³³
老七 lau⁴²tsʰi³³
老八 lau⁴²pɛ³³
老九 lau⁴²tɕiou⁴²
老十 lau⁴²ʂʅ⁴⁴

老幺 lau⁴²iau²⁴
　　老细 lau⁴²sei⁵⁵⁴
大哥 tʰai⁵⁵ko²⁴
二哥 ȵi⁵⁵ko²⁴
一隻 i³³tʂa³³ 一个
四隻 si⁵⁴tʂa⁰ 四个
五隻 ŋ⁴²tʂa⁰ 五个
六隻 liou³³tʂa⁰ 六个
七隻 tsʰi³³tʂa⁰ 七个
八隻 pɛ³³tʂa⁰ 八个
九隻 tɕiou⁴²tʂa⁰ 九个
十隻 ʂʅ⁴⁴tʂa⁰ 十个
第二 tʰi⁵⁵ȵi⁵⁵⁴
第三 tʰi⁵⁵sã²⁴
第四 tʰi⁵⁵si⁵⁵⁴
第五 tʰi⁵⁵ŋ⁴²
第六 tʰi⁵⁵liou³³
第七 tʰi⁵⁵tsʰi³³
第八 tʰi⁵⁵pɛ³³
第九 tʰi⁵⁵tɕiou⁴²
第十 tʰi⁵⁵ʂʅ⁴⁴
第一隻 tʰi⁵⁵i³³tʂa³³ 第一个
第二隻 tʰi⁵⁵ȵi⁵⁴tʂa⁰ 第二个
第三隻 tʰi⁵⁵sã²⁴tʂa⁰ 第三个
第四隻 tʰi⁵⁵si⁵⁴tʂa⁰ 第四个
第五隻 tʰi⁵⁵ŋ⁴²tʂa⁰ 第五个
第六隻 tʰi⁵⁵liou³³tʂa⁰ 第六个
第七隻 tʰi⁵⁵tsʰi³³tʂa⁰ 第七个
第八隻 tʰi⁵⁵pɛ³³tʂa⁰ 第八个
第九隻 tʰi⁵⁵tɕiou⁴²tʂa⁰ 第九个
第十隻 tʰi⁵⁵ʂʅ⁴⁴tʂa⁰ 第十个
十一 ʂʅ⁴⁴i³³

二十 ɲi⁵⁵ʂʅ⁴⁴
二十一 ɲi⁵⁵ʂʅ⁴⁴i³³
三十 sã³³ʂʅ³³
三十一 sã³³ʂʅ⁴⁴i⁰
四十 si⁵⁴ʂʅ⁰
四十一 si⁵⁵ʂʅ⁴⁴i³³
五十 ŋ⁴²ʂʅ⁰
五十一 ŋ⁴²ʂʅ⁴⁴i³³
六十 liou³³ʂʅ⁰
六十一 liou³³ʂʅ⁴⁴i³³
七十 tsʰi³³ʂʅ⁰
七十一 tsʰi³³ʂʅ⁴⁴i³³
八十 pɛ³³ʂʅ⁰
八十一 pɛ³³ʂʅ⁴⁴i³³
九十 tɕiou⁴²ʂʅ⁰
九十一 tɕiou⁴²ʂʅ⁴⁴i³³
一百一十 i³³pa³³i³³ʂʅ⁰
一百一十隻 i³³pa³³i³³ʂʅ²¹tʂa⁰ 一百一十个
一百一十一 i³³pa³³i³³ʂʅ⁴⁴i³³
一百一十二 i³³pa³³i³³ʂʅ⁴⁴ɲi⁵⁵⁴
一百二十 i³³pa³³ɲi⁵⁴ʂʅ⁰
一百三十 i³³pa³³sã²⁴ʂʅ⁰
一百五十隻 i³³pa³³ŋ⁴²ʂʅ²¹tʂa⁰ 一百五十个
两百五 liəŋ⁴²pa⁰ŋ⁴² ①数字，二百五十。②指行事鲁莽，胡作非为，不懂事理的人，当地人称为"二杆子"：个事无人敢干，只有个～敢去务
两百五十隻 liəŋ⁴²pa⁰ŋ⁴²ʂʅ²¹tʂa⁰ 二百五十个
三百一 sã²⁴pa⁰i³³ 三百一十
三百三 sã²⁴pa⁰sã²⁴ 三百三十
三百六 sã²⁴pa⁰liou³³ 三百六十
三百八 sã²⁴pa⁰pɛ³³ 三百八十

一千一 i³³tsʰiɛ²⁴i³³ 一千一百
一千一百隻 i³³tsʰiɛ²⁴i³³pa³³tʂa³³ 一千一百个
一千九 i³³tsʰiɛ²⁴tɕiou⁴² 一千九百
一千九百隻 i³³tsʰiɛ²⁴tɕiou⁴²pa²¹tʂa⁰ 一千九百个
三千 sã³³tsʰiɛ³³~sã²⁴tsʰiɛ²⁴
五千 ŋ⁴²tsʰiɛ²⁴
八千 pɛ³³tsʰiɛ²⁴
一万二 i³³vã⁵⁵ɲi⁵⁵⁴ 一万二千
一万二千隻 i³³vã⁵⁵ɲi⁵⁴tsʰiɛ²¹tʂa⁰ 一万二千个
三万五 sã²⁴vã⁵⁵ŋ⁴² 三万五千
三万五千隻 sã²⁴vã⁵⁵ŋ⁴²tsʰiɛ²¹tʂa⁰ 三万五千个
零 laŋ²¹
两斤 liəŋ⁴²tɕin²⁴
两钱 liəŋ⁴²tsʰiɛ²¹
两分 liəŋ⁴²fən²⁴
两厘 liəŋ⁴²li⁰
两丈 liəŋ⁴²tʂʰɔŋ⁵⁵⁴
两尺 liəŋ⁴²tʂʰa³³
两寸 liəŋ⁴²tsʰən⁵⁵⁴
两分 liəŋ⁴²fən²⁴
两里 liəŋ⁴²li²⁴
两荷子 liəŋ⁴²kʰai²⁴tsʅ⁰ 两担子：我把～～～粪荷到土里去
两斗 liəŋ⁴²teu⁴²
两升 liəŋ⁴²ʂən²⁴
两合 liəŋ⁴²ko³³
两项 liəŋ⁴²xɔŋ⁵⁵⁴
两亩 liəŋ⁴²moi²⁴
好多隻 xau⁴²to²⁴tʂa³³ 好多个，好几个，好些个：个庙下来了～人
·滴滴子 i³³ti³³ti²¹tsʅ⁰ 一点儿，一点点儿：～就够咧

好一滴子 xau⁴²i³³ti³³tsɿ⁰ 好一些：来了～人

大一滴子 tʰai⁵⁴i³³ti³³tsɿ⁰ 大一些：等大细子～再话老婆

大滴子 tʰai⁵⁴ti³³tsɿ⁰ 大点儿

大滴滴子 tʰai⁵⁴ti³³ti²¹tsɿ⁰ 大一点点儿

十多隻 sɿ⁴⁴to²⁴tʂa³³ 十多个：个块土来了～野猪

一百多隻 i³³pa³³to²⁴tʂa³³ 一百多个：今晡村里来了～人

十来隻 sɿ⁴⁴loi²¹tʂa³³ 十来个：～人我都唔认得

千把来隻 tsʰiɛ²⁴pa⁴²loi²¹tʂa⁰ 一千来个：个广场来了～人

百把来隻 pa³³pa⁴²loi²¹tʂa⁰ 一百来个：我今年喂了～鸡

半囗子 pã⁵⁴sa²¹tsɿ⁰ 半个：底隻凳都跌成～咧

半隻 pã⁵⁴tʂa⁰

一半 i³³pã⁵⁵⁴

两半 liɔŋ⁴²pã⁵⁵⁴

多半 to²⁴pã⁵⁵⁴

一大半 i³³tʰai⁵⁴pã⁰

一隻半 i³³tʂa³³pã⁵⁵⁴ 一个半

上下 sɔŋ²⁴xa²⁴ ①表约数：我等都系五六十岁～个人咧。②来往：我连渠唔～咧

左右 tso⁴²iou⁵⁵⁴ 底隻大细子正十七八～

成语

一来二去 i³³loi²¹ȵi⁵⁵ɕi⁵⁵⁴

一清二白 i³³tsʰin²⁴ȵi⁵⁵pʰa⁴⁴

一清二楚 i³³tsʰin²⁴ȵi⁵⁵tsʰou⁴²

一干二净 i³³kõ²⁴ȵi⁵⁵tsʰiaŋ⁵⁵⁴

一差三错 i³³tsʰa²⁴sã²⁴tsʰo⁵⁵⁴

一刀两断 i³³tau²⁴liɔŋ⁴²tʰõ²⁴

一举两得 i³³tɕy⁴²liɔŋ⁴²tei³³

三番五次 sã³³fã³³ŋ⁴²tsʰɿ⁵⁵⁴

三番两次 sã³³fã³³liɔŋ⁴²tsʰɿ⁵⁵⁴

三年两年 sã²⁴ȵiɛ²¹liɔŋ⁴²ȵiɛ²¹

三年五载 sã²⁴ȵiɛ²¹ŋ⁴²tsai⁴²

三天两头 sã³³tʰiɛ³³liɔŋ⁴²tʰɛu²¹

三天两夜 sã²⁴tʰiɛ²⁴liɔŋ⁴²ia⁵⁵⁴

三长两短 sã²⁴tʂʰɔŋ²¹liɔŋ⁴²tõ⁴²

三言两语 sã²⁴iɛ²¹liɔŋ⁴²y⁴²

三心两意 sã³³sin³³liɔŋ⁴²i⁵⁵⁴

三三两两 sã³³sã³³liɔŋ⁴²liɔŋ⁴²

四平八稳 si⁵⁵pʰin²¹pɛ³³vən⁴²

四面八方 si⁵⁵miɛ⁵⁴pɛ³³fɔŋ²⁴

四时八节 si⁴⁴sɿ²¹pɛ³³tsiE³³

五湖四海 ŋ⁴²fu²¹si⁵⁵xoi⁴²

五花八门 ŋ⁴²fa²⁴pɛ³³mən²¹

七上八下 tsʰi³³ʂɔŋ⁵⁴pɛ³³xa²⁴

七颠八倒 tsʰi³³tiɛ²⁴pɛ³³tau⁴²

乱七八糟 lõ⁵⁵tsʰi³³pɛ³³tsau⁰

乌七八糟 u³³tsʰi³³pɛ³³tsau⁰

七长八短 tsʰi³³tʂʰɔŋ²¹pɛ³³tõ⁴²

七手八脚 tsʰi³³ʂou⁴²pɛ³³tɕio³³

七喙八舌 tsʰi³³tsoi⁵⁴pɛ³³ʂE⁴⁴

七言八语 tsʰi³³iɛ²¹pɛ³³y⁴²

千辛万苦 tsʰiɛ³³sin³³vã⁵⁵kʰu⁴²

千真万确 tsʰiɛ²⁴tʂən³³vã⁵⁵tɕʰio⁵⁵⁴

千军万马 tsʰiɛ³³tɕyən³³vã⁵⁴ma²⁴

千人万马 tsʰiɛ²⁴ȵin²¹vã⁵⁴ma²⁴

千变万化 tsʰiɛ²⁴piɛ⁵⁵vã⁵⁵fa⁵⁵⁴

第六章 语法

第一节

词法

一 构词法

普通话中合成词的类型，罗湾话中同样存在。其中较有特点的派生式构词，本书将在后面的"语缀"部分讨论，这里主要介绍罗湾话另一种有特点的构词现象：逆序词。逆序词是指构词语素跟普通话相同，但排列顺序与普通话相反的词（张成材2003）。罗湾话的逆序词例见下：

鸡公_{公鸡}、鸡嫲_{母鸡}、牛牯_{公牛}、牛嫲_{母牛}、狗牯_{公狗}、狗嫲_{母狗}、羊牯子_{公羊}、羊嫲子_{母羊}、猫牯子_{公猫}、猫嫲子_{母猫}、公太_{曾祖父}、婆太_{曾祖母}、月大_{农历三十天的月份}、月细_{农历二十九天的月份}、尘灰、收秋、菜干、积食、[知道]唔道_{不知道}、巴巴尾_{最后一名}

罗湾话的逆序词大多都是直接承继源方言的结果，如：鸡公、鸡嫲、牛牯、公太、婆太、月大等，其中"牯""嫲""公"是客家方言典型的表示动物性别的语素，其性质是词根。黄雪贞（1994）："'公嫲，牯嫲'称呼某种男女或区别某些动物的雌雄，在好些南方方言中都有类似现象，只是各方言的用字不同。客家话'公嫲，牯嫲'等字的用法多数与性别有关。"有学者将这类词看作"中心语 + 修饰语"的逆序偏正式。上例中，在指称"羊""猫"时，其后还附加了一个"子"缀，这是权威方言"子"缀派生式构词深度影响罗湾话的结果，这一点我们在后文中还会有专门讨论。又普通话的"不知道"，在关中方言中说成"知不道"是一个非常普遍的现象，而罗湾话的说法，则明显是在借用权威方言的动补结构后，读音上又发生了合音的结果。最后说一下"巴巴尾"，这个词是"尾巴"一词的逆序，不过比较特殊的是语素"巴"又重叠了一次。

二 重叠与语缀

（一）重叠

重叠是汉语构词法的一种常见形式，主要就是单个语素或音节以叠加的方式构成新词。罗湾话中，重叠同样是一种重要的构词手段，从词类上来看，可以有名词的重叠、形容词的重叠、动词的重叠等。下面将按照词类的不同分别描写罗湾话的重叠构词。

1. 名词重叠

这里的名词是指重叠后词语所表现出来的语法性质，其功能上和一般名词基本相同，就构词语素来看，主要是名词性的，但也可以是谓词性的。下面分别介绍：

（1）AA（子）式

甲：虫虫子　　疤疤子　　面面子　　皮皮子　　角角子

　　棍棍子　　边边子　　坡坡子　　盒盒子　　铲铲子

乙：喙喙子_{奶嘴或哨子嘴儿}　　拐拐子_{角落}　　头头子

丙：窝窝_{棉鞋}　　泡泡_{鱼鳔}

罗湾话名词的重叠形式多数都要附加一个"子"缀，形成AA子式的格式，也即上述的甲乙两类；少数可不加，如丙类。其中A都是名词性语素，而单个的语素与重叠式在语义指称上有时相同，有时不同，甲类是两者一致的词例，如"虫虫子"，其所指称的对象都是虫子；乙丙两类是两者不一致的词例，如"窝窝"，其单个语素和重叠式的指称对象不一样，"窝"指小洞，而"窝窝"指棉鞋。

普通话中表亲属称谓的"爷爷""弟弟""妹妹""哥哥""姐姐"等重叠式名词，罗湾话只采用附加或者单音节称呼的办法，如：阿公_{爷爷}、老弟子_{弟弟}、老妹子_{妹妹}、哥_{哥哥}、姐姐_{姐姐}，因此AA子式构词中就缺少相关的亲属称谓名词的重叠形式。

（2）ABB式

甲：饭勺勺　　药面面　　面片片　　岭头头_{大山上的小山包}

乙：鞋底底　　树顶顶　　案边边

丙：毡窝窝_{棉鞋}　　铁窝窝_{铁碓子}　　馍蛋蛋_{圆形的小馒头}

丁：崖哇哇_{回声}

ABB式是AA式的扩展形式，从内部结构及表义特点上，又可以分为四个小类：

甲类的结构可分析为A+BB，是一个偏正结构，其中BB都可以单说，如"勺勺"，每个重叠式结构也都有一个相应的AB式，如"药面面"对应"药面"。语义上甲类结构的语义基本就是A与B语素义的叠加，表义较为明确。

乙类结构上与甲类有相同之处，如结构上也是一个偏正结构，也都有一个相应的AB

式。不同之处是：一方面BB部分不全可以单说，如上述词例中的"边边"可以单说，而"底底""顶顶"则不能单说，但是它们却同样可以作为构词词根灵活组词，具有较强的构词能力；另一方面，乙类结构在语义上也是A与B语素义的叠加，但是与甲类不同的是乙类词还都有一种指称极性方位的语义特点。

丙类的内部结构也都可以分析成一个偏正结构，但是却没有相应的AB式，因此语义上也就不是A、B语素义的叠加，实际上这类结构的BB部分是可以单说的，BB的词义都是对语素基本义的转喻用法，因此丙类词通常都有一种鲜明的形象色彩。

丁类词例较少，其特点是BB是一个叠音词，而"B"本身并不是一个语素，也没有AB的对应式，因此结构上并不是一个偏正关系，而可以看成是一个词根加叠音词缀的派生式。

（3）AAB式

甲：毛毛水　　　　沙沙土_{沙土地}　　豁豁喙_{豁豁嘴}　　洼洼土_{地势较低的土地}

　　包包岭_{山上凸起的小山包}　花花牌_{牌九}　　勺勺馍　　　　拐拐棍_{拐杖}

乙：歪歪喙_{歪歪嘴}　　尖尖鞋　　　　冻冻肉　　　　蹦蹦车

丙：麻麻光_{天刚放亮之时}　叉叉果_{牛奶果}

这一类的结构特点相同，即都是由一个单音节的名词性词根前加一个重叠式的名词性语素构成，内部结构可分析为AA+B的格式。根据AA性质的不同，可以分为三个小类：

甲类的AA是名词性语素的重叠形式，乙类的AA是形容词或动词性语素的重叠形式，它们都作为定语来修饰名词词根，语义上主要是从形态、属性两方面加以限定，如"毛毛水""冻冻肉"是描述形态，"歪歪喙""尖尖鞋"则是从属性方面加以分别。这两类结构基本都没有对应的AB形式。丙类的AA都是叠音词的形式，当然就更不存在对应的AB形式，因为所修饰部分的理据义并不清楚，因此AA部分的表义特点也难以明确。

2. 动词重叠

此部分描写和讨论动词性的重叠形式，其构成语素可以有名词性的，但就整个重叠式的性质看，依然是动词性的，主要就是ABB式结构。如：

转圈圈　　跳绳绳　　翻交交_{一种翻绳的小游戏}　　　　打哇哇_{一种小孩的游戏}

搲痒痒　　跑船船　　跑马马_{一种当地的民俗表演形式，类似跑旱船}

ABB重叠式都是由一个动词性词根附加上一个重叠式名词构成的，结构上形成一种动宾关系。其中A基本都能单说，有的还具有使动义。BB基本都是名词语素的组合，个别是由名词性的叠音词充当的，如"打哇哇"。BB重叠式本身有的能单说，如"绳绳""船船"，有的则不能单说，如"马马""哇哇"。这种结构多用来指称某种小孩儿玩耍的游戏或小孩儿的行为、动作。

3. 形容词重叠

此部分描写罗湾话形容词的重叠形式，主要介绍ABB式结构。

ABB重叠式是指单音节形容词后头加上叠音式后缀所形成的形容词生动形式。所附加的叠音词缀，均增强了词根的表义效果，也使词义更加鲜活生动。从性质上看，单音节的性质形容词也都变成了状态形容词。例如：

精溜溜　　光溜溜　　明光光　　平争争　　胖墩墩　　毛拉拉　　毛洞洞_{粗糙不光滑}

软塌塌　　乌洞洞　　乌油油　　绿瓦瓦　　红扑扑　　死巴巴　　噘憋憋_{委屈得要哭的样子}

罗湾话的ABB式较多地体现了权威方言的影响。梅县话、五华话这种形式的构词也比较丰富，"梅县方言有极为丰富的ABB哩式的形容性词语。A可为名词、动词或形容词……，都能构成一个形容性的词语"（谢永昌1994：248）。"ABB式状态形容词是状态形容词中的典型格式，从数量上看也是最多的。在五华方言中，状态形容词表示程度高的各种形式中ABB式状态形容词的数量也是很客观的"（李芳2012：16）。不过粤地客家方言的这些ABB式词语，罗湾话都不说了。

（二）语缀

罗湾话词缀较为丰富，从来源上看大致可以分为两大类：源方言的传承和权威方言的借用。本节主要讨论"阿""老""子""公""牯""嬷""公""佬""晡"等词缀。

1. 前缀

（1）阿

"阿"[a³³]，罗湾话中可以用来构成亲属称谓类词语，例如：

甲：阿公_{祖父}　阿婆_{祖母}　阿舅子_{妻之兄弟}

乙：阿哥子_{对同宗族人中兄长的称呼}　阿姐子_{对同宗族人中姐姐的称呼}　阿妹_{对同宗族人中妹妹的称呼}

甲类词是现今罗湾话依然使用的口语词，是对长辈的称呼，其中"阿婆"一词有的罗湾人还说，但是本书的主要发音合作人罗太栋已不说"阿婆"，只说"婆"。乙类词是对平辈的称呼，其中"阿哥子"是现在口语中的说法，其他两个则已不用"阿"前缀了。

另外，旧时罗湾话的"阿"还可以用在人名或者姓的前头，不过现在已不见这种用法了。

（2）老

①老+排行：老大　老二　老三　老四　老五　老细_{老小}

②老+姓：老罗　老王　老张　老李

③老+亲属：老公　老婆　老弟子_{弟弟}　老妹子_{妹妹}　老妹婿_{妹夫}　老表_{表兄弟}

④老+动物：老鼠　老虎　老阿钳子_{螃蟹}

⑤其他：老天爷　老堂下_{祠堂}

罗湾话中前缀"老"是名词词缀，使用频率较高，使用情况和普通话基本相同，不同之处在于罗湾话中的亲属称谓语中以"老"为前缀构成的词语明显比普通话要多。

2. 后缀

（1）子

罗湾话的"子"缀词相当丰富。"子"[tsʅ⁰]，读为轻声，能广泛地附加在名词、形容词、动词等成分后头构成名词性词语，其性质与普通话相同，但具体的构成类型及使用情况则与商州等关中话相同。根据各构词语素的数量、性质以及结构关系，本书将罗湾话的"子"缀词分为：A+子、AA+子、AB+子、A+B+子四种类型。下面对各种类型的"子"缀词从内部结构和意义两方面进行说明：

①A+子

"A"可以是名词、动词、形容词。例如：

A. 动物：

甲：骡子　猴子　狮子　兔子　鸭子　燕子　蝎子　蚊子

乙：鸟子　鱼子　鹞子_{个头小的老鹰}　蜗子_{青蛙}

B. 日常事物：帽子　架子　钉子　椅子　调子_{羹匙}　梯子　巷子　俫子_{儿子}　妹子_{女儿}　铲子　锛子　凿子

C. 植物：竹子　柿子　麦子　蒜子　茄子　杏子

D. 抽象事物：面子　日子　哪子_{哪里}　底子_{这里}　乱子

E. 指某一类人：哑子　跛子　瞎子　胖子　瘦子

这类"子"缀词多数与普通话相同，但也有不同的，如"动物"中的乙类词，再如"日常事物"中的"俫子""妹子"，"抽象事物"中的"哪子""底子"等。它们往往都具有较强的客家方言的特点。其中普通话的一些儿尾词，在罗湾话中也都用"子"缀来替代，罗湾话无儿尾这种形式，这是罗湾话构词方面的一个特点。

②AA+子

A. NN+子

甲：笼笼子　沫沫子　缝缝子　锤锤子　洼洼子_{山间平地}　纠纠子_{小而不成形的东西}

乙：杆杆子　罐罐子　绳绳子　鬏鬏子_{发髻}　甲甲子_{指甲}　索⁼索⁼子_{烂东西}　壳壳子_{果实壳}

丙：笼笼（子）　盒盒（子）　棍棍（子）　牌牌（子）　缝缝（子）

名词、名词语素重叠或者重叠后再加"子"缀是罗湾话表达小称义的主要方式，不过这种构词形式并不都表示小称义，哪些词例表示小称义，我们只能根据发音人的判断逐个加以认定。以上甲类都表小称义，乙类不表小称义。又该种类型的"子"缀有的是可以省略的，如丙类词，其"子"缀即是可有可无的，省略"子"缀后，并不影响词义的表达，如"缝缝"和"缝缝子"都表小义。但是哪些可以省略却没有规律可循，更多的是语言使用者的一种表达习惯。

B. AA＋子

歪歪子　端端子　扁扁子　斜斜子　顺顺子　弯弯子　反反（子）　瞎瞎（子）

"AA＋子"的类型是在性质形容词重叠形式的基础上附加"子"缀而成，意义上多是描绘所陈说对象的形状、体态和颜色等，是一种静态的描述，如"歪歪子"义为被指称的对象呈现出一种歪斜不正的状态。这些词在语法上都具有名词的性质和功能，主要用作主宾语，前头一般要出现物量词"隻"，进一步明确该类结构的名词性特征。因为其特殊的语法表现，邢向东（2010：256）称其为"状态名词"。罗湾话的这类词是权威方言影响的结果，词形基本都来自商州话。而这类词中有的"子"缀也可以省略，如例词中的"反反（子）""瞎瞎（子）"。

C. VV＋子

盖盖子　罩罩子　凿凿子　抓抓子—种农具　豁豁（子）　卷卷（子）　结结（子）结巴

该类词是由动词性语素重叠后附加"子"缀而成的。"子"缀的作用是将动词性的词根语素变为了名词性成分，体现的是"子"缀的形态功能。意义上，一类是指事物的功用，如"盖盖子"，它是由词根语素"盖"所表的动作义转指而来的；一类是指称事物的形态，如"卷卷（子）"，描绘的是指称对象所呈现出的卷筒形的形态。

③ AB＋子

A. AN＋子

甲：角猪子　下巴子　丝瓜子　细橘子金橘　围裙子

乙：二杆子　半吊子　偏心子　羞脸子腼腆的人

丙：太栋子　太金子　根圣子　九圣子　栋娃子　金娃子

该种类型结构上是一个具有偏正关系的词语再附加一个"子"缀而成的，语义上可以分为三类：甲类是指称事物的，乙类是指称人的（多带有贬损的语义色彩），丙类是对同族男性的亲切称呼。

B. NN＋子①

甲：帽檐子　树身子　门闩子　手腕子　药膏子　蒜苗子

乙：蒲芦子　筲箕子　蚂蚱子

甲类在结构上同"AN＋子"的类型，也是在一个偏正结构上再加一个"子"缀而成，区别是此种类型的词根语素之间主要是一种从属关系，如"帽檐子"，帽檐其实是帽子的一部分，或者是一种类属上的关系，如"手腕子"是指手腕而不是脚腕。乙类是两个名词性成分的组

---

① 这里的"NN"是指两个名词性音节或语素，与"AA＋子"下的"NN"含义不同。

合再加上"子"缀而成,词根部分是两个音节,一个语素,语义上都是某类事物的名称。

C. VO+子

围脖子　要饭子_乞丐_　夹生子_半生半熟的米饭_　啯舌子_大舌头_　结锅子_结巴_　跳神子

此类是在一个动宾结构后再加一个"子"缀,由于"子"缀自带的名词化功能,此类结构整体上也都是名词性词语。语义上有的是表示一类具体事物,有的则是指称某一类人。

④A+B+子

A. 日常用具：火筷子　竹椅子　衫领子　鞋楦子　毛辫子　冰溜子　耳耙子

B. 植物：洋柿子　毛栗子　板栗子

C. 动物：公鸭子　毛狗子_狐狸_　麻鸟子_麻雀_　斑鸡子_斑鸠_　刺猪子_刺猬_　崖鸡子_一种野禽_

D. 称谓：大姨子　一担子_连襟_　贼娃子_贼_

E. 身体部位：面帮子　大胯子_大腿_

此种类型的"子"缀词内部结构可分析为由一个单音节词的修饰语加一个"子"缀词而成,本质上此类词语是"A+子"类词的扩展形式,双音节的"子"缀词数量极多,因此就容易形成"A+B+子"类以"A+子"为构词单元的词语。"A+子"间联系紧密,整体性强,基本都可以单说,如"筷子"(火筷子)、"椅子"(竹椅子)。语义上主要用来指称事物,也可以指称某一类人或人体部位。

(2) 牯、嫲、公

"牯""嫲""公"在客家方言中常用来标记动物的性别,性质是词根,这一点我们在"逆序词"一节已经做过说明。本节则主要描写"牯""嫲""公"做词缀的用法。当"牯""嫲""公"不用来标记动物的性别而是表示某一类人、小动物（不论性别）、身体器官、自然界的事物或是器物等时,其原本表性别的语义就泛化了,性质是词缀。如：

嫲：虱嫲_虱子_　落˭嫲_牛虻_　鹞嫲_老鹰_　勺嫲_水瓢_　舌嫲_舌头_　狗嫲蛇_蜥蜴_　好食嫲_馋嘴的人_　噭喀嫲_爱哭的人_

公：猫公_猫的统称_　蟮˭公_蚯蚓_　舅公_舅爷_　鼻公剑˭_鼻子_　大手指公_大拇指_　雷公

源方言中"牯、嫲、公"标记动物性别的用法在罗湾话中得到了较好的传承,而做词缀的用法,从具体词例来看,则呈现出衰减的态势。具体情况如下：

①牯

"牯"在源方言中可以指雄性动物,如：牛牯、驴牯、羊牯、狗牯、猪牯、猫牯等,也可以用来指称男性,但一般含贬损意味,如：贼牯、矮牯、颠牯[①]。今罗湾话中已不见第二

[①] "牯"用来指称男性称谓的用法,是"牯"进一步引申的结果,即由公畜进而指人,属于"跨类属泛化",练春招认为这种用法的"牯"性质上可看作类词缀,属于词根和词缀之间的过渡阶段（练春招2013）。

种用法的词例。

②嫲

"嫲"与"牯"是相对的,源方言中既可以指雌性的鸟和鱼,如:鸡嫲、鸭嫲、鸟嫲、鲤嫲(词根的"嫲");也可以指称女性,同样具有贬损的意味,如:贼嫲、矮嫲、癫嫲(类词缀的"嫲"①)。但"嫲"还有完全虚化的用法,是纯粹的词缀,这时就不再具体指女性或雌性动物,而是用来指小动物、植物、器物和器官等,如:虱嫲、姜嫲、刀嫲、勺嫲、舌嫲。今罗湾话词缀性质的"嫲"主要有两种用法:一是指小动物,如"虱嫲";一是指器物和器官,如"勺嫲""舌嫲"。和源方言相比,罗湾话中表示女性称谓及植物的用法已经消失了,而所保留的用法中,各自所辖的具体词例也减少了,尤其是指称器具或器官的,都只剩下两三个词了。

③公

"公"在源方言中可以指男性或雄性动物,如:阿公、伯公、叔公、舅公、鸡公、鸭公、鸟公、鲤公;也可以泛指动物(不论性别),如:猫公、虾公、蚁公。可以指身体器官,如:鼻公、耳公、手指公;自然界的事物,如:天公、雷公;器物,如:扣公。其中除了第一种用法外,其他用法中的"公"的性质都是词缀。今罗湾话中由词缀"公"构成的词例有"猫公",属于泛指动物的类型;有"鼻公剑=""大手指公",属于指称身体器官的类型;有"雷公",属于指称自然界事物的类型,但已无表器物的说法了。而即使是尚在使用的类型,其具体词例也要比源方言少很多,如罗湾话中已无"虾公""蚁公""耳公""天公"等说法了。

(3)佬

乡巴佬　广东佬　杀猪佬_{屠户}　丈人佬_{岳父}

"佬"是客家方言的一个常见词缀。曾毅平(2003:184)曾对"佬"的用法做了较为详细的论说,其用法主要可分为四类:①附于一般人名后,如"小柱佬";②地名加"佬"指某地人,如"广东佬";③附于形容词、名词后,指称某类人,如"孤佬""赤脚佬";④指称从事某种低贱职业的人,粘附对象有名词和动词性短语,如"裁缝佬""打铁佬"。罗湾话中"佬"缀的使用显然是对源方言的传承,不过现今罗湾话中的"佬"缀词,数量极少,主要有两个使用场合:一是对具有某种特质人群的称谓,如"乡巴佬";二是指称某种职业,如"杀猪佬"。它们和其他客家话一样,都带有较为明显的鄙视色彩。

(4)晡

今晡_{今天}　昨晡_{昨天}　夜晡_{夜里}　三晡十夜_{除夕}

---

① 这类词中的"嫲"与用来指称男性称谓用法的"牯"性质上是相同的,也是类词缀。

"晡",《玉篇·日部》:"晡胡切,申时也。"《广韵》:"博孤切,申时。"申时,即午后三时至五时。客家方言"晡"表时间的用法是对古汉语的继承和发展,而客家方言中"晡"已不单指下午或傍晚时分,而是已经泛化为一个表时间的词缀了,如罗湾话中"今天"即说成"今晡"①。罗湾话"晡"的构词能力较梅县、五华等源方言要弱,比如梅县话还有"秋晡日昨天""黄蚊晡傍晚""暗晡晚上"等说法,五华话也有"下晡头下午""朝晡早晚""暗晡晚上"等说法。

罗湾话中"晡"有的作为后缀,有的是用在中间,似可看作中缀,如"三晡十夜",其内部的凝固性较高。梅县话中"晡"就有加于表时令之间作中缀的用法,如:今晡夜、秋晡夜、秋晡日(谢永昌1994:279)。

三　数量、方所、指代

(一)数量

本节讨论的是罗湾话常用的数词、量词以及数量结构的用法。首先是数词,就所表示数目的多少以及次序而言,可分为基数词和序数词两大类,下面分别讨论。

1. 数词

(1)基数词

首先是系数词,它们是:一、二、三、四、五、六、七、八、九、十、零。其次是位数词,它们是:十、百、千、万、亿。系数和位数的两两组合就形成了复合数词,如:二十、三百、四千、五万、六亿等。三进制及以上的复杂数词中,如果是整位数的表达,罗湾话要省略最后一个位数词,如"一百一十",罗湾话说成"一百一","十"省略;"一千一百",罗湾话说成"一千一","百"省略;"一千一百一十",罗湾话说成"一千一百一","十"省略。如果不是整位数的表达,则不能省略,如"一百一十一""一千一百二十";如果中间有缺位,则需要加零,如"一百零一""一千零一"等。要特别说明的是,罗湾话中的"两百五"除了表示数目以外,还专门指称那种做事不着调,不懂事理,有些半傻的人,当地人称之为"二球",带有较强的贬损义,与普通话的"二百五"有同有异。

(2)序数词

序数词和基数词不同,是用来表示事物排列次序的,罗湾话中基本的序数表示法和普通话相同,主要使用三个词缀"第""初""老"后加基数词表示,如:第一、第二、第三、初一、初二、初三、老大、老二、老三等。其中词缀"老"用来表示亲属排行时,最大的

---

① 梅县说成"今晡日"。

和最小的分别说成"老大"和"老细",后者也可以说成"老幺",但以"老细"为常。

2. 量词

量词是汉语的重要特点之一,表示计量单位,根据所计量对象的性质,可分为名量词和动量词两大类。罗湾话的动量词与普通话基本相同,所以本节只介绍具有一定特点的名量词。

(1)个体量词

个体名词都有与之搭配的专用量词,它们一般都是一种约定俗成的习惯用法,不同方言都有一些能够彰显自身方言特色的习惯搭配,用法上和数词一起构成数量结构,充当主语、宾语或定语等成分。罗湾话中较有特点的个体量词有以下几个:

①隻

"隻"[tṣa³³],是罗湾话中最为常用的个体量词,使用频率最高,其中动物前几乎都可以用"隻"来修饰,其他义类的"隻"有时相当于普通话的"个",有时也相当于普通话的"只",有时则对应于普通话的其他量词,具体要由所修饰的个体名词决定。例如:

A. 表人:一隻人　一隻老师　一隻学生　一隻倈子　一隻妹子　一隻朋友

B. 表动物:一隻狗　一隻鸡　一隻蚊子　一隻牛　一隻猪

C. 表植物:一隻树　一隻萝卜　一隻洋柿子　一隻辣椒

D. 人体部位:一隻手　一隻眼珠　一隻脚　一隻耳朵　一隻喙—张嘴

E. 其他事物:一隻地方　一隻屋　一隻车　一隻桌子　一隻佛像　一隻花瓣

②荷、双、饼、面、镬、抓

"荷"等六个量词都是罗湾话和普通话不同的,但是由于它们的使用场合有限,用例较少,有的只限于一种场合,本书一并罗列于此。例如:

一荷米—担米　一荷水—担水　一饼爆竹—挂爆竹

一面泥—脸土　一镬饭—锅饭　一抓葡萄—嘟噜葡萄

其中"荷"[kʰai²⁴],原本是动词,表示把东西担起来,这里借用为量词的"担"。"一饼爆竹"中量词"饼"是描述爆竹尚未打开,盘成圆盘的形状,而罗湾话也可以说成"一串爆竹",但以前者为常。"面""镬"都是罗湾话典型的带有客家方言特色的词语。"一抓葡萄"中的量词"抓"是借用商州话的结果。

③座、间

一座桥 [i³³tso⁵⁴tɕʰiau²¹]　一座屋 [i³³tsʰo²⁴u³³]　一间屋 [i³³kã²⁴u³³]

"座"在"一座桥"和"一座屋"两个短语中,读音不同,一个读去声,一个读阴平,而"座"单念时是读去声的,音[tso⁵⁵⁴]。"座"是一个全浊去声字,客家方言声调的演变规律是可以读为阴平调,也可以读为去声调,而读阴平调是客家方言语音演变的一个重要特点。实际上粤地客家方言有的即读去声，如梅县、河源；有的则读阴平，如翁源、连南。而无论读哪个声调，声母则都是送气的（李如龙，张双庆1992：21）。罗湾话单念以及"一座桥"中去声的读法应当是权威方言借用的层次，是文读音，因为其声母是读不送气的，与梅县话不同；而"一座屋"中阴平调的读法所反映的则是客家方言的语音特点，是白读音。"间"音[kã²⁴]，也是白读音，声母未发生腭化，体现的是罗湾话早期的读音特点，这也表明"一间屋"应当是罗湾话的一种地道说法。

（2）集合量词

集合量词所计量的事物数量不是单个的，而是成群成批的。例如：

一伙人 一沓纸 一令纸 一堆柴 一双鞋 一打鸡蛋

罗湾话的集合量词与普通话基本相同，要说明的是"双"音[səŋ²⁴]，特点是韵母读同通摄，这也是客家方言语音方面的一个重要特点。这个读音现今只存于老派的发音中，新派则只读[sɔŋ²⁴]。

（3）不定量词

不定量词也称部分量词，是指称部分事物的量词，普通话的不定量词主要是"些"和"点儿"两个，罗湾话中分别说成"滴"和"滴滴"。但"滴"所指称的数量有时并不确定，也可表示"点儿"，其语义界限有些模糊，但是重叠式的"滴滴"则一定是比"滴"所表示的数量更少一些。"滴"后常常要加"子"缀。可充当主语、宾语、定语以及状语、补语等成分，但作定语时，"子"缀以省略为常，作主语时，前面还要有数词"一"，构成一个数量结构。有时"滴"前面也可以加指示代词以明确所指对象，如"底滴（子）"。现分别举例如下：

一滴子东西都无映⁼下一点儿东西都没剩下。i³³ti³³tsɿ⁰təŋ³³si³³tou²⁴mau²¹iaŋ⁵⁴xa⁰.

底滴菜嫩得很。i⁴²ti²¹tsʰoi⁵⁵nən⁵⁴tei⁰xɛ̃⁴².

拿底滴子糟泥荷出去把这些干泥巴担出去。na²⁴i⁴²ti²¹tsɿ⁰tsau²⁴nei²¹kʰai²⁴tsʰɿ³³ɕi⁰.

（二）方所

本节主要对罗湾话表"方所"义的方位词加以描写并解释。方位词是名词的一个小类，是汉语中一个比较特殊的词类，主要用来指称人或物所处的空间方向和相对位置，有时也可以引申指称时间概念。方位词一般可分为单纯方位词和合成方位词，语法上可以单独使用，但更为普遍的用法是附着在其他名词后组成方位短语，位置上以后置为主，也可以前置。罗湾话中的方位词是对客家方言词汇特征保留得最好的几个义类之一，能较好地体现罗湾话客家方言的性质。详细说明如下：

1. 单纯方位词

单纯方位词是指单音节的方位词，罗湾话常见的单纯方位词主要有：

上 [ʂɔŋ⁵⁵⁴]、下 [xa²⁴]、前 [tsʰiɛ̃²¹]、后 [xɛu⁵⁵⁴]、背 [poi⁵⁵⁴]、左 [tso⁴²]、右 [iou⁵⁵⁴]、外 [ŋoi⁵⁵⁴]、东 [təŋ²⁴]、西 [si²⁴]、南 [nã²¹]、北 [pei³³]、底 [tei⁴²]、边 [piɛ̃²⁴]、角 [ko³³]、旁 [pʰɔŋ²¹]。

"上"单独作方位词时，音 [ʂɔŋ⁵⁵⁴]。单纯方位词一般不能单说，说"一般"是因为特殊情况下，单纯方位词可以单说，一般是限于并列对举的情况。例如：

东南西北。təŋ²⁴nã²¹si²⁴pei³³.

南来个，北往个。nã²¹loi²¹kei⁰, pei³³vɔŋ⁵⁴kei⁰.

通常情况下，单纯方位词都是和其他词构成名词性结构，表示方位或处所。例如：

（1）饭后 [fã⁵⁵xɛu⁵⁵⁴]、屋背 [u³³poi⁵⁵⁴]、岭背_{山后}[liaŋ²⁴poi⁵⁵⁴]、桥背 [tɕʰiau²¹poi⁵⁵⁴]、村外 [tsʰən²⁴ŋoi⁵⁵⁴]、屋外 [u³³ŋoi⁵⁵⁴]、梁脑上_{山上}[liaŋ²¹nau⁴²xɔŋ⁰]、街上 [kai²⁴xɔŋ⁰]、楼下 [lɛu²¹xa²⁴]、床底 [tsʰɔŋ²¹tei⁴²]、桌底 [tso³³tei⁴²]、鞋底 [xai²¹tei⁴²]、屋前 [u³³tsʰiɛ̃²¹]、学堂东 [xo⁴⁴tʰɔŋ⁰təŋ²⁴]、学堂西 [xo⁴⁴tʰɔŋ⁰si²⁴]、学堂南 [xo⁴⁴tʰɔŋ⁰nã²¹]、学堂北 [xo⁴⁴tʰɔŋ⁰pei³³]、桌子边 [tso³³tsɿ⁰piɛ̃²⁴]、床边 [tsʰɔŋ²¹piɛ̃²⁴]、桌子角 [tso³³tsɿ⁰ko³³]、墙角 [tsʰiɔŋ²¹ko³³]、村旁 [tsʰən²⁴pʰɔŋ⁰]、屋旁 [u³³pʰɔŋ⁰]。

（2）前街 [tsʰiɛ̃²¹kai²⁴]、后街 [xɛu⁵⁴kai²⁴]、外滩 [ŋoi⁵⁴tʰã²⁴]、西街 [si²⁴kai²⁴]、西秦岭 [si²⁴tsʰin²¹liaŋ²⁴]、南街 [nã²¹kai²⁴]、南秦岭 [nã²¹tsʰin²¹liaŋ²⁴]、北街 [pei³³kai²⁴]、北秦岭 [pei³³tsʰin²¹liaŋ²⁴]。

（1）类的特点是组合时方位词都是后置的，主要表示方位；（2）类的特点是组合时方位词都是前置的，一般是形成了一个新的专有名词，主要表示地点和处所。

"后"作为方位词在罗湾话中的组合能力极差，只出现在表时间的合成方位词或方位短语中，如"以后""饭后"或"前后"并举的组合中。一般情况下和"前"相对的表示空间的方位名词，罗湾话都用"背"表示，如例词中的"屋背"即屋后，"岭背"即山后。这个"背"应该是"背后"一词的省略形式，因为罗湾话中还有"车背后"的说法，是车身的背面，完全不用省略式。值得一提的是，罗湾话中还有一个"车后背"的说法，是指车里面的后部，但这个"背"其实不是一个方位词缀，而是一个意义实在的语素。另外，两者读音也不相同，这个"背"音 [poi⁵⁵⁴]，读原调，而作词缀的"背"音 [poi⁰]，读轻声。因此以"背"为后置词形成的方位短语中，有的就表示"背后"义，重在"背"，而不是"后"，如：桥背、墙背。

"上"用在名词性成分之后表示物体的顶部或表面时，音 [xɔŋ⁰]，念轻声。"上"是一个罗湾话中组合能力较强的方位词，如：脑上_{上面}、天上、路上、街上、墙上、门上、桌上、椅子上、边上、手上_{手里}、心上_{心里}等。其中个别词例如"手上""心上"，表义上已经有些虚化了，它们相当于普通话的"手里""心里"，似可看作词缀。

"底"表示参照物的底部位置，所组合的名词不同，"底"的具体含义也不尽相同，其中形体较大的参照物，如上述的"床底""桌底"的"底"是指在所指事物的下面，与参照物有一定的空间距离；而较小的参照物，如"鞋底"中的"底"是指该事物本身的底部。

"边"和"角"表示所指称参照物的边边或角角的地方，表示方位时，"角"音[ko³³]，是白读音，两者用法相同，一般都是附加在有二维性平面事物的名词后面，并且都可以重叠表示极性的语义特点。

罗湾话中的单纯方位词可以重叠，重叠后表义程度加深，有表极性的语义特征，其后一般都要带上"子"缀，形成AA子式的结构。例如：

底底子_{最底部}[tei⁴²tei²¹tsɿ⁰]　　边边子_{最边上}[piẽ³³piẽ³³tsɿ⁰]　　头头子_{最顶端}[tʰɛu²¹tʰɛu²¹tsɿ⁰]

跟跟前_{最接近}[kẽ³³kẽ³³tsʰiẽ²¹]

2. 合成方位词

合成方位词一般是指由两个语素构成的方位词，普通话中的合成方位词主要有两种类型：一种是在单纯方位词上附加前缀或后缀；一种是由两个单纯方位词组成一个联合型的合成方位词。罗湾话的情况和普通话基本相同，下面予以说明。

（1）附加词缀的合成方位词

普通话构成合成方位词的词缀主要有"边""头""面"，附着在一般的单纯方位词上即可构成合成方位词，罗湾话中有此作用的词缀主要有"背""□[sa⁰]"两个：

①背

"背"[poi⁰]，是一个有客家方言特色的方位词缀，罗湾话中由"背"构成的合成方位词共有五个：上背[sɔŋ⁵⁴poi⁰]、下背[xa²⁴poi⁰]、里背[ti²⁴poi⁰]、外背[ŋoi⁵⁴poi⁰]、后背[xɛu⁵⁴poi⁰]。

"背"和普通话中的"面"相对应，比较特殊的是罗湾话中的"背"后缀方位词中，"上背"与"下背"，"里背"与"外背"都两两对应，但"后背"却没有相对应的"前背"的说法，普通话的"前面"，罗湾话要说成"前头"，如：前头徛倒一隻人_{前面站着一个人}。由此出现了一种不对称现象。而源方言梅县话、五华话中都有"前背"的说法，与"后背"形成对应关系，因此可以推测罗湾话原本也当有"前背"的说法，后来被权威方言的"前头"替代，原因可能与该词的使用频率有关。

又"下背"也可以说成"底下"，"底下"是商州话词汇，是词汇借用的结果。"里背[ti²⁴poi⁰]"即里面，也可以说成"肚里[tou⁴²li⁰]"。先说"里背"，这个词是客家话的一般说法，梅县、五华以及四川各地的客家方言都是如此，"里"音[.ti]，阴平。罗湾话"里"也是阴平，和其他各点能相互对应。再说"肚里"，这个词的说法比较特殊，首先它不是商州等关中方言的说法，客家话中也没有这个说法，但有一个近似的说法"肚□[ɛ˩]"，又武汉、长沙、双峰、南昌（《汉语方言词汇》：318）以及娄底（《现代汉语方言大词典》：1869）则说成"肚里"，显然这个"肚里"主要是湖南一带的说法，联系到罗湾先祖有过曾在湖南浏阳的居住史，我们推测罗湾话"肚里"的说法很可能与此有关。"肚里"也可以作为基本单位与其他名词构成方位短语，如"屋下肚里"，即屋里。

②□[sa⁰]

□[sa⁰]，本字不知，念轻声。罗湾话中以"□[sa⁰]"为后缀构成的合成方位词计有：东□[təŋ²⁴sa⁰]、西□[si²⁴sa⁰]、南□[nã²¹sa⁰]、北□[pei³³sa⁰]、左□[tso³³sa⁰]、右□[iou⁵⁴sa⁰]、阴□[in²⁴sa⁰]、阳□[iɔŋ²¹sa⁰]八个，主要用来表示空间方位。这些方位词中的"□[sa⁰]"，梅县话用"片"，五华话多用"边"，但表空间方位时也可以用"片"，商州话空间方位用"岸儿"，如"东岸儿"，左、右则用"边儿"或"首"，如"左边儿""左首"。它们都不能跟罗湾话的这个"□[sa⁰]"对应。不过我们看到梅县话的"左边""右边"除了可以说成"左片""右片"外，还可以说成"左手□[sak¹]""右手□[sak¹]"，这个"□[sak¹]"是可以与罗湾话的"□[sa⁰]"对应的。因此，罗湾话的"□[sa⁰]"当就是从表左边、右边的"□[sak¹]"开始，然后逐渐泛化，最终附加到了其他方位词后成为方位词缀的。显然罗湾话中"□[sa⁰]"的语法化程度很高。

（2）由词根语素构成的合成方位词

合成方位词的另一种类型是由两个单纯方位词组合而成的，罗湾话中的合成方位词与普通话有同有异，如：东南[təŋ²⁴nã²¹]、东北[təŋ²⁴pei³³]、西南[si²⁴nã²¹]、西北[si²⁴pei³³]、面前[miẽ⁵⁵tsʰiẽ²¹]、当中中间[təŋ²⁴tʂən²⁴]、背后[poi⁵⁵xɛu⁵⁵⁴]、跟前附近[kẽ²⁴tsʰiẽ²¹]、尾巴末尾[mi³³pa³³]等。其中与普通话不同的是后面两个，即跟前和尾巴。

普通话的"附近"，罗湾话说成"跟前"，普通话中也有"跟前"这个词，但是空间距离上要比"附近"更近，罗湾话中则都说成"跟前"。意义上的区别则主要依靠各自的上下文语境。例如：

跟前有隻学堂附近有个学校。kẽ²⁴tsʰiẽ²¹iou²⁴tʂa³³xo⁴⁴tʰɔŋ⁰.

你到跟前来。ȵi²¹tau⁵⁴kẽ²⁴tsʰiẽ²¹loi⁰.

以上前一句的"跟前"相当于普通话的"附近"，其空间距离明显要比后一句更远些。

"末尾"，罗湾话说成"尾巴"[mi³³pa³³]，这也是一个比较特殊的方位词，其中"尾"本身也可以作为单纯方位词与名词语素构成方位词，如"树尾[ʂou⁵⁴mi²⁴]"，指树顶，"沟尾[kɛu²⁴mi²⁴]"，指沟顶。罗湾话中又有"巴巴尾"[pa³³pa³³mi²⁴]一词，是排名末尾的意思，这个词不应算作一个方位词，但应看作"尾"表方位义的引申用法。

（三）指代

本节描写和讨论罗湾话的代词系统。代词分为人称代词、指示代词和疑问代词三个小类，罗湾话的代词较好地保留了客家方言的特点，权威方言对其影响较小。下面按照三个小类的顺序分别加以描写和说明。

1. 人称代词

表6-1　罗湾话人称代词表

		单数	复数	领属
第一人称		我 [ŋai²¹]	我等 [ŋai²¹tən³³]	我个 [ŋai²¹kei³³]
第二人称		你 [n̩i²¹]	你等 [n̩i²¹tən³³]	你个 [n̩i²¹kei³³]
第三人称		渠 [tɕi²¹]	渠等 [tɕi²¹tən³³]	渠个 [tɕi²¹kei³³]
其他	自称	自家 [tsʰɿ³³ka³³]		
	他称	人家 [n̩in²¹ka³³]		
	旁称	外人 [ŋoi⁵⁴n̩in⁰] 旁人 [pʰɔŋ²¹n̩in²¹]		
	泛称	大家 [tʰai⁵⁴ka⁰]		

（1）我、你、渠

罗湾话的第一、第二和第三人称代词分别是"我""你""渠"，典型的客家方言的表达形式。"我" [ŋai²¹]，方言俗字写作"偓"。"你" [n̩i²¹]，是第二人称代词，与普通话不同的是，罗湾话的第二人称没有专门的尊称形式，一律都是"你"。"渠" [tɕi²¹]，梅县话念[ki]，五华客家话念[ki]，都是阳平调，彼此同源。罗湾话声母已经腭化，四川客家方言也都念[tɕi]，同罗湾话。客家方言的第三人称方言俗字有时也写作"佢"。罗湾话的三称代词都是阳平调，是声调彼此感染的结果。我、你、渠主要的功能是作主语、宾语，也能作定语。例如：

①作主语和宾语

我昨晡上岭薅草咧我昨天上山上锄草了。ŋai²¹tsʰo²⁴pu⁰ʂɔŋ²⁴liaŋ²⁴xau²⁴tsʰau⁴²liɛ⁰.

渠上街咧，无在屋下他赶集去了，没在家里。tɕi²¹ʂɔŋ²⁴kai²⁴liɛ⁰, mau²¹tsʰoi²⁴u³³kʰua⁰.

我该了你三块钱。ŋai²¹kai²⁴li⁰n̩i²¹sã²⁴kʰuai⁰tsʰiɛ̃²¹.

分渠做隻衫给他做一件衣服。pən²⁴tɕi²¹tso⁵⁴tʂa³³sã²⁴.

一般情况下，以上例句中的三称代词都可以彼此替换。

②作定语

罗湾话人称代词作领属关系的定语，一般要加结构助词"个"。例如：

我个衫都烂咧我的衣服都破了。ŋa²¹kei⁵⁵sã²⁴tou²⁴lã⁵⁴liɛ⁰.

你个脚好了么？n̩i²¹kei⁵⁵tɕio³³xau⁴²liɛ²¹mo⁰?

如果是出现在表示身体的非单音节名词前或是在表方位的中心语前，则以不用"个"

为常。例如：

我手上□隻勢，疼得很_{我手上扎了一个刺儿，很疼。} ŋai²¹ṣou⁴²xɔŋ⁰tou⁴⁴tṣa⁰nei³³, tʰəŋ⁵⁴tei⁰xɛ̃⁴².

渠身上涿了几滴子水_{他身上淋了几点雨星子。} tɕi²¹ṣən²⁴xɔŋ⁰tou³³li⁰tɕi⁴²ti²¹tsɿ⁰suei⁴².

渠学堂来了一隻新先生_{他学校来了一位新老师。} tɕi²¹xo⁴⁴tʰɔŋ²¹loi²¹li⁰i³³tṣa³³sin²⁴siɛ̃³³saŋ³³.

我在你屋前头。ŋai²¹tsʰoi²⁴n̠i²¹u³³tsʰiɛ̃²¹tʰɛu⁰.

如果是出现在表示亲属关系的名词前，则不用"个"，这样往往能体现出一种亲切的意味。例如：

我爸分人家劁猪去咧_{我爸给人家阉猪去了。} ŋai²¹pa³³pən²⁴n̠in²¹ka³³tʰiau²⁴tṣou²⁴ɕi²¹liɛ⁰.

天冷咧，喊你阿公把腰带系上_{天冷了，让你爷爷把腰带系上。} tʰiɛ̃²⁴laŋ²⁴liɛ⁰, xã⁴²n̠i²¹a³³kuəŋ³³pa⁴²iau²⁴tai⁵⁴ki²⁴ṣɔŋ⁰.

渠娭就见唔得渠_{他妈就是讨厌他。} tɕi²¹mei²⁴tɕʰiou⁵⁵tɕiɛ̃⁵⁵mu²¹tei⁰tɕi²¹.

客家方言人称代词不带结构助词单独表领属时，往往会有格的变化，如梅县话的"我"，主宾格音[ŋai²²]，领格音[ŋa⁴⁴]（林立芳1996），五华话"我"分别读[ŋai⁵³]、[ŋa⁵⁵]（朱炳玉2010：214—215），连城话"你"分别读[ŋ⁵⁵]、[n̠ia⁵⁵]（项梦冰1997：102），中山话"我"分别读[ŋai²¹]、[ŋa³³]（甘甲才2003：3），四川泰兴话分别读[ŋai¹³]、[ŋa⁴⁵]（兰玉英2007：254）①。罗湾话没有这种变格的现象，即使单独作表领属的定语，也只读本音。

（2）我等、你等、渠等

罗湾话人称代词的复数形式是通过附加词缀"等"构成的。"等"相当于普通话的"们"，是罗湾话表示复数的词缀。罗湾话的"等"主要是用在代词后面，表示复数，也可用在人称名词后头，表示复数，如：大细子等（孩子们）。林立芳（1996）说梅县话的"等"可用在指人的名词或人称代词后面表示复数，如：老师等个被包还唔曾搬走。但不能用作呼语。罗湾话和梅县话的表现一致。

罗湾话的"我等、你等、渠等"功能上同单数，也主要是作主语、宾语。例如：

我等一路走_{我们一起走。} ŋai²¹tən³³i³³lou⁵⁵tsɛu⁴².

天过记得喊我等一路走_{明天记着叫上我们一块走。} tiɛ̃³³ko³³tɕi⁵⁴tei⁰xã⁴²ŋai²¹tən³³i³³lou⁵⁵tsɛu⁴².

也可以作定语或同位语。例如：

我等个钱唔够。ŋai²¹tən³³kei⁵⁵tsʰiɛ̃²¹mu²¹kɛu⁵⁵⁴.

我等两同年_{我们两个一样大。} ŋai²¹tən³³liɔŋ⁴²tʰəŋ²¹n̠iɛ̃⁰.

以上例句中的"我等"都可以用"你等"和"渠等"替换。罗湾话没有包括式和排除式的对立，普通话中的"我们"和"咱们"，罗湾话都只说成"我等"。

---

① 此处举第一人称以赅第二、第三人称的领格形式。连城方言无第一人称的领格形式，故举第二人称为例。

（3）自家

"自家"是罗湾话中用于自称的人称代词，使用频率高，往往用于三称代词后面，是对某一人称的自称，当单独使用时，则可表示本人，功能上主要充当主语、宾语。例如：

底系我自家种个菜这是我自己家种的菜。i^{42}xei^{54}ŋai^{21}tsʰɿ^{33}ka^{33}tʂəŋ^{54}kei^{0}tsʰoi^{554}.

你自家哄自家。n̠i^{21}tsʰɿ^{33}ka^{33}fəŋ^{42}tsʰɿ^{33}ka^{33}.

有时也可以作定语。例如：

我等都系自家人我们都是自己人。ŋai^{21}tən^{33}tou^{24}xei^{55}tsʰɿ^{33}ka^{33}n̠in^{21}.

（4）人家、旁人

"人家"和"旁人"都可指称第三方，当所指对象说话双方都不知道时，两者可以互换。例如：

我爸分人家㓥猪去咧我爸给人家阉猪去了。ŋai^{21}pa^{33}pən^{24}n̠in^{21}ka^{33}tʰiau^{24}tʂou^{24}ɕi^{21}liɛ^{0}.

该例句中的"人家"可以换成"旁人"。

"人家"所指对象也可以是说话人双方所共知的。例如：

人家无来，你去喊人家。n̠in^{21}ka^{33}mau^{21}loi^{0}, n̠i^{21}ɕi^{55}xã^{42}n̠in^{21}ka^{33}.

正月买滴子礼，把人家谢□下正月时买点礼，去谢谢人家。tʂaŋ^{33}n̠iɛ^{33}mai^{24}ti^{33}tsɿ^{0}li^{24}, pa^{42}n̠in^{21}ka^{33}tsʰia^{54}tʂʰən^{21}xa^{0}.

此种情况下的"人家"则不能换作"旁人"。

有时用"人家"时，往往还表达说话人对所谈对象的一种羡慕、期望的感情色彩。例如：

人家做脉=个，你莫眼红人家干什么，你不要羡慕！n̠in^{21}ka^{33}tso^{55}ma^{21}kei^{0}, n̠i^{21}mo^{44}ŋã^{42}fəŋ^{21}!

2. 指示代词

表6-2 罗湾话指示代词表

	近指	远指
人物	底 [i^{42}] 底隻 [i^{42}tʂa^{0}] 底滴子 [i^{42}ti^{21}tsɿ^{0}]	个 [kai^{554}] 个隻 [kai^{54}tʂa^{0}] 个滴子 [kai^{54}ti^{21}tsɿ^{0}]
时间	底阵子 [i^{42}tʂʰən^{21}tsɿ^{0}]	个阵子 [kai^{55}tʂʰən^{21}tsɿ^{0}]
处所	底子 [i^{42}tsɿ^{0}]/□子 [iaŋ^{24}tsɿ^{0}] 底头 [i^{42}tʰɛu^{0}] 底边 [i^{42}piɛ̃^{0}] 底□ [i^{42}sa^{0}]	个子 [kai^{54}tsɿ^{0}] 个头 [kai^{54}tʰɛu^{0}] 个边 [kai^{54}piɛ̃^{0}] 个□ [kai^{54}sa^{0}]

续表

	近指	远指
程度	咁[kã⁴²]	
方式	咁子[kã⁴²tsɿ⁰]	

（1）底、个

罗湾话的近指基本代词是"底"，远指基本代词是"个"，对应普通话的"这"和"那"。近指代词的用字问题，张惠英（2001：197）专门论述过："底"作指示词，唐宋已然。如："柳映江潭底有情，望中频遣客心惊"（李商隐《柳》），又如"荆溪老守底风流，哦就十诗一笑休"（杨万里《寒食游翟园得十》）。又福建永定（下洋）客家话的远指词是"个"，近指词是上声[ti]或[li]，其实这个近指词[ti]或[li]实际上就是"底"。兰玉英等（2015：304）指出跟普通话"这"相应的近指代词在洛带、西昌读[i³¹]、凉水井和隆昌老派读[ti³¹]，它们实际上都是同一个近指代词"底"的不同读音。罗湾和洛带、西昌的情况完全相同。

远指代词的用字问题，张惠英（2001：134）指出：梅县的远指词读去声[kɛ⁵]，就是"个"。"个"文献中也作"箇""個"，原本是量词。"箇"，《集韵》居贺切，《说文》仿枚也，或作个、介，通作箇。后来发展成了指示代词，唐刘知几《史通》卷十七"北齐书"条云："渠、们、底、箇，江左彼此之辞。"关于"个"由量词到指示代词的转变，赵日新（1999）一文中有详细论述，认为"个"前数词"一"的省略，是结构重新分析的重要条件，指示代词的形成大约是在魏晋南北朝时期，而且是南方方言的特点。语音上，远指代词"个（箇、個）"是歌韵字，客家方言歌韵读[ai]反映的是早期白读音的特点，语音上合乎演变规律。

这两个基本指示代词可以充当主语、宾语和定语。例如：

甲：渠一隻人敢去么？　tɕi²¹i³³tʂa³³n̩in²¹kã⁴²ɕi⁵⁴mo⁰？

乙：敢！个有脉⁼个唔敢个？　kã⁴²!kai⁵⁴iou²⁴ma³³kei⁰mu²¹kã⁴²kei⁰？

普通话的"这""那"可以直接修饰名词作定语，罗湾话的"底、个"也可以作定语，且使用的场合比普通话更多些。例如：

底猪肉煮倒弄⁼得很这块猪肉煮得很烂。i⁴²tʂou²⁴niou³³tsou⁴²tau⁰nəŋ⁵⁴tei⁰xɛ̃⁴².

个贼娃子□走咧那个小偷逃走了。kai⁵⁵tsʰei⁴⁴va²¹tsɿ⁰loi⁴⁴tsɛu⁴²liɛ⁰.

（2）底滴子、个滴子

"滴"或"滴子"，意义上相当于普通话的"一些"或"一点儿"，它们是罗湾话中使用频率很高的词汇。前加指示词"底"或"个"构成一个指量短语可以指代数量不定的人或物，所表数量比较模糊，主要相当于普通话的"这些""那些"，有时也可译为"这点儿""那点儿",表微量。"滴"也可以重叠,如"底滴滴子""个滴滴子",这时则仅表微量,就只能译为"这一点儿""那一点儿"。功能上可充当主语、宾语和定语。例如:

底滴子唔够。i^{42}ti^{33}tsʅ^{0}mu^{21}kɛu^{554}.

就映˭底滴子咧,食了算咧就剩这点儿了,吃了算了。tɕʰiou^{44}iaŋ^{54}i^{33}ti^{21}tsʅ^{21}liE^{0}, ʂʅ^{44}li^{0}sõ^{54}liE^{0}.

底滴果子食得食唔得这些水果吃得吃不得? i^{42}ti^{33}ko^{42}tsʅ^{0}ʂʅ^{44}tei^{0}ʂʅ^{44}mu^{21}tei^{0}?

(3)底阵子、个阵子

"底阵子"和"个阵子"是罗湾话中表时间的常用词,相当于普通话的"这会儿"和"那会儿",其中"阵"也可以重叠,说成"底阵阵子""个阵阵子",也表微量。罗湾话"阵子"的说法是借用商州话的结果,"底阵子"的说法可看成是方言接触后仿拟替换的结果,主要充当主语。例如:

底阵子还早,过一阵子再去吧。i^{42}tʂʰən^{21}sʅ^{0}xai^{21}tsau^{42}, ko^{54}i^{33}tʂʰən^{21}sʅ^{0}tsai^{55}ɕi^{54}pa^{0}.

(4)底子、个子、底□[i^{42}sa^{0}]、个□[kai^{54}sa^{0}]

"底子"和"个子"是罗湾话表达处所的指示词,相当于普通话的"这里""那里",用法也与普通话相同。要说明的是,罗湾话中表这里的"底子",也可以说成"□子[iaŋ^{24}tsʅ^{0}]"。关于这个现象,我们发现在其他客家话中也存在,如广东龙川的佗城和老隆话的近指代词也有"□[it^{13}]""样[iaŋ^{34}]"两种说法(邬明燕2007:30),四川的洛带客家话说成"底子[i^{31}tsʅ^{31}]""样子[iaŋ^{13}tsʅ^{0}]",凉水井说成"底子[i^{31}tsʅ^{31}]""□子[niaŋ^{13}tsʅ^{31}]",隆昌说成"底样[ti^{31}iaŋ^{53}]",西昌说成"底子[i^{31}tsʅ^{31}]""样[iaŋ^{53}]"(兰玉英等2015:305)。不过梅县话和五华话则未见第二种说法。

"底□[i^{42}sa^{0}]"和"个□[kai^{54}sa^{0}]"也是罗湾话常用的表处所的指示词。"□[sa^{0}]"表方位,我们在前面的方位词部分已经讨论过了,如"南□[nã^{21}sa^{0}]""左□[tso^{42}sa^{0}]"等。"底□[i^{42}sa^{0}]"和"个□[kai^{54}sa^{0}]"分别表示这边、那边。

可见,罗湾话实际上存在着两套处所指示词,一套是收"子"缀的,一套是收"□[sa^{0}]"缀的。其中"个子"和"个□[kai^{54}sa^{0}]"在不用于多指,或者说两者不同时出现在一个指称事件时,两者基本同义,可相互替换。但"底子"和"底□[i^{42}sa^{0}]"间则存在一定的差异,首先当指称距离是最近处时,只能用"底子";而当指称距离不是最近指,而是距离参照点稍远的地方时,这时两者可以换用。这个距离,据发音人体会,大约以10米为限。例如:

底子系罗湾。i^{42}tsʅ^{0}xei^{55}lo^{21}vã^{24}.

底□系罗湾。i^{42}sa^{0}xei^{55}lo^{21}vã^{24}.

以上两句与具体的语境有着密切的关系。如果说话人已经身处罗湾了,就只能说成第一句,也即只能用"底子"来指称,这时可翻译为:这里是罗湾。如果尚未在罗湾,比如是在邻近罗湾的地方，那么用"底子"或"底□[i⁴²sa⁰]"都是可以的，这时翻译为"这里是罗湾"或"那里是罗湾"，都可以。从实际距离以及系统性来看，这里的"底子"和底□[i⁴²sa⁰]"还是应该被看成近指范畴。

如果参照点不是说话人自己，而是其他点位置，那么首先需要明确这个参照点，围绕这个参照点，其周围的位置则要用"底□[i⁴²sa⁰]"和"个□[kai⁵⁴sa⁰]"来指称。例如：

个子系我个土，底□[sa⁰]系你个，个□[sa⁰]系渠个_{这儿是我的地，这边是你的，那边是他的。}kai⁵⁴tsʅ⁰xei⁵⁵ŋai²¹kei⁰tʰou⁴², i⁴²sa⁰xei⁵⁵n̠i²¹kei⁰, kai⁵⁴sa⁰xei⁵⁵tɕi²¹kei⁰.

上句远处的"我个土"即是指定的参照点，"底□[i⁴²sa⁰]"和"个□[kai⁵⁴sa⁰]"所指的位置则是参照点的周围，这里具体指左右两侧。

又罗湾话在指称空间距离时，指示代词可以是三分的，由近及远分别用"底子""个子""个□[kai⁵⁴sa⁰]"来加以指称。例如：

底子系一家子人，个子系一家子人，个□系一家子人。i⁴²tsʅ⁰xei⁵⁵i³³ka²⁴tsʅ⁰n̠in²¹, kai⁵⁴tsʅ⁰xei⁵⁵i³³ka²⁴tsʅ⁰n̠in²¹, kai⁵⁴sa⁰xei⁵⁵i³³ka²⁴tsʅ⁰n̠in²¹.

底子系粮店，个子系商场，个□系南秦岭_{这儿是粮店，那儿是商场，更远处是南秦岭}。i⁴²tsʅ⁰xei⁵⁵lioŋ²¹tiẽ⁵⁵⁴, kai⁵⁴tsʅ⁰xei⁵⁴ʂoŋ²⁴tsʰoŋ²¹, kai⁵⁴sa⁰xei⁵⁴nã²¹tsʰin²¹liaŋ²⁴.

在三分的指称系统中，"子"缀指示词和"□[sa⁰]"缀指示词是彼此混搭共同表义的。其中，近指代词只能用"底子"，而不能是"底□[i⁴²sa⁰]"，远指代词"个□[kai⁵⁴sa⁰]"所指称的空间距离在语义上则要比"个子"更远。

以上所指称的事物都需是视线以内的，如果远处的事物不在视线内，而是被其他事物所遮挡，那么在指称该事物时，则要具体说清楚和障碍物之间的位置关系。例如：

底子系我屋下，个子系你屋下，个隻屋个□系渠屋下_{这儿是我家，那儿是你家，那间房子那里是他家}。i⁴²tsʅ⁰xei⁵⁵ŋai²¹u³³kʰua⁰, kai⁵⁴tsʅ⁰xei⁵⁵n̠i²¹u³³kʰua⁰, kai⁵⁴tʂa⁰u³³kai⁵⁴sa⁰xei⁵⁵tɕi²¹u³³kʰua⁰.

上一例句中的"渠屋下"位置最远，因被另外一座房屋挡着了，所以并不在说话人的视线内，这时就需要说清楚其与障碍物之间的位置关系。

（5）咁、咁子

"咁"和"咁子"是罗湾话中表示程度和方式的指示词，分别相当于普通话的"这么""那么"和"这样""那样"。前者表程度，后者表方式，句子中主要是作状语，当用在形容词谓语前表程度时，就用"咁"表示；当用在动词谓语前表示方式时，则要说成"咁子"，其后要附加一个"子"缀，两者用法上的分界非常明显。下面分别加以说明：

首先是"咁"。普通话表程度的"这么""那么"，在罗湾话中区别并不明显，一般就都只用一个"咁"来表示。例如：

底隻大细子咁高_{这个孩子这么（那么）高}。i⁴²tʂa⁰tʰai⁵⁵sei²¹tsʅ⁰kã⁴²kau²⁴.

底条绳子咁长这条绳子这么（那么）长。i⁴²tʰiau²¹ʂən²¹tsʅ⁰kã⁴²tsʰɔŋ²¹.

其次是"咁子"，用于指称方式，同普通话的"这样""那样"。例如：

老王做好咧，你咁子做就行。lau⁴²vɔŋ²¹tso⁵⁵xau⁴²liɛ⁰, ni²¹kã⁴²tsʅ⁰tso⁵⁵tɕʰiou⁵⁵ɕin²¹.

咁子写唔对！kã⁴²tsʅ⁰sia⁴²mu²¹tei⁵⁵⁴!

甲：底隻路咁子走这条路这样走吗？i⁴²tʂa⁰lou⁵⁴kã⁴²tsʅ⁰tsɛu⁴²?

乙：系个，就咁子走是的，就那样走。xei⁵⁴kei⁰, tɕʰiou⁵⁵kã⁴²tsʅ⁰tsɛu⁴².

两种用法中，如有并举的情况，前一分句一般也只用"咁/咁子"，而后一分句则会加近、远指代词加以区别。例如：

爱唔了咁多，只爱底咁多就够咧要不了那么多，只要这么多就够了。oi⁵⁵mu²¹liau⁴²kã⁴²to²⁴, tsʅ²⁴oi⁵⁵i⁴²kã⁴²to²⁴tɕʰiou⁵⁵kɛu⁵⁴liɛ⁰.

我咁子做唔对，个咁子做也唔不对，个我该样□子做我这么做不对，那么做也不对，那我该怎么做呢？ŋai²¹kã⁴²tsʅ⁰tso⁵⁵mu²¹tei⁵⁵⁴, kai⁵⁵kã⁴²tsʅ⁰tso⁵⁴ia²⁴mu²¹tei⁵⁵⁴, kai⁵⁴ŋai²¹koi²⁴ɲiɔŋ⁵⁴mã²¹tsʅ⁰tso⁵⁵⁴?

罗湾话表程度、方式的指代词不太区分近指、远指的现象，在南方方言中较为常见。张惠英（2001：160）："从指示词看，粤、客、闽有一个共同之处，就是指示方式的词不像北京话有'这样、那样'的远近之别，而是不分远近。……永定（下洋）客家话用'□样'[an˧（或kan˩）ȵiɤŋ˧]表示这样、那样。……梅县的客家话表示这样叫作[an˧ne]，表示那样叫作[keˠ an˧ne]，表面上似有远近之别，而从来源看，也是先以[an˧ne]指示方式，不别远近，然后再加上指示词'个'[keˠ]作强调以表远指。"

3. 疑问代词

表6-3 罗湾话疑问代词表

人	单数	□人 [mã⁴²ȵin²¹]
	复数	□人 [mã⁴²ȵin²¹]
	领格	□人个 [mã⁴²ȵin²¹kei⁰]
物	单数	哪隻 [nai⁵⁴tʂa⁰]
	复数	哪几隻 [nai⁵⁴tɕi²¹tʂa⁰] 哪滴子 [nai⁵⁴ti²¹tsʅ⁰] 哪兜子 [nai⁵⁴tɛ²¹tsʅ⁰]
	指别	脉=个 [ma³³kei⁰]
时间		脉=个时候 [ma³³kei³³sʅ²¹xɛu⁰]
		几时 [tɕi⁴²sʅ⁰]
		几久 [tɕi⁴²tɕiou⁴²]
		几阵子 [tɕi⁴²tʂʰən²¹tsʅ⁰]
处所		哪子 [nai⁵⁴tsʅ⁰] 哪□ [nai⁵⁴sa⁰] 哪头 [nai⁵⁴tʰɛu⁰]

续表

数量	几多 [tɕi⁴²to²⁴] 几 [tɕi⁴²]
程度	几 [tɕi⁴²]
方式	样□（子）[ɲioŋ⁵⁴mã²¹（tsʅ⁰）] 扭⁼□（子）[ɲiou⁴²mã²¹（tsʅ⁰）]
原因	为脉⁼个 [vei⁵⁴ma³³kei⁰]

（1）□人 [mã⁴²ɲin²¹]

罗湾话的问人代词，无论单复数，都说成"□人 [mã⁴²ɲin²¹]"，相当于普通话的"谁"。关于"[mã⁴²]"的用字，有的人写作"么"，有的人写作"脉"，其实都不是本字。张惠英（2001：159）认为此字的本字是"物"，"物"读阳入。客家话的 [makˋkeˇ] 是"物"和"个"连音时韵尾发生变化所致，客家话问哪个人时作 [manˇŋinˍ]，这是"物人"连音变化而成。其后附加结构助词"个"，则是对事物的所有者的提问用语，与陈述式中人称代词加"个"表领属相对应。

（2）哪滴子

"哪滴子"是提问事物数量的疑问代词，相当于普通话的"哪些"，和指示代词"底滴子"或"个滴子"相对应。

（3）脉⁼个时候、几时、几久、几阵子

以上是罗湾话中四个常用的提问时间的疑问词。其中"脉⁼个时候"和"几时"意义相同，使用上彼此间可以自由替换，相当于普通话提问时间的"什么时候"，常作状语。例如：

你脉⁼个时候走？ ɲi²¹ma³³kei⁰sʅ²¹xɛu⁰tsɛu⁴²?

你几时走？ ɲi²¹tɕi⁴²sʅ²¹tsɛu⁴²?

也可以作谓语、定语和宾语。例如：

你快跐来，都脉⁼个时候咧你快起来，都什么时候了？ ɲi²¹kʰuai⁵⁵xoŋ⁵⁴loi⁰, tou²⁴ma³³kei⁰sʅ²¹xɛu⁰liɛ⁰?

脉⁼个时候个事？我都记唔得咧。 ma³³kei⁰sʅ²¹xɛu⁰kei³³sʅ⁵⁵⁴? ŋai²¹tou²⁴tɕi⁵⁵mu²¹tei²¹liɛ⁰.

底个活干到脉⁼个时候？ i⁴²kei⁰xo²¹kã⁵⁴tau⁰ma³³kei³³sʅ²¹xɛu⁰?

"几久"和"几阵子"意义相近，对应普通话的"多久"和"多会儿"，区别是"多久"所指代的时间长度要比"几阵子"长些，功能上主要允当补语。例如：

你来几久咧？ ɲi²¹loi²¹tɕi⁴²tɕiou⁴²liɛ⁰?

你来几阵子咧？ ɲi²¹loi²¹tɕi⁴²tʂʰən²¹tsʅ²¹liɛ⁰?

（4）几多、几

"几多"，相当于普通话的"多少"，是罗湾话中常用的提问数量的疑问代词。用于提问事物的数量，修饰名词，作定语。"几"也用于提问数量，但一般要和其他量词先组成数量结构才行。例如：

底隻书几多钱？ i⁴²tʂa⁰ʂou²⁴tɕi⁴²to²⁴tsʰiɛ̃²¹?

今晡爱多买几本今天要多买几本。 tɕin³³pu³³oi⁵⁵to²⁴mai²⁴tɕi⁴²pən⁰.

要说明的是当询问对方年龄时，如果对象是小孩儿，要用"几多 + 岁"的格式来提问。例如：

你今年几多岁咧？ ȵi²¹tɕin²⁴ȵiɛ̃⁰tɕi⁴²to²⁴soi⁵⁴liɛ⁰?

如果是成年人或老年人，则要用"几大 + 岁数"或"几大 + 年龄"的格式来提问。例如：

你今年几大岁数咧？ ȵi²¹tɕin²⁴ȵiɛ̃⁰tɕi⁴²tʰai⁵⁵soi⁵⁵sou⁵⁴liɛ⁰?

你今年几大年龄咧？ ȵi²¹tɕin²⁴ȵiɛ̃⁰tɕi⁴²tʰai⁵⁵ȵiɛ̃²¹laŋ⁴²liɛ⁰?

（5）几、样口（子）[ȵioŋ⁵⁴mã²¹(tsɿ⁰)]、扭=口（子）[ȵiou⁴²mã²¹(tsɿ⁰)]

"几"在罗湾话中可用于询问程度，具体是加在表程度的形容词前作状语，构成"几 + A"的格式，如"几高、几大、几远、几厚、几重、几深"等。例如：

你几高？我一米七。 ȵi²¹tɕi⁴²kau²⁴? ŋai²¹i³³mi⁴²tsʰi³³.

个子离我等有几远那里离我们这有多远？ kai⁵⁴tsɿ⁰li²¹ŋai²¹tən³³iou²⁴tɕi⁴²iɛ̃⁴²?

底条河有几深？ i⁴²tʰiau²¹xo²¹iou²⁴tɕi⁴²tʂʰən²⁴?

"样口（子）[ȵioŋ⁵⁴mã²¹(tsɿ⁰)]"和"扭=口（子）[ȵiou⁴²mã²¹(tsɿ⁰)]"是罗湾话中表方式的疑问代词，这两种说法的区别就在于第一个音节的不同，它们存在于不同人的口音中，有的倾向于说前者，有的倾向于说后者，但彼此沟通无碍。而采用"样口（子）[ȵioŋ⁵⁴mã²¹(tsɿ⁰)]"的说法时，第二音节的调值有阳平[21]和阴平[24]的变读，两种读音并无条件的限制，属自由变读。翻检客家方言的资料，我们发现第一个音节读[ȵioŋ]是多数客家方言的说法，如梅县、五华、揭西、武平、洛带、隆昌等（李如龙，张双庆1992：425），而读[ȵiou]的则只有个别方言，如李如龙，张双庆《客赣方言调查报告》（1992）的34个方言点中就只有江西的三都话说成"[ȵiu⁵⁶man²]"，兰玉英等（2015）中所罗列的5个方言点中，也只有西昌话说成"[ȵiəu⁵³mən⁴⁵]"。可见罗湾话的两种说法都是有源可溯的，也一直保留在现今的口音中。

"样口（子）[ȵioŋ⁵⁴mã²¹(tsɿ⁰)]"相当于普通话的"怎样、怎么、怎么样"，主要是对动作行为方式的提问，句中作状语，其后可带上"子"缀，也可不带。例如：

底件事我该样口子做这件事我该怎么做？ i⁴²tɕʰiɛ̃⁵⁵sɿ⁵⁴ŋai²¹koi²⁴ȵioŋ⁵⁴mã²¹tsɿ⁰tso⁵⁵4?

我晓得样口子能学好我知道怎么样能学好？ ŋai²¹ɕiau⁴²tei⁰ȵioŋ⁵⁴mã²¹tsɿ⁰nɛ̃²¹xo⁴⁴xau⁴²?

和普通话一样，"样口（子）[ȵioŋ⁵⁴mã²¹(tsɿ⁰)]"也可以单独作谓语，其后必须带"子"缀，而此时也可以说成"样□样[ȵiɔŋ⁵⁴mã²¹iɔŋ⁰]"。又"样□（子）[ȵiɔŋ⁵⁴mã²¹(tsɿ⁰)]"在罗湾话中也可不用于提问方式，而是提问原因，其后则不带"子"缀。例如：

你个字样□写倒咁好，我样□写也写唔好_{你的字怎么写得这么好，我怎么写也写不好}。ȵi²¹kei⁰sɿ⁵⁴ȵiɔŋ⁵⁴mã²¹sia⁴²tau⁰kã⁴²xau⁴²，ŋai²¹ȵiɔŋ⁵⁴mã²¹sia⁴²ia⁴²sia⁴²mu²¹xau⁴².

你样□唔把人当人_{你为什么不把人当人}？ȵi²¹ȵiɔŋ⁵⁴mã²⁴mu²¹pa⁴²ȵin²¹tɔŋ²⁴ȵin²¹?

（6）为脉⁼个

"为脉⁼个"是罗湾话提问原因的疑问代词，相当于普通话的"为什么"。例如：

渠为脉⁼个连你打槌_{他为什么和你打架}？tɕi²¹vei⁵⁴ma³³kei⁰liɛ̃²¹ȵi²¹ta⁴²tʂʰuei⁰?

你为脉⁼个来迟咧_{你为什么来晚了}？ȵi²¹vei⁵⁴ma³³kei⁰loi²¹tʂʰɿ²¹liɛ⁰?

四 性状与程度

汉语中性状和程度的语法意义主要是通过形容词和副词这两类词来表达的，罗湾话也不例外。形容词分为性质形容词和状态形容词，下面先讨论罗湾话形容词表性状、程度的用法，主要从性质和状态两个方面加以描写。

（一）表性质

表性质是性质形容词的语义特点，它们表示事物的某种属性，多为单音节的形容词。罗湾话的性质形容词与普通话基本相同，也有一些具有自身特点的词汇，主要体现了客家方言词汇的一般特征。列举如下：

细_小 嫩细[nən⁵⁵⁴] □稠[nɛu⁴²] 藜稀疏[lau⁵⁵⁴] 燥_干[tsau²⁴] 精_{漂亮}[tsiaŋ²⁴] 乌_黑

其中"藜"，罗湾话中专指草木稀疏。例如：

今年我把包谷种藜咧。tɕin²⁴ȵiɛ̃⁰ŋai²¹pa⁴²pau²⁴ku⁰tʂɔŋ⁵⁵lau⁵⁴liɛ⁰.

而表示"稀薄"义的词则说成"稀"。例如：

你□个羹太稀咧_{你做的稀饭太稀了}。ȵi²¹tɕʰiɛ³³kei⁰kaŋ²⁴tʰai⁵⁴ɕi²⁴liɛ⁰.

另外，有些性质形容词其实是借用商州话的结果。例如：

甜_淡 迟_晚 瞎_坏 瓜_傻

其中"甜"在罗湾话中有两义，既可以表示味淡之义。例如：

你炒个菜盐甜咧_{你炒的菜盐淡了}。ȵi²¹tsʰau⁴²kei⁰tsʰoi²⁴iɛ̃²¹tʰiɛ²¹liɛ⁰.

也可以指一般意义上的味甜之义。

（二）表程度

该类形容词属于状态形容词，在语义上表示程度义加深，或者是描述一种情状，带有一定的描写性，不受程度副词修饰，是双音节或多音节的形容词。根据结构上的特点，可以把表语义程度深的状态形容词分为以下几个类型：

1. BA式

（1）BA式形容词结构上的特点

该类词结构上A是形容词词根，B是修饰前缀，而根据B的语义特点可以将罗湾话的BA式分为两类：

①该类词中的B词缀表义比较明确，带有明显的形象色彩，其词性可以是名词、动词和形容词，人们可以根据B所指称的事物、动状或性状而引发对该词形象义的联想。例如：

火热　冰凉　黏糊　乌红朱红　海蓝　蟹青　蜡黄　乌漆黝黑

②该类词中的B词缀表义模糊或者虚化，其字也多为同音借字，只当看作是一个记音符号，多数B缀的构词能力都较弱。语义上带有明显的程度义，可看作是一个程度副词。例如：

怪疼　怪冷　溜光　精光　精白　牢实　傻白苍白

（2）BA式形容词的语义特点和语法功能

BA式形容词是一种形容词的生动形式，语义上最鲜明的特点是表义程度深，因此不能受程度副词的修饰，功能上主要充当谓语、定语和补语。例如：

你底几天脉=个咧？看你面上傻白个你这几天怎么了？看你脸上苍白的。n̩i²¹i⁴²tɕi⁴²tʰiɛ²⁴ma³³kei⁰liɛ⁰, kʰõ⁵⁵n̩i²¹miɛ⁵⁴xɔŋ⁰ʂa⁴²pʰa⁴⁴kei⁰?

拿洋芋煮倒稀烂咧把土豆煮得稀烂了。na²⁴iɔŋ²¹y³³tʂou⁴²tau⁰ɕi²⁴lã⁵⁴liɛ⁰.

你个面样□蜡黄个你的脸怎么蜡黄？n̩i²¹kei⁵⁵miɛ⁵⁵n̩iɔŋ⁵⁴mã²¹lɛ⁴⁴vɔŋ²¹kei⁰?

我买了一条乌红个裙子。ŋai²¹mai²⁴li⁰i³³tʰiau²¹u²⁴fəŋ²¹kei⁵⁵tɕʰin²¹tsŋ⁰.

2. AA个式

"AA个"式是由性质形容词重叠后再附加上一个助词"个"而成的，相当于普通话的"AA儿的"结构。语音上"个"读轻声，"AA"的读音也符合两字组的一般连读变调规律。例如：

高高个　脆脆个　宽宽个　直直个　甜甜个　嫩嫩个　长长个

软软个　胖胖个　红红个　凉凉个　慢慢个　光光个　圆圆个

一般的单音节性质形容词都能够重叠，重叠后的"AA个"式词表义程度加深，是状态形容词，也不能受程度副词的修饰，功能上作状语、补语，也可以作谓语。和普通话一样，语义上也都有一种表喜爱的感情色彩。

3. AABB式

根据结构的不同，AABB式词又可分为两个小类：

一类的特点是都有AB的基式，是在基式基础上的重叠，较之AB，在表义程度上有所加深。例如：

清清白白　　　　热热闹闹　　　疯疯癫癫　　　风风光光

傻傻瓜瓜形容傻呆　　　神神叨叨　　　　直直杠杠形容人性格耿直

另一类的特点是没有 AB 的基式，是 AA、BB 分别重叠后的再次叠加。A 基本都是形容词语素，可以单说；B 有的可以单说，是语素，有的则不能单说，只是一个音节。例如：

密密麻麻　　　　花花绿绿　　　　慢慢腾腾　　　　松松垮垮
满满当当　　　　懒懒洋洋　　　　嘻嘻哈哈　　　　细细化=化=仔仔细细

其次讨论罗湾话表示程度的副词，也即程度副词。下面将主要对罗湾话中常用的几个程度副词从意义和用法两方面进行描写。

（一）很

"很"是罗湾话较为常用的程度副词。用法上，"很"既可以用在修饰成分的前头，作程度状语，格式是"很+形容词"，也可以用在修饰成分的后头，作程度补语，中间需要助词"得"来连接，格式是"形容词+得+很"。"很"置于修饰成分之后的用法是关中方言的特点，因此罗湾话的这种用法，应当是方言借用的结果。从表义上看，两种格式并不等同，后一种格式所表达的程度义要比前一种更深。例如：

西安夏天很热。$si^{33}ŋõ^{33}xa^{54}tʰiɛ̃^{0}xɛ̃^{42}ɲiE^{44}$.

西安夏天热得很。$si^{24}ŋõ^{0}xa^{54}tʰiɛ̃^{0}ɲiE^{44}tei^{0}xɛ̃^{42}$.

底隻妹子很精这个女孩很漂亮。$i^{42}tʂa^{0}moi^{54}tsʅ^{0}xɛ̃^{42}tsiaŋ^{24}$.

底隻妹子精得很这个女孩很漂亮。$i^{42}tʂa^{0}moi^{54}tsʅ^{0}tsiaŋ^{24}tei^{0}xɛ̃^{42}$.

以上两组可形成比较的例句中，用"A+得+很"格式的那句程度义上都要更深些。

（二）太

"太"也是罗湾话中较为常用的程度副词，用法上与"很"平行，也是既可以置于修饰成分之前，也可以置于修饰成分之后，不同之处是中间要用助词"倒"来连接。置前和置后两种格式都可以表达程度义，但是两者在语用义上有所不同，置前的格式表达的是说话人对某个事件有过亲身经历和体验后所作的评价，是一种置身事内的经验评价；置后的格式表达的则是说话人在置身事外的前提下对某个事件的主观评价。例如：

今晡热倒太。$tɕin^{24}pu^{0}ɲiE^{44}tau^{0}tʰai^{554}$.

今晡太热咧。$tɕin^{24}pu^{0}tʰai^{55}ɲiE^{44}liE^{0}$.

底隻绳子长倒太。$i^{42}tʂa^{0}ʂən^{21}tsʅ^{0}tʂʰɔŋ^{21}tau^{0}tʰai^{554}$.

底隻绳子太长咧。$i^{42}tʂa^{0}ʂən^{21}tsʅ^{0}tʰai^{55}tʂʰɔŋ^{21}liE^{0}$.

以上是两组可形成比较的例句，每一组的两个例句表义基本相同。其中用"热倒太"那句的适应情景是说话人只在屋内而并没有走到外面亲自感受到天气热的事实的前提下，对外面可能很热这样一个事实所作的主观陈说；而用"太热咧"的那句则一定是说话人由屋内走到了屋外，亲自体验了外面天气热的事实后所作的评价，往往还带有一定的感叹语气。相应的第二组中用"长到太"的那句只是看到一条绳子，对绳子较长这样一个事实的评价；而用"太长咧"的那句则一定是说话人亲自用过这条绳子，然后发现这条绳子的长度比实际需要的长，从而对绳子太长这个事实所作出的评价。

（三）太太

"太"也可以重叠为"太太"。"太太"所表示的程度义要比"太"更高，只能充当补语，常用的基本格式是：形容词 + 倒 + 太太。例如：

个子夏天热倒太太那里夏天实在太热了。kai^{54}tsŋ^{0}xa^{54}tʰiɛ^{0}n̠iɛ^{44}tau^{0}tʰai^{54}tʰai^{0}.

底隻人好倒太太这个人真是好极了。i^{42}tʂa^{0}n̠in^{21}xau^{42}tau^{0}tʰai^{54}tʰai^{0}.

以上两个句子和上文中单用"太"的两个句子是一样的，但是由于用了重叠的"太太"，所以这两个句子表示的程度义要比单用"太"时高很多。

另外，单从表义上来看，"太"和"太太"所表达的程度义都要比用"很"时更深些。"太"和"太太"作程度补语也是关中方言的一般特点，罗湾话中"太"和"太太"的用法是对权威方言借用的结果。

（四）有滴子

"有滴子"是客家方言的特色词汇，罗湾话中使用频率很高，相当于普通话的"有一点儿"，所表程度义低，是副词，作状语。例如：

今晡有滴子冷今天有点儿冷。tɕin^{33}pu^{33}iou^{24}ti^{21}tsŋ^{0}laŋ^{24}.

脚有滴子疼，分我揉下子脚有点儿疼，给我揉一下。tɕio^{33}iou^{24}ti^{33}tsŋ^{0}tʰəŋ^{554}, pən^{24}ŋai^{21}ʐou^{21}xa^{21}tsŋ^{0}.

其中"滴"又可以重叠，说成"有滴滴子"。重叠后所表的程度义更低，相当于普通话的"有一点点儿"，用法与"有滴子"相同，如"今晡有滴子冷"也可表述成"今晡有滴滴子冷"后者冷的程度就比前者要低。

（五）还过、顶

"还过"[xai^{21}ko^{554}]，相当于普通话的"更"。"顶"[tin^{42}]，相当于普通话的"最"，两者都只用于比较句，表示程度深。例如：

今年比旧年还过热今年比去年更热。tɕin^{24}n̠iɛ^{0}pi^{42}tɕʰiou^{54}n̠iɛ^{0}xai^{21}ko^{55}n̠iɛ^{44}.

瘦个胖个都唔好，唔瘦唔胖顶好瘦的胖的都不好，不瘦不胖最好。sɛu^{54}kei^{0}pʰəŋ^{54}kei^{0}tou^{24}mu^{21}xau^{42}, mu^{21}sɛu^{54}mu^{21}pʰəŋ^{54}tin^{42}xau^{42}.

五 介引与关联

（一）介引

介引是介词的语法功能，具体是把名词性宾语介引给句中的谓语而构成语法关系，作状语、补语等成分，语义上表示与动作、性状有关的时间、处所、方向、方式、依据、凭借、工具、原因、目的、施事、受事、对象、比较等。下面描写并讨论罗湾话各类介词的具体用法。

首先按照所表示的语义类型，将罗湾话的介词系统总括如下：

1. 表示时间：撵、从
2. 表示处所：在
3. 表示方向：走、从、顺倒、朝、放、往
4. 表示方式、依据、凭借：照、按
5. 表示工具：拿₁、用
6. 表示施事、受事：喊、分₁、拿₂、把
7. 表示关涉对象：对、对倒、分₂、分₃、连、跟、问
8. 表示比较：比、赶

下面介绍罗湾话介词的具体用法：

1. 撵

"撵"最基本的用法是后接时间名词或短语构成介宾结构表示动作行为完成、实现的时间节点，其后也可以加"前""以前"，进一步明确动作完成、实现的时间要求，相当于普通话的"赶"。例如：

我撵天夜赶到。ŋai²¹n̠iɛ⁴²tʰiɛ²⁴ia⁵⁴kõ⁴²tau⁰.

我撵天夜前赶到。ŋai²¹n̠iɛ⁴²tʰiɛ²⁴ia⁵⁴tsʰiɛ²¹kõ⁴²tau⁰.

我撵天夜以前赶到。ŋai²¹n̠iɛ⁴²tʰiɛ²⁴ia⁵⁴i³³tsʰiɛ²¹kõ⁴²tau⁰.

2. 在

"在"是介引处所名词的介词，其后接处所名词或方位短语构成介宾短语，表处所，用法与普通话相同，主要作状语和补语。例如：

老罗在个子薅草 老罗在那里锄地。lau⁴²lo²¹tsʰoi²⁴kai⁵⁴tsɿ⁰xau²⁴tsʰau⁴².

东西跌在街上咧 东西丢到街上了。təŋ³³si³³tiɛ³³tsʰoi²⁴kai²⁴xoŋ²¹liɛ⁰.

3. 走、从

"走"所介引的对象表示动作行为的方向，其后跟表方位的名词或短语，构成介宾短语。这个"走"是从权威方言商州话借用的结果。例如：

你走哪子走 你从哪里走？n̠i²¹tsɛu⁴²nai⁵⁴tsɿ⁰tsɛu⁴²?

渠走罗湾来个 他从罗湾来的。tɕi²¹tsɛu⁴²lo²¹vã²⁴loi²¹kei⁰.

"走"也可带表时间的名词性短语，表示事件发生的时间起点。例如：

走渠走后，我一直唔放心 从他走了以后，我一直不放心。tsɛu⁴²tɕi²¹tsɛu⁴²xɛu⁵⁵⁴, ŋai²¹i³³tsʰɿ⁴⁴mu²¹ fəŋ⁵⁴sin²⁴.

走天过架势，我等一路干_{从明天开始，我们一起干}。tsɛu⁴²tʰiɛ̃³³ko³³ka⁵⁵ʂʅ⁵⁵⁴, ŋai²¹tən³³i³³lou⁵⁵kã⁵⁵⁴.

以上例句中的介词"走"，也都可以用"从"加以替换，意义上并无差别。

4. 顺倒

"顺倒"表示动作所循行的路线，"倒"是助词，相当于普通话的"顺着""沿着"。例如：

顺倒底条大路直走。ʂuən⁵⁴tau⁰i⁴²tʰiau²¹tʰai⁵⁵lou⁵⁴tʂʰʅ⁴⁴tsɛu⁴².

顺倒河边走。ʂuən⁵⁴tau⁰xo²¹piɛ̃²⁴tsɛu⁴².

5. 放、往

"放""往"两者都能后接处所名词表示动作方向的动态移位，不过，"放"更为常用，它是来自权威方言商州话的一个借词。例如：

放东□走_{往东走}。fəŋ⁵⁴təŋ²⁴sa⁰tsɛu⁴².

放脑上举_{往上举}。fəŋ⁵⁵nau⁴²xɔŋ⁰tɕy⁴².

6. 照、按

"照""按"都表动作行为的依据或方式，其后要求接一个动词性结构，作状语，基本格式是：照＋VP。例如：

照咁子做就好_{照这样做就好}。tʂau⁵⁵kã⁴²tsʅ⁰tso⁵⁴tɕʰiou⁵⁵xau⁴².

照渠话个写_{照他说的写}。tʂau⁵⁵tɕi²¹va⁵⁴kei⁰sia⁴².

以上"照"也可以说成"按"，但是两者在表义上略有不同，"照"不要求其后的动作行为与参照物完全相同，允许灵活变动；"按"则要求与前面的参照物完全相同，不能变动。

7. 拿₁

"拿₁"是罗湾话表示工具的介词，相当于普通话的"用"，两者用法相同。例如：

拿毛笔写。na²⁴mau²⁴pi⁰sia⁴².

拿胶带缠上。na²⁴tɕiau²⁴tai⁵⁵tʂʰɛ̃²¹ʂɔŋ⁰.

商州话表工具的介词也说成"拿"，因此罗湾话的这个"拿₁"应该是权威方言影响的结果，"拿₁"也可以说成"用"，但"用"不如"拿₁"的使用频率高。

8. 喊、分₁

"喊"[xã⁴²]，"分₁"[pən²⁴]，都是罗湾话常用的表被动的标记，主要功能是在被动句中介引出施事，在动词前作状语，形成"NP（受事）＋喊/分＋NP（施事）＋VP"的格式，用法上同普通话的"被"。例如：

渠喊狗啮了一口_{他被狗咬了一口}。tɕi²¹xã⁴²kɛu⁴²ŋɛ³³li⁰i³³kʰɛu⁴².

我喊班长批评咧，渠喊班长表扬咧。ŋai²¹xã⁴²pã²⁴tʂɔŋ⁴²pʰi²⁴pʰin²¹liɛ⁰, tɕi²¹xã⁴²pã²⁴tʂɔŋ⁴²piau⁴²iɔŋ²¹liɛ⁰.

老张个草帽喊风吹走咧_{老张的草帽被风吹走了}。lau⁴²tsɔŋ²⁴kei⁰tsʰau⁴²mau⁵⁴xã⁴²fəŋ²⁴tsʰuei²⁴tsɛu⁴²liɛ⁰.

以上都是"喊+NP"的结构，其中"喊"都可以用"分"加以替换。罗湾话的被动句中也可以不出现施事，不过这种情况下，表被动的介词标记就只能用"分"。例如：

光窗都分震碎咧_{窗子都被震碎了}。kɔŋ³³tsʰɔŋ³³tou²⁴pən²⁴tsən⁵⁵sei⁵⁴liɛ⁰.

我等都分录取咧_{我们都被录取了}。ŋai²¹tən³³tou²⁴pən²⁴lou³³tɕy⁴²liɛ⁰.

9. 拿₂、把

"拿₂"和"把"都是罗湾话表处置义的介词，用法上两者可以自由替换。其中，"拿₂"也是商州话影响的结果，因为"拿₂"是商州话常用的表处置的介词，而梅县、五华表处置的介词主要是"将"。罗湾话的"拿₂"与普通话的"把"用法相同，也是将受事提到动词前面，充当状语的成分，语义上表示某种动作行为对"拿₂"所介引的受事施加影响而产生了某种变化或结果。其格式为：NP（施事）+拿₂+NP（受事）+VP。例如：

你拿地板拖一下_{你把地板拖一下}。n̺i²¹na²⁴tʰi⁵⁵pã⁴²tʰo²⁴i³³xa⁰.

老张拿村长气疯咧_{老张把村长气疯了}。lau⁴²tsɔŋ²⁴na²⁴tsʰən²⁴tsɔŋ⁵⁵ɕi⁵⁴fəŋ²⁴liɛ⁰.

你拿猫公放跑咧_{你把猫放跑了}。n̺i²¹na²⁴miau⁵⁴kuəŋ⁰fɔŋ⁵⁵pʰau²¹liɛ⁰.

以上例句中的"拿"也都可以换成"把"。

10. 对、对倒

"对倒"，相当于普通话的"对着"，"倒"相当于"着"。"对"和"对倒"都用于介引进动作行为所关涉的对象，用法和普通话相同。例如：

你对渠好，渠就对你好。n̺i²¹tei⁵⁵tɕi²¹xau⁴², tɕi²¹tɕʰiou⁵⁵tei⁵⁵n̺i²¹xau⁴².

渠对倒岭唱歌子_{他对着山唱歌}。tɕi²¹tei⁵⁴tau⁰liaŋ²⁴tsʰɔŋ⁵⁴ko²⁴tsɿ⁰.

11. 分₂

"分₂"[pən²⁴]，相当于普通话的"给"，用法上都是与指人名词或代词组合，语义上引进与动作行为相关的人，可以用作状语，介引出受益或受损的与事。例如：

分大家办事。pən²⁴tʰai⁵⁴ka⁰pʰã⁵⁵sɿ⁵⁵⁴.

渠拿书分我看。tɕi²¹na²⁴ʂou²⁴pən²⁴ŋai²¹kʰɔ̃⁵⁵⁴.

我分你打听一件事。ŋai²¹pən²⁴n̺i²¹ta⁴²tʰin²⁴i³³tɕʰiẽ⁵⁵sɿ⁵⁵⁴.

我分渠借一本书。ŋai²¹pən²⁴tɕi²¹tɕia⁵⁴i³³pən⁴²ʂou²⁴.

以上例句中，后两句的"分"都不能理解成是"向"或者"跟"，依然是"给"，语义上分别表示"给你"打听一件事，"给渠"借一本书。"分"后的"你"和"渠"是获益者，而不是主语的"我"。

12. 分₃、替

"分₃"[pən²⁴]，相当于普通话的"替"，后接指人名词或代词，表示为某人做某事。例如：

你分我写封信。n̠i²¹pən²⁴ŋai²¹sia⁴²fəŋ²⁴sin⁵⁵⁴.

我等都分你高兴。ŋai²¹tən³³tou²⁴pən²⁴n̠i²¹kau²⁴ɕin⁵⁵⁴.

以上例句中的"分₃"也都可以换成"替"，后者当是权威方言影响的结果。

13. 连、跟

罗湾话的介词"连"和"跟"，相当于普通话的介词"和"，表示协同、共同。例如：

我连你去西安我和你去西安。ŋai²¹liẽ²¹n̠i²¹ɕi⁵⁴si²⁴ŋõ⁰.

也可以表示比较的对象。例如：

底隻连个隻一样这个和那个一样。i⁴²tʂa⁰liẽ²¹kai⁵⁴tʂa⁰i³³ioŋ⁵⁵⁴.

以上例句中的"连"都可以说成"跟"，用法上没有差别。

14. 问

"问"介引动词行为所关涉的对象，和指人名词或代词组合，意思是说话人向其认为对自己有帮助的人阐说其意愿，主要包括询问、借用、求助等行为，这个"问"相当于普通话表示关涉对象的"向"，其基本格式是：问＋NP（指人宾语）＋VP。口语中主语通常以省略为常。例如：

问你打听一件事向你打听一件事。mən⁵⁵n̠i²¹taʰ⁴²tʰin⁰i³³tɕʰiẽ⁵⁵sʅ⁵⁵⁴.

我问渠借了一百块钱我向他借了一百块钱。ŋai²¹mən⁵⁵tɕi²¹tsia⁴²li⁰i³³pa³³kʰuai⁵⁵tsʰiẽ²¹.

"问"也当是罗湾话借用自周围方言的词，因为"问"作介词，表示动作行为的方向是商州、西安等关中方言以及安康平利话（属于江淮官话）的典型用法。

15. 比、赶

"比"用于比较句，是表比较的介词标记，作用是介引进比较的基准，用法与普通话相同。例如：

底隻比个隻好多咧。i⁴²tʂa⁰pi⁴²kai⁵⁴tʂa⁰xau⁴²to²⁴liɛ⁰.

底隻人比个隻人过高这个人比那个人过高。i⁴²tʂa⁰n̠in²¹pi⁴²kai⁵⁴tʂa⁰n̠in²¹ko⁵⁴kau²⁴.

"赶"[kõ⁴²]，是关中方言常用的比较标记，罗湾话中也常用，与"比"可以自由换用，以上例句中的"比"都可以说成"赶"。

（二）关联

关联是就关联词的作用来说的，能起关联作用的词也就是关联词。一般来说，关联词都用于复句之中，分句之间通过关联词而形成不同的逻辑关系。词类上，关联词主要是连词，也包括一些起连接作用的副词，如：也、就等。单个的连词也可出现在单句中，只起连接句子成分的作用。复句中的关联词多以配对合用的形式出现，关联上下分句，单个关联词连接分句的时候，则往往出现在第二个分句之中。下面分别进行描写。

1. 单个连词

（1）连

"连"主要用于连接单句，也可以换用"跟"，与普通话的连词"和"的用法相同，"连"所连接的两部分都是名词性成分，而且谓语前也常出现表示全部范围的副词"都"。例如：

门连光窗都擦过咧。mən²¹liẽ²¹koŋ³³tsʰɔŋ³³tou²⁴tsʰɛ³³ko⁵⁴liE⁰.

我连渠都系客家人_{我和他都是客家人}。ŋai²¹liẽ²¹tɕi²¹tou²⁴xei⁵⁵kʰa³³ka³³n̠in²¹.

如果所连接的并列项是三项及以上时，普通话一般用"及"或"以及"连接最后两项，罗湾话也只用"连"。例如：

我连你，连渠都系客家人。ŋai²¹liẽ²¹n̠i²¹, liẽ²¹tɕi²¹tou²⁴xei⁵⁴kʰa³³ka³³n̠in²¹.

（2）和

"和"也用于单句成分的连接，所连接的两部分是动词，此时不能说成"连"或"跟"。例如：

底件事，我等昨晡商量和讨论过咧_{这件事，我们昨天商量和讨论过了}。i⁴²tɕʰiẽ⁵⁵sŋ⁵⁵⁴, ŋai²¹tən³³tsʰo²⁴puº̞ɕɔŋ²⁴liɔŋ⁵⁴xo²¹tʰau⁴²lən⁵⁵ko⁵⁴liE⁰.

2. 关联词

本节主要描写复句中的关联词。关联词在语法上主要起连接作用，用来连接词、短语、分句等。关联词的使用具有较强的书面语色彩，罗湾话的日常口语中关联词的使用并不突出，但就系统考察来看，罗湾话用于表达各种关系的关联词是完备的，联合类的并列、顺承、递进、选择，偏正类的因果、假设、条件、转折、目的等普通话中的常见意义类型，罗湾话中都有相应的关联词。这些关联词中既有和普通话或者商州话相同的，也有独具个性特征的。下面有侧重地加以描写和说明：

（1）并列关系

罗湾话中表示并列关系的关联词主要有"也""又""另外""一路……一路……""又……又……""还……还……"。既有单用的连词，也有配对合用的关联词，用来描述两个相关的事件，或者是一个事件的两个方面。例如：

渠姓王，我也姓王。tɕi²¹siaŋ⁵⁵vɔŋ²¹, ŋai²¹ia²⁴siaŋ⁵⁵vɔŋ²¹.

罗湾山清水秀，空气又好，真系隻好地方。lo²¹vã²⁴sã²⁴tsʰiaŋ²⁴ʂuei⁴²siou⁵⁵⁴, kʰuəŋ²⁴ɕi⁵⁵iou⁵⁵xau⁴², tʂən²⁴xei⁵⁴tʂaºxau⁴²tʰi⁵⁴fɔŋ⁰.

今晡我去了一趟街上，买了一滴蔬菜连水果，另外还办了一张银行卡。tɕin³³pu³³ŋai²¹ɕi⁵⁴li⁰i³³tʰɔŋ⁵⁴kai²⁴xɔŋ⁰, mai²⁴li⁰i³³ti²⁴sou²⁴tsʰoi⁵⁴liẽ²¹ʂuei⁴²ko⁴², lin⁵⁵ŋoi⁵⁴xai²¹pʰã⁵⁴li⁰i³³tʂɔŋ²⁴in²¹xɔŋ²¹kʰa⁴².

一路走，一路话_{一边走，一边说}。i³³lou⁵⁵tsɛu⁴², i³³lou⁵⁵va⁵⁵⁴.

底个西瓜又大又甜，唔买可惜咧。i⁴²keiºsi²⁴kuaºiou⁵⁵tʰai⁵⁴iou⁵⁵tʰiẽ²¹, mu²¹mai²⁴kʰo⁴²si²¹liE⁰.

你等爱把底隻石连砌好，还爱把土务好，还爱种下庄稼你们要把这个石墙砌好，还要把地整好，还要种上庄稼。ȵi²¹tən³³oi⁵⁴pa⁴²i³³tʂa⁰ʂa⁴⁴liɛ̃²¹tsʰi³³xau⁵⁴, xai²¹oi⁵⁴pa⁴²tʰou⁵⁵xau⁴², xai²¹oi⁵⁵tʂəŋ⁵⁴xa⁰tsɔŋ³³ka³³.

（2）顺承关系

罗湾话表示顺承关系时主要用表示动作时间先后顺序的"先""然后""接倒"等词加以关联，也可以用表示动作重复进行的副词"又"表示，还可以用表示动作承接义的副词"就"表示。例如：

渠先关好了光窗，又关上了大门，然后就出去咧。tɕi²¹siɛ̃²⁴kuã²⁴xau⁴²li⁰kɔŋ³³tsʰɔŋ³³, iou⁵⁴kuã²⁴ʂɔŋ⁵⁴li⁰tʰai⁵⁵mən²¹, zɛ̃²¹xɛu⁵⁵tɕʰiou⁵⁴tʂʰɿ³³ɕi⁵⁴liE⁰.

渠归来喝了一口水又跑出去嫽咧他回来喝了一口水又跑出去玩了。tɕi²¹kuei²⁴loi²¹xoi⁴⁴li⁰i³³xɛu⁴²ʂuei⁴²iou⁵⁵loi⁴⁴tʂʰɿ³³ɕi⁰liau⁵⁴liE⁰.

渠去银行拿了一千块钱，接倒买了一部新手机。tɕi²¹ɕi⁵⁵in²¹xɔŋ²¹na²⁴li⁰i³³tsʰiɛ̃²⁴kʰuai⁵⁵tsʰiɛ̃²¹, tsiE³³tau⁰mai²⁴li⁰i³³pu⁵⁴sin²⁴ʂou⁴²tɕi⁰.

（3）选择关系

罗湾话表示选择关系的关联词主要有"还系""唔如""要么……要么……""唔系……就系……""硬可……也唔……"等几个，可以单用，也可以配对合用。例如：

你去还系我去你去还是我去？ȵi²¹ɕi⁵⁴xai²¹xei⁵⁵ŋai²¹ɕi⁵⁵⁴?

底滴东西放倒唔用，唔如拿去卖了换滴子钱这些东西放着没用，不如拿去卖了换点儿钱。i⁴²ti²¹təŋ³³si³³fɔŋ⁵⁴tau⁰mu²¹iəŋ⁵⁵⁴, mu²¹zu na²⁴ɕi⁰mai⁵⁴li⁰õ⁴⁵ti²¹tsɿ⁰tsʰiɛ̃²¹.

要么系你，要么系我，跑唔跌咧要么是你，要么是我，跑不掉了。oi⁵⁴mo⁰xei⁵⁵ȵi²¹, oi⁵⁴mo⁰xei⁵⁵ŋai²¹, pʰau²¹mu²¹tiE³³liE⁰.

唔系鱼死，就系网破。mu²¹xei⁵⁵ŋ²¹si⁴², tɕʰiou⁵⁵xei⁵⁵vɔŋ⁴²pʰo⁵⁵⁴.

我硬可多花滴子钱，也唔买底种过差个东西我宁可多花点儿钱，也不买这种太差的东西。ŋai²¹ŋaŋ⁵⁵kʰo⁴²to²⁴xua²⁴ti²¹tsɿ⁰tsʰiɛ̃²¹, ia²⁴mu²¹mai²⁴i⁴²tʂəŋ⁴²ko⁵⁴tsʰa²⁴kei⁰təŋ³³si³³.

（4）递进关系

罗湾话中表示递进关系的关联词是"还""唔但……还……"，可以单用，也可以配对合用。例如：

底件衫你着倒合适，价钱还便宜。i⁴²tɕʰiɛ̃⁵⁴sã²⁴ȵi²¹tʂo³³tau⁰xoi⁴⁴ʂɿ⁰, ka⁵⁴tsʰiɛ̃⁰xai²¹pʰiɛ̃²¹i³³.

底子唔但风景好，人还热情，大家都喜欢到底子来嫽这里不但风景好，人还热情，大家都喜欢到这里来玩。i⁴²tsɿ⁰mu²¹tã⁵⁴fəŋ²⁴tɕiəŋ⁴²xau⁴², ȵin²¹xai²¹ȵiE⁴⁴tsʰin⁰, tʰai⁵⁴ka⁰tou²⁴ɕi⁴²fõ⁵⁴tau⁵⁵i⁴²tsɿ⁰loi²¹liau⁵⁵⁴.

第二例是关联词合用的情况，也是罗湾话中常用的格式，其中"唔但"也可以省略，只用"还"关联第二个分句。

（5）条件关系

罗湾话表示条件关系的关联词是：只要……就……、只有……正……、唔管……都……、除非……正……，关联词以配对使用为常。例如：

只要能食苦，日子就能过好。tʂʅ⁴²oi⁵⁵nẽ²¹ʂʅ⁴⁴fu⁴², ȵiE³³tsʅ⁰tɕʰiou⁵⁵nẽ²¹ko⁵⁵xau⁴².

只有在我等□子，正能看到底种花只有在我们这儿，才能看到这种花儿。tʂʅ⁴²iou²⁴tsʰoi²⁴ŋai²¹tən³³iaŋ²⁴tsʅ⁰, tʂaŋ⁵⁵nẽ²¹kʰõ⁵⁴tau⁰i⁴²tʂəŋ⁴²fa²⁴.

除非渠分我认错，我正能原谅渠除非他给我认错，我才能原谅他。tʂʰu²¹fei²⁴tɕi²¹pən²⁴ŋai²¹ȵin⁵⁵tsʰo⁵⁵⁴, ŋai²¹tʂaŋ⁵⁵nẽ²¹iẽ²¹lioŋ⁵⁵tɕi²¹.

唔管□人样□话，渠都唔听不管谁怎么说，他都不听。mu²¹kõ⁴²mã⁴²ȵin²¹ȵioŋ⁵⁴mã⁰va⁵⁵⁴, tɕi²¹tou²⁴mu²¹tʰaŋ²⁴.

有时，"只要……就……"和"只有……正……"也可以省略"只要"和"只有"。例如：

努力了咧，就唔会有遗憾！ nou⁴²li²¹liE⁰, tɕʰiou⁵⁵mu²¹voi⁵⁴iou²⁴i²¹xõ⁰!

在我等□子，正能看到这种花。tsʰoi²⁴ŋai²¹tən³³iaŋ²⁴tsʅ⁰, tʂaŋ⁵⁵nẽ²¹kʰõ⁵⁴tau⁰i⁴²tʂəŋ⁵⁴fa²⁴.

（6）假设关系

罗湾话表示假设关系的关联词有：个、个话、再……就……、再……也……等，可以单用，也可以配对合用，其中"再……就……"相当于普通话的"如果……就……"或"如果……那么……"。例如：

无脉=个事，个我就先走咧没什么事，那我就先走了。mau²¹ma³³kei⁰sʅ⁵⁵⁴, kai⁵⁵ŋai²¹tɕʰiou⁵⁴siẽ²⁴tsɛu⁴²liE⁰.

喊你做个话，你做唔做叫你做的话，你做不做？ xã⁴²ȵi²¹tso⁵⁴kei²¹fa⁰, ȵi²¹tso⁵⁵mu²¹tso⁵⁵⁴?

渠再唔来找你，你就去找渠。tɕi²¹tsai⁵⁴mu²¹loi²¹tʂau⁴²ȵi²¹, ȵi²¹tɕʰiou⁵⁵ɕi⁵⁵tʂau⁴²tɕi⁰.

条件再好，也要靠自家努力。tʰiau²¹tɕiẽ⁵⁴tsai⁵⁵xau⁴², ia²⁴iau⁵⁵kʰau⁴²tsʰʅ³³ka³³nou⁴²li⁰.

（7）因果关系

罗湾话表示因果关系的关联词有"因为""就""既然……就……"。普通话常用的"因为……所以……"，罗湾话口语中只用"因为"，后一分句不再用"所以"连接。"既然……就……"可以用，但不如单用"就"为常。例如：

因为前头个路塌咧，只能绕道走咧。in²⁴vei⁵⁵tsʰiẽ²¹tʰɛu²¹kei⁰lou⁵⁴tɛ³³liE⁰, tsʅ²⁴nẽ²¹zau⁴²tau⁵⁴tsɛu⁴²liE⁰.

把你喊来，因为有只重要个事分你话把你叫来，因为有个重要的事给你说。pa⁴²ȵi²¹xã⁴²loi⁰, in²⁴vei⁵⁴iou²⁴tʂa³³tsʰəŋ²⁴iau⁵⁴kei⁰sʅ²¹pən²⁴ȵi²¹va⁵⁵⁴.

既然你都晓得咧，个我也就唔用再话脉=个咧既然你都知道了，那我也就不用再说什么了。tɕi⁵⁴zɛ̃⁰ȵi²¹tou²⁴ɕiau⁴²tei²¹liE⁰, kai⁵⁴ŋai²¹ia²⁴tɕʰiou⁵⁵mu²¹ioŋ⁵⁵tsai⁵⁵va⁵⁴ma³³kei²¹liE⁰.

（8）转折关系

罗湾话表示转折关系的关联词有：倒、唔过、可系几个，主要是单用，都用于关联第二个分句，形成转折关系。普通话第一个分句一般还要用"虽然"加以关联，罗湾话不用"虽然"。例如：

事情到了最后，你倒还唔干咧。sๅ^{55}tsʰin^{0}tau^{54}li^{0}tsei^{55}xɛu^{554}, n̩i^{21}tau^{55}xai^{21}mu^{21}kã^{54}liɛ^0.

渠好了很多咧，唔过人还系很虚弱他好了很多了，不过人还是很虚弱。tɕi^{21}xau^{42}li^{0}xɛ̃^{42}to^{24}liɛ^0, mu^{21}ko^{54}n̩in^{21}xai^{21}xei^{55}xɛ̃^{42}ɕy^{24}lo^0.

渠屋下个条件唔太好，可系还系考上了大学他家里的条件不太好，可是还是考上了大学。tɕi^{21}u^{33}kʰua^{33}kei^{0}tʰiau^{21}tɕiẽ^{54}mu^{21}tʰai^{55}xau^{42}, kʰo^{42}xei^{54}xai^{21}xei^{55}kʰau^{42}ʂoŋ^{54}li^{0}tʰai^{54}xo^0.

（9）目的关系

罗湾话表示目的关系的关联词是：莫喊、为了，都是单个的关联词，所关联的第二个分句指明第一分句事件的目的。例如：

莫分渠话，莫喊渠担心不要给他说，别让他担心。mo^{44}pən^{24}tɕi^{21}va^{554}, mo^{44}xã^{42}tɕi^{21}tã^{24}sin^0.

把光窗关倒，莫喊落水把衫淋湿咧把窗子关上，别让下雨把衣服淋湿了。pa^{42}koŋ^{33}tsʰɔŋ^{33}kuã^{24}tau^0, mo^{44}xã^{42}lo^{44}ʂuei^{42}pa^{42}sã^{24}lin^{21}ʂๅ^{33}liɛ^0.

渠把自家打扮倒咁精[tsiaŋ^{24}]，为了喊人看她把自己打扮得那么好看，为了叫别人看。tɕi^{21}pa^{42}tsʰๅ^{54}ka^{33}ta^{42}pã^{54}tau^{0}kã^{42}tsiaŋ^{24}, vei^{54}li^{0}xã^{42}n̩in^{21}kʰõ^{554}.

六　体貌系统

体貌是汉语重要的语法范畴，反映汉语共同语或方言中与动作、事件相关的状态和情貌。不同方言体貌的表达往往都有自己独特的特点，主要表现在体貌标记及其所表示的语法意义上。罗湾话表达体貌系统的方式主要是体貌助词、语气词以及构形重叠，而某些与时间概念相关的时间副词也会在一定程度上起到辅助作用，可看成是一种宽式的"体貌"表达方式。关于体貌的具体名称，本书采用学界一般的说法：进行体、持续体、完成体、经历体、起始体、继续体、已然体、将然体、先行体、短时貌、尝试貌和反复貌。下面具体介绍罗湾话的体貌系统。

（一）进行体

进行体表示动作正在进行。罗湾话进行体的表达和普通话有同有异，相同的地方是，都可以通过前加时间副词"正（在）"的方式形成进行体；不同的地方在于普通话中表进行体的体助词是"着"，而罗湾话则是"倒在"或"在"，它们都出现在句末位置。又普通话的句末还可以同时共现语气词"呢"，罗湾话则一律不能附加其他语气词。其中"倒"和"在"都是客伙话表达进行体的语法形式，所以罗湾话的这个用法是周围客伙话影响的结果。"正（在）""倒"和"在"三个构成进行体的要素，既可以同时出现，也可以单独使用，因此罗湾话中进行体表达的格式较多。下面分别说明：

1. 正在 + VP[①]

我正在食饭。ŋai²¹tʂən⁵⁴tsʰoi²⁴ʂʅ⁴⁴fã⁵⁵⁴.

渠等几隻人正在话事_{他们几个人正在说话}。tɕi²¹tən³³tɕi⁴²tʂaⁿin²¹tʂən⁵⁴tsʰoi²⁴va⁴⁴ʂʅ⁵⁵⁴.

其中时间副词"正在"又可以分别只用"正"或"在"来表达，形成了两个相关的格式变体："正 + VP"和"在 + VP"。

2. VP + 倒在

我食饭倒在。ŋai²¹ʂʅ⁴⁴fã⁵⁴tau²¹tsʰoi⁰.

渠等几隻人话事倒在。tɕi²¹tən³³tɕi⁴²tʂaⁿin²¹va⁴⁴ʂʅ⁵⁴tau²¹tsʰoi⁰.

其中"倒"也都可以省略，形成另一个相关的格式变体："VP + 在"。

3. 正在 + VP + 倒在

我正在食饭倒在。ŋai²¹tʂən⁵⁴tsʰoi²⁴ʂʅ⁴⁴fã⁵⁴tau²¹tsʰoi⁰.

渠等几隻人正在话事倒在。tɕi²¹tən³³tɕi⁴²tʂaⁿin²¹tʂən⁵⁴tsʰoi²⁴va⁵⁵ʂʅ⁵⁴tau²¹tsʰoi⁰.

其中"正在"依然可以分别单用"正"或"在"，助词"倒"也可以省略，形成多种相关的格式变体："正 + VP + 倒在""在 + VP + 倒在""正在 + VP + 在""正 + VP + 在"和"在 + VP + 在"。

总之，罗湾话的进行体存在着多种表达方式，彼此关联。其中第一种格式"正（在）+ VP"是最常用的，其他的也都可以用。而句末加"倒在"或"在"的格式明显是客伙话影响的结果。

（二）持续体

持续体表示动作行为的延续或某种状态的继续维持。罗湾话中进行体和持续体有时并不容易截然分清，表达上持续体与进行体也基本一致，不过因为时间副词"正在"特别强调动作行为的正在发生，因此持续体就不太用"正在"，而是只用"倒"和"在"来表达，与进行体无异。具体表达方式说明如下：

1. VP + 倒

桌子脑上放倒一碗水_{桌子上面放着一碗水}。tsʊ³³tsʅ⁰nau⁴²xɔŋ⁰fɔŋ⁵⁴tau⁰i³³õ⁴²ʂuei⁴².

天上飞倒一隻鷂嫲_{天上飞着一只老鹰}。tʰiɛ⁴xɔŋ⁰fei²⁴tau⁰i³³tʂa⁰iau⁵⁴ma⁰.

夜深咧，屋下个灯还光倒_{夜深了，家里的灯还亮着}。ia⁵⁴tʂʰən²⁴liɛ⁰, u³³kʰua³³kei⁰tɛ̃²⁴xai²¹kuɔŋ²⁴tau⁰.

---

① VP可以是单个动词，也可以是动宾短语。

2. VP + 倒 + 倒在

桌子脑上放倒一碗水倒在。tso³³tsʅ⁰nau⁴²xoŋ⁰foŋ⁵⁴tau⁰i³³õ⁴²ʂuei⁴²tau²¹tsʰoi⁰.

天上飞倒一隻鹞嫲倒在。tʰiɛ̃²⁴xoŋ⁰fei²⁴tau⁰i³³tʂa⁰iau⁵⁴ma⁰tau²¹tsʰoi⁰.

以上例句句末的"倒"依然可以省略，而只单用"在"，形成"VP + 倒 + 在"的格式。其中最后一个例句中的谓词是形容词，因为紧挨着谓词后的只有一个表持续义的助词"倒"，因此句末就只能出现"在"。

（三）完成体

完成体表示某个事件的完成，普通话用体助词"了"表示，也即"了₁"，罗湾话与此相当的体助词也是"了"，因其在句中，所以语音发生弱化，读为"[li⁰]"，但当其处于句末，兼表语气和已然事态时，读"[liɛ⁰]"，本书写作"咧"。读"咧"是关中方言的特点，说明罗湾话这个音也是商州话影响的结果。

"了"附着在动词或动补短语后，表示动作行为已经完成，其后可以带受事宾语，构成一般动词句或双宾句，与普通话"了₁"用法相同。"了"附着在动词后，不能独立成句，因为罗湾话中句末的"了"都是"咧"，相当于普通话的"了₂"，读音不一样，尽管语义上依然可以表示动作的完成。例如：

小张昨晡钓了一条大鱼子_{小张昨天钓了一条大鱼}。siau⁴²tʂoŋ²⁴tsʰo²⁴pu⁰tiau⁵⁴li⁰i³³tʰiau²¹tʰai⁵⁵ŋ²¹tsʅ⁰.

张明分坏人抢走了一隻包_{张明被坏人抢走了一个包}。tʂoŋ²⁴min²¹pən²⁴fai²¹n̪in²¹tsʰioŋ⁴²tsɛu⁴²li⁰i³³tʂa⁰pau²⁴.

"了"后也可以带时量补语，句末常带有相当于普通话"了₂"的"咧"。例如：

学生子坐汽车坐了两天咧。xo⁴⁴saŋ²¹tsʅ⁰tsʰo²⁴ɕi⁵⁴tʂʰa⁰tsʰo²⁴li⁰lioŋ⁴²tʰiɛ̃²⁴liɛ⁰.

底本书我看了两个月咧。i⁴²pən⁴²ʂou²⁴ŋai²¹kʰõ⁵⁴li⁰lioŋ⁴²kei⁰ȵiɛ⁴⁴liɛ⁰.

形容词后也可以附带"了"，其后可以带数量补语。例如：

洋柿子贵了一块钱。ioŋ²¹sʅ⁵⁴tsʅ⁰kuei⁵⁴li⁰i³³kʰuai⁵⁵tsʰiɛ̃²¹.

"了"还可以出现在连谓句或者复句中的前一个动作事项的表述中，用于表示某个事件已经完成，其后必须要有后续分句，承接说明前面事件完成后所产生的影响，且前一个分句不能独立使用。例如：

你正食了一碗米饭，再食一碗吧_{你才吃了一碗米饭，再吃一碗吧}。ȵi²¹tʂaŋ⁵⁵sʅ⁴⁴li⁰i³³õ⁴²mi⁴²fã⁵⁵⁴, tsai⁵⁵sʅ⁴⁴i³³õ⁴²pa⁰.

（四）经历体

罗湾话的经历体助词与普通话一样都是"过"，用在动词后，读轻声，表示过去曾发生过某事或施事的一种经历和体验。"过"附着在动词后可独立成句，此时句子的受事宾语一般都置于句首充当主语，也可后带受事宾语、数量补语等成分，也可用于兼语句、复句中。例如：

底隻人我见过。i⁴²tʂa⁰ȵin²¹ŋai²¹tɕiɛ̃⁵⁴ko⁰.

底隻牛拉过车，无骑过人。i⁴²tʂa⁰ȵiou²¹la²⁴ko⁰tʂʰa²⁴, mau²¹tɕʰi²¹ko⁰ȵin²¹.

个隻地方我去过三道咧。kai⁵⁴tʂa⁰tʰi⁵⁴fɔŋ⁰ŋai²¹ɕi⁵⁵ko⁰sã²⁴tau²¹liɛ⁰.

我喊过渠去买菜，渠唔去。ŋai²¹xã⁴²ko⁰tɕi²¹ɕi⁵⁴mai²⁴tsʰoi⁰, tɕi²¹mau²¹ɕi⁵⁵⁴.

我去过广州，也去过北京。ŋai²¹ɕi⁵⁵ko⁰kuɔŋ⁴²tʂou⁰, ia²⁴ɕi⁵⁵ko⁰pei³³tɕin⁰.

动词经历体的疑问形式是用否定副词"无"构成的反复问进行提问，具体格式是"VP+无"，"无"后也可以重复前头的VP，但以省略为常；其否定式用"无"来表达，具体格式是"无+V过"，对译普通话的"没有"。例如：

甲：我食过兔子肉，你食过无？ ŋai²¹ʂʅ⁴⁴ko⁰tʰou⁴⁴tsʅ⁰ȵiou³³, ȵi²¹ʂʅ⁴⁴ko⁰mau²¹?

乙：无，我无食过。mau²¹, ŋai²¹mau²¹ʂʅ⁴⁴ko⁰.

（五）起始体

起始体表示动作行为或事件情态开始出现。罗湾话表示起始体的体助词有两个："起来"和"开"，前者和普通话一样，也与五华话一样，后者和商州话等关中方言一样，是权威方言影响的结果。邢向东（2010：309）："'开'表示抽象的起始意义当由表趋向的'开'虚化而来。"而且"开"作为体助词，在罗湾话中一律读轻声，也当是虚化的结果。与"开"一样，"起来"是趋向动词，其置于动词或形容词后成为体助词，也是由趋向义虚化而来的，是空间义向时间义引申的结果。"起来"和"开"在罗湾话中可以自由替换，都是附着在谓词之后表起始义，并且句末需要用语气词"咧"完句。例如：

渠等打起来咧，你快去劝一劝。tɕi²¹təŋ³³ta⁴²ɕi²¹loi²¹liɛ⁰, ȵi²¹kʰuai⁵⁵ɕi⁵⁵tɕʰyɛ̃⁵⁴i⁰tɕʰyɛ̃⁵⁵⁴.

渠等打开咧，你快去劝一劝。tɕi²¹təŋ³³ta⁴²kʰoi²¹liɛ⁰, ȵi²¹kʰuai⁵⁵ɕi⁵⁵tɕʰyɛ̃⁵⁴i⁰tɕʰyɛ̃⁵⁵⁴.

天气冷起来咧，多着一件衫。tʰiɛ̃²⁴ɕi⁵⁴laŋ²⁴ɕi²¹loi²¹liɛ⁰, to²⁴tʂo³³i³³tɕʰiɛ̃⁵⁴sã²⁴.

天气冷开咧，多着一件衫。tʰiɛ̃²⁴ɕi⁵⁴laŋ²⁴kʰoi²¹liɛ⁰, to²⁴tʂo³³i³³tɕʰiɛ̃⁵⁴sã²⁴.

动词后带宾语时，在"起来"句中，要置于"起来"之间，即是"V起+O+来"的格式；在"开"句中，置于"开"后，即是"V开+O"的格式。例如：

渠一高兴就唱起歌来咧。tɕi²¹i³³kau²⁴ɕin⁵⁴tɕʰiou⁵⁵tʂʰɔŋ⁵⁵ɕi⁰ko²⁴loi²¹liɛ⁰.

渠一高兴就唱开歌咧。tɕi²¹i³³kau²⁴ɕin⁵⁴tɕʰiou⁵⁵tʂʰɔŋ⁵⁵kʰoi⁰ko²⁴liɛ⁰.

客人还无到，渠就喝起酒来咧。kʰa³³ȵin²¹xai²¹mau²¹tau⁵⁵⁴, tɕi²¹tɕʰiou⁵⁵xoi⁴⁴ɕi⁰tsiou⁴²loi²¹liɛ⁰.

客人还唔到，渠就喝开酒咧。kʰa³³ȵin²¹xai²¹mau²¹tau⁵⁵⁴, tɕi²¹tɕʰiou⁵⁵xoi⁴⁴kʰoi⁰tsiou⁴²liɛ⁰.

另外，罗湾话中用体助词"起来"或者"开"表达起始体的句子，也都可以换用表起始义的"架势"来表达，"架势"相当于普通话的"开始"。口语中表起始义的体助词也常与"架势"合用，一起表达起始体。上述例句都可以作如下的变换：

渠等架势打起来咧。tɕi²¹təŋ³³ka⁵⁵ʂʅ⁵⁴ta⁴²ɕi²¹loi²¹liɛ⁰.

渠等架势打开咧。tɕi²¹tən³³ka⁵⁵ʂʅ⁵⁴ta⁴²kʰoi²¹liE⁰.

天气架势冷起来咧。tʰiɛ²⁴ɕi⁵⁴ka⁵⁵ʂʅ⁵⁴laŋ²⁴ɕi²¹loi²¹liE⁰.

天气架势冷开咧。tʰiɛ²⁴ɕi⁵⁴ka⁵⁵ʂʅ⁵⁴laŋ²⁴kʰoi²¹liE⁰.

（六）继续体

继续体表示某种动作行为或状态在某个时点上实现后，还一直往后维系，保持先前的行为状态。罗湾话表达继续体的体助词是"下去"，"下去"也当是一个由表空间概念的趋向动词逐步虚化而成的表时间概念的继续体助词，读音上"下去"两字都念轻声。句子中"下去"还常与"还""再""爱""一直"等副词连用，强化动作行为的继续进行。例如：

只写了一半，还得写下去。tʂʅ²⁴sia⁴²li⁰i³³pã⁵⁵⁴, xai²¹tei⁰sia⁴²xa²¹ɕi⁰.（动态动词）

莫再睡下去，快跐来_{不要再睡了，快起来}！mo⁴⁴tsai⁵⁵ʂoi⁵⁴xa²¹ɕi⁰, kʰuai⁵⁵xɔŋ⁵⁴loi⁰!（静态动词）

我爱在罗湾一直□下去_{我要在罗湾一直住下去}。ŋai²¹oi⁵⁴tsʰoi²⁴lo²¹vã²⁴i³³tʂʅ⁴⁴xei⁴⁴xa²¹ɕi⁰.（静态动词）

再热下去，人都受唔了咧。tsai⁵⁵ȵiE⁴⁴xa²¹ɕi⁰, ȵin²¹tou²⁴ʂou⁵⁵mu²¹liau⁴²liE⁰.（形容词）

以上例句中，前两句是动态动词，附着"下去"后表示已经开始的动作行为会继续进行下去；中间两句是静态动词，附着"下去"后表示已经处于稳定状态的某种行为会继续持续下去；最后一句是形容词带继续体助词的例子，也是一种静态的持续。

（七）已然体

已然体表示某个动作行为或事物状态已经形成事实，并产生一定的结果。罗湾话表达已然体的体助词是"个"，相当于普通话的"的"，通常位于句末，具有完句的作用，语气上可以表达一种陈述语气。"个"尽管紧紧附着在谓词之后，但其表义是就前面陈说的整个事件来说的，表示对以该谓词为核心的新事件的说明。例如：

底个屋旧年盖下个_{这个房子去年盖的}。i⁴²kei⁰u³³tɕʰiou⁵⁴ȵiɛ⁰koi⁵⁴xa²¹kei⁰.

底个屋系旧年盖下个。i⁴²kei⁰u³³xei⁵⁵tɕʰiou⁵⁴ȵiɛ⁰koi⁵⁴xa²¹kei⁰.

我系昨晡到个西安_{我是昨天到的西安}。ŋai²¹xei⁵⁴tsʰo²⁴pu⁰tau⁵⁴kei⁰si³³ŋõ³³.

柱子旧年烂个_{柱子去年烂的}。tʂʰou²⁴tsʅ⁰tɕʰiou⁵⁴ȵiɛ⁰lã⁵⁴kei⁰.

其中第三例是动词后面带有宾语的情况，这时"个"要置于动词和宾语之间。"个"表示已然时，句中还往往会出现表过往时间的名词成分，如以上例句中的"旧年""昨晡"等，功用上都增强了"个"所表达的已然体意义。

罗湾话表已然的还有一个"咧"，相当于普通话的"了$_2$"，用法和普通话相同，用于句末，表示动作行为或某个事物的状态已经出现，当"了$_2$"不是紧紧附着在谓词中心后时，所表示的已然是对于谓词所表示的动作行为或情态相关事件所出现新情况的肯定。由于"了$_2$"也兼表语气，所以这个句末的"咧"也同时表示陈述语气。例如：

渠蹦上末班车走咧。tɕi²¹pəŋ⁵⁴ʂɔŋ²⁴mo³³pã²⁴tʂa²⁴tsɛu⁴²liɛ⁰.

苹果红咧。pʰin²¹ko⁴²fəŋ²¹liɛ⁰.

"咧"也可以用于名词、时量短语后面，表示对已经出现的新情况的肯定。例如：

现在已经系春天咧。ɕiẽ⁵⁴tsai⁰i⁴²tɕiəŋ⁰xei⁵⁴tʂʰuən³³tʰiẽ³³liɛ⁰.

坐车坐了两天咧。tsʰo²⁴tʂa²⁴tsʰo²⁴li⁰liəŋ⁴²tʰiẽ²⁴liɛ⁰.

底本书我看了两个月咧。i⁴²pən⁴²ʂou²⁴ŋai²¹kʰõ⁵⁴li⁰liəŋ⁴²kei⁰ɲiɛ⁴⁴liɛ⁰.

其中后两例是"咧"与完成体助词"了"共现的情况。

"咧"有时表示尚未发生的事件，这个用法不属于已然体。例如：

我洗过澡咧，今晡唔打篮球咧。ŋai²¹sei⁴²ko⁵⁵tsau⁴²liɛ⁰, tɕin³³pu³³mu²¹ta⁴²lã²¹tɕʰiou²¹liɛ⁰.

（八）将然体

将然体表示动作行为或事物将要发生新的情况或变化。罗湾话用时间副词"快"或助动词"爱"表示将然体，与五华客家话相同。例如：

快到广州咧，准备下车。kʰuai⁵⁵tau⁵⁵kuɔŋ⁴²tʂou²¹liɛ⁰, tʂuən⁴²pei⁵⁴xa⁵⁴tʂa²⁴.

我夜晡爱出去一趟我晚上要出去一趟。ŋai²¹ia⁵⁴pu⁰oi⁵⁴tʂʰɿ³³ɕi⁵⁴i³³tʰɔŋ⁰.

用"快"表示将然体的句子，句末都要附加一个语气词"咧"，既表示动作行为或事件实现的终点，也有成句的作用，因此句末没有"咧"的句子，作状语的"快"并不表示将然体，而只是要求对方迅速完成某事，一般用在祈使句中。例如：

快到堂上来，底子凉快快到正间来，这里凉快。kʰuai⁵⁵tau⁵⁵tʰɔŋ²¹xɔŋ⁰loi²¹, i⁴²tsɿ⁰liəŋ²¹kʰuai⁵⁵⁴.

天光咧，快跐床天亮了，快起床！tʰiẽ²⁴kuɔŋ²⁴liɛ⁰, kʰuai⁵⁵xɔŋ⁵⁵tsʰɔŋ²¹!

（九）先行体

罗湾话中助词"再[tsai⁰]"用于动词或动词性短语后，可表示先行体，即要求先完成该动作再说，其他的动作行为暂且不管，常用于复句结构中，强调两个动作行为实现上的时间顺序，因此"再"也常与表等候义的动词"等"搭配使用。来源上看，"再"表先行是权威方言的常见用法，因此罗湾的"再"当是从权威方言借用的结果。进一步追溯，则"再"当是"再话"的省略形式，是其语法化程度不断加深的结果。例如：

你听我把话话了再你先听我把话说完了再说。ɲi²¹tʰaŋ²⁴ŋai²¹pa⁴²fa⁵⁵va⁵⁵liau⁴²tsai⁰.

咁快就决定咧，唔多想几天再那么快就决定了，不再多想几天？kã⁴²kʰuai⁵⁴tɕiou⁵⁴tɕyɛ³³tʰin⁵⁴liɛ⁰, mu²¹to²⁴siɔŋ⁴²tɕi⁴²tʰiẽ²⁴tsai⁰?

先莫倒，等水开了再先别倒，等水开了再倒。siẽ²⁴mo⁴⁴tau⁵⁵⁴, tẽ⁴²ʂuei⁴²kʰoi²⁴li²¹tsai⁰.

（十）短时貌

短时貌表示动作行为经历的时间很短，普通话用动词重叠的形式表示，罗湾话中动词也可以通过重叠的办法表示短时貌，但是更常用的表达是通过在动词后加量词"下子"或

数量短语"一下"的方式来实现。两者在使用上并无差别,发音人在表达时也是随意变换。例如:

你尝下子渠做个点心再走吧。n̠i²¹ʂɔŋ²¹xa²¹tsɿ⁰tɕi²¹tso⁵⁵kei⁵⁵tiẽ⁴²siẽ⁰tsai⁵⁵tsɛu⁴²pa⁰.

我等就在街上逛下子,随便看下子。ŋai²¹tən³³tɕʰiou⁵⁴tsʰoi²¹kai²⁴xoŋ⁰kuoŋ⁵⁴xa²¹tsɿ⁰, sei²¹piẽ⁵⁵kʰõ⁵⁵xa²¹tsɿ⁰.

底件衫你试下子看能着唔这件衣服你试一下看能穿不? i⁴²tɕiẽ⁵⁴sã²⁴n̠i²¹ʂɿ⁵⁵xa²¹tsɿ⁰kʰõ⁵⁵nẽ²¹tʂo³³mu²¹?

以上例句,我们都是用"下子"进行举例的,这些"下子"都可以换成"一下",也可以说成"VV"重叠的形式。

要说明的是,罗湾话中短时貌和尝试貌难以截然分开。以上例句中,往往同时有短时义和尝试义,如第一个例句中的"尝下子"既表示吃点心的时间很短,也表示尝尝的尝试义。

(十一)尝试貌

除了以上表示短时貌的各种形式兼有表尝试貌以外,罗湾话中还可以通过动词重叠且后加助词"看"的方式表示。例如:

你算算看,底滴钱够唔够花你算算看,这点儿钱够不够花? n̠i²¹sõ⁵⁴sõ²¹kʰõ⁰, i⁴²ti²¹tsʰiẽ⁰kɛu⁵⁴mu²¹kɛu⁰fa²⁴?

你尝尝看,底隻味道样□样你尝尝看,这个味道怎么样? n̠i²¹ʂɔŋ²¹ʂɔŋ²¹kʰõ⁰, i⁴²tʂa⁰vei⁵⁴tau⁰n̠ioŋ⁵⁴mã²¹ioŋ⁵⁵⁴?

你试试看,底件衫合唔合身你试试看,这件衣服合不合身? n̠i²¹ʂɿ⁵⁴ʂɿ²¹kʰõ⁰, i⁴²tɕʰiẽ⁵⁴sã²⁴xoi⁴⁴mu²¹xoi⁴⁴ʂən²⁴?

以上例句中的"VV看"结构,其"VV"也同样可以换成"V下(子)",其中"子"可以省略,与前面的反复貌格式相同,就使用频率来说,也是"V下(子)看"的结构比"VV看"更为常用。

七 语气词

语气表达说话人的主观态度、情绪或情感,它属于语用的范畴。语气的表达形式多样,其中语气词是一种最重要的表达手段,通过不同的语气词实现各种不同的表达目的。根据语气词表义的不同,可把语气词分为三个类型:事态语气词、情态语气词和疑问语气词(李小凡1998)。

由于疑问语气词与疑问句关联密切,因此本书将疑问语气词放在下一节句法中的疑问句部分加以介绍,这里只介绍非疑问语气词。

（一）事态语气词

事态语气词是指客观叙述、描写实际情况的陈述句所用的事态语气。罗湾话中用于表达事态的语气词主要是"咧""个₁""在"三个。

1. 咧 [liɛ⁰]

罗湾话中的"咧"，相当于普通话的"了₂"，读为[liɛ⁰]，轻声，与罗湾话表体貌的助词"了₁"读音不同。这个"咧"当是商州话影响的结果，关中方言的"咧"实际上是"了也"的合音（刘勋宁1985）。苏州方言表体貌的助词与句末的事态语气词读音也不一样，李小凡（1998：84）："事态语气词确实是助词和语气词的并合形式，而这种并合只发生在句末。"下面对罗湾话中"咧"的用法举例说明：

（1）"咧"用于句末，表示一种已然态，客观陈述事件已经发生。例如：

衫做好咧。sã²⁴tso⁵⁵xau⁴²liɛ⁰.

渠等去看戏咧。tɕi²¹tən³³ɕi⁵⁵kʰõ⁵⁵ɕi⁵⁴liɛ⁰.

我去看咧，无饭咧。ŋai²¹ɕi⁵⁵kʰõ⁵⁴liɛ⁰, mau²¹fã⁵⁴liɛ⁰.

表已然的句子中的谓词也可以是形容词。例如：

你看渠急倒，急倒面都红咧你看他急得，急得脸都红了。n̩i²¹kʰõ⁵⁵tɕi²¹tɕi³³tau⁰, tɕi³³tau⁰miẽ⁵⁴tou²⁴fəŋ²¹liɛ⁰.

"咧"除了陈述句，还可以用于疑问句，回答时用陈述句。例如：

甲：你还记唔记得我咧？n̩i²¹xai²¹tɕi⁵⁵mu²¹tɕi⁵⁴tei⁰ŋai²¹liɛ⁰?

乙：我忘咧，一滴子都记唔得咧。ŋai²¹vɔŋ⁵⁴liɛ⁰, i³³ti³³tsɿ⁰tou²⁴tɕi⁵⁵mu²¹tei³³liɛ⁰.

渠今年几大咧他今年多大了？ tɕi²¹tɕin²⁴n̩iẽ⁰tɕi⁴²tʰai²¹liɛ⁰?

罗湾话表完成体的"了"与表已然态的语气词"咧"可以共现。例如：

就映⁼一滴子咧，食了算咧就剩一点儿了，吃了算了。tɕʰiou⁵⁵iaŋ⁵⁴i³³ti²¹tsɿ²¹liɛ⁰, ʂɿ⁴⁴li⁰sõ⁵⁴liɛ⁰.

我昨晡照了相咧。ŋai²¹tsʰo²⁴pu⁰tʂau⁵⁴li⁰siɔŋ⁵⁴liɛ⁰.

（2）"咧"用在句末，有时不表事件已经发生，而是表示将然态，未来将会发生，句中常出现"再""就""会""一阵子"等表时间的语义成分，或者是用于祈使句中，句中常出现表警醒义的"小心"。例如：

还无，再有一阵子就食了咧还没有，再有一会儿就吃完了。xai²¹mau²¹, tsai⁵⁴iou²⁴i³³tʂən²¹tsɿ⁰tɕʰiou⁵⁵ʂɿ⁴⁴liau⁴²liɛ⁰.

好，渠就来咧。xau⁴², tɕi²¹tɕʰiou⁵⁵loi²¹liɛ⁰.

我等先走，老张反正唔会来咧。ŋai²¹tən³³siẽ²⁴tseu⁴², lau⁴²tʂɔŋ²⁴fã⁴²tʂən⁵⁴mu²¹voi⁵⁵loi²¹liɛ⁰.

好好子走，莫□！小心跌跤子咧好好儿走，不要跑！小心摔倒。xau⁴²xau²¹tsɿ⁰tseu⁴², mo⁴⁴loi⁴⁴! siau⁴²sin⁰tiɛ³³kau²⁴tsɿ²¹liɛ⁰.

表已然的"咧"和表将然的"咧"也可以共现于一个复句的两个分句末，表达某种逻辑语义关系。例如：

你快把底碗饭食咧，饭都冷咧。n̦i²¹kʰuai⁵⁵pa⁴²i²⁴õ⁴²fa⁵⁴sɿ⁴⁴liɛ⁰, fã⁵⁴tou²⁴laŋ²⁴liɛ⁰.

我分渠话咧，你唔用再话咧我给他说了，你不用再说了。ŋai²¹pən²⁴tɕi²¹va⁵⁴liɛ⁰, n̦i²¹mu²¹iəŋ⁵⁴tsai⁵⁵va⁵⁴liɛ⁰.

以上第一个例句的前一分句中的"咧"表将然，后一分句中的"咧"表已然；第二个例句的两个分句中的"咧"，正好相反，前一个表已然，后一个表将然。

（3）"咧"用于句末，表示出现了新的情况或事件。例如：

落水咧下雨了。lo⁴⁴suei⁴²liɛ⁰.

水唔落咧，天晴开咧。ʂuei⁴²mu²¹lo⁴⁴liɛ⁰, tʰiɛ̃²⁴tsʰiaŋ²¹kʰoi²¹liɛ⁰.

渠分婆话嗷咧他被妈妈说哭了。tɕi²¹pən²⁴mei²⁴va⁵⁵tɕiau⁵⁴liɛ⁰.

（4）"咧"用于句末的形容词或形容词性短语后，表示说话人对某事件的评价、态度或情感。例如：

底隻东西好系好，就系太贵咧。i⁴²tʂa⁰təŋ³³si³³xau⁴²xei⁵⁵xau⁴², tɕʰiou⁵⁵xei⁵⁵tʰai⁵⁵kuei⁵⁴liɛ⁰.

真唔轻，重倒连我都拿唔动咧真不轻，重得连我都拿不动了。tʂən²⁴mu²¹tɕʰiaŋ²⁴, tʂʰəŋ²⁴tau⁰liɛ²¹ŋai²¹tou²⁴na²⁴mu²¹tʰəŋ²⁴liɛ⁰.

其实底隻比个隻好多咧。tɕʰi²¹ʂɿ⁴⁴i⁴²tʂa⁰pi⁴²kai⁵⁵tʂa⁰xau⁴²to²⁴liɛ⁰.

底种颜色比个种颜色淡多咧，你都看唔出来？ i⁴²tʂəŋ⁵⁴iɛ̃²¹sei³³pi⁴²kai⁵⁵tʂəŋ⁵⁴iɛ̃²¹sei³³tã⁵⁴to²⁴liɛ⁰, n̦i²¹tou²⁴kʰõ⁵⁵mu²¹tʂʰɿ³³loi²¹?

其中后两个例句都是比较句，是通过与参比物的比较，表达说话人对当前事件的评价和态度。

（5）"咧"用于表时间和表数量的短语后，描绘某种事件，表达说话人对听话人的提醒，语用义上往往都带有夸张的意味。例如：

十二点咧，该走咧。ʂɿ⁴⁴n̦i⁵⁵tiɛ⁴²liɛ⁰, koi²⁴tsɛu⁴²liɛ⁰.

渠今年都六岁咧。tɕi²¹tɕin²⁴n̦iɛ⁰tou²⁴liou³³soi⁵⁴liɛ⁰.

学生子坐汽车坐了两天咧。xo⁴⁴saŋ²¹tsɿ⁰tsʰo²⁴ɕi⁵⁴tʂʰa⁰tsʰo²⁴li⁰liəŋ⁴²tʰiɛ̃²⁴liɛ⁰.

渠在底屋下□了三十年咧他在这个家住了三十年了。tɕi²¹tsʰoi²⁴i⁴²u⁴³³kʰua⁰xei⁴⁴li⁰sã²⁴ʂɿ⁴⁴n̦iɛ²¹liɛ⁰.

"咧"作为句末的语气词，有完句的作用，但在不同的使用场合中，其表现不尽相同。在（1）（3）（5）等场合中，"咧"多数都有完句作用，不能省略，如"衫做好咧"中的"咧"就不能省略，否则不能成句，"渠等去看戏咧"中的"咧"可省略，但省略后不表已然，而表将然，说明这个"咧"同样有完句的作用。个别的也可以省略，"咧"在这些句子中不具有完句的作用，如"我去看咧，无饭咧"中的第二个"咧"可以省略，"十二点咧，该走咧"

中的第一个"咧"可以省略。在（2）（4）等场合中，"咧"一般都可以省略，省略后表义基本不变，如"好，渠就来咧"一句就可以说成"好，渠就来"。因此这个"咧"没有完句的作用。

2. 个 [kei⁰]

"个"作为句末语气词，其用法与普通话的"的"基本相同，具体可表示动作、行为或状态的已然态，也可以表示说话人肯定的语气。前一个"个"属表事态的语气词，记作"个₁"，后一个属于情态语气词，记作"个₂"。下面先讨论"个₁"，"个₂"的用法在情态语气词一节中再行说明。

罗湾话的句末语气词"个₁"用在动词或形容词后可表已然体，表示动作、行为或状态已经发生或者实现，这个用法我们已经在前面的"体貌系统"一章里讨论过了，可以用于陈述句和疑问句中，一般是以"系……个"的格式出现。这里再举几例，例如：

上道系□人请个客？系我请个上次是谁请的客？是我请的。ʂoŋ⁵⁴tau⁰xei⁵⁵mã⁴²n̠in²¹tsʰiaŋ⁴² kei⁵⁵kʰa³³? xei⁵⁵ŋai²¹tsʰiaŋ⁴²kei⁰.

甲：你话个系□人你说的是什么人？n̠i²¹va⁵⁵kei⁵⁵xei⁵⁵mã⁴²n̠in²¹?

乙：我反正唔系话个你我反正不是说的你。ŋai²¹fã⁴²tʂən⁵⁴mu²¹xei⁵⁵va⁵⁵kei⁵⁵n̠i²¹.

渠个天系见个老张，唔系见个老王他那天是见的老张，不是见的老王。tɕi²¹kai⁵⁴tʰiɛ̃²⁴xei⁵⁵tɕiɛ̃⁵⁴kei⁵⁵lau⁴²tʂɔŋ²⁴, mu²¹xei⁵⁵tɕiɛ̃⁵⁴kei⁵⁵lau⁴²vɔŋ⁰.

如果要用于否定陈述，则要用"唔系"加以否定，如最后两句。

3. 在 [tsʰoi⁰]

句末的"在"，主要用于进行体和持续体的表达，这个"在"有些像普通话的"呢"，两者功能相近。罗湾话表达进行体、持续体时，句中一般还会有时间副词"在"或"正在"以及助词"倒"等参与成句。关于这个"在"我们在"体貌系统"一节中已经提及过，因而此处不赘用例。

句末助词"在"表进行或持续体的用法主要分布在西南官话区、江淮官话区以及赣方言区、湘方言区的一些地方（罗自群1999）。安康的汉滨区方言（杨静2012），平利方言（周政2009：363）也有这个用法。罗湾话地处陕南商州，其周围也有很多客伙人，而且很多罗湾人本身也会讲客伙话。据笔者调查，这个用法同样是罗湾周边客伙话的特点，因此这个句末的"在"应当是客伙话影响罗湾话的例子。

（二）情态语气词

情态语气是在表述客观事态的同时也表达某种主观态度或者情绪时所用的语气。情态语气词是情态语气的主要表现形式，可以表示赞叹、惊讶、请求、推测等语气。罗湾话中常用的情态语气词有"个₂""吧₂""啊""来""呀"几个，下面分别介绍：

1. 个₂[kei⁰]

这里的"个₂"不同于表已然的"个₁",一般用在句末的动词或动宾短语后,以加强说话人对所陈述事件的肯定语气,为了和"个₁"相区别,这里记为"个₂"。例如:

话好了就走个,样□半天了还唔走_{说好了就走的,怎么半天了还不走?} va⁵⁵xau⁴²li⁰tɕʰiou⁵⁵tsɛu⁴²kei⁰, ȵiəŋ⁵⁴mã²¹pã⁵⁴tʰiɛ̃²⁴li⁰xai²¹mu²¹tsɛu⁴²?

唔管你去唔去,反正我系爱去个_{不管你去不去,反正我是要去的。} mu²¹kõ⁴²ȵi²¹ɕi⁵⁵mu²¹ɕi⁵⁵⁴, fã⁴²tʂən⁵⁴ŋai²¹xei⁵⁵oi⁵⁴ɕi²¹kei⁰.

以上例句中的句末语气词"个₂"都可以省略,不影响句子的独立性,但是如果去掉"个",句子只表达一种陈述语气,加上"个",语气上则明显加强了对所陈说事件的肯定。

2. 吧₂[pa⁰]

"吧"表情态,主要用于陈述句和祈使句,一般有舒缓语气的作用,表示对某个事件不完全确定的语气,这个"吧"一般用于双方问答的答句中。为了与表疑问的"吧"相区别,表情态的"吧"记作"吧₂"。例如:

渠到了么?应该还在路上吧。tɕi²¹tau⁵⁴li²¹mo⁰? iəŋ²⁴koi²⁴xai²¹tsʰoi²⁴lou⁵⁴xɔŋ²¹pa⁰.

也就系三十来岁吧。ia²⁴tɕʰiou⁵⁵xei⁵⁴sã³³sʅ³³loi²¹soi⁵⁴pa⁰.

看看吧,现在话唔准。kʰõ⁵⁴kʰõ²¹pa⁰, ɕiɛ̃⁵⁵tsai⁵⁵va⁵⁵mu²¹tʂuən⁴².

恐怕有五十多斤吧。kʰəŋ⁴²pʰa⁰iou²⁴ŋ⁴²sʅ⁰to²⁴tɕin²⁴pa⁰.

其中第三句的"吧"是与动词的重叠式组合,罗湾话中"VV"重叠式可表尝试貌,两者语义上彼此相关。最后一句中出现了"恐怕"一类表示估计的副词,其与"吧"搭配使用,加强了不确定语气的效果。

"吧"也可以表示建议、请求等语气,主要用于祈使句中。例如:

先喝一杯茶再话吧! siɛ̃²⁴xoi⁴⁴i³³pʰei³³tsʰa²¹tsai⁵⁵va⁵⁴pa⁰!

莫怕!你大胆子话吧_{不用怕!你大胆点儿说吧。} mo⁴⁴pʰa⁵⁵⁴! ȵi²¹tʰai⁵⁵tã⁴²tsʅ⁰va⁵⁴pa⁰.

渠爱去,就随渠去吧_{他要去,就随他去吧。} tɕi²¹oi⁵⁵ɕi⁵⁵⁴, tɕʰiou⁵⁵sei²¹tɕi²¹ɕi⁵⁴pa⁰.

3. 啊[a⁰]

"啊"作为语气词,主要用于句末,因为具体语流条件的不同,"啊"的实际读音也会产生合音变化,其合音规律和普通话相同。"啊"的使用可以使句子的语气相对舒缓,可以表示一种确定、肯定的语气,一般是针对对方提问的一种解释,表达自己的态度。例如:

去呀①!□人话我唔打算去_{去呀!谁说我不打算去?} ɕi⁵⁴ia⁰! mã⁴²ȵin²¹va⁵⁴ŋai²¹mu²¹ta⁴²sõ⁰ɕi⁵⁵⁴?

甲:你系罗湾人吧? ȵi²¹xei⁵⁵lo²¹vã²⁴ȵin²¹pa⁰?

---

① 因为音变,"啊"的字形直接写为"呀",下同。

乙：系个呀是的呀。xei⁵⁵kei²¹ia⁰.

"啊"也可以表示一种惊叹、感叹的语气。例如：

个隻卖药个骗了渠一千块钱呀。kai⁵⁴tṣa⁰mai⁵⁵io⁴⁴kei⁰piɛ̃⁵⁴li⁰tɕi²¹i³³tsʰiɛ̃²⁴kʰuai⁵⁵tsʰiɛ̃²¹ia⁰.

咁香啊，系唔系真香啊，是不是？kã⁴²ɕioŋ²⁴ŋa⁰, xei⁵⁵mu²¹xei⁵⁵⁴?

要特别说明的是，罗湾话表达感叹语气时，一般不用语气词，但是如果用了"啊"，则表示所表达的感叹语气是非常强烈的。

"啊"还可以表示列举，用于表同类事物的名词之后，有舒缓语气的作用。例如：

我买了很多菜，脉⁼个黄瓜呀，茄［子啊］，洋柿［子啊］，多得很。ŋai²¹mai²⁴li⁰xɛ̃⁴²to²⁴tsʰoi⁵⁵⁴, ma³³kei⁰vɔŋ²¹kua²⁴ia⁰, tɕʰio²¹tsa⁰, ioŋ²¹sɿ⁵⁴tsa⁰, to²⁴tei⁰xɛ̃⁴².

4. 来[loi⁰]、呀[ia⁰]

"来"用于句末，是一个表示曾然事态的语气词，"呀"用于句末，则是一个表示将然事态的语气词。其用法也当来自商州话，因为这是商州话的典型用法，又被称之为时制范畴（邢向东2006：110）。商州话还有一个句末的"哩"，表示现在的动作行为（袁鹏飞2016：33），不过罗湾话不说这个"哩"。例如：

甲：你做脉⁼个来？n̠i²¹tso⁵⁴ma³³kei²¹loi⁰?

乙：我种包谷来。ŋai²¹tṣəŋ⁵⁴pau²⁴ku²¹loi⁰.

甲：你到哪子去来？n̠i²¹tau⁵⁵nai⁵⁴tsɿ⁰ɕi⁵⁴loi⁰?

乙：我到商洛来。ŋai²¹tau⁵⁴ʂəŋ²⁴lo⁴⁴loi⁰.

甲：你做脉⁼个呀？n̠i²¹tso⁵⁴ma³³kei²¹ia⁰?

乙：我种包谷哇。ŋai²¹tṣəŋ⁵⁴pau²⁴ku²¹ua⁰.

第二节

句法

一 处置句和被动句

(一) 处置句

罗湾话表处置的句式与普通话有同有异,其基本结构是"(NP1) + 把/拿 + NP2 + VP"。NP1是施事主语,但可以不出现,"把"和"拿"是表处置义的介词,两者在使用上可以自由替换。这两个介词我们在前文介词部分已经作过介绍,此处从略。NP2作为介词宾语,语义上是VP动作行为所支配的对象。VP则是一个复杂的动词性成分。

1. NP1

NP1主要由名词性成分充当,语义上主要充当施事。例如:

老张把钱傒在柜子里[①]老张把钱藏在柜子里。lau⁴²tʂoŋ²⁴pa⁴²tsʰiɛ̃²¹piaŋ⁵⁴tsʰoi²⁴kʰuei⁵⁴tsɿ²¹li⁰.

你把地板拖一下。ȵi²¹pa⁴²tʰi⁵⁵pã⁴²tʰo²⁴i³³xa⁰.

有的NP1只是与事、处所、领属等关系,而并非动作行为的发出者。例如:

有个地方把太阳喊热头。iou²⁴kei⁵⁵tʰi⁵⁴foŋ⁰pa⁴²tʰai⁵⁴ioŋ⁰xã⁴²ȵiE⁴⁴tʰɛu⁰.

你样□把婆走跌咧你怎么把奶奶走丢了。ȵi²¹ȵioŋ⁵⁴mã²¹pa⁴²pʰo²¹tsɛu⁴²tiE³³liE⁰.

有的谓词性成分也可以充当NP1。例如:

天天加班把人挣坏咧。tiɛ̃²⁴tʰiɛ̃⁰ka²⁴pã²⁴pa⁴²ȵin²¹tsoŋ⁵⁵fai²¹liE⁰.

有时NP1也可以省略,一般都是在祈使句中。例如:

莫把茶杯打烂咧。mo⁴⁴pa⁴²tsʰa²¹pʰei⁰ta⁴²lã⁵⁴liE⁰.

把个隻东西递分我把那个东西递给我。pa⁴²kai⁵⁴tʂa⁰toŋ³³si³³ti⁵⁴pən²⁴ŋai²¹.

[①] 为简便起见,例句中的处置介词只用"把"表示,但都可以用"拿"加以替换。

2. "把"/"拿" +NP2

NP2由名词性成分充当，接在处置词"把"或"拿"的后面充当VP的状语，NP2是受事，是动作行为的支配者。例如：

脉⁼个？渠把你喊爸！ ma³³kei⁰? tɕi²¹pa⁴²n̠i²¹xã⁴²pa³³!

渠把橘子皮剥咧，但系无食 他把橘子皮剥了，但是没吃。tɕi²¹pa⁴²tɕy³³tsʅ⁰pʰi²¹po³³liɛ⁰, tã⁵⁵xei⁵⁵mau²¹ʂʅ⁴⁴.

把个隻东西递分我。pa⁴²kai⁵⁴tʂa⁰təŋ³³si³³ti⁵⁴pən²⁴ŋai²¹.

快去把书还分渠。kʰuai⁵⁵ɕi⁵⁵pa⁴²ʂou²⁴vã²¹pən²⁴tɕi²¹.

特殊情况下也可以是施事，如上文"你样□把婆走跌咧 n̠i²¹n̠ioŋ⁵⁴mã²¹pa⁴²pʰo²¹tsɛu⁴²tiɛ³³liɛ⁰"一例。

3. VP

VP由动词性成分充当，必须是一个复杂动词，即不能是光杆儿动词，与普通话相同。例如：

渠把个隻茶杯打烂咧 他把那个茶杯打破了。tɕi²¹pa⁴²kai⁵⁴tʂa⁰tsʰa²¹pʰei⁰ta⁴²lã⁵⁴liɛ⁰.（语气词）

渠把钱一甩，二话唔话，转身就走。tɕi²¹pa⁴²tsʰiɛ²¹i³³ʂuai⁴², n̠i⁵⁵fa⁵⁵mu²¹va⁵⁵⁴, tʂõ⁴²ʂən²⁴tɕʰiou⁵⁵tsɛu⁴².（状语）

把人家个头囊都打出血咧，你还笑！ pa⁴²n̠in²¹ka³³kei⁵⁵tʰɛu²¹naŋ³³tou²⁴ta⁴²tʂʰʅ³³ɕiɛ³³liɛ⁰, n̠i²¹xai²¹siau⁵⁵⁴!（动宾短语）

渠昨晡把地板拖了一下。tɕi²¹tsʰo²⁴pu⁰pa⁴²tʰi⁵⁵pã⁴²tʰo²⁴li⁰i³³xa⁰.（动补短语）

老张把钱俸在柜子里 老张把钱藏在柜子里。lau⁴²tʂɔŋ²⁴pa⁴²tsʰiɛ²¹piaŋ⁵⁴tsʰoi²⁴kʰuei⁵⁴tsʅ²¹li⁰.（动补短语）

以上例句中的VP都是复杂形式，其中第一句的动词后附着了一个语气词，第二句是前加了一个简单的状语成分"一"，第三句的VP是一个动宾短语，第四、第五句的VP是一个动补短语。

处置句的否定式，罗湾话用否定副词"莫"或"无"加以否定，两者分别相当于普通话的"不要"和"没有"，与普通话不同的是，罗湾话的否定词既可以出现在"'把'/'拿'+NP2"的前面，也可以出现在"'把'/'拿'+NP2"与VP的中间。例如：

渠无把个瓶酒喝了 他没有把那瓶酒喝完。tɕi²¹mau²¹pa⁴²kai⁵⁴pʰin²¹tsiou⁴²xoi⁴⁴liau⁴².

渠把个瓶酒无喝了 他没有把那瓶酒喝完。tɕi²¹pa⁴²kai⁵⁴pʰin²¹tsiou⁴²mau²¹xoi⁴⁴liau⁴².

莫把茶杯打烂咧 别把茶杯打破了。mo⁴⁴pa⁴²tsʰa²¹pʰei⁰ta⁴²lã⁵⁴liɛ⁰.

把茶杯莫打烂咧 别把茶杯打破了。pa⁴²tsʰa²¹pʰei⁰mo⁴⁴ta⁴²lã⁵⁴liɛ⁰.

能愿动词作状语时，在普通话中也是只能置于"把"的前面，罗湾话中能愿动词的位置也与否定词一样，既可以置于"把/拿"的前面，也可以置于"把/拿"字短语和VP之间。例如：

我下昼能把个本书拿过来。ŋai²¹xa²⁴tṣou⁰nẽ²¹pa⁴²kai⁵⁵pən⁴²ṣou²⁴na²⁴ko⁰loi²¹.

我下昼把个本书能拿过来。ŋai²¹xa²⁴tṣou⁰pa⁴²kai⁵⁵pən⁴²ṣou²⁴nẽ²¹na²⁴ko⁰loi²¹.

又普通话中，当VP为动宾短语时，其动作行为所关涉的名词宾语语义可以与NP2形成一种领属关系，如下面的表达："他把橘子剥了皮，但是没吃。"这种句式在罗湾话中是受排斥的，只能说成：

渠把橘子皮剥咧，但系无食。tɕi²¹pa⁴²tɕy³³tsʅ⁰pʰi²¹po³³liE⁰, tã⁵⁵xei⁵⁵mau²¹ʂʅ⁴⁴.

（二）被动句

罗湾话的被动句与普通话有同有异，其基本结构同普通话，常规格式为：NP1+被动标记+NP2+VP，其中NP1为受事，NP2为施事，VP为动作，不同之处主要体现在被动标记的不同上，罗湾话不用"被"，而用"分[pən²⁴]"或"喊[xã⁴²]"。项梦冰（1997：413）指出南方方言的被动标记都是由表给予类动词虚化而来的。客家话如梅县、五华方言的常用被动标记即是"分"，罗湾话的"分"是承继源方言的结果。从使用上看，两个被动标记也无明显差异，可以相互替换。关于两者的具体用法，我们已在介词部分介绍过了，所以不再重复。此处只再补充一点：关于被动标记省略的问题。有时，罗湾话被动句中的"分"或"喊"可以省略。例如：

苹果虫啮咧苹果虫子咬了。pʰin²¹ko³³tṣʰəŋ²¹ŋE³³liE⁰.

衫你拿走咧。sã²⁴n̠i²¹na²⁴tsɛu⁴²liE⁰.

罗湾话的被动句，除了所用的"被动标记"与普通话有明显不同外，其他结构特点及使用方法与普通话大同小异，下面分别予以说明：

1. NP1和NP2

NP1是主语，主要由名词、代词等名词性成分充当，一般是动作行为的受事，有的也常常省略。例如：

渠分婆话嗷咧她被妈妈说哭了。tɕi²¹pən²⁴mei²⁴va⁵⁵tɕiau⁵⁴liE⁰.

分水淋了隻完身湿透被雨淋了个全身湿透。pən²⁴ṣuei⁴²lin²¹li⁰tṣa³³vã²¹ʂən²⁴ʂʅ³³tʰou⁵⁵⁴.

分渠缠了一下昼，脉˭个都无做成被他缠了一下午，什么都没做成。pən²⁴tɕi²¹tṣʰɛ²¹li⁰i³³xa²⁴tṣou⁵⁵⁴, ma³³kei⁰tou²⁴mau²¹tso⁵⁵ʂaŋ²¹.

语义关系上NP1有的不是受事，而只是受事名词的领有者，彼此间是一种领属关系，这类NP1出现在VP后接受事宾语的句型中。例如：

张明分坏人抢走了一隻包，差滴滴子分打伤咧张明被坏人抢走了一个包，差一点儿被打伤了。tṣɔŋ²⁴min²¹pən²⁴fai⁵⁴n̠in⁰tsʰiɔŋ⁴²tsɛu⁴²li⁰i³³tṣa⁰pau²⁴, tsʰa²⁴ti³³ti²¹tsʅ⁰pən²⁴ta⁴²ʂɔŋ²⁴liE⁰.

底隻鸟子分□人打断了一隻翼拍这只鸟儿被谁打断了一只翅膀。i⁴²tṣa⁰tiau²⁴tsɿ⁰pən²⁴mã⁴²n̩in²¹ta⁴²tʰõ²⁴li⁰i³³tṣa⁰iE⁴⁴pʰa⁰.

以上两句中的受事分别是"一隻包"和"一隻翼拍",主语的"张明"和"底隻鸟子"则分别是受事宾语的领有者,而不是受事。

NP2也由名词、代词等名词性成分构成,用在被动标记"分"或"喊"的后面,整体构成介宾短语作状语,语义上多是动作行为的施事者。以上例句中的NP2都是如此,另外也有表工具的。例如:

分水淋了隻完身湿透。pən²⁴ṣuei⁴²lin²¹li⁰tṣa³³vã²¹ṣən²⁴ṣɿ³³tʰou⁵⁵⁴.

所有个书信都分火烧了咧,一滴都无映⁼倒所有的书信被火烧了,一点儿都没剩下。so⁴²iou²⁴kei⁵⁵ṣou²⁴sin⁵⁴tou²⁴pən²⁴fo²⁴ṣau²⁴liau⁴²liE⁰, i³³ti²¹tou²⁴mau²¹iaŋ⁵⁴tau⁰.

NP2也可以省略,和普通话一样,形成"分+VP"的基本结构,此时的被动标记只能用"分"。以上例句中的NP2都可以省略。有时,非但NP2可以省略,连同其前面的被动标记也可以一并省略,这样的表达富有较强的口语色彩。例如:

帽子吹走咧。mau⁵⁴tsɿ⁰tṣʰuei²⁴tsɛu⁴²liE⁰.

碗打烂了。õ⁴²ta⁴²lã⁵⁴liE⁰.

2. VP

和普通话一样,罗湾话被动句中的VP也不能是一个光杆儿动词,而得是一个复杂的动词性成分,可以前加状语,也可以后加补语、宾语,或者只是后附一个虚词成分。例如:

分渠一掀,差滴子把我跌倒被他一推,差点儿把我跌倒。pən²⁴tɕi²¹i³³ɕiẽ²⁴, tsʰo²⁴ti³³tsɿ⁰pa⁴²ŋai²¹tɛ⁴⁴tau⁰. (状语)

衫昨晡就分渠拿走咧衣服昨天就被他拿走了。sã²⁴tsʰo²⁴pu⁰tɕʰiou⁵⁴pən²⁴tɕi²¹na²⁴tsɛu⁴²liE⁰. (趋向补语)

老张分绳索绊了一下老张被绳子绊了一下。lau⁴²tṣɔŋ²⁴pən²⁴ṣən²¹so³³pʰã⁵⁴li⁰i³³xa⁰. (数量补语)

正十天,钱就分你花光咧才十天,钱就被你花光了? tṣaŋ⁵⁵ṣɿ⁴⁴tʰiẽ⁰, tsʰiẽ²¹tɕʰiou⁵⁴pən²⁴n̩i²¹fa²⁴kuɔŋ²⁴liE⁰? (结果补语)

衫分渠戳了一隻窟窿。sã²⁴pən²⁴tɕi²¹tṣʰo³³li⁰i³³tṣa⁰xu³³ləŋ⁰. (宾语)

渠分先生表扬咧。tɕi²¹pən²⁴siẽ³³saŋ³³piau⁴²iɔŋ²¹liE⁰. (语气词)

又VP前也可以出现助词"分",相当于普通话的"给",但此时作为"被动标记"的介词则只能用"喊",避免前后重复。例如:

细鸡喊黄鼠狼分叼走咧小鸡被黄鼠狼给叼走了。sei⁵⁴ki²⁴xã⁴²vɔŋ²¹tṣʰou⁴²lɔŋ²¹pən²⁴tiau²⁴tsɛu⁴²liE⁰.

喊人家分打闷咧被人家给打蒙了。xã⁴²n̩in²¹ka³³pən²⁴ta⁴²mən²⁴liE⁰.

另外,和普通话一样,罗湾话的被动句语义上也可以不表遭受义。例如:

渠分大家选成村长咧。tɕi²¹pən²⁴tʰai⁵⁴ka⁰ɕyẽ⁴²tʂʰən²¹tsʰən²⁴tʂɔŋ⁴²liɛ⁰.

二 双宾句

罗湾话的双宾句部分保留了源方言的句式特点，但也有所不同，相同之处主要表现在"给予"类双宾句的句法特点上，基本格式为：分+间接宾语+直接宾语，其中"分"相当于普通话的"给"。这种格式在新派人群中使用频率较高。例如：

分我一本书。pən²⁴ŋai²¹i³³pən⁴²ʂou²⁴.

分渠三本书。pən²⁴tɕi²¹sã²⁴pən⁴²ʂou²⁴.

老张分了老李一千块钱。lau⁴²tʂɔŋ²⁴pən²⁴li⁰lau⁴²li⁴²i³³tsʰiɛ̃²⁴kʰuai⁵⁵tsʰiɛ̃²¹.

这种格式也存在于梅县、五华、连城、四川洛带等客家话中，但是梅县、五华、连城等南方客家话还有一种格式：分+间接宾语+直接宾语，如梅县话可以说成"分一本书我"。罗湾话中的直接宾语也可以提前，置于间接宾语之前，但结构上与梅县等客家话略有不同，其格式为：分+直接宾语+分+间接宾语，间接宾语前要拷贝一次"分"，这种格式在老派人群中使用频率较高。例如：

分一本书分我。pən²⁴i³³pən⁴²ʂou²⁴pən²⁴ŋai²¹.

分三本书分渠。pən²⁴sã²⁴pən⁴²ʂou²⁴pən²⁴tɕi²¹.

老张分了一千块钱分老李。lau⁴²tʂɔŋ²⁴pən²⁴li⁰i³³tsʰiɛ̃²⁴kʰuai⁵⁵tsʰiɛ̃²¹pən²⁴lau⁴²li⁴².

这种句子与梅县话等南方客家话的"分一本书我"的宾语顺序比较相似，两者关联密切。罗湾话此种格式的表达也见于四川客家话中，如凉水井："分一本书分我。"洛带："分本书分我。"兰玉英引用了刘纶鑫的观点，认为这种句子也可以作为双宾句的变化形式看待（兰玉英等2015：317）。这里，我们也将该类句子当作双宾句的变体来看待，它们比较能突显出罗湾话双宾句使用上的特色之处。

另外，在"分+直接宾语+分+间接宾语"结构的基础上，罗湾话还有两种相关的句式变体：

一种是将其中的第一个"分"换成"拿"，如以上的前三个例句，分别可以说成：

拿一本书分我。na²⁴i³³pən⁴²ʂou²⁴pən²⁴ŋai²¹.

拿三本书分渠。na²⁴sã²⁴pən⁴²ʂou²⁴pən²⁴tɕi²¹.

老张拿了一千块钱分老李。lau⁴²tʂɔŋ²⁴na²⁴li⁰i³³tsʰiɛ̃²⁴kʰuai⁵⁵tsʰiɛ̃²¹pən²⁴lau⁴²li⁴².

这种格式的句子，其表达的句义会有歧义，具体要根据话语的语境加以分析，一种可以作为"给予"义的双宾句，"拿"的意义比较虚化；一种可以分析成连谓句，"拿"是动词，强调获取事物的过程。

一种是将"分+间接宾语"提前，即形成"分+间接宾语+分+直接宾语"的格式，如"分我一本书"和"分渠三本书"两句又可以分别说成：

分我分一本书。pən²⁴ŋai²¹pən²⁴i³³pən⁴²ʂou²⁴.

分渠分三本书。pən²⁴tɕi²¹pən²⁴sã²⁴pən⁴²ʂou²⁴.

其他"给予"义动词以及"取得"义、"等同"义动词所形成的双宾句的格式都较为简单，与普通话一样，只有一种格式：V＋间接宾语＋直接宾语。例如：

小张奖励了自家一辆新车。siau⁴²tʂɔŋ²⁴tsiɔŋ⁴²li⁵⁴li⁰tsʰɿ³³ka³³i³³liɔŋ⁴²sin²⁴tʂʰa²⁴.

渠送了我一隻表。tɕi²¹səŋ⁵⁴li⁰ŋai²¹i³³tʂa⁰piau⁴².

个隻卖药个骗了渠一千块钱呀_{那个卖药的骗了他一千块钱呀}。kai⁵⁴tʂa⁰mai⁵⁵io⁴⁴kei⁰pʰiẽ⁵⁴li⁰tɕi²¹i³³tsʰiẽ²⁴kʰuai⁵⁵tsʰiẽ²¹ia⁰.

我买了一本书。ŋai²¹mai²⁴li⁰i³³pən⁴²ʂou²⁴.

衫上懂⁼了一身泥_{衣服上弄了一身泥}。sã²⁴xɔŋ⁰təŋ⁴²li⁰i³³ʂən²⁴nei²¹.

我等都喊渠老王_{我们都喊他老王}。ŋai²¹təŋ³³tou²⁴xã⁴²tɕi²¹lau⁴²vɔŋ²¹.

要说明的是除了"分"以外的其他的"给予"义动词也还可以有两种平行的变换格式，如以上的前两个例句都可以作如下表述：

小张奖励了一辆新车分自家。siau⁴²tʂɔŋ²⁴tsiɔŋ⁴²li⁰i³³liɔŋ⁴²sin²⁴tʂʰa²⁴pən²⁴tsʰɿ³³ka³³.

小张分自家奖励了一辆新车。siau⁴²tʂɔŋ²⁴pən²⁴tsʰɿ³³ka³³tsiɔŋ⁴²li⁰i³³liɔŋ⁴²sin²⁴tʂʰa²⁴.

渠送了一隻表分我。tɕi²¹səŋ⁵⁴li⁰i³³tʂa⁰piau⁴²pən²⁴ŋai²¹.

渠分我送了一隻表。tɕi²¹pən²⁴ŋai²¹səŋ⁵⁴li⁰i³³tʂa⁰piau⁴².

但是这种"V＋间接宾语＋直接宾语"或"V＋直接宾语＋分＋间接宾语"的格式，不当分析为双宾语，因为两种句式中的"分"更适宜看作介词，而不是动词。

三 比较句

关于比较句，目前尚没有一个统一的定义，这里引用李蓝（2003）的说法：比较句，就是表示比较关系，且由相关的比较参项构成一定格式的句子。"比较关系"是从语义上说的，指两个（或多个）比较对象在程度或性状等方面有异或同的关系。"比较参项"指的是构成比较的主体、基准、比较结果和比较标记四个部分。因此比较句的特点也主要体现在"比较参项"各部分的构成格式上。从语义特点来看，比较句可以有平比句、差比句和极比句三种类型。下面将以语义类型为纲，描写罗湾话比较句的结构特点。

（一）平比句

平比句，又叫等比句，是指两个或多个比较主体，彼此互为比较的基准，结果是参与比较的各主体在某个衡量标准之下，呈现出彼此相同或一致的比较句。罗湾话平比句的常用格式为：A＋连＋B＋一样＋AP/VP。其中比较项"A"与"B"的性质相同，一般都是代词、名词等名词性成分。例如：

底隻连个隻一样大这个和那个一样大。i⁴²tʂa⁰liɛ̃²¹kai⁵⁴tʂa⁰i³³iɔŋ⁵⁵tʰai⁵⁵⁴.

我个头发连你个头发一样长。ŋai²¹kei⁵⁵tʰɛu²¹fɛ³³liɛ̃²¹n̪i²¹kei⁵⁵tʰɛu²¹fɛ³³i³³iɔŋ⁵⁵tʂʰɔŋ²¹.

有时两个比较项也可以是动词性成分。例如：

渠走路连渠爸一样快。tɕi²¹tsɛu⁴²lou⁵⁴liɛ̃²¹tɕi²¹pa³³i³³iɔŋ⁵⁵kʰuai⁵⁵⁴.

平比句因为主要是描述参比项的性状，因此其谓语一般都是形容词性短语，如以上各例。但少数也可以是非谓动词"有"，一般用"有"字短语来说明比较的结果。例如：

老王以前连老张一样有钱。lau⁴²vɔŋ²¹i³³tsʰiɛ̃²¹liɛ̃²¹lau⁴²tʂɔŋ²⁴i³³iɔŋ⁵⁴iou²⁴tsʰiɛ̃²¹.

另外，罗湾话的平比句还可以有两种变体，一种如下例：

底隻连个隻大细一样，分唔出来。i⁴²tʂa⁰liɛ̃²¹kai⁵⁴tʂa⁰tʰai⁵⁵sei⁵⁴i³³iɔŋ⁵⁴, fən²⁴mu²¹tʂʰɻ̍³³loi²¹.

其特点是将谓词成分提前至"一样"之前，且在表述的时候，要同时陈说某个性状的正反两面，如"大细"。另一种是不详细陈说比较项，而是用数词加上位词的形式加以概说，同时省略"比较标记"，是一种简单格式。例如：

底两隻人一样大。i⁴²liɔŋ⁴²tʂa⁰n̪in²¹i³³iɔŋ⁵⁵tʰai⁵⁵⁴.

其否定形式，是在"一样"前加"唔"。例如：

屋下连外背唔一样。u³³kʰua⁰liɛ̃²¹ŋoi⁵⁴poi⁰mu²¹i³³iɔŋ⁵⁵⁴.

底隻大，个隻细，两隻唔一样大。i⁴²tʂa⁰tʰai⁵⁵⁴, kai⁵⁴tʂa⁰sei⁵⁵⁴, liɔŋ⁴²tʂa⁰mu²¹i³³iɔŋ⁵⁵tʰai⁵⁵⁴.

罗湾话的这种平比句还可以用于比喻，第一个比较项是本体，第二个是喻体。例如：

底伙子大细子连猴子一样个这伙儿孩子像猴子一样。i⁴²fo⁴²tsɻ̍⁰tʰai⁵⁵sei⁵⁴tsɻ̍⁰liɛ̃²¹xɛu²¹tsɻ̍⁰i³³iɔŋ⁵⁴kei⁰.

渠连隻霜打个茄子一样个，无滴精神他像个霜打的茄子一样，没点儿精神。tɕi²¹liɛ̃²¹tʂa³³sɔŋ²⁴ta⁴²kei⁵⁵tɕio²¹tsɻ̍⁰i³³iɔŋ⁵⁴kei⁰, mau²¹ti²⁴tsin²⁴ʂən²¹.

最后要说明的是，以上例句中的"比较标记"用的都是"连"，也可以用"跟"。不过相比而言，"连"更为常用。

（二）差比句

差比句是指两个比较项，一个以另一个为比较基准，其比较结果在数量、性质、状态等方面存在差异的比较句。罗湾话中差比句的基本格式是：A+比/赶+B+AP/VP。与平比句相比，差比句的构成要素，除了"比较标记"不同以外，其他基本相同。

首先是两个比较项是代词、名词等名词性成分的差比句。例如：

底隻比个隻好这个比那个好。i⁴²tʂa⁰pi⁴²kai⁵⁴tʂa⁰xau⁴².

昨晡个天气比今晡好多咧昨天的天气比今天好多了。tsʰo²⁴pu⁰kei⁵⁵tʰiɛ̃²⁴ɕi⁵⁴pi⁴²tɕin³³pu³³xau⁴²to²⁴liɛ⁰.

渠比我高一公分。tɕi²¹pi⁴²ŋai²¹kau²⁴i³³kuəŋ²⁴fən²⁴.

有时两个比较项也可以是动词性的。例如：

我比唔过你，你□倒比我快他跑得比我快。ŋai²¹pi⁴²mu²¹ko⁵⁵n̻i²¹, n̻i²¹loi⁴⁴tau⁰pi⁴² ŋai²¹kʰuai⁵⁵⁴.

差比句因为是要说明比较项在某一方面的差异，因此差比句的谓语中心往往会带有补语，用以说明所存在差异的具体情况。如以上例句中有的用"多"作补语，有的接数量短语作补语，都是为了说明比较项之间的差异量。

有时这种差异还可以通过前加状语的方式表示。例如：

渠□倒比我还过快他跑得比我还快。tɕi²¹loi⁴⁴tau⁰pi⁴²ŋai²¹xai²¹ko⁵⁵kʰuai⁵⁵⁴.

差比句的谓语部分主要是形容词或形容词性短语，以上各例都是。有时也可以是动词性的。例如：

渠比我食倒多，干倒也多他比我吃得多，干得也多。tɕi²¹pi⁴²ŋai²¹ʂʅ⁴⁴tau⁰to²⁴, kã⁵⁴tau⁰ia²⁴to⁰.

渠比我有钱。tɕi²¹pi⁴²ŋai²¹iou²⁴tsʰiẽ²¹.

最后要说明的是，以上例句中的比较标记虽然用的都是介词"比"，但它们也都可以替换为"赶"。另外要注意的是有的表示比较义的"比"是动词，句子尽管也有比较义，但不应当看作比较句，如："我唔比你我不如你。""走路唔比坐车走路比不上坐车。"

另一种格式是：A + 比/赶 + B + 过 AP。特点是在前一格式的基础上，加了一个体现比较结果不均等的"过"，强调了比较项之间的差异。这个句式结构与梅县、五华方言相同，是罗湾话对源方言语法特点的保留。例如：

底隻人比个隻人过高。i⁴²tʂa⁰n̻in²¹pi⁴²kai⁵⁴tʂa⁰n̻in²¹ko⁵⁴kau²⁴.

渠比我过高一公分。tɕi²¹pi⁴²ŋai²¹ko⁵⁴kau²⁴i³³kuəŋ²⁴fən²⁴.

我比你过大两岁。ŋai²¹pi⁴²n̻i²¹ko⁵⁵tʰai⁵⁵liɔŋ⁴²soi⁵⁵⁴.

有的差比句也可以不用比较标记，而是直接将比较基准项置于谓词后，再接数量补语以说明比较的结果。例如：

我大你两岁。ŋai²¹tʰai⁵⁴n̻i²¹liɔŋ⁴²soi⁵⁵⁴.

我矮你两公分。ŋai²¹ai⁴²n̻i²¹liɔŋ⁴²kuəŋ²⁴fən²⁴.

差比句的否定形式，罗湾话用否定词"无得[mau²¹tei³³]"加以否定，相当于普通话的"没有"，基本结构是：A + 无得 + B + AP/VP。例如：

今晡个天气无得昨晡好今天的天气没有昨天好。tɕin³³pu³³kei⁵⁵tʰiẽ²⁴ɕi⁵⁴mau²¹tei³³tsʰo²⁴pu⁰xau⁴².

个隻无得底隻好，差多咧那个没有这个好，差多了。kai⁵⁴tʂa⁰mau²¹tei²⁴i⁴²tʂa⁰xau⁴², tsʰo²⁴to²⁴liɛ⁰.

系过高了一滴子，可系无得个隻人胖是高了一点儿，可是没有那个人胖。xei⁵⁵ko⁵⁴kau²⁴li⁰i³³ti²¹tsʅ⁰, kʰo⁴²xei⁵⁵mau²¹tei³³kai⁵⁴tʂa⁰n̻in²¹pʰɔŋ⁵⁵⁴.

渠走路无得渠爸快。tɕi²¹tsɛu⁴²lou⁵⁴mau²¹tei³³tɕi²¹pa³³kʰuai⁵⁵⁴.

以上句中的"无得"也可以换成"唔比[mu²¹pi⁴²]"，如上例中的第一句可以说成：

今晡个天气唔比昨晡好。tɕin³³pu³³kei⁵⁵tʰiẽ²⁴ɕi⁵⁴mu²¹pi⁴²tsʰo²⁴pu⁰xau⁴².

但是罗湾话由"唔比"构成的否定差比句不常用，以用"无得"为常。

（三）极比句

极比句是指比较项的某个方面在规定范围内超出或不及其他任何一个参比项，语义上带有周遍性的特点，因此句中常带有表范围义的副词"算"或"都"，程度副词则用"顶"或"最"。例如：

瘦个胖个都唔好，唔瘦唔胖顶好 瘦的胖的都不好，不瘦不胖最好。sɛu⁵⁴kei⁰pʰɔŋ⁵⁴kei⁰tou²⁴mu²¹xau⁴², mu²¹sɛu⁵⁴mu²¹pʰɔŋ⁵⁴tin⁴²xau⁴².

渠等班里就算渠最高 他们班里就他最高。tɕi²¹tən³³pã²⁴li⁰tɕʰiou⁵⁵sõ⁵⁵tɕi²¹tsei⁵⁴kau²⁴.

渠现在比□人都有钱 他现在比谁都有钱。tɕi²¹ɕiẽ⁵⁴tsai⁰pi⁴²mã⁴²n̻in²¹tou²⁴iou²⁴tsʰiẽ²¹.

□人都话不过渠 谁都说不过他。mã⁴²n̻in²¹tou²⁴va⁵⁵mu²¹ko⁰tɕi²¹.

四 疑问句

普通话的疑问句根据形式及所问内容的不同可以分为四个小类：是非问、特指问、选择问和正反问。这些类型在罗湾话中都存在，其主要的句式结构也基本都与普通话一致，区别不是太大，不过罗湾话依然有一些与普通话疑问句的语气词及表达方式不同的地方，尤其是使用方面，如一般的询问，罗湾话多用正反问表达，较少用是非问。下面对四种疑问句小类分别加以描述和说明。

（一）是非问

是非问要求对方对全句命题做出肯定或否定的回答。罗湾话的是非问句在句式结构上和陈述句相同，只是语气不同，可以用句末上扬的语调表示疑问。例如：

老张来咧？ lau⁴²tʂɔŋ²⁴loi²¹liɛ⁰?

还无话了？催渠快滴子 还没说完？催他快点儿！ xai²¹mau²¹va⁵⁵liau⁴²? tsʰei²⁴tɕi²¹kʰuai⁵⁴ti²¹tsɿ⁰!

会话普通话？ voi⁵⁵va⁵⁵pʰu⁴²tʰəŋ²⁴fa⁵⁵⁴?

句末也可以附加疑问语气词"么[mo⁰]"来表疑问。例如：

会话普通话么？ voi⁵⁵va⁵⁵pʰu⁴²tʰəŋ²⁴fa⁵⁴mo⁰?

甲：你平时食烟么？ n̻i²¹pʰiaŋ²¹sɿ²¹ʂɿ⁴⁴iẽ²⁴mo⁰?

乙：食。ʂɿ⁴⁴.

甲：你分渠话了底件事咧么？ n̻i²¹pən²⁴tɕi²¹va⁵⁴li³³tɕʰiẽ⁵⁵sɿ⁵⁴liɛ²¹mo⁰?

乙：系个，我分渠话咧。xei⁵⁴kei⁰, ŋai²¹pən²⁴tɕi²¹va⁵⁴liɛ⁰. /无，我无分渠话。mau²¹, ŋai²¹mau²¹pən²⁴tɕi²¹va⁵⁵⁴.

甲：天过王经理会来公司么？ tʰiẽ³³ko³³vɔŋ²¹tɕiəŋ²⁴li²⁴voi⁵⁴loi²¹kuaŋ²⁴sɿ²⁴mo⁰?

乙：我看渠唔会来。ŋai²¹kʰõ⁵⁵tɕi²¹mu²¹voi⁵⁴loi²¹.

句末带语气词时语调是微降的，只表示一般的询问；而不加语气词，通过语调变化来表疑问时，则往往带有惊讶、意外等意味。肯定回答时，可以用"系个"，也可以就句中谓词核心回答，但用"系个"回答时，则需进一步对所问进行肯定陈述。否定回答时，可以用否定副词"唔"或"无"，然后再做否定陈述，也可以不用否定副词，而直接进行否定陈说，后者更为自然化。

罗湾话的是非问句，句末也可以用语气词"吧"来表疑问，用"吧"表示说话人对某事件有一定的认知，但不十分确定，通过提问想从对方那里得到准确的答案。例如：

底隻人系西安来个吧这个人是西安来的吧？ i⁴²tsa⁰ȵin²¹xei⁵⁵si³³ŋõ³³loi²¹kei²¹pa⁰?

个子就系罗湾吧那里就是罗湾吧？ kai⁵⁴tsɿ⁰tɕʰiou⁵⁵xei⁵⁵lo²¹vã²⁴pa⁰?

（二）特指问

特指问是指用疑问代词表示疑点，并且希望对方就该疑点做出回答的疑问句。和普通话相比，罗湾话的特指问句在句式结构上与普通话差别不大，两者的不同之处主要体现在疑问词的使用上。之前也说过，罗湾话的代词部分较好地保留了源方言的原貌，较鲜明地标识了其客家方言的特征。另一个不同是，罗湾话的特指问句句末不用语气词，普通话特指问句末可以附加的语气词如"呢""啊"，罗湾话一律省去不用。例如：

□人正议论我老师谁刚才议论我老师？ mã⁴²ȵin²¹tsaŋ⁵⁵i⁵⁵lən⁵⁵ŋai²¹lau⁴²sɿ⁰?（问人物）

你在唱脉=个你在唱什么？ ȵi²¹tsʰoi²⁴tsʰəŋ⁵⁴ma³³kei⁰?（问事物）

渠磨磨蹭蹭个，做脉=个？ tɕi²¹mo³³mo³³tsʰən³³tsʰən³³kei⁰, tso⁵⁴ma³³kei⁰?（问事情）

来了几隻人来了几个人？ loi²¹li⁰tɕi⁴²tsa⁰ȵin²¹?（问数量）

渠在哪子食个饭他在哪里吃的饭？ tɕi²¹tsʰoi²⁴nai⁵⁴tsɿ⁰sɿ⁴⁴kei⁰fã⁵⁵⁴?（问处所）

你几时去？我马上就去。 ȵi²¹tɕi⁴²sɿ²¹ɕi⁰? ŋai²¹ma²⁴saŋ⁵⁵tɕʰiou⁵⁴ɕi⁰.（问时间）

话好了就走个，样□半天了还唔走说好了就走的，怎么半天了还不走？ va⁵⁵xau⁴²li⁰tɕʰiou⁵⁵tseu⁴²kei⁰, ȵiɔŋ⁵⁴mã²¹pã⁵⁴tʰiẽ²⁴li⁰xai²¹mu²¹tseu⁴²?（问原因）

底句话拿罗家湾个话样□子话这句话用罗家湾话怎么说？ i⁴²tɕi⁵⁵fa⁵⁴na²⁴lo²¹ka²⁴vã²⁴kei⁵⁵fa⁵⁴ȵiɔŋ⁵⁴mã²¹tsɿ⁰va⁵⁵⁴?（问方式）

（三）选择问

选择问是指说话人提问时给出两种或两种以上的意见，需要对方从中做出自己的选择。普通话一般是用"是""还是"等连接不同的选项，罗湾话也可以这样，对应成罗湾话是"系""还系"，但是与普通话不同的是，罗湾话选择问句的分句及全句句末都不加语气词，只用上升的语调表示，其基本格式是：（系）A，还系B，C。例如：

你系食烟，还系喝茶？ ȵi²¹xei⁵⁴sɿ⁴⁴iẽ²⁴, xai²¹xei⁵⁵xoi⁴⁴tsʰa²¹?

系你还系渠爱去北京是你还是他要去北京。xei⁵⁵n̍i²¹xai²¹xei⁵⁵tɕi²¹oi⁵⁵ɕi⁵⁴pei³³tɕiəŋ⁰.

你食米饭，还系食馍？n̍i²¹ʂʅ⁴⁴mi⁴²fã⁵⁵⁴, xai²¹xei⁵⁵ʂʅ⁴⁴mo²⁴?

你想食葡萄，还系食橘子？n̍i²¹sioŋ⁴²ʂʅ⁴⁴pʰu²¹tʰau⁰, xai²¹xei⁵⁵ʂʅ⁴⁴tɕy³³tsʅ⁰?/你想食葡萄还系橘子？n̍i²¹sioŋ⁴²ʂʅ⁴⁴pʰu²¹tʰau⁰xai²¹xei⁵⁵tɕy³³tsʅ⁰?

你系食米饭，还系食馍，食面？n̍i²¹xei⁵⁵ʂʅ⁴⁴mi⁴²fã⁵⁵⁴, xai²¹xei⁵⁵ʂʅ⁴⁴mo²⁴, ʂʅ⁴⁴miɛ̃⁵⁵⁴?

当选择项为两项时，A项前的"系"可有可无；当选择项为三项时，A项前一般不省去"系"，B项前加"还系"，C项前则不加连系词，如上例中的最后一句。

另外，罗湾话的选择问还可以用语气词"么"连接选择项，格式是：A么，还系B，C。此时A项前头一般不再出现"系"字。例如：

你食烟么，还系喝茶？n̍i²¹ʂʅ⁴⁴iɛ̃²⁴mo⁰, xai²¹xei⁵⁵xoi⁴⁴tsʰa²¹?

你食米饭么，还系食馍，食面？n̍i²¹ʂʅ⁴⁴mi⁴²fã⁵⁴mo⁰, xai²¹xei⁵⁵ʂʅ⁴⁴mo²⁴, ʂʅ⁴⁴miɛ̃⁵⁵⁴?

（四）正反问

正反问是选择问的一种特殊形式，即用谓语的肯定式和否定式叠合连用的方式进行提问。罗湾话正反问根据结构和表义的不同，具体格式有些不同，说明如下：

当句子的谓语中心是单音节的动词或形容词时，如果动词不带宾语，可以说成"V[①]+唔"的格式，也可以说成"V+唔+V"的格式，其中前者的使用频率更高，也是更为自然的说法。例如：

你食唔？n̍i²¹ʂʅ⁴⁴mu²¹?/你食唔食？n̍i²¹ʂʅ⁴⁴mu²¹ʂʅ⁴⁴?

你闻下子底朵花香唔？n̍i²¹vən²¹xa²⁴tsʅ⁰i⁴²to⁴²fa²⁴ɕioŋ²⁴mu²¹?/你闻下子底朵花香唔香？n̍i²¹vən²¹xa²⁴tsʅ⁰i⁴²to⁴²fa²⁴ɕioŋ²⁴mu²¹ɕioŋ²⁴?

如果动词后带有宾语，就相应地说成"VO+唔"或"V+唔+VO"的格式。例如：

你食橘子唔？n̍i²¹ʂʅ⁴⁴tɕy³³tsʅ⁰mu²¹?/你食唔食橘子？n̍i²¹ʂʅ⁴⁴mu²¹ʂʅ⁴⁴tɕy³³tsʅ⁰?

你食烟唔？n̍i²¹ʂʅ⁴⁴iɛ̃⁴⁴mu²¹?/你食唔食烟？n̍i²¹ʂʅ⁴⁴mu²¹ʂʅ⁴⁴iɛ̃⁰?

当动词是非谓动词"有"且带名词宾语时，正反问可以有两种格式：一种是由否定副词"无"参与的结构，"有O+无"或"有无有O"；一种是由否定动词"无得"参与的结构，"有O+无得"。例如：

还有饭无？xai²¹iou²⁴fã⁵⁴mau²¹?/还有无有饭？xai²¹iou²⁴mau²¹iou²⁴fã⁵⁵⁴?/还有饭无得？xai²¹iou²⁴fa⁵⁴mau²¹tei³³?

当动词后带有结果补语时，也可以有两种格式"VC+无"和"V+无+VC"。例如：

你食饱无你吃饱没？n̍i²¹ʂʅ⁴⁴pau⁴²mau²¹?/你食无食饱你吃没吃饱？n̍i²¹ʂʅ⁴⁴mau²¹ʂʅ⁴⁴pau⁴²?

[①] 如果是形容词，格式中的V相应地换为A即可，文中不再单独说明。

你写了无你写完了没？ ȵi²¹sia⁴²liau⁴²mau²¹ʔ/你写无写了你写没写完？ ȵi²¹sia⁴²mau²¹sia⁴²liau⁴²ʔ

当动词前有表能愿的助动词作状语时，格式中的"V"不是谓词中心，而是指助动词。具体格式是"V+谓语+唔"和"V+唔+V+谓语"。例如：

底件事你能完成唔？ i⁴²tɕʰiɛ⁵⁵sʅ⁵⁴ȵi²¹nɛ̃²¹vã²¹tʂʰən²¹mu⁰ʔ/底件事你能唔能完成？ i⁴²tɕʰiɛ⁵⁵sʅ⁵⁴ȵi²¹nɛ̃²¹mu²¹nɛ̃²¹vã²¹tʂʰən²¹？

底滴粮食一隻袋子能装下唔 这些粮食一个袋子能装下不？ i⁴²ti³³liəŋ²¹sʅ⁴⁴i³³tʂa³³tʰoi⁵⁴tsʅ⁰nɛ̃²¹tsɔŋ²⁴xa⁵⁵mu⁰ʔ/底滴粮食一隻袋子能唔能装下 这些粮食一个袋子能不能装下？ i⁴²ti³³liəŋ²¹sʅ⁴⁴i³³tʂa³³tʰoi⁵⁴tsʅ⁰nɛ̃²¹mu²¹nɛ̃²¹tsɔŋ³³xa³³？

我该来唔？ ŋai²¹koi²⁴loi²¹mu²¹ʔ/我该唔该来？ ŋai²¹koi²⁴mu²¹koi²⁴loi²¹ʔ

回答的时候，肯定是"能V"，否定是"V唔C"。如上例中的第一句，肯定和否定回答分别应说成"能完成"和"完唔成"。

另外，罗湾话中的正反问句还常采用将宾语提前至句首的表达方式。例如：

橘子，你食唔食？ tɕy³³tsʅ⁰, ȵi²¹sʅ⁴⁴mu²¹sʅ⁴⁴？

这时原来的宾语成分就成了句子的话题主语。

当谓语是双音节动词或形容词时，格式与单音节的基本相同，分别是"V（O）+唔""V+唔+V（O）"，不过第一个V，也可省略第二个音节，是省略式。例如：

你答应唔？ ȵi²¹tɛ³³iəŋ⁰mu²¹ʔ/你答应唔答应？ ȵi²¹tɛ³³iəŋ⁰mu²¹tɛ³³iəŋ⁰ʔ/你答唔答应？ ȵi²¹tɛ³³mu²¹tɛ³³iəŋ⁰？（单纯动词）

你答应渠唔？ ȵi²¹tɛ³³iəŋ⁰tɕi²¹mu⁰ʔ/你答应唔答应渠？ ȵi²¹tɛ³³iəŋ⁰mu²¹tɛ³³iəŋ⁰tɕi²¹ʔ/你答唔答应渠？ ȵi²¹tɛ³³mu²¹tɛ³³iəŋ⁰tɕi²¹ʔ（动词后带宾语）

你高兴唔？ ȵi²¹kau²⁴ɕin⁰mu²¹ʔ/你高兴唔高兴？ ȵi²¹kau²⁴ɕin⁰mu²¹kau²⁴ɕin⁰ʔ/你高唔高兴？ ȵi²¹kau²⁴mu²¹kau²⁴ɕin⁰ʔ（形容词作谓语）

你打算去唔？ ȵi²¹ta⁴²sõ⁰ɕi⁵⁴mu⁰ʔ/你打算唔打算去？ ȵi²¹ta⁴²sõ⁰mu²¹ta⁴²sõ⁰ɕi⁵⁵⁴ʔ/你打唔打算去？ ȵi²¹ta⁴²mu²¹ta⁴²sõ⁰ɕi⁵⁵⁴ʔ（动词前有状语）

渠到底愿意话唔？ tɕi²¹tau⁵⁴tei⁰iɛ̃⁵⁴i⁰va⁵⁴mu⁰ʔ/渠到底愿唔愿意话？ tɕi²¹tau⁵⁴tei⁰iɛ̃⁵⁴i⁰mu²¹iɛ̃⁵⁴i⁰va⁵⁵⁴ʔ/渠到底愿唔愿意话？ tɕi²¹tau⁵⁴tei⁰iɛ̃⁵⁴mu²¹iɛ̃⁵⁴i⁰va⁵⁵⁴ʔ（动词前有状语）

以上各例中的第三句都是省略式，即第一个"V"在形式上都省略了第二个音节。

如果句中动词所表示的动作行为在问话人的预设中是可能已完成或经历过的，那么否定副词则用"无"，相当于普通话的"没有"或"没"。试比较：

你食唔食？ ȵi²¹sʅ⁴⁴mu²¹sʅ⁴⁴ʔ/你食无食？ ȵi²¹sʅ⁴⁴mau²¹sʅ⁴⁴ʔ

你答唔答应？ ȵi²¹tɛ³³mu²¹tɛ³³iəŋ⁰ʔ/你答无答应？ ȵi²¹tɛ³³mau²¹tɛ³³iəŋ⁰ʔ

以上两例中的前一句都用"唔"，所问的是动作行为的将然体；后一句都用"无"，所问的则是动作行为的完成体或经历体，两者区别明显。

当动词后带完成体助词"过"时，则明确表示问话人是问完成或经历过某种动作行为没有，否定副词用"无"，其中第二个格式是"V＋无＋V过（O）"的形式，第一个"过"省略。例如：

我食过兔子肉，你食过无？ŋai²¹sʅ⁴⁴ko⁰tʰou⁴⁴tsʅ⁰ȵiou³³, ȵi²¹sʅ⁴⁴ko⁰mau²¹?/我食过兔子肉，你食无食过？ŋai²¹sʅ⁴⁴ko⁰tʰou⁴⁴tsʅ⁰ȵiou³³, ȵi²¹sʅ⁴⁴mau²¹sʅ⁴⁴ko⁰?

另外，普通话有"我吃过兔子肉，你有没有吃过？"这样的说法，特点是用"有没有"置于谓语前进行提问。罗湾话没有这种用法。

当动词后带可能补语时，罗湾话常用的格式有三种，分别是"V得C＋唔"，"V得C＋V唔C"，和"V＋唔＋V得C"。例如：

底隻东西重得很，拿得动唔？i⁴²tsa⁰təŋ³³si³³tʂʰəŋ²⁴tei⁰xɛ̃⁴², na²⁴tei⁰tʰəŋ²⁴mu⁰?/底隻东西重得很，拿得动拿唔动？i⁴²tsa⁰təŋ³³si³³tʂʰəŋ²⁴tei⁰xɛ̃⁴², na²⁴tei⁰tʰəŋ²⁴na²⁴mu²¹tʰəŋ²⁴?/底隻东西重得很，拿唔拿得动？i⁴²tsa⁰təŋ³³si³³tʂʰəŋ²⁴tei⁰xɛ̃⁴², na²⁴mu²¹na²⁴tei⁰tʰəŋ²⁴?

你等来得了唔？ȵi²¹tən³³loi²¹tei⁰liau⁴²mu⁰?/你等来得了来唔了？ȵi²¹tən³³loi²¹tei⁰liau⁴²loi²¹mu²¹liau⁴²?/你等来唔来得了？ȵi²¹tən³³loi²¹mu²¹loi²¹tei⁰liau⁴²?

底滴果子食得唔？i⁴²ti³³ko⁴²tsʅ⁰sʅ⁴⁴tei²¹mu⁰?/底滴果子食得食唔得？i⁴²ti³³ko⁴²tsʅ⁰sʅ⁴⁴tei⁰sʅ⁴⁴mu²¹tei⁰?/底滴果子食唔食得？i⁴²ti³³ko⁴²tsʅ⁰sʅ⁴⁴mu²¹sʅ⁴⁴tei⁰?

以上三种格式的使用情景也不相同，如上例中的第一句，当问话人问"拿得动唔"时，表示问话人心中认为对方有能力拿得动，对方相应的回答应是"拿得动"；当问"拿得动拿唔动"时，表示问话人对对方的能力有所怀疑，不确定能不能拿得动，对方相应的回答应是"我试一下"；当问话人问"拿唔拿得动"时，表明问话人对对方的能力非常怀疑，基本上认为对方拿不动，对方相应的回答应是"我试咧，还系唔行"。

另外，普通话的正反问有一种"附加问"的格式，即先陈述某一事件，然后在句末附加上"是不是"一类的结构来提问。罗湾话没有这种格式，只能将"系唔系"提至谓语前头作状语成分。例如：

系唔系咁香啊？xei⁵⁵mu²¹xei⁵⁴kã⁴²ɕiəŋ²⁴ŋa⁰?

渠系唔系已经归屋下咧他是不是已经到家里了？tɕi²¹xei⁵⁵mu²¹xei⁵⁵i⁴²tɕiəŋ⁰kuei²⁴u³³kʰua²¹liɛ⁰?

五 否定句

否定句是对事物或事件作出否定判断的句子。否定词是构成否定句的核心要素，不同方言否定句的特点往往也主要体现在否定词的不同上。罗湾话中常用的否定词主要有"唔""无""莫""无得"几个。下面分别说明：

（一）唔 [mu²¹]

罗湾话的否定副词"唔"，相当于普通话的"不"，可以用在动词前，表示说话人对某动作行为在主观意愿上的一种否定。例如：

我唔去。ŋai²¹mu²¹ɕi⁵⁵⁴.

我今晡唔打篮球咧。ŋai²¹tɕin³³pu³³mu²¹ta⁴²lã²¹tɕʰiou²¹liɛ⁰.

由于是主观意愿上的否定，所以否定副词"唔"和动词中心之间也往往可以插入表示心理意愿的助动词。例如：

我唔愿意去。ŋai²¹mu²¹iɛ̃⁵⁴i⁰ɕi⁵⁵⁴.

我今晡唔想打篮球咧。ŋai²¹tɕin³³pu³³mu²¹siɔŋ⁴²ta⁴²lã²¹tɕʰiou²¹liɛ⁰.

"唔"还可以用于形容词或系动词前，表示说话人对人物或事件情状的主观判断。例如：

你等姊妹两隻长倒唔太像_{你们姐妹俩长得不太像}。ȵi²¹tən³³tsi⁴²moi⁵⁵liɔŋ⁴²tʂa⁰tʂɔŋ⁴²tau⁰mu²¹tʰai⁵⁵siɔŋ⁵⁵⁴.

真唔轻，重倒连我都拿唔动咧_{真不轻，重得连我都拿不动了}。tʂən²⁴mu²¹tɕʰiaŋ²⁴, tʂʰəŋ²⁴tau⁰liɛ̃²¹ŋai²¹tou²⁴na²⁴mu²¹tʰəŋ²⁴liɛ⁰.

底隻唔系我个_{这个不是我的}。i⁴²tʂa⁰mu²¹xei⁵⁵ŋai²¹kei⁰.

除此以外，"唔"还可以用于对习惯性行为的否定。例如：

我唔食烟。ŋai²¹mu²¹sɿ⁴⁴iɛ̃²⁴.

老张平常唔看电视。lau²⁴tʂɔŋ²⁴pʰin²¹tʂʰɔŋ²¹mu²¹kʰõ⁵⁴tʰiɛ̃⁵⁵sɿ⁵⁵⁴.

烟也好，茶也好，我都唔会。iɛ̃²⁴ia²⁴xau⁴², tʂʰa²¹ia²⁴xau⁴², ŋai²¹tou²⁴mu²¹voi⁵⁵⁴.

另外，由"唔"参与构成的"唔消""唔能"等也都是罗湾话较为常用的否定形式。例如：

1. 唔消 [mu²¹siau²⁴]

你唔消帮忙！ȵi²¹mu²¹siau²⁴pɔŋ²⁴mɔŋ⁰!

你唔消话咧，我都晓得咧_{你不用说了，我都知道了}。ȵi²¹mu²¹siau²⁴va⁵⁴liɛ⁰, ŋai²¹tou²⁴ɕiau⁴²tei²¹liɛ⁰.

2. 唔能 [mu²¹nɛ̃²¹]

你唔能咁子话，渠正系隻大细子_{你不能那么说，她才是个小孩子}。ȵi²¹mu²¹nɛ̃²¹kã⁴²tsɿ⁰va⁵⁵⁴, tɕi²¹tʂaŋ⁵⁵xei⁵⁵tʂa⁰tʰai⁵⁵sei²¹tsɿ⁰.

你唔能拿走，底隻唔系你个_{你不能拿走，这个不是你的}。ȵi²¹mu²¹nɛ̃²¹na²⁴tsɛu⁴², i⁴²tʂa⁰mu²¹xei⁵⁵ȵi²¹kei⁰.

（二）无 [mau²¹]

"无"是罗湾话中一个和"唔"互补的否定副词，用于否定动作行为的已然发生或是否定某种状态，与之相对应的肯定形式是"V 咧"。"无"相当于普通话的"没"或"没有"，本身没有严格意义上的词与短语的区别，可以用于动词或形容词性成分之前。例如：

还无话了？催渠快滴子还没说完？催他快点儿！ xai²¹mau²¹va⁵⁵liau⁴²? tsʰei²⁴tɕi²¹kʰuai⁵⁴ti²¹tsɿ⁰!（对完成体的否定）

底间屋无□过人这间屋没住过人。i⁴²kã²⁴u³³mau²¹xei⁴⁴ko⁰n̠in²¹.（对经历体的否定）

个隻东西无在个子，也无在底子那个东西没在那里，也没在这里。kai⁵⁴tʂa⁰təŋ³³si³³mau²¹tsʰoi²⁴kai⁵⁴tsɿ⁰, ia²⁴mau²¹tsʰoi²⁴i⁴²tsɿ⁰.（对状态的否定）

（三）莫 [mo⁴⁴]

"莫"作为否定副词，表示对某个动作行为的劝阻和禁止，相当于普通话的"别""不要"或"不用"。例如：

你莫着气你不要生气。n̠i²¹mo⁴⁴tʂʰo⁴⁴ɕi⁵⁵⁴.

好好子走，莫□好好儿走，别跑！ xau⁴²xau²¹tsɿ⁰tsɛu⁴², mo⁴⁴loi⁴⁴!

"莫"也可以修饰表心理活动的动词或表情感的形容词。例如：

莫怕！你就话吧别怕！你就说吧。mo⁴⁴pʰa⁵⁵⁴！ n̠i²¹tɕʰiou⁵⁵va⁵⁴pa⁰.

你莫高兴早咧，底隻事情还无查清你不要高兴早了，这件事情还没查清。n̠i²¹mo⁴⁴kau²⁴ɕin⁰tsau⁴²liɛ⁰, i⁴²tʂa⁰sɿ⁵⁴tsʰin⁰xai²¹mau²¹tsʰa²⁴tsʰin²⁴.

（四）无得 [mau²¹tei³³]

"无得"是动词，后面接名词性宾语，语义上是对事物存在性的否定，相当于普通话的动词"没有"。例如：

屋下无得菜咧家里没有菜了。u³³kʰua³³mau²¹tei³³tsʰoi⁵⁴liɛ⁰.

还有饭无得还有饭没有？ xai²¹iou²⁴fa⁵⁴mau²¹tei³³?

六 可能句

罗湾话的"可能句"主要有两种格式类型：一种是在谓词中心前加能愿动词"能"所形成的可能句，其肯定式结构是"能＋V""能＋VO""能＋VC（O）""能＋A"，与之对应的否定式分别是"唔能＋V""唔能＋VO""V唔C（O）""唔A"；一种是在谓词中心后加可能补语所形成的可能句，其肯定式结构是"V得（O）""V得C（O）"，所对应的否定式分别是"V唔得（O）""V唔C（O）"。就使用情况来看，第一种格式的使用频率要比第二种高，是更为自然的表达方式。例如：

底隻东西能食，个隻东西唔能食。i⁴²tʂa⁰təŋ³³si³³nẽ²¹sɿ⁴⁴, kai⁵⁴tʂa⁰təŋ³³si³³mu²¹nẽ²¹sɿ⁴⁴.（能＋V，唔能＋V）

我能食辣椒，你唔能食辣椒。ŋai²¹nẽ²¹sɿ⁴⁴lɛ⁴⁴tsiau⁰, n̠i²¹mu²¹nẽ²¹sɿ⁴⁴lɛ⁴⁴tsiau⁰.（能＋VO，

唔能+VO）

我食得辣椒，你食唔得辣椒。ŋai²¹ʂʅ⁴⁴tei⁰lɛ⁴⁴tsiau⁰, n̠i²¹ʂʅ⁴⁴mu²¹tei⁰lɛ⁴⁴tsiau⁰.（V得O，V唔得O）

底滴粮食一只袋子能装下。i⁴²ti³³liɔŋ²¹ʂʅ⁴⁴i³³tʂa³³tʰoi⁵⁴tsʅ⁰nɛ̃²¹tʂɔŋ³³xa³³.（能+VC）

底滴粮食一只袋子装得下。i⁴²ti³³liɔŋ²¹ʂʅ⁴⁴i³³tʂa³³tʰoi⁵⁴tsʅ⁰tʂɔŋ²⁴tei³³xa⁰.（V得C）

底滴粮食一只袋子装唔下。i⁴²ti³³liɔŋ²¹ʂʅ⁴⁴i³³tʂa³³tʰoi⁵⁴tsʅ⁰tʂɔŋ²⁴mu²¹xa⁰.（V唔C）

底碗饭我能食了，你食唔了 这碗饭我能吃完，你吃不完。i⁴²õ⁴²fã⁵⁴ŋai²¹nɛ̃²¹ʂʅ⁴⁴liau⁴², n̠i²¹ʂʅ⁴⁴mu²¹liau⁴².（能+VC，V唔C）

底碗饭我食得了，你食唔了。i⁴²õ⁴²fã⁵⁴ŋai²¹ʂʅ⁴⁴tei⁰liau⁴², n̠i²¹ʂʅ⁴⁴mu²¹liau⁴².（V得C，V唔C）

你能话过渠 你能说过他。n̠i²¹nɛ̃²¹va⁵⁴ko⁰tɕi²¹.（能+VCO）

你话得过渠。n̠i²¹va⁵⁴tei²¹ko⁰tɕi²¹.（V得CO）

我就放心唔下渠。ŋai²¹tɕʰiou⁵⁵fɔŋ⁵⁴sin²⁴mu²¹xa²⁴tɕi²¹.（V唔CO）

底系熟个，食得；个系生个，食唔得。i⁴²xei⁵⁵ʂou⁴⁴kei⁰, ʂʅ⁴⁴tei⁰; kai⁵⁴xei⁵⁵saŋ²⁴kei⁰, ʂʅ⁴⁴mu²¹tei³³.（V得，V唔得）

底件事渠能行。i⁴²tɕʰiɛ̃⁵⁵sʅ⁵⁴tɕi²¹nɛ̃²¹ɕin²¹.（能+A）

底件事渠唔能行。i⁴²tɕʰiɛ̃⁵⁵sʅ⁵⁴tɕi²¹mu²¹nɛ̃²¹ɕin²¹.（唔能+A）

从以上例句可看出，罗湾话的"可能句"当谓词中心为动词时，可以有两种格式，即前加"能"或后加可能补语，但谓词为形容词时，则只有"能+A"这一种格式。从肯定和否定的对应关系来看，动词的两种肯定格式所对应的否定式通常只有后加可能补语这一种形式，"唔能+V"的格式并不为罗湾人所接受，"唔能+V"只出现在肯定与否定并举的并列复句中，如以上例句中的第一句。

七 动补句

动补句是指谓语后带有补语成分的句子。根据表义特点，补语又可分为数量补语、时地补语、趋向补语、程度补语、结果补语和情态补语等。关于数量补语和时地补语，本书在"数量"和"介词"部分已经介绍过，所以本节只介绍其他四种补语的情况。

（一）趋向补语句

罗湾话的趋向补语和普通话基本一样，主要由附着在动词后的趋向动词来充当，多数趋向词都和普通话一样，如"上来""上去""下来""下去""出来""出去""过来""过去"等，不一样的是"跣来[xɔŋ⁵⁴loi⁰]""归来[kuei²⁴loi⁰]""归去[kuei²⁴ɕi⁰]"，相当于普通话的"起来""回来""回去"，它们都可以在动词后作补语。例如：

只写了一半，还得写下去。tsʅ²⁴sia⁴²li⁰i³³pã⁵⁵⁴, xai²¹tei⁰sia⁴²xa²¹ɕi⁰.

把个瓶酒分我捎过来。pa⁴²kai⁵⁴pʰin²¹tsiou⁴²pən²⁴ŋai²¹ʂau²⁴ko⁰loi²¹.

你把大细子送归去你把孩子送回家。n̠i²¹pa⁴²tʰai⁵⁵sei²¹tsʅ⁰səŋ⁵⁴kuei²⁴ɕi⁰.

你把个隻家业分我拿来你把那个家具给我拿来。n̠i²¹pa⁴²kai⁵⁴tʂa⁰ka³³n̠iE³³pən²⁴ŋai²¹na²⁴loi²¹.

如果是完成体，体助词则要置于趋向动词的后面。例如：

正一块大石头走山顶滚下来咧刚才一块大石头从山顶滚下来了。tʂaŋ⁵⁴i³³kʰuai⁵⁵tʰai⁵⁵ʂa⁴⁴tʰɛu²¹tsɛu⁴²sã²⁴taŋ⁴²kuən⁴²xa²⁴loi²¹liE⁰.

如果动词后面带有宾语，那么宾语一般都置于趋向词之后。例如：

正走山顶滚下来了一隻大石头刚才从山顶滚下来一块大石头。tʂaŋ⁵⁴tsɛu⁴²sã²⁴taŋ⁴²kuən⁴²xa²⁴loi²¹li⁰i³³tʂa³³tʰai⁵⁵ʂa⁴⁴tʰɛu²¹.

会场徛起来一隻人会场站起来一个人。fei⁵⁵tʂʰɔŋ⁴²tɕʰi²⁴ɕi⁰loi²¹i³³tʂa³³n̠in²¹.

有时宾语也可以置于趋向词之间。例如：

会场徛起一隻人来。fei⁵⁵tʂʰɔŋ⁴²tɕʰi²⁴ɕi⁰i³³tʂa³³n̠in²¹loi⁰.

拿出一本书来。na²⁴tʂʰʅ³³i³³pən⁴²sou²⁴loi²¹.

（二）程度补语句

罗湾话的程度补语句，其基本格式有两种：一种是有标记的"V得/倒C"格式。例如：

西安夏天热得很。si³³ŋõ³³xa⁵⁴tʰiẽ²⁴n̠iE⁴⁴tei⁰xɛ̃⁴².

底隻人好得很。i⁴²tʂa⁰n̠in²¹xau⁴²tei⁰xɛ̃⁴².

西安夏天热倒太。si³³ŋõ³³xa⁵⁴tʰiẽ²⁴n̠iE⁴⁴tau⁰tʰai⁵⁵⁴.

我有滴子闷倒慌我有点儿闷得慌。ŋai²¹iou⁴²ti³³tsʅ⁰mən²⁴tau⁰fɔŋ²⁴.

把人疼倒唔得了。pa⁴²n̠in²¹tʰəŋ⁵⁴tau⁰mu²¹tei³³liau⁴².

一种是无标记的"VC"格式。例如：

渠都高兴死咧。tɕi²¹tou²⁴kau²⁴ɕin⁵⁵si⁴²liE⁰.

好滴子咧好点儿了。xau⁴²ti³³tsʅ²¹liE⁰.

第一种有标记的格式中，"得"的组合能力较差，只和"很"搭配，"倒"可以和其他所有成分搭配。能充当补语的主要是一些表程度的副词或形容词如"太""太太""慌"，表数量的"滴子"以及带有夸张色彩的动词短语等，中心语则主要由一些表示心理感受的动词或形容词充当。另外，罗湾话表程度义的副词或形容词较普通话要少，如"极""坏""透"等词罗湾话都不用。

（三）结果补语句

结果补语句的补语成分是表结果义的，具体是用来说明实施了某一动作行为后对受事主体所产生的影响或结果。罗湾话动结式的结构都是粘合式的，不出现结构助词"得"，补语可以是形容词，也可以是动词。例如：

食饱咧。ʂʅ⁴⁴pau⁴²liE⁰.

渠把个隻茶杯打烂咧。tɕi²¹pa⁴²kai⁵⁴tʂa⁰tsʰa²¹pʰei⁰ta⁴²lã⁵⁴liE⁰.

土犁了咧<small>地犁完了</small>。tʰou⁴²lei²¹liau⁴²liE⁰.

再有一阵子就食了咧<small>再有一会儿就吃完了</small>。tsai⁵⁴iou²⁴i³³tʂʰən²¹tsʅ⁰tɕʰiou⁵⁵ʂʅ⁴⁴liau⁴²liE⁰.

其中，后两例的补语"了"[liau⁴²]，相当于普通话的"完成、结束"等义。

结果补语后面也可以带宾语，形成一个动宾短语。例如：

渠打烂了一隻杯子。tɕi²¹ta⁴²lã⁵⁴li⁰i³³tʂa³³pʰei³³tsʅ⁰.

渠噭肿了眼珠<small>他哭肿了眼睛</small>。tɕi²¹tɕiau⁵⁵tʂəŋ⁴²li⁰ŋã⁴²tʂou⁰.

（四）情态补语句

情态补语句中的补语是表情态的，其作用主要是对中心语进行带有描写性的补充说明，所以补语往往由形容词的复杂形式来充当，如形容词做中心语的偏正结构等，句中要出现补语标记"倒"。例如：

王先生个刀开倒咁好。vɔŋ²¹siẽ³³saŋ³³kei⁵⁵tau²⁴kʰoi²⁴tau⁰kã⁴²xau⁴².

唔过话倒唔样□好<small>不过说得不怎么好</small>。mu²¹ko⁵⁵va⁵⁵tau⁰mu²¹n̠iɔŋ⁵⁴mã²¹xau⁴².

我等两隻比一比□人□倒快<small>我们两个比一比谁跑得快</small>。ŋai²¹tən³³liɔŋ⁴²tʂa⁰pi⁴²i³³pi⁴²mã⁴²n̠in⁰loi⁴⁴tau⁰kʰuai⁵⁵⁴.

中心词为性质形容词的情态动补句，语义上一般都有评价义，如上例中的前两例。又情态动补句也常用于比较句式中，用于说明比较的结果，如上例中的最后一例。

这类句子的主语多是名词性成分，用来指称某事物或事件，但也可以是动词性的。例如：

老张种土种倒好<small>老张种地种得好</small>。lau⁴²tʂɔŋ²⁴tʂəŋ⁵⁵tʰou⁴²tʂəŋ⁵⁴tau⁰xau⁴².

有时补语标记也可以是"隻"，相当于普通话的"个"。例如：

分水淋了隻完身湿透<small>被雨淋了个全身湿透</small>。pən²⁴ʂuei⁴²lin²¹li⁰tʂa³³vã²¹ʂən²⁴ʂʅ³³tʰou⁵⁵⁴.

另外，情态补语也可以由一个句子来充当，用来说明中心语所表示动作或状态的情貌。例如：

渠急倒面都红咧。tɕi²¹tɕi³³tau⁰miẽ⁵⁴tou²⁴fəŋ²¹liE⁰.

老张气倒话也话唔出来咧。lau²⁴tʂɔŋ²⁴ɕi⁵⁴tau⁰fa⁵⁴ia²⁴va⁵⁵mu²¹tʂʰʅ³³loi²¹liE⁰.

有的谓词后的补语成分可以完全不出现，只出现一个补语标记"倒"。例如：

把人气倒。pa⁴²n̠in²¹ɕi⁵⁴tau⁰.

你看渠急倒。n̠i²¹kʰɔ̃⁵⁵tɕi²¹tɕi³³tau⁰.

和普通话一样，这种省略补语成分的结构，也表示一种难以准确描述的意味。

第七章 语法例句

说明①

1. 本章共两节，第一节收录《中国语言资源调查手册·汉语方言》中的语法例句，共50条，均附视频。视频目录与《中国语言资源调查手册·汉语方言》语法例句条目一致。第二节则是按照《汉语方言语法调查例句》中规定的248个语法例句调查所得。

2. 所有语法例句均分为三行书写，第一行是普通话说法，第二行是方言说法的国际音标，第三行是方言文字。用字尽可能使用本字，如果是同音字，则在该字的右上角标"="。没有合适字可写的用"□"代替。同一例句方言中有两种以上说法的，按自然度和常用度降序排列。

---

① 本章调查例句的词语（例如"家伙"）在罗湾话里如无完全对应的说法，尽量记录意义相近的表达方式。

第一节

《中国语言资源调查手册·汉语方言》

01 小张昨天钓了一条大鱼，我没有钓到鱼。
siau⁴²tʂɔŋ²⁴tsʰo²⁴puº tiau⁵⁴li⁰i³³tʰiau²¹tʰai⁵⁵ŋ²¹tsɿ⁰, ŋai²¹mau²¹tiau⁵⁵tau⁵⁵⁴.
小 张 昨 晡 钓 了一条 大 鱼子, 我 无 钓 到。

02 a.你平时抽烟吗？ b.不，我不抽烟。
a. ɲi²¹pʰiaŋ²¹sɿ²¹ʂɿ⁴⁴iɛ̃²⁴mo⁰?
a.你 平 时 食 烟 么?
b. mu²¹, ŋai²¹mu²¹ʂɿ⁴⁴.
b.唔, 我 唔 食。

03 a.你告诉他这件事情了吗？ b.是，我告诉他了。
a. ɲi²¹pən²⁴tɕi²¹va⁵⁴li⁰i⁴²tɕʰiɛ̃⁵⁵sɿ⁵⁴liɛ²¹mo⁰?
a.你 分 渠 话 了底件 事 咧 么?
b. xei⁵⁴kei⁰, ŋai²¹pən²⁴tɕi²¹va⁵⁴liɛ⁰.
b.系 个, 我 分 渠 话 咧。

04 你吃米饭还是吃馒头？
ɲi²¹ʂɿ⁴⁴mi⁴²fã⁵⁴xai²¹xei⁵⁵ʂɿ⁴⁴mo²⁴?
你 食 米 饭 还 系 食 馍?

05 你到底答应不答应他？
ɲi²¹tau⁵⁴tei⁰tɛ³³iəŋ⁰mu²¹tɛ³³iəŋ⁰tɕi²¹?
你 到 底 答 应 唔 答 应 渠?

06　a. 叫小强一起去电影院看《刘三姐》。

　　　a. xã⁴²siau⁴²tɕʰiɔŋ²¹i³³lou⁵⁵tau⁵⁵tʰiɛ⁵⁵iaŋ⁴²iɛ̃⁵⁴ɕi⁵⁵kʰõ⁵⁵liou²¹sã²⁴tsia⁴².

　　　a. 喊　小　强　　一路　到　电　影　院　去　看　《刘　三　姐》。

　　　b. 这部电影他看过了。/他这部电影看过了。/他看过这部电影了。

　　　b. i⁴²pu⁵⁵tʰiɛ⁵⁵iaŋ⁴²tɕi²¹kʰõ⁵⁵ko²¹.

　　　b. 底部　电　影　渠　看　过。

07　你把碗洗一下。

　　　ȵi²¹pa⁴²õ⁴²sei⁴²i²¹xa⁰.

　　　你　把　碗　洗　一下。

08　他把橘子剥了皮，但是没吃。

　　　tɕi²¹pa⁴²tɕy³³tsɿ⁰pʰi²¹po³³liɛ⁰, tɕʰiou⁵⁵xei⁵⁵mau²¹sɿ⁴⁴.

　　　渠　把　橘　子　皮　剥　咧，就　　系　无　食。

09　他们把教室都装上了空调。

　　　tɕi²¹tən³³pa⁴²tɕiau⁵⁴sɿ⁰kei⁵⁵kʰuəŋ²⁴tʰiau²¹tou²⁴tʂɔŋ²⁴liɛ⁰.

　　　渠　等　把　教　室个　空　　调　都　装　咧。

10　帽子被风吹走了。

　　　mau⁵⁴tsɿ⁰pən²⁴fəŋ²⁴tʂʰuei²⁴tsɛu⁴²liɛ⁰.

　　　帽　子分　风　吹　　走　咧。

11　张明被坏人抢走了一个包，人也差点儿被打伤。

　　　tʂɔŋ²⁴min²¹pən²⁴fai⁵⁵ȵin²¹tsʰiɔŋ⁴²tsɛu⁴²li⁰i³³tʂa³³pau²⁴, tsʰo²⁴ti³³ti³³tsɿ⁰pən²⁴ta⁴²ʂɔŋ²⁴liɛ⁰.

　　　张　明　分　坏　人　抢　　走　了一隻包，　差　滴滴子分　打伤　咧。

12　快要下雨了，你们别出去了。

　　　kʰai⁵⁵lo⁴⁴ʂuei⁴²liɛ⁰, ȵi²¹tən³³mo⁴⁴tsʰɿ³³ɕi⁰.

　　　快　落　水　咧，你　等　莫　出　去。

13　这块毛巾很脏了，扔了它吧。

　　　i⁴²kei⁵⁵ʂou⁴²tɕin³³lei⁴⁴tʂei⁴⁴liɛ⁰, ʂuai⁴²li²¹ɕi⁰.

　　　底个　手　巾　□　□　咧，甩　了去。

14　我们是在车站买的车票。

　　　ŋai²¹tən³³tsʰoi²⁴tʂʰa²⁴tʂã⁵⁴mai²⁴kei²¹pʰiau⁰.

　　　我　等　在　车　站　买　个　票。

15　墙上贴着一张地图。

　　　tsʰiɔŋ²¹xɔŋ³³tʰiɛ³³i³³tʂɔŋ²⁴tʰi⁵⁵tʰɛu²¹.

　　　墙　上　贴　一张　地　图。

16 床上躺着一个老人。

tsʰɔŋ²¹xɔŋ³³ʂoi⁵⁴i³³tʂa⁰lau⁴²tʰai²¹ȵin⁰.

床　上　睡　一　隻　老　大　人。

17 河里游着好多小鱼。

xo²¹pʰa³³iou²¹xau⁴²to²⁴sei⁵⁵ŋ²¹tsʅ⁰.

河　□　游　好　多　细　鱼　子。

18 前面走来了一个胖胖的小男孩。

tsʰiɛ²¹tʰɛu²¹tsɛu⁴²loi²¹i³³tʂa³³pʰɔŋ⁵⁵pʰɔŋ⁵⁵kei⁰lai⁵⁴tsʅ⁰.

前　头　走　来　一　隻　胖　胖　个　倈　子。

19 他家一下子死了三头猪。

tɕi²¹u³³kʰua³³i³³xa⁵⁴tsʅ⁰si⁴²li⁰sã²⁴tʂa⁰tʂou²⁴.

渠　屋　下　一　下　子　死　了　三　隻　猪。

20 这辆汽车要开到广州去。／这辆汽车要开去广州。

i⁴²liɔŋ²⁴ɕi⁵⁴tʂʰa²⁴oi⁵⁴kʰoi²⁴tau⁵⁵kuɔŋ⁴²tʂou²⁴ɕi⁰.

底　辆　汽　车　爱　开　到　广　州　去。

21 学生们坐汽车坐了两整天了。

xo⁴⁴saŋ²¹tsʅ⁰tsʰo²⁴ɕi⁵⁴tʂʰa⁰tsʰo²⁴li⁰liɔŋ⁴²tʰiɛ²⁴tʂən⁴²liE⁰.

学　生　子　坐　汽　车　坐　了　两　天　整　咧。

22 你尝尝他做的点心再走吧。

ȵi²¹ʂɔŋ²¹ʂɔŋ⁰tɕi²¹tso⁵⁵kei⁵⁵tiɛ⁴²sin⁰tsai⁵⁵tsɛu⁴²pa⁰.

你　尝　尝　渠　做　个　点　心　再　走　吧。

23 a. 你在唱什么？ b. 我没有唱，我放着录音机呢。

a. ȵi²¹tsʰoi²⁴tʂʰɔŋ⁵⁴ma³³kei⁰?

a. 你　在　唱　脉⁼个?

b. ŋai²¹mau²¹tsʰoi²⁴tʂʰɔŋ⁵⁵⁴, ŋai²¹fɔŋ⁵⁴kei⁰lou³³in²⁴.

b. 我　无　在　唱，　我　放　个　录　音。

24 a. 我吃过兔子肉，你吃过没有？ b. 没有，我没吃过。

a. ŋai²¹ʂʅ⁴⁴ko⁰tʰou⁴⁴tsʅ⁰ȵiou³³, ȵi²¹ʂʅ⁴⁴ko⁰mau²¹?

a. 我　食　过　兔　子　肉，　你　食　过　无?

b. mau²¹, ŋai²¹mau²¹ʂʅ⁴⁴ko⁰.

b. 无，　我　无　食　过。

25 我洗过澡了，今天不打篮球了。

ŋai²¹sei⁴²ko⁵⁵tsau⁴²liE⁰, tɕin³³pu³³mu²¹ta⁴²lã²¹tɕʰiou²¹liE⁰.

我 洗 过 澡 咧，今 晡 唔 打 篮球 咧.

26 我算得太快算错了，让我重新算一遍。

ŋai²¹sõ⁵⁴tau⁰tʰai⁵⁵kʰuai⁵⁴sõ⁵⁵tsʰo⁵⁴liE⁰, ȵiɔŋ⁵⁵ŋai²¹tsʰəŋ²⁴sin²⁴sõ⁵⁴i³³piẽ⁰.

我 算 倒 太 快 算 错 咧，让 我 重 新 算 一遍。

27 他一高兴就唱起歌来了。

tɕi²¹i³³kau²⁴ɕin⁵⁴tɕʰiou⁵⁵tsʰəŋ⁵⁵ɕi⁴²ko²⁴loi²¹liE⁰.

渠 一高 兴 就 唱 起 歌 来 咧。

28 谁刚才议论我老师来着?

mã⁴²ȵin²¹tʂaŋ⁵⁵i⁵⁵lən⁵⁵ŋai²¹lau⁴²sɿ⁰?

□ 人 正 议论 我 老师?

29 只写了一半，还得写下去。

tsɿ²⁴sia⁴²li²¹i³³pã⁵⁵⁴, xai²¹tei⁰sia⁴²xa²¹ɕi⁰.

只 写 了 一半， 还 得 写 下 去。

30 你才吃了一碗米饭，再吃一碗吧。

ȵi²¹tʂaŋ⁵⁵ʂɿ⁴⁴li⁰i³³õ⁴²mi⁴²fã⁰, tsai⁵⁵ʂɿ⁴⁴i³³õ⁴²pa⁰.

你 正 食 了一碗 米 饭，再 食 一碗 吧。

31 让孩子们先走，你再把展览仔仔细细地看一遍。

ȵiɔŋ⁵⁵tʰai⁵⁵sei²¹tsɿ⁰tən³³siẽ²⁴tsɛu⁴², ȵi²¹tsɿ⁴²tsɿ⁰si⁵⁵si⁵⁴kei⁰tsai⁵⁵pa⁴²tʂẽ⁴²lã⁴²kʰõ⁵⁴i³³piẽ⁰.

让 大 细子等 先 走， 你 仔仔细细个 再 把 展 览 看 一遍。

32 他在电视机前看着看着睡着了。

tɕi²¹tsʰoi²⁴tʰiẽ³⁵sɿ⁵⁴tɕi²⁴tɕʰiẽ²¹kʰõ⁵⁴tʂo⁰kʰõ⁵⁴tʂo⁰tɕʰiou⁵⁵ʂoi⁵⁵tsʰo⁴⁴liE⁰.

渠 在 电 视机 前 看 着 看 着 就 睡 着 咧。

33 你算算看，这点钱够不够花?

ȵi²¹sõ⁵⁴sõ⁰kʰõ⁵⁵⁴, i⁴²ti³³tsɿ⁰tsʰiẽ²¹kɛu⁵⁵mu²¹kɛu⁵⁴fa²⁴?

你 算 算 看， 底滴子 钱 够 唔 够 花?

34 老师给了你一本很厚的书吧?

siẽ³³saŋ³³pən²⁴li⁰ȵi²¹i³³pən⁴²tsɿ⁰xẽ⁴²xɛu²⁴kei⁵⁵ʂou²⁴pa⁰?

先 生 分 了你 一本 子很 厚 个 书 吧?

35 那个卖药的骗了他一千块钱呢。

kai⁵⁴tʂa⁰mai⁵⁵io⁴⁴kei⁰pʰiẽ⁵⁴li⁰tɕi²¹i³³tsʰiẽ²⁴kʰuai⁵⁵tsʰiẽ²¹ia⁰.

个 只 卖 药 个 骗 了渠 一千 块 钱 呀。

36 a. 我上个月借了他三百块钱。借入。b. 我上个月借了他三百块钱。借出。

   a. ŋai²¹ sɔŋ⁵⁴ kei³³ ȵiE⁴⁴ tsia⁵⁴ li⁰ tɕi²¹ sã²⁴ pa³³ kʰuai⁵⁵ tsʰiɛ̃²¹.

   a. 我 上 个 月 借 了 渠 三 百 块 钱。

   b. ŋai²¹ sɔŋ⁵⁴ kei³³ ȵiE⁴⁴ tsia⁵⁴ li⁰ tɕi²¹ sã²⁴ pa³³ kʰuai⁵⁵ tsʰiɛ̃²¹.

   b. 我 上 个 月 借 了 渠 三 百 块 钱。

37 a. 王先生的刀开得很好王先生是医生（施事）。b. 王先生的刀开得很好王先生是病人（受事）。

   a. vɔŋ²¹ siɛ̃³³ saŋ³³ kei⁵⁵ tau²⁴ kʰoi²⁴ tei⁰ xɛ̃⁴² xau⁴².

   a. 王 先 生 个 刀 开 得 很 好。

   b. vɔŋ²¹ siɛ̃³³ saŋ³³ kei⁵⁵ tau²⁴ kʰoi²⁴ tei⁰ xɛ̃⁴² xau⁴².

   b. 王 先 生 个 刀 开 得 很 好。

38 **我不能怪人家，只能怪自己。**

   ŋai²¹ mu²¹ nɛ̃²¹ kuai⁵⁴ ȵin²¹ ka³³, tsʅ³³ nɛ̃²¹ kuai⁵⁴ tsʰʅ³³ ka³³.

   我 唔 能 怪 人 家，只 能 怪 自 家。

39 a. 明天王经理会来公司吗？b. 我看他不会来。

   a. tʰiɛ̃³³ ko³³ vɔŋ²¹ tɕiəŋ²⁴ li²⁴ voi⁵⁴ loi²¹ kuəŋ²⁴ sʅ²⁴ mo⁰?

   a. 天 过 王 经 理 会 来 公 司 么？

   b. ŋai²¹ kʰõ⁵⁵ tɕi²¹ mu²¹ voi⁵⁴ loi⁰.

   b. 我 看 渠 唔 会 来。

40 **我们用什么车从南京往这里运家具呢？**

   ŋai²¹ təŋ³³ iəŋ⁵⁴ ma³³ kei⁰ tsʰa²⁴ tsʰəŋ²¹ nã²¹ tɕiəŋ²⁴ vɔŋ⁵⁴ iaŋ²⁴ tsʅ⁰ la²⁴ ka³³ ȵiE³³?

   我 等 用 脉ᵄ个 车 从 南 京 往 □ 子 拉 家 业？

41 **他像个病人似的靠在沙发上。**

   tɕi²¹ tsʰiɔŋ⁵⁵ tsa⁰ pʰiaŋ⁵⁴ ȵin⁰ xei⁵⁴ kei⁰ kʰau⁵⁴ tau⁰ sa³³ fa³³ xɔŋ⁰.

   渠 像 隻 病 人 系 个 靠 到 沙 发 上。

42 **这么干活连小伙子都会累坏的。**

   kã⁴² tsʅ⁰ tso⁵⁵ xo²¹ liɛ̃²¹ siau⁴² fo²¹ tou²⁴ voi⁴⁴ tsəŋ⁵⁵ fai²¹ kei⁰.

   咁 子 做 活 连 小 伙 子 都 会 挣 坏 个。

43 **他跳上末班车走了。我迟到一步，只能自己慢慢走回学校了。**

   tɕi²¹ pəŋ⁵⁴ sɔŋ²⁴ mo³³ pã²⁴ tsʰa²⁴ tsɛu⁴² liE⁰. ŋai²¹ tsʰʅ²¹ tau⁵⁵ i³³ pʰu⁵⁵⁴, tsʅ³³ nɛ̃²¹ tsʰʅ³³ ka³³ mã⁵⁵ mã⁵⁴

   渠 蹦 上 末 班 车 走 咧。我 迟 到 一 步，只 能 自 家 慢 慢

   kei⁰ vɔŋ⁵⁵ xo⁴⁴ tʰɔŋ²¹ tsɛu⁴².

   个 往 学 堂 走。

44 这是谁写的诗？谁猜出来我就奖励谁十块钱。

i⁴²xei⁵⁵mã⁴²ɲin²¹sia⁴²kei⁰sʅ²⁴? mã⁴²ɲin²¹tsʰai²⁴tʂʰʅ³³loi²¹ŋai²¹tsioŋ⁴²li⁵⁴mã⁴²ɲin²¹sʅ⁴⁴kʰuai⁴⁴tsʰiẽ²¹.

底系 □人 写 个 诗？□人 猜 出 来 我 奖 励 □人 十 块 钱。

45 我给你的书是我教中学的舅舅写的。

ŋai²¹pən²⁴ɲi²¹kei⁰ʂou²⁴xei⁵⁵ŋai²¹kau²⁴tʂəŋ³³xo³³kei⁰tɕʰiou⁵⁵ia²¹sia⁴²kei⁰.

我 分 你 个 书 系 我 教 中 学 个 舅 爷 写 个。

46 你比我高，他比你还要高。

ɲi²¹pi⁴²ŋai²¹kau²⁴, tɕi²¹pi⁴²ɲi²¹xai²¹ko⁵⁴kau²⁴.

你 比 我 高，渠 比 你 还 过 高。

47 老王跟老张一样高。

lau⁴²vɔŋ²¹liẽ²¹lau⁴²tʂəŋ²⁴i³³ioŋ⁵⁴kau²⁴.

老 王 连 老 张 一样 高。

48 我走了，你们俩再多坐一会儿。

ŋai²¹tsɛu⁴²liɛ⁰, ɲi²¹lioŋ⁴²kei⁵⁵ɲin²¹tsai⁵⁴to²⁴tsʰo²⁴i³³tʂʰən²¹tsʅ⁰.

我 走 咧，你 两 个 人 再 多 坐 一阵 子。

49 我说不过他，谁都说不过这个家伙。

ŋai²¹va⁵⁵mu²¹ko⁵⁴tɕi²¹, mã⁴²ɲin²¹tou²⁴va⁵⁵mu²¹ko⁰i³³tʂa³³səŋ²¹.

我 话 唔 过 渠，□人 都 话 唔 过 一隻 䁍。

50 上次只买了一本书，今天要多买几本。

ʂɔŋ⁵⁵tau⁵⁴tsʅ³³mai²⁴li⁰i³³pən⁴²tsʅ⁰ʂou²⁴, tɕin³³pu³³to²⁴mai²⁴tɕi⁴²pən⁰.

上 道 只 买 了一本 子书，今 晡 多 买 几 本。

第二节

《汉语方言语法调查例句》

001 这句话用罗湾话怎么说?

　　$i^{42}tɕi^{55}fa^{54}na^{24}lo^{21}vã^{24}kei^{55}fa^{54}ȵioŋ^{54}mã^{21}tsʅ^{0}va^{554}$?

　　底 句 话 拿 罗 湾 个 话 样 □ 子 话?

002 你还会说别的地方的话吗?

　　$ȵi^{21}xai^{21}voi^{55}va^{55}tɕʰi^{21}tʰa^{24}tʰi^{54}foŋ^{0}kei^{55}fa^{54}mo^{0}$?

　　你 还 会 话 其 他 地 方 个 话 么?

003 不会了,我从小就没出过门,只会说罗湾话。

　　$mu^{21}voi^{54}liE^{0}, ŋai^{21}tsʰəŋ^{21}siau^{42}tɕʰiou^{55}mau^{21}tʂʰʅ^{33}ko^{55}mən^{21}, tʂʅ^{33}voi^{55}va^{54}lo^{21}vã^{24}fa^{554}$.

　　唔 会 咧, 我 从 小 就 无 出 过 门, 只 会 话 罗 湾 话。

004 会,还会说王家话、李家话,不过说得不怎么好。

　　$voi^{554}, xai^{21}voi^{55}va^{54}voŋ^{21}ka^{33}kei^{55}fa^{554}, li^{42}ka^{33}kei^{55}fa^{554}, mu^{21}ko^{55}va^{54}tau^{0}mu^{21}ȵioŋ^{54}mã^{21}xau^{42}$.

　　会, 还 会 话 王 家 个 话, 李 家 个 话, 唔 过 话 倒 唔 样 □ 好。

005 会说普通话吗?

　　$voi^{55}va^{55}pʰu^{42}tʰəŋ^{24}fa^{54}mo^{0}$?

　　会 话 普 通 话 么?

　　$voi^{55}va^{55}pʰu^{42}tʰəŋ^{24}fa^{554}$?

　　会 话 普 通 话?

006 不会说,没有学过。

　　$mu^{21}voi^{55}va^{554}, mau^{21}xo^{44}ko^{0}$.

　　唔 会 话, 无 学 过。

007 会说一点儿,不标准就是了。
voi⁵⁵va⁵⁴ti³³tsʅ⁰, mu²¹piau²⁴tʂuən⁴²tɕʰiou⁵⁵xei⁵⁴liɛ⁰.
会 话 滴子,唔 标 准 就 系 咧。

008 在什么地方学的普通话?
tsʰoi²⁴ma³³kei⁰tʰi⁵⁴fəŋ⁰xo⁴⁴kei⁰pʰu⁴²tʰəŋ²⁴fa⁵⁵⁴?
在 脉=个 地方学个普 通 话?

009 上小学中学都学普通话。
ʂɔŋ²⁴siau⁴²xo⁰tʂɔŋ³³xo³³tou²⁴xo⁴⁴pʰu⁴²tʰəŋ²⁴fa⁰.
上 小 学 中 学 都 学 普 通 话。

010 谁呀?我是老王。
mã⁴²ȵin⁰?ŋai²¹xei⁵⁵lau⁴²vɔŋ²¹.
□ 人?我 系 老 王。

011 您贵姓?我姓王,您呢?
ȵi²¹kuei⁵⁵siaŋ⁵⁵⁴? ŋai²¹siaŋ⁵⁵vɔŋ²¹, ȵi²¹siaŋ⁵⁴ma³³kei⁰?
你贵 姓? 我 姓 王,你 姓 脉=个?

012 我也姓王,咱俩都姓王。
ŋai²¹ia²⁴siaŋ⁵⁵vɔŋ²¹, ŋai²¹tən³³liɔŋ⁴²tʂa⁰tou²⁴siaŋ⁵⁵vɔŋ²¹.
我 也 姓 王, 我 等 两 隻都 姓 王。

013 巧了,他也姓王,本来是一家嘛。
tɕiau⁴²liɛ⁰, tɕi²¹ia²⁴siaŋ⁵⁵vɔŋ²¹, pən⁴²loi²¹xei⁵⁴i³³ka²⁴tsʅ²¹ma⁰.
巧 咧,渠也姓 王,本 来 系 一家子嘛。

014 老张来了吗?说好他也来的!
lau⁴²tʂɔŋ²⁴loi²¹li²¹mo⁰? va⁵⁵xau⁴²li⁰tɕi²¹ia²⁴loi²¹kei⁰!
老 张 来 了么?话 好 了渠也来 个!

015 他没来,还没到吧。
tɕi²¹mau²¹loi⁰, xai²¹mau²¹tau⁵⁴pa⁰.
渠 无 来,还 无 到 吧。

016 他上哪儿了?还在家里呢。
tɕi²¹tau⁵⁵nai⁵⁴tsʅ⁰ɕi⁵⁴liɛ⁰? xai²¹tsʰoi²⁴u³³kʰua⁰.
渠 到 哪 子 去咧?还 在 屋下。

017 在家做什么?在家吃饭呢。
tsʰoi²⁴u³³kʰua⁰tso⁵⁴ma³³kei⁰? tsʰoi²⁴u³³kʰua⁰ʂʅ⁴⁴fã⁵⁵⁴.
在 屋下 做 脉=个? 在 屋下 食饭。

018 都几点了，怎么还没吃完？
tou²⁴tɕi⁴²tiɛ̃⁴²liɛ⁰, ȵiɔŋ⁵⁴mã²¹xai²¹mau²¹ʂʅ⁴⁴liau⁴²?
都 几 点 咧，样 □ 还 无 食 了？

019 还没有呢，再有一会儿就吃完了。
xai²¹mau²¹, tsai⁵⁴iou²⁴i³³tʂʰən²¹tsʅ⁰tɕʰiou⁵⁵ʂʅ⁴⁴liau⁴²liɛ⁰.
还 无， 再 有 一 阵 子 就 食 了 咧。

020 他在哪儿吃的饭？
tɕi²¹tsʰoi²⁴nai⁵⁴tsʅ⁰ʂʅ⁴⁴kei⁰fã⁵⁵⁴?
渠 在 哪 子 食 个 饭？

021 他是在我家吃的饭。
tɕi²¹xei⁵⁵tsʰoi²⁴ŋai²¹u³³kʰua³³ʂʅ⁴⁴kei²¹fã⁰.
渠 系 在 我 屋 下 食 个 饭。

022 真的吗？真的，他是在我家吃的饭。
tʂən²⁴kei²¹mo⁰? tʂən²⁴kei⁰, tɕi²¹xei⁵⁴tsʰoi²⁴ŋai²¹u³³kʰua⁰ʂʅ⁴⁴kei⁰fã⁵⁵⁴.
真 个 么？真 个，渠 系 在 我 屋 下 食 个 饭。

023 先喝一杯茶再说吧！
siɛ̃²⁴xoi⁴⁴i³³pʰei³³tsʰa²¹tsai⁵⁵va⁵⁴pa⁰!
先 喝 一 杯 茶 再 话 吧！

024 说好了就走的，怎么半天了还不走？
va⁵⁵xau⁴²li⁰tɕʰiou⁵⁵tsɛu⁴²kei⁰, ȵiɔŋ⁵⁴mã²¹pã⁵⁴tʰiɛ̃²⁴li⁰xai²¹mu²¹tsɛu⁴²?
话 好 了 就 走 个，样 □ 半 天 了 还 唔 走？

025 他磨磨蹭蹭的，做什么呢？
tɕi²¹mo³³mo³³tsʰəŋ³³tsʰəŋ³³kei⁰, tso⁵⁴ma³³kei⁰?
渠 磨 磨 蹭 蹭 个，做 脉⁼ 个？

026 他正在那儿跟一个朋友说话呢。
tɕi²¹tʂən⁵⁴tsʰoi²⁴kai⁵⁴tsʅ⁰liɛ̃²¹i³³tʂa⁰pʰəŋ²¹iou³³va⁵⁵sʅ⁵⁵⁴.
渠 正 在 个 子 连 一 隻 朋 友 话 事。

027 还没说完啊？催他快点儿！
xai²¹mau²¹va⁵⁵liau⁴²? tsʰei²⁴tɕi²¹kʰuai⁵⁴ti³³tsʅ⁰!
还 无 话 了？催 渠 快 滴 子！

028 好，好，他就来了。
xau⁴², xau⁴², tɕi²¹tɕʰiou⁵⁵loi²¹liɛ⁰.
好， 好， 渠 就 来 咧。

029 你上哪儿去？我上街去。
ȵi²¹tau⁵⁴nai⁵⁴tsʅ²¹ɕi⁰? ŋai²¹ʂɔŋ²⁴kai²⁴ɕi⁰.
你 到 哪 子 去？我 上 街 去。

030 你多会儿去？我马上就去。
ȵi²¹tɕi⁴²ʂʅ²¹ɕi⁰? ŋai²¹ma²⁴ʂɔŋ⁵⁵tɕʰiou⁵⁴ɕi⁰.
你 几 时 去？我 马 上 就 去。

031 做什么去呀？家里来客人了，买点儿菜去。
tso⁵⁵ma³³kei²¹ɕi⁰? u³³kʰua³³loi²¹kʰa³³liᴇ⁰, mai²⁴ti²¹tsʅ⁰tsʰoi⁵⁴ɕi⁰.
做 脉=个 去？屋下 来 客 咧，买 滴子 菜 去。

032 你先去吧，我们一会儿再去。
ȵi²¹siɛ²⁴ɕi⁵⁴pa⁰, ŋai²¹tən³³ko⁵⁴i³³tsʰən²¹tsʅ⁰tsai⁵⁴ɕi⁰.
你 先 去 吧，我 等 过 一 阵 子 再 去。

033 好好儿走，别跑！小心摔跤了。
xau⁴²xau²¹tsʅ⁰tseu⁴², mo⁴⁴loi⁴⁴! siau⁴²sin⁰tiᴇ³³kau²⁴tsʅ²¹liᴇ⁰.
好 好 子 走，莫 □！小 心 跌 跤 子 咧。

034 小心点儿，不然的话摔下去爬都爬不起来。
siau⁴²sin⁰ti³³tsʅ⁰, mu²¹xei⁵⁵kei⁰fa⁵⁴tiᴇ³³xa²⁴ɕi⁰pʰa²¹tou²⁴pʰa²¹mu²¹xɔŋ⁵⁴loi⁰.
小 心 滴子，唔 系 个 话 跌 下 去 爬 都 爬 唔 跣 来。

035 不早了，快去吧！
mu²¹tsau⁴²liᴇ⁰, kʰuai⁵⁵ɕi⁵⁴pa⁰!
唔 早 咧，快 去 吧！

036 这会儿还早呢，过一会儿再去吧。
i⁴²tsʰən²¹tsʅ⁰xai²¹tsau⁴², ko⁵⁴i³³tsʰən²¹tsʅ⁰tsai⁵⁵ɕi⁵⁴pa⁰.
底阵 子还 早，过 一阵 子再 去吧。

037 吃了饭再去好不好？
ʂʅ⁴⁴li⁰fa⁵⁴tsai⁵⁵ɕi⁵⁴xau⁴²mu²¹xau⁴²?
食 了饭 再 去 好 唔 好？

038 不行，那可就来不及了。
mu²¹ɕin²¹, kai⁵⁴kʰo⁴²tɕʰiou⁵⁵loi²¹mu²¹tɕi³³liᴇ⁰.
唔 行，个 可 就 来 唔 及 咧。

039 不管你去不去，反正我是要去的。
mu²¹kõ⁴²ȵi²¹ɕi⁵⁵mu²¹ɕi⁵⁵⁴, fã⁴²tsən⁵⁴ŋai²¹xei⁵⁵oi⁵⁵ɕi⁵⁴kei⁰.
唔 管 你 去 唔 去，反 正 我 系 爱 去 个。

040 你爱去不去。你爱去就去，不爱去就不去。
ȵi²¹ŋai⁵⁴ɕi⁰mu²¹ɕi⁰.ȵi²¹ŋai⁵⁴ɕi⁰tɕʰiou⁵⁵ɕi⁵⁵⁴, mu²¹ŋai⁵⁴ɕi⁰tɕʰiou⁵⁵mu²¹ɕi⁵⁵⁴.
你 爱 去唔 去。你 爱 去就 去，唔 爱 去就 唔 去。

041 那我非去不可！
kai⁵⁴ŋai²¹fei²⁴ɕi⁵⁵mu²¹kʰo⁴²!
个 我 非 去唔 可！

042 那个东西不在那儿，也不在这儿。
kai⁵⁴tʂa⁰təŋ³³si³³mau²¹tsʰoi²⁴kai⁵⁴tʂɿ⁰, ia²⁴mau²¹tsʰoi²⁴i⁴²tʂɿ⁰.
个 隻 东 西 无 在 个 子，也 无 在 底 子。

043 那到底在哪儿？
kai⁵⁵tau⁴²tei⁰tsʰoi²⁴nai⁵⁴tʂɿ⁰?
个 到 底 在 哪 子？

044 我也说不清楚，你问他去！
ŋai²¹ia²⁴va⁵⁴mu²¹tsʰin²⁴tsʰou⁰, ȵi²¹mən⁵⁴tɕi²¹ɕi⁰!
我 也 话 唔 清 楚，你 问 渠 去！

045 怎么办呢？不是那么办，要这么办才对。
ȵiɔŋ⁵⁴mã²¹tʂɿ⁰pʰã⁵⁵⁴? mu²¹xei⁵⁵kã⁴²tʂɿ⁰pʰã⁵⁵⁴, oi⁵⁵i⁴²kã⁴²tʂɿ⁰pʰã⁵⁴tʂaŋ⁵⁵tei⁵⁵⁴.
样 □ 子办？ 唔 系 咁子办，爱 底咁 子办 正 对。

046 要多少才够呢？
oi⁵⁵tɕi⁴²to²⁴tʂaŋ⁵⁵kɛu⁵⁵⁴?
爱 几 多 正 够？

047 太多了，要不了那么多，只要这么多就够了。
tʰai⁵⁴to²⁴liɛ⁰, oi⁵⁵mu²¹liau⁴²kã⁴²to²⁴, tʂɿ²⁴oi⁵⁵i⁴²kã⁴²to²⁴tɕʰiou⁵⁵kɛu⁵⁴liɛ⁰.
太 多 咧，爱 唔 了 咁 多，只 爱 底咁 多就 够 咧。

048 不管怎么忙，也得好好儿学习。
mu²¹kõ⁴²ȵiɔŋ⁵⁴mã²⁴mɔŋ²¹, ia²⁴tei⁰xau⁴²xau²¹tʂɿ⁰xo⁴⁴si⁰.
唔 管 样 □ 忙，也 得 好 好 子学 习。

049 你闻闻这朵花香不香？
ȵi²¹vən²¹xa²⁴tʂɿ⁰i⁴²to⁴²fa²⁴ɕiɔŋ²⁴mu²¹ɕiɔŋ²⁴?
你 闻 下 子底朵 花 香 唔 香？

050 好香呀，是不是？
xei⁵⁵mu²¹xei⁵⁴kã⁴²ɕiɔŋ²⁴a⁰?
系 唔 系 咁 香 啊？

051 你是抽烟呢，还是喝茶？

ȵi²¹xei⁵⁵ʂʅ⁴⁴iɛ̃²⁴, xai²¹xei⁵⁵xoi⁴⁴tsʰa²¹?

你 系 食 烟，还 系 喝 茶？

ȵi²¹ʂʅ⁴⁴iɛ̃²⁴mo⁰, xai²¹xei⁵⁵xoi⁴⁴tsʰa²¹?

你 食 烟 么，还 系 喝 茶？

052 烟也好，茶也好，我都不会。

iɛ̃²⁴ia²⁴xau⁴², tsʰa²¹ia²⁴xau⁴², ŋai²¹tou²⁴mu²¹voi⁵⁵⁴.

烟 也 好， 茶 也 好， 我 都 唔 会。

053 医生叫你多睡一睡，抽烟喝茶都不行。

siɛ̃³³saŋ³³xã⁴²ȵi²¹to²⁴ʂoi⁵⁴i⁰ʂoi⁵⁴, ʂʅ⁴⁴iɛ̃²⁴xoi⁴⁴tsʰa²¹tou²⁴mu²¹ɕin⁰.

先 生 喊 你 多 睡 一 睡，食 烟 喝 茶 都 唔 行。

054 咱们一边走一边说。

ŋai²¹tən³³i³³lou⁵⁵tsɛu⁴²i³³lou⁵⁵va⁵⁵⁴.

我 等 一 路 走 一 路 话。

055 这个东西好是好，就是太贵了。

i⁴²tʂa⁰təŋ³³si³³xau⁴²xei⁵⁵xau⁴², tɕʰiou⁵⁵xei⁵⁵tʰai⁵⁵kuei⁵⁴liɛ⁰.

底 隻 东 西 好 系 好， 就 系 太 贵 咧。

056 这个东西贵了点儿，不过挺结实的。

i⁴²tʂa⁰təŋ³³si³³kuei⁵⁴li⁰ti²¹tsʅ⁰, mu²¹ko⁵⁵tʰin⁴²tɕiɛ³³ʂʅ²¹kei⁰.

底 隻 东 西 贵 了 滴 子，唔 过 挺 结 实 个。

057 他今年多大了？

tɕi²¹tɕin²⁴ȵiɛ̃³³tɕi⁴²tʰai²¹liɛ⁰?

渠 今 年 几 大 咧？

058 也就是三十来岁吧。

ia²⁴tɕʰiou⁵⁵xei⁵⁴sã³³ʂʅ³³loi²¹soi⁵⁴pa⁰.

也 就 系 三 十 来 岁 吧。

059 看上去不过三十多岁的样子。

kʰõ⁵⁴ʂɔŋ²⁴ɕi⁰mu²¹ko⁵⁴sã³³ʂʅ³³to²⁴soi⁵⁴kei⁵⁵iɔŋ⁵⁴tsʅ⁰.

看 上 去 唔 过 三 十 多 岁 个 样 子。

060 这个东西有多重呢？

i⁴²tʂa⁰təŋ³³si³³iou²⁴tɕi⁴²tʂʰəŋ⁰?

底 隻 东 西 有 几 重？

061 怕有五十多斤吧。

kʰəŋ⁴²pʰa⁰iou²⁴ŋ⁴²sʅ⁰to²⁴tɕin²⁴pa⁰.

恐 怕 有 五十多 斤 吧。

062 我五点半就起来了，你怎么七点了还不起来？

ŋai²¹ŋ⁴²tiɛ̃⁴²pã⁵⁴tɕʰiou⁵⁵xɔŋ⁵⁴loi²¹liɛ⁰, ȵi²¹ȵiɔŋ⁵⁴mã²⁴tsʰi³³tiɛ̃⁴²li⁰xai²¹mu²¹xɔŋ⁵⁴loi²¹?

我 五 点 半 就 跣 来 咧,你 样 □ 七 点 了 还 唔 跣 来？

063 三四个人盖一床被。一床被盖三四个人。

sã²⁴si⁵⁴tʂa³³n̻in²¹koi⁵⁴i³³tsʰɔŋ²¹pʰu²⁴koi⁰. i³³tsʰɔŋ²¹pʰu²⁴koi⁰koi⁵⁴sã²⁴si⁵⁴tʂa³³n̻in²¹.

三 四 隻 人 盖 一 床 铺 盖。一 床 铺 盖 盖 三 四 隻 人。

064 一个大饼夹一根油条。一根油条外加一个大饼。

i³³tʂa⁰tʰai⁵⁵piaŋ⁴²kɛ³³i³³kɛ̃²⁴iou²¹tʰiau²¹. i³³kɛ̃²⁴iou²¹tʰiau²¹ŋoi⁵⁴ka²⁴i³³tʂa⁰tʰai⁵⁵piaŋ⁴².

一 隻 大 饼 夹 一 根 油 条。一 根 油 条 外 加 一 隻 大 饼。

065 两个人坐一张凳子。一张凳子坐了两个人。

liɔŋ⁴²tʂa⁰n̻in²¹tsʰo²⁴i³³tʂɔŋ²⁴tɛ̃⁵⁵⁴. i³³tʂɔŋ²⁴tɛ̃⁵⁴tsʰo²⁴liɔŋ⁴²tʂa⁰n̻in²¹.

两 隻 人 坐 一 张 凳。一 张 凳 坐 两 隻 人。

066 一辆车装三千斤麦子。三千斤麦子刚好够装一辆车。

i³³tʂa⁰tʂʰa²⁴tʂɔŋ²⁴sã²⁴tsʰiɛ̃³³tɕin⁰ma⁴⁴tsʅ⁰. sã³³tsʰiɛ̃³³tɕin²⁴ma⁴⁴tsʅ⁰kʰɛ³³ŋaŋ⁵⁵xau⁴²kɛu⁵⁴tʂɔŋ²⁴

一 隻 车 装 三 千 斤 麦 子。三 千 斤 麦 子 恰 啱 好 够 装

i³³tʂa⁰tʂʰa²⁴.

一 隻 车。

067 十个人吃一锅饭。一锅饭够吃十个人。

sʅ⁴⁴tʂa⁰n̻in²¹sʅ⁴⁴i⁰o⁴⁴fã⁵⁵⁴. i³³o⁴⁴fã⁵⁴kɛu⁵⁵sʅ⁴⁴tʂa⁰n̻in²¹.

十 隻 人 食 一 镬 饭。一 镬 饭 够 食 十 隻 人。

068 十个人吃不了这锅饭。这锅饭吃不了十个人。

sʅ⁴⁴tʂa⁰n̻in²¹sʅ⁴⁴mu²¹liau⁴²i⁴²o⁴⁴fã⁵⁵⁴. i⁴²o⁴⁴fã⁵⁴mu²¹kɛu⁵⁴sʅ⁴⁴tʂa⁰n̻in²¹sʅ⁴⁴.

十 隻 人 食 唔 了 底 镬 饭。底 镬 饭 唔 够 十 隻 人 食。

069 这个屋子住不下十个人。

i⁴²kei⁵⁵u³³xei⁴⁴mu²¹xa²⁴sʅ⁴⁴tʂa⁰n̻in²¹.

底 个 屋 □ 唔 下 十 隻 人。

070 小屋堆东西，大屋住人。

sei⁵⁴u³³kʰua⁰tei²⁴təŋ³³si³³, tʰai⁵⁴u³³kʰua⁰xei⁴⁴n̻in²¹.

细 屋 下 堆 东 西, 大 屋 下 □ 人。

071 他们几个人正说着话呢。
tɕi²¹tən³³tɕi⁴²tʂa⁰n̩in²¹tʂən⁵⁴tsʰoi²⁴va⁵⁵sɿ⁵⁵⁴.
渠 等 几 隻 人 正 在 话 事。
tɕi²¹tən³³tɕi⁴²tʂa⁰n̩in²¹tʂən⁵⁴tsʰoi²⁴va⁵⁵sɿ⁵⁴tau²¹tsʰoi⁰.
渠 等 几 隻 人 正 在 话 事 倒 在。

072 桌上放着一碗水，小心别碰倒了。
tso³³tsɿ⁰nau⁴²xɔŋ⁰fɔŋ⁵⁴tau⁰i³³õ⁴²ʂuei⁴², siau⁴²sin⁰mo⁴⁴pʰəŋ⁵⁴tau²¹liE⁰.
桌 子 脑 上 放 倒 一 碗 水， 小 心 莫 碰 倒 咧。
tso³³tsɿ⁰nau⁴²xɔŋ⁰fɔŋ⁵⁴tau⁰i³³õ⁴²ʂuei⁴²tau²¹tsʰoi⁰, siau⁴²sin⁰mo⁴⁴pʰəŋ⁵⁴tau²¹liE⁰.
桌 子 脑 上 放 倒 一 碗 水 倒 在， 小 心 莫 碰 倒 咧。

073 门口站着一帮人，在说着什么。
mən²¹xɔŋ⁰tɕʰi²⁴tau⁰i³³fo⁴²tsɿ⁰n̩in²¹, tsʰoi²⁴va⁵⁴ma³³kei⁰.
门 上 徛 倒 一 伙 子 人， 在 话 脉⁼ 个。
mən²¹xɔŋ⁰tɕʰi²⁴tau⁰i³³fo⁴²tsɿ⁰n̩in²¹, tsʰoi²⁴va⁵⁴ma³³kei²¹tau²¹tsʰoi⁰.
门 上 徛 倒 一 伙 子 人， 在 话 脉⁼ 个 倒 在。

074 坐着吃好，还是站着吃好？
tsʰo²⁴tau⁰sɿ⁴⁴xau⁴², xai²¹xei⁵⁴tɕʰi²⁴tau⁰sɿ⁴⁴xau⁴²?
坐 倒 食 好， 还 系 徛 倒 食 好?

075 想着说，不要抢着说。
siɔŋ⁴²tau⁰va⁵⁵⁴, mo⁴⁴tsʰiɔŋ⁴²tau⁰va⁵⁵⁴.
想 倒 话， 莫 抢 倒 话。

076 说着说着就笑起来了。
va⁵⁴tau⁰va⁵⁴tau⁰tɕʰiou⁵⁵siau⁵⁴ɕi⁰loi²¹liE⁰.
话 倒 话 倒 就 笑 起 来 咧。

077 别怕！你大着胆子说吧。
mo⁴⁴pʰa⁵⁵⁴! n̩i²¹tʰai⁵⁴tau⁰tã⁴²tsɿ⁰va⁵⁴pa⁰.
莫 怕! 你 大 倒 胆 子 话 吧。

078 这个东西重着呢，足有一百来斤。
i⁴²tʂa⁰təŋ³³si³³tʂʰəŋ²⁴tau²¹tsʰoi⁰, tɕi³³iou²⁴i³³pa³³loi²¹tɕin²⁴.
底 隻 东 西 重 倒 在， 足 有 一 百 来 斤。

079 他对人可好着呢。
tɕi²¹tei⁵⁴n̩in⁰xau⁴²tau⁰xɛ̃⁴²tau²¹tsʰoi⁰.
渠 对 人 好 倒 很 倒 在。

080 这小伙子可有劲着呢。
i⁴²tʂa⁰siau⁴²fo⁴²tsɿ⁰iou²⁴tau⁰tɕin⁵⁴tau²¹tsʰoi⁰.
底隻小 伙子有 倒 劲 倒 在。

081 别跑，你给我站着！
mo⁴⁴loi⁴⁴, n̩i²¹pən²⁴ŋai²¹tɕʰi²⁴tau⁰!
莫 □，你 分 我 徛 倒!

082 下雨了，路上小心着！
lo⁴⁴ʂuei⁴²liE⁰, lou⁵⁴xɔŋ⁰siau⁴²sin²¹tau⁰!
落 水 咧, 路 上 小 心 倒!

083 点着火了。着凉了。
tiɛ̃⁴²tau⁰fo⁴²liE⁰. ʂou⁵⁵liɔŋ²¹liE⁰.
点 倒 火 咧。受 凉 咧。

084 甭着急，慢慢儿来。
mo⁴⁴tʂau²⁴tɕi²¹, mã⁵⁵mã⁵⁴tsɿ⁰loi²¹.
莫 着 急, 慢 慢 子 来。

085 我正在这儿找着你，还没找着。
ŋai²¹tʂən⁵⁴tsʰoi²⁴iaŋ²⁴tsɿ⁰tsʰin²¹n̩i²¹tau²¹tsʰoi⁰, xai²¹mau²¹tsʰin²¹tau⁰.
我 正 在 □ 子 寻 你 倒 在, 还 无 寻 倒。

086 她呀，可厉害着呢！
tɕi²¹ia⁰, li⁵⁵xoi⁵⁴tau⁰xɛ̃⁴²tau²¹tsʰoi⁰!
渠 呀, 厉 害 倒 很 倒 在!

087 这本书好看着呢。
i⁴²pən⁴²ʂou²⁴xau⁴²kʰõ⁵⁴tau²¹tsʰoi⁰.
底 本 书 好 看 倒 在。

088 饭好了，快来吃吧。
fã⁵⁵xau⁴²liE⁰, kʰuai⁵⁵loi²¹ʂɿ⁴⁴pa⁰.
饭 好 咧, 快 来 食 吧。

089 锅里还有饭没有？你去看一看。
o⁴⁴tou⁴²li⁰xai²¹iou²⁴fã⁵⁴mau²¹? n̩i²¹ɕi⁵⁵kʰõ⁵⁴i²¹kʰõ⁵⁴.
镬 肚 里 还 有 饭 无？ 你 去 看 一 看。

090 我去看了，没有饭了。
ŋai²¹ɕi⁵⁵kʰõ⁵⁴liE⁰, mau²¹fã⁵⁴liE⁰.
我 去 看 咧, 无 饭 咧。

091 就剩一点儿了，吃了得了。
tɕʰiou⁵⁵iaŋ⁵⁴ti³³tsʅ²¹liE⁰, ʂʅ⁴⁴li⁰sõ⁵⁴liE⁰.
就　映⁼一滴子　咧，食了算　咧。

092 吃了饭要慢慢儿地走，别跑，小心肚子疼。
ʂʅ⁴⁴li⁰fã⁵⁴oi⁵⁵mã⁵⁵mã⁵⁴tsʅ⁰tsɛu⁴², mo⁴⁴loi⁴⁴, siau⁴²sin⁰tou⁴²tsʅ²¹tʰəŋ⁰.
食了饭爱慢　慢　子走，莫□，小　心肚子疼。

093 他吃了饭了，你吃了饭没有呢？
tɕi²¹ʂʅ⁴⁴li⁰fã⁵⁴liE⁰, n̠i²¹ʂʅ⁴⁴li⁰mau²¹?
渠食了饭咧，你食了无？

094 我喝了茶还是渴。
ŋai²¹xoi⁴⁴li⁰tsʰa²¹xai²¹xei⁵⁴xoi³³.
我喝了茶还系渴。

095 我吃了晚饭，出去溜达了一会儿，回来就睡下了，还做了个梦。
ŋai²¹ʂʅ⁴⁴li⁰ia⁵⁵fã⁵⁵⁴, tʂʰʅ³³ɕi⁵⁵liou⁵⁴ta²¹li⁰i³³tʂʅʰən²¹tsʅ⁰, kuei²⁴loi²⁴tɕʰiou⁵⁵ʂoi⁵⁴xa²¹liE⁰, xai²¹
我食了夜饭，出去溜达了一阵　子，归来就　睡下咧，还
po³³li⁰i³³tʂa³³məŋ⁵⁵⁴.
发了一隻梦。

096 吃了这碗饭再说。
ʂʅ⁴⁴li⁰i⁴²õ⁴²fã⁵⁴tsai⁵⁵va⁵⁵⁴.
食了底碗饭再　话。

097 我昨天照了相了。
ŋai²¹tsʰo²⁴pu⁰tʂau⁵⁴li⁰sioŋ⁵⁴liE⁰.
我昨晡照了相咧。

098 有了人，什么事都好办。
iou²⁴li⁰n̠in²¹, ma³³kei⁰sʅ⁵⁴tou²⁴xau⁴²pʰã⁵⁵⁴.
有了人，脉⁼个事都好办。

099 不要把茶杯打碎了。
mo⁴⁴pa⁴²tsʰa²¹pʰei⁰ta⁴²lã⁵⁴liE⁰.
莫把茶杯打烂咧。
mo⁴⁴na²⁴tsʰa²¹pʰei⁰ta⁴²lã⁵⁴liE⁰.
莫拿茶杯打烂咧。

100　你快把这碗饭吃了，饭都凉了。

ȵi²¹kʰuai⁵⁵pa⁴²i⁴²õ⁴²fã⁵⁴ʂɿ⁴⁴liE⁰, fã⁵⁴tou²⁴laŋ²⁴liE⁰.

你快　把 底碗饭 食 咧，饭 都　冷 咧。

ȵi²¹kʰuai⁵⁴na²⁴i⁴²õ⁴²fã⁵⁴ʂɿ⁴⁴liE⁰, fã⁵⁴tou²⁴laŋ²⁴liE⁰.

你 快　　拿 底碗饭 食 咧，饭 都　冷 咧。

101　下雨了。雨不下了，天晴开了。

lo⁴⁴suei⁴²liE⁰. ʂuei⁴²mu²¹lo⁴⁴liE⁰, tʰiẽ²⁴tsʰiaŋ²¹kʰoi²¹liE⁰.

落 水　咧。水　唔 落 咧，天 晴　开　咧。

102　打了一下。去了一趟。

ta⁴²li⁰i³³xa⁵⁵⁴. ɕi⁵⁴li⁰i³³tau⁵⁵⁴.

打 了一下。 去 了一道。

103　晚了就不好了，咱们快点儿走吧！

tʂʰɿ²¹li⁰tɕʰiou⁵⁵mu²¹xau⁴²liE⁰, ŋai²¹tən³³kʰuai⁵⁵ti²¹tsɿ⁰tsɛu⁴²pa⁰!

迟　了 就　　唔 好 咧，我 等 快　　滴子 走　吧！

104　给你三天时间做得了做不了？

pən²⁴ȵi²¹sã³³tʰiẽ³³ʂɿ²¹tɕiẽ³³tso⁵⁵tei⁰liau⁴²tso⁵⁵mu²¹liau⁴²?

分　你 三 天　时 间　做 得 了　做 唔 了？

105　你做得了，我做不了。

ȵi²¹tso⁵⁵tei⁰liau⁴², ŋai²¹tso⁵⁵mu²¹liau⁴².

你　做 得 了， 我　做 唔 了。

106　你骗不了我。

ȵi²¹fəŋ⁴²mu²¹liau⁴²ŋai²¹.

你 哄　唔 了　我。

107　了了这桩事情再说。

liau⁴²li⁰i⁴²tɕʰiẽ⁵⁵ʂɿ⁵⁵tsʰin²¹tsai⁵⁵va⁵⁵⁴.

了　了底件　事 情　再 话。

108　这间房没住过人。

i⁴²kã²⁴u³³mau²¹xei⁴⁴ko⁰ȵin²¹.

底 间　屋 无　　□　过 人。

109　这牛拉过车，没骑过人。

i⁴²tʂa⁰ȵiou²¹la²⁴ko⁰tʂʰa²⁴, mau²¹tɕʰi²¹ko⁰ȵin²¹.

底 隻 牛　　拉过 车， 无　骑　过 人。

110 这小马还没骑过人,你小心点儿。

i⁴²tʂa⁰sei⁵⁴ma²⁴xai²¹mau²¹tɕhi²¹ko⁰n̩in²¹, n̩i²¹siau⁴²sin⁰ti²¹tsʅ⁰.

底隻 细 马 还 无 骑 过 人, 你 小 心 滴子。

111 以前我坐过船,可从来没骑过马。

i³³tsʰiɛ⁰ŋai²¹tsʰo²⁴ko⁰ʂõ²¹, kʰo⁴²tsʰən²¹loi²¹mau²¹tɕhi²¹ko⁰ma²⁴.

以前 我 坐 过 船, 可 从 来 无 骑 过 马。

112 丢在街上了。搁在桌上了。

tiɛ³³tau⁰kai²⁴xɔŋ²¹liɛ⁰. fɔŋ⁵⁴tau⁰tso³³tsʅ²¹xɔŋ²¹liɛ⁰.

跌 到 街 上 咧。放 到 桌 子 上 咧。

113 掉到地上了,怎么都没找着。

tiɛ³³tau⁵⁵tʰi⁵⁴xa²¹liɛ⁰, n̩iɔŋ⁵⁴mã²¹tou²⁴mau²¹tsʰin²¹tau⁰.

跌 到 地 下 咧, 样 □ 都 无 寻 倒。

114 今晚别走了,就在我家住下吧!

tɕin²⁴pu⁰ia⁵⁴pu⁰mo⁴⁴tsɛu⁴²liɛ⁰, tɕʰiou⁵⁵tsʰoi²⁴ŋai²¹u³³kʰua³³xei⁴⁴tau²¹pa⁰!

今 哺夜 哺 莫 走 咧, 就 在 我 屋 下 □ 倒 吧!

115 这些果子吃得吃不得?

i⁴²ti³³ko⁴²tsʅ⁰ʂʅ⁴⁴tei⁰ʂʅ⁴⁴mu²¹tei⁰?

底滴 果 子 食 得 食 唔 得?

116 这是熟的,吃得。那是生的,吃不得。

i⁴²xei⁵⁵ʂou⁴⁴kei⁰, ʂʅ⁴⁴tei⁰. kai⁵⁴xei⁵⁵san²⁴kei⁰, ʂʅ⁴⁴mu²¹tei³³.

底 系 熟 个, 食得。个 系 生 个, 食 唔 得。

117 你们来得了来不了?

n̩i²¹tən³³loi²¹tei⁰liau⁴²loi²¹mu²¹liau⁴²?

你 等 来 得 了 来 唔 了?

118 我没事,来得了,他太忙,来不了。

ŋai²¹mau²¹tei³³sʅ⁵⁵⁴, loi²¹tei⁰liau⁴², tɕi²¹tʰai⁵⁴mɔŋ⁰, loi²¹mu²¹liau⁴².

我 无 得 事, 来 得 了, 渠 太 忙, 来 唔 了。

119 这个东西很重,拿得动拿不动?

i⁴²tʂa⁰tən³³si³³tʂʰən²⁴tei⁰xɛ̃⁴², na²⁴tei⁰tʰən²⁴mu²¹?

底 隻 东 西 重 得 很, 拿 得 动 唔?

i⁴²tʂa⁰tən³³si³³tʂʰən²⁴tei⁰xɛ̃⁴², na²⁴tei⁰tʰən²⁴na²⁴mu²¹tʰən²⁴?

底 隻 东 西 重 得 很, 拿 得 动 拿 唔 动?

120 我拿得动，他拿不动。
ŋai²¹na²⁴tei⁰tʰəŋ²⁴, tɕi²¹na²⁴mu²¹tʰəŋ²⁴.
我 拿 得 动， 渠 拿 唔 动。

121 真不轻，重得连我都拿不动了。
tʂən²⁴mu²¹tɕʰiaŋ²⁴, tʂʰəŋ²⁴tau⁰liɛ̃²¹ŋai²¹tou²⁴na²⁴mu²¹tʰəŋ²⁴liE⁰.
真 唔 轻， 重 倒 连 我 都 拿 唔 动 咧。

122 他手巧，画得很好看。
tɕi²¹ʂou⁴²tɕʰiau⁴², fa⁵⁴tau⁰kã⁴²xau⁴²kʰõ⁰.
渠 手 巧， 画 倒 咁 好 看。

123 他忙得很，忙得连吃过饭没有都忘了。
tɕi²¹mɔŋ²¹tei⁰xɛ̃⁴², mɔŋ²¹tau⁰liɛ̃²¹fã⁵⁴ʂɿ⁴⁴mau²¹ʂɿ⁴⁴tou²⁴vɔŋ⁵⁴liE⁰.
渠 忙 得 很， 忙 倒 连 饭 食 无 食 都 忘 咧。

124 你看他急得，急得脸都红了。
n̠i²¹kʰõ⁵⁵tɕi²¹tɕi³³tau⁰, tɕi³³tau⁰miɛ̃⁵⁴tou²⁴fəŋ²¹liE⁰.
你 看 渠 急 倒， 急 倒 面 都 红 咧。

125 你说得很好，你还会说些什么呢？
n̠i²¹va⁵⁵tau⁰kã⁴²xau⁴², n̠i²¹xai²¹voi⁵⁵va⁵⁵ti²¹tsɿ⁰ma³³kei⁰?
你 话 倒 咁 好， 你 还 会 话 滴 子 脉ᵑ 个？

126 说得到，做得了，真棒！
va⁵⁴tei⁰tau⁵⁵⁴, tso⁵⁴tei⁰liau⁴², tʂən²⁴xau⁴²!
话 得 到， 做 得 了， 真 好！

127 这个事情说得说不得呀？
i⁴²tʂa⁰sɿ⁵⁴tsʰin⁰va⁵⁴tei⁰va⁵⁵mu²¹tei⁰?
底 隻 事 情 话 得 话 唔 得？

128 他说得快不快？听清楚了吗？
tɕi²¹va⁵⁵tau⁰kʰuai⁵⁵mu²¹kʰuai⁵⁵⁴? taŋ²⁴tsʰin²⁴tsʰou⁴²li²¹mo⁰?
渠 话 倒 快 唔 快？ 听 清 楚 了 么？

129 他说得快不快？只有五分钟时间了。
tɕi²¹va⁵⁵tau⁰kʰuai⁵⁵mu²¹kʰuai⁵⁵⁴? tʂɿ³³iou²⁴ŋ⁴²fən²⁴tʂən²⁴liE⁰.
渠 话 倒 快 唔 快？ 只 有 五 分 钟 咧。

130 这是他的书。
i⁴²xei⁵⁵tɕi²¹kei⁵⁵ʂou²⁴.
底 系 渠 个 书。

131 那本书是他哥哥的。

kai⁵⁴pən⁴²ʂou²⁴xei⁵⁵tɕi²¹ko²⁴kei⁰.

个 本 书 系 渠 哥 个。

132 桌子上的书是谁的？是老王的。

tso³³tsɿ⁰xɔŋ⁵⁵kei⁵⁵ʂou²⁴xei⁵⁵mã⁴²n̠in²¹kei⁰? xei⁵⁵lau⁴²vɔŋ²¹kei⁰.

桌 子 上 个 书 系 □ 人 个？系 老 王 个。

133 屋子里坐着很多人，看书的看书，看报的看报，写字的写字。

u³³kʰua³³tou⁴²li⁰ tsʰo²⁴tau⁰kã⁴²to²⁴n̠in²¹, kʰõ⁵⁴ʂou²⁴kei⁰kʰõ⁵⁴ʂou²⁴, kʰõ⁵⁵pau⁵⁴kei⁰kʰõ⁵⁵pau⁵⁵⁴,

屋 下 肚 里 坐 倒 咁 多 人，看 书 个 看 书，看 报 个 看 报，

sia⁴²sɿ⁵⁴kei⁰sia⁴²sɿ⁵⁵⁴.

写 字 个 写 字。

134 要说他的好话，不要说他的坏话。

oi⁵⁵va⁵⁵tɕi²¹kei⁵⁵xau⁴²fa⁰, mo⁴⁴va⁵⁵tɕi²¹kei⁵⁵fai⁵⁴fa⁰.

爱 话 渠 个 好 话，莫 话 渠 个 坏 话。

135 上次是谁请的客？是我请的。

ʂɔŋ⁵⁴tau⁰xei⁵⁵mã⁴²n̠in²¹tsʰiaŋ⁴²kei⁵⁵kʰa³³? xei⁵⁵ŋai²¹tsʰiaŋ⁴²kei⁰.

上 道 系 □ 人 请 个 客？系 我 请 个。

136 你是哪年来的？

n̠i²¹xei⁵⁵nai⁵⁴n̠iẽ⁰loi²¹kei⁰?

你 系 哪 年 来 个？

137 我是前年到的北京。

ŋai²¹xei⁵⁵tsʰiẽ²¹n̠iẽ²¹tau⁵⁴kei⁰pei³³tɕiəŋ⁰.

我 系 前 年 到 个 北 京。

138 你说的是谁？

n̠i²¹va⁵⁵kei⁵⁵xei⁵⁵mã⁴²n̠in²¹?

你 话 个 系 □ 人？

139 我反正不是说的你。

ŋai²¹fã⁴²tʂən⁵⁴mu²¹xei⁵⁵va⁵⁵kei⁵⁵n̠i²¹.

我 反 正 唔 系 话 个 你。

140 他那天是见的老张，不是见的老王。

tɕi²¹kai⁵⁴tʰiẽ²⁴xei⁵⁵tɕiẽ⁵⁴kei⁵⁵lau⁴²tʂɔŋ²⁴, mu²¹xei⁵⁵tɕiẽ⁵⁴kei⁵⁵lau⁴²vɔŋ²¹.

渠 个 天 系 见 个 老 张，唔 系 见 个 老 王。

141 只要他肯来，我就没的说了。

tsȵ²⁴oi⁵⁵tɕi²¹kʰɛ̃⁴²loi²¹, ŋai²¹tɕʰiou⁵⁴mau²¹tei³³va⁵⁴liᴇ⁰.

只 爱 渠 肯 来，我 就 　 无 得 话 咧。

142 以前是有的做，没的吃。

i³³tsʰiɛ̃²¹xei⁵⁵iou²⁴ti⁰tso⁵⁵⁴, mau²¹tei³³sȵ⁴⁴.

以前 系 有 的做， 无 得 食。

143 现在是有的做，也有的吃。

ɕiɛ̃⁵⁴tsai⁰xei⁵⁵iou²⁴ti⁰tso⁵⁵⁴, ia²⁴iou²⁴ti⁰sȵ⁴⁴.

现 在 系 有 的做， 也 有 的食。

144 上街买个蒜啊葱的，也方便。

ʂɔŋ²⁴kai²⁴mai²⁴tʂa⁰sõ⁵⁴a⁰tsʰəŋ²⁴a⁰, ia²⁴fɔŋ²⁴piɛ̃⁰.

上 街 买 隻 蒜 啊葱 啊, 也 方 便。

145 柴米油盐什么的，都有的是。

tsʰai²¹mi⁴²iou²¹iɛ̃²¹ma³³kei⁰, tou²⁴iou²⁴.

柴 米 油 盐 脉=个， 都 有。

146 写字算账什么的，他都能行。

sia⁴²sȵ⁵⁴sõ⁵⁵tʂɔŋ⁵⁴ma³³kei⁰, tɕi²¹tou²⁴nɛ̃²¹ɕin⁰.

写 字 算 账 脉=个， 渠 都 能 行。

147 把那个东西递给我。

pa⁴²kai⁵⁴tʂa⁰təŋ³³si³³ti⁵⁴pən²⁴ŋai²¹.

把 个 隻 东 西 递 分 我。

na²⁴kai⁵⁴tʂa⁰təŋ³³si³³ti⁵⁴pən²⁴ŋai²¹.

拿 个 隻 东 西 递 分 我。

148 是他把那个杯子打碎了。

xei⁵⁵tɕi²¹pa⁴²kai⁵⁴tʂa⁰tsʰa²¹pʰei⁰ta⁴²lã⁵⁴liᴇ⁰.

系 渠 把 个 隻 茶 杯 打 烂 咧。

xei⁵⁵tɕi²¹na²⁴kai⁵⁴tʂa⁰tsʰa²¹pʰei⁰ta⁴²lã⁵⁴liᴇ⁰.

系 渠 拿 个 隻 茶 杯 打 烂 咧。

149 把人家脑袋都打出血了，你还笑！

pa⁴²ȵin²¹ka³³kei⁵⁵tʰɛu²¹naŋ³³tou²⁴ta⁴²tʂʰȵ³³ɕiɛ³³liᴇ⁰, ɲi²¹xai²¹siau⁵⁵⁴!

把 人 家 个 头 囊 都 打出 血 咧, 你 还 笑！

na²⁴ȵin²¹ka³³kei⁵⁵tʰɛu²¹naŋ³³tou²⁴ta⁴²tʂʰȵ³³ɕiɛ³³liᴇ⁰, ɲi²¹xai²¹siau⁵⁵⁴!

拿 人 家 个 头 囊 都 打 出 血 咧, 你 还 笑！

150 快去把书还给他。

kʰuai⁵⁵ɕi⁵⁵pa⁴²ʂou²⁴vã²¹pən²⁴tɕi²¹.
快　去把书还分渠。

kʰuai⁵⁵ɕi⁵⁵na²⁴ʂou²⁴vã²¹pən²⁴tɕi²¹.
快　去拿书还分渠。

151 我真后悔当时没把他留住。

ŋai²¹tʂən²⁴xɛu⁵⁵fei⁴²tɔŋ²⁴ʂʅ²¹mo⁴⁴pa⁴²tɕi²¹liou²¹tau⁰.
我　真　后　悔　当　时　莫　把　渠　留　倒。

ŋai²¹tʂən²⁴xɛu⁵⁵fei⁴²tɔŋ²⁴ʂʅ²¹mo⁴⁴na²⁴tɕi²¹liou²¹tau⁰.
我　真　后　悔　当　时　莫　拿　渠　留　倒。

152 你怎么能不把人当人呢？

ȵi²¹ȵiɔŋ⁵⁴mã²⁴mu²¹pa⁴²ȵin²¹tɔŋ²⁴ȵin²¹？
你　样　□　唔　把　人　当　人？

153 有的地方管太阳叫日头。

iou²⁴kei⁵⁵tʰi⁵⁴fɔŋ⁰pa⁴²tʰai⁵⁴iɔŋ⁰xã⁴²ȵiɛ⁴⁴tʰɛu⁰.
有　个　地　方　把　太　阳　喊　热　头。

iou²⁴kei⁵⁵tʰi⁵⁴fɔŋ⁰na²⁴tʰai⁵⁴iɔŋ⁰xã⁴²ȵiɛ⁴⁴tʰɛu⁰.
有　个　地　方　拿　太　阳　喊　热　头。

154 什么？她管你叫爸爸！

ma³³kei⁰? tɕi²¹pa⁴²ȵi²¹xã⁴²pa³³！
脉⁼个？渠把你喊爸！

ma³³kei⁰? tɕi²¹na²⁴ȵi²¹xã⁴²pa³³！
脉⁼个？渠拿你喊爸！

155 你拿什么都当真的，我看没必要。

ȵi²¹na²⁴ma³³kei⁰tou²⁴tɔŋ²⁴tʂən²⁴kei⁰, ŋai²¹kʰõ⁵⁵mau²¹pi³³iau⁵⁵⁴.
你　拿　脉⁼个　都　当　真　个，我　看　无　必　要。

156 真拿他没办法，烦死我了。

tʂən²⁴na²⁴tɕi²¹mau²¹pʰã⁵⁴fɛ⁰, fã²¹si⁴²ŋai²¹liɛ⁰.
真　拿　渠　无　办　法，烦　死　我　咧。

157 看你现在拿什么还人家。

kʰõ⁵⁵ȵi²¹ɕiẽ⁵⁴tsai⁰na²⁴ma³³kei⁰vã²¹ȵin²¹ka³³.
看　你　现　在　拿　脉⁼个　还　人　家。

158 他被妈妈说哭了。

tɕi²¹pən²⁴mei²⁴va⁵⁵tɕiau⁵⁴liɛ⁰.

渠 分 婆 话 嗷 咧。

tɕi²¹xã⁴²mei²⁴va⁵⁵tɕiau⁵⁴liɛ⁰.

渠 喊 婆 话 嗷 咧。

159 所有的书信都被火烧了，一点儿剩的都没有。

so⁴²iou²⁴kei⁵⁵ʂou²⁴sin⁵⁴tou²⁴pən²⁴fo⁴²ʂau²⁴liau⁴²liɛ⁰, i³³ti²¹tsʅ⁰tou²⁴mau²¹iaŋ⁵⁴tau⁰.

所有个书信都 分 火 烧 了 咧，一滴子都 无 映⁼倒。

so⁴²iou²⁴kei⁵⁵ʂou²⁴sin⁵⁴tou²⁴xã⁴²fo⁴²ʂau²⁴liau⁴²liɛ⁰, i³³ti²¹tsʅ⁰tou²⁴mau²¹iaŋ⁵⁴tau⁰.

所有个书信都 喊 火 烧 了 咧，一滴子都 无 映⁼倒。

160 被他缠了一下午，什么都没做成。

pən²⁴tɕi²¹tʂʰɛ̃²¹li⁰i³³xa²⁴tʂou⁵⁵⁴, ma³³kei⁰tou²⁴mau²¹tso⁵⁵ʂaŋ⁰.

分 渠 缠 了一下昼， 脉⁼个都 无 做 成。

xã⁴²tɕi²¹tʂʰɛ̃²¹li⁰i³³xa²⁴tʂou⁵⁵⁴, ma³³kei⁰tou²⁴mau²¹tso⁵⁵ʂaŋ⁰.

喊 渠 缠 了一下 昼， 脉⁼个都 无 做 成。

161 让人给打蒙了，一下子没明白过来。

xã⁴²n̩in²¹pən²⁴ta⁴²mən²¹liɛ⁰, i³³xa²¹tsʅ⁰mau²¹mian²¹pʰei⁴⁴ko⁵⁴loi⁰.

喊 人 分 打 闷 咧，一下子 无 明 白 过来。

162 给雨淋了个浑身湿透。

pən²⁴ʂuei⁴²lin²¹li⁰tʂa³³õ²¹ʂən²⁴ʂʅ³³tʰou⁵⁵⁴.

分 水 淋 了隻 完身 湿透。

xã⁴²ʂuei⁴²lin²¹li⁰tʂa³³õ²¹ʂən²⁴ʂʅ³³tʰou⁵⁵⁴.

喊 水 淋 了隻 完身 湿透。

163 给我一本书。给他三本书。

pən²⁴ŋai²¹i³³pən⁴²ʂou²⁴. pən²⁴tɕi²¹sã²⁴pən⁴²ʂou²⁴.

分 我 一本 书。 分 渠 三本 书。

pən²⁴i³³pən⁴²ʂou²⁴pən²⁴ŋai²¹. pən²⁴sa²⁴pən⁴²ʂou²⁴pən²⁴tɕi²¹.

分 一本 书 分 我。 分 三本 书 分 渠。

na²⁴i³³pən⁴²ʂou²⁴pən²⁴ŋai²¹. na²⁴sã²⁴pən⁴²ʂou²⁴pən²⁴tɕi²¹.

拿 一本 书 分 我。 拿 三本 书 分 渠。

pən⁴²ŋai²¹pən²⁴i³³pən⁴²ʂou²⁴. pən²⁴tɕi²¹pən²⁴sã²⁴pən⁴²ʂou²⁴.

分 我 分 一本 书。 分 渠 分 三本 书。

164 这里没有书，书在那里。
　　i⁴²tsɿ⁰mau²¹tei³³ʂou²⁴, sou²⁴tsʰoi²⁴kai⁵⁴tsɿ⁰.
　　底子 无　得 书，书 在　个 子。

165 叫他快来找我。
　　xã⁴²tɕi²¹kʰuai⁵⁴loi²¹tsʰin²¹ŋai²¹.
　　喊 渠 快　来 寻　我。
　　xɛ̃²⁴tɕi²¹kʰuai⁵⁴loi²¹tsʰin²¹ŋai²¹.
　　喊 渠 快　来 寻　我。

166 赶快把他请来。
　　kõ⁴²kʰuai⁵⁴pa⁴²tɕi²¹tsʰiaŋ⁴²loi²¹.
　　赶快　把 渠 请　来。
　　kõ⁴²kʰuai⁵⁴na²⁴tɕi²¹tsʰiaŋ⁴²loi²¹.
　　赶 快　拿 渠 请　来。

167 我写了条子请病假。
　　ŋai²¹sia⁴²li⁰tʰiau²¹tsɿ⁰tsʰiaŋ⁴²pʰiaŋ⁵⁵ka⁵⁵⁴.
　　我 写 了 条　子 请　病　假。

168 我上街买了份报纸看。
　　ŋai²¹ʂɔŋ²⁴kai²⁴mai²⁴li⁰fən⁵⁴pau⁵⁵tsɿ⁴²kʰõ⁰.
　　我 上 街 买 了 份 报 纸 看。

169 我笑着躲开了他。
　　ŋai²¹siau⁵⁴tau⁰to⁴²kʰoi²⁴li⁰tɕi²¹.
　　我 笑　倒 躲开　了渠。

170 我抬起头笑了一下。
　　ŋai²¹tʰoi²¹ɕi⁰tʰɛu²¹siau⁵⁴li⁰i³³xa⁰.
　　我 抬 起 头　笑　了一下。

171 我就是坐着不动，看你能把我怎么着。
　　ŋai²¹tɕʰiou⁵⁵xei⁵⁵tsʰo²⁴tau⁰mu²¹tʰəŋ²⁴, kʰõ⁵⁵ɲi²¹nɛ̃²¹pa⁴²ŋai²¹ɲiɔŋ⁵⁴mã²¹tsɿ⁰.
　　我 就　系 坐 倒 唔 动，看 你 能 把 我 样　□ 子。
　　ŋai²¹tɕʰiou⁵⁵xei⁵⁵tsʰo²⁴tau⁰mu²¹tʰəŋ²⁴, kʰõ⁵⁵ɲi²¹nɛ̃²¹na²⁴ŋai²¹ɲiɔŋ⁵⁴mã²¹tsɿ⁰.
　　我 就　系 坐 倒 唔 动，看 你 能 拿 我 样　□ 子。

172 她照顾病人很细心。
　　tɕi²¹tʂau⁵⁵ku⁵⁵pʰiaŋ⁵⁴ɲin²¹kã⁴²sei⁵⁴sin²⁴.
　　渠 照　顾 病　人 咁 细心。

173 他接过苹果就咬了一口。

tɕi²¹tsiᴇ³³ko⁰pʰin²¹ko⁴²tɕʰiou⁵⁵ŋᴇ³³li⁰i³³xɛu⁴².

渠 接 过 苹 果 就 啮 了一口。

174 他的一番话使在场的所有人都流了眼泪。

tɕi²¹kei⁵⁵i³³fã²⁴fa⁵⁴xei⁵⁴tsʰoi²⁴tʂʰɔŋ⁴²kei⁰so⁴²iou²⁴ȵin²¹tou²⁴liou²¹ŋã⁴²lei²¹liᴇ⁰.

渠 个 一番 话 □ 在 场 个所有 人 都 流 眼泪 咧。

175 我们请他唱了一首歌。

ŋai²¹tən³³tsʰiaŋ⁴²tɕi²¹tʂʰɔŋ⁵⁴li⁰i³³ʂou⁴²ko²⁴.

我 等 请 渠 唱 了一首 歌。

176 我有几个亲戚在外地做工。

ŋai²¹iou²⁴tɕi⁴²tʂa⁰tsʰin²⁴tsʰi⁰tsʰoi²⁴ŋoi⁵⁴tʰi⁰ta⁴²kuəŋ²⁴.

我 有 几 隻 亲 戚 在 外 地打 工。

177 他整天都陪着我说话。

tɕi²¹tʂən⁴²tʰiɛ̃²⁴tou²⁴pʰoi²¹tau⁰ŋai²¹va⁵⁵sɿ⁵⁵⁴.

渠 整 天 都 陪 倒我 话 事。

178 我骂他是个大笨蛋，他居然不恼火。

ŋai²¹ma⁵⁴tɕi²¹xei⁵⁵tʂa⁰tʰai⁵⁵pən⁵⁵tʰã⁵⁵⁴, tɕi²¹xai²¹mau²¹nau⁴².

我 骂 渠系 隻大 笨 蛋， 渠 还 无 恼。

179 他把钱一扔，二话不说，转身就走。

tɕi²¹pa⁴²tsʰiɛ²¹i³³ʂuai⁴², ȵi⁵⁵fa⁵⁵mu²¹va⁵⁵⁴, tʂõ⁴²ʂən²⁴tɕʰiou⁵⁵tsɛu⁴².

渠 把 钱 一甩， 二话 唔 话， 转 身 就 走。

tɕi²¹na²⁴tsʰiɛ²¹i³³ʂuai⁴², ȵi⁵⁵fa⁵⁵mu²¹va⁵⁵⁴, tʂõ⁴²ʂən²⁴tɕʰiou⁵⁵tsɛu⁴².

渠 拿 钱 一甩， 二话 唔 话， 转 身 就 走。

180 我该不该来呢？

ŋai²¹koi²⁴mu²¹koi²⁴loi²¹?

我 该 唔 该 来？

181 你来也行，不来也行。

ȵi²¹loi²¹ia²⁴ɕin²¹, mu²¹loi²¹ia²⁴ɕin²¹.

你 来 也 行， 唔 来 也 行。

182 要我说，你就不应该来。

oi⁵⁵ŋai²¹va⁵⁵⁴, ȵi²¹tɕʰiou⁵⁵mu²¹iəŋ²⁴koi²⁴loi²¹.

爱 我 话， 你 就 唔 应 该 来。

183 你能不能来？

n̠i²¹nẽ²¹loi²¹mu⁰?

你 能 来 唔？

n̠i²¹nẽ²¹mu²¹nẽ²¹loi²¹?

你 能 唔 能 来？

184 看看吧，现在说不准。

kʰõ⁵⁴kʰõ²¹pa⁰, ɕiẽ⁵⁵tsai⁵⁵va⁵⁵mu²¹tʂuən⁴².

看 看 吧，现 在 话 唔 准。

185 能来就来，不能来就不来。

nẽ²¹loi²¹tɕʰiou⁵⁵loi²¹, mu²¹nẽ²¹loi²¹tɕʰiou⁵⁵mu²¹loi²¹.

能 来 就 来，唔 能 来 就 唔 来。

186 你打算不打算去？

n̠i²¹ta⁴²sõ⁰ɕi⁵⁴mu²¹?

你 打 算 去 唔？

n̠i²¹ta⁴²mu²¹ta⁴²sõ⁰ɕi⁵⁵⁴?

你 打 唔 打 算 去？

n̠i²¹ta⁴²sõ⁰mu²¹ta⁴²sõ⁰ɕi⁵⁵⁴?

你 打 算 唔 打 算 去？

187 去呀！谁说我不打算去？

ɕi⁵⁴ia⁰! mã⁴²n̠in²¹va⁵⁴ŋai²¹mu²¹ta⁴²sõ⁰ɕi⁵⁵⁴?

去 呀！□ 人 话 我 唔 打 算 去？

188 他一个人敢去吗？

tɕi²¹i³³tʂa³³n̠in²¹kã⁴²ɕi⁵⁴mo⁰?

渠 一 隻 人 敢 去 么？

189 敢！那有什么不敢的？

kã⁴²! kai⁵⁴iou²⁴ma³³kei⁰mu²¹kã⁴²kei⁰?

敢！个 有 脉⁼ 个 唔 敢 个？

190 他到底愿不愿意说？

tɕi²¹tau⁵⁴tei⁰iẽ⁵⁴i⁰ va⁵⁴mu²¹?

渠 到 底 愿 意 话 唔？

tɕi²¹tau⁵⁴tei⁰iẽ⁵⁴mu²¹iẽ⁵⁴i⁰ va⁵⁵⁴?

渠 到 底 愿 唔 愿 意 话？

tɕi²¹tau⁵⁴tei⁰iɛ̃⁵⁴i⁰ mu²¹iɛ̃⁵⁴i⁰ va⁵⁵⁴?
渠 到 底 愿 意 唔 愿 意 话？

191 谁知道他愿意不愿意说？

mã⁴²n̠in²¹ɕiau⁴²tei⁰tɕi²¹iɛ̃⁵⁴i⁰ va⁵⁴mu²¹?
□ 人 晓 得 渠 愿 意 话 唔？

mã⁴²n̠in²¹ɕiau⁴²tei⁰tɕi²¹iɛ̃⁵⁴mu²¹iɛ̃⁵⁴ va⁵⁵⁴?
□ 人 晓 得 渠 愿 唔 愿 意 话？

mã⁴²n̠in²¹ɕiau⁴²tei⁰tɕi²¹iɛ̃⁵⁴i⁰ mu²¹iɛ̃⁵⁴i⁰ va⁵⁵⁴?
□ 人 晓 得 渠 愿 意 唔 愿 意 话？

192 愿意说得说，不愿意说也得说。

iɛ̃⁵⁴i⁰va⁵⁴tei³³va⁵⁵⁴, mu²¹iɛ̃⁵⁴i⁰va⁵⁴ia²⁴tei³³va⁵⁵⁴.
愿意话 得 话， 唔 愿意话 也 得 话。

193 反正我得让他说，不说不行。

fã⁴²tʂən⁵⁴ŋai²¹tei³³xã⁴²tɕi²¹va⁵⁵⁴, mu²¹va⁵⁴mu²¹ɕin²¹.
反 正 我 得 喊 渠 话， 唔 话 唔 行。

194 还有没有饭吃？

xai²¹iou²⁴mau²¹iou²⁴fã⁵⁴ʂʅ⁴⁴?
还 有 无 有 饭 食？

195 有，刚吃呢。

iou²⁴, tʂaŋ⁵⁵ʂʅ⁴⁴.
有， 正 食。

196 没有了，谁叫你不早来！

mau²¹tei³³liɛ⁰, mã⁴²n̠in²¹mu²¹xã⁴²n̠i²¹tsau⁴²ti³³tsʅ⁰loi²¹!
无 得 咧，□ 人 唔 喊 你 早 滴子来！

197 你去过北京吗？我没去过。

n̠i²¹ɕi⁵⁵ko⁰pei³³tɕiəŋ²¹mo⁰? ŋai²¹mau²¹ɕi⁵⁴ko⁰.
你 去 过 北 京 么？ 我 无 去 过。

198 我十几年前去过，可没怎么玩，都没印象了。

ŋai²¹ʂʅ⁴⁴tɕi²¹n̠iɛ̃²¹tsʰiɛ̃²¹ɕi⁵⁴ko⁰, kʰo⁴²xei⁵⁵mau²¹n̠iɔŋ⁵⁴mã²⁴tsʅ⁰liau⁵⁵⁴, tou²⁴mau²¹in⁵⁵siɔŋ⁵⁴liɛ⁰.
我 十 几 年 前 去过，可 系 无 样 □ 子嫽， 都 无 印 象 咧。

199 这件事他知道不知道？

i⁴²tʂa⁰sʅ⁵⁴tɕi²¹ɕiau⁴²tei⁰mu²¹?
底隻 事 渠 晓 得 唔？

i⁴²tʂa⁰sɿ⁵⁴tɕi²¹ɕiau⁴²mu²¹ɕiau⁴²tei⁰?

底隻 事 渠 晓 唔 晓 得？

i⁴²tʂa⁰sɿ⁵⁴tɕi²¹ɕiau⁴²tei⁰mu²¹ɕiau⁴²tei⁰?

底隻 事 渠 晓 得 唔 晓 得？

200 这件事他肯定知道。

i⁴²tʂa⁰sɿ⁵⁴tɕi²¹kʰɛ̃⁴²tʰin⁵⁵ɕiau⁴²tei⁰.

底隻 事 渠 肯 定 晓 得。

201 据我了解，他好像不知道。

tɕi⁵⁵ŋai²¹liau⁴²tɕiᴇ⁴², tɕi²¹xau⁴²tsʰiɔŋ⁵⁴mu²¹ɕiau⁴²tei⁰.

据 我 了 解， 渠 好 像 唔 晓 得。

202 这些字你认得不认得？

i⁴²ti³³sɿ⁵⁴n̠i²¹n̠in⁵⁴tei⁰n̠in⁵⁴mu²¹tei⁰?

底滴 字 你 认 得 认 唔 得？

203 我一个大字也不认得。

ŋai²¹i³³tʂa³³tʰai⁵⁵sɿ⁵⁴tou²⁴mu²¹n̠in⁵⁴tei⁰.

我 一 隻 大 字 都 唔 认 得。

204 只有这个字我不认得，其他字都认得。

tsɿ³³iou²⁴i⁴²tʂa⁰sɿ⁵⁴ŋai²¹mu²¹n̠in⁵⁴tei⁰, iaŋ⁵⁴xa²⁴kei⁵⁵sɿ⁵⁴tou²⁴n̠in⁵⁴tei⁰.

只 有 底隻 字 我 唔 认 得， 映⁼ 下 个 字 都 认 得。

205 你还记得不记得我了？

n̠i²¹xai²¹tɕi⁵⁴tei⁰ŋai²¹mu⁰?

你 还 记 得 我 唔？

n̠i²¹xai²¹tɕi⁵⁵mu²¹tɕi⁵⁴tei⁰ŋai²¹liᴇ⁰?

你 还 记 唔 记 得 我 咧？

n̠i²¹xai²¹tɕi⁵⁴tei⁰mu²¹tɕi⁵⁴tei⁰ŋai²¹liᴇ⁰?

你 还 记 得 唔 记 得 我 咧？

206 记得，怎么能不记得！

tɕi⁵⁴tei⁰, n̠iɔŋ⁵⁴mã²⁴nɛ̃²¹mu²¹tɕi⁵⁴tei⁰!

记 得, 样 □ 能 唔 记 得！

207 我忘了，一点都不记得了。

ŋai²¹vɔŋ⁵⁴liᴇ⁰, i³³ti³³tsɿ⁰tou²⁴tɕi⁵⁵mu²¹tei³³liᴇ⁰.

我 忘 咧，一 滴 子 都 记 唔 得 咧。

208 你在前边走,我在后边走。

ȵi²¹tsʰoi²⁴tsʰiɛ²¹tʰɛu⁰tsɛu⁴², ŋai²¹tsʰo²⁴xɛu⁵⁴poi⁰tsɛu⁴².

你 在 前 头 走, 我 在 后 背 走。

209 我告诉他了,你不用再说了。

ŋai²¹pən²⁴tɕi²¹va⁵⁴liE⁰, ȵi²¹mu²¹iəŋ⁵⁴tsai⁵⁵va⁵⁴liE⁰.

我 分 渠 话 咧, 你 唔 用 再 话 咧。

210 这个大,那个小,你看哪个好?

i⁴²tʂa⁰tʰai⁵⁵⁴, kai⁵⁴tʂa⁰sei⁵⁵⁴, ȵi²¹kʰõ⁵⁵nai⁵⁴tʂa⁰xau⁴²?

底 隻 大, 个 隻 细, 你 看 哪 隻 好?

211 这个比那个好。

i⁴²tʂa⁰pi⁴²kai⁵⁴tʂa⁰xau⁴².

底 隻 比 个 隻 好。

212 那个没有这个好,差多了。

kai⁵⁴tʂa⁰mau²¹tei³³i⁴²tʂa⁰xau⁴², tsʰo²⁴to²⁴liE⁰.

个 隻 无 得 底 隻 好, 差 多 咧。

213 要我说这两个都好。

xã⁴²ŋai²¹va⁵⁴i⁴²liɔŋ⁴²tʂa⁰tou²⁴xau⁴².

喊 我 话 底 两 隻 都 好。

214 其实这个比那个好多了。

tɕʰi²¹ʂʅ⁴⁴i⁴²tʂa⁰pi⁴²kai⁵⁴tʂa⁰xau⁴²to²⁴liE⁰.

其 实 底 隻 比 个 隻 好 多 咧。

215 今天的天气没有昨天好。

tɕin²⁴pu⁰kei⁵⁵tʰiɛ²⁴ɕi⁵⁴mau²¹tei³³tsʰo²⁴pu⁰xau⁴².

今 晡 个 天 气 无 得 昨 晡 好。

216 昨天的天气比今天好多了。

tsʰo²⁴pu⁰kei⁵⁵tʰiɛ²⁴ɕi⁵⁴pi⁴²tɕin²⁴pu⁰xau⁴²to²⁴liE⁰.

昨 晡 个 天 气 比 今 晡 好 多 咧。

217 明天的天气肯定比今天好。

tʰiɛ³³ko³³kei⁵⁵tʰiɛ²⁴ɕi⁵⁴kʰɛ̃⁴²tʰin⁵⁴pi⁴²tɕin²⁴pu⁰xau⁴².

天 过 个 天 气 肯 定 比 今 晡 好。

218 那个房子没有这个房子好。

kai⁵⁴tʂa⁰u³³mau²¹tei³³i⁴²tʂa⁰u³³xau⁴².

个 隻 屋 无 得 底 隻 屋 好。

219 这些房子不如那些房子好。
i⁴²ti³³tsʅ⁰u³³mau²¹tei³³kai⁵⁴ti³³tsʅ⁰u³³xau⁴².
底 滴 子 屋 无 得 个 滴 子 屋 好。

220 这个有那个大没有？
i⁴²tʂa⁰iou²⁴kai⁵⁴tʂa⁰tʰai⁵⁴mau⁰?
底 隻 有 个 隻 大 无？

221 这个跟那个一般大。
i⁴²tʂa⁰liɛ̃²¹kai⁵⁴tʂa⁰i³³iɔŋ⁵⁵tʰai⁵⁵⁴.
底 隻 连 个 隻 一 样 大。

222 这个比那个小了一点点儿，不怎么看得出来。
i⁴²tʂa⁰pi⁴²kai⁵⁴tʂa⁰sei⁵⁴li⁰i³³ti³³ti²¹tsʅ⁰, ɲiɔŋ⁵⁴mã²¹tou²⁴kʰõ⁵⁵mu²¹tsʰʅ³³loi²¹.
底 隻 比 个 隻 细 了一 滴 滴 子，样 □ 都 看 唔 出 来。

223 这个大，那个小，两个不一般大。
i⁴²tʂa⁰tʰai⁵⁵⁴, kai⁵⁴tʂa⁰sei⁵⁵⁴, liɔŋ⁴²tʂa⁰mu²¹i³³iɔŋ⁵⁵tʰai⁵⁵⁴.
底 隻 大， 个 隻 细， 两 隻 唔 一 样 大。

224 这个跟那个大小一样，分不出来。
i⁴²tʂa⁰liɛ̃²¹kai⁵⁴tʂa⁰tʰai⁵⁵sei⁵⁴i³³iɔŋ⁵⁴, fən²⁴mu²¹tsʰʅ³³loi²¹.
底 隻 连 个 隻 大 细 一 样， 分 唔 出 来。

225 这个人比那个人高。
i⁴²tʂa⁰n̩in²¹pi⁴²kai⁵⁴tʂa⁰n̩in²¹ko⁵⁴kau²⁴.
底 隻 人 比 个 隻 人 过 高。

226 是高一点儿，可是没有那个人胖。
xei⁵⁵ko⁵⁴kau²⁴li⁰i³³ti²¹tsʅ⁰, kʰo⁴²xei⁵⁵mau²¹tei³³kai⁵⁴tʂa⁰n̩in²¹pʰɔŋ⁵⁵⁴.
系 过 高 了一 滴 子，可 系 无 得 个 隻 人 胖。

227 他们一般高，我看不出谁高谁矮。
tɕi²¹tən³³i³³iɔŋ⁵⁴kau²⁴, ŋai²¹kʰõ⁵⁵mu²¹tsʰʅ³³mã⁴²n̩in²¹kau²⁴, mã⁴²n̩in²¹ai⁴².
渠 等 一 样 高， 我 看 唔 出 □ 人 高， □ 人 矮。

228 胖的好还是瘦的好？
pʰɔŋ⁵⁴kei⁰xau⁴²xai²¹xei⁵⁵sɛu⁵⁴kei⁰xau⁴²?
胖 个 好 还 系 瘦 个 好。

229 瘦的比胖的好。
sɛu⁵⁴kei⁰pi⁴²pʰɔŋ⁵⁴kei⁰xau⁴².
瘦 个 比 胖 个 好。

230 瘦的胖的都不好，不瘦不胖最好。

sɛu⁵⁴kei⁰pʰɔŋ⁵⁴kei⁰tou²⁴mu²¹xau⁴², mu²¹sɛu⁵⁴mu²¹pʰɔŋ⁵⁴tin⁴²xau⁴².

瘦 个 胖 个 都 唔 好， 唔 瘦 唔 胖 顶 好。

231 这个东西没有那个东西好用。

i⁴²tʂao⁰təŋ³³si³³mau²¹tei³³kai⁵⁴tʂao⁰təŋ³³si³³xau⁴²iəŋ⁵⁵⁴.

底 隻 东 西 无 得 个 隻 东 西 好 用。

232 这两种颜色一样吗？

i⁴²liɔŋ⁴²tʂəŋ⁵⁵iɛ̃²¹sei³³i³³iɔŋ⁵⁴kei²¹mo⁰?

底 两 种 颜 色 一样 个 么？

233 不一样，一种色淡，一种色浓。

mu²¹i³³iɔŋ⁵⁵⁴, i³³tʂəŋ⁵⁵iɛ̃²¹sei³³tsʰiɛ̃⁴², i³³tʂəŋ⁵⁵iɛ̃²¹sei³³tʂʰən²⁴.

唔 一样， 一 种 颜 色 浅， 一 种 颜 色 深。

234 这种颜色比那种颜色淡多了，你都看不出来？

i⁴²tʂəŋ⁵⁵iɛ̃²¹sei³³pi⁴²kai⁵⁵tʂəŋ⁴²iɛ̃²¹sei³³tsʰiɛ̃⁴²to²⁴liE⁰, n̩i²¹tou²⁴mau²¹kʰõ⁵⁴tsʅ³³loi²¹?

底 种 颜 色 比 个 种 颜 色 浅 多 咧，你 都 无 看 出 来？

235 你看看现在，现在的日子比过去强多了。

n̩i²¹kʰõ⁵⁴kʰõ⁰ɕiɛ̃⁵⁵tsai⁵⁵⁴, ɕiɛ̃⁵⁵tsai⁵⁴kei⁵⁵n̩iE³³tsʅ⁰pi⁴²ko⁵⁵ɕi⁵⁴tɕʰiɔŋ²¹to²⁴liE⁰.

你 看 看 现 在， 现 在 个 日 子 比 过 去 强 多 咧。

236 以后的日子比现在更好。

i³³xɛu⁵⁴kei⁵⁵n̩iE³³tsʅ⁰pi⁴²ɕiɛ̃⁵⁵tsai⁵⁴xai²¹ko⁵⁵xau⁴².

以 后 个 日 子 比 现 在 还 过 好。

237 好好干吧，这日子一天比一天好。

xau⁴²xau⁰kã⁵⁴pa⁰, i⁴²kei⁵⁵n̩iE³³tsʅ⁰i³³tʰiɛ̃²⁴pi⁴²i³³tʰiɛ̃²⁴xau⁴².

好 好 干 吧，底 个 日 子 一 天 比 一 天 好。

238 这些年的生活一年比一年好，越来越好。

i⁴²tɕi⁴²n̩iɛ̃²¹kei⁵⁵sɛ̃²⁴xo²¹i³³n̩iɛ̃²¹pi⁴²i³³n̩iɛ̃²¹xau⁴², iE⁴⁴loi²¹iE⁴⁴xau⁴².

底 几 年 个 生 活 一 年 比 一 年 好， 越 来 越 好。

239 咱兄弟俩比一比谁跑得快。

ŋai²¹tən³³ɕiəŋ²⁴tʰi⁰liɔŋ⁴²tʂao⁰pi⁴²i³³pi⁴²mã⁴²n̩in²¹loi⁴⁴tau⁰kʰuai⁵⁵⁴.

我 等 兄 弟 两 隻 比 一 比 □ 人 □ 倒 快。

240 我比不上你，你跑得比我快。

ŋai²¹pi⁴²mu²¹ko⁵⁵n̩i²¹, n̩i²¹loi⁴⁴tau⁰pi⁴²ŋai²¹kʰuai⁵⁵⁴.

我 比 唔 过 你， 你 □ 倒 比 我 快。

241 他跑得比我还快，一个比一个跑得快。

tçi^{21}loi^{44}tau^{0}pi^{42}ŋai^{21}xai^{21}ko^{55}k^{h}uai^{554}, i^{33}tʂa^{0}pi^{42}i^{33}tʂa^{0}loi^{44}tau^{0}k^{h}uai^{554}.

渠　□　倒　比　我　还　过　快，　　一　隻　比　一　隻　□　倒　快。

242 他比我吃得多，干得也多。

tçi^{21}pi^{42}ŋai^{21}sʅ^{44}tau^{0}to^{24}, kã^{54}tau^{0}ia^{24}to^{0}.

渠　比　我　食　倒　多，干　倒　也　多。

243 他干起活来，比谁都快。

tçi^{21}tso^{55}çi^{42}xo^{21}loi^{21}, pi^{42}mã^{42}ȵin^{21}tou^{24}k^{h}uai^{554}.

渠　做　起　活　来，比　□　人　都　快。

244 说了一遍，又说一遍，不知说了多少遍。

va^{54}li^{0}i^{33}tau^{0}, iou^{55}va^{54}li^{0}i^{33}tau^{0}, mu^{21}çiau^{42}tei^{0}va^{54}li^{0}tçi^{42}to^{24}tau^{0}.

话　了　一　道，又　话　了　一　道，唔　晓　得　话　了　几　多　道。

245 我嘴笨，可是怎么也说不过他。

ŋai^{21}tʂoi^{55}pən^{554}, ȵiɔŋ^{54}mã^{24}ia^{24}va^{54}mu^{21}ko^{0}tçi^{21}.

我　喙　笨，样　□　也　话　唔　过　渠。

246 他走得越来越快，我都跟不上了。

tçi^{21}tsɛu^{42}tau^{0}iᴇ^{44}loi^{21}iᴇ^{44}k^{h}uai^{554}, ŋai^{21}tou^{24}kɛ̃^{24}mu^{21}ʂɔŋ^{24}liᴇ^{0}.

渠　走　倒　越　来　越　快，　我　都　跟　唔　上　咧。

247 越走越快，越说越快。

iᴇ^{44}tsɛu^{42}iᴇ^{44}k^{h}uai^{554}, iᴇ^{44}va^{54}iᴇ^{44}k^{h}uai^{554}.

越　走　越　快，　越　话　越　快。

248 慢慢说，一句一句地说。

mã^{55}mã^{55}va^{554}, i^{33}tçi^{54}i^{33}tçi^{54}kei^{0}va^{554}.

慢　慢　话，　一　句　一　句　个　话。

第八章 话语材料

说明

　　本章的标音材料主要取自《中国语言资源调查手册·汉语方言》(以下简称《调查手册》)的调查数据。其中第一、二、三节取自《调查手册》第六部分口头文化中的俗语谚语、歌谣和故事，第四节取自《调查手册》第五部分的讲述和对话。对所有材料都同时转写汉字和国际音标，并附视频。视频目录与小节标题一致。

第一节

俗语谚语

一 谚语

1. i³³lo²¹tɕʰiəŋ²¹, n̠i⁵⁵lo²¹fu⁵⁵, sã²⁴ lo²¹sʅ⁵⁵lo²¹kʰoi²⁴tɔŋ⁵⁵pʰu⁰, ŋ⁴²lo²¹liou³³lo²¹tɕʰi²¹pʰa⁴⁴ma²⁴,
   一 胴 穷， 二 胴 富，三 胴 四 胴 开 当 铺， 五 胴 六 胴 骑 白 马，
   tsʰi³³lo²¹pɛ³³lo²¹tsʰɛ³³tɕin³³fa³³, tɕiou⁴²lo²¹təŋ⁴², sʅ⁴⁴lo²¹kʰai²¹sʅ⁴²tʰən⁴².
   七 胴 八 胴 插 金 花，九 胴 董=①，十 胴 荷 屎桶。

2. təŋ⁵⁵sʅ⁴²kei⁵⁵lã²⁴n̠in²¹, ŋo⁵⁵sʅ⁴²kei⁵⁵tsʰã²¹n̠in⁰.
   冻 死 个 懒 人， 饿 死 个 馋 人。

3. n̠in²¹oi⁵⁵iou²⁴liɛ̃⁴², sou⁵⁵ oi⁵⁵iou²⁴pʰi²¹.
   人 爱有脸， 树 爱有 皮。

4. n̠iən²¹ɕiən²⁴tsʰei²¹, tʰai⁴² sã²⁴i²¹.
   人 心 齐， 泰 山 移。

5. tsɔŋ²⁴lɔŋ²¹m²¹tɕʰiɔŋ⁵⁵lɔŋ²¹, tsɔŋ²⁴ kɛu⁴²mi³³pa³³tʂʰɔŋ²¹.
   装 狼 唔像 狼， 装 狗 尾巴 长。

6. pɛ³³ɕiɛ̃²¹ko⁵⁵xoi⁴², koi⁵⁵ɕiɛ̃⁴²tɕʰi²¹nɛ̃⁰.
   八 仙 过 海， 各 显 其 能。

7. ta⁴²lã⁵⁵sa²⁴ko⁰mən⁵⁵tau⁵⁵tei⁴², n̠i²¹ xai²¹tʂau⁴² m²¹tau⁵⁵sa²⁴ko⁰xei⁵⁵ma³³kei⁰tso⁵⁵kei⁰.
   打 烂 砂 锅 问 到 底，你 还 [知道]唔道 砂锅 系 脉=个 做 个。

---
① 董=təŋ⁴²：笨。

8　ta⁴²kʰoi²⁴kɔŋ³³tsʰɔŋ³³, va⁵⁵liɔŋ⁵⁵fa⁰.
　　打　开　光　窗，　话　亮　话。

9　m²¹pʰa⁴⁴ȵin²¹tɕʰiəŋ²¹, xoi⁵⁵pʰa⁵⁵tʂʅ⁵⁵tõ⁴².
　　唔　怕　人　穷，　害　怕　志　短。

10　lau⁴²ŋa²⁴tsʅ⁰tso³³sʅ⁵⁴tsʅ⁰, tʂau⁵⁵nəŋ⁵⁵tʂʰou⁰tso³³.
　　老　鸦　子啄　柿子，照　□①处　啄。

二　歇后语

1　xɛ³³tsʅ⁰tiɛ̃⁴²tɛ̃²⁴——ȵi²¹tɕin²⁴pʰa⁴⁴fei⁵⁵lɛ⁴⁴.
　　瞎　子点　灯——你精　白　费　蜡。

2　fei³³ki³³nau⁴²xɔŋ⁰kua⁵⁵tʰiɛ̃⁵⁵fu²¹——ȵi²¹tʂən²⁴xei⁵⁵kau²⁴ʂuei⁴²pʰin²¹.
　　飞　机　脑　上　挂　电　壶——你　真　系　高　水　平。

（发音人：罗群英，2016.8.12）

---

① □nəŋ⁵⁵：软、烂。

第二节

歌谣

1 头囊光光

tʰɛu²¹naŋ³³kuɔŋ³³kuɔŋ³³, pa⁴²n̠iou²¹iau²⁴tau⁰liɔŋ²¹xɔŋ⁰, liɔŋ²¹xɔŋ⁵⁵mau²¹tei³³tsʰau⁴²,
头 囊 光 光， 把 牛 吃 到 梁 上， 梁 上 无 得 草，
pa⁴²n̠iou²¹iau²⁴tau⁰kɛu²⁴nau⁴²xɔŋ⁰, kɛu²⁴nau⁴²xɔŋ⁵⁵ɕiɔŋ⁴²lei²¹, pa⁴²n̠iou²¹iau²⁴tau⁰vɔŋ⁴²kuei²⁴
把 牛 吃 到 沟 脑 上， 沟 脑 上 响 雷， 把 牛 吃 到 往 归
kuei²⁴, kuei²⁴tau⁵⁵lau⁴²iɛ̃⁵⁵tsʅ⁰.
归①， 归 到 老 院 子。

（发音人：罗群英，2016.8.12）

2 逃学狗

tʰau²¹xo⁴⁴kɛu⁴², mã²⁴sã²⁴tsɛu⁴², tsɛu⁴²mau²¹lou⁴⁴, pʰa²¹ʂɔŋ²⁴ʂou⁵⁵, ʂou⁵⁵mau²¹tsʰa²⁴,
逃 学 狗， 满 山 走， 走 无 路， 爬 上 树， 树 无 杈，
tɛ⁴⁴tau⁰ʂʅ⁴²kɔŋ²⁴xa²⁴, tɕiɛ̃⁴²li⁰i³³tʂa⁰lã⁵⁵təŋ³³kua³³, na²⁴tʂõ⁴²ɕi⁰, o²⁴li⁰i³³tʰɔŋ²¹xa³³.
跌 到 屎 缸 下， 捡 了 一 隻 烂 冬 瓜， 拿 转 去， 屙 了 一 堂 下。

（发音人：罗群英，2016.8.12）

---

① 往归归：往家走。

3 月光光

ȵiɛ⁴⁴kuɔŋ²⁴kuɔŋ²⁴, xau⁴²tʂəŋ⁵⁵tɕiɔŋ²⁴, tɕiɔŋ²⁴pi³³mo³³, xau⁴²tʂəŋ⁵⁵tʂou³³, tʂou³³kʰoi²⁴
月 光 光, 好 种 姜, 姜 必⁼目①, 好 种 竹, 竹 开

fa²⁴, xau⁴²tʂəŋ⁵⁵kua²⁴, kua²⁴mau²¹tʰai⁵⁵, tsa³³tau⁰mai⁵⁵, mai⁵⁵li⁰sã²⁴tʂʰõ⁵⁵tɕʰiɛ̃²¹, na²⁴ɕi⁵⁵xo⁴⁴ta⁴²
花, 好 种 瓜, 瓜 无 大, 摘 倒 卖, 卖 了 三 串 钱, 拿 去 学 打

miɛ̃²¹, miɛ̃²¹ɕiɛ⁵⁵tʰõ²⁴, xo⁴⁴ta⁴²tʂõ²⁴, tʂõ²⁴tʰõ²⁴tɕiɛ³³, xo⁴⁴ta⁴²tʰiɛ³³, tʰiɛ³³saŋ²⁴lou²⁴, xo⁴⁴sɛ³³tʂou²⁴,
棉, 棉 线 断, 学 打 砖, 砖 断 节, 学 打 铁, 铁 生 鑢, 学 杀 猪,

tʂou²⁴voi⁵⁵tsɛu⁴², xo⁴⁴sɛ³³kɛu⁴², kɛu²⁴voi⁵⁵ŋɛ³³, xo⁴⁴sɛ³³ɛ³³, ɛ³³voi⁵⁵fei²⁴, fei²⁴tau⁵⁵nai⁵⁵tsʅ⁰? fei²⁴
猪 会 走, 学 杀 狗, 狗 会 啮, 学 杀 鸭, 鸭 会 飞, 飞 到 哪 子? 飞

tau⁵⁵tʰai⁵⁵la³³ʂou⁵⁵xa²⁴.
到 大 □树② 下。

（发音人：罗群英，2016.8.12）

---

① 姜必⁼目 tɕiɔŋ²⁴pi³³mo³³：姜发芽。
② 大□树 tʰai⁵⁵la³³ʂou⁵⁵：一种当地树木的名称。

第三节

故事

1 牛郎和织女

ku⁴²ʂɿ²¹xɛu⁰iou²⁴i³³tʂa³³n̻iɛ̃²¹tɕʰiaŋ²⁴tʰai⁵⁵sei²¹tsɿ⁰, tɕi³³ia²¹tsɿ⁰oi²⁴tsɿ⁰, tsɛu⁴²tau⁰tsau⁴²,
古 时 候 有 一 隻 年 轻 大 细 子,渠 爷 子 娭 子, 走 倒 早,

ioŋ⁴²i³³tʂa⁰tʰai⁵⁵sei²¹tsɿ⁰i³³kei³³n̻in²¹. tʰai⁵⁵sei²¹tsɿ⁰ia²⁴tɕʰin²¹kʰuai⁵⁵, tɕiou⁵⁵kɛ̃²⁴i³³tʂa⁰lau⁴²n̻iou²¹,
养 一 隻 大 细 子 一 个 人。 大 细 子 也 勤 快, 就 跟 一 隻 老 牛,

tsʰoi²⁴i³³toi²⁴sɛ̃²⁴xo²¹, lau⁴²n̻iou²¹, i⁴²fo⁴²i³³xa⁵⁵tsɿ⁰tsʰən²⁴tsɿ⁰i⁴²fo⁴²tsɿ⁰n̻in²¹tɕiou⁵⁵pa⁴²i⁴²tʂa⁰tʰai⁵⁵
在 一 堆 生 活, 老 牛, 底伙 一下 子 村 子底伙 子人 就 把 底隻大

sei²¹tsɿ⁰ɕi⁴²tʂa³³miaŋ²¹tsɿ⁵⁵, xã⁴²tʂa³³n̻iou²¹lɔŋ²¹. xã⁴²tʂa³³n̻iou²¹lɔŋ²¹, n̻iou²¹lɔŋ²¹kʰõ⁵⁵i⁴²tʂa³³tʰai⁵⁵
细 子起隻 名 字,喊隻牛 郎。 喊 隻 牛 郎, 牛 郎 看 底隻大

sei²¹tsɿ⁰, ŋai⁵⁵i⁴²tʂa³³tʰai⁵⁵sei²¹tsɿ⁰, tɕʰin²¹kʰuai⁵⁵, ia²⁴sɛ̃⁵⁵liɔŋ²¹tei⁰xɛ̃⁴²xɛ̃⁰. i³³tʰiɛ̃²⁴, i⁴²tʂa³³tʰai⁵⁵
细 子, 爱 底隻大 细 子, 勤 快, 也善良 得很 很。一天, 底隻 大

sei²¹tsɿ⁰tɕiou⁵⁵pa⁴²n̻iou²¹la²⁴tau⁰, lei²¹tʂa³³tʰou⁴², tʂəŋ⁵⁵tʂa³³tsɔŋ³³ka³³, vei²¹tʂʰɿ⁴²tʂa³³sɛ̃²⁴xo²¹.
细 子就 把 牛 拉倒,犁 隻 土, 种 隻 庄 稼,维 持 隻 生活。

lau⁴²n̻iou²¹kʰõ⁵⁵, tɕʰi²¹ʂɿ⁴⁴tɕiou⁵⁵m²¹xei⁵⁵i³³tʂa⁰n̻iou²¹, xei⁵⁵tʰiɛ̃²⁴xoŋ⁵⁵i³³tʂa³³, tɕin²⁴n̻iou²¹ɕin²⁴.
老 牛 看, 其 实 就 唔系 一隻 牛, 系大 上 一隻, 金 牛 星。

kʰõ⁵⁵i⁴²tʂa³³tʰai⁵⁵sei²¹tsɿ⁰xau⁴², tɕiou⁵⁵ɕiɔŋ⁴²pən²⁴i⁴²tʂa³³tʰai⁵⁵sei²¹tsɿ⁰, tʂən²¹i³³tʂa⁰ka²⁴. tʂən²¹
看 底隻大 细 子好, 就 想 分 底隻大 细 子,成 一隻家。成

tʂa³³ka²⁴, i⁴²tʂa³³, n̻iou²¹, ɕiɔŋ⁴²m²¹tau⁰, ɕiɔŋ⁴²i³³tʂa³³ma³³kei⁰pʰã⁵⁵fe⁰. xɛu⁵⁵loi²¹ɕiau⁴²tei⁰, tʰiɛ̃²⁴
隻 家, 底隻, 牛, 想 唔到,想 一 隻 脉=个办法。后 来 晓 得, 天

xɔŋ⁰, kai⁵⁵tɕʰi³³ɕiɛ²⁴ȵy⁴²tou²⁴oi⁵⁵xa²⁴loi²¹, tsai⁵⁵kai⁵⁵kei⁰, təŋ²⁴sa⁰, sã²⁴tɕio³³ xa²⁴ iou²⁴ tʂa⁰, ʂuei⁴²
上，个 七 仙 女 都 爱 下 来，在 个 个，东 □①，山 脚 下 有 隻，水
tʰã²¹, tsai⁵⁵kai⁵⁵tsʅ⁰sei⁴²tsau⁴². ȵiou²¹lɔ⁰kai⁵⁵kei⁵⁵ȵiou²¹tɕiou⁵⁵pən²⁴, ȵiou²¹lɔŋ²¹tʰoi³³tʂa³³məŋ⁵⁵,
潭，在 个 子 洗 澡。牛 郎 个 个 牛 就 分，牛 郎 托 隻 梦，
xã⁴², ȵiou²¹lɔŋ²¹tau⁵⁵kai⁵⁵tsʅ⁰ɕi⁵⁵: "fã⁴²tʂən⁵⁵m²¹kõ⁴²mã⁴²ȵin²¹kei⁵⁵sã²⁴, ȵi²¹na²⁴i³³tɕʰiɛ⁵⁵sã²⁴
喊，牛 郎 到 个 子 去："反 正 唔 管 □人② 个 衫，你 拿 一 件 衫
kuei²⁴loi²¹, kai⁵⁵tʂa³³, sã²⁴tiE³³li⁰kai⁵⁵tʂa³³moi⁵⁵tsʅ⁰, tɕiou⁵⁵xei⁵⁵ȵi²¹kei⁵⁵lau⁴²pʰo²¹, tɕiou⁵⁵liɛ²¹ȵi²¹
归 来，个 隻，衫 跌 了 个 隻 妹 子，就 系 你 个 老 婆，就 连 你
tʂʰən²¹ka²⁴." ȵiou²¹lɔŋ²¹tɕiou⁵⁵kã⁴²tsʅ⁰, pã⁵⁵ɕin⁵⁵pã⁵⁵ȵi²¹, tʂau²⁴ʂɔŋ⁵⁵xɔŋ⁵⁵loi²¹, tɕiou⁵⁵loi⁴⁴ɕi⁵⁵,
成 家。"牛 郎 就 咁 子，半 信 半 疑，朝 上 跣 来，就 □③去，
fu²¹li⁰fu²¹tʰou²¹loi⁴⁴ɕi⁵⁵. tsai⁵⁵kai⁵⁵sou⁵⁵xɔŋ⁰tɕʰi⁴²li⁰i³³tɕʰiɛ⁵⁵fəŋ²¹, fən⁴²fəŋ²¹sã²⁴, tɕiou⁵⁵, na²⁴
糊 里 糊 涂 □ 去。在 个 树 上 取 了一件 红， 粉 红 衫 就， 拿
kuei²⁴loi²¹, liɛ²¹tʰɛu²¹tou²¹mau²¹fei²¹, tɕiou⁵⁵na²⁴kuei²⁴loi²¹. na²⁴kuei²⁴loi²¹, tau⁵⁵ia⁵⁵pu⁰, tɕiou⁵⁵
归 来，连 头 都 无 回，就 拿 归 来。拿 归 来，到 夜 晡，就
iou²⁴ȵin²¹loi²¹tɕʰiau²⁴mən²¹, kai⁵⁵kei⁵⁵ɕiɛ²⁴ȵy⁴²tɕiou⁵⁵loi²¹, tɕʰiau²⁴tɕʰiau²⁴tsʅ⁰pa⁴²tɕi²¹kei⁵⁵mən²¹
有 人 来 敲 门， 个 个 仙 女 就 来， 悄 悄 子 把 渠 个 门
tɕʰiau²⁴kʰoi²⁴, tɕiou⁵⁵liɛ²¹ȵiou²¹lɔŋ²¹tsʰən²¹li⁰ka²⁴liE⁰. tsʰən²¹li²¹ka²⁴, liɔŋ⁴²sã²⁴ȵiɛ²¹tʰiɛ²⁴ɕi⁰, tai⁵⁵
敲 开， 就 连 牛 郎 成 了 家 咧。成 了 家， 两 三 年 天 气，带
li⁰i³³tʂa⁰lai⁵⁵tsʅ⁰, tai⁵⁵li⁰i³³tʂa⁰moi⁵⁵tsʅ⁰, ȵiE³³tsʅ⁰tau⁵⁵ko⁵⁵tei²¹xau⁴², ma³³kei³³tau⁵⁵tou²⁴xau⁴²,
了一隻 俫 子，带 了 一 隻 妹 子，日 子 倒 过 得 好， 脉=个 倒 都 好，
ȵiou²¹lɔŋ²¹ia²⁴tɕʰin²¹kuai⁵⁵, tsʅ³³ȵy⁴², ia²⁴ʂɛ⁵⁵liɔŋ²¹, liɛ²¹kai⁵⁵ɕiɛ²¹tɕʰi¹³³liɔŋ²¹mo²¹ɔŋ⁵⁵kei⁰, tou²⁴
牛 郎 也 勤 快， 织 女， 也 善 良，连 个 贤 妻 良 母 样 个，都
xau⁴²tio⁰xɛ⁴². xau⁴²ti²¹xɛ⁴², kai⁵⁵xau⁴²tɕin⁴², m²¹tʂʰɔŋ²¹mo⁰, xã⁴²tʰiɛ²⁴ʂɔŋ⁵⁵kai⁵⁵, y²¹xuɔŋ²¹ta⁵⁵ti⁵⁵,
好 得 很。好 得 很，个 好 景， 唔 长 么， 喊 天 上 个， 玉 皇 大 帝，
ɕiau⁴²tei⁰liE⁰. ɕiau⁴²tei⁰liE⁰, tɕiou⁵⁵, ɕiɛ²¹, ɕiɛ²¹kai⁵⁵kei⁵⁵tsʅ³³ȵy⁴², tsʰʅ³³ka³³tʰou²⁴tʰou³³tsʅ⁰xa²⁴fã²¹
晓 得 咧。 晓 得 咧，就， 嫌， 嫌 个 个 织 女，自 家 偷 偷 子 下 凡
loi²¹, pʰei⁵⁵fã²¹ȵin⁰, tɕiou⁵⁵m²¹kau²⁴ɕin⁵⁵, tɕiou⁵⁵tʰai⁵⁵fɛ³³lei²¹tʰin²¹, iou⁵⁵xei⁵⁵tsʰuei²⁴fəŋ²⁴, iou⁵⁵
来， 配 凡 人， 就 唔 高 兴，就 大 发 雷 霆， 又 系 吹 风，又
xei⁵⁵lo⁴⁴tʰai⁵⁵ʂuei⁴², kau⁴²xɛu⁴²li²¹kei⁰, pa⁴², kai⁵⁵pia⁵⁵, lo⁴⁴tʰai⁵⁵ʂuei⁴², iou⁵⁵xei⁵⁵tsʰuei²⁴fəŋ²⁴,
系 落 大 水， 搞 吼 了 个， 把， 个 [晡夜]，落 大 水， 又 系 吹 风，

---

① 东□ təŋ²⁴sa⁰：东边。

② □人 mã⁴²ȵin²¹：谁。

③ □loi⁴⁴：跑。

pa⁴², kai⁵⁵kei⁵⁵tʂʅ³³ȵy⁴², xã⁴²fəŋ²⁴pən²⁴tʂʰuei²⁴tsɛu²¹liɛ⁰. lioŋ⁴²tʂa⁰tʰai⁵⁵sei²¹tsʅ⁰kʰo⁴²liẽ²¹, xã⁴²tɕi
把， 个 个 织 女， 喊 风 分 吹 走 咧。 两 隻 大 细 子 可 怜， 喊 渠
mei²⁴m²¹tɕiẽ⁵⁵tɕi²¹mei²⁴, tsʰoi²¹u³³kʰua³³tɕiau⁵⁵, pa⁴²ȵiou²¹loŋ²¹ia²⁴tʂaŋ⁴²tau⁰mau²¹tei³³pʰã⁵⁵fɛ⁰.
婆 唔 见 渠 婆， 在 屋 下 嗷， 把 牛 郎 也 整 到 无 得 办 法。
ȵiou²¹loŋ²¹tʂən⁴²tsʰoi²⁴, ŋau²¹tɕiẽ³³tsʰoi²⁴kai⁵⁵tsʅ⁰vei²¹nã²¹, va⁵⁵: "i⁴²tau⁵⁵ȵiou⁴²mã²¹tsʅ⁰ pʰã⁵⁵?
牛 郎 正 在， 熬 煎 在 个 子 为 难， 话："底 到 □ □ 子①办?
tʰai⁵⁵sei²¹tsʅ⁰xai²¹tou²⁴sei⁵⁵, oi⁵⁵tɕi²¹mei²⁴, ŋai²¹i⁴²xa²¹tsʅ⁰ȵiou⁴²mã²¹pʰã⁵⁵?"məŋ⁴²tsʅ⁰i³³xa⁵⁵,
大 细 子 还 都 细， 爱 渠 婆， 我 底 下 子 □ □ 办?" 猛 子 一 下,
ȵin²¹ka³³lau⁴²ȵiou²¹pən²⁴va⁵⁵sʅ⁵⁵liɛ⁰. lau⁴²ȵiou²¹va⁵⁵sʅ⁵⁵: "ȵi²¹mau²¹ŋau²¹tɕiẽ³³mau²¹tsau²⁴tɕi²¹,
人 家 老 牛 分 话 事 咧。 老 牛 话 事："你 无 熬 煎 无 着 急,
ŋai²¹pən²⁴ȵi²¹ɕioŋ⁴²pʰã⁵⁵fɛ⁰, ȵi²¹pa⁴²ŋai²¹i³³ko³³, lioŋ⁴²tʂa³³ko³³tɕʰi³³xa²⁴loi²¹, piẽ⁵⁵tʂa³³, lo²¹tɛu⁴²,
我 分 你 想 办 法， 你 把 我 一 角， 两 隻 角 取 下 来， 变 隻， 箩 斗,
pa⁴²lioŋ⁴²tʂa³³tʰai⁵⁵sei²¹tsʅ⁰, i³³tʂa³³lo²¹tɛu⁴²foŋ⁵⁵i³³tʂa³³, ȵi²¹kʰai²⁴tau⁰, ȵi²¹ɕi⁵⁵tɕʰin²¹ȵi²¹kei⁵⁵
把 两 隻 大 细 子， 一 隻 箩 斗 放 一 隻， 你 荷 倒， 你 去 寻 你 个
tsʅ³³ȵy⁴²."
织 女。"

xɛu⁵⁵loi²¹, sʅ⁵⁵tɕʰin²¹, sʅ⁵⁵xai²¹mau²¹va⁵⁵liau⁴²sʅ⁰, ȵia²⁴ kai⁵⁵tʂa³³lau⁴²ȵiou²¹kai⁵⁵lioŋ²¹tʂa³³
后 来， 事 情， 事 还 无 话 了 时，[人家]个 隻 老 牛 个 两 隻
ko³³ȵia²⁴ tɕiou⁵⁵tiɛ³³xa⁵⁵loi²¹, tiɛ³³xa⁵⁵loi²¹liɛ⁰, ȵia²⁴ tɕiou⁵⁵piẽ⁵⁵ʂaŋ²¹li⁰lioŋ⁴²tʂa³³lo²¹tɛu⁴².
角 [人家]就 跌 下 来， 跌 下 来 咧，[人家]就 变 成 了 两 隻 箩 斗。
ȵiou²¹loŋ²¹xɛu⁵⁵loi²¹pa⁴²tɕi²¹kai⁵⁵lioŋ²¹tʂa⁰tʰai⁵⁵sei²¹tsʅ⁰, i³³tʂa³³tɛu⁴²foŋ⁵⁵i³³tʂa³³kʰai²⁴tau⁰, kʰai²⁴
牛 郎 后 来 把 渠 个 两 隻 大 细 子， 一 隻 斗 放 一 隻 荷 倒， 荷
tau⁰tɕiou⁵⁵, ȵi⁴²to⁰kẽ²⁴tɕʰiẽ²¹i³³ku⁴²tsʅ⁰tɕʰiaŋ²⁴fəŋ²⁴sʅ²¹, ȵia²⁴ ka³³tɕiou⁵⁵pa⁴², tɕi²¹tɕiou⁵⁵tsʰuei²⁴
倒 就， 耳 朵 跟 前 一 股 子 清 风 时，[人家]家 就 把， 渠 就 吹
tau⁰tʰiẽ²⁴xoŋ²¹ɕi²¹liɛ⁰. tɕi²¹liɛ²¹lioŋ⁴²tʂa⁰tʰai⁵⁵sei²¹tsʅ⁰kʰai²¹kei²¹lo²¹tɛu⁴², fei²⁴ia²⁴fei²⁴fei²⁴tau⁰,
到 天 上 去 咧。 渠 连 两 隻 大 细 子 荷 个 箩 斗， 飞 呀 飞 飞 到,
tou²⁴kʰuai⁵⁵tau⁰ȵiou²¹loŋ²¹, kai⁵⁵kei⁵⁵tsʅ³³ȵy⁴²kẽ²⁴tsʰiẽ²¹liau²¹sʅ⁰, iou⁵⁵xã⁴²voŋ²¹mo³³ȵioŋ²¹nioŋ²¹
都 快 到 牛 郎， 个 个 织 女 跟 前 了 时， 又 喊 王 母 娘 娘
pən²⁴ɕiau⁴²tei⁰liɛ⁰. voŋ²¹mo³³ȵioŋ²¹ȵioŋ⁰pa⁴²tɕi²¹kai⁵⁵kei⁵⁵, tʰɛu²¹xoŋ⁵⁵kai⁵⁵kei⁵⁵, tɕin²⁴tsʰã²⁴tsʅ⁰
分 晓 得 咧。 王 母 娘 娘 把 渠 个 个， 头 上 个 个， 金 簪 子

————————
① □□子 ȵiou⁴²mã²¹tsʅ⁰：怎么。

tɕʰi⁴²xa⁵⁵loi²¹, tsʰɿ²⁴i³³xa⁵⁵, fɔŋ⁵⁵ȵiou²¹lɔŋ²¹kɛ̃²⁴tɕʰiẽ²¹fa⁵⁵li⁰i³³tau⁵⁵tsʐ⁰, tɕiou⁵⁵piẽ⁵⁵li⁰i³³tʂa³³.
取 下 来，□① 一下，放 牛 郎 跟前 划了一道子，就 变 了一隻。
kai⁵⁵kei⁵⁵iou⁵⁵fã²⁴lɔŋ⁵⁵iou⁵⁵xei⁵⁵, pʰu²⁴tʰiẽ²⁴koi⁵⁵tʰi⁵⁵kei⁵⁵ʂuei⁴², i³³xa⁵⁵pa⁴²ȵiou²¹lɔŋ²¹ka³³tʂʰou⁵⁵
个 个 又 翻浪 又 系，铺 天 盖 地 个 水， 一下 把 牛 郎 隔住
liɛ⁰. kai⁵⁵tʂa³³xo²¹pʰa⁰, tɕiou⁵⁵, vɔŋ⁵⁵m²¹tau⁵⁵piẽ²⁴, ȵiou²¹lɔŋ²¹tsʰoi²⁴i⁴²sa⁰, tʂɿ³³ȵy⁴²tsʰoi²⁴kai⁵⁵sa⁰,
咧。个 隻 河 □②，就， 望 唔 到 边， 牛 郎 在 底□③，织 女 坐 个 □④,
i³³xa³³mau²¹pʰã⁵⁵fɛ⁰. xɛu⁵⁵loi²¹, tiẽ²⁴a⁰, kʰuəŋ²⁴li⁰kei⁵⁵, ma²¹tiau²⁴tsʐ²¹la⁰, a²⁴ɕia²¹tsʐ²¹la⁰, lau⁴²ŋa²¹
一下 无 办 法。后 来， 天 啊，空 里 个， 麻 鸟 子 啦，阿 鹊 子 啦，老 鸦
tsʐ²¹, i⁴²kei⁵⁵ka²⁴la⁴²ma³³ɕi³³ kei⁵⁵tiau³³ȵiau³³, kɔ̃⁵⁵tau⁰ɕin²⁴li⁰ia²⁴m²¹, tɕiou⁵⁵liẽ²¹kai⁵⁵kei⁵⁵,
子， 底个 □□□□⑤个 鸟 鸟， 看 到 心 里 也 唔，就 连 个 个，
m²¹pʰiəŋ²¹xəŋ²¹, ia²⁴tei⁵⁵kai⁵⁵liɔŋ⁴²tʂa⁰, xau⁴²ɕiɔŋ⁵⁵iou²⁴ti³³tsʐ⁰kai⁵⁵kei⁵⁵, tʰəŋ²¹tɕʰiəŋ²¹kã⁴²iɔŋ⁵⁵
唔 平 衡， 也 对 个 两 隻， 好 像 有 滴 子 个 个， 同 情 感 样
kei⁰. tɕiou⁵⁵tau⁵⁵ȵiẽ²¹ȵiẽ⁰, tɕʰi³³ȵiɛ⁴⁴tɕʰi³³, ȵi²¹kɔ̃⁵⁵, ŋai²¹tən³³i⁴²kei⁵⁵tɕʰi³³ȵiɛ⁴⁴tɕʰi³³, ŋai²¹tən³³
个。就 到 年 年， 七 月 七，你 看， 我 等 底个 七 月 七， 我 等
i⁴²kei⁵⁵tʰi⁵⁵tei⁴²xa²⁴, kai⁵⁵kei⁵⁵, tiau³³ȵiau³³tou²⁴m²¹tɕiẽ⁵⁵liɛ⁰. a²⁴ɕia²¹tsʐ⁰, kai⁵⁵ma²¹tiau²⁴tsʐ⁰,
底个 地 底 下， 个 个， 鸟 鸟 都 唔 见 咧。阿 鹊 子， 个 麻 鸟 子，
ka²⁴la⁴²ma³³ɕi³³tou²⁴m²¹tɕiẽ⁵⁵tso⁵⁵ʂaŋ²⁴, kai⁵⁵tɕiou⁵⁵tɕʰi³³ȵiɛ⁴⁴tɕʰi³³ʂɔŋ⁵⁵tʰiẽ²⁴ɕi⁵⁵, pən²⁴ȵiou²¹
□□□□都 唔 见 做 声， 个 就 七 月 七 上 天 去，分 牛
lɔŋ²¹, tʂɿ³³, liẽ²¹kai⁵⁵kei⁵⁵tsɿ³³ȵy⁴²liɔŋ⁴²kei⁵⁵ȵin²¹, i³³tʂa³³tʂuei⁵⁵tʂʰou⁵⁵i³³tʂa³³kei⁵⁵mi³³pa³³, tɛ³³
郎， 织， 连 个 个 织 女 两 个 人， 一隻 拽 住 一隻 个 尾巴， 搭
li⁰i³³tʂa³³mi³³pa³³tɕʰiau²¹, xã⁴²kai⁵⁵liɔŋ⁴²tʂa⁰, iou⁵⁵nẽ²¹tɕiẽ⁵⁵miẽ⁵⁵, iou⁵⁵nẽ²¹ɕiɔŋ⁵⁵tɕy⁵⁵, tʰõ²¹tɕy⁵⁵,
了 一隻 尾巴 桥， 喊 个 两 隻，又 能 见 面， 又 能 相 聚， 团聚，
iou⁵⁵nẽ²¹ko⁵⁵tau⁰i³³toi²⁴.
又 能 过 到 一堆。

（发音人：罗群英，2016.8.12）

---

① □tsʰɿ²⁴：擦、划。

② 河□xo²¹pʰa⁰：河。

③ 底□i⁴²sa⁰：这边。

④ 个□kai⁵⁵sa⁰：那边。

⑤ □□□□ka²⁴la⁴²ma³³ɕi³³：乱七八糟，杂七杂八。

2 卷席筒

lau⁴²tsau⁴²sei⁵⁵sei²¹tsʅ⁰tsʰoi²⁴u³³kʰua⁰, tʰaŋ²⁴n̠ia²⁴, tsʰoi²⁴liaŋ²⁴xɔŋ⁰tso⁵⁵xo²¹, tʰaŋ²⁴
老 早 细 细 子 在 屋 下, 听 [人家],在 岭 上 做 活, 听
n̠ia²⁴ tɕʰyɛ̃²¹sã²⁴ʂou³³pən²⁴tɕiɔŋ⁴²kai⁵⁵tɕyɛ̃⁴²tɕʰia⁴⁴tʰəŋ²⁴tsʅ⁰, n̠iou⁴²mã²¹tsʅ⁰ ŋai²¹tɕi⁵⁵tei⁰i³³
[人家] 全 山 叔 分 讲 个 卷 席 筒 子,□ □ 子 我 记 得 一
ti³³tsʅ⁰.
滴 子。

i³³tʂa⁰vɔŋ²¹ʂɔŋ⁵⁵, kai⁵⁵tɕiou⁵⁵xei⁵⁵iou²⁴tɕʰiɛ̃²¹kei⁵⁵n̠in²¹. tɕʰiɛ̃²¹tʰɐu⁰lau⁴²pʰo²¹sʅ⁴²liɛ⁰, xɐu⁵⁵
一 隻 皇 上, 个 就 系 有 钱 个 人。 前 头 老 婆 死 咧, 后
loi²¹, iou⁵⁵xoi⁵⁵poi⁰iou⁵⁵kɔŋ⁴²li⁰i³³tʂa³³. tɕʰiɛ̃²¹tʰɐu⁰kai⁵⁵tʂa⁰tiou²⁴i³³tʂa⁰lai⁵⁵tsʅ⁰, xɐu⁵⁵poi⁰i⁴²tʂa⁰,
来, 又 后 背 又 扛 了一隻。 前 头 个 隻 丢 一隻 俫子, 后 背 底隻,
n̠in²¹ka²⁴iou⁵⁵tai⁵⁵loi²¹i³³tʂa³³lai⁵⁵tsʅ⁰. tai⁵⁵loi²¹i³³tʂa³³lai⁵⁵tsʅ⁰tʰai⁵⁵sei²¹tsʅ⁰xɛ̃⁴²xau⁴², tɕi²¹oi²⁴tsʅ⁰
人 家 又 带 来 一隻 俫子。带 来 一隻 俫子 大 细 子 很 好, 渠 娭子
ɕin²⁴xɛ̃⁴²tei⁰xɛ̃⁴²xɛ̃⁰, ɕiɔŋ⁴²pa⁴²tɕi²¹kai⁵⁵lai⁵⁵tsʅ⁰xoi⁵⁵sʅ⁴²ɕi⁰, tɕiE⁵³ko⁰, xã⁴²tɕi²¹kei⁵⁵ɕin³³tɕʰiou³³,
心 狠 得 很 很, 想 把 渠 个 个 俫 子 害 死 去,结 果, 喊 渠 个 新 舅①,
tɕi²¹m²¹ɕiɔŋ⁴²xa²⁴ʂou⁵⁵, tɕi²¹xã⁴²tɕi²¹kei⁵⁵ɕin³³tɕʰiou³³xa²⁴ʂou⁴². tɕi²¹pa⁴²kei⁵⁵ɕin³³tɕʰiou³³kŏ⁴²mɔŋ²¹
渠 唔 想 下 手, 渠 喊 渠 个 新 舅⁼ 下 手。 渠 把 个 新 舅⁼ 赶 忙
xã⁴²tau⁵⁵i³³tei²⁴sʅ⁴⁴fã⁵⁵, pən²⁴tɕi²¹kei⁵⁵ɕin³³tɕʰiou³³tau⁵⁵i³³pʰei³³tsʅ⁰tɕiou⁴², xã⁴²tɕi²¹kei⁵⁵ɕin³³
喊 到 一堆 食 饭, 分 渠 个 新 舅⁼ 倒 一杯 子 酒, 喊 渠 个 新
tɕʰiou³³, ti⁵⁵pən²⁴tɕi²¹ka³³kŏ⁰, ti⁵⁵, xã⁴²tɕi²¹kei⁵⁵ɕin³³ɕʰiou³³xoi⁴⁴, tɕi²¹kei⁵⁵ɕin³³tɕʰiou³³, xoi⁴⁴
舅⁼, 递 分 渠 家 官, 递, 喊 渠 个 新 舅⁼ 喝, 渠 个 新 舅⁼, 喝
m²¹tau⁵⁵tsʅ⁰tɕiou⁴², xã⁴², tɕi²¹ka³³kŏ³³ɕin²⁴xau⁴², va⁵⁵sʅ⁰: tʰi⁵⁵, xã⁴²tɕi²¹, tɕi²¹tʰi⁵⁵tɕi²¹ɕin³³tɕʰiou³³
唔 到 子 酒, 喊, 渠 家 官 心 好, 话 事:替, 喊 渠, 渠 替 渠 新 舅⁼
xoi⁴⁴, tɕiE³³ko⁰tɕi²¹, ka³³kŏ³³i³³xoi⁴⁴, kai⁵⁵tɕiou⁴²li⁰iou²⁴tʰou²⁴, tɕiou⁵⁵xoi⁴⁴sʅ⁴²liE⁰. xoi⁴⁴sʅ⁴²liE⁰,
喝, 结 果 渠, 家 官 一喝, 个 酒 里 有 毒, 就 喝 死 咧。喝 死 咧,
tɕi²¹ka²⁴n̠iɔŋ²¹tɕiou⁵⁵xã⁴²kei⁰n̠in²¹, pa⁴²tɕi²¹ɕin³³tɕʰiou³³tɕiou⁵⁵tsua⁴²tsɐu⁴²liE⁰. tsua²⁴tsɐu⁴²liE⁰,
渠 家 娘 就 喊 个 人, 把 渠 新 舅⁼ 就 抓 走 咧。抓 走 咧,
tɕiE³³ko⁰tɕi²¹, kai⁵⁵ɕin³³tɕʰiou³³n̠in²¹ka³³iou²⁴i³³tʂa⁰lai⁵⁵tsʅ⁰, i³³tʂa⁰moi⁵⁵tsʅ⁰, tou²⁴xei⁵⁵ŋ⁴²liou³³
结 果 渠, 个 新 舅⁼ 人 家 有 一隻 俫子, 一隻 妹 子, 都 系 五六
soi⁵⁵. pa⁴²tɕi²¹kai⁵⁵liɔŋ⁴²tʂa⁰tʰai⁵⁵sei²¹tsʅ⁰, pɔŋ⁴²tau⁰xɐu⁵⁵iɛ̃²¹tsʅ⁰. tɕi²¹tau⁵⁵kai⁵⁵kei⁵⁵ʂən²¹tʰɔŋ²¹
岁。 把 渠 个 两 隻 大 细 子, 绑 到 后 院 子。渠 到 个 个 神 堂

---

① 新舅⁼ ɕin³³tɕʰiou³³:儿媳妇。

ɕi⁵⁵tɕin⁵⁵ʂən²¹ɕi⁵⁵liE⁰, tɕi²¹sei⁵⁵lai⁵⁵tsɿ⁰, liau⁵⁵tau⁵⁵kuei²⁴loi²¹liE⁰, kuei²⁴loi²¹liE⁰, tɕiou⁵⁵xã⁴²tɕi²¹
去 敬 神 去 咧，渠 细 俫 子，嫽 到 归 来 咧，归 来 咧，就 喊 渠
mei²⁴, mau²¹tɕiẽ⁵⁵tɕi²¹mei²⁴, xã⁴²tɕi²¹kei⁵⁵liɔŋ⁴²tʂaºtʂʰ⁴⁴ŋ²¹tsɿ⁰, tʂʰɿ⁴⁴tsɿ⁰, kai⁵⁵liɔŋ⁴²tʂaºtʰai⁵⁵sei²¹
婆，无 见 渠 婆，喊 渠 个 两 只 侄 女 子，侄 子，个 两 只 大 细
tsɿ⁰, tsʰoi²⁴xɛu⁵⁵poiºtɕiau⁵⁵, va⁵⁵ʂɿ⁰: tɕi²¹, tɕi²¹pʰo²¹pa⁴²tɕi²¹pɔŋ⁴²tau²¹tsʰoiº, tɕiE³³koº, tɕi²¹,
子，在 后 背 嗷， 话 事: 渠，渠 婆 把 渠 绑 倒 在， 结 果， 渠，
tʂʰo⁴⁴ɕi⁵⁵, ma³³keiºtɕʰiən²¹kʰuaŋ⁵⁵i³³mən⁵⁵i³³xɛu⁵⁵, pa⁴²tɕi²¹kərº mei²⁴iou⁵⁵xẽ²⁴tʂʰɿ⁵⁵tɕin⁵⁵loi²¹,
着 气，脉=个 情 况 一 问 以 后， 把 渠 个 儿 婆 又 喊 出 进 来，
tɕi²¹mei²⁴xẽ²⁴tɕin⁵⁵loi²¹. tɕi²¹mei²⁴mən⁵⁵va⁵⁵ʂɿ⁰: "iau²¹, n̩i²¹kuei²⁴loi²¹liE⁰, sɿ⁴⁴fã⁵⁵liE⁰moº?" tɕi²¹
渠 婆 喊 进 来。渠 婆 问 话 事:"哟， 你 归 来 咧，食 饭 咧 么?" 渠
lai⁵⁵tsɿºva⁵⁵ʂɿ⁰: "ŋai²¹xai²¹sɿ⁴⁴fã⁵⁵liE⁰, ŋai²¹pa³³liE⁰?" va⁵⁵ʂɿ⁰: "n̩i²¹pa³³sɿ⁴²liE⁰." "kai⁵⁵n̩i²¹,
俫 子 话 事:"我 还 食 饭 咧，我 爸 咧?" 话 事:"你 爸 死 咧。""个 你,
ŋai²¹sau⁴²liE⁰?" "ŋai²¹sau⁴², xã⁴²n̩i²¹, n̩i²¹sau⁴²xã⁴²n̩in²¹ka³³tʂua²⁴tsɛu⁴²liE⁰." "vei⁵⁵ma³³keiº
我 嫂 咧?""我 嫂， 喊 你， 你 嫂 喊 人 家 抓 走 咧。""为 脉=个
tʂua²⁴tsɛu⁴²liE⁰?" "n̩i²¹sau⁴²pa⁴²n̩i²¹pa³³xoi⁴⁴sɿ⁴²liE⁰, n̩in²¹ka³³tʂua²⁴tsɛu⁴²liE⁰." tɕʰi²¹sɿ⁴⁴tʰai⁵⁵
抓 走 咧?""你 嫂 把 你 爸 害 死 咧，人 家 抓 走 咧。"其 实 大
sei²¹tsɿºtɕʰiẽ²⁴tʰɛuº, pən²⁴tɕi²¹mei²⁴, pən²⁴tɕi²¹a²⁴souºtsɿºma³³keiºtou²⁴vaº liE⁰. va⁵⁵ʂɿ⁰, xei⁵⁵tɕi²¹
细 子 前 头， 分 渠 婆， 分 渠 阿 叔 子 脉=个 都 话 咧。话 事，系 渠
pʰo²¹pa⁴²tɕi²¹a³³kuaŋ³³xoi⁴⁴sɿ⁴²liE⁰, n̩in²¹ka³³pa⁴²tɕi²¹mei²⁴tʂua²⁴tsɛu⁴²liE⁰. tɕi²¹i⁴²tʂaºlai⁵⁵tsɿ⁰
婆 把 渠 阿 公 害 死 咧，人 家 把 渠 婆 抓 走 咧。渠 底 只 俫 子
tɕiou⁵⁵ɕi⁵⁵m²¹tei³³tʂʰɿ³³, tsʰoi²⁴kai⁵⁵tsɿ⁰, pən²⁴, pən²⁴tɕi²¹mei²⁴ɕiɔŋ⁴²pʰã⁵⁵feº, va⁵⁵ʂɿ⁰: "ŋai²¹tau⁵⁵
就 气 唔 得 出， 在 个 子， 分， 分 渠 婆 想 办 法，话 事: "我 到
n̩iou⁴²mã²¹tsɿºɕiɔŋ⁴²pʰã⁵⁵feºiaº? iou⁵⁵xei⁵⁵tsʰɿ³³ka³³keiºtɕʰin²⁴oi²⁴tsɿ⁰, tau⁵⁵n̩iou⁴²mã²¹va⁵⁵iaº?"
□ □ 子 想 办 法 呀? 又 系 自 家 个 亲 娭 子，到 □ □ 话 呀?"
ɕiɔŋ⁴²liºi³³tʂaºpʰã⁵⁵feº, va⁵⁵ʂɿ⁰: "mei²⁴, ŋai²¹tʂaŋ⁵⁵tsɛu⁴², tsɛu⁴²ŋoi⁵⁵poiºliau⁵⁵tauºkuei²⁴loi²¹,
想 了 一 只 办 法，话 事:"婆， 我 正 走， 走 外 背 嫽 倒 归 来，
tsɛu⁴²fən²¹iẽ²¹ko⁵⁵, i³³ku⁴²tsɿºu²⁴fəŋ²⁴, pa⁴²ŋai²¹i³³xa⁵⁵pən²⁴tɕyẽ⁴²kuei²⁴loi²¹." tɕiou⁵⁵piẽ⁵⁵ʂaŋ²¹tɕi²¹
走 坟 园 过，一 股 子 乌 风， 把 我 一 下 分 卷 归 来。"就 变 成 渠
pʰo²¹liE⁰, tsɔŋ²⁴ʂaŋ²¹tɕi²¹pʰo². tɕi²¹pʰo²¹tɕiou⁵⁵mən⁵⁵tɕi²¹mei²⁴, va⁵⁵ʂɿ⁰: "ŋai²¹lai⁵⁵tsɿ²¹laiº?"
婆 咧，装 成 渠 婆。渠 婆 就 问 渠 婆，话 事:"我 俫 子 来?"
va⁵⁵: "n̩i²¹lai⁵⁵tsɿºxã⁴²n̩i²¹sən²⁴sau⁴²xoi⁴⁴sɿ⁴²liE⁰." "kai⁵⁵ ŋai²¹sən²⁴sau⁴²laiº?" "ŋai²¹ sən²⁴sau⁴²,
话:"你 俫 子 喊 你 孙 嫂 害 死 咧。""个 我 孙 嫂 来?""我 孙 嫂,

ȵi²¹sən²⁴sau⁴², tsʰoi²⁴tɕiẽ²⁴y⁰tou⁴²tsʰo²⁴tsʰei⁵⁵kei⁰." "kai⁵⁵, kai⁵⁵lioŋ⁴²tʂatsʰəŋ²¹sən²⁴ŋ⁴²tsɻ⁰,
你 孙 嫂, 在 监 狱 肚 坐 罪 个。" "个, 个 两 隻 重 孙 女子,
ŋ⁴²tsɻ²¹lai⁰?" va⁵⁵ ʂɻ⁰: "ȵi²¹ kei⁵⁵lioŋ⁴²tʂatsʰəŋ²¹sən²⁴ŋ⁴²tsɻ⁰, sei⁵⁵kei⁰tai⁴²tsʰɻ³³ɕi⁰liau⁵⁵ɕi²¹liɛ⁰."
女子 来? " 话事:"你 个 两 隻 重 孙 女子, 细 个 带 出 去 嫽 去 咧。"
va⁵⁵ʂɻ⁰: "m²¹ xei⁵⁵kei²¹pa⁰? ŋai²¹ko³³tei⁰, kai⁵⁵, ŋai²¹pa³³ia²⁴m²¹xei⁵⁵ŋai²¹sau⁴²xoi⁴⁴sɻ⁴²kei⁰, ȵi²¹
话 事:"唔 系 个 吧? 我 觉 得, 个, 我 爸 也 唔 系 我 嫂 害 死 个, 你
oi⁵⁵va⁵⁵lau⁴²sɻ⁴⁴sɻ⁵⁵, ȵi²¹tsai⁵⁵m²¹va⁵⁵lau⁴²sɻ⁴⁴sɻ⁵⁵, ŋai²¹tɕiou⁵⁵xã⁴²pa⁴²ȵi²¹ta⁴²tau⁰kai⁵⁵sɻ⁴⁴pɛ³³
爱 话 老 实 事, 你 再 唔 话 老 实 事, 我 就 喊 把 你 打 到 个 十 八
tsʰɛ²¹tʰi⁵⁵y⁰ tou⁴²li⁰, xã⁴²kai⁵⁵kei²¹ɕiau⁴²kuei⁴²ɕiau⁴²pʰã⁵⁵, pa⁴²ȵi²¹ɕioŋ⁴²ȵiou⁴²mã²¹sɻ⁴⁴to⁰, ȵiou⁴²
层 地 狱 肚 里,喊 个 个 小 鬼 小 判, 把 你 想 □ □ 拾 掇,□
mã²¹sɻ⁴⁴to⁰, ȵi²¹m²¹ɕin⁵⁵ȵi²¹kʰõ⁵⁵tau⁰." pa⁴²tɕi²¹mei²⁴i³³xa⁵⁵xa⁵⁵tau⁰, tɕi²¹mei²⁴va⁵⁵ʂɻ⁰: "ŋai²¹
□ 拾 掇, 你 唔 信 你 看 倒。"把 渠 婆 一 下 吓 倒, 渠 婆 话 事:"我
pən²⁴ȵi²¹va⁵⁵sɻ⁵⁵fa⁰, ŋai²¹pən²⁴ȵi²¹va⁵⁵sɻ⁵⁵fa⁰." xɛu⁵⁵loi²¹, tɕi²¹mei²⁴tɕiou⁵⁵va⁵⁵, va⁵⁵ʂɻ⁰: "ŋai²¹
分 你 话 实 话,我 分 你 话 实 话。"后 来, 渠 婆 就 话, 话 事:"我
pən⁴²ʂən²⁴ɕioŋ⁴²pa⁴²ȵi²¹sau⁴²xoi⁴⁴sɻ⁴²ɕi⁰, mau⁴²ɕioŋ⁴²tau⁰, pən⁴²ȵi²¹sau⁴²u⁵⁵ti³³tsɻ⁰tʰou⁴⁴io⁰foŋ⁵⁵
本 身 想 把 你 嫂 害 死 去,无 想 到, 分 你 嫂 务 滴 子 毒 药 放
tau⁵⁵tɕiou⁴²tou⁴²li⁰, ȵi²¹pa³³ɕin²⁴xau⁴², tʰi⁵⁵ȵi²¹sau⁴²pa⁴²kai⁵⁵tɕiou⁴²xoi⁴⁴liɛ⁰, pa⁴²ȵi²¹pa³³xoi⁴⁴
到 酒 肚 里,你 爸 心 好, 替 你 嫂 把 个 酒 喝 咧, 把 你 爸 害
sɻ⁴²liɛ⁰." "kai⁵⁵ŋai²¹sau⁴²i⁴²tsʰən²¹tsɻ⁰?" "ȵi²¹sau⁴²xã⁴²ȵin²¹ka³³tʂua²⁴tsɛu²¹liɛ⁰, xai²¹tsʰo²⁴tɕiẽ²⁴
死 咧。""个 我 嫂 底 阵 子? ""你 嫂 喊 人 家 抓 走 咧, 还 坐 监
y⁰ tou⁴²li⁰tsʰo²⁴tau²¹liɛ⁰." "mei²⁴ia⁰, mei²⁴ia⁰, ȵi²¹tsən³³mo³³nẽ²¹tso⁵⁵tsʰɻ³³kã⁴²tsɻ⁰kei⁵⁵sɻ⁵⁵tɕʰin⁰,
狱 肚 里坐 倒 咧。""婆 呀,婆 呀,你 怎 么 能 做 出 咁 子 个 事 情,
ȵi²¹i³³tʰiẽ²⁴xai²¹tɕioŋ⁵⁵ʂən²¹, tsʰən²¹tʰiẽ²⁴tɕioŋ⁵⁵ʂən²¹, ȵi²¹tɕioŋ⁵⁵kei⁵⁵ma³³kei⁰ʂən²¹, ȵi²¹tɕioŋ⁵⁵
你 一 天 还 敬 神, 成 天 敬 神, 你 敬 个 脉 个 神, 你 敬
kei⁵⁵ʂən²¹, xai²¹ɕioŋ⁴²xoi⁵⁵ȵin²¹, kʰõ⁵⁵i³³xa⁵⁵tiou²⁴lioŋ⁴²tʂatʰai⁵⁵sei²¹tsɻ⁰ȵiou⁴²mã²¹sɻ⁰?" tɕi²¹
个 神, 还 想 害 人, 看 一 下 丢 两 隻 大 细 子□ □ 子?"渠
a²⁴ʂou⁰tsɻ⁰i³³tʰiẽ²⁴tɕiou⁵⁵pa⁴²kai⁵⁵lioŋ⁴²tʂatʰai⁵⁵sei²¹tsɻ⁰tai³³tau⁰, tsʰɻ³³ɕi⁵⁵liau⁵⁵a⁰, tau⁵⁵ȵai⁵⁵tsɻ⁰
阿 叔 子 一 天 就 把 个 两 隻 大 细 子 带 倒, 出 去 嫽 啊,到 哪 子
xo²¹pʰa⁰, ta⁴²tsau⁴²tsɻ⁰, ʂon²⁴iẽ⁵⁵tɕʰioŋ²¹, tai⁵⁵tau⁰ʂon²⁴tɕʰi²¹, kõ⁴²tiẽ⁵⁵, i³³tʰiẽ²⁴mən⁵⁵tɕi²¹mei²⁴oi⁵⁵ti³³
河 □, 打 枣 子,上 院 墙, 带 倒 上 集, 赶 店, 一 天 问 渠 婆 爱 滴
tsɻ⁰tɕʰiẽ²¹, pən²⁴lioŋ⁴²tʂatʰai⁵⁵sei²¹tsɻ⁰mai²⁴tau⁰sɻ⁴⁴, pa⁴²lioŋ⁴²tʂatʰai⁵⁵sei²¹tsɻ⁰tɕioŋ²⁴kõ⁰tɕioŋ²⁴kõ⁰.
子 钱, 分 两 隻 大 细 子买 倒 食,把 两 隻 大 细 子 经 管 经 管。

tʰai⁵⁵sei²¹tsʅ⁰ȵiɛ³³li⁰, liɛ̃²¹tɕi²¹a²⁴ʂou²¹tsʅ⁰, tau⁵⁵liau⁵⁵tau⁰xai²¹xau⁴², tau⁵⁵xa²⁴tʂou⁵⁵ia⁵⁵li⁰, tɕiou⁵⁵
大 细 子 日 里, 连 渠 阿 叔 子, 倒 嫽 倒 还 好, 到 下 昼 夜 里, 就
mən⁵⁵tɕi²¹ʂou³³, oi⁵⁵tɕi²¹mei²⁴oi⁵⁵sʅ⁴⁴nẽ⁵⁵, pa⁴²tɕi²¹ʂou³³, tʂaŋ⁴²tau⁰mo²¹tei³³pʰã⁵⁵fɛ⁰, tɕi²¹ʂou³³,
问 渠 叔, 爱 渠 婆 爱 食［奶儿］, 把 渠 叔, 整 倒 没 得 办 法, 渠 叔,
ɕioŋ⁴²tʂa⁰pʰã⁵⁵fɛ⁰ȵiou⁴²mã²¹tsʅ⁰, kai⁵⁵ŋai²¹tsʅ³³iou²⁴ɕi⁵⁵tʰi⁵⁵ŋai²¹sau⁴²tsʅ⁰tsʰo²⁴tɕiɛ̃²⁴ma⁰. pa⁴²tɕi²¹
想 隻 办 法□ □子, 个 我 只 有 去 替 我 嫂 子 坐 监 嘛。 把 渠
kai⁵⁵lioŋ⁴²tʂa⁰tʰai⁵⁵sei²¹tsʅ⁰tʂʅ⁴⁴ŋ⁴²tsʅ⁰tʂʅ⁴⁴tsʅ⁰tai⁵⁵tau⁰tɕiɛ̃²⁴y⁰mən²¹xoŋ³³, ɕi⁵⁵tɕʰin²¹tɕi²¹sau⁴²,
个 两 隻 大 细 子 侄 女子侄 子带 到 监 狱门 上, 去 寻 渠 嫂,
pa⁴²tɕi²¹sau⁴²tɕʰin²¹tau⁰. tɕi²¹sau⁴²va⁵⁵sʅ⁰: "iau²¹, lau⁴²tʰai²¹tsʅ⁰ȵi²¹ȵiou⁴²mã²¹loi²¹liɛ⁰?" va⁵⁵: "kai⁵⁵
把 渠 嫂 寻 到。 渠 嫂 话 事: "哟, 老 弟 子你 □ □ 来 咧？" 话: "个
ŋai²¹m²¹loi²¹ȵiou⁴²mã²¹tsʅ⁰? kai⁵⁵lioŋ⁴²tʂa⁰tʰai⁵⁵sei²¹tsʅ⁰i³³tʰiɛ̃²⁴ȵiɛ³³li⁰liau⁵⁵tau⁰xai²¹xau⁴², ia⁵⁵
我 唔 来 □ □子？ 个 两 隻 大 细 子 一天 日 里嫽 倒 还 好, 夜
pu⁰mən⁵⁵ŋai²¹oi⁴⁴sʅ⁴⁴nẽ⁵⁵, mən⁵⁵ŋai²¹oi⁵⁵mei²⁴, ŋai²¹tsɛu⁴²nai⁵⁵ioŋ⁵⁵tsʅ⁰iou²⁴nẽ⁵⁵? ŋai²¹
晡 问 我 爱 食［奶儿］, 问 我 爱 婆, 我 走 哪 样 子 有 ［奶儿］？ 我
tsɛu⁴²nai⁵⁵ioŋ⁵⁵tsʅ⁰pən²⁴tɕi²¹tɕʰin²¹tɕi²¹mei²⁴, ŋai²¹tsʅ²⁴iou²⁴ŋai²⁴loi²¹tsʰo²⁴tɕiɛ̃²⁴y⁰mən⁰, ȵi²¹kuei²⁴
走 哪 样 子分 渠 寻 渠 婆, 我 只 有 我 来 坐 监 狱□, 你 归
ɕi⁰tai⁵⁵lioŋ⁴²tʂa⁰tʰai⁵⁵sei²¹tsʅ⁰." xɛu⁵⁵loi²¹tɕi²¹tɕiou⁵⁵pən²⁴ȵin²¹ka³³kai⁵⁵pʰã⁵⁵kõ²⁴ma³³kei⁵⁵va⁵⁵,
去 带 两 隻 大 细 子。" 后 来 渠 就 分 人 家 个 判 官 脉=个话,
xã⁴²tɕi²¹oi²⁴tsʰo²⁴tɕiɛ̃²⁴y⁰, kai⁵⁵fo⁴²pʰã⁵⁵kõ²⁴tou⁰m²¹tɛ³³in⁰, tɕi²¹sau⁴²ia²⁴m²¹tɛ³³in⁰, xɛu⁵⁵loi²¹pən²⁴,
喊 渠 爱 坐 监 狱, 个 伙 判 官 都 唔答 应, 渠 嫂 也 唔答 应, 后 来 分,
va⁵⁵, va⁵⁵tau⁰va⁵⁵sʅ⁰: "xai²¹mau²¹tɕiɛ̃⁵⁵ko⁰mã⁴²ȵin²¹tsaŋ²⁴tau⁰tsʰo²⁴tɕiɛ̃²⁴y⁰, tsaŋ²⁴tau⁰sʅ⁴⁴ma⁰,
话, 话 倒 话 事: "还 无 见 过 □人 争 倒 坐 监 狱, 争 倒 食 嘛,
mã⁴²ȵin²¹xai²¹tsʰo²⁴tau⁰tsaŋ²⁴, tsaŋ²⁴tau⁰tsʰo²⁴tɕiɛ̃²⁴y⁰." xɛu⁵⁵loi²¹, mau²¹pʰã⁵⁵fɛ⁰, tɕiou⁵⁵xã⁴²
□ 人 还 坐 倒 争, 争 倒 坐 监 狱。" 后 来, 无 办 法, 就 喊
tɕi²¹lau⁴²tʰai²¹tsʅ⁰, tɕi²¹lau⁴²tʰai²¹tsʅ⁰tɕiou⁵⁵pən²⁴ȵin²¹ka³³va⁵⁵: "ȵin²¹ xei⁵⁵ŋai²¹xoi⁵⁵sʅ⁴²kei⁰, m²¹
渠 老 弟 子, 渠 老 弟 子 就 分 人 家 话: "人 系 我 害 死 个, 唔
xei⁵⁵ŋai²¹sau⁴²xoi⁵⁵sʅ⁴²kei⁰." xɛu⁵⁵loi²¹tɕi²¹sau⁴²tɕiou⁵⁵kuei²⁴loi²¹liɛ⁰, tɕiou⁵⁵xã⁴²tɕi²¹ko⁴², xã⁴²tɕi²¹
系 我 嫂 害 死 个。" 后 来 渠 嫂 就 归 来 咧, 就 喊 渠 哥, 喊 渠
lau⁴²tʰai²¹tsʅ⁰tsʰo²⁴tau⁰tɕiɛ̃²⁴y⁰tou⁴²li⁰, tɕiau⁵⁵lau⁴²tʰai²¹tsʅ⁰ɕi⁵⁵pən²⁴tɕi²¹, sau⁴²va⁵⁵: "ȵin²¹ ka³³
老 弟 子 坐 到 监 狱肚 里, 叫 老 弟 子去 分 渠, 嫂 话: "人 家
tʰiɛ̃³³tau⁵⁵, tsai⁵⁵pa⁴²ŋai²¹tɕʰioŋ²⁴pi⁵⁵liɛ⁰, ȵi²¹tɕiou⁵⁵mai²⁴i³³tʂoŋ²⁴tɕʰia⁴⁴tsʅ⁰loi²¹, pa⁴²ŋai²¹i³³
天 到, 再 把 我 枪 毙咧, 你 就 买 一 张 席 子来, 把 我 一

tɕyɛ̃⁴², mai²¹tau⁰, sən⁵⁵tau⁰fən²¹iɛ̃²¹i³³mai²¹."tɕi²¹sau⁴²tɕiou⁵⁵tɕiau⁵⁵, tɕiau⁵⁵tau⁰, va⁵⁵ʂʅ⁰: "xau⁴²
卷， 埋 到， 送 到 坟 园 一 埋。" 渠 嫂 就 噭， 噭 倒, 话 事:"好
lau⁴²tʰai²¹tsʅ⁰n̠i²¹tsən⁴²mo⁰kã²⁴xau⁴², n̠i²¹tʰi⁵⁵ŋai²¹tsʰo²⁴tɕiɛ²⁴, n̠i²¹tʰi⁵⁵ŋai²¹sʅ⁴², ŋai²¹n̠iou⁴²mã²¹
老 弟 子 你 怎 么 咁 好， 你 替 我 坐 监， 你 替 我 死， 我 □　□
tsʅ⁰kã⁴²ɕiE⁰n̠i²¹?"xɛu⁵⁵loi²¹, u³³kʰua³³ia²⁴tɕiən²⁴tei⁰xɛ̃⁴², mo²¹tei²¹tɕʰiɛ̃²¹, tɕi²¹sau⁴², pa⁴²tɕi²¹kei⁵⁵
子 感 谢 你?" 后　来， 屋 下　也 穷　得 很， 没 得 钱， 渠 嫂， 把 渠 个
tʰɛu²¹fE⁰tɕiɛ̃⁴²liE⁰, mai⁵⁵li⁰tɕʰiaŋ²⁴sʅ²⁴, tsʰoi²⁴, tsʰoi²⁴kai²⁴xoŋ⁰pən⁰mai²⁴li⁰i³³tʂoŋ²⁴tɕʰia⁴⁴tsʅ⁰,
头　发 剪 咧，卖 了 青　丝， 在， 在 街 上 分 买 了一 张　席　子,
tɕʰi²¹sʅ⁴⁴xei⁵⁵tɕi²¹ko²⁴n̠in²¹ka³³tsʰʅ³³ɕi⁰tso⁵⁵li⁰kõ²⁴liE⁰, tɕi²¹ko²⁴kuei²⁴loi²¹liE⁰, tsʰoi²⁴u³³kʰua⁰,
其　实 系 渠 哥 人　家 出　去 做 了 官 咧, 渠 哥 归　来 咧, 在　屋 下,
tɕʰin²¹, tɕʰin²¹tɕi²¹sau⁴², tɕi²¹sau⁴²tʂən⁵⁵va⁵⁵, pən²⁴tɕi²¹ko²⁴va⁵⁵ʂʅ⁰: "mei²⁴, pa⁴², pa³³xoi⁵⁵sʅ⁴²liE⁰,
寻， 寻　渠 嫂， 渠 嫂 正　话， 分 渠 哥 话 事:"婆， 把， 爸 害 死 咧,
va⁵⁵xei⁵⁵ŋai²¹xoi⁵⁵sʅ⁴²kei⁰. ŋai²¹iou²⁴liəŋ⁴²tʂa⁰tʰai⁵⁵sei²¹tsʅ⁰, pa⁴²ŋai²¹zɛ̃²¹tau⁰, xɛu⁵⁵loi²¹, tʂoŋ²⁴
话 系 我 害 死 个。 我　有 两　隻 大 细 子, 把 我 黏 到, 后　来， 张
tsʰoŋ²⁴ɕi⁵⁵, tʰi⁵⁵ŋai²¹tso²⁴li⁰, tsʰo²⁴li⁰tɕiɛ²⁴liE⁰, tʂoŋ²⁴tsʰoŋ²⁴va⁵⁵ʂʅ⁰, xã⁴²ŋai²¹, tɕi²¹tʰiɛ̃³³tau⁵⁵
苍　去， 替 我 坐 了, 坐　了 监 咧， 张　苍　话 事, 喊 我， 渠 天 到
n̠in²¹ka³³tsai⁵⁵tɕiəŋ²⁴pi⁵⁵liE⁰, xã⁴²ŋai²¹mai²⁴i³³tʂoŋ²⁴tɕʰia⁴⁴tsʅ⁰, pa⁴²tɕi²¹tɕyɛ̃⁴²¹, tɕyɛ̃⁴²tau⁰sən⁵⁵
人　家 再 枪　毙 咧， 喊 我 买 一 张　席　子, 把 渠 卷， 卷 倒 送
tau⁵⁵fən²¹iɛ̃²¹mai²¹ɕi⁰, n̠i²¹va⁵⁵i⁴²tʂʰən²¹tsʅ⁰n̠iou⁴²mã²¹tsʅ⁰?" xɛu⁵⁵loi²¹, tɕi²¹sau⁴², tɕiou⁵⁵ɕi⁵⁵, tɕi²¹
到 坟　园 埋 去, 你 话 底 阵　子 □　□ 子?" 后　来， 渠 嫂， 就　去， 渠
ko²⁴tɕiou⁵⁵xã⁴²tɕi²¹sau⁴²ɕi⁵⁵mai²⁴i³³tʂoŋ²⁴tɕʰia⁴⁴tsʅ⁰, tau⁵⁵, tau⁵⁵kai⁵⁵tsʅ⁰ɕi⁵⁵, n̠in²¹ka³³va⁵⁵tsʰoi²⁴
哥 就　喊 渠 嫂 去 买 一 张　席　子, 到， 到 个 子 去, 人　家 话 在
kai⁵⁵tsʅ⁰pa⁴²tɕi²¹, tɕiou⁵⁵ɕi⁵⁵tɕiE³³tɕi²¹lau⁴²tʰai²¹tsʅ⁰, tau⁵⁵tɕiɛ̃⁴²y⁰tɕiE³³tɕi²¹lau⁴²tʰai²¹tsʅ⁰. tɕi²¹sau⁴²
个 子 把 渠， 就　去 接 渠 老 弟 子, 到 监　狱 接　渠 老 弟 子。 渠 嫂
pei⁵⁵li⁰i³³tʂoŋ²⁴tɕʰia⁴⁴tsʅ⁰, pei⁵⁵i³³tʂoŋ²⁴tɕʰia⁴⁴tsʅ⁰tau⁵⁵fən²¹iɛ̃²¹kai⁵⁵tsʅ⁰, tɕi²¹tsõ²⁴tau⁰, tɕi²¹sau⁴²
背 了一 张　席　子, 背 一 张　席　子 到 坟　园 个 子, 渠 钻 到, 渠 嫂
n̠iəŋ²¹ko⁵⁵ʂən²⁴, tɕi²¹tɕiou⁵⁵tso²⁴tau⁰tɕʰia¹¹tsʅ⁰tou¹²li⁰, pa⁴²tɕi²¹tsʰʅ³³ka³³¹³tɕyɛ̃⁴⁷, tɕi²¹sau⁴²tau⁵⁵
拧　过 身， 渠 就　钻 到 席　子 肚 里, 把 渠 自　家 一 卷， 渠 嫂 到
kɛ²⁴tɕʰiɛ²¹liE⁰, tɕi²¹tɕyɛ⁴²tau⁰mei³³mei³³kei⁰, tsʰoi²⁴tou⁴²li⁰ʂoi⁵⁵tau⁰. tɕi²¹sau⁴²n̠iəŋ²¹tʂa³³ko⁵⁵,
跟 前 咧， 渠 卷 倒 美 美 个， 在　肚 里 睡 倒。 渠 嫂 拧　隻 过,
tɕi²¹iou⁵⁵tsʰʅ³³ɕi⁰tɕʰi²⁴tau⁰ŋoi⁵⁵poi⁰, liɛ̃²¹tɕi²¹sau⁴²koŋ⁴². xɛu⁵⁵loi²¹, tɕi²¹ko²⁴n̠in²¹ka³³kuei²⁴loi²¹
渠 又 出　去 徛 到 外 背， 连 渠 嫂 讲。 后　来， 渠 哥 人　家 归　来

i³³xɛu⁵⁵, pa⁴², tɕi²¹lau⁴²tʰai²¹tsɿ⁰, tɕi²¹sau⁴²ɕi⁵⁵pa⁴²tɕi²¹lau⁴²tʰai²¹tsɿ⁰, tɕʰin²¹kuei²⁴loi²¹. i⁴²xa⁵⁵n̠in²¹
以后， 把， 渠老弟子， 渠嫂 去 把渠老弟子， 寻 归 来。底下 人
ka³³, tɕi²¹ko²⁴ia²⁴tsʰo²⁴li⁰, tsʰo²⁴li⁰kõ²⁴liɛ⁰, tɕi²¹lau⁴²tʰai²¹tsɿ⁰, n̠in²¹ka³³ia²⁴tɔŋ²⁴li⁰sei⁵⁵kõ²⁴liɛ⁰,
家， 渠哥也坐 了,坐 了官 咧， 渠老弟子， 人 家也当 了细官 咧,
tɕi²¹sau⁴², tɔŋ²⁴li⁰n̠iɔŋ²¹n̠iɔŋ²¹liɛ⁰, i⁴²xa⁵⁵tɕi²¹oi²⁴tsɿ⁰, tsoi²⁴tʰiɛ̃⁴²tɕi²¹sau⁴²tsɿ⁰kei⁵⁵kɛu²⁴tsɿ⁰, pən²⁴
渠嫂， 当了娘 娘 咧,底下渠娖子， 在 舔 渠嫂 子个 沟 子， 分
tɕi²¹sau⁴², va⁵⁵i⁴²iɔŋ⁵⁵va⁵⁵kai⁵⁵mo⁰, pən²⁴tɕi²¹sau⁴², pən²⁴tɕi²¹lau⁴²tʰai²¹tsɿ⁰, ma³³kei⁰. i⁴²xa⁵⁵, tou²⁴
渠嫂， 话底样 话个么， 分 渠嫂， 分 渠老弟子，脉⁼个。底下， 都
kõ⁵⁵tau⁰ia²⁴xo²¹ɕi⁵⁵liɛ⁰, ia²⁴xau⁴²liɛ⁰. kai⁵⁵tɕiou⁵⁵i⁴²kei⁰tɕiou⁵⁵xei⁵⁵va⁵⁵sɿ⁰, tɕi²¹sau⁴²u³³kei⁵⁵
看 倒 也和 气 咧， 也好 咧。个 就 底个就 系 话事， 渠嫂 务个
tɕʰia⁴⁴tsɿ⁰, oi⁴⁴ɕi⁵⁵tɕyɛ̃⁴²tɕi²¹ɕiau⁴²lɔŋ²¹tsɿ⁰, tɕyɛ̃⁴²ɕi⁰lau⁴²tʰai²¹tsɿ⁰. tɕiou⁵⁵xã⁴², tɕyɛ̃⁴²tɕʰia⁴⁴tʰəŋ⁴²tsɿ⁰.
席 子，爱去卷 渠小 郎 子①，卷 起老弟子。就 喊，卷 席 筒 子。

（发音人：罗群英，2016.8.12）

————————

① 小郎子：小叔子。

第四节

讲述

一 个人讲述

1 当地情况

ŋai²¹tən³³lo²¹ka²⁴vã²⁴, tʰi⁵⁵tʂʰu⁴²tsʰin²¹liaŋ²⁴tʂʰən²⁴tʂʰu⁰. si²⁴sa⁰ xei³³tsʰin²¹liaŋ²⁴, ŋai²¹tən³³
我 等 罗家湾，地处 秦 岭 深 处。西□①系 秦 岭，我 等
miẽ⁵⁵ɕiɔŋ⁵⁵nã²¹, i³³ȵiɛ̃²¹si⁵⁵tɕi⁵⁴xei⁵⁵tən³³xa³³pi⁴²tɕiau⁵⁴ko⁵⁴nõ²⁴, kõ⁴²kuã³³tʂəŋ³³tʰiɛ̃²⁴tɕi⁰nõ²⁴,
面 向 南，一 年 四 季 系 冬 下 比较 过 暖，赶 关 中 天 气 暖，
ȵiE⁴⁴tʰiɛ̃⁰liɔŋ²¹kʰuai⁵⁵⁴, tɕʰiou⁵⁵siɔŋ⁵⁵i⁴²kei⁵⁵ȵiE⁴⁴tʰiɛ̃⁰, ŋai²¹tən³³ia⁵⁴pu⁰ʂoi⁵⁴mo³³xai²¹tei³³pa⁴²
热 天 凉 快， 就 像 底个 热 天， 我 等 夜 晡 睡 目 还得 把
pʰoi²⁴koi⁵⁴koi⁵⁴tau⁰ȵiɛ²¹ȵiɛ̃²¹kei⁰, liou³³ȵiE⁴⁴sã²⁴fu⁴⁴tʰiɛ̃²⁴tsai⁵⁵ȵiE⁴⁴, tsʰoi²⁴ŋoi⁵⁴poi⁰tsai⁵⁵ȵiE⁴⁴, i³³
铺 盖 盖 倒 严 严 个，六 月 三 伏 天 再 热，在 外 背 再 热，一
kuei²⁴tau⁵⁴u³³kʰua⁰, kã⁴²kʰuəŋ²⁴tʰiau²¹tou²⁴ko⁵⁵liɔŋ²¹, liɔŋ²¹liɔŋ²¹kʰuai⁵⁵kʰuai⁵⁴kei⁰.
归 到 屋 下， 赶 空 调 都 过 凉， 凉 凉 快 快 个。

tɕʰio³³pei³³sa⁰ xei⁵⁵pei³³kɛu²⁴liɔŋ²¹, ʂa⁴⁴tʰəŋ⁵⁵liɔŋ²¹, nã²¹sa⁰ xei⁵⁵tɕiou⁴²ləŋ²¹tsʰai⁵⁵⁴, tɕiou⁴²
□② 北 □③系 北 沟 梁， 石 洞 梁， 南□④系 九 龙 寨， 九

---

① 西□ si²⁴sa⁰: 西边。
② □ tɕʰio³³: 靠近，挨着。
③ 北□ pei³³sa⁰: 北边。
④ 南□ nã²¹sa⁰: 南边。

ləŋ²¹tsʰai⁵⁴xa²⁴loi²¹tɕiou⁴²tʂa⁰, tɕiou⁴²tʂa⁰pau²⁴kai⁵⁵xã⁴²tɕiou⁴²tʂa⁰ləŋ²¹tʰɛu⁰, tɕiou⁴²ləŋ²¹tsʰai⁵⁴
龙 寨 下 来 九 隻，九 隻 包 个 喊 九 隻 龙 头，九 龙 寨

nau⁴²xɔŋ⁵⁵kai⁵⁵iɛ̃²¹loi²¹kai⁵⁵tɕʰiou⁵⁵iou²⁴tʂa⁰miau⁵⁵⁴, kai⁵⁵liɔŋ⁴²sã²⁴moi²⁴tʰou⁴²tʰai⁵⁵⁴, tɔŋ²⁴tʂən²⁴
脑 上 个 原 来 个 就 有 隻 庙， 个 两 三 亩 土 大， 当 中

iou²⁴tʂa⁰pau²⁴, nau⁴²xɔŋ⁰siou²⁴tʂa⁰miau⁵⁵⁴, ŋai²¹tən³³sei⁵⁵sei²¹tʂɿ⁰tou²⁴, xai²¹ʂɔŋ²¹ɕi⁵⁴ko⁰, kai⁵⁵
有 隻 包， 脑 上 修 隻 庙， 我 等 细 细 子 都， 还 上 去 过， 个

miau⁵⁴tsʰiɛ̃²¹tʰɛu⁰xai²¹kua⁵⁵liɔŋ⁴²tʂa⁰iɛ̃²¹tɛ̃²⁴ləŋ²¹, xɛu⁵⁵loi²¹pa⁴²kai⁵⁵miau⁵⁴tau⁵⁴li⁰i³³xɛu⁵⁵⁴, pa⁴²
庙 前 头 还 挂 两 隻 檐 灯 笼， 后 来 把 个 庙 倒 了 以 后， 把

kai⁵⁵tɛ̃²⁴ləŋ²¹na²⁴kuei²⁴loi²¹xai²¹tsʰoi²⁴lau⁴²tʰɔŋ²¹xa⁰nau⁴²xɔŋ⁰kua⁵⁴liᴇ⁰. i⁴²xei⁵⁵pei³³sa⁰, xei⁵⁵i³³
个 灯 笼 拿 归 来 还 在 老 堂 下 脑 上 挂 咧。底 系 北 □，系 一

kei⁰pei³³kɛu²⁴liɔŋ²¹, ʂa⁴⁴tʰəŋ⁵⁵liɔŋ²¹, ʂa⁴⁴tʰəŋ⁵⁵xei⁵⁵ŋai²¹kei⁵⁵lau⁵⁴siɛ̃²¹ȵin²¹ʂɔŋ²⁴loi²¹to⁴²tʰou⁴²
个 北 沟 梁， 石 洞 梁， 石 洞 系 我 个 老 先 人 上 来 躲 土

fei⁴², ta⁴²xa²¹kei⁰, ta⁴²li⁰tsʰi³³tʂa⁰ʂa⁴⁴tʰəŋ⁵⁵⁴, kai⁵⁵ŋai²¹tən³³sei⁵⁵sei²¹tʂɿ⁰tou²⁴tsin⁵⁴ɕi²¹ko⁰. tsei⁵⁵tʰai⁵⁴
匪， 打 下 个， 打 了 七 隻 石 洞， 个 我 等 细 细 子 都 进 去 过。最 大

kei⁰iou²⁴i³³tʂa⁰tɕʰiou⁵⁵sei⁵⁵sei²¹kei⁰sã²⁴kã²⁴u³³kã⁴²tʰai⁰, kai⁵⁵tou²⁴sou⁴²kuaŋ²⁴ta⁴²kei⁰, tau⁵⁵ɕiɛ̃⁵⁵tsai⁰
个 有 一 隻 就 细 细 个 三 间 屋 咁 大， 个 都 手 工 打 个， 到 现 在

tou²⁴xei⁵⁵i³³pa³³to²⁴ȵiɛ̃²¹liᴇ⁰, ŋai²¹tən³³sei⁵⁵sei²¹tʂɿ⁰ʂɔŋ²⁴ɕi⁰tʂɿ³³nɛ̃²¹ʂɔŋ²⁴ɕi⁰liɔŋ⁴²tʂa⁰ʂa⁴⁴tʰəŋ⁰,
都 系 一 百 多 年 咧，我 等 细 细 子 上 去 只 能 上 去 两 隻 石 洞，

ʂəŋ⁵⁴xa²⁴kei⁰mu²¹u³⁵lɛu²¹toi³³ŋai²¹kɛ̃²¹pən⁴²ʂɔŋ²⁴ɕi⁰mu²¹liau⁴², iɛ̃²¹loi²¹kai⁵⁵kei⁵⁵ʂa⁴⁴tʰəŋ⁵⁴tou²⁴iou²⁴
剩 下 个 唔 务 楼 梯 我 根 本 上 去 唔 了， 原 来 个 个 石 洞 都 有

mən²¹, tʰiᴇ³³liɛ̃⁵⁵tsɿ⁰, kai⁵⁵ȵin²¹tɕʰiou⁵⁵tʂua²⁴tʂʰou⁵⁵tʰiᴇ³³liɛ̃²¹tsɿ⁰tɕio²⁴tsɿ⁰tɕʰiou⁵⁵nɛ̃²¹ʂɔŋ²⁴ɕi⁰,
门， 铁 链 子， 个 人 就 抓 住 铁 链 子 脚 子 就 能 上 去，

xɛu⁵⁵loi²¹pa⁴²kai⁵⁵kã⁴²to²⁴kei⁵⁵tɔŋ³³si³³tou²⁴fei⁴²liᴇ⁰, mau²¹tei³³liᴇ⁰, i⁴²tʂʰən²¹tsɿ⁰tɕʰiou⁵⁵tsʰiaŋ⁵⁵
后 来 把 个 咁 多 个 东 西 都 毁 咧，无 得 咧，底 阵 子 就 净

i³³tʂa⁰ʂa⁴⁴tʰəŋ⁵⁵⁴, kai⁵⁵ȵin²¹ka³³ko⁵⁵ɕi⁰tɕʰiou⁵⁵to⁵⁴²tʰou⁴²fei⁴², mau²¹pʰã⁵⁴fɛ⁰. ʂa⁴⁴tʰəŋ⁵⁵tei⁴²xa⁰
一 隻 石 洞， 个 人 家 过 去 就 躲 土 匪， 无 办 法。石 洞 底 下

xai²¹iou²⁴tʂa³³tʂou²⁴ləŋ⁰, kai⁵⁵tɕʰiou⁵⁵va⁵⁵vei⁵⁵kei⁵⁵tʂou²⁴oi⁵⁵kuã²⁴tau⁰tʂou²⁴ləŋ²¹tei⁴²xa⁰ȵin²¹
还 有 隻 猪 笼， 个 就 话 喂 个 猪 爱 关 到 猪 笼 底 下 人

tsʰoi²⁴nau⁴²xɔŋ⁰, tʰou⁴²fei⁴²kai⁵⁵ti³³tsɿ⁰mau²¹tei³³pʰau⁰, tɕi²¹tou²⁴xei⁵⁵tau²⁴, tɕʰiou⁵⁵xai²¹nɛ̃²¹to⁴²ko⁵⁴ɕi⁰.
在 脑 上， 土 匪 个 滴 子 无 得 炮， 渠 都 系 刀， 就 还 能 躲 过 去。

i⁴²kei⁰ʐu²¹nɛ̃²¹kʰoi²⁴fɛ³³ʂɔŋ²⁴tau⁵⁵ŋai²¹kai⁵⁴tsɿ⁰ɕi⁵⁵u⁵⁵i⁴²kei⁰, ŋai²¹tən³³kei⁰i⁴²kei⁰, tɕiɔŋ⁴²tiɛ̃⁴²
底 个 如 能 开 发 商 到 我 个 子 去 务 一 个， 我 等 个 底 个， 景 点

tɕʰio⁴²ʂʅ⁴⁴xai²¹kʰo⁴²i⁰, i⁴²tʂʰən²¹tsʅ⁰kai⁵⁵kei⁵⁵ʂou⁵⁵pʰa⁰, tou²⁴ɕi⁵⁵loi²¹liɛ⁰, ʂou⁵⁵tou²⁴u⁵⁵tau⁰mi⁴⁴tei⁰
确　实还可以,底阵　子个个树　□①,都　起来　咧,树　都　务倒密得

xɛ̃⁴², liou⁴⁴liou⁴⁴li⁰, kʰuəŋ²⁴ɕi⁵⁵iou⁵⁵xau⁴², tou²⁴xei⁵⁵ʂʅ⁴⁴sã²⁴ʂuei⁴², liɛ̃²¹tʂʰəŋ²¹sʅ⁵⁴kei⁵⁵kʰuaŋ⁵⁵
很, 绿 绿 哩,空　气又好, 都 系 食山水, 连城　市个 矿

tɕʰyɛ̃²¹ʂuei⁴²iɔŋ⁵⁴kei⁰, pa⁴²kai⁵⁵tɕiou⁴²tʂaɔləŋ²¹tʰɛu²¹, i³³tʂaɔləŋ²¹tʰɛu²¹siou²⁴tʂaɔtʰin²¹tsʅ⁰, pa⁴²lou⁵⁵
泉　水　样个, 把个 九　隻龙头,　一隻龙头 修　隻亭　子,把路

siou²⁴ʂʅŋ²⁴ɕi⁰, tɛ̃²⁴la²⁴ʂəŋ²⁴ɕi⁰, pa⁴²nau⁴²xɔŋ⁰kei⁵⁵miau⁵⁴fei²⁴fu³³ɕi⁴²loi²¹, kai⁵⁵⁴, sã³³moi³³to²⁴
修　上 去,灯 拉上　去,把脑 上个 庙　恢 复起来, 个,　三 亩 多

tʰou⁴²kai⁵⁵kei⁵⁵tʰai⁵⁵tʰoi²¹si⁴²iɛ̃²¹tɕʰiɛ̃²⁴pa⁴²lã²¹kõ²⁴i³³siou²⁴, kai⁵⁴kau²⁴tei⁰xɛ̃⁴², kai⁵⁴fəŋ²⁴tɕiəŋ⁴²
土　个 个 大 台　四 圆圈　把栏杆 一修,　个　高　得很,　个　风　景

xai²¹xau⁴². kai⁵⁵i⁴²tʂʰən²¹tsʅ⁰kei⁵⁵xɔŋ²¹kʰuəŋ²⁴siɛ̃⁵⁵⁴, təŋ²⁴si²⁴kei⁵⁵xɔŋ²¹kʰuəŋ²⁴siɛ̃⁵⁵⁴, nã²¹pei³³kei⁵⁵
还　好。个 底阵　子个 航　空　线, 东　西个　航　空　线, 南北个

xɔŋ²¹kʰuəŋ²⁴siɛ̃⁵⁵⁴, tou²⁴tsɛu²⁴tɕiou⁴²ləŋ²¹tsʰai⁵⁵kai⁵⁴tsʅ⁰, nã²¹pei³³kei⁰tsɛu²⁴tɕiou⁴²ləŋ²¹tsʰai⁵⁵kai⁵⁴
航　空　线, 都 走 九　龙　寨 个 子,南北个 走 九　龙　寨　个

tsʅ⁰tʂõ⁴²vã²⁴, kai⁵⁴tou²⁴xei⁵⁵tʂa³³piau²⁴tsʅ⁵⁵⁴, i³³tʂaɔliɔŋ²¹tʰɛu⁰, tɕʰio⁴²ʂʅ⁴⁴xɛ̃⁴²xau⁴².
子转　弯, 个 都 系 隻标　志, 一隻梁 头,　确　实很好。

　　xa⁵⁴tʰiɛ̃²⁴tau⁵⁵ŋai²¹tən³³kai⁵⁴tsʅ⁰ɕi⁵⁴, ŋ⁴²i³³xɛu⁵⁵⁴, i⁴²kai⁵⁵kei⁵⁵, liaŋ²⁴xɔŋ⁰kei⁵⁵tsʰa³³tsʰa³³ko⁴²,
　　夏 天 到 我 等 个 子 去, 五一后,　底个个, 岭 上个 叉 叉 果,

tau⁵⁵ŋ⁴²n̠iɛ⁴⁴tsiɛ³³kɛ̃²⁴tsʰiɛ̃²¹ma⁴⁴li⁴⁴tsʅ⁰, tou²⁴fəŋ²¹liɛ⁰, ko⁵⁵ɕi⁰tou²⁴pa⁴²kai⁵⁵tʂo³³liɛ⁰, mau²¹tei³³
到 五月 节 跟 前 麦 栗子, 都 红 咧, 过 去都 把 个 斫咧, 无 得

tsʰai²¹ʂau²⁴tʂo³³li⁰ʂau²⁴tsʰai²¹. i⁴²liɔŋ⁴²n̠iɛ²¹kai⁵⁵tʂən⁴²kər⁰ tou²⁴ɕi⁴²loi²¹liɛ⁰, tɕi⁴²kau²⁴, tɕʰiou⁵⁵
柴　烧 斫了烧 柴. 底 两 年 个 整 个儿都 起来 咧, 几 高, 就

liɛ̃²¹tɕiou⁴²ləŋ²¹kɛu²⁴kai⁵⁵kei⁵⁵, sei⁵⁴o²⁴tsʅ⁰kai⁵⁵tʂa³³liɔŋ²¹xɔŋ⁰iɔŋ⁵⁴kei⁰, kai⁵⁴kei⁵⁵tsʰa³³tsʰa³³ko⁴²
连 九　龙 沟 个 个, 细窝子个 隻 梁　上 样 个, 个 个 叉 叉 果

tɕʰiou⁵⁵fəŋ²¹tau⁰, i³³pʰiɛ̃⁴²fəŋ²¹, tau⁵⁵sʅ²¹xɛu²¹i³³pʰiɛ̃⁴²fəŋ²¹, so⁴²i⁰ n̠i²¹tɕʰiou⁵⁵i⁴², tsai⁵⁴tʂaɔŋai²¹
就　红 倒, 一片　红, 到 时候 一片 红, 所以你 就　底,再 者我

tən³³kai³⁴tsʅ⁰n̠i²¹va³³kai³³kei³³xei⁴⁴tʰau²¹la⁰, mau²¹li⁴⁴tsʅ⁰, sʅ⁵⁴tsʅ⁰, i⁴²kei⁵⁵tou²⁴xei⁵⁵ŋai²¹tən³³
等　个 子 你 话 个 个 核桃　啦, 毛　栗子, 柿子, 底个都 系 我 等

kai⁵⁴tsʅ⁰kei⁵⁵tʰou²⁴tʰei²⁴tsʰã⁴², ko⁵⁵ɕi⁵⁵kai⁵⁴liɔŋ²¹n̠iɛ²¹xai²¹iou²⁴tʰiɛ̃²⁴ma²¹, i⁴²liɔŋ⁴²n̠iɛ²¹tʰiɛ̃²⁴ma²¹,
个 子 个 土　特　产,　过去个 两 年 还 有 天 麻, 底 两　年 天 麻,

---

① 树□ ʂou⁵⁵pʰa⁰:树林。

pʰai⁵⁴liɛ⁰. kai⁵⁵xei⁴⁴tʰau²¹iou²¹tɕʰi²¹mau²¹li⁴⁴tsɿ⁰tei²⁴piɛ²¹to²⁴, xei⁴⁴tʰau²¹, i⁴²kei⁵⁵tou²⁴xei⁵⁵tsɿ⁵⁴
败 咧。个 核 桃 尤 其 毛 栗 子 特 别 多，核 桃，底 个 都 系 自
zẽ²¹tʂɔŋ⁴²kei⁰, mu²¹liẽ²¹i⁴²kei⁵⁵, iou²⁴ti³³tʂa³³tʰi⁵⁵fɔŋ⁰n̠in²¹ka³³u⁵⁵kai⁵⁵kei⁵⁵ai⁴²fa⁰, xai²¹oi⁵⁴ʂɔŋ²⁴
然 长 个，唔 连 底 个， 有 的 隻 地 方 人 家 务 个 个 矮 化，还 爱 上
fei²¹liau⁵⁴ta⁴²io⁴⁴, ŋai²¹tən³³kẽ²⁴pən⁴²tɕʰiou⁵⁵mu²¹kõ⁴², tsɿ⁵⁵zẽ²¹kei⁰. tɕʰio⁴²ʂɿ⁴⁴i⁴²tʂən²¹tsɿ⁰va⁵⁵
肥 料 打 药，我 等 根 本 就 唔 管，自 然 个。确 实 底 阵 子 话
xã⁴²liou⁴⁴, ly⁴⁴sei³³ʂɿ⁴⁴, ʂɿ⁴⁴pʰin⁴², ŋai²¹tən³³kai⁵⁵tsɿ⁰tɕio⁴²ʂɿ⁴⁴xei⁵⁵li⁴⁴, li⁴⁴sei³³kei⁵⁵li⁴⁴sei⁰. i³³ti³³
喊 绿， 绿 色 食，食 品， 我 等 个 子 确 实 系 绿，绿 色 个 绿 色。一 滴
u⁴²zẽ⁰tou²⁴mau²¹tei³³. tʰiẽ²⁴, tsʰiaŋ²¹, i³³tsʰiaŋ²¹kai⁵⁵lã²¹tʰiẽ²⁴pʰa⁴⁴in²¹, tsʰin³³tsʰin³³tsʰou²¹tsʰou²¹
污 染 都 无 得。天， 晴， 一 晴 个 蓝 天 白 云，清 清 楚 楚
kei⁰, n̠i²¹tau⁵⁵tʂʰən²¹sɿ⁵⁵tɕʰi⁰, n̠i²¹tɕʰiou⁵⁵tsʰiaŋ²¹tau⁰tsai⁵⁵xau⁴², tou²⁴u⁵⁴tʂʰən²¹tʂʰən²¹kei⁰, n̠in²¹
个， 你 到 城 市 去， 你 就 晴 倒 再 好， 都 雾 沉 沉 个， 人
tʂʰɿ³³loi²¹xau⁴²siɔŋ⁵⁴tou²⁴xei⁵⁵sɔŋ⁴²kʰuai²¹liɛ⁰, nou²⁴tau⁵⁵tʂʰən²¹sɿ⁵⁵pən²⁴n̠i²¹i³³tʂa³³, kã⁴²tɕio⁰
出 来 好 像 都 系 爽 快 咧，□① 到 城 市 分 你 一 隻，感 觉
tɕʰiou⁵⁵xau⁴²siɔŋ⁵⁵ia²⁴i²⁴tei⁰xẽ⁴². tɕʰio⁴²ʂɿ⁰n̠i²¹ka³³iou²⁴, tʂən³³tʂən³³iou²⁴koi²⁴fɛ³³ʂɔŋ²⁴tau⁰ŋai²¹
就 好 像 压 抑 得 很。确 实 人 家 有， 真 真 有 开 发 商 到 我
tən³³kai⁵⁵tsɿ⁰ɕi⁵⁵tʰou²¹tsɿ²⁴, tʰai⁵⁴ka⁰ɕiau⁴²tei⁰ŋai²¹to²⁴pən²⁴lo²¹ka²⁴vã²⁴ɕyẽ³³tʂʰõ²¹xa²¹tsɿ⁰. lo²¹
等 个 子 去 投 资， 大 家 晓 得 我 多 分 罗 家 湾 宣 传 下 子。罗
ka²⁴vã²⁴i⁴²tʂa³³tʰi⁵⁵fɔŋ⁰tɕʰiou⁵⁵tʂa³³kã⁴²tsɿ⁰kei⁵⁵tʰi⁵⁵fɔŋ⁰, i²¹xa³³.
家 湾 底 隻 地 方 就 隻 咁 子 个 地 方，一 下。

ko⁵⁵ɕi⁵⁵kei⁰tɕiau²⁴tʰəŋ²⁴mu²¹fɔŋ²⁴pʰiẽ⁰, xei⁵⁵tʂa³³tsɿ⁰kei⁵⁵tʰou⁴²mau²¹mau²¹tsɿ⁰lou⁵⁵⁴, kai⁵⁴
过 去 个 交 通 唔 方 便， 系 隻 子 个 土 毛 毛 子 路， 个
mau²¹siou²⁴i³³tsʰiẽ²¹tʂa³³tʰou⁴²mau²¹mau²¹tsɿ⁰lou⁵⁴ʂɔŋ²⁴tsʰi²¹kõ⁴²tiẽ⁵⁴ia⁰, i²¹iou²⁴ti³³tsɿ⁰tʰou⁴²tʰei²⁴
无 修 以 前 隻 土 毛 毛 子 路 上 集 赶 店 呀，一 有 滴 子 土 特
tsʰã⁴²ma³³kei³³na²⁴tʂʰɿ³³ɕi⁰mai⁵⁴tau⁵⁵xei³³ləŋ²¹kʰɛu⁴²ɕi⁵⁵mai⁵⁵⁴, kai⁵⁵n̠in²¹tei³³kʰai²⁴ia⁰, pei⁵⁴ia⁰,
产 脉₌个 拿 出 去 卖 到 黑 龙 口 去 卖， 个 人 得 荷 呀，背 呀，
kʰai²⁴i³³pa³³loi²¹tɕin²⁴, pei⁵⁴i³³pa³³loi²¹tɕin²⁴, tʂo³³tɕi⁴²tʂa³³tʂʰõ²¹tsɿ⁰, na²⁴tau⁵⁵mo³³tsʰoi²¹xɔŋ⁵⁵
荷 一 百 来 斤， 背 一 百 来 斤， 斫 几 隻 橡 子，拿 到 木 材 上
tɕʰi⁵⁵mai⁵⁵⁴, kai⁵⁴siẽ²⁴ʂɿ²¹kai⁵⁵ʂɿ²¹tsɿ⁰sɛ²⁴tsʰã⁴²tei⁵⁵⁴, tɕʰiou⁵⁵tau⁵⁵xɛu⁵⁵loi²¹, tʰou⁴²xa⁵⁵, xa⁵⁵tʰi⁵⁵li⁰,
去 卖， 个 先 时 个 时 子 生 产 队， 就 到 后 来， 土 下， 下 地 里，

---
① □nou²⁴：住。

pe³³i³³ȵiẽ²¹tʰou⁴²xa²¹liɛ⁰, kai⁵⁴tʂʰən²¹tsɿ⁰, xai²¹tou²⁴tʂa³³mau²¹lou⁵⁵lou²¹tsɿ⁰, tou²⁴tei³³kʰau⁵⁵ȵin²¹
八 一 年 土 下 咧, 个 阵 子, 还 都 隻 毛 路 路 子, 都 得 靠 人

pei³³, ʂoŋ²⁴tʂa³³tsʰi²¹, mai²⁴tiẽ⁴²təŋ³³si²¹mai²⁴tiẽ⁴²təŋ³³tou²⁴tei³³i³³tʰiẽ²⁴, ȵi²¹tɕiou⁵⁵tei³³i³³tʰiẽ²⁴
背, 上 隻 集, 买 点 东 西 卖 点 东 西 都 得 一 天, 你 就 得 一 天

xai²¹pa⁴²ȵin²¹tsaŋ⁵⁴tei⁰mu²¹tei²¹liau⁰, i⁴²tʂʰən²¹tsɿ⁰loi²¹va⁰tɕio⁴²ʂɿ⁰xai²¹xau⁴²liɛ⁰, kai⁵⁴pe³³tsʰi³³
还 把 人 挣 得 唔 得 了, 底 阵 子 来 话 确 实 还 好 咧, 个 八 七

ȵiẽ²¹, kai⁵⁴i³³tʂʰən²¹tsɿ⁰tʰai⁵⁴ka⁰, nau⁴²xoŋ⁰mau²¹tei⁰tʰou²¹tsɿ³³, ŋã⁵⁴i³³ka²⁴i³³tʂa³³ȵin²¹sou²⁴ȵi⁵⁴
年, 个 一 阵 子 大 家, 脑 上 无 得 投 资, 按 一 家 一 隻 人 收 二

ʂɿ⁴⁴kʰuai⁵⁵tsʰiẽ²¹, tsʰoi²¹nẽ²¹tseu⁴²tsɿ³³ɕi⁴²loi²¹siou²⁴, pa⁴²lou⁵⁴fən⁰ʂaŋ²¹tõ⁵⁴tõ²¹tsɿ⁰, i³³ka²⁴i³³tõ⁵⁵⁴,
十 块 钱, 才 能 组 织 起 来 修, 把 路 分 成 段 段 子, 一 家 一 段,

ŋã⁵⁴ȵin²¹fən²⁴, kai⁵⁴tʰai⁵⁴ȵin²¹tʰai⁵⁴sei²¹kai⁵⁴tɕi⁴²kei⁵⁵ȵiɛ⁴⁴tʂən⁴²kər⁰ tou²⁴tsʰoi²⁴lou⁵⁴xoŋ⁰, na²⁴
按 人 分, 个 大 人 大 细 个 几 个 月 整 个 儿 都 在 路 上, 拿

pã⁴²tsʰɿ²¹ve³³xau²⁴tsʰɿ²¹loi⁴⁴, ɕiẽ²⁴, ɕiẽ²⁴tʰei²⁴, ka⁴²tsɿ⁰tʂʰa²⁴la²⁴, tʰei²⁴nei²¹pa⁰, tɕʰiou⁵⁵kai⁵⁵kã⁴²tsɿ⁰
板 锄 挖 蘑 锄 挦, 锹, 锹 推, 架 子 车 拉, 推 泥 巴, 就 个 咁 子

ɕioŋ⁵⁵siou²⁴, siou²⁴i³³tʂʰoŋ⁵⁴to²⁴kʰõ²⁴tsɿ⁰kã⁴²kei⁵⁵lou⁵⁵⁴, kau⁴²ta⁰ ka⁵⁴tsɿ⁰tʂʰa²⁴nẽ²¹la⁰, tɕʰiou⁵⁵
样 修, 修 一 丈 多 宽 子 咁 个 路, 搞⁻□①架 子 车 能 拉, 就

xei⁵⁵tɛu⁴²tei⁰xẽ²¹, kai⁵⁴ȵi²¹la²⁴tʂa⁰ka⁵⁴tsɿ⁰tʂʰa²⁴, xau⁴²pi⁴²ȵi²¹ʂoŋ²⁴tsʰi²¹, xa⁵⁵pʰo²¹tsɿ⁰lioŋ⁴², tei³³
系 陡 得 很, 个 你 拉 隻 架 子 车, 好 比 你 上 集, 下 坡 子 两, 得

lioŋ⁴²kei⁵⁵ȵin²¹kʰoŋ²⁴tau⁰, ʂoŋ⁵⁵pʰo²⁴tsɿ⁰i³³tʂa³³kʰuaŋ⁰tʂʰa²⁴, ȵi²¹sã²⁴, sã²⁴si⁵⁴kei⁵⁵ȵin²¹tou²⁴la²⁴
两 个 人 扛 到, 上 坡 子 一 隻 空 车, 你 三, 三 四 个 人 都 拉

mu²¹liau⁴², kẽ²⁴pən⁴²i³³kei⁵⁵ȵin²¹ȵi²¹ɕioŋ⁴²tseu⁴²kai⁵⁵tsɿ⁰tʂa³³kʰuaŋ⁰tʂʰa²⁴la²⁴ʂoŋ²⁴lioŋ²¹, kai⁵⁵
唔 了, 根 本 一 个 人 你 想 走 个 子 隻 空 车 拉 上 梁, 个

mau²¹mən²¹, mau²¹mər²¹, tɕʰiou⁵⁵la²⁴mu²¹tʰəŋ²⁴, i⁴²tʂʰən²¹tsɿ⁰kai⁵⁵pi⁴²tɕiau⁵⁵xau⁴²liɛ⁰, kai⁵⁴xei⁵⁵
无 门, 无 门 儿, 就 拉 唔 动, 底 阵 子 个 比 较 好 咧, 个 系

i³³ȵi⁵⁴ȵiẽ²¹, i³³ȵi⁵⁴ȵiẽ²¹kuei³³ka⁰pən²⁴tʰou²¹tsɿ³³, pa⁴²kai⁵⁵lou⁵⁴foŋ⁵⁵kʰõ²⁴kei⁵⁵tʰuei²⁴li⁰i³³xa⁰,
一 二 年, 一 二 年 国 家 分 投 资, 把 个 路 放 宽 个 推 了 一 下,

na²⁴vɛ³³tɕyɛ³³tɕi²⁴tʰuei²⁴tʰou⁴²ki²⁴vɛ³³tau⁰, toŋ⁵⁵kʰõ²⁴kei⁵⁵i³³u²⁴⁴, ta⁴²ʂoŋ⁰ʂuei¹²nel²¹lou⁵⁵⁴, kai⁵⁴
拿 挖 掘 机 推 土 机 挖 倒, 放 宽 个 一 务, 打 上 水 泥 路, 个

i⁴²tʂʰən²¹tsɿ⁰xau⁴²tei⁰to²⁴liɛ⁰, i⁴²tʂʰən²¹tsɿ⁰tʂʰa²⁴ia²⁴nẽ²¹kʰoi²⁴tau⁵⁵mən²¹xoŋ³³liɛ⁰, ȵi²¹tɕʰiou⁵⁵ʂoŋ²⁴
底 阵 子 好 得 多 咧, 底 阵 子 车 也 能 开 到 门 上 咧, 你 就 上

---

① 搞⁻□kau⁴²ta⁰: 将就、凑合。

tsʰi²¹kõ⁴²tiɛ̃⁵⁵iaº¹³³ɕi⁴²xai²¹tsʰo²⁴tʂʰa²⁴, pʰiɛ̃⁵⁵li⁵⁴tei⁰to²⁴liɛ⁰. i³³ fo⁴²tsŋ⁰, iou²⁴ti³³kei²⁴mai²⁴kei⁵⁵mo²¹
集 赶 店 呀一起 还 坐 车， 便 利 得 多 咧。一伙 子，有 的 给 买 个 摩
tʰo³³, tɕʰiou⁵⁵siəŋ⁵⁵i³³ fo⁴²tsŋ⁰tsʰoi²¹si³³ŋõ³³ta⁴²kuaŋ²⁴kei⁵⁵i³³ fo⁴² tʰai⁵⁴ sei⁰, ko⁵⁵ȵiɛ̃²⁴liɛ⁰tou²⁴kuei²⁴
托， 就 像 一伙 子在 西安 打 工 个 一伙 大 细，过 年 咧 都 归
ɕi⁵⁴liɛ⁰, pa⁴²tʂʰa²⁴tɕʰiou⁵⁵kʰo²⁴tau⁵⁵mən²¹xoŋ⁰ɕi⁵⁴liɛ⁰, ko⁵⁵ɕi⁵⁵kai⁵⁵ȵin²¹ȵi²¹mau²¹tei³³kai⁵⁵kei⁵⁵
去 咧，把 车 就 开 到 门 上 去 咧，过 去 个 人 你 无 得 个 个
lou⁵⁴ȵi²¹iou²⁴tʂʰa²⁴, ȵi²¹tɕʰiou⁵⁴iou²⁴ma³³keiºia²⁴mu²¹ɕin²¹, ȵi²¹, ȵi²¹siɛ̃²⁴mau²¹teiºtau⁵⁵mən²¹
路 你 有 车， 你 就 有 脉=个 也 唔 行， 你， 你 先 无 得 到 门
xoŋ⁰, ȵi²¹tei³³tseu⁴², fã²⁴kai⁵⁴tʂaºmiau⁵⁵kɛu²⁴lioŋ²¹, i⁴²tʂʰən²¹tsŋ⁰tou²⁴nɛ̃²¹kʰoi²¹tau⁵⁵mən²¹xoŋ⁰,
上， 你 得 走， 翻 个 隻 庙 沟 梁， 底 阵 子 都 能 开 到 门 上，
ȵi²¹tɕʰiou⁵⁴kʰuaºiou²⁴ti³³tsŋ⁰ma³³kei³³, mai⁵⁵⁴, i³³ɕi⁵⁵xai²¹mu²¹siau²⁴ȵi²¹ʂoŋ²⁴, ʂoŋ²⁴tsʰi²¹, ʂou²⁴
你 就 屋 下 有 滴 子 脉=个， 卖， 一 去 还 唔 消 你 上， 上 集， 收
kei⁵⁵fã⁵⁴tsŋ⁰tɕʰiou⁵⁵loi²¹, kʰoi²⁴kei⁵⁵tʂʰa²⁴tau⁵⁵ȵi²¹mən²¹xoŋ³³loi²¹ʂou²⁴liɛ⁰. i³³ɕi⁵⁵lioŋ⁴²tʰɛu²¹
个 贩 子 就 来， 开 个 车 到 你 门 上 来 收 咧。一 气 两 头，
tsʰuən²⁴tsʰiou²⁴lioŋ⁴²tɕi⁵⁴tsŋ⁰, nai⁵⁴tsŋ⁰ʂɿ⁴⁴kei⁵⁵tsʰoi⁵⁴laº, i⁴²tʰouº⁴liºmau²¹tei³³, ŋai²¹tən³³kai⁵⁴
春 秋 两 季 子，哪 子 食 个 菜 啦，底 土 里 无 得， 我 等 个
tsŋʰin³³vei³³mau²¹tei³³tʰai⁵⁵pʰən²¹, tɕi²¹mau²¹tei³³, kai⁵⁵fo⁴²tsŋ⁰fã⁵⁵tsʰoi⁵⁴keiº, mai⁵⁵tsʰoi⁵⁴keiº, kʰoi²⁴kei⁵⁵,
子因 为 无 得 大 棚， 渠 无 得， 个 伙 子 贩 菜 个， 卖 菜 个， 开 个，
tsʰa²⁴tɕʰiou⁵⁵tau⁵⁵ȵi²¹mən²¹xoŋ⁴³loi²¹mai⁵⁵⁴, ia²⁴, tɕʰiou⁵⁵⁴, tɕʰioʰ⁵ɿ⁴⁴, kai⁵⁴foŋ²⁴pʰiɛ̃⁵⁴teiºto²⁴liɛ⁰.
车 就 到 你 门 上 来 卖， 也， 就， 确 实，个 方 便 得 多 咧。

（讲述人：罗太栋，2016.8.12，节选）

2 传统节日（之一）

ŋai²¹tən³³lo²¹ka²⁴vã²⁴pən⁴²ʂən²⁴ȵin²¹tou²⁴tɕʰyɛ̃²¹fã²¹, ko⁵⁵ma³³kei³³ʂɿ²¹tʰɛu⁰ȵiɛ³³tɕiɛ³³ŋai²¹
我 等 罗 家 湾 本 身 人 都 全 凡=①，过 脉=个 时 头 日 节 我
tən³³tɕiou⁵⁵tsʰei²⁴ko⁵⁵ȵiɛ̃²¹, ko⁵⁵ȵiɛ̃²¹. ŋai²¹kai⁵⁵ʂɿ²¹sei⁵⁵sei²¹tsŋ⁰, ko⁵⁵ȵiɛ̃²¹ɕiɛ²⁴tɕin⁵⁵lau⁴²ɕiɛ̃²⁴ȵin²¹,
等 就 齐 过 年， 过 年。我 个 时 细 细 子，过 年 先 敬 老 先 人，
fã⁴²xei⁵⁵sã²⁴ʂɿ⁴⁴tsau²⁴ʂən²¹moº, xai²¹xei⁵⁵tsʰou²⁴i³³tsau²⁴ʂən²¹, tɕin⁵⁵lau⁴²ɕiɛ̃²⁴ȵin²¹, iou²⁴tei³³
反 系 三 十 朝 晨 么， 还 系 初 一 朝 晨， 敬 老 先 人， 有 得

---

① 全凡=：这里指家中父母儿女齐全。

kei⁰n̠in²¹ka²⁴u⁵⁵tṣa⁰õ²¹tṣou²⁴tʰɛu²¹, tṣoi⁵⁵li⁰xã²¹tṣa³³mi³³pa³³, piɛ̃²⁴xɔŋ⁰fɔŋ⁵⁵tṣa⁰tṣou²⁴tɕio²⁴, u⁵⁵
个 人 家 务 隻 完 猪 头, 喙 里 含 隻 尾 巴, 边 上 放 隻 猪 脚, 务
tṣa³³pã⁴², pã⁴²pã²¹tsɿ⁰, liɔŋ⁴²kei⁵⁵n̠in²¹i³³tõ²⁴, tõ²⁴tau⁵⁵fɔŋ⁵⁵tau⁰kai⁵⁵kei⁵⁵, lau⁴²ɕiɛ̃²⁴n̠in²¹kai⁵⁵tʰɔŋ²¹
隻 板, 板 板 子, 两 个 人 一 端, 端 倒 放 到 个 个, 老 先 人 个 堂
xa³³, ɕiɔŋ⁴²pau⁵⁵tṣou³³, tɕin⁵⁵lau⁴²ɕiɛ̃²⁴n̠in²¹. tau⁵⁵sã²⁴puʰ⁰sɿ⁴⁴ia⁵⁵, ɕiɛ̃²⁴, tɕʰyɛ̃²¹ka²⁴n̠in²¹tou²⁴kuei²⁴
下, 响 爆 竹, 敬 老 先 人。 到 三 晡 十 夜, 先, 全 家 人 都 归
loi²¹tsʰei²¹liE⁰, i³³xa⁵⁵tsʰau⁴²tsʰoi⁵⁵, so⁴²iou²⁴kei⁵⁵tsʰoi⁵⁵tou²⁴tsʰau⁴²tau⁰, fɔŋ⁵⁵tau⁰tso³³tsɿ⁰nau⁴²xɔŋ⁰,
来 齐 咧, 一 下 炒 菜, 所 有 个 菜 都 炒 倒, 放 到 桌 子 脑 上,
i³³xa⁵⁵, i³³ka²⁴tsɿ⁰, m²¹oi⁵⁵ŋai²¹tən³³fo⁴²moi⁵⁵tsɿ⁰ɕi⁵⁵, ŋai²¹tou²⁴xei⁵⁵tai⁵⁵kei⁵⁵, a³³ko⁰tsɿ²¹la⁰ma³³
一 下, 一 家 子, 唔 爱 我 等 伙 妹 子 去, 我 都 系 带 个, 阿 哥 子 啦 脉⁼
kei³³, tai⁵⁵kei⁵⁵tsʰɿ⁴⁴tsɿ⁰, sən²⁴tsɿ⁰, tau⁵⁵fən²¹iɛ̃²¹ɕi⁵⁵pən²¹lau⁴²ɕiɛ̃²⁴n̠in²¹ṣau²¹tsɿ⁴², tsɿ⁴²i³³ṣau²⁴,
个, 带 个 侄 子, 孙 子, 到 坟 园 去 分 老 先 人 烧 纸, 纸 一 烧,
pa⁴²tɛ̃²⁴ləŋ²¹pən²¹tiɛ⁴²tsʰo²⁴, i³³xa⁵⁵pa⁴²tʰɛu²¹i³³kʰo³³. kuei²⁴loi²¹tṣaŋ⁵⁵tɕʰyɛ̃²¹ka²⁴tṣaŋ⁵⁵sɿ⁴⁴fã⁵⁵,
把 灯 笼 分 点 着, 一 下 把 头 一 磕。归 来 正 全 家 正 食 饭,
sɿ⁴⁴tau⁰iE⁴⁴mã⁵⁵iE⁴⁴xau⁴², na⁴²pʰa⁵⁵sɿ⁴⁴tau⁰tʰiɛ̃²⁴kuɔŋ²⁴. i³³sɿ⁴⁴, i³³xa⁵⁵tʰai⁵⁵sei²¹tsɿ⁰liau⁵⁵tʰai⁵⁵sei²¹
食 倒 越 慢 越 好, 哪 怕 食 到 天 光。 一 食, 一 下 大 细 子 嬲 大 细
tsɿ²¹kei⁰, tʰai⁵⁵n̠in²¹, to⁴²tṣou²⁴n̠iou³³a⁰, u⁵⁵ma³³kei⁰ŋai²¹tɕi⁵⁵kai⁵⁵sɿ²¹xɛu⁰, ŋai²¹mei²⁴tsʰoi²⁴
子 个, 大 人, 剁 猪 肉 啊, 务 脉⁼ 个 我 记 个 时 候, 我 婆 在
tsʰau⁵⁵xa⁰to⁴²tṣou²⁴n̠iou⁰, ŋai²¹tɕi⁴²tɕi⁰moi⁵⁵moi⁰liɛ̃²¹ŋai²¹sau⁴²ŋai²¹ko²⁴tou²⁴tsʰoi²⁴, ŋai²¹
灶 下 剁 猪 肉, 我 姊 姊 妹 妹 连 我 嫂 我 哥 都 在, 我
mei²⁴kai⁵⁵kʰɔŋ⁵⁵xɔŋ⁰tsʰo²⁴tau⁰ta⁴²pʰai²¹. kai⁵⁵sɿ²¹xɛu⁰tsən³³mo⁰tɕio³³tei⁴²xa²⁴ia²⁴mau²¹tɕiɛ̃⁵⁵
婆 个 炕 上 坐 倒 打 牌。 个 时 候 怎 么 脚 底 下 也 无 见
ma³³kei³³tʰai⁵⁵sei²¹tsɿ⁰, tsʰo²⁴tau⁵⁵kai⁵⁵tsɿ⁰ta⁴²pʰai²¹, ta⁴²tau⁵⁵tʰiɛ̃²⁴kuɔŋ²⁴. i³³xa⁵⁵ŋai²¹
脉⁼ 个 大 细 子, 坐 到 个 子 打 牌, 打 到 天 光。一 下 我
tsʰɿ³³ɕi⁰liau⁵⁵, ŋai²¹mei²⁴n̠in²¹ka³³xai²¹va⁵⁵, kã⁴²tʰai⁵⁵tṣa³³moi⁵⁵tsɿ⁰, i³³tʰiɛ̃²⁴ma³³kei³³tou²⁴
出 去 嬲, 我 婆 人 家 还 话, 咁 大 隻 妹 子, 一 天 脉⁼ 个 都
tṣau⁴² m²¹tau⁵⁵tso⁵⁵, tɕʰiɔŋ⁵⁵ɕiɔŋ⁴²tau⁰tsʰɿ³³ɕi⁰liau⁵⁵, sɿ⁴⁴fã⁵⁵to²⁴n̠in²¹tɕʰin²¹. ŋai²¹sei⁵⁵ko²⁴va⁵⁵
[知道]唔 道 做, 净 想 倒 出 去 嬲, 食 饭 多 人 寻。 我 细 哥 话
sɿ⁵⁵: "kai⁵⁵moi⁵⁵tsɿ⁰kai⁵⁵tʰai⁵⁵sei²¹tsɿ⁰i⁴²tsʰən⁰m²¹liau⁵⁵xã⁴²mã⁴²n̠iE³³liau⁵⁵, mo⁴⁴ŋau³³tɕiɛ̃³³,
事:"个 妹 子 个 大 细 子 底 阵 唔 嬲 喊 □ 日① 嬲, 莫 熬 煎,

---

① □日 mã⁴²n̠iE³³:什么时候。

ŋai²¹, i³³xa⁵⁵tsʅ⁰sʅ⁴⁴fã⁵⁵ŋai²¹ɕi⁵⁵tɕʰin²¹."ŋai²¹mei²⁴i³³kei⁵⁵n̠in²¹kʰo⁴²liɛ²¹tsʰoi²⁴u³³kʰua⁰pau²⁴kei³³
我， 一下 子食饭我 去寻。" 我 婆 一个 人 可 怜 在 屋下 包 疙
tɛ³³tsʅ⁰, kei³³tɛ³³tsʅ⁰pau²⁴tei³³, xa⁵⁵tau⁵⁵o⁴⁴tʰɛu²¹, ŋai²¹sei⁵⁵ko²⁴tsaŋ⁵⁵ma⁵⁵ma⁵⁵tsʅ⁰tsaŋ⁵⁵tsʰʅ⁵⁵ɕi⁵⁵tɕʰin²¹.
瘩子, 疙 瘩子包 得， 下 到 镶头， 我 细 哥 正 慢 慢 子正 出 去寻。

tau⁵⁵tsaŋ³³n̠iɛ³³tsʰou²¹n̠i⁵⁵tɕiou⁵⁵ka⁵⁵sʅ⁵⁵tʰoi⁵⁵kʰa⁰, u³³kʰua⁰loi²¹kei⁵⁵tɕʰin²⁴tɕʰi⁰, tau⁵⁵nai⁴²
到 正 月 初 二 就 架势待 客，屋下 来 个 亲 戚， 到 哪
tsʅ⁰kei⁵⁵tɕʰin²⁴tɕʰi⁰loi²¹liɛ⁰, tsə⁴²tsau²⁴sən²¹tsʰoi²⁴i²⁴ka²⁴tsʅ⁰sʅ⁴⁴fã⁵⁵, n²¹, tsou⁵⁵piɛ²⁴tsʰoi²⁴kai⁵⁵ka²⁴
子个 亲 戚 来 咧，这 朝 晨 在 一家 子食饭， 嗯， 昼 边 在 个 家
tsʅ⁰sʅ⁴⁴fã⁵⁵, n²¹, loi²¹ti³³tɕʰin²⁴tɕʰi⁰i⁴²ka²⁴tsʅ⁰n̠in²¹va⁵⁵sʅ⁰: "n²¹, tsou⁵⁵piɛ⁰tau²⁴ŋai²¹u³³kʰua⁰tsʰo²⁴
子食饭， 嗯， 来 滴亲 戚 底家 子人 话 事："嗯， 昼 边 到 我 屋下 坐
i³³xa⁰."n²¹, lo²¹ka²⁴vã²⁴kei⁵⁵n̠in²¹, tɕʰio⁴²sʅ⁰xau⁴²kʰa³³ti⁰xɛ̃⁴²xɛ̃⁰, n̠in⁵⁵tɕʰin²⁴ti⁰xɛ̃⁴², n²¹, ŋai²¹
一下。"嗯， 罗家湾个人， 确 实好 客 得很 很， 认 亲 得很， 嗯， 我
tɕio³³tei³³ŋai²¹lo²¹ka²⁴vã²⁴n̠in²¹tɕʰio⁵⁵sʅ⁰va⁵⁵kʰa³³ka³³n̠in²¹, kʰa³³ka³³n̠in²¹kʰa³³ɕi⁵⁵ti⁰xɛ̃⁴²xɛ̃⁰,
觉 得 我 罗家湾人 确 实话 客 家人， 客 家 人 客 气 得 很 很，
n̠in⁵⁵tɕʰin²⁴ti⁰xɛ̃⁴², n²¹, m²¹kõ⁴²nai⁴²iɔŋ⁵⁵tsʅ⁰loi²¹kei⁰saŋ²⁴n̠in²¹, sou⁴⁴n̠in²¹, ŋai²¹tɕio³³tei³³tou²⁴
认 亲 得很， 嗯，唔管 哪 样 子来 个 生 人， 熟 人， 我 觉 得 都
tɕʰin²⁴n̠iɛ⁴⁴ti⁰xɛ̃⁴²xɛ̃⁰, tou²⁴tɕiɔŋ⁵⁵i³³ka²⁴tsʅ⁰n̠in²¹iɔŋ⁵⁵kei⁰, tɕin²⁴pu⁰tau⁵⁵, tɕin²⁴pu⁰tsən²⁴u⁴²
亲 热 得很 很， 都 像 一家 子人 样 个， 今 晡 到， 今 晡 中 午
tau⁵⁵i⁴²ka²⁴tsʅ⁰sʅ⁴⁴fã⁵⁵, tʰiau²⁴ tsou⁵⁵, tʰiau³³ tsau²⁴tau⁵⁵kai⁵⁵ka²⁴tsʅ⁰sʅ⁴⁴fã⁵⁵. i³³tsaŋ³³n̠iɛ³³, loi²¹
到 底家 子食饭， [天过]昼， [天过]朝 到 个 家 子食饭。一正 月， 来
kei⁵⁵tɕʰin²⁴tɕʰi⁰tou²⁴mau²¹tsʰoi²⁴tsʅ³³ka³³u³³kʰua³³sʅ⁴⁴fã⁰. n²¹, i³³xa³³tau⁵⁵tsaŋ³³n̠iɛ³³tsʰou²⁴n̠i⁵⁵,
个 亲 戚 都 无 在 自家屋下 食饭。嗯， 一下 到 正 月 初 二，
tsʰou²⁴sã²⁴, tsʰou²⁴ɕi⁵⁵i³³xa⁵⁵oi⁵⁵sʅ⁴⁴tau⁰tsʰou²⁴ŋ⁴².
初 三， 初 四 一下 爱 食 到 初 五。

n²¹, xa²⁴loi²¹, ko⁵⁵sʅ⁴⁴ŋ⁴²liɛ⁰. n²¹, iou⁵⁵tɕiɛ³³moi⁵⁵tsʅ⁰kuei²⁴loi²¹, tsaŋ³³n̠iɛ³³kau⁴²tɛ̃²⁴, pa⁴²moi⁵⁵
嗯， 下 来， 过 十 五 咧。嗯， 又 接 妹 子归 来， 正 月 搞 灯， 把 妹
tsʅ⁰tɕiɛ³³kuei²¹loi²¹, xei⁵⁵ŋoi⁵⁵poi⁰kei⁵⁵tɕʰin²⁴tɕʰi⁰, tou²⁴tɕiɛ⁵⁵kuei²⁴loi²¹kʰõ⁵⁵tɛ̃²⁴ia⁰, ko⁵⁵sʅ⁴⁴ŋ⁴²,
子接 归 来， 系外 背 个 亲 戚， 都 接 归 来 看 灯 呀，过 十五，
ta⁴²fa²⁴ku⁴²tsʅ⁰. kai⁵⁵sʅ²¹xɛu⁰va⁵⁵m²¹oi⁵⁵tsʰoi²⁴nai⁴²iɔŋ⁰tsʅ⁰, tsʰoi²⁴, n²¹, iɛ̃⁵⁵tsʅ⁰ta⁴²fa²⁴ku⁴²tsʅ⁰,
打 花 鼓子。个 时 候 话 唔爱 在 哪 样 子， 在， 嗯， 院子打 花 鼓子，
tou²⁴tsʰoi²⁴miau⁵⁵mən²¹xɛu⁴²ta⁴²fa²⁴ku⁴²tsʅ⁰. ŋai²¹kai⁵⁵sʅ²¹xɛu⁰sei⁵⁵, pa⁴²tɛ̃⁵⁵tou²⁴tõ²⁴tau⁰, tau⁵⁵
都 在 庙 门 口 打 花 鼓子。我 个 时 候 细， 把 凳 都 端 倒， 到

miau⁵⁵mən²¹xɛu⁴²kʰõ⁵⁵fa²⁴ku⁴²tsɿ⁰, n̩²¹, kau⁴²tʰiɛ̃⁵⁵iaŋ⁴²tsɿ⁰. n̩²¹, kai⁵⁵sɿ²¹xɛu⁰ŋai²¹tən³³lo²¹ka²⁴
庙　门　口　看　花　鼓　子，嗯，搞　电　影　子。嗯，个　时　候　我　等　罗　家
vã²⁴kei⁵⁵tʰi⁵⁵fəŋ⁰, ȵin²¹ia²⁴to²⁴mən⁰, ia²⁴ȵiE⁴⁴nau⁰. n̩²¹, i⁴²tʂʰən²¹tsɿ⁰ȵin²¹tsɛu⁴²liau⁴²liE⁰, kuei²⁴
湾　个　地　方，人　也　多　□，　也　热　闹。嗯，底　阵　子　人　走　了　咧，归
ɕi⁰, tsʰo²⁴tau⁰mən²¹xɤŋ³³, ʂɿ⁴⁴i⁴²məŋ⁵⁵tou²⁴tɕiɛ̃⁵⁵m̩²¹tau⁰i³³tʂa³³ȵin²¹, tɕiɛ̃⁵⁵kei⁵⁵ȵin²¹xa²⁴loi²¹tou²⁴
去，坐　到　门　上，十　里　□①　都　见　唔　倒　一　隻　人，见　个　人　下　来　都
xei⁵⁵, a²⁴ʂou²¹tsa⁰,　　tʰai²¹pa³³tsɿ⁰, ȵiɛ̃²¹lin²¹tou²⁴tʰai⁵⁵tau⁰. n̩²¹, kai⁵⁵sɿ²¹xɛu⁰, kʰõ⁵⁵tau⁰ŋai²¹tən³³
系，阿　叔［子啊］,大　爸　子，年　龄　都　大　倒。嗯，个　时　候，看　到　我　等
sei⁵⁵sei⁵⁵tsɿ⁰kei⁵⁵sɿ²¹xɛu⁰, tɕiou⁵⁵xei⁵⁵ȵiE⁴⁴nau²¹ti⁰xɛ̃⁴².
细　细　子　个　时　候，就　系　热　闹　得　很。
　　tau⁵⁵ȵi⁵⁵ȵiE⁴⁴ȵi⁵⁵, kʰõ⁵⁵, va⁵⁵sɿ⁰: "ȵi⁵⁵ȵiE⁴⁴ȵi⁵⁵xau⁴²kʰõ⁵⁵ɕi⁵⁵." ȵi⁵⁵ȵiE⁴⁴ȵi⁵⁵tou²⁴tau⁵⁵kai²⁴
　　到　二　月　二，看，话　事："二　月　二　好　看　戏。" 二　月　二　都　到　街
xɤŋ⁰kʰõ⁵⁵ɕi⁵⁵. n̩²¹, ŋai²¹pa³³kai⁵⁵sɿ²¹xɛu⁰ŋai⁵⁵kʰõ⁵⁵ɕi⁵⁵ti⁰xɛ̃⁴², n̩²¹, tsʰoi²⁴kai²⁴xɤŋ⁰pai⁵⁵li⁰i³³tʂa³³,
上　看　戏。嗯，我　爸　个　时　候　爱　看　戏　得　很，嗯，在　街　上　拜　了　一　隻，
kõ²⁴pa³³, n̩²¹, i³³ȵiɛ̃²¹tau⁵⁵ȵi⁵⁵ȵiE⁴⁴ȵi⁵⁵tɕiou⁵⁵ɕi⁵⁵xei⁴⁴tau⁰kai⁵⁵tsɿ⁰kʰõ⁵⁵sã³³tʰiɛ̃³³ɕi⁵⁵, i⁴²tʂʰən⁰tau⁵⁵
干　爸，嗯，一　年　到　二　月　二　就　去　□②到　个　子　看　三　天　戏，底　阵　到
i⁴²tʂʰən²¹tsɿ⁰, ŋai²¹tən³³, liɛ̃²¹ŋai²¹tən³³kai⁵⁵kõ²⁴ʂou³³, kõ²⁴lau⁴²tʰai⁰tsɿ⁰, tou²⁴ȵin⁵⁵tau⁰tsʰoi²¹kei⁰,
底　阵　子，我　等，连　我　等　个　干　叔，干　老　弟　子，都　认　倒　在　个，
n̩²¹, kai⁵⁵tɕiou⁵⁵va⁵⁵sɿ⁰: "ko⁵⁵tɕiaŋ³³sɿ³³la⁰, tsʰau⁴²pau⁵⁵fa⁰." kai⁵⁵ia²⁴xei⁵⁵ȵi⁵⁵ȵiE⁴⁴ȵi⁵⁵, ko⁵⁵tɕiaŋ³³
嗯，个　就　话　事："过　惊　蛰　啦，炒　爆　花。" 个　也　系　二　月　二，过　惊
sɿ³³, tsʰau⁴²pau⁵⁵fa⁰.
蛰，炒　爆　花。
　　tau⁵⁵tɕʰiaŋ²⁴miaŋ²¹, n̩²¹, kai⁵⁵sɿ²¹xɛu⁰ko⁵⁵tɕʰiaŋ²⁴miaŋ²¹fei⁵⁵, ka³³ka³³ȵin²¹ka³³tʰã²⁴fən⁵⁵tsɿ⁰,
　　到　清　明，嗯，个　时　候　过　清　明　会，家　家　人　家　摊　份　子，
tʰã²⁴tau⁰lin²¹tau⁵⁵mã⁴²ȵin²¹u³³kʰua⁰ko⁵⁵fei⁵⁵liE⁰, tɕʰiaŋ⁵⁵ko⁵⁵tʰai⁵⁵sɿ⁵⁵iɔŋ⁵⁵kei⁰, n̩²¹, tsʰoi²⁴ȵin²¹
摊　到　轮　到　□　人　屋　下　过　会　咧，像　过　大　事　样　个，嗯，在　人
ka³³mã⁴²ȵin²¹u³³kʰua⁰. ȵin²¹ka³³lai⁵⁵tsɿ⁰, ȵin²¹ka³³tou²⁴tʰã²⁴li⁰fən²¹tsɿ²¹liE⁰, n̩²¹, ȵin²¹ka³³tou²⁴
家　□　人　屋　下。人　家　倈　子，人　家　都　摊　了　份　子　咧，嗯，人　家　都
nɛ̃²¹, n̩²¹, ʂɔŋ²⁴fən²¹ia⁰, tso⁵⁵ma³³kei⁰, lai⁵⁵tsɿ⁰, i⁴²fo⁴²sɿ⁴⁴ko⁵⁵li⁰sɿ⁴⁴ȵi⁵⁵soi⁵⁵, ȵin²¹ka³³tou²⁴nɛ̃²¹,
能，嗯，上　坟　啊，做　脉ⁿ个，倈　子，底　伙　十　过　了　十　二　岁，人　家　都　能，

---

① 十里□ sɿ⁴⁴i⁴²məŋ⁵⁵：很长时间。
② □xei⁴⁴：住。

n²¹, tɕiou⁵⁵kɛ̃²⁴tau⁰i³³lou⁵⁵ʂɔŋ²⁴fən²¹, m²¹oi⁵⁵ŋai²¹tən³³fo⁴²tsɿ⁰moi⁵⁵tsɿ⁰ɕi⁵⁵, tsɛu⁴²lau⁴²kuaŋ²⁴tʰai⁵⁵
嗯， 就 跟倒一路 上 坟， 唔爱我 等 伙子妹 子去， 走 老公 太

fən²¹iɛ̃²¹ia⁰, tsɛu⁴²tauŋai²¹tən³³kai⁵⁵kei⁵⁵, u³³poi⁵⁵iɔŋ²¹pʰo²⁴lou⁵⁵kai⁵⁵nau⁴²xɔŋ⁰, kai⁵⁵. n²¹, ŋai²¹
坟 园呀， 走 到我 等 个 个， 屋背 阳 坡 路 个 脑 上， 个。 嗯，我

tən³³moi⁵⁵tsɿ⁰xau²⁴tɕʰiŋ⁵⁵tɕiou⁵⁵iou²⁴ti³³tsɿ⁰, n²¹, tsɿ⁵⁵pei²⁴kã⁴², va⁵⁵ʂɿ: "n²¹, ŋai²¹tən³³ia²⁴xei⁵⁵
等 妹 子 好 像 就 有 滴子，嗯， 自卑 感， 话事："嗯，我 等 也 系

lo²¹ka²⁴vã²⁴kei⁵⁵moi⁵⁵tsɿ²¹mən⁰, ȵiou⁴²mã²¹tsɿ⁰ȵin²¹ka³³ʂɔŋ²⁴fən²¹m²¹oi⁵⁵ŋai²¹tən³³ɕi⁵⁵."kuei²⁴
罗家湾 个 妹 子 □， □ □ 子人 家 上 坟 唔爱我 等 去。" 归

ɕi⁵⁵, tsʰoi²⁴lau⁴²tʰai⁵⁵ȵin²¹kɛ̃²⁴tɕʰiɛ̃²¹tʂʰɿ³³ɕi⁵⁵, va⁵⁵. n²¹, kai⁵⁵ʂɿ²¹kei⁵⁵ʂɿ²¹xɛu⁰tsou⁵⁵ma⁰ m²¹pa⁴²
去， 在 老大 人 跟前 出 气， 话。嗯，个 时 个 时候 □ 脉⁼① 唔把

ŋai²¹tən³³m²¹tai⁵⁵tʂa⁵⁵lai⁵⁵tsɿ⁰, i⁴²tʂʰən²¹tsɿ⁰, ȵin²¹ka³³, ta⁴²tɕʰiaŋ²⁴miaŋ²¹tiau⁵⁵tsɿ⁰, ȵin²¹ka³³tou²⁴
我 等 唔带 隻 倈子， 底阵 子， 人 家， 打 清 明 吊 子， 人 家 都

m²¹oi⁵⁵ŋai²¹tən³³i⁴²fo⁴²moi⁵⁵tsɿ⁰ta⁴², ȵin²¹ka³³tou²⁴xã⁴², n²¹, lai⁵⁵tsɿ⁰ta⁴².
唔爱我 等 底伙 妹 子打，人 家 都 喊， 嗯， 倈 子打。

（讲述人：罗群英，2016.8.12，节选）

3 传统节日（之二）

n³¹, sei⁴⁴sei⁴⁴tsɿ⁰ȵin³¹, ŋai³¹tou³³tʰai⁴⁴sei⁰tsɿ⁰, tou¹³pʰã⁴⁴kei⁰xei⁴⁴ko⁴⁴ȵiɛ̃³¹, n³¹, in¹³vei⁴⁴kai⁴⁴
嗯，细 细 子 人， 我 都 大 细子， 都 盼 个 系 过 年， 嗯， 因 为 个

kei⁰ʂɿ³¹xɛu⁰, u³³xa³³tou¹³tɕʰiɔŋ³¹, mo³³tei³³ma³³kei⁰ʂɿ²⁴kei⁰, tsɿ³³iou¹³tau⁴⁴ko⁴⁴ȵiɛ̃³¹kei⁰ʂɿ³¹xɛu⁰,
个 时候， 屋下 都 穷， 没 得 脉⁼个 食 个， 只 有 到 过 年 个 时候，

u³³xa³³tsʰai³¹voɣ⁴⁴, n̩³¹tʂuən⁵²pei⁴⁴i³³ɕiE⁵²tsɿ⁰xau⁵²ʂɿ²⁴kei⁰ma³³kei⁰, n³¹, ŋai³¹tɕiou⁴⁴tsɛu⁵²ȵiɛ̃³¹
屋 下才 会， 嗯， 准 备 一些 子 好 食 个 脉⁼个， 嗯，我 就 走 年

ɛ̃¹³tɕʰiɛ̃³¹ka⁴⁴ʂɿ⁰va⁴⁴. i⁵², lɛ²⁴ȵiE⁰, i³³fã¹³ko⁴⁴, ȵi⁴⁴ʂɿ²⁴, ȵi⁴⁴ʂɿ²¹i³³, ka⁴⁴ʂɿ³³, tɕiou⁴⁴, n³¹, ʂɔŋ⁴⁴kai¹³,
跟前 架 势话。底， 腊 月， 一 翻 过， 二 十， 二 十 一， 架 势， 就， 嗯， 上 街，

pʰã⁴⁴ȵiɛ̃³¹fo⁴⁴, mai¹³tsʰoɣ⁴⁴, ko³³tsou¹³ȵiou⁰i⁵²lei⁴⁴kei⁰. i⁵²xa⁴⁴tau⁴⁴ȵi⁴⁴ʂɿsã¹³ʂɿ⁴⁴kei⁰ʂɿ³¹xɛu⁰,
办 年 货， 买 菜， 割 猪 肉 底 类 个。底下 到 二 十 三 四 个 时候，

u³³xa⁰tɕiou⁴⁴, ʂɿ³³to⁰u³³, pa⁵²tsʰən³¹foi¹i³³sau⁴⁴, ma³³kei⁰vei⁴⁴səŋ⁰i³³kau⁵²i⁵²xa⁴⁴iou¹³kei⁴⁴vu⁴⁴
屋下 就， 拾 掇 屋，把 尘 灰 一扫， 脉⁼个 卫 生 一搞， 底下 有 个 务

tsʰai³¹ma³³kei⁰, vei⁴⁴səŋ⁰vu⁴⁴tau⁰tɕʰiaŋ⁴⁴tɕʰiaŋ⁴⁴kei⁰, xai³¹oɣ⁴⁴tɕi⁴⁴kai⁴⁴kɣ⁰tsau⁴⁴ʂən³¹. n³¹, tau⁴⁴
柴 脉⁼个， 卫 生 务 倒 净 净 个， 还 爱 祭 个 个 灶 神。 嗯，到

---

① □脉⁼tsou⁵⁵ma⁰：怎么。

ȵi⁴⁴ʂʅŋ⁵²liou³³kei⁰ʂʅ³¹xɛu⁰, i⁵²xa⁴⁴tɕiou⁴⁴, u³³xa³³, tʰi¹³tɕʰiɛ³¹pa⁵²kai⁴⁴kɤ⁰fən⁵²ma²⁴tsʅ⁰tʰau¹³tau⁰,
二 十 五 六 个 时 候, 底 下 就, 屋下, 提前 把 个 个 粉 麦 子 淘 倒,
fən⁵²i³³mo¹³, ka⁴⁴ʂʅ³³, tʂən¹³mo¹³, n³¹, mo¹³tʰɛu⁴⁴fu⁰, mo¹³tʰɛu⁴⁴fu⁰ŋai³¹tən³³tou¹³, tsʰʅ³³ka³³tou¹³tʂəŋ⁴⁴
粉 一 磨, 架 势, 蒸 馍, 嗯, 磨 豆 腐, 磨 豆 腐 我 等 都, 自 家 都 种
tau⁰iou¹³tʰɛu⁴⁴tsʅ⁰, n³¹, tɕi³¹pən³³xa⁰i³³ka¹³tsʅ⁰ko⁰tsa³³ȵiɛ³¹, tou¹³oɤ⁴⁴mo¹³i³³tso⁴⁴tʰɛu⁴⁴fu⁰, tʂən¹³mo¹³,
倒 有 豆 子, 嗯, 基 本 下 一家子过只 年, 都 要 磨 一 座 豆 腐, 蒸 馍,
ŋai³¹tən³³iaŋ¹³tsʅ⁰, tou¹³oɤ⁴⁴, tʂən¹³xau⁵²tɕi⁵²vo²⁴tsʅ⁰mo¹³, tʰɛu⁴⁴pau¹³,tʰəŋ³¹pau¹³tsʅ⁰, tsʰoɤ⁴⁴pau¹³tsʅ⁰,
我 等 □子①都 要, 蒸 好 几 镘 子 馍, 豆 包 子,糖 包 子,菜 包 子,
xai³¹iou¹³mo¹³, xai³¹iou¹³tʂaŋ³³ȵiE³³, tɕin⁴⁴ʂən³¹kei⁰kai⁴⁴kɤ⁰mo¹³, tou¹³, tou¹³oɤ⁴⁴tʂən¹³tau⁰, i³³tʂən¹³,
还 有 馍, 还 有 正 月, 敬 神 个 个 个 馍, 都, 都 爱 蒸 到, 一 蒸,
tʂən¹³kei⁴⁴mo¹³, tɕi³³pən³³xa¹³oɤ⁴⁴, ŋai³¹tou¹³oɤ⁴⁴ʂʅ²⁴i³³kei⁰ȵiE²⁴, kã⁵²tsʅ⁰ɕioŋ⁴⁴tsʰai³¹nəŋ³¹ʂʅ²⁴liau⁰. i⁵²
蒸 个 馍, 基 本 下 爱, 我 都 爱 食 一 个 月, 咁 子 样 才 能 食 了。底
xa⁰tau⁴⁴ȵi⁴⁴ʂʅ²⁴tɕʰi³³pe³³liE⁰, i⁵²tɕiou⁴⁴oɤ⁴⁴, ʂʅ³³to⁰tsa⁴⁴tʰɛu⁴⁴fu⁰, tsa⁴⁴ma³¹tɕʰi⁰, xai³¹iou¹³, tsa⁴⁴ɕiE³³ioŋ³¹
下 到 二 十 七 八 咧, 底 就 爱, 拾 掇 炸 豆 腐,炸 麻 □②,还 有, 炸 些 洋
i³³iẽ³¹tsʅ⁰, fən³¹ʂou³³iẽ³¹tsʅ⁰i³³lei⁴⁴kei⁰. n³¹, ŋai³¹tou¹³, sei⁴⁴sei⁴⁴tsʅ⁰tsei⁴⁴ŋai⁴⁴ʂʅ⁰kei⁰tɕiou⁴⁴xei⁴⁴kai⁴⁴kɤ⁰,
芋园 子, 红 薯 园 子 一 类 个。嗯, 我 都, 细 细 子 最 爱 食 个 就 系 个 个,
ma³¹tɕʰi⁰, n³¹, fən³¹ʂou³³iẽ³¹tsʅ⁰i³³lei⁴⁴tʰiẽ³¹ʂʅ⁰. tau⁴⁴, ȵi⁴⁴ʂʅ²⁴tɕiou⁵², n³¹, sã¹³ʂʅ²⁴, sã¹³ʂʅ²⁴tʂou⁴⁴
麻 □, 嗯, 红 薯 园 子 一 类 甜 食。到, 二 十 九, 嗯 三 十, 三 十 昼
piẽ⁰, ŋai³¹tou¹³, tsʰo¹³u³³xa⁰, ŋai³¹tɕiou⁴⁴pa⁵²mən³¹ʂən³¹liẽ⁴⁴tsʅ⁰i³³tʰiE³³, n³¹, pa⁵²tsʅ⁵²i³³ta⁵².
边, 我 都, 坐 屋 下, 我 就 把 门 神 连 对 子一 贴, 嗯, 把 纸 一 打。
tau⁴⁴xa¹³tsou⁴⁴ia⁴⁴kei⁰ʂʅ³¹xɛu⁰, ŋai³¹tou¹³i³³mən³¹tsʅ⁰ȵin³¹, tɕiou⁴⁴, n³¹, i³³lou⁴⁴, tau⁴⁴, ɕiẽ¹³ȵin³¹
到 下 昼 夜 个 时 候, 我 都 一 门 子 人, 就, 嗯, 一 路, 到, 先 人
fən³¹xoŋ³¹ɕi⁴⁴pən¹³, ʂoŋ¹³fən³¹, ʂau¹³tsʅ⁵², sən⁴⁴tẽ¹³. n³¹, ŋai³¹tən³³iaŋ¹³tsʅ⁰tɕiou⁴⁴xei⁴⁴, ʂoŋ¹³fən³¹
坟 上 去 分, 上 坟, 烧 纸、送 灯。嗯, 我 等 □子就 系, 上 坟
kei⁴⁴ʂʅ³¹xɛu⁰, mu³¹tai⁴⁴u³³xa⁰ȵin³¹kẽ¹³moɤ⁴⁴tsʅ⁰ɕi⁰, tou¹³xei⁴⁴lai⁴⁴tsʅ⁰, sən¹³tsʅ⁰, i⁵²lei⁴⁴ɕi⁴⁴, pən¹³
个 时 候, 唔 带 屋 下 人 跟 妹 子 去, 都 系 俫 子, 孙 子, 底 类 去, 分
ʂən³¹, ɕiẽ¹³ȵin³¹ʂau¹³tsʅ⁵². i⁵²xa¹³u³³xa³³ȵin³¹lai⁰ tɕiou⁴⁴tsʰoi¹³, u³³xa³³tʂou⁵²fã⁴⁴, i⁵²sã¹³ʂʅ²⁴ia⁴⁴
神, 先 人 烧 纸。底 下 屋 下 人 □③就 在, 屋 下 煮 饭, 底 三 十 夜
pu⁰oɤ⁴⁴tʂou⁵², n³¹, u⁴⁴tau⁰tsʰoɤ⁴⁴ia¹³to¹³, fã⁴⁴ia¹³to¹³, u⁴⁴tau⁰to¹³tei⁰xẽ⁵². ŋai³¹tau⁴⁴, tau⁴⁴fən⁴⁴
哺 爱 煮, 嗯, 务 倒 菜 也 多, 饭 也 多, 务 倒 多 得 很。我 到, 到 坟

---

① □子 iaŋ¹³tsʅ⁰：这里。
② 麻□ ma³¹tɕʰi⁰：一种当地的特色食品。
③ □ lai⁰：语气词, 相当于普通话的 "呢"。

xa⁴⁴ɕi⁴⁴pən¹³ɕiɛ̃¹²n̠in³¹, pa⁵²tsɿ⁵²i³³ʂau¹³, n³¹, lɛ²⁴tiɛ̃⁵²tʂʰo⁰, kʰo³³tʰɛu³¹, i⁵²xa¹³ɕioŋ¹³tsʰɛ³³tau⁰,
下去分先人，把纸一烧，嗯，蜡点着，磕头，底下香插倒，
i⁵²xa⁴⁴tʂa³³tʂa³³fən³¹xoŋ⁰tou⁴⁴ɕi⁴⁴tʂõ⁴⁴. kuei¹³loi³¹i³³xɛu⁴⁴, i⁵²xa⁴⁴tʰiɛ̃¹³tɕiou⁴⁴ia⁴⁴liɛ⁰, fã⁴⁴, u³³xa⁰
底下只只坟上都去转。归来以后，底下天就夜咧，饭，屋下
fã⁴⁴ia¹³tɕiou⁴⁴tʂou⁵²xau⁵²liɛ⁰. ŋai³¹tou¹³i³³tʰai⁴⁴ka¹³tsɿ⁰, vei³¹tau⁴⁴i³³tʂa³³tso³³tsɿ⁰xa⁰, n³¹, i³³lou⁴⁴
饭也就煮好咧。我都一大家子，围到一只桌子下，嗯，一路
mã⁴⁴mã⁴⁴sɿ²⁴tau⁰, mã⁴⁴mã⁴⁴pʰiɛ⁵²xã³¹tʂʰõ³¹, xoɤ²⁴ti³³tɕiou⁵². n³¹, ŋai³¹tən³³tɕioŋ⁵²tɕiou⁰tɕiou⁴⁴xei⁴⁴,
慢慢食倒，慢慢谝闲传，喝滴酒。嗯，我等讲究就系，
n³¹, fã⁴⁴sɿ²⁴kei⁴⁴sɿ³¹tɕiɛ̃³³iɛ²⁴tʂʰoŋ³¹iɛ²⁴xau⁵², n³¹, ŋau³¹n̠iɛ̃³¹ŋau³¹tau⁰, ia⁴⁴pu⁰ŋau³¹tau⁴⁴sɿ³¹, sɿ³¹
嗯，饭食个时间越长越好，嗯，熬年熬到，夜哺熬到时，时
tɕiɛ³³, iɛ²⁴ia⁴⁴iɛ²⁴xau⁵². i⁵²fã⁴⁴i³³sɿ²⁴, i⁵²xa⁴⁴xã³¹tau⁰mo³³sɿ⁴⁴liɛ⁰, u³³xa³³n̠in³¹iou¹³xei⁴⁴tɕiou⁴⁴
间，越夜越好。底饭一食，底下闲倒没事咧，屋下人有系就
tsʰo¹³u³³xa⁰, sɿ³³to⁰pau¹³kei³³tɛ⁰tsɿ⁰.
坐屋下，拾掇包疙瘩子。

（讲述人：罗九圣，2016.8.12，节选）

4 个人经历

xa¹³loi³¹ŋai³¹tʰã¹³i³³xa⁴⁴ŋai³¹kei³³ko⁴⁴n̠in³¹tɕiəŋ¹³li⁴⁴, ŋai³¹tsʰən¹³sei⁴⁴u³³kʰua⁰pi⁵²tɕiau⁰
下来我谈一下我个个人经历，我从细屋下比较
tɕʰiəŋ³¹, zɛ̃¹³xɛu⁴⁴, kɛ̃¹³piɛ¹³kei³³tʰai⁴⁴sei⁰tsɿ⁰kʰo⁵²nəŋ³¹iou¹³xɛ̃⁵²to¹³tɕʰiəŋ³¹kʰuaŋ⁰tou¹³mu³¹i³³
穷，然后，跟别个大细子可能有很多情况都唔一
ioŋ⁴⁴, zɛ̃¹³xɛu⁴⁴, ŋai³¹pa³³ŋai³¹mei¹³in¹³vei⁴⁴ɕioŋ³¹xã⁵²ŋai³¹ko⁴⁴tau⁰kəŋ⁴⁴xau⁵²i³³ti³³tsɿ⁰, tɕʰiou⁴⁴
样，然后，我爸我婆因为想喊我过倒更好一滴子，就
tsʰɿ³³ɕi⁰tsʰoi¹³ŋoi⁴⁴poi⁰ta⁵²kuaŋ¹³, ŋai³¹tsɿ⁵²moi⁴⁴sã¹³tʂa³³, ŋai³¹ko¹³, ŋai³¹lau⁵²tʰai⁰tsɿ⁰, tɕʰiou⁴⁴
出去在外背打工，我姊妹三隻，我哥，我老弟子，就
tsʰoi¹³u³³kʰua⁰tɕiɛ¹³fu⁴⁴li⁰, iou⁴⁴oi⁴⁴tʰou²⁴sou¹³, xai³¹oi⁴⁴tɕiɛ̃¹³fu⁴⁴u³³kʰua⁰tso⁴⁴nəŋ³¹xo⁰, in¹³vei⁴⁴
在屋下肩负了，又爱读书，还爱肩负屋下做农活，因为
ŋai³¹u³³kʰua⁰tɕʰiou⁴⁴ioŋ³¹ŋai³¹pʰo³¹kɛ̃¹³a³³kuəŋ³³, n̠iɛ̃¹³liəŋ⁰ia¹³pi⁵²tɕiau⁰tʰai⁴⁴, tʰou⁵²li⁰tʂəŋ⁴⁴kei³³
我屋下就养我婆跟阿公，年龄也比较大，土里种个
təŋ³³ɕi³³ia⁰, tsou⁴⁴ma³³kei⁰tou¹³oi⁴⁴ɕy¹³iau⁴⁴ŋai³¹tsɿ⁵²moi⁴⁴sei⁴⁴sei⁴⁴kei⁰tɕʰiou⁴⁴poŋ¹³u³³kʰua³³
东西呀，做脉ᐟ个都爱需要我姊妹细细个就帮屋下
tso⁴⁴i³³ɕiɛ⁰, xɛ̃⁵²to¹³xo⁰, ŋai³¹tɕi⁴⁴tei⁴⁴ŋai³¹sei⁴⁴kei³³sɿ³¹xɛu¹³xoi¹³xo²⁴tʰəŋ³¹tʰou²⁴sou¹³, li¹³tʰou⁵²
做一些，很多活，我记得我细个时候在学堂读书，离土

ia¹³pi⁵²tɕiau⁴⁴tɕʰin¹³, lau⁵²xei⁴⁴i³³xa⁴⁴kʰo⁴⁴kei³³ʂʅ²⁴fən¹³tʂəŋ¹³, ȵin³¹ka³³tʰai⁴⁴sei⁰tsʅ⁰tou¹³tsʰoi¹³
也 比较 近， 老 系 一下 课 个 十 分 钟， 人 家 大 细 子 都 在
liau⁴⁴, ŋai³¹pʰo³¹tɕiou⁴⁴xã⁵²ŋai³¹tau⁴⁴tʰou⁵²li⁰ɕi⁴⁴, ko⁴⁴ɕi⁴⁴tso⁴⁴ʂʅ¹³fən¹³tʂəŋ¹³kei³³xo⁰, tsʰo³³ʂʅ⁴⁴
嫽， 我 婆 就 喊 我 到 土 里 去， 过 去 做 十 分 钟 个 活， 确 实
kei³³pi⁵²tɕiau⁴⁴kʰu⁵²kei⁰, ŋai³¹tʰou²⁴sou¹³kei³³ʂʅ³¹xɛu⁰ia¹³mau³¹xau⁵²xau⁰tʰou²⁴, ʂɔŋ¹³ɕiau⁵²xo²⁴
个 比较 苦 个， 我 读 书 个 时候 也 无 好 好 读， 上 小 学
kei³³ʂʅ³¹xɛu⁰, tʰau³¹ɕi⁴⁴tau⁰ia¹³mau³¹ta⁵²xau⁵²tɕi⁴⁴tsʰou⁰, xo²⁴tʰɔŋ¹³ɕiɛ³³saŋ³³ia¹³mu³¹ɕi⁵²fã⁰, in¹³
个 时候， 淘 气 倒 也 无 打 好 基础， 学 堂 先 生 也 唔 喜欢, 因
vei⁴⁴kai⁰ʂʅ³¹xɛu⁰ŋai³¹kã⁵²tɕio⁰lau⁵²xei⁴⁴mɔŋ³¹lou³³kei⁰xɛ⁵², xɛ⁵²to¹³kei³³ʂʅ³¹xɛu⁰tou¹³tsʰoi¹³pɔŋ¹³
为 个 时候 我 感觉 老 系 忙 碌 个 很， 很 多 个 时候 都 在 帮
u³³kʰua⁰tso⁴⁴xo³¹, tɕʰiou⁴⁴mau³¹tei³³ʂʅ³¹tɕiɛ⁰to¹³y³¹kei³³ʂʅ³¹tɕiɛ⁰tso⁴⁴xo³¹, tʰou²⁴sou¹³ia⁰, kʰɔ̃⁴⁴
屋 下 做 活， 就 无 得 时间 多 余 个 时间 做 活， 读 书 呀, 看
sou¹³ia⁰, ɕia⁵²sʅ⁴⁴ia⁰, tɕin¹³tsʰɔŋ³¹xei⁴⁴ɕiɛ³³saŋ³³pən¹³pu⁴⁴tsʅ⁴⁴kei³³tso¹³iE⁰, xã⁵²ŋai³¹tsʰoi¹³u³³kʰua³³
书 呀, 写 字 呀, 经 常 系 先 生 分 布置 个 作业, 喊 我 在 屋 下
tso⁴⁴, tã⁴⁴xei¹³in¹³vei⁴⁴i³³fɔŋ⁴⁴xo⁰, ŋai³¹pa³³ŋai³¹mei¹³tɕʰiou⁴⁴xã⁵²ʂɔŋ¹³liaŋ¹³ɕi⁴⁴tso⁴⁴xo³¹, tsʰəŋ³¹
做， 但 系 因为 一 放 学， 我 爸 我 婆 就 喊 上 岭 去 做 活， 从
loi⁰mau³¹va⁴⁴xã⁵²ȵi³¹ɕia⁵²sʅ⁴⁴, ŋai³¹va⁴⁴xo²⁴tʰɔŋ¹³iou¹³tso³³iE⁰, ŋai³¹pa³³ŋai³¹mei¹³tɕʰiou⁴⁴xai¹³
来 无 话 喊 你 写 字, 我 话 学 堂 有 作业, 我 爸 我 婆 就 还
ʂo³³: "tɛ̃⁵² xa⁰pa⁵²tʰou⁵²li³xo³¹tso⁴⁴liau⁵², ia⁴⁴pu⁰kuei¹³loi³¹tsai⁴⁴ɕia⁵²." tʰou⁵²li¹³xo³¹tso⁴⁴ȵi³¹,
说："等 下 把 土 里 活 做 了， 夜 晡 归 来 再 写。" 土 里活 做 你,
ȵi³¹ɕiɔŋ⁵², tso⁴⁴liau⁵², kuei¹³loi³¹liE⁰, ȵin³¹tɕʰiou⁴⁴tɕʰyoi⁴⁴tau⁰, ia¹³mau³¹tei³³kai⁴⁴tɕiəŋ¹³li³³ɕi⁴⁴
你 想， 做 了， 归 来 咧，人 就 蹶 倒， 也 无 得 个 精 力 去
kʰɔ̃⁴⁴sou¹³liE⁰, iou³¹ʂʅ³¹xɛu⁰na¹³tʂʰu³³sou¹³, kʰɔ̃⁴⁴liɔŋ⁵²xa⁰tɕʰiou⁴⁴ʂoi⁴⁴tʂʰo¹³liE⁰, tɕiəŋ¹³tʂʰɔŋ³¹tau⁴⁴
看 书 咧, 有 时候 拿 出 书, 看 两 下 就 睡 着 咧, 经 常 到
xo²⁴tʰɔŋ¹³ɕi⁴⁴tou¹³tsau¹³tau⁰ɕiɛ̃³³saŋ⁰kei³³pʰi¹³pʰiəŋ⁰, mã⁴⁴mã⁴⁴mã⁴⁴mã⁴⁴ɕiɛ̃³³saŋ⁰ia¹³mu³¹tʰai⁴⁴
学 堂 去 都 遭 到 先 生 个 批评, 慢 慢 慢 慢 先 生 也 唔 太
ŋai⁴⁴tɕiɛ̃⁰, tsʰʅ³³ka³³mã⁴⁴mã⁴⁴ia¹³xau⁵²ɕiɔŋ⁴⁴tɕʰiou⁴⁴xei⁴⁴, ia¹³pʰi³¹liE⁰, ia¹³fɔŋ⁴⁴ɕi⁴⁴liE⁰, tɕʰiou⁴⁴
爱 见, 自 家 慢 慢 也 好 像 就 系, 也 皮 咧, 也 放 弃 咧, 就
tʰau³¹ɕi⁴⁴tei⁰xɛ̃², ɪa¹³mau³¹xau⁵²xau⁰tʰou²⁴liE⁰, kuei¹³loi³¹liE⁰, pən¹³u³³kʰua³³pɔŋ¹³mɔŋ²¹tso⁴⁴xo³¹,
淘 气 得 很, 也 无 好 好 读 咧, 归 来 咧, 分 屋 下 帮 忙 做活,
zʅ⁴⁴fu³¹i³³ȵiɛ̃²¹tɕʰiou⁴⁴kã⁵²tsʅ⁰, ɕiau⁵²xo²⁴tɕʰiou⁴⁴, mã⁴⁴mã⁴⁴tɕʰiou⁴⁴kã⁵²tsʅ⁰ko⁴⁴ɕi⁴⁴liE⁰.
日 复 一 年 就 咁 子, 小 学 就, 慢 慢 就 咁 子 过 去 咧。

(讲述人：罗娅萍，2016.8.12，节选）

二 对话

该段对话主要谈论了罗湾当地的物产、道路以及村内个别人的情况。

老男：tɕiou⁴²ʂən⁵⁵⁴, i⁴²liɔŋ⁴²n̠iɛ̃²¹tʂʰʅ³³loi²¹liᴇ⁰, kai⁵⁵kuei²⁴ɕi⁵⁵tɕin²⁴n̠iɛ̃²¹kei⁰mau²¹li⁴⁴tsʅ⁰
　　　　九　圣，　底　两　年　出　来　咧，个　归　去　今　年　个　毛　栗　子
　　　　xai²¹kuei²⁴ɕi⁰ta⁴²mu⁰?
　　　　还　归　去　打　唔?

青男：ŋai³¹i⁵²kei⁰iɔŋ⁵², liɔŋ⁵²sã²⁴n̠iɛ̃³¹tou¹³mau³¹ta⁵²liᴇ⁰xai³¹, ia¹³mu³¹ɕiau⁵²tei⁰tɕin¹³n̠iɛ̃³¹
　　　　我　底个　两，　两　三　年　都　无　打　咧　还，也　唔　晓　得　今　年
　　　　u³³xa³³li⁰xei²⁴tʰau²¹liɛ̃³¹mau³¹li⁴⁴tsʅ⁰n̠iɔŋ⁴⁴mã³¹ɕiɔŋ⁴⁴?
　　　　屋　下　里核　桃　连毛　栗　子样　□　样①?

老男：tɕiᴇ³³tei³³xai²¹kʰo⁴²i⁰, tɕʰiou⁵⁵xei⁵⁵iou²⁴ti³³tsʅ⁰u²⁴tʰã⁰, xei⁴⁴tʰau²¹ia²⁴tiᴇ³³tau⁰li⁴⁴xoi⁰,
　　　　结　得　还　可　以，就　　系　有　滴　子　乌蛋，核　桃　也　跌　倒　厉害，
　　　　mau²¹li⁴⁴tsʅ⁰ia²⁴xɛ̃⁴²mi⁴⁴, kai⁵⁵⁴.
　　　　毛　栗　子也　很　密，　个。

老女：kai⁵⁵n̠i²¹mei²⁴kã⁴²to²⁴n̠iɛ̃²¹tʂʰʅ³³ɕi⁰tɕi⁴²to²⁴n̠iɛ̃²¹liᴇ⁰, nou²⁴tsai⁵⁵kai⁵⁵tsʅ⁰pən²⁴n̠i²¹tai⁵⁵
　　　　个　你　婆　咁　多　年　出　去　几　多　年　咧，□　在　个　子 分　你　带
　　　　o²⁴ŋa²¹tsʅ⁰?
　　　　硪伢　子?

青男：kai⁴⁴ŋai³¹mei¹³ia¹³tʂʰʅ³³ɕi⁴⁴, liɔŋ⁵²sã¹³n̠iɛ̃³¹li⁰pa⁰, i³³tʂʰʅ²⁴tsʰɤ¹³kai⁴⁴tsʅ⁰pən¹³ŋai³¹
　　　　个　我　婆 也 出　去，　两　三　年　了吧，一直　在　 个　子分　我
　　　　kʰõ⁴⁴tʰai⁴⁴sei⁰tsʅ⁰.
　　　　看　大　细子。

老女：kai⁵⁵n̠i²¹tɕiou⁵⁵m²¹ɕiau²⁴kuei²⁴ɕi⁰tɕiou⁵⁵m²¹ta⁴²kei⁵⁵ma³³kei⁰, m²¹ɕiau²⁴ta⁴²kei⁵⁵
　　　　个　你　就　 唔消　归　去就　 唔打　个　脉=个，唔消　打　个
　　　　ma³³kei⁰.
　　　　脉=个。

青男：ŋai³¹tɕʰiou⁴⁴kai⁴⁴i³³ti³³ti⁰tsʅ⁰xai³¹, ta⁵²kuei¹³ia¹³fa³¹mu³¹tʂʰo²⁴, tʰai⁴⁴təŋ⁴⁴ʂou³³kei⁰
　　　　我　就　 个 一滴滴子　还，打　归　也 划 唔 着，　太　栋　叔　个
　　　　mu³¹sau⁴⁴pa⁰.
　　　　唔　少　吧。

---

① 样□样 n̠iɔŋ⁴⁴mã³¹ɕiɔŋ⁴⁴：怎么样。

老男：ɛ²¹ ia⁰, ŋai²¹tau⁵⁵ia²⁴iou²⁴ti³³tsʅ⁰, iou²⁴ti³³tsʅ⁰, i⁴²sʅ²¹ta⁴²mu²¹tʰən²⁴liE⁰, tɕʰiou⁵⁵kã⁴²
哎呀，我 倒 也有 滴子，有 滴子，底时打 唔 动 咧，就 咁
tsʅ⁰tɕiɛ̃⁴², kai⁵⁵nẽ²¹tɕiɛ̃⁴²tɕi⁴²tʂa²¹tsʅ⁰, tɕiɛ̃⁴²tɕi⁴²tʂa²¹tsʅ⁰tɕʰiou⁵⁵sõ⁵⁴liE⁰, tɕiɛ̃⁴²mu²¹liau⁴²
子捡， 个 能 捡 几 隻子， 捡 几 隻子就 算 咧，捡 唔 了
tɕʰiou⁵⁵sõ⁵⁴liE⁰.
就 算 咧。

老女：kɛu⁵⁵tsʅ³³ka³³sʅ⁴⁴tɕiou⁵⁵tei⁵⁵liE⁰, ia²⁴m²¹ɕiau²⁴va⁵⁵sʅ⁵⁵, kʰõ⁵⁵mai⁵⁵ia⁰, tsʅ³³ka³³nẽ²¹
够 自 家 食 就 对 咧，也唔消 话 事，看 卖 呀，自 家 能
səŋ⁵⁵n̠in²¹nẽ²¹sʅ⁴⁴tɕiou⁵⁵ɕin²¹.
送 人 能 食 就 行。

青男：kai⁴⁴ku²⁴n̠i³³mu³¹, tɕin¹³n̠iɛ̃⁰mu³¹kuei¹³ɕi⁰, pən¹³n̠i³¹ta⁴²ti³³tsʅ⁰mau³¹li²⁴tsʅ⁰ma³³kei⁰
个 姑 你 唔， 今 年 唔 归 去，分 你 打 滴子毛 栗子脉⁼个
na²⁴tau⁰.
拿 倒。

老女：ŋai²¹, n̠in²¹ka³³tou²⁴mau²¹tsʰoi²⁴u³³kʰua⁰, n̠i²¹, n̠i²¹tɕin²¹va²⁴sou³³ia²⁴pã²⁴tau⁰, tsai⁵⁵
我， 人 家 都 无 在 屋下，你， 你 金 娃 叔 也 搬 到， 在
kai²⁴xoŋ⁰mai²⁴kei⁵⁵u³³, ko⁵⁵lioŋ⁴²tʰiɛ̃²⁴ŋai²¹tsuan⁴²pei⁵⁵kʰõ⁵⁵n̠in²¹ka³³pã²⁴ka²⁴ia⁰,
街 上 买 个 屋，过 两 天 我 准 备 看 人 家 搬 家 呀，
kuei²⁴ɕi⁰, tɕin²⁴n̠iɛ̃⁰tɕi²¹pʰa⁵⁵ia²⁴m²¹kuei²⁴ɕi⁰ta⁴²liE⁰, tɕi³³sʅ⁴⁴to²⁴soi⁵⁵kei⁵⁵n̠in²¹liE⁰,
归 去，今 年 渠 怕 也 唔 归 去 打 咧，七 十 多 岁 个 人 咧，
tɕʰiou⁵⁵n̠iɛ̃²¹tsʅ⁰va⁴²ta⁴², tsʰa²⁴i³³ti³³tɛ⁴⁴tau²¹liE⁰.
旧 年 子 话 打， 差 一 滴 跌 倒 咧。

老男：ia²⁴mau²¹ta⁴², tɕʰiou⁵⁴n̠iɛ̃⁰, n̠in²¹ka³³xei⁵⁵pən²⁴nau⁴²xoŋ⁰, pən²⁴kai⁵⁴tʂa⁰n̠i²¹, n̠i²¹si⁵⁴
也 无 打， 旧 年， 人 家 系 分 脑 上， 分 个 隻 你， 你 四
ko²⁴kai⁵⁴tʂa⁰moi⁵⁴tsʅ⁰xã⁴²tʂa³³ma³³kei⁰.
哥 个 隻 妹 子 喊 隻 脉⁼个。

老女：ŋai⁵⁵ŋo²⁴.
爱 娥。

老男：xei⁵⁵ŋai⁵⁴ŋo²⁴, kã⁴²to²⁴n̠iɛ̃²¹tou²⁴xei⁵⁵ŋai⁵⁴ŋo²⁴ta⁴²kei⁰.
系 爱 娥，咁 多 年 都 系 爱 娥 打 个。

老女：tɕi³³sʅ⁴⁴to²⁴soi⁵⁵kei⁵⁵n̠in²¹liE⁰, ɛ²¹, tɕi²¹tɕiou⁵⁵i³³n̠iɛ̃²¹ta⁴²tau⁰, pən²⁴ŋai²¹tən³³tsʅ⁴²
七 十 多 岁 个 人 咧，哎，渠 就 一 年 打 到，分 我 等 姊

tsŋ⁰moi⁵⁵moi⁰, i⁴²tṣa⁰tiou²⁴i³³ti³³tsŋ³, kai⁵⁵tṣa⁰tiou²⁴i³³ti³³tsŋ³, tɕi²¹ia²⁴m²¹mai⁵⁵, tsʰŋ³³
姊妹 妹，底隻丢 一滴子，个 隻丢 一滴子，渠也唔卖， 自
ka³³ia²⁴ṣŋ⁴⁴m²¹liau⁴²tɕi⁴²to²⁴.
家也食唔了 几多。

青男：ia¹³tɕʰiou⁴⁴xei⁴⁴kei⁰, ŋai³¹, ŋai³¹tən³³kai⁴⁴miau⁴⁴kɛu⁵³lioŋ³¹kei³³lou⁴⁴, mu³¹xei⁴⁴i³³
也就 系个，我，我等 个庙沟梁个路，唔系一
tɕiɛ̃⁴⁴tau⁰ṣuei⁵²tɕʰiou⁴⁴oi⁴⁴kua⁵²tau⁴⁴lou⁴⁴toŋ¹³tṣəŋ¹³, lou⁴⁴xa³¹la⁰, kai⁴⁴i⁵², i⁵²xa⁰
见 到水就 爱垮到路 当中， 路下啦，个底，底下
mu³¹iau⁴⁴tɕin⁴²li⁰pa⁰?
唔要紧了吧？

老男：i⁴²xa⁰tau⁵⁵tɕʰioŋ²¹liɛ⁰, kʰua⁴²tau⁰ia²⁴ṣau⁵⁴liɛ⁰, tɕʰiou⁵⁵kʰua⁴²liɛ⁰, n̩in²¹ka³³i⁴²tṣʰən²¹
底下倒 强 咧， 垮 倒也少 咧，就 垮 咧，人 家底阵
sŋ⁰tsɛu⁴²miau⁵⁴kɛu²⁴xɛu⁴²tau⁵⁵tai⁵⁴ka⁰, kai⁵⁴tsŋ⁰i⁴²tṣʰən²¹tsŋ⁰oi⁵⁵koi⁴²ṣaŋ²¹iou²⁴kei⁵⁵
子走 庙 沟 口 到 戴家，个 子底阵 子爱改 成 有 个
xã⁴²: tsʰin²¹ koi³³lou⁵⁵⁴, ɕiɛ̃⁵⁴xɔŋn̩in²¹ka³³pa⁴²kai⁵⁴tsiɛ³³ṣou²⁴liɛ⁰, ɕiɛ̃⁵⁴xɔŋn̩in²¹ka³³kõ⁴².
喊：秦 葛路， 县 上人 家把个接 收 咧， 县 上人 家管。

青男：vo³¹, kã⁵²tsŋ³¹kei⁰.
哦，咁子个。

老女：ŋai²¹kʰõ⁵⁵i⁴²tṣʰən²¹tsŋ⁰foŋ⁵⁵kai⁵⁵kei⁰, kuai⁴²vã²⁴kai⁵⁵kei⁵⁵tʰi⁵⁵foŋ⁰tou²⁴u⁵⁵kei⁵⁵lən²¹
我看底阵 子放 个 个， 拐 弯个个地方 都 务个轮
tʰoi⁰toŋ⁴²tau²¹tsʰoi⁰.
胎挡 倒 在。

老男：tei⁵⁵⁴.
对。

老女：i⁴²tṣʰən²¹tsŋ⁰kʰõ⁵⁵tau⁰xai²¹pi⁴²tɕiau⁰ŋõ²⁴tɕʰyɛ̃²¹.
底阵 子看 倒还 比较 安全。

青男：ŋai³¹kuei¹³ɕi⁰ia¹³tɕia¹³ tau⁰, ŋai³¹tsɛu⁵²kai⁴⁴lou⁴⁴xɔŋ⁰ko⁴⁴, ŋai³¹kʰõ⁴⁴n̩in³¹ka³³ia¹³
我 归 去也[几下]道，我 走个路 上 过，我 看人 家也
tɕʰiou⁴⁴xei⁴⁴, vu⁴⁴tei³³kai⁴⁴kõ³³kõ³³tsŋ⁰, vu⁴⁴kei³³ma³³kei⁰, ka¹³ta⁰ma³³tɕʰia⁰, kai⁴⁴
就 系，务得个杆杆子，务个脉⁼个，□□□□①，个

---

① □□□□ka¹³ta⁰ma³³tɕʰia⁰：乱七八糟，杂七杂八。

pən¹³ŋai³¹tən³³miau⁴⁴kɛu¹³liɔŋ³¹ɕiou¹³tsa³³tʰin³¹tsɿ⁰pa⁰.
分　我　等　庙　沟　梁　修　隻　亭　子　吧。

老男：siou²⁴tʰin²¹tsɿ⁰xei⁵⁵ɲin²¹ka³³lau⁴²mən⁵⁴tsɿ⁰sɿ²⁴ɲin²¹siou²⁴kei⁰, u⁵⁵kai⁵⁵kei⁰lən²¹tʰoi⁰
修　亭　子　系　人　家　老　闷　子　私　人　修　个，务个个轮胎
toŋ⁴²kai⁵⁴piɛ̃²⁴xɔŋ⁰, liɛ̃²¹kai⁵⁵kei²⁴tsai²⁴kei⁵⁵lou⁵⁴piau⁰, kai⁵⁵tou²⁴xei⁵⁵ɕiɛ̃⁵⁴xɔŋ⁰xã⁴²
挡　个　边　上，连　个　个　栽　个　路　标，　个　都　系　县　上　喊
kuəŋ²⁴lou⁵⁵tɕy²¹ma³³kei³³u⁵⁴xa²¹kei⁰, ɲin²¹ka³³u⁵⁴xa²¹kei⁰.
公　　路　局　脉⁼个　务　下　个，人　家　务　下　个。

老女：kai⁵⁵ɲin²¹ka³³tau⁵⁵nau⁴²xɔŋ⁰, ɲi²¹va⁵⁵tau⁵⁵tai⁵⁵ka²⁴vã²⁴ko⁵⁵tɕʰiau²¹kai⁵⁵tsɿ⁰, vɔŋ⁵⁵,
那　人　家　到　脑　上，你　话　到　戴　家　湾　过　桥　　个　子，往，
tɕiou⁵⁵vɔŋ⁵⁵xa²⁴tsɛu⁴², nau⁴²xɔŋ⁰ɲin²¹ka³³m̩²¹kõ⁴².
就　　往　下　走，脑　上　人　家　唔　管。

老男：n̩²¹.
嗯。

老女：ŋai²¹tən³³i³³xa⁵⁵kuei²⁴ɕi⁰ia²⁴m̩²¹tʰai⁵⁵tau⁵⁵lo²¹ka²⁴vã²⁴ɕi⁰, ɲin²¹ka³³i³³xa⁵⁵tɕiau²⁴va⁴⁴
我　等　一下　归　去也唔太　到　罗家湾去，人　家　一　下　蛟　娃
tsɿ²¹tən⁰tou²⁴tsʰoi²⁴kai²⁴xɔŋ⁰, iou²⁴sɿ⁰xɛu⁰kuei²⁴ɕi⁰tɕiou⁵⁵xei⁵⁵tsɛu⁴²tei⁴²xa⁰ʂɔŋ²⁴ɕi⁰,
子　等　都　在　　街　上，有　时　候　归　去　就　系　走　底　下　上　去，
ta⁴²i³³lau²¹.
打　一　捞①。

老男：kai⁵⁵tɕʰiou⁵⁵xei⁵⁵kei⁰, u³³kʰua³³mau²¹ɲin²¹, kuei²⁴ɕi⁰, xau⁴²siɔŋ⁵⁵⁴, tɕʰiou⁵⁵mau²¹
个　就　　系　个，屋　下　无　人，归　去，好　像，　无　就
nai⁵⁴tsɿ⁰tsʰiou⁵⁴mo⁰, kai⁵⁵kã⁴²tsɿ²¹liɛ⁰, tou²⁴mau²¹tsʰoi²⁴u³³kʰua²⁴.
哪　子□② 么，个　咁　子　咧，都　无　在　屋　下。

老女：mau²¹nai⁵⁵tɕʰiou⁵⁵, ɲin²¹ɕin²⁴li⁰xai²¹m̩²¹tʰai⁵⁵xau⁴²ʂou⁵⁵.
无　哪　□，　人　心　里　还　唔　太　好　受。

老男：tɕiou⁵⁵xei⁵⁴kei⁰, mau⁵⁵va²¹ko²⁴, vɔŋ²¹sau⁴²tsɿ⁰tou²⁴tsʰoi²⁴ɕiɛ̃⁵⁴li⁰, tɕin²⁴va²¹ko²⁴iou⁵⁴
就　　系　个，冒　娃　哥，王　嫂　子　都　在　　县　里，金　娃　哥　又

---

① 打一捞：转一圈。
② □tsʰiou⁵⁵⁴：去找他人聊天、打牌等。

pã²⁴tau⁵⁵tsʰoi²⁴xei³³ləŋ²¹xɛu⁴².
搬 到 在 黑 龙 口。

青男：kai⁴⁴i⁵²to¹³n̠iɛ̃³¹mau³¹kuei¹³ɕi⁰, ia¹³, iou¹³ʂɿ³¹xɛu⁰ia¹³ɕiɔŋ⁵²ŋai³¹tən³³lo³¹ka¹³vã¹³.
个 底 多 年 无 归 去, 也, 有 时 候 也 想 我 等 罗 家 湾。

老女：kai⁵⁵ŋai²¹i³³n̠iɛ̃²¹kuei²⁴ɕi⁰tɕia⁴² tau⁵⁵, i³³n̠iɛ̃²¹kuei²⁴ɕi⁰iou²⁴ʂɿ²¹xɛu⁰, tɕʰiou⁵⁵n̠iɛ̃²¹
个 我 一 年 归 去[几下]道, 一 年 归 去 有 时 候, 旧 年
tsɿ⁰au⁴²pau²⁴ku⁰ʂɿ²¹xɛu⁰kuei²⁴ɕi⁰, xai²¹ɕiɛ³³li⁰i³³ia⁵⁵mo⁰liɔŋ⁴²ia⁵⁵, pən²⁴ŋai²¹sei⁵⁵
子 拗 包 谷 时 候 归 去, 还 歇 了 一 夜 么 两 夜, 分 我 细
ko²⁴pəŋ²⁴mɔŋ²¹, pa⁴²pau²⁴ku⁰i³³au⁴², i³³kua⁵⁵, tɕʰiou⁵⁵n̠iɛ̃⁰kei⁵⁵pau²⁴ku²¹ia⁰, tɕʰio⁴²
哥 帮 忙, 把 包 谷 一 拗, 一 挂, 旧 年 个 包 谷 呀, 确
ʂɿ⁴⁴xei⁵⁵xau⁴²tei⁰xɛ̃⁴²xɛ̃⁰, to²⁴tei⁰mau²¹tsʰa²¹tsʰa⁰,pəŋ²⁴mɔŋ²¹i³³au⁴², pəŋ²⁴mɔŋ²¹i³³
实 系 好 得 很 很, 多 得 无 叉⁼ 叉⁼① 帮 忙 一 拗, 帮 忙 一
kua⁵⁵, ŋai²¹tʂaŋ⁵⁵tsɛu⁴²liɛ⁰.
挂, 我 正 走 咧。

青男：ŋai³¹kʰõ⁴⁴ŋai³¹tən³³kai⁴⁴n̠iɛ̃³¹n̠iɛ̃⁰kai⁴⁴tsɿ⁰tʂəŋ⁴⁴pau²⁴ku⁰ia⁰, tʰɛu⁴⁴tsɿ⁰ia⁰, i⁵², i⁵², tɕi⁵²
我 看 我 等 个 年 年 个 子 种 包 谷 呀,豆 子 呀, 底,底, 几
iɔŋ⁰, ŋai³¹kʰõ⁴⁴ŋai³¹tən³³kai⁴⁴xai³¹kʰɛ̃⁵²tʂəŋ⁵²i⁵²iɔŋ⁵²kei³³tən³³ɕi³³.
样,我 看 我 等 个 还 肯 长 底 样 个 东 西。

老男：tɕin²⁴n̠iɛ̃⁰y⁴²suei⁴²xau⁴², tɕin²⁴n̠iɛ̃⁰pau²⁴ku⁰saŋ²¹liɛ⁰.
今 年 雨 水 好, 今 年 包 谷 成 咧。

青男：kai⁴⁴tɕin¹³n̠iɛ̃⁰ma²⁴tsɿ⁰iɔŋ⁴⁴mã³¹ɕiɔŋ⁰?
个 今 年 麦 子 样 □ 样?

老男：tɕin²⁴n̠iɛ̃⁰ma⁴⁴tsɿ⁰ia²⁴saŋ²¹liɛ⁰.
今 年 麦 子 也 成 咧。

青男：ma²⁴tsɿ⁰ia¹³saŋ³¹liɛ⁰?
麦 子 也 成 咧?

老女：kai⁵⁵tɕin²⁴n̠iɛ̃⁰kei⁵⁵pau²⁴ku⁰iou⁵⁵saŋ²¹liɛ⁰, tɕʰiou⁵⁵n̠iɛ̃⁰kei⁵⁵pau²⁴ku⁰tɕiou⁵⁵saŋ²¹mei²⁴liɛ⁰.
个 今 年 个 包 谷 又 成 咧,旧 年 个 包 谷 就 成 美 咧。

老男：tɕin²⁴n̠iɛ̃⁰pau²⁴ku⁰ia²⁴saŋ²¹liɛ⁰, kã⁴²tɕʰiou⁵⁴n̠iɛ̃⁰xai²¹ko⁵⁵xau⁴².
今 年 包 谷 也 成 咧, 赶 旧 年 还 过 好。

（讲述人：罗太栋、罗群英、罗九圣，2016.8.12，节选）

---

① 叉⁼叉⁼：相当于"很"。

参考文献

北京大学中国语言文学系语言学教研室编 1995《汉语方言词汇》(第二版),北京:语文出版社。

[宋]陈彭年等 2002《宋本广韵·永禄本韵镜》,南京:江苏教育出版社。

[宋]丁 度等编 2015《宋刻集韵》,北京:中华书局。

付新军 2015 陕南商洛客家方言入声演变的特点,《宝鸡文理学院学报》(社会科学版)第4期。

甘甲才 2003 中山客家话代词系统,《华南师范大学学报》(社会科学版)第3期。

葛剑雄主编,曹树基著 2005《中国人口史》第五卷下,上海:复旦大学出版社。

郭沈青 2013《陕南客伙话语音研究》,北京:中国社会科学出版社。

黄雪贞 1994 客家方言的词汇和语法特点,《方言》第4期。

李 荣主编,黄雪贞编纂 1995《梅县方言词典》,南京:江苏教育出版社。

兰玉英 2005《洛带客家方言研究》,成都:四川人民出版社。

兰玉英等 2007《泰兴客家方言研究》,北京:中国社会科学出版社。

兰玉英、蓝 鹰、曾为志 2015《汉语方言接触视角下的四川客家方言研究》,北京:中国社会科学出版社。

李 芳 2012 广东五华县客家方言语法专题研究,广西师范大学硕士学位论文。

李 蓝 2003 现代汉语方言差比句的语序类型,《方言》第4期。

李 荣主编 2002《现代汉语方言大词典》,南京:江苏教育出版社。

李如龙、张双庆 1992《客赣方言调查报告》,厦门:厦门大学出版社。

李小凡 1998《苏州方言语法研究》,北京:北京大学出版社。

练春招 2013 福建武平岩前客家方言的"牯"字,《方言》第3期。

刘纶鑫 2001《江西客家方言概况》,南昌:江西人民出版社。

林国平 2015《海峡两岸 闽台地缘》,北京:社会科学文献出版社。

林立芳 1996 梅县方言的人称代词,《韶关大学学报》(社会科学版)第3期。

刘新友、陈 宏 2010《商山孝歌》,商洛:商南县顺意印务有限责任公司。

刘勋宁 1985 现代汉语句尾"了"的来源,《方言》第2期。

卢成林、阮班寿 1994 秦风楚俗"下湖人",《山阳县文史资料》第7辑,内部发行。

罗自群 1992 现代汉语方言"VP+(O)+在里/在/哩"格式的比较研究,《语言研究》第2期。

孟万春 2010《商洛方言语音研究》,北京:中国社会科学出版社。

陕西客家联谊会编 2008《陕西客家人》,西安:太白文艺出版社。

商洛市地方志编纂委员会编 2005《商洛地区志》,北京:方志出版社。

四川大学汉语史研究所,四川大学中国俗文化研究所编 2008《汉语史研究集刊》第十一辑,成都:巴蜀书社。

王军虎 2004 晋陕甘方言的"支微入鱼"现象和唐五代西北方音,《中国语文》第2期。

魏宇文 1997 五华方言同音字汇,《方言》第3期。

温昌衍 2001《客家方言特征词研究》,暨南大学博士学位论文。

温昌衍 2012《客家方言特征词研究》,北京:商务印书馆。

温美姬 2009《梅县方言古语词研究》,广州:华南理工大学出版社。

邬明燕 2007《龙川方言的代词系统》,华南师范大学硕士学位论文。

项梦冰 1997《连城客家话语法研究》,北京:语文出版社。

谢留文、黄雪贞 2007 客家方言的分区(稿),《方言》第3期。

谢永昌 1994《梅县客家方言志》,广州:暨南大学出版社。

邢向东 2006《陕北晋语语法比较研究》,北京:商务印书馆。

邢向东 2008 论陕南方言的调查研究,《西北大学学报》(哲学社会科学版)第2期。

邢向东、付新军、孙红举 2013 陕南罗湾客家话的音韵特点及与其他客家话的异同,《暨南学报》(哲学社会科学版)第2期。

邢向东、蔡文婷 2010《合阳方言调查研究》,北京:中华书局。

许宝华、宫田一郎主编 1999《汉语方言大词典》(五卷本),北京:中华书局。

［汉］许　慎撰，徐铉校订 1981《说文解字》，北京：中华书局。

严修鸿 2004 客家话匣母读同群母的历史层次，《汕头大学学报》第1期。

杨　静 2012 安康汉滨方言的句末助词"在"，《安康学院学报》第5期。

游汝杰、邹　彦 2004《社会语言学教程》，上海：复旦大学出版社。

袁鹏飞 2016《商州方言语法特殊性考察》，黑龙江大学硕士学位论文。

曾毅平 2003 石城（龙岗）客话常见名词词缀，《方言》第2期。

张成材 1990《商县方言志》，北京：语文出版社。

张成材 1999 商洛方言概况（上），《商洛师范专科学校学报》第3期。

张成材 2003 商州方言的逆序词——兼论汉语中的语素颠倒构词和用词，《商洛师范专科学校学报》第1期。

张成材 2009《商州方言词汇研究》，西宁：青海人民出版社。

张惠英 2001《汉语方言代词研究》，北京：语文出版社。

周　政 2009《平利方言调查研究》，北京：中华书局。

周祖谟 1993《方言校笺》，北京：中华书局。

朱炳玉 2010《五华客家话研究》，广州：华南理工大学出版社。

调查手记

2016年4月，罗湾话作为中国语言资源保护工程中的一个濒危方言点被正式立项了。本课题从立项之日起，就在负责人的组织下组建了调查研究团队。2016年5月上旬，本课题组成员在西藏民族大学参加了由邢向东教授召集、组织的前期试调查工作。经过培训，课题组进一步弄清了方言纸本调查以及摄录工作的相关要求，为正式调查以及摄录做好了准备。

前期试调查　西藏民族大学 /2016.5.7/ 王彦博　摄

罗湾话是一个客家方言岛。2011年7月，作为暑期方言调查实践，笔者跟随导师邢向东先生对罗湾话做过一次摸底调查。后来因为撰写毕业论文的需要，笔者又对罗湾话进行过较为系统的调查。2013年博士毕业后，就没有再过多地关注罗湾话，直到2016年作为语保工程的子课题被立项，笔者又再次全面、系统地调查了罗湾话。

语保项目对发音人条件的要求非常严格。先前的发音人罗太金老师，因为年龄问题，不符合规定的条件，因此课题组一开始所面临的问题就是寻找合适的老男发音合作人。在当时的村主任罗太杰和罗太金老师的帮助下，笔者曾去西安见了两位适合条件的发音人，可惜都因为工作太忙，无法抽出时间来配合调查，因此只能作罢。后来在罗太杰主任的帮助下，又找到了一位较为合适的老男发音人：罗太栋。但是在其他条件都较为理想的情况下，其年龄却比规定的上限大了两岁，在没有更合适发音人的情况下，经与项目负责人沈明先生商量后，向语保中心做了变更申请，后来获得批准。在经过一段较长的时间后，终于找到了较为理想的老男发音合作人，后又在罗太金老师和好友罗九圣（青男发音人）的帮助下，分别找到了适合条件的老女和青女发音人。随后课题组就去到罗湾进行了第一次调查。尽管是一种客家方言，而且也不是自己的母语，可笔者因为之前已经有过调查的经历，所以对罗湾话还是较为熟悉的。前前后后总共经过五次调查，于2016年7月初完成了绿皮书规定的老男和青男相关的纸笔调查内容。其间又曾两次去到北京语言大学参加语保中心举办的培训会。

在罗湾调查方言　　罗湾/2016.5.20/李曼　摄

在所有的前期工作都已完成后，经与发音人、摄录技术人员、课题组成员商量，于7月底首先开始了青男的摄录工作，因为是初次摄录，相关的经验较少，因此碰到了较多意外的情况，尤其是一些技术问题，我们便积极地向陕西师大的韩夏老师寻求帮助。其他的困难如正在摄录的时候，却碰上了施工队在楼外施工，机器轰鸣的声音严重影响了录音的环境，没办法，就只能停下。但是也苦了发音人，三伏酷暑，摄录反复了好几遍，时间拖得较长，一共录了一个星期左右，终于完成了青男单字的摄录。

8月上旬，我们又去罗湾请来了老男发音人罗太栋进行摄录，因为有了青男摄录的经验，老男开始的摄录工作还算顺利。可是新的情况又出现了，老男发音人患有腰椎病，时间一长就会感到不适，加之长时间摄录带来的疲惫感，所以发音人常常会出现晃动或者眼睛斜视的情况，于是摄录就只能重新来过。那段时间也正是天气最热的时候，这对发音人、摄录人员和课题组的工作人员都是一种煎熬，为了更好地降噪，在摄录的时候，我们一般都是关上空调的，只在休息的时间赶紧打开空调，甚至有时候就干脆晚上加班。记得摄录中还发生过一个小插曲，当摄录到身体相关的词语时，因为有些隐晦的部位让发音人难以启齿（尽管前期的纸笔调查阶段都已经调查过了），所以发音人还曾一度罢工了，而且显得特别生气，于是我们只能停下来，对发音人进行开导、劝说，最后终于说通了发音人，使摄录工作得以最终完成。老男的摄录工作大约持续了两个星期左右。之后的老女、青女和口头文化发音人摄录的内容因为相对较少，加之已经有了较多的摄录经验，因此后面的摄录倒还顺利。总之，这场"苦战"经过20多天的时间终于算是结束了。

可惜的是，因为当时摄录工作的一点小疏忽，导致有几处摄录的音量过小，专家组审核后认为需要重录，于是不得不再次协调各方人员，于11月份重新进行了补录。记得补录的最后一天因为录音设备的问题，噪音量总是达不到规定的要求，一度让摄录工作无法进行，直到借来了新的设备以后，才让补录工作得以完成。而完成的那一刻，都已经快到凌晨3点了，大家都异常疲惫，所幸的是发音人非常配合，一直耐着性子坚持到最后。

前期的摄录工作完成以后，从2016年10月份开始，课题组就开始着手对前期的语料进行系统整理，并开始准备方言志内容的调查工作。重新制定了调查表格和提纲，开始了书稿所要求的《方言调查字表》《汉语方言词语调查条目表》的调查，并且在绿皮书给的50个语法例句、方言志撰写规定的248个语法例句以及刘丹青、唐正大等的《汉语方言语法调查问卷》的基础上，结合一些客家方言和关中方言语法的研究资料，制定了语法调查提纲，又开始了语法的调查。此项调查工作持续时间较长，笔者和课题组其他老师、学生除了假期以外，也积极利用学期内的空余时间去到商州、罗湾进行调查，其中最集中的调查是在2017年的暑假阶段，总共调查了一个多月的时间，基本完成了书稿所要求的调查任务。此后为了继续充实调查内容，又多次去到罗湾，找到发音人，就词汇内容进行了补充调查，并通过录音笔尽可能多地采录了一些罗湾人平时闲聊的语料，充实了语言分析的材料。

调查的过程是极为艰苦的。因为每次去到罗湾，都要翻山越岭，从出门到目的地，得半天的时间。去的次数多了，罗湾很多人都知道有一个来自咸阳的小伙儿来调查罗湾话，笔者也因此认识了更多的罗湾人。而为了调查罗湾话的现状，我们还通过问卷的形式，挨家挨户地将罗湾常住的村民问了个遍，每个人都非常热情，认真答卷，并且还会跟我们讲讲罗湾的历史、传说和故事。言谈中得知，他们内心都希望罗湾话能永远地传下去，不要消失。但是近些年来，罗湾话所受影响明显加剧了，语言特征磨损严重，新一代的罗湾人有的已不会讲罗湾话了。因此语保工程来得正是时候，通过对罗湾话的调查、记录，至少可以让罗湾话珍贵的语言资料得以永久地保存。

在书稿完成之际，要特别感谢各位发音人，他们是罗太栋、罗九圣、罗群英、罗娅萍、罗根圣、罗太金、罗太华。其中罗太栋、罗九圣在整个调查过程中付出最多，期间能够克服各种困难，并积极协助课题组完成了所有的调查、摄录任务。此外还要特别感谢原罗湾村主任、现任秦岭铺村党总支副书记的罗太杰，罗书记在调查过程中积极帮助笔者联系发音人，并提供了一些罗湾的民情、民俗资料。如罗太金为笔者提供了《罗氏家谱》和《执事簿》等宝贵的谱牒资料，罗朝宏为笔者提供了"耍龙灯"的相关照片。另外，在笔者进行问卷调查的过程中，很多罗湾人都积极参与其中，并完成了调查问卷。以上相关人员的辛勤付出也都是本课题能够顺利完成的重要条件，在此一并表示感谢！

后　记

陕西商州罗湾客家话作为语保工程濒危汉语方言调查的子课题在2016年有幸被立项。从立项之日起于今已有七年时间，但如果从笔者2011年第一次接触罗湾话算起，那么时间则已悄然过去了十二个春秋。有道是"十年磨一剑"，在不断的调查、撰写、核实、修改过程中，书稿终于完成了。曾经多次憧憬过书稿付梓的一刻，而当这一天真的到来，要附写一个"后记"之时，内心却不经意间泛起了丝丝涟漪，先前工作的场景不断地在脑海中浮现……

罗湾话是一个客家方言岛。在北方地区，这种南方方言性质的方言岛是十分珍贵的，她像高山里的宝藏，又像深海中的珍珠，让我这个从事方言研究的人对其"一见钟情"。因为在陕西，她是那样的与众不同，兼有南方的柔美和北方的粗犷，因此从相逢的那一刻起，就有一种"胜却人间无数"的感觉，内心迫不及待地想要揭开她的神秘面纱。作为一个北方人，对本为南方方言属性的客家话，开始是有一些忐忑的，只怕不能精准地将其描绘出来。这里首先要感谢的是恩师邢向东先生，邢老师亲自带着我调查，并确定了罗湾话的音系，之前的忐忑也顷刻间变得烟消云散，对别有一番风味的音系特点，反倒是有些如闻韶乐般的回音绕梁之感。自此，我对罗湾话的情感变得更加深沉，以至于自己被周围的师友贴上了"客家"的标签。

有些事似乎是冥冥注定的，语保工程的启动，让我有了与罗湾话再续前缘的机会，于是我和课题组成员又重新走进商州秦岭深处，去直接感受罗湾话的语言魅力。我常慨叹，罗湾好比是一个世外桃源，几乎与世隔绝。还记得最初来的时候，那条蜿蜒曲折的盘山路，还是一条土路，适逢雨天，则泥泞难行。现如今路面虽已硬化，车辆能够通行，但是进出一趟依然曲折迂回。因为对罗湾话已经很熟悉了，因此调查的过程还算轻松。调查工作从项目立项开始就在陆陆续续地进行着，时间最长的一次调查接近一个月，短的也有四五天。如果是去罗湾调查，吃住就在发音人家中，吃的是农家自产的绿色蔬菜，喝的是秦岭天然的山泉水，住的是土木结构的明瓦屋。我把这些看作是方言调查的福利，远离城市的喧嚣，回归田园，自己尽情地享受其中。站在山头俯瞰，映入眼帘的宛如一幅山水画：青山绿水、落日余晖、袅袅炊烟、鸟语虫鸣。这些都让繁重的调查工作变得轻松惬意。如今这些场景多已被定格在了相片中，闲时翻检，往事顷刻浮现于眼前。调查的过程中，我时常会与其他罗湾人闲聊，他们也很待见我这个外乡人，常让我讲"广东话"给他们听，检验下我的学习成果，时间长了，我竟大致能听懂他们的日常交谈，自己也能说一些蹩脚的"广东话"。从言谈中得知，大部分罗湾人对罗湾话都是充满感情的，他们希望罗湾话能够世代相传下去。我想无论如何，罗湾人的这种语言态度都是能够延长罗湾话的生命周期的，而如果将来的某一天，罗湾话真的被完全替代而消失，那么我们就真的要感谢语保工程给予的这个机会——通过调查记录、撰写方言志的形式，将罗湾话完整地加以呈现和保存，从而在方言历史的长河中永远地占有一席之地！而笔者作为一名长期调查研究罗湾话的方言人，内心同样有一种祈盼，那就是撰写出一部专门记录罗湾话的专著。我把这本书作为多年从事罗湾话调查的一种交代，既是对自己，也是对罗湾人。

  时至今日，书稿已经成型，即将付梓出版，算是圆了自己多年来的一个梦想！回想撰写的过程，不免心生感慨！一字、一句、一段、一节、一章，这样的工作不断反复，期间有过因结论不确定而产生的彷徨不安，也有过因灵感突现的会心一笑。这个撰写的过程大致持续了一年多，初稿完成！在初稿的撰写过程中，我要特别感谢沈明先生、邢向东先生、庄初升先生、黄晓东先生、严修鸿先生以及高峰师姐、陈荣泽师兄，其中沈明先生、邢向东先生始终关注着本书的撰写，从开始到完成多次给出了修改意见，庄初升先生为笔者提供了很多客家方言的材料，其他各位师友则在书稿撰写过程中给予了笔者很多具体的写作建议。

  我们现在看到的终稿，相比初稿，内容上变得更加精准和规范了，这要得益于两位总主编曹志耘先生、王莉宁老师，执行编委沈明老师以及其他各位审稿专家的修改意见和辛勤付出。各位专家的意见都十分精准且宝贵，既有宏观上的框架、体例方面的修改，也有诸如字词、音标、标点等细节上的匡正，这里特别要提的是沈明先生对本书稿同音字汇部分所做的极为细致的修改、补充，修改后的纸质版稿页上但见绿色笔迹遍布其中，密密麻麻，看后让我十分感动。对以上各位先生的宝贵意见，笔者在此表示由衷的感谢！书稿的最终定稿、出版，离不开各位专家的辛勤付出。在经过多次修改之后，本书的内容也变得更为准确和规范，同时也更具学术含量。

  感谢韩夏老师，在摄录工作时给予的技术方面的指导。感谢五位本科生武智宏、高雅琪、张培、朱正宝、郭佳，他们在方言调查、音视频摄录以及材料整理方面做了很多工作。

  感谢本书所有的发音合作人，课题的顺利完成、书稿的最终写成都离不开各位发音人的密切配合和辛勤付出。方言调查是一件比较枯燥的事情，调查过程中，发音人不厌其烦地发音、再发音，全力配合笔者的调查，这种精神令笔者感动！

从乾隆三十年（1765年）辗转迁至商州至今，罗湾已经有250多年的历史了，世间变幻、沧海桑田，罗湾话依然能够"独善其身"，独立完整地活现于罗湾人的口吻之中，实属难能可贵。罗湾话作为一种客家方言，其语言价值不言而喻，是陕西语言资源方言生态文化圈的重要代表。然而我们也应看到，随着社会的发展，权威方言已经或正在影响着罗湾话，于是罗湾话就有些风雨飘摇之态了。笔者和大多数罗湾人一样，真心希望罗湾话能够永久地传承下去。希望本书的出版能引起政府、社会对罗湾话的重视，也让罗湾人能够认识到罗湾话的独特价值，从而引起大家的共情，不断增强语言文化自信。

付新军
岁次癸卯菊月于古都咸阳